W0205596

Karl-Heinz Janßen

Und morgen die ganze Welt...

Deutsche Geschichte 1871–1945

Donat Verlag

Die Deutsche Bibliothek – CIP-Einheitsaufnahme

Janßen, Karl-Heinz: Und morgen die ganze Welt... :
Deutsche Geschichte 1871-1945 / Karl-Heinz Janßen. –
Bremen : Donat, 2003
ISBN 3-934836-30-5

Die Bildcollage des Titelumschlages ist
dem ZEIT*magazin* vom 31. August 1979
entnommen. Für die Gestaltung der
Ausgabe zeichnete Manfred Manke
verantwortlich.

© 2003 by Donat Verlag
Alle Rechte vorbehalten
Lektorat: Helmut Donat, Bremen
Layout und Umschlaggestaltung:
hofAtelier Toni Horndasch, Bremen
Druck: Fuldaer Verlagsanstalt GmbH, Fulda

Inhalt

Das Dritte Reich und der Zweite Weltkrieg

Vorwort

Wer hätte im Oktober 1990 für möglich gehalten, daß dieses neue wiedervereinigte Deutschland elf Jahre später Amerika, der einzigen noch vorhandenen Weltmacht, in seinem Krieg gegen den internationalen Terrorismus uneingeschränkt Hilfe anböte und zur gleichen Zeit der russische Präsident einen Schlußstrich unter die blutige Vergangenheit zweier Völker zieht und Deutschland zu seinem Freunde erklärte?! Wohlgemerkt: die Rede ist von einem einst in der ganzen Welt gefürchteten Lande, das nach drei europäischen Kriegen eine Weltmacht wurde und danach in zwei verheerenden Weltkriegen vergebens nach der Weltherrschaft strebte.

Wer die wundersame Wiedergeburt Deutschlands nach fünfzig Jahren bitterer Teilung begreifen will, der kommt nicht umhin, sich den Spannungsbogen von 1871 bis 1945, von Bismarck bis Hitler, genau anzusehen. Dabei soll dieses Buch eine Hilfe sein. Dies umso mehr, weil einige böse Folgen des letzten Weltkrieges überhaupt erst in der jüngsten Vergangenheit offenbar wurden: der Mißbrauch der Schweizer mit den Konten vergaster Juden, die Gewinnbeteiligung hochangesehener deutscher Industrieunternehmen und Banken am Holocaust, das ungeahnte Ausmaß der Leiden von Millionen Zwangsarbeitern, deren letzte Überlebende eben erst von Staat und Industrie mit Milliarden D-Mark abgespeist wurden.

Unser Buchtitel „...und morgen die ganze Welt“ kommt nicht von ungefähr. Ich habe dieses Lied noch im April 1945 als Hitlerjunge begeistert mitgesungen. Auch werde ich nie die Worte meines Lateinlehrers, der kein Nazi war, vergessen, die er uns noch 1943, als das Kriegsglück nicht mehr auf unserer Seite stand, einschärfte: „Deutschland ist eine Weltmacht!“

Um die Gefährlichkeit und den weltweiten Nachhall des nationalsozialistischen Großdeutschlands nachzuempfinden, haben wir Geschichtserzählungen, die, bis auf eine, alle in der Wochenzeitung DIE ZEIT erschienen sind, für unsere Leser gesammelt. Ihr Autor ist von Kindesbeinen an mit dieser Geschichte groß geworden. Es fing an mit den Zigarettenbilder-Alben und setzte sich fort in der Volksschule, wo der Ortsgruppenleiter, unser Hauptlehrer, im Herbst 1939 zu unserem Vergnügen polnische Juden nachahmte, die keine Lust hatten, für deutsches Militär zu schuften. In der Oberstufe war

Geschichte, so wie sie die Nazi-Lehrer vortrugen, mein Lieblingsfach, und so beschloß ich, Historiker zu werden.

Doch nachdem ich in Freiburg im Breisgau mittelalterliche und neuere Geschichte studiert und mein Doktor-Examen gemacht hatte, zog es mich in meinen eigentlichen Beruf, den Journalismus, zurück. Als ich im Herbst 1963, wenige Tage vor der Ermordung Präsident Kennedys, in die politische Redaktion der ZEIT eintrat, hatte dort gerade Paul Sethe (der aus politischen Gründen sein Amt als Mitherausgeber der „Frankfurter Allgemeinen" aufgeben mußte), eine Kolumne für die Rezension neuer historischer Bücher aufgemacht. Von ihm habe ich gelernt, wie man in verständlichem Deutsch, behutsam, aber nicht ohne Empfinden den Lesern Geschichte wieder zugänglich machen kann. Nach seinem plötzlichen Tode 1967 wurde die Kolumne in eine eigene Seite der Zeitung umgewandelt, in der angesehene internationale Fachleute mitwirken sollten. Ich durfte diese Seite betreuen.

Viele Jahre später, als es der ZEIT nicht mehr an Platz mangelte, wurden die „Zeitläufte" ins Leben gerufen. Jetzt konnten große Ereignisse der Geschichte – nicht nur der deutschen – manchmal auf drei, vier Seiten untergebracht werden. Sie hatten ihren festen Leserstamm, der dann auch energisch protestierte, als eines Tages – wegen Einführung neuer Rubriken in der Zeitung – die „Zeitläufte" auf eine Seite reduziert wurden.

Als Mitgestalter der Geschichtsseite hatte ich den Vorzug, die umfangreichen Dokumentenbestände im Auswärtigen Amt, im Militärgeschichtlichen Forschungsamt und im Institut für Zeitgeschichte jederzeit einzusehen, ebenso aber auch die Nachlässe in den Landeshauptstädten. Als Journalist wurde ich oft von Opfern der Naziherrschaft, aber auch von ehemaligen Offizieren und Soldaten aufgesucht, die ihre Erlebnisse in der Zeitung wiedergeben wollten. Auf diese Weise lernte ich zum Beispiel den ehemaligen General und Mitgestalter der neuen Wehrmacht, Graf Schwerin, und die Witwe des ehemaligen Staatsministers in Böhmen und Mähren, Karl-Hermann Frank, den Haudegen Stennes und den Rotfrontkämpfer Mahncke kennen. Der russische Historiker Lev Besimenskij verhalf mir zu einer Story über die letzten Tage Hitlers. Fritz Tobias, der durch seine große Darstellung des Reichstagsbrandes berühmt (und angefeindet) wurde, erlaubte mir eines Tages, seine gesamten Aktenbestände zu durchforsten – so entstand dann eine vierteilige ZEIT-Serie, mit anschließenden zwei Prozessen, die beide von der ZEIT gewonnen wurden. Später habe ich zusammen mit

Tobias nach fünfzig Jahren die Legenden über den Sturz der Generäle Blomberg und Fritsch widerlegen können („Der Sturz der Generäle. Hitler und die Blomberg-Fritsch-Krise 1938“, München 1994).

Zur selben Zeit, als Mitarbeiter des Reemtsma-Instituts in Hamburg die Wehrmachtausstellung zeigten, öffnete mir der Schiffahrtskaufmann und ehemalige Panzeroffizier Carl Dirks seine in Jahrzehnten gesammelten militärischen Aktenschätze. Aus mehrjähriger gemeinsamer Arbeit entstand dann das (nunmehr auch als Taschenbuch, München 2001, erhältlich) sensationelle Werk „Der Krieg der Generäle. Hitler als Werkzeug der Wehrmacht“, Berlin 1999. Inzwischen hat sich auch unter Zeithistorikern vom Fach die Einsicht durchgesetzt, daß nicht Hitler es war, der die geheime Aufrüstung erfunden hat, sondern der geheime Generalstab der Reichswehr im Jahre 1923.

Meinem Verleger Helmut Donat bin ich dankbar, daß er mir die Gelegenheit gegeben hat, die wichtigsten historischen Beiträge aus der ZEIT zwischen zwei Buchdeckeln ineinander zu fügen. Sein Angebot hat mich umso mehr erfreut, als ich im Laufe der Jahrzehnte immer wieder von Lesern gebeten worden bin, eine solche Sammlung herauszugeben.

Karl-Heinz Janßen

Das Deutsche Kaiserreich und der Erste Weltkrieg

Sedan – Sieg ohne Segen

„Das ist doch ein schöner Erfolg!" Wilhelm, König von Preußen und bald auch deutscher Kaiser, stand hochaufgerichtet in der Abendsonne des 1. September 1870 auf einem Stoppelfeld nahe Sedan. Mit ihm sahen Minister, Generäle, Adjutanten, Attachés und an die zwanzig deutsche Fürsten, wie unten im Tal auf den Türmen der brennenden französischen Maas-Festung weiße Fahnen aufgezogen wurden. Hunderttausend Franzosen mitsamt ihrem Kaiser saßen in der Falle. Die Deutschen hatten ihren ersten kriegsentscheidenden Sieg errungen. Es war auch ihr letzter, aber das merkte man erst nach einem dreiviertel Jahrhundert.

Der greise König wandte sich seinem „Fritz" zu, dem Kronprinzen und Oberbefehlshaber der 3. Armee: „Ich danke Dir, daß auch Du dazu beigetragen hast." Bewegt küßte der Sohn dem Vater die Hand. Dann bedankte sich der Monarch bei Moltke, dem Generalstabschef, der 70 Jahre hatte alt werden müssen, um seinen größten Triumph erleben zu dürfen. Auch er küßte die königliche Hand. Schließlich war die Reihe an Bismarck, dem Mann, dessen Politik dem König diesen unerwünschten Krieg eingebrockt hatte. Er nahm den Dank seines Herrn aufrecht entgegen.

Sedan – das klingt jungen Lesern so fremd und fern wie Leuthen oder Fehrbellin oder sonst eine der vielen Schlachten, deren Namen Generationen von Sextanern auswendig lernen mußten. Aber Sedan hat bis in unsere Tage das Geschichtsbild des deutschen Volkes auf verhängnisvolle Weise geprägt. Damals wurde der Mythos vom unbesiegbaren deutschen Soldaten geboren. Jahr für Jahr feierte das Volk am 2. September den Sedantag. Jeder Volksschüler kannte die Schlachtenbilder aus den Realienbüchern: Bismarck, „ungewaschen und ungefrühstückt", begegnet dem geschlagenen Kaiser der Franzosen auf einer Pappelallee – Bismarck und Napoleon III. sitzen auf Binsenstühlen vor einer Weberkate bei Donchery – Wilhelm I. empfängt den gebeugten Kaiser („Welch eine Wendung durch Gottes Fügung").

Gott wurde in jenen Tagen viel gepriesen und angerufen – in Feldgottesdiensten und Leitartikeln, Siegesfeiern und Trinksprüchen. Man hatte allen Grund, ihm dankbar zu sein. Denn was sich später in den Geschichtsbüchern wie ein unaufhaltsamer Siegeszug ausnahm, war in der Wirklichkeit ein Hasardspiel. Die Deutschen hatten unverdientes Glück gehabt. Sie hatten mit Ach und Krach gesiegt, und der Preis war viel zu hoch gewesen: 70 000 Tote und Verwundete in kaum vier Wochen! Bismarck sprach voller Verachtung von den „Blutverschwendern".

Moltke hat, eingedenk seiner bitteren Erfahrungen vor Sedan, den überschäumenden Siegestaumel seiner Landsleute, das trutzige „Viel Feind, viel Ehr" nie geteilt. „Wir haben eben erst erlebt", schrieb er im April 1871, „wie schwer es ist, selbst den siegreichsten Kampf gegen Frankreich zu beenden."

Recht besehen, war der deutsche Feldzug gegen Frankreich ein tollkühnes, nahezu selbstmörderisches Unternehmen. Kaum jemand in Europa hatte den Preußen einen Sieg zugetraut – ungeachtet ihrer Erfolge an den Düppeler Schanzen und bei Königgrätz. Denn Frankreich war bis zum Sommer 1870 unbestritten die militärische Vormacht auf dem Kontinent. Seine Berufssoldaten hatten die Russen bei Sewastopol und die Österreicher bei Solferino geschlagen, sie hatten in Mexiko und in Algerien Ruhm an ihre Fahnen geheftet. Die französische Infanterie war der deutschen turmhoch überlegen und außerdem besser bewaffnet.

Zwar war das deutsche Heer zunächst an Zahl stärker, zwar lief die Mobilmachung präzise wie ein Uhrwerk ab, zwar verfügte Moltke über eine moderne Artillerie – doch diese Vorteile wurden in den ersten Wochen durch schwerwiegende operative und taktische Fehler verspielt. Aber die kampfstarken französischen Armeen wurden noch schlechter geführt als die deutschen. Niemand konnte vorher verbürgen, daß die süddeutschen Verbündeten, die Feinde von gestern, in Krisenzeiten treu zur preußischen Fahne stünden. Noch steckte ihnen der Preußen-Komplex von 1866 in den Knochen. Sächsische Offiziere brachten im Angesicht des preußischen Königs ihre Säbelspitzen kaum bis zur Kinnspitze, und als Kronprinz Friedrich Wilhelm die ihm unterstellten bayerischen Soldaten für ihre Tapferkeit lobte, scholl es ihm entgegen: „Ja, Hoheit. Königliche. Hätten Sie uns g'führt anno Sechsasechzige, da hätten S' g'schaugt, wia mer die Malefizpreiß'n außa g'stampert hätt'n!"

Daß sie überhaupt kämpften, war Bismarcks diplomatischer Meisterschaft zu verdanken. Er hatte nach dem preußischen Sieg über

Österreich, nach der Schlacht von Königgrätz, zum Schein den Vermittlungsangeboten des französischen Kaisers sein Ohr geneigt, ihn mit der Aussicht auf rheinische Kompensationen geködert und dann die napoleonischen Gebietsforderungen dazu benutzt, um die Süddeutschen zu Schutz- und Trutzbündnissen mit dem Norddeutschen Bund zu überreden. Napoleon fühlte sich übers Ohr gehauen. „Rache für Sadowa" (einem Ort nahe Königgrätz) wurde das Losungswort des französischen Nationalismus. Alles, was Bismarck noch zu tun brauchte, um das Werk der (klein-)deutschen Einigung zu vollenden, war eine provozierende Handlung, die wie ein rotes Tuch den gallischen Stier zum Angriff reizte.

Nach heutigen Begriffen ist es unfaßbar, daß sich Preußen, Bayern und Württemberg in ihrer nationalen Ehre angetastet fühlten, weil ein französischer Botschafter den preußischen König beleidigt haben sollte. Der Haß gegen den „Erbfeind" von 1648 und 1813 loderte wieder auf. Der bayerische Professor Sepp riß die Münchner zu Beifallsstürmen hin: „Wir Bayern haben nicht teilgenommen an der Leipziger Schlacht, aber da es sein muß, werden wir bei der neuen Nationalschlacht dabei sein!" Bei Sedan griffen sie als erste an. Das zäh verteidigte Dorf Bazaille fiel ihrer Wut zum Opfer. Französische Bauern, die aus Fenstern geschossen haben sollten, wurden niedergemacht und in ihren Häusern verbrannt. „Es roch wie von verbrannten Zwiebeln", bemerkte der Schlachtenbummler Bismarck.

Als alter Mann hat sich der Kanzler an die Brust geschlagen: „Ohne mich hätte es drei große Kriege nicht gegeben, wären achtzigtausend Menschen nicht umgekommen, und Eltern und Brüder, Schwestern, Witwen trauerten nicht." Die Historiker in Deutschland und Frankreich sind sich noch immer nicht einig, ob diese Selbstanklage, was den Krieg von anno 70/71 angeht, zu Recht besteht. Jedenfalls hat Bismarck später den Ruhm für sich beansprucht, er habe die Franzosen bewußt zum Kriege provoziert, der um der deutschen Einheit willen notwendig gewesen sei. Und seine Bewunderer an Altherren-Stammtischen glauben bis heute an ihren Bismarck-Machiavelli.

Eines steht fest: Bismarck hat in seiner Rede vor dem Bundesrat am 16. Juli 1870 gelogen, als er behauptete, die Vorgänge um die spanische Thronkandidatur des Hohenzollernprinzen Leopold – dem Anlaß des Krieges – seien dem Auswärtigen Amt und dem Bundesministerium „vollständig fremd geblieben", eine Lüge, die er der Nachwelt auch in seinen „Gedanken und Erinnerungen" aufgetischt hat. Seit nach dem Zweiten Weltkrieg die geheimen Akten des Auswärtigen Amtes und des fürstlichen Hauses Hohenzollern veröffentlicht wurden, besteht kein Zweifel mehr, daß niemand anders als Bismarck selber die Kandidatur inszeniert hat. Aber darf man ihn darum schon zum „Kriegsschuldigen" stempeln, ihn gar, wie nach 1945 geschehen, mit Hitler und Wilhelm II. auf eine Stufe stellen?

Der Göttinger Geschichtsdozent Eberhard Kolb hat in einer Studie über den Kriegsausbruch 1870 den Nachweis geführt, daß einzig Napoleon und seine Mitarbeiter die Verantwortlichen gewesen sind. Bismarck, so meint er, habe nicht mit einer kriegerischen Reaktion Frankreichs rechnen können. Aber auch Kolb vermochte nicht mit letzter Klarheit zu entschlüsseln, welche Motive denn nun Bismarck bewogen haben, in Spanien eine Intrige gegen Frankreich einzufädeln.

Deutsche und ausländische Historiker haben in den vergangenen hundert Jahren eine Fülle von Erklärungsversuchen zusammengetragen, von denen dies die wichtigsten sind:

Erstens: Bismarck hat Napoleon eine Falle gestellt, um ihn vorzeitig in einen Krieg gegen Deutschland hineinzutreiben.

Zweitens: Bismarck hat aus Furcht vor einem französisch-österreichisch-italienischen Bündnis eine diplomatische Gegenoffensive eingeleitet.

Drittens: Bismarck wollte Frankreichs Stärke testen. Hätte es die Erhebung eines Hohenzollern zum spanischen König hingenommen, wäre auch kein Einspruch gegen die Einigung von Nord- und Süddeutschland zu erwarten gewesen.

Viertens: Bismarck wollte durch seinen Schachzug das ohnehin angeschlagene Regime des plebiszitären Diktators Napoleon aus den Angeln heben, um Frankreich, den Hauptgegner der deutschen Einheit, zu schwächen.

Fünftens: Bismarck brauchte eine alle Deutschen zusammenschweißende Krise, weil sich die Abneigung der Süddeutschen gegen den preußischen Militarismus und den preußischen Obrigkeitsstaat von Jahr zu Jahr verfestigte.

Man braucht nur Bismarck selber zu zitieren, um den größeren Teil dieser Deutungen zu widerlegen. Gewiß, er hat, wie andere Staatsmänner seiner Zeit auch, den Krieg als „ultima ratio" begriffen, aber seine gesamte Außenpolitik seit 1862 zeichnet sich durch ihre Vielseitigkeit aus. Der Kanzler hatte immer mehrere Eisen im Feuer; seine unerschöpfliche Phantasie befähigte ihn, immer neue

Pläne, Lösungen, Aushilfen auszuprobieren; er tastete sich auf verschiedenen Wegen an sein Ziel heran und wählte „den gefährlichsten zuletzt".

Hätte Bismarck gewollt, so wäre der deutsch-französische Krieg schon 1867 während der Krise um Luxemburg ausgebrochen. Aber er verschloß sich diesem Gedanken, obschon Moltke zum Losschlagen drängte: „Diesen Krieg mit Frankreich vermeide ich, solange ich kann; denn ich weiß, daß er, einmal entbrannt, nie wieder aufhört." Er war überzeugt, daß die unterlegene Nation alles daran setzen werde, um Revanche zu nehmen, und sofort. „Wäre der Krieg 1867 ausgebrochen", sagte Bismarck nach Sedan, „so waren sechs Kriege wahrscheinlich, jetzt sind es höchstens zwei." In der Tat eine unheimlich genaue Prognose!

Bismarck ließ sich auch nicht von den Argumenten der Bankiers und Geschäftsleute beeindrucken, die den anhaltenden Spannungszustand zwischen Deutschland und Frankreich und die daraus resultierende Unsicherheit nicht mehr ertragen konnten. „Man müsse fortfahren, die Ursachen eines möglichen Kriegsfalles wegzuräumen und der beruhigenden Wirkung der Zeit vertrauen..." Eine lange Friedenszeit schien ihm um so eher möglich, als der gallenkranke Kaiser Napoleon viel von seiner Dynamik eingebüßt hatte; im übrigen war Napoleon vollauf damit beschäftigt, seine, wenn man so will, gaullistische Herrschaftsform zu liberalisieren.

Der Landjunker aus Schönhausen wußte nur zu gut, daß alle Früchte ihre Zeit zum Reifen brauchen. Die deutsche Frage war keine Frucht, die man vorzeitig vom Baume schlug. „Daß die Leute nicht abwarten können", entrüstete er sich noch im Frühjahr 1870, als im Reichstag der Anschluß Badens an den Norddeutschen Bund beantragt worden war. „Wir haben die deutsche Frage in gutem Gange. Aber sie hat ihre Zeit - ein Jahr vielleicht - fünf Jahre - zehn möglicherweise. Ich kann sie nicht schneller machen." Diese Worte sprach er zu einer Zeit, als ein spanischer Sondergesandter bereits nach Berlin unterwegs war, um mit der preußischen Regierung über eine Kandidatur des Erbprinzen Leopold von Hohenzollern-Sigmaringen zu verhandeln.

Schon seit dem Herbst 1868, als ein Militärputsch in Spanien die bourbonische Königin Isabella zur Flucht nach Frankreich zwang, war der Kanzler auf dem Quivive. Mit einem unruhigen Spanien im Rücken würde Napoleon, so hoffte er, keinen Krieg gegen Deutschland wagen. Im deutschen Interesse müsse „die spanische Frage als Friedensfontanelle" offen bleiben.

Ein Hohenzoller im Escorial, das mußte Erinnerungen an die Zeit Karls V. heraufbeschwören, als Frankreich von den Habsburgern eingekreist war. Darum sollte alles streng geheim bleiben, war alles auf Überraschung abgestellt. Doch infolge einer Panne beim Dechiffrieren wurde der so fein gesponnene Plan vor der Zeit ruchbar. Die Bombe war geplatzt, und Frankreich schäumte vor Empörung.

Der Historiker Kolb meint, Bismarck habe die Reaktion der französischen Regierung falsch eingeschätzt. Demselben Irrtum seien auch andere führende Staatsmänner Europas erlegen, die allesamt nicht erwartet hätten, daß Frankreich wegen einer dynastischen Affäre sogleich bis an den Rand des Krieges gehen werde. Aber sollte Bismarck wirklich nie ein Kriegsrisiko erwogen haben? War es nicht vermessen (sofern er den Waffengang scheute), die politisch, militärisch und wirtschaftlich stärkste Macht auf dem Kontinent derart herauszufordern?

Die Juli-Krise überschlug sich binnen weniger Tage. Der französische Außenminister, der Herzog von Gramont, drohte unter dem Beifall der Kammer unverhohlen mit Krieg. Ehe es Bismarck verhindern konnte, hatte Fürst Karl Anton, mit Zustimmung des friedliebenden Königs Wilhelm, für seinen Sohn, der irgendwo in den Bergen steckte, Verzicht geleistet. Bismarck mußte eine diplomatische Niederlage hinnehmen, denn alle Welt war überzeugt, daß er seine Hand im Spiele habe.

Mit diesem Erfolg hätten sich Napoleon und seine Regierung zufrieden geben können. Aber Presse und Parlamentarier wollten mehr. Es ging nicht mehr um die spanische Thronfolge, es ging nun um die Machtfrage zwischen Preußen und Frankreich. Wer garantierte schließlich dafür, daß nicht eines Tages Prinz Leopold doch noch in Spanien auftauchte? Vorwärtsgetrieben von den Chauvinisten, wohl auch von der Angst vor der unberechenbaren Pariser Straße, verlangte die französische Regierung von König Wilhelm eine für alle Zukunft verbindliche Garantie.

Auf der Kurpromenade in Bad Ems trug Botschafter Benedetti diese Forderung dem preußischen König vor, der sie höflich, aber bestimmt ablehnte. Er fand die Zumutung „beinahe impertinent", doch beleidigt fühlte er sich keineswegs. Bismarck ließ er über das Gespräch eine längere Depesche zugehen und stellte anheim, die Presse zu informieren. Sie kam Bismarck wie gerufen. Er hatte bereits an verschiedene Auswege gedacht, um seine Schlappe wettzumachen – etwa indem er von Paris öffentliche Genugtuung forderte. Statt dessen redigierte er nun die „Depesche aus Ems" zur

„Emser Depesche" um. Das holperige Ministerialdeutsch stutzte er für die Öffentlichkeit zurecht und verschärfte es im Ton derart, daß Moltke begeistert konstatierte, aus einer Chamade sei eine Fanfare geworden.

Die umfrisierte „Emser Depesche" wurde der Presse und, schlimmer noch, den ausländischen Regierungen zugestellt. Frankreich hatte eine schallende Ohrfeige erhalten. Napoleon III., angestachelt von der ehrgeizigen Kaiserin Eugenie, wußte sich keinen anderen Rat mehr als den Appell an die Waffen.

Bismarck hatte den Spieß umgedreht. Frankreich sah sich in die Rolle des Angreifers versetzt. Und stand allein. Keine europäische Großmacht eilte ihm zur Hilfe, obschon alle Staatsmänner offen oder insgeheim die Hohenzollern-Kandidatur und Bismarcks Vorgehen mißbilligten. Wie die Verantwortlichkeiten zu verteilen sind, hat der österreichische Kaiser Franz Joseph schon damals klar erkannt: „Das Vorgehen Preußens bietet auch im Detail wieder viel des Infamen und das Frankreichs manches des Ungeschickten und Leichtsinnigen."

Hüben wie drüben jubelten die Massen. Die einen sangen „A Berlin, á Berlin les lampions", die andern „Zum Rhein, zum deutschen Rhein". König Wilhelm fühlte sich wieder einmal von seinem Kanzler überrumpelt. Staunend las er in der Zeitung, was Bismarck aus der Depesche gemacht hatte. „Das ist Krieg", murmelte er schaudernd. Fassungslos reagierte er während seiner Rückreise nach Berlin auf die überall triumphierenden Menschenmengen. „Mich erfüllt eine komplette Angst bei diesem Enthusiasmus, denn was für Chancen bietet nicht der Krieg, wo all dieser Jubel verstummen könnte und – müßte!" schrieb er Königin Augusta.

Wenige Wochen später drückte er dem geschlagenen Kaiser der Franzosen herzlich die Hand. Napoleon weinte. Vergebens hatte er im Hagel der preußischen Granaten den Heldentod gesucht. Nun blieb ihm – einem resignierenden, kränklichen Mann Anfang der Sechzig – nur noch die Schmach der Gefangenschaft. Er hatte der Dynastie das Grab geschaufelt.

Zwei Tage danach, am 4. September, brach in Paris der Aufruhr los. Über dem Palais Bourbon wehte die rote Fahne. Einige der schärfsten Gegner Napoleons – der Rechtsanwalt Jules Favre und der Linksradikale Léon Gambetta – riefen die Dritte Republik aus. Sie war ein Kind der Niederlage, doch sie währte siebzig Jahre, bis sie – abermals unter den Schlägen des deutschen Schwertes – zusammenbrach.

Die Republik – für das konservative Europa war sie schlimmer als Aussatz, für die Sozialdemokraten hingegen ein Fanal der Hoffnung. Zum erstenmal mischten sich ideologische Elemente in diesen Krieg, der bislang nur um Ehre und Prestige geführt wurde. Karl Marx erhob vernehmlich seine Stimme: jetzt sei es an der Zeit, die deutsche Arbeiterklasse für ihren Sieg über den Bonapartismus zu belohnen. Als erste Garantien verlangte er einen ehrenvollen Frieden und – die Anerkennung der neuen Republik. Bismarck aber schrieb zur gleichen Zeit seiner Frau Johanna: „In Paris Republik. Mir wurscht. Wir kommen doch hin."

Die deutsche Einheit ist gemacht

Der Kanzler verbarg seine Ergriffenheit nicht: „Nun wäre der bayerische Vertrag fertig und unterzeichnet. Die deutsche Einheit ist gemacht, und der Kaiser auch!" Die Uhr zeigte zehn am Abend dieses 23. November 1870. Im Salon der Villa Jessé zu Versailles hatten der norddeutsche Bundeskanzler Graf Otto von Bismarck und der bayerische Staatsminister des königlichen Hauses und des Äußern, Graf Otto von Bray-Steinburg ein historisches Dokument mit ihrem Namen besiegelt: den „Vertrag, betreffend den Beitritt Bayerns zur Verfassung des Deutschen Bundes".

Bismarcks Pressereferent Busch sammelte emsig die noch nassen Federn ein. Den Kanzler dürstete es nach Champagner: „„Bringen Sie uns noch eine von diesem. Es ist ein Ereignis!" Fürwahr – was Truppen aller deutschen Stämme am 2. September in der Schlacht bei Sedan erstritten, nun war es mit Brief und Siegel versehen; was das Schwert erworben, hatte die Feder nicht verdorben: Die nationale Sehnsucht der Deutschen war gestillt – vorerst, denn die Deutschen Österreichs mußten draußen bleiben.

Am 23. November 1870 wurde das Deutsche Reich gegründet, nicht, wie die Geschichtsbücher lehren, erst am 18. Januar 1871. Im Januar wurde nur noch öffentlich verkündet, was seit dem Neujahrstag 1871 schon geltendes Recht gewesen war.

Der Chronist Moritz Busch hat uns genau überliefert, was Bismarck hernach im vertrauten Kreise nachdenklich von sich gab: „Die Zeitungen werden nicht zufrieden sein, und wer einmal in der gewöhnlichen Art Geschichte schreibt, kann unser Abkommen tadeln. Er kann sagen, der dumme Kerl hätte mehr fordern sollen; er hätte es erlangt, sie hätten gemußt und er kann recht haben – mit dem Müssen. Mir aber lag mehr daran, daß die Leute mit der Sache innerlich zufrieden waren – was sind Verträge, wenn man muß! –, und ich weiß, daß sie vergnügt fortgegangen sind. Ich wollte sie nicht pressen, die Situation nicht ausnutzen. Der Vertrag hat seine Mängel, aber er ist so fester. Was fehlt, mag die Zukunft beschaffen."

Sie hat es besorgt – 1932 war es Bayern, das beim Staatsgerichtshof in Leipzig Klage erhob, weil Reichskanzler von Papen den Staat Preußen zerschlagen hatte, eben das Preußen, von dem viele bayerische Patrioten anno 1870/71 „mediatisiert" zu werden fürchteten. Bei der entscheidenden Abstimmung in der bayerischen Abgeordnetenkammer am 21. Januar 1871 hatten bei 102 Ja-Stimmen immerhin 48 Abgeordnete nach tagelanger Redeschlacht die Ratifizierung des Versailler Vertrages abgelehnt. Damals stemmte sich der Sprecher der Bayerischen Patriotenpartei, der Archivar und Publizist Joseph Edmund Jörg, gegen das „Unheil"; er und seine Freunde wollten Bayern „das Grab nicht graben". Die süddeutschen, nicht gänzlich unberechtigten Ressentiments gegen das übermächtige Preußen, gegen den Sieger von 1866, ballte er in zwei Sätzen zusammen: „Ja, dieses unser bayerisches Volk und das ganze süddeutsche Volk hat nicht eine militärische Vergangenheit hinter sich wie das norddeutsche, das preußische schon seit hundert Jahren. Dieses Volk ist für den Frieden geboren, es ist den Frieden gewohnt, und es wird unendlich bitter fühlen, was es heißt, das dienende Glied eines großen Militärnationalstaates zu sein."

Aber die Fraktion der Patrioten, die über die Mehrheit verfügte, spaltete sich unter dem Druck der Volksmeinung. Die Zweidrittelmehrheit für das neue Kaiserreich war gesichert. Bismarck hatte eigentlich nie an der Ratifizierung gezweifelt. Er wußte, daß Regierung, Klerus, die von den Nationalliberalen und von ihm selber mobilisierte „öffentliche Meinung" und der Hof die Sache zum guten Ende brächten. Der Hof vor allem.

Bismarck kannte nur zu gut die partikularistischen Strömungen im Hause der Wittelsbacher, sein Staatsminister Delbrück hatte zuvor die Stimmung in München erkundet. Doch die bayerischen Politiker fürchteten nichts mehr als die Isolierung ihres Landes. Nachdem in Paris – zur Freude der Sozialisten allerorten – die Republik ausgerufen worden war, wollte Graf Bray die Gelegenheit nicht versäumen, ehe Bayern die Einheit durch ein antimonarchisches und zentralistisches Deutschland aufgezwungen werde. Bismarck tat alles, um den Bajuwaren den bitteren Kelch zu versüßen: er lockte mit Gebietserwerbungen im Elsaß, er installierte einen scheinbar wichtigen Bundesratsausschuß für auswärtige Angelegenheiten, in dem Bayern den Vorsitz führte, konzedierte den Bayern das Recht der Vertretungen von Bundesgesandten und insgeheim auch einen Sondervertreter bei künftigen Friedensverhandlungen. Der bayerische König durfte in Friedenszeiten Oberbefehlshaber seiner Truppen bleiben, außerdem behielt Bayern die Souveränitätsrechte für Post, Telegraphie und Eisenbahnen und natürlich – die Biersteuer.

Bismarck brachte den verträumten, widerspenstigen „Märchenkönig“ Ludwig II. sogar dazu, eigenhändig König Wilhelm I. von Preußen um die Annahme der Kaiserkrone zu bitten (der sie gar nicht wollte und von dem Plan nichts ahnte).

Den Entwurf hatte Bismarck selber aufgesetzt und durch den Oberstallmeister Graf von Holnstein nach Hohenschwangau überbringen lassen. Siebeneinhalb Stunden brauchte Holnstein, dann hatte er den scheuen Monarchen zermürbt. Bismarck empfing den gräflichen Postillion im Schlafgemach und ließ sofort Champagner auffahren.

Für Holnstein hat es sich gelohnt – seine Maklergebühr betrug rund 480 000 Mark, zehn Prozent von insgesamt 4 720 000 Mark, die Bismarck vom Frühjahr 1871 an den bayerischen König zuweisen ließ, damit dieser seinem Bauwahn frönen konnte. Das Geld entnahm er dem sogenannten Welfenfonds, also dem beschlagnahmten Vermögen des von Preußen entthronten Königs von Hannover. „Er hat sich sehr gefällig und eifrig gezeigt“, lobte Bismarck den königlichen Freund Holnstein. Einer seiner Mitarbeiter sagte es pathetischer, als der Graf mit dem Brief Ludwigs („Allerdurchlauchtigster großmächtigster Fürst! Freundlich lieber Bruder und Vetter!“) in Versailles ankam. „Es ist eine weltgeschichtliche Tour, die Sie gemacht haben!“ So wird Weltgeschichte gemacht ...

Bismarcks Schritt vom Wege – Die Annexion Elsaß-Lothringens

Nach Sedan hätte der Deutsch-Französische Krieg zu Ende sein können: der Kaiser gefangen, die besten Armeen der Welt aus dem Feld geschlagen, in Paris eine neue Regierung, die sich von den Sünden des bonapartistischen Regimes distanziert und nichts begehrt als einen ehrenvollen Frieden – wozu sollten sich die Völker noch weiter verbluten?

Aber die deutschen Armeen marschierten weiter in Richtung Paris, mit der erklärten Absicht, den Franzosen dort die Friedensbedingungen zu diktieren. Elsaß-Lothringen hieß ihr Feldgeschrei. „Dies ist auch die allgemeine Stimme in ganz Deutschland", schrieb König Wilhelm eine Woche nach Sedan an Augusta, „und wollten sich die Fürsten dieser Stimmung entgegenstemmen, so riskieren sie ihre Throne, denn die Opfer, die ganz Deutschland an Menschen und Geld usw. bringt, verlangen einen Frieden, der dauernd sei, und das ist nur möglich, wenn dasjenige Land genommen wird, was deutsch war und ist."

Das bedeutete Krieg bis aufs Messer. Denn der Außenminister der neuen Republik, der würdevolle Anwalt Jules Favre, hatte sich vor aller Welt festgelegt: „Wir werden nicht einen Zollbreit unseres Gebiets, keinen Stein unserer Festungen abtreten!" Léon Gambetta, der einäugige Innenminister, ein Vorläufer Mao Tse-tungs und „Che" Guevaras, proklamierte den revolutionären Volkskrieg. Mit radikalen Mitteln stampfte er Massenheere aus dem Boden und organisierte Guerillas gegen die Invasoren. Die wütende Vergeltung der Preußen schonte weder Weib noch Kind. Deutsche und Franzosen lernten einander zu hassen.

Weder auf eine zeitraubende Belagerung der Hauptstadt Paris noch auf einen Winterkrieg in der französischen Provinz war die deutsche Kriegführung vorbereitet gewesen. Bismarck reagierte gereizt und ungeduldig. Je länger sich die Kämpfe hinzogen, desto mehr wuchs die Gefahr, daß sich England, Rußland und Österreich in den Konflikt einmischten, desto stärker wurde die Sympathie des neutralen Auslands für das tapfere französische Volk.

Um so erstaunlicher mutet es an, daß der Kanzler sich nichts von seinen Annexionsforderungen abhandeln lassen wollte. Sowohl die Abgesandten der Kaiserin Eugenie, die nach London ins

Exil gegangen war, als auch den republikanischen Außenminister Favre, der ihn Mitte September im Schloß zu Ferrières aufsuchte, ließ er abblitzen. Die Franzosen hätten über das Elsaß „schweres Bauchkrümmen" bekommen, höhnte er. Auch dramatische Akzente verschmähte er nicht: Die Deutschen würden den König und ihn mit Steinen bewerfen, wenn sie ohne das Elsaß heimkehrten.

Diese Begründung und sein lautes Stöhnen über die unersättlichen Militärs haben es später den deutschen Historikern leichtgemacht, den dunklen Fleck auf der Weste ihres Nationalhelden hinwegzudiskutieren.

Darüber konnte ja kein Zweifel aufkommen, daß die öffentliche Meinung Europas über die unverhüllte deutsche Annexionslust entsetzt war und daß dieser Schritt das deutsch-französische Verhältnis auf Generationen hinaus vergiftet hat.

Bismarck hat sich mit Elsaß-Lothringen überhaupt erst den „cauchemar des coalitions" aufgehalst, der ihm so viele schlaflose Nächte bereiten sollte. Er hat das republikanische Frankreich geradezu dem zaristischen Rußland in die Arme getrieben, wie es Karl Marx und Friedrich Engels hellsichtig vorausgesagt hatten. Seine Handlungsweise paßte schlechterdings nicht in das Bild vom genialen Staatsmann, der stets nur dem Leitstern der Staatsräson folgte, der seine Realpolitik nie durch Sentimentalitäten und Emotionen, freilich auch nicht durch die Zehn Gebote verwässern ließ. Also ging in die deutschen Geschichtsbücher die Legende ein, Bismarck habe 1870/71 widerwillig und im Bewußtsein der furchtbaren Konsequenzen dem Drängen der öffentlichen Meinung und der Militärs nachgeben müssen.

Diese Deutung ist nach dem Meinungsstreit, der in den letzten Jahren in der „Historischen Zeitschrift" ausgetragen wurde, nicht länger haltbar. Heute steht fest: Bismarck hat aus freien Stücken, ohne Zutun von irgendwelcher Seite, Elsaß und Lothringen als unabdingbares Kriegsziel aufgestellt, ja, er hat noch allerhand dazu getan, um die Pressekampagne für die Annexion der Grenzgebiete kräftig anzuheizen, weil sie ihm als diplomatisches Druckmittel sehr gelegen kam.

Freilich fühlte er sich im Einklang mit der Stimmung des deutschen Besitz- und Bildungsbürgertums. Er handelte sozusagen als Testamentsvollstrecker der Befreiungskrieger von anno 1813/14 und der 48er Revolution. Hatte nicht Ernst Moritz Arndt Deutschlands Grenzen vorschieben wollen, „soweit die deutsche Zunge klingt", hatte nicht Hoffmann von Fallersleben „von der Maas bis an die

Memel“ gesungen, hatten nicht die Demokraten des Vormärz von einem Reich geträumt, wo „unsere Flagge über Straßburg weht / die Flotte erst in Kronstadt steht“, hatte seinerzeit nicht sogar Friedrich Engels die vor Jahrhunderten verlorengegangenen Westgebiete zurückgefordert?

Kaum war der Krieg angefangen, ereiferten sich Literaten und Dichter, Journalisten, Parteipolitiker und Professoren, allen voran der Nationalbarde Heinrich von Treitschke, und beanspruchten das Recht des deutschen Volkes auf seine „natürlichen“ Grenzen, die seltsamerweise auf den Hängen der Vogesen liegen sollten. Und dieser Ruf erscholl in Süd- und Norddeutschland gleichermaßen, aus dem Munde von Konservativen so gut wie von Liberalen, von Katholiken und von Protestanten. Karl Marx sprach verächtlich vom „süddeutschen Bierpatriotismus“, Bismarck, nicht weniger deutlich, vom „Professorengerede“. Der Kanzler war zu klug, als daß er das Nationalitätsprinzip in die europäische Politik hätte einführen wollen. Wo hätte man da anfangen, wo aufhören sollen? Sollten etwa die Slawen wieder an die Elbe, die Deutschen in die Lombardei, die Franzosen nach Belgien und in die Schweiz vorrücken?

Nein, derlei Begründungen hatte der Kabinettspolitiker Otto von Bismarck nicht nötig. Nie hat er sich ihrer im Verkehr mit den anderen Großmächten bedient. „Metz und Straßburg ist's, was wir brauchen und uns nehmen wollen – die Festungen.“ Sicherheit war sein Argument – Sicherheit vor einem französischen Revanchekrieg. Gar so anachronistisch ist dieses Bedürfnis nicht gewesen, haben doch noch 1945 mit ähnlichen Argumenten Frankreich die Rheingrenze und Polen die Oder-Neiße-Grenze gefordert.

Aber mit dem Sicherheitsverlangen Bismarcks hat es seine eigene Bewandtnis. In seinem Konzept diente die Annexion der französischen Westdepartements als Fundament der kleindeutschen Einigung. Zu wiederholten Malen – besonders eindrucksvoll in seiner Reichstagsrede vom 2. Mai 1871 – hat sich der Kanzler auf ein Gespräch berufen, das er als preußischer Bundestagsgesandter während des Krimkrieges mit dem württembergischen König Wilhelm führte. Der habe ihm gesagt: „Der Knotenpunkt liegt in Straßburg, denn solange das nicht deutsch ist, wird es immer ein Hindernis für Süddeutschland bilden, sich der deutschen Einheit, einer deutschnationalen Politik ohne Rückhalt hinzugeben. Solange Straßburg ein Ausfalltor für eine stets waffenbereite. Armee von 100 000 bis 150 000 Mann ist, bleibt Deutschland in der

Lage, nicht rechtzeitig mit ebenso starken Streitkräften am Oberrhein eintreten zu können – die Franzosen werden stets früher da sein."

Nun hätte sich das Sicherheitsbedürfnis der Süddeutschen auch anders befriedigen lassen, etwa durch die Schleifung der französischen Festungen, durch die Gründung eines neutralen Pufferstaates oder durch Garantien europäischer Großmächte. Doch Bismarck hat alle diese Lösungen ausgeschlagen: Nicht einmal einem großmütigen Sieger werde das französische Volk verzeihen. „Die Gefahr liegt aber in der unheilbaren Herrschsucht und Anmaßung, welche dem französischen Volkscharakter eigen ist ... Die einzig richtige Politik ist, unter solchen Umständen, einen Feind, den man nicht zum aufrichtigen Freunde gewinnen kann, wenigstens etwas unschädlicher zu machen."

Wieweit Bismarck seinen eigenen Worten geglaubt hat, sei dahingestellt. In späteren Jahren wollte er von der These der unversöhnlichen Völkerfeindschaft nichts mehr hören. Darum klingt die Version, daß er die Annexion Elsaß-Lothringens als Kitt für die Einigung Deutschlands benötigte, viel überzeugender. Es war leichter, sich mit den süddeutschen Fürsten über die Verteilung der Beute zu einigen als über die Modalitäten eines erweiterten Norddeutschen Bundes. Ein bayerischer Patriot war es, der schon Anfang August 1870 aussprach, was viele Großdeutsche und Gegner Bismarcks damals empfanden: „Der Hohenzoller, welcher Elsaß dem Reich zurückerobert, soll Deutscher Kaiser werden."

Durch untergeordnete Stellen ließ Bismarck dem träumerischen König Ludwig II. von Bayern vorgaukeln, Bayern könne als Kompensation für seine Souveränitätseinbußen einen Gebietszuwachs im Elsaß erhalten. Der König hat auf diesen Köder angebissen, nicht jedoch sein Minister Graf Bray, der keine französischen Gebiete haben wollte. Doch Bray ventilierte einen anderen Plan, der an den Länderschacher des Wiener Kongresses anknüpfte. Baden sollte mit dem Elsaß zu einem alemannischen Königreich vereinigt werden und dafür den Bayern die Wittelsbacher Stammgebiete um Mannheim und Heidelberg abtreten. Bayern hätte dann endlich seine Landbrücke zur linksrheinischen Pfalz bekommen.

Der Einspruch des Großherzogtums Baden brachte Bismarck von dem Projekt ab, Elsaß-Lothringen zwischen Preußen, Bayern und Baden aufzuteilen. Statt dessen strebte er nun jene Lösung an, die ihm wohl von Anfang an als die idealste vorgeschwebt hat: Die Departements sollten „einstweilen" als Reichslande im Besitz des gesamten Deutschlands verbleiben: „Dadurch wird sich ein näheres Verhältnis von Nord und Süd am leichtesten herstellen lassen."

Diese künstliche staatsrechtliche Konstruktion sollte sich als eine unselige Hypothek des Deutschen Reiches erweisen. Die Elsässer und Lothringer hätten klare Verhältnisse vorgezogen. Nun blieben sie die Hilfsschüler der Nation, Staatsbürger zweiter Klasse. Bis zum Ersten Weltkrieg ist es nicht gelungen, die Bewohner der Reichslande, die sich der französischen Kulturnation zugehörig fühlten, mit ihrer neuen Herrschaft zu versöhnen. (Nach dem Friedensvertrag 1871 haben über fünfhunderttausend Elsässer und Lothringer für Frankreich optiert.)

Bismarck und die Wortführer der Annexionisten wußten durchaus, daß die Elsässer und Lothringer gar nicht ins Reich „,heimkehren" wollten. Aber über ihre Gefühle setzte man sich kaltblütig und zynisch hinweg.

Ludwig XIV. hatte Straßburg ohne Schwertstreich erobert. Die Deutschen aber legten erst einen Teil der Stadt in Schutt und Asche, ehe sie mit klingendem Spiel einrückten. Ein gewisser Karl Stieler fand zum Ereignis die passenden Verse: „Ach, es lag uns schwer am Herzen! / hätten dich so gern befreit / ohne Wundmal, ohne Schmerzen / mit dem Kranz der deutschen Maid." Sinnigerweise hatte man die Belagerung der Stadt badischen Truppen überlassen, und Jacob Burckhardt vermutete wohl nicht zu Unrecht, „daß dies nicht bloß aus Versehen so angeordnet worden ist". Die dreihundert toten und siebenhundert verwundeten Straßburger bekümmerten das deutsche Volk wenig. Auf altväterliche Art befand die „Augsburger Allgemeine Zeitung" schon bei Kampfbeginn: „Mit der Rute müssen wir leider anfangen. Die entarteten Kinder müssen unsere Faust fühlen! Der Züchtigung wird die Liebe folgen, und dieses wird sie wieder zu Deutschen machen."

Nur wenige Deutsche stemmten sich solchem Ungeist entgegen. Aber was vermochte schon ein Artikel in der „Frankfurter Zeitung" oder in der „Hamburgischen Correspondenz" auszurichten, was der Protest des mutigen Sozialdemokraten August Bebel, der unter dem Gelächter und der Empörung des Reichstags Bismarck entgegenschleuderte, er halte die Annexion „für ein Verbrechen gegen das Völkerrecht" und „für einen Schandfleck in der deutschen Geschichte".

Ein ostpreußischer Liberaler, der Abgeordnete Johann Jacoby, protestierte am 14. September 1870 öffentlich gegen die Annexion

Elsaß-Lothringens: „Wie würde es uns gefallen, wenn einst ein siegreiches Polen – auf Grund des Kanonenrechtes – die Provinzen Posen und Westpreußen zurückfordern und annektieren wollte?“ Diese unzeitgemäße Betrachtung bekam ihm schlecht: Er wurde ins Gefängnis gesteckt, und seine Wähler kündigten ihm die Gefolgschaft.

„Ich fahre Europa vierelang" – Bismarck auf dem Friedenskongreß 1878

Drei Tage lang suchte Fürst Bismarck nach einem treffenden Wort, das seine Rolle auf dem europäischen Friedenskongreß, dem er präsidieren sollte, unmißverständlich umschrieb. Der Reichskanzler, ein Meister nicht nur des politischen Stils, nahm seine Verantwortung für die deutsche Sprache nicht weniger ernst als einst Luther bei der Bibelübersetzung. Die Suche hat sich gelohnt: Bismarck erfand ein geflügeltes Wort, das mit dem Berliner Kongreß so unlösbar verbunden ist wie das Gemälde des Hofmalers Anton von Werner. In seiner großen Rede vor dem Reichstag, auf die alle europäischen Regierungen mit Spannung warteten – drohte doch auf dem Balkan ein Krieg zwischen den anderen Großmächten –, ließ er es beiläufig, mit leiser Ironie einfließen: „Die Vermittlung des Friedens denke ich mir nicht so, daß wir nun bei divergierenden Ansichten den Schiedsrichter spielen und sagen: So soll es sein, und dahinter steht die Macht des Deutschen Reiches, sondern ich denke sie mir bescheidener, ja – ohne Vergleich im übrigen stehe ich nicht an, Ihnen etwas aus dem gemeinen Leben zu zitieren – mehr: die eines ‘ehrlichen Maklers’, der das Geschäft wirklich zustande bringen will.“

Im Protokoll ist „Heiterkeit“ vermerkt, und geschmunzelt haben wird auch Bankier Bleichröder, als er Bismarck hernach sagte, einen ehrlichen Makler, den gebe es nicht. Aber in den Schulbüchern hat sich die Legende festgesetzt, die den Vorvätern lieb und teuer wurde: Aus dem Mann von Blut und Eisen war der Friedenskanzler geworden, der das europäische Gleichgewicht für eine Generation lang wiederherstellte. Nie wieder ist Deutschland so geachtet gewesen, sein Kanzler so bewundert worden wie auf dem

Berliner Kongreß. Doch die Geschichtsforscher dies- und jenseits der Grenzen sind sich längst nicht mehr einig, ob das Gipfeltreffen, wie man heute sagt, wirklich den Höhepunkt in der politischen Laufbahn Bismarcks bedeutet oder nicht vielmehr das Scheitern seiner Außenpolitik, ja der europäischen Sicherheitspolitik überhaupt. Hat es der Altkanzler im Sachsenwald auch so empfunden? Der Berliner Kongreß, so hat er einmal gesagt, sei „die größte Torheit" seines politischen Lebens gewesen.

Hinterher ist leicht reden. In der Situation der Jahre 1875/1878 sah Bismarck keine andere Möglichkeit, wollte er nicht seiner Aufgabe untreu werden, die er sich nach der Reichsgründung gesetzt hatte: den jungen deutschen Nationalstaat von allen Händeln dieser Welt fernzuhalten. Er (und mit ihm mehr oder weniger unbewußt alle Deutschen) litt bereits unter dem „cauchemar des coalitions", dem Alpdruck der Einkreisung durch die benachbarten europäischen Großmächte, die auf das waffenstarrende Vierzig-Millionen-Volk in der Mitte des Kontinents mit unbehaglichen Gefühlen schauten.

Bismarck plagte in jenen Jahren, in denen es mit seiner Gesundheit nicht zum besten stand, der Gedanke, daß es ohne ihn drei Kriege – die von 1864, 1866 und 1870 nicht gegeben hätte, 80 000 Menschen nicht umgekommen wären und Eltern, Brüder, Schwestern, Witwen und Liebsten nicht trauerten. Er wollte wirklich den Frieden, um fast jeden Preis. Krieg galt zwar allen Kabinetten als „ultima ratio", war noch nicht durch internationale Gesetze verfemt, aber die großen europäischen Völker hatten in jenem Jahrhundert genug davon erlebt. Nun aber, nach dem plötzlichen Aufstand der südslawischen Untertanen des türkischen Sultans, 1875 in Bosnien und der Herzegowina, 1876 in Bulgarien, nach dem allgemeinen Balkankrieg und dem folgenden russisch-türkischen Krieg zog ein Konflikt zwischen Deutschlands Freunden – Rußland, Österreich, England – herauf, in dem dann Bismarck wohl oder übel hätte Stellung beziehen müssen.

Bismarck sah sein ausgeklügeltes Friedens- und Sicherheitskonzept gefährdet. Was ihm als Bild vorschwebte, hat er 1877 im „Kissinger Diktat" niedergelegt: „nicht das irgendeines Ländererwerbs, sondern das einer politischen Gesamtsituation, in welcher alle Mächte außer Frankreich unser bedürfen und von Koalitionen gegen uns durch ihre Beziehungen zueinander nach Möglichkeit abgehalten werden". Unausgesprochen hieß das: Deutschlands Großmachtstellung, sein Anspruch auf Vorherrschaft, beruhte einzig auf den Widersprüchen der anderen. Deshalb mußte Bismarck dauernd auf dem Quivive sein, damit nicht zwei der anderen vier Großmächte so intim miteinander wurden, daß die übrigen sich politischen oder militärischen Druck gegen das Reich hätten erlauben dürfen.

Insofern war der Balkanaufstand für ihn ein Glücksfall, wurden doch dadurch die Interessen der anderen von der Mitte Europas an die Peripherie abgelenkt: Bismarck genierte sich nicht, durch allerlei Ratschläge die anderen Großmächte noch eigens zu ermuntern. Zugleich beruhigte er sie aber wegen der eigenen Absichten: In der orientalischen Frage (der Nahe Osten fing damals gleich hinter Wien an) sehe er, so am 5. Dezember 1876 vor dem Reichstag, kein Interesse für Deutschland, „welches auch nur die gesunden Knochen eines einzigen pommerschen Musketiers wert wäre".

So edel, wie der Satz da steht, ist er freilich nicht gedacht. Bismarcks königlicher Herr zum Beispiel, der alte Kaiser Wilhelm, wäre gar zu gern Seite an Seite mit den russischen Waffengefährten ausgezogen, um die grausam verfolgten Balkanvölker vom Türkenjoch zu befreien, wie er es für seine christliche und humanitäre Pflicht hielt. Die Kunde von den bulgarischen Greueln entsetzte damals ganz Europa. Viele Dörfer waren von irregulären Banden gebrandschatzt, ihre christlichen Bewohner zu Tausenden massakriert, Hunderte von Frauen verschleppt und entehrt worden. Besonders in England gingen die Wogen der Volkserregung hoch. Wortführer der Empörten wurde der liberale Politiker Gladstone: „Laßt uns dafür sorgen, daß die Türken aus dieser Provinz, die sie verwüstet und geschändet haben, bald mit Sack und Pack verschwinden!"

Aber so wenig Gladstone die Tory-Regierung unter Benjamin Disraeli, dem Earl of Beaconsfield, von ihrer kühlen, die Türkei schonenden Interessenpolitik abbringen konnte, so wenig vermochte er einem Realpolitiker wie Bismarck zu imponieren, der für den „Professor" Gladstone nur ein mildes Lächeln übrig hatte. Von „gemütlichen Regungen" hielt er nichts; die Freundschaft des Reiches mit seinen Nachbarn war ihm allemal wichtiger als der Freiheitsdrang und das Los der Balkanchristen, Völkern, auf die er – wie es bei den zivilisierten, reicheren Ländern Europas üblich war – mit Arroganz herabblickte: für ihn waren sie samt und sonders „Hammeldiebe".

Schon gar nicht ließ er sich durch die dauernden Appelle an die europäische Solidarität aus der Reserve locken, an denen es vor allem Zar Alexander II. und sein Reichskanzler Fürst Gortschakow nicht fehlen ließen. Sie verlangten, ganz Europa müsse jetzt sprechen, vor allem sein mächtigster Souverän, der deutsche Kaiser, müsse prononcierter hervortreten. Rußland, dessen Zar Schutzherr der griechisch-orthodoxen Kirche war und sich von einer breiten panslawistischen Volksströmung getragen wußte, erbat sich von Deutschland den Zuspruch, „als Mandatar Europas unerträglichen Zuständen ein Ende zu machen". Als Gortschakow einmal zu stark auftrug (Rußland wolle nun „ohne alle Hintergedanken, bloß vom Standpunkt der Menschlichkeit" handeln), entfuhr es Bismarck: „Wozu die Heuchelei im vertraulichen Verkehr?"

Wer das Wort Europa allzu häufig im Munde führte, den verdächtigte Bismarck, er wolle von anderen Mächten etwas verlangen, was er im eigenen Namen nicht zu fordern wage. „Who is Europe?" pflegte er zu fragen. Gladstones Ideen von einem europäischen Konzert, einer kollektiven Friedenssicherung, die sich an den Rechten der Nationen (auch der kleinen Balkanvölker) orientierte, setzte Bismarck seine auf den nationalen Interessen fußende Staatsräson entgegen; er rechnete lieber mit festen Größen: Mächten, Staaten, Höfen, deren Ziele und Motive er einkalkulieren konnte.

Er wollte den Frieden – in der Mitte Europas, so müssen wir hinzufügen. Ein Feuerchen am Horizont, Pulverfässer auf dem Balkan störten ihn nicht. Noch nach der Berliner Konferenz floß ihm der verräterische Satz in die Feder, ein dauerhafter Friede im Osten liege gar nicht im deutschen Interesse. Vielmehr würde „es ein Triumph unserer Staatskunst sein, wenn es uns gelänge, das orientalische Geschwür offenzuhalten, dadurch die Einigkeit der anderen Mächte zu vereiteln und unseren eigenen Frieden zu sichern". Er suchte bereits wieder nach neuen Aushilfen, denn der Kongreß, das stand schon nach ein paar Wochen fest, hatte Deutschland nicht genützt, sondern geschadet – es hatte ihm den Haß der führenden Kreise des Zarenreichs eingetragen.

Eben diesen Ausgang ahnend, hatte sich Bismarck lange gegen die Konferenzidee gesträubt. Deutschland, so beteuerte er mehrmals, sei nicht zur Führung Europas berufen, es wolle weder dessen Schiedsrichter noch Schulmeister sein. „An Deutschland werde Tag für Tag der Anspruch herantreten, zwischen den beiden feindlichen Gruppen des Kongresses das Schiedsrichteramt zu übernehmen, das Undankbarste, was uns zufallen kann; und da wir nicht geneigt sein können, von zu Hause aus und fest und rücksichtslos eine der beiden Parteien zu ergreifen und festzuhalten, so hätten wir die beste Aussicht, daß unsere drei Freunde, Rußland, Österreich, England den Kongreß in übler Stimmung für uns verließen, weil keiner so von uns unterstützt worden, wie er es erwartete."

Die Ereignisse machten seine guten Vorsätze zuschanden. Als die Russen Anfang 1878 nach einem langwierigen, verlustreichen, kostspieligen Feldzug endlich vor den Toren der türkischen Hauptstadt Konstantinopel anlangten und ihren Feinden den Frieden diktierten, fühlte sich Österreich-Ungarn düpiert. Noch vor dem Krieg hatte sich Außenminister Graf Andrassy insgeheim mit den Russen darüber geeinigt, wie nach der erwarteten Auflösung des kranken Osmanischen Reiches der Balkan zwischen den beiden Großmächten aufgeteilt werden könne. Andrassy stellte die Russen vor die Alternative: Krieg oder Kongreß, weil sich das Zarenreich über europäische Verträge einseitig hinweggesetzt habe. Zur gleichen Zeit hetzte die sogenannte „Jingo"-Presse in England zum Krieg gegen Rußland. Disraeli, der den Seeweg nach Indien bedroht sah und mit allen Mitteln die russische Flotte vom Mittelmeer fernhalten wollte, ließ britische Panzerschiffe ins Marmarameer einlaufen und 7000 indische Soldaten nach Malta bringen.

Ob er es wollte oder nicht, Bismarck wurde von seinen Freunden in die Vermittlerrolle gedrängt. Er hatte sich in den Jahren zuvor allen russischen Zumutungen geschickt entzogen, die nicht nur für den Krieg gegen die Türken, sondern auch für einen möglichen Kampf mit Österreich von ihm wohlwollende Neutralität erwarteten. Der Zar meinte, Deutschland sei ihm solche Unterstützung schon aus Dankbarkeit schuldig, habe er den Preußen doch in ihren Kriegen gegen Österreich und Frankreich den Rücken freigehalten. An diese Dankesschuld erinnernd, hat er dem Kanzler die Zusage für den Kongreß entrissen.

Ehe der Kongreß am 13. Juni zusammentrat, waren die schwersten Hindernisse bereits ausgeräumt. Engländer und Russen hatten sich insgeheim geeinigt, ihre Truppen und Flotten an den Meerengen abzuziehen – die unmittelbare Kriegsgefahr war also gebannt. Inzwischen hatte sich in Deutschland die innerpolitische Lage erheblich verschlechtert; es mochte Bismarck nicht unlieb sein, durch einen außenpolitischen Erfolg seine Position zu stärken, sich dem Volk mehr denn je als unersetzbar zu empfehlen. Das Attentat des Dr. Nobiling auf den alten Kaiser hatte den Kanzler veranlaßt, den innenpolitischen Kurs zu wechseln. Er wollte nicht nur die Sozialdemokraten verfolgen lassen, sondern zugleich auch die unbequem gewordenen Nationalliberalen vernichten. Da der Reichstag ihm nicht das Sozialistengesetz bewilligen mochte, hatte er ihn nach Haus geschickt.

Berlin, das sich allmählich zur Weltstadt mauserte, genoß es, für ein paar Wochen im Zentrum der Welt zu stehen. Keiner der grossen Staatsmänner jener Zeit ließ sich zweimal bitten. Seit dem Wiener Kongreß hatte man eine so erlauchte Versammlung nicht mehr gesehen. Freilich, dieser Kongreß tanzte nicht, es ging preußisch-nüchtern zu und ganz ohne Weile. Die untere Wilhelmstraße war gespickt mit Schilderhäuschen; ein Heer unauffälliger Polizisten achtete auf mögliche Terroristen, und die großen Herren fuhren im geschlossenen Wagen vor.

Bismarck war dringend kurbedürftig: Er hielt sich mit seinen 63 Jahren noch kerzengerade, doch schien er weit vor seiner Zeit gealtert. Neuralgische Gesichtsschmerzen setzten ihm derart zu, daß er in den ersten Tagen einen Vollbart trug. Sein Leib war aufgeschwemmt, da er sich an keine Diätvorschriften hielt. Er labte sich am Büfett des Restaurants Borchardt, mit der einen Hand Krabben, mit der anderen Kirschen essend. Seine Umgebung zitterte dauernd, ob er die Strapazen des Kongresses durchstehen werde. Aufregungen brachten ihn zeitweilig um Schlaf und Appetit; mit einem Krug Portwein hielt er sich fit, damit er in den (insgesamt zwanzig Plenarsitzungen) stundenlang präsidieren konnte.

Die Veranstaltung verlangte ihm ein enormes Quantum an Konzentration ab, sowohl im Zuhören als auch im Gebrauch der französischen Sprache, die er fließend sprach, stockend nur, wenn er nach dem genauesten Ausdruck suchte.

Er hielt von Anfang an die Zügel fest in der Hand, und alle duckten sich unter seiner Peitsche. Nur ein Bismarck mit seinem jovialen Charme und seiner brutalen Härte konnte derart widerstrebende Parteien zusammenhalten und das Pensum in vier Wochen durchziehen. „Bismarck ließ uns einschwenken wie Unteroffiziere", erinnerte sich einer der Teilnehmer.

Bismarcks Gegenspieler war Fürst Gortschakow, den er als persönlichen Feind betrachtete (gleichwohl er ihn mit ritterlicher Höflichkeit behandelte); seine Antipathie übertrug sich sogar auf seine Dogge Tyras, die dem achtzigjährigen russischen Staatsmann zu Leibe wollte, als Bismarck ihm aus dem Tragestuhl aufhalf. Fast noch gebrechlicher wirkte der 73jährige britische Premier Disraeli; ihm begegnete Bismarck zunächst mit großer Skepsis, die dann in anhaltende Zuneigung umschlug: „Der alte Jude, das ist der Mann." Die beiden hatten viel Gemeinsames: den Hang zur Schauspielerei, die Lust an der Causerie, die geschliffene Sprache, die melodische Stimme, insonderheit die zynisch-nüchterne Betrachtung politischer Dinge.

Der alte Russe und der alte Brite überließen die Verhandlungen jüngeren, tüchtigen Diplomaten, die sie nicht ungern einen Teil der Verantwortung (für die unerläßlichen Konzessionen) mittragen ließen: dem Botschafter Graf Schuwalow und dem Außenminister Lord Salisbury. Schuwalow, der vor der inneren Schwäche des Zarenreiches die Augen nicht verschloß, hatte schon als Botschafter in London und in vielen Zusammenkünften mit Bismarck unermüdlich für den Frieden gearbeitet.

Österreich-Ungarn, das sich nach der Niederlage von 1866 dem Südosten zugewandt hatte, wurde folgerichtig durch den ungarischen Grafen Andrassy vertreten, eine Mischung aus Grandseigneur und Zigeuner, der Bismarck seine Freundschaft geradezu aufdrängte. Neben diesen Politikern verblaßten die anderen, so der redliche Franzose Waddington, der von Geburt und Erziehung ein Engländer war, die Vertreter Italiens und der Balkanländer.

Am schlechtesten waren die Besiegten dran, die Türken, denen Bismarck sofort über den Mund fuhr, wenn sie an den Friedensbedingungen zu mäkeln anfingen. Der Sultan hatte seine zweite Garnitur geschickt: einen Botschafter, der nicht mehr als ein Lakai war; einen christlichen Griechen, der in eine unmögliche Situation kam, als er den Ansprüchen seiner freien Landsleute entgegentreten mußte; und, wohl den Deutschen zuliebe, den General Mehemed Ali Pascha, der eigentlich Detroit hieß und aus Magdeburg stammte; als Schiffsjunge war er entlaufen und Muselman geworden; als Adoptivsohn eines Großwesirs hatte er Karriere gemacht. Von Bismarck und den preußischen Offizieren wurde er geschnitten.

Der Kongreß hatte sich lediglich die Aufgabe gestellt, den Friedensvertrag von San Stefano zu prüfen, das hieß: die russischen Ansprüche zu reduzieren, da sich ansonsten ein allgemeiner Krieg nicht hätte vermeiden lassen. Dreimal gab es eine Krise: wegen der bulgarischen Grenzen (die Engländern und Österreichern zu ausgedehnt waren), wegen Bosniens (das Österreich zu besetzen gedachte) und wegen der armenischen Hafenstadt Batum (die Rußland zu annektieren wünschte). England hatte vorher schon sein Schäfchen ins Trockene gebracht: Es ließ sich gegen ein Garantieversprechen und mit der Drohung, Griechenland zu erweitern, vom Sultan Garnisonsrechte auf Zypern abtreten.

Am 13. Juli wurde das neue Vertragswerk unterzeichnet. Manche seiner Bedingungen sind nie erfüllt worden; Bulgarien war schon nach sieben Jahren wiedervereinigt; Österreich mußte sich den Weg nach Bosnien erst blutig erkämpfen. Doch der große Krieg war vermieden worden. Erleichtert und stolz rief Bismarck aus: „Jetzt fahre ich Europa vierelang vom Bock!"

Eine unabsehbare Menschenmenge begrüßte Lord Beaconsfield und Lord Salisbury bei ihrer Rückkehr. Der Premier sprach das berühmte Wort vom „Frieden mit Ehren", an das dann 1938 Neville Chamberlain nach der Münchner Konferenz fatalerweise anzuknüpfen meinte. Weniger freundlich wurde Graf Schuwalow empfangen; nach der Audienz beim Zaren brach er fast zusammen. Jemand hat mit Recht gesagt, der vom Hofmaler verewigte Händedruck mit Fürst Bismarck habe dem Grafen das Genick gebrochen; er durfte nicht mehr Kanzler werden. Auf ihn und auf Bismarck luden die enttäuschten Russen ihren Zorn ab. Noch heute behaupten sowjetische Historiker, Bismarck habe auf dem Berliner Kongreß einseitig Österreich begünstigt. Bismarck hatte es anders in Erinnerung (und Schuwalow hat es bestätigt): „Während des Kongresses habe ich meine Rolle, soweit ich es irgend konnte, ohne Landesinteressen und befreundete Interessen zu verletzen, ungefähr so aufgefaßt, als wenn ich der vierte russische Bevollmächtigte gewesen wäre."

Die Folgen sind bekannt: Deutschland handelte sich eine schwerwiegende Verstimmung Rußlands ein, so daß sich Bismarck 1879 genötigt sah, den Zweibund mit Österreich zu schließen. Zwar hat er durch dieses Bündnis Rußland noch einmal in sein System hineingezwungen, aber der Riß ließ sich nicht mehr kitten. Gegen Ende seiner Kanzlerzeit brach eine neue schwere Krise aus, die Bismarck nur durch waghalsige, trickreiche, Bündniskombinationen meistern konnte. Zeitweilig hat er dabei erwogen, Österreich-Ungarn preiszugeben, womöglich sogar, um aus der Bredouille herauszukommen, das geplant, was er 1878 vereitelt hatte: einen allgemeinen Krieg der anderen, aus dem Deutschland seinen Vorteil gezogen hätte.

Das Spiel mit den fünf Kugeln, die Schaukel- und Schachtelpolitik des Deutschen Reiches, taugte nicht mehr, von der Mitte Europas aus den Frieden des Kontinents zu bewahren. Ein großer Diplomat, der den Eisernen Kanzler bewundert – Henry Kissinger –, hat geurteilt: „Die Erfordernisse des nationalen Interesses erwiesen sich als reichlich doppelsinnig. Bismarck konnte noch Selbstbeschränkung auf eine Philosophie des Eigeninteresses gründen. Unter den Händen anderer, die seines Fingerspitzengefühls entbehrten, führten seine Methoden zum Zusammenbruch der Staatenordnung des 19. Jahrhunderts." Wer die Zeichen unserer Zeit zu lesen versteht, wird aus dieser deutschen, europäischen Geschichte immer noch lernen können.

Das verhängnisvolle Drei-Kaiser-Jahr 1888

Bismarck hatte es gleich im Gefühl: mit dem neuen Jahr 1888 stimmte etwas nicht. Jedesmal, wenn er die Jahreszahl mit seiner dicken Tinte hinschrieb, ärgerte er sich, weil von den sechs Schleifen drei zu Klecksen mißrieten. Als Drei-Kaiser-Jahr ist es den Zeitgenossen unauslöschlich im Gedächtnis geblieben. Kaiser Wilhelm I. hätte eigentlich längst das Zeitliche gesegnet haben müssen – er stand im 91. Lebensjahr. Von seinem Sohn, Kronprinz Friedrich, wußte die Öffentlichkeit seit einigen Monaten, daß er unheilbar an Kehlkopfkrebs erkrankt war. Der 29jährige Enkel Wilhelm, federnd vor ungebändigter Kraft, stand schon sprungbereit.

Wendejahr 1888. Erst mit dem doppelten Generationswechsel auf dem preußischen Thron schickte sich die neue Großmacht im Herzen Europas an, nach der Weltmacht zu greifen. Noch saß im Reichskanzlerpalais an der Wilhelmstraße der 75jährige Otto Fürst von Bismarck, der Deutschland wie ein Diktator regierte. „Es ist nicht leicht, unter einem solchen Kanzler Kaiser zu sein", stöhnte der alte Wilhelm.

Der Reichskanzler, geplagt vom Alpdruck feindlicher Koalitionen, bangte um sein Werk. Würden die Nachfolger das Spiel mit den vier Kugeln beherrschen, durch ein ausgeklügeltes System von Bündnissen und Rückversicherungen den Frieden in Europa sichern? Darum trat er am 6. Februar 1888 – bei der Debatte über eine neue Militärvorlage – vor den Reichstag und sprach die alsbald geflügelten Worte: „Wir Deutsche fürchten Gott, aber sonst nichts in der Welt. Und die Gottesfurcht ist es schon, die uns den Frieden lieben und pflegen läßt." Ein Signal vor allem an Rußland, das er nach den jüngsten Spannungen beschwichtigen wollte.

Dies waren die letzten Worte, die Bismarck von Wilhelm I. hörte, als er sich über den Sterbenden beugte: „Das mit dem Kaiser von Rußland hast du sehr gut gemacht." Er vermeinte freilich, seinen Enkel Wilhelm vor sich zu haben. Dennoch war's Bismarck zufrieden. Denn der junge Prinz orientierte sich am Großvater. Der Kurs des Reichsschiffes schien zunächst ungefährdet.

Am 16. März 1888 wurde Wilhelm I. zu Grabe getragen. Im Kreise seiner Familie war er sanft entschlafen. „Wie ein lieber, guter, alter Weihnachtsmann" habe er auf dem Totenbett gelegen, bemerkte etwas respektlos die Gräfin Waldersee, eine gebürtige Amerikanerin. So haben ihn die Deutschen auch in Erinnerung behalten. „Wir wollen unsern alten Kaiser Wilhelm wieder haben", sangen sie nach dem Sturz der Monarchie, „aber den mit dem Bart!"

Während der Revolution von 1848 hatte der „Kartätschenprinz" Wilhelm vor den Aufständischen nach England fliehen müssen; jetzt aber defilierten zweihunderttausend Berliner im Dom am offenen Sarg vorbei. Und dicht gedrängt stand das Volk bei scheußlichem Winterwetter an den Straßen vom Neuen Palais bis zum Mausoleum in Charlottenburg, wo der Kaiser neben seinen Eltern, der Königin Luise und Friedrich Wilhelm III., beigesetzt wurde.

Die Straße Unter den Linden und das Brandenburger Tor waren in ein Meer von schwarzen Fahnen und schwarzem Flor gehüllt. Acht Rappen zogen den Sarg. Ihm folgten das Leibroß und im gemessenen Abstand, den Platz für den todkranken neuen Kaiser Friedrich aussparend, Kronprinz Wilhelm, den Husarenmantel fest um den schmalen Körper geschlungen, einsam und aufrecht. Viele brachen ob dieses Anblicks in Tränen aus.

Die Nachdenklicheren spürten: Hier wurde Preußen, hier wurde der letzte König von Preußen zu Grabe getragen. Bis ins hohe Alter hatte er seine Pflicht, seinen „Dienst" getan, pünktlich und regelmäßig wie ein Uhrwerk. Er verkörperte den Spruch „Mehr sein als scheinen", ausgestattet mit natürlicher Würde und Herzenshöflichkeit, eine schlichte Soldatennatur, liebenswürdig zu jedermann, ritterlich und charmant zu Frauen. Bismarck – er war dem Leichenbegängnis ferngeblieben – hernach: „Diese Art stirbt aus. Die Monarchen, es werden keine mehr geboren."

Den neuen Kaiser, der nur noch 99 Tage leben würde, hatte er schon nicht mehr auf der Rechnung. Einige Linksliberale, die ihre Hoffnungen an Friedrich III. festmachten, mochten erwartet haben, er werde statt des reaktionären Bismarck einen liberalen Kanzler berufen. Aber ehe Bismarck dem neuen Herrn - der aus der Wärme San Remos, wo er Linderung von seinen Leiden suchte, mit dem Zug in den kalten Norden geeilt kam - bis Leipzig entgegenfuhr, hatte er sich bei einem Arzt erkundigt, wie lange der Krebskranke noch durchhalten könne. Die für den Machtpolitiker eher beruhigende Auskunft: Der Kaiser würde den Sommer nicht überleben. Bei der Begegnung in Leipzig entbot Bismarck – ganz treuer Vasall – den Handkuß, doch Friedrich, nach seiner Operation verstummt, nahm den alten Kanzler in seine Arme und hob ihn zu sich empor.

Friedrich III. gibt immer noch Stoff für intellektuelle Unterhaltungen her, einmal wegen seiner Krankheitsgeschichte samt den Fehldiagnosen und Kunstfehlern berühmter Ärzte, sodann wegen der müßigen, aber reizvollen Frage: Was wäre, wenn Friedrich zwanzig Jahre früher den Thron bestiegen hätte? War er wirklich die Hoffnung der Liberalen, hätte er, unter dem Einfluß seiner englischen Frau, einer Tochter der Queen Victoria, Deutschland in eine parlamentarische Monarchie nach westlichem Vorbild umgewandelt?

Bismarck hielt von alledem gar nichts: Friedrichs Liberalismus sei seiner „unglaublichen politischen Schwachköpfigkeit“ entsprungen. Da hatte der Reichsgründer nicht ganz unrecht. Was hätte Friedrich denn viel an den Machtstrukturen ändern wollen? Die linksliberale Deutsch-Freisinnige Partei, die sogenannte Kronprinzenpartei, war bei den letzten Reichstagswahlen auf rund acht Prozent zurückgefallen. Sie hatte nur noch 32 Mandate. Außerdem war sie in sich gespalten. Die Nationalliberalen jedoch, die mit 99 Abgeordneten als stärkste Partei einzogen, hatten sich längst selber verraten, als sie nach der Schlacht von Königgrätz dem verführerischen Reiz nationaler Macht erlagen und die Einheit der Freiheit vorzogen. Seit 1879 herrschte die Koalition zwischen Landjunkern und Schlotbaronen, zwischen Rittergut und Hochofen, zwischen Großgrundbesitz und Schwerindustrie – ein Bündnis, das den Prozeß der demokratischen Entwicklung in Deutschland um Jahrzehnte verzögert hat und als Vorbelastung in die Weimarer Republik übernommen wurde. Die Machteliten – Hof, Adel, Militär, Beamtentum – denen sich das Großbürgertum zugesellte, hätten keine demokratischen Reformen zugelassen. Das schaffte erst die Niederlage 1918.

Es ist auch die Frage, ob Friedrich die Reformen überhaupt gewollt hätte. Jedenfalls ist dieser zweite Kaiser ein stolzer Hohenzoller gewesen, der sich im Ruhm seiner Kriegstaten sonnte. Anders als der bescheidene Vater liebte er Prunk und Pose; er wollte wirklich ein Kaiser mit Reichsapfel und Purpurmantel sein, nicht bloß erster unter zweiundzwanzig gleichen Bundesfürsten, so eine

Art Präsident. Zeitweilig huldigte er einem törichten Kulturimperialismus; ein bayerischer Diplomat hat ihn sogar als einen rechtsradikalen Alldeutschen verdächtigt. Zu den Widersprüchen Friedrichs gehört aber auch, daß er das Kitschdenkmal am Niederwald verabscheute, weil es die geschlagenen Franzosen unnötig verletzte.

Nein, Friedrich jagte Bismarck und den herrschenden Kreisen keine Angst ein. Er war leicht lenkbar, wie sich nach der Thronbesteigung rasch zeigte. Gefahren witterten die Preußen jedoch bei seiner Frau Victoria, die der schmucke Hohenzoller als Sechzehnjähriger von England nach Deutschland geholt hatte. Sie war selbst für heutige Verhältnisse eine erstaunlich emanzipierte Frau, ihren Mann überragte sie geistig bei weitem. Als Kind hatte sie schon – unter Anleitung ihres Vaters, des aus Deutschland stammenden Prinzgemahls Albert – historische Abrisse geschrieben. Sie beherrschte vier Sprachen, las regelmäßig mehrere politische Zeitschriften, war vielseitig interessiert, an den Naturwissenschaften und der Technik, an den schönen Künsten. Sie hatte sogar Marx' „Kapital" studiert.

Bismarck, der „Frauenröcke" in der Politik nicht ausstehen konnte („Prinzessinnen brauchen keine Hirnschale") haßte die „Engländerin", und er verachtete ihren Mann, weil er von ihr abhängig und unterwürfig wie ein Hund sei. Wer weiß, welche Abgründe sich in der Seele Bismarcks auftaten, als er die 58jährige Kaiserin als eine „wilde Frau" beschrieb: Wenn er ihr Bild sehe, so graue ihm oft vor der ungebrochenen Sinnlichkeit, die aus ihren Augen spreche.

Victoria, immer noch leichtfüßig wie ein junges Mädchen, lebte ihre Gefühle und konnte sich nicht verstellen. Das machte sie in den tonangebenden Kreisen suspekt. Wer aber in ihrem Salon verkehrte – Akademiker, Leute des gehobenen Mittelstandes – war von ihrem Wesen bezaubert. Sie dachte von Bismarck nicht minder abschätzig wie er von ihr; sie verkannte nicht über seine Erfolge die Schattenseiten seiner Persönlichkeit. In der langen Wartezeit mußte sich das Kronprinzenpaar bescheiden, seine Tätigkeiten außerhalb der Politik suchen, bei den Künsten und Wissenschaften. Die beiden gründeten oder förderten Museen und wissenschaftliche Institute, unterstützten Ausgrabungen, luden Maler und Historiker, Physiker, Chemiker und Mediziner zum Gespräch.

Doch nun war es zu spät, die Träume von einem fortschrittlichen Deutschland zu verwirklichen. „Ich komme mir vor wie ein Wrack, wie ein sinkendes Schiff, so verwundet und niedergeschlagen, so wunden Herzens, als ob ich aus tausend Verletzungen blutete", schrieb die Kaiserin ihrer Queen-Mutter. Ihr Leiden wurde vermehrt durch die feindselige Haltung der Öffentlichkeit – ihr lastete man die verpfuschte Kehlkopf-Operation des Kaisers an, da sie einen englischen Arzt hinzugezogen hatte – fortan hieß sie „die Mackenzie". Bismarck schürte die Stimmung noch durch hinterhältige Pressekampagnen. Kurz vor seinem Tod am 15. Juni 1888 empfing der Kaiser den Kanzler zum letzten Mal. Er legte dessen Hand in die Hand der Kaiserin, so als wolle er zwischen beiden Frieden stiften. Victoria jedoch meinte, sie hätte in den Augen des Kanzlers die Freude über den Triumph blitzen sehen.

Kaum war sein Vater tot, ließ der neue junge Kaiser Wilhelm II. Schloß Friedrichskron von Gardesoldaten absperren und vor jede Tür einen Posten mit geladenem Gewehr aufziehen. Ein Generaladjutant durchstöberte die Schubläden seiner Eltern nach geheimen Papieren, da der Sohn befürchtete, Victoria könnte sie nach Windsor Castle schaffen – dort waren sie aber längst. Diese erste Handlung des neuen Herrschers ist von den Historikern scharf zensiert worden, doch sollte man bedenken, wie sehr Wilhelm unter seiner Mutter gelitten hatte, immer noch litt, und in welcher Haßliebe er ihr verbunden war.

Die Deutschen atmeten nach den niederdrückenden 99 Tagen auf. Hatten sie sich beim ersten Wilhelm geborgen gefühlt, so wollten sie vom zweiten emporgehoben, zu neuen Ufern geführt werden: Ein anderes Zeitalter brach am 15. Juni an – das wilhelminische. Bismarck hatte schon während seiner Auseinandersetzungen mit Victoria schamlos die Spannungen zwischen Mutter und Sohn ausgenutzt. Wilhelm war, wie ein englischer Beobachter bemerkte, wie Wachs in den Händen des Kanzlers. Am Tage vor der Thronbesteigung versicherte Wilhelm dem von ihm bewunderten Reichsgründer, daß er die Regierung im Sinne seines Großvaters führen und sich im Reichstag auf die Kartellparteien (National-liberale, Deutschkonservative, Reichspartei) stützen werde, also nicht auf die Hochkonservativen und schon gar nicht auf die Fortschrittlichen, deren „Wühlereien" er Einhalt gebieten wolle.

Ehe sich der neue Herrscher mit einer Proklamation an sein Preußenvolk wandte, richtete er Tagesbefehle an Heer und Marine, seine Vorliebe aufzeigend. Ein Ton wie helle Fanfaren. Bismarck beeilte sich, dem Kaiser in seine Thronrede ein paar friedliche Passagen hineinzuschreiben, um das Ausland nicht zu verbiestern. Doch bei dem Satz „In der auswärtigen Politik bin ich entschlossen, Frieden zu halten mit jedermann, soviel an Mir liegt", betonte er das „Mir" derart, daß es wie Donnerhall klang. Dem alten Kanzler gab er zum Dank die Hand, und Bismarck konnte nicht anders, als sie zu küssen. Wilhelm, von Kopf bis Fuß Imperator, ließ es sich gefallen - eine menschliche Geste, wie sie seinem Vater selbstverständlich war, lag ihm in diesem Augenblick fern.

Ein neuer Wind fegte durchs Land, nur wußte man bald nicht mehr, aus welcher Richtung. Auch Bismarck, der sich krank fühlte und lieber fernab von Berlin in Varzin oder Friedrichsruh weilte, sollte allmählich merken, daß er sich in dem jungen Mann getäuscht hatte.

Ursprünglich hatte er ihm wegen der strengen Erziehung genügend Härte und Konsequenz zugetraut. Seinem Sohn Herbert, dem Staatssekretär im Auswärtigen Amt, überließ er es, den Kaiser unter Kontrolle zu halten, doch Herberts Charakteranlagen reichten dazu nicht hin. „Der Kaiser ist wie ein Ballon", meinte der Kanzler, „wenn man ihn nicht fest am Stricke hielte, ginge er weiß wohin." Der aber ließ unter Vertrauten ausstreuen, er werde den alten Mann sechs Monate verschnaufen lassen und dann selber regieren.

Der neue Herr ging gar zu forsch zu Werke. Rastlos fuhr er durchs Land und hielt Reden. Als erstes hatte er einen neuen Sonderzug in Auftrag gegeben, blau-, creme- und goldlackiert. Der Berliner Volksmund nahm es von der lustigen Seite: „Erst der greise Kaiser, dann der weise Kaiser, nun der Reisekaiser". Die Nationalhymne „Heil dir im Siegerkranz" wurde spaßhaft in „Heil Dir im Sonderzug" umgetauft.

Mit der altpreußischen Sparsamkeit war es eh vorbei. Hatte Großvater Wilhelm zweiundzwanzig Millionen Mark erspart, so ließ sich Enkel Wilhelm sogleich die Zivilliste auf sechs Millionen erhöhen, damit sein Hof genau so großartig repräsentieren könne, wie die Höfe anderer Großmächte. Auf seine Reisen nahm er 80 Diamantringe mit, 150 silberne Orden, 50 Busennadeln, drei Goldrahmen, 30 goldene Uhren, 100 Dosen und 20 diamantenbesetzte Adlerorden. Bunt, farbig und fidel ging es bei Hofe zu; die Hofschranzen bekamen eine neue Tracht verordnet; die Bälle wurden zu Kostümfesten. Dem Kaiser machte es am meisten Spaß.

Seinen ersten Staatsbesuch stattete er im Juli 1888 dem Zaren in Peterhof ab (England, so seine subtile Rache an der Großmutter-Queen, kam erst 1889 dran.). Anschließend dampfte er mit seiner Jacht und zehn Kriegsschiffen nach Stockholm weiter. Von dort schickte er seinem Busenfreund, dem Gesandten und Komponisten Philipp („Phili") Eulenburg, ein überschwengliches Telegramm „aus dem Land der Skaldengesänge, der schönen Frauen und des Meereskönigs". Unterschrieben hatte er mit „Hokan", einer Figur aus einem Eulenburgschen Skaldengesang.

Den ausführlichen Bericht reichte Wilhelm erst etliche Wochen später nach, noch berauscht von der Fahrt mit seinem „Drachen" durch die Schären, vom Salut des „ersten deutschen Geschwaders an den Palast des nordischen Königs", schwärmend von der „Masse" schöner Mädchen und Frauen in Stockholm, dabei ungehemmt seinem Hang zum Obszönen frönend. Der Schlußsatz hätte von einem pubertären Pennäler stammen können: „Was konnte man mehr verlangen? Antwort: Die Dunkelheit und eine Lagerstatt."

So war er, der neue Herrscher – und so blieb er all die dreißig Jahre, ein ewig junger, nie erwachsen gewordener Mann, eine narzistisch schwer gestörte Persönlichkeit. Wegen eines ärztlichen Mißgeschicks bei der Geburt hatte der Kaiser einen verkrüppelten linken Arm. Dieses Gebrechen lernte er durch eiserne Disziplin und Selbstbeherschung überspielen; er wurde ein vorzüglicher Reiter und Schütze. Die Mutter, mit ausgeprägt starkem Willen, hatte wohl anfänglich wenig Gefühl für das verkrüppelte Kleinkind gezeigt; danach übertrug sie das Vorbild ihres Vaters auf den Sohn, delegierte auf ihn ihre politischen Machtträume.

Dieses Mann-Kind, das viel zu früh auf den Thron kam, hat seine Frühschäden nie abstreifen können: hochintelligent und phantastisch, unstet und schwankend, taktlos und liebenswürdig, unkontrolliert in seinen Wutausbrüchen, großsprecherisch und kraftprotzig. Eine schutzlose Menschenseele, die ihren Mangel an Zuwendung durch Großmannssucht kompensierte. Walther Rathenau urteilte über Wilhelm II.: „Eine zerrissene Natur, die den Riß nicht spürt; er geht dem Verhängnis entgegen!"

Der Lotse geht von Bord – Bismarcks Entlassung 1890

Der Hilferuf kam mit der Frühpost. Geheimrat Fritz von Holstein, die Graue Eminenz im Auswärtigen Amt, bat den preußischen Gesandten am großherzoglichen Hof zu Oldenburg, Philipp Graf zu Eulenburg, schleunigst nach Berlin zu kommen. Es klang wie ein Befehl: „Bitten Sie um Urlaub wegen Privatangelegenheiten. Richten Sie sich bitte so ein, daß Sie nicht später als Donnerstag, womöglich früh, hier sind. Morgen abend spät wäre noch besser." Und dann wird es konspirativ: „Telegraphieren Sie an mich nicht von Oldenburg, sondern von Hannover, ohne Unterschrift, nur Stunde der Ankunft."

Dieser Brandbrief vom 11. März 1890 versetzt uns mitten in die Verschwörung, die vor hundert Jahren den Sturz des Reichsgründers Otto Fürst Bismarck herbeiführte. Der seit Wochen schwelende Konflikt zwischen Kaiser Wilhelm II. und dem Reichskanzler hatte sich gefährlich zugespitzt. Holstein fand, „daß jede Stunde von Wert für den Kaiser ist". Wie so oft wurde die Kanzler-Fronde in Berlin von Panik erfaßt bei dem Gedanken, der junge Wilhelm könnte wiederum vor dem gefürchteten alten Kanzler in die Knie gehen.

Da half nur noch „Phili" Eulenburg, der dem zwölf Jahre jüngeren Monarchen inniglich zugetan war. Viel später, als Eulenburg wegen homosexueller Verfehlungen vor Gericht kommt, wird ihn der Kaiser schmählich im Stich lassen. Aber zu dieser Zeit himmelte er den Grafen an, diesen liebenswürdigen Causeur von altem ostpreußischem Adel, der sich auch als Balladendichter, Liederkomponist und -sänger einen Platz in der wilhelminischen Gesellschaft erworben hatte. Auf seinem brandenburgischen Schloß saß Eulenburg der „Liebenberger Tafelrunde" vor, einem homoerotisch angehauchten Männerbund, in den er den vereinsamten Prinzen Wilhelm (Spitzname „Das Liebchen") eingeführt hatte.

Herr von Holstein hingegen, ein diplomatisches Ziehkind der Bismarcks, saß über seinen Akten im dunklen Gemach des Auswärtigen Amts oder bei Borchard vor einem Schnitzel à la Holstein und zog wie eine Spinne im Netz seine Intrigen. Im Machtkampf zwischen Bismarck, der um die innenpolitische Stabilität und die äußere Sicherheit des neuen Reiches bangte, und dem ebenso tatendurstigen wie sprunghaften Wilhelm mit seinen hochfliegenden

Plänen, der nach dem Tod seines Vaters im Dreikaiserjahr 1888 viel zu früh den Thron bestiegen hatte, eignete sich Eulenburg besonders gut als Zwischenträger. Denn er war auch im Hause Bismarck gern gesehen, freilich mehr seiner musischen Begabung wegen.

Es wäre zu einfach, wollte man die Ursache der Spannungen zwischen Bismarck und Wilhelm II. einzig dem Generationensprung bei der Erbfolge zuschreiben oder der geistig kaum noch zu überbrückenden Erfahrungsspanne zwischen einem Fünfundsiebzigjährigen und einem Dreißigjährigen. Vielmehr wurde der Kanzler Opfer einer grandiosen Selbstüberschätzung seiner Macht. Seit 28 Jahren lenkte er das Staatsschiff; er war der gar nicht so heimliche Diktator Deutschlands. Wissenschaftler haben sein Regierungssystem (nach dem Muster Napoleons III.) als bonapartistisch oder cäsaristisch beschrieben. Treffender witzelte der alte, bescheidene Wilhelm I.: „Es ist nicht leicht, unter einem solchen Kanzler Kaiser zu sein." Während der 99 Tage des todkranken Friedrich III. hatte sich an diesem auf den Kopf gestellten Herr-Diener-Verhältnis nichts geändert.

Dem in seiner Unreife unberechenbaren Enkel Wilhelms I. ließ Bismarck die lange Leine zum Reisen, Reden und Repräsentieren. Er meinte, es sich leisten zu können, bis zu sieben Monaten fernab von der Hauptstadt auf seinen Besitzungen im hinterpommerschen Varzin oder im lauenburgischen Friedrichsruh zu verbringen. Militär und Beamtenschaft würden das Reich schon zusammenhalten, und im Reichstag konnte auch nichts schiefgehen, solange dort das Wahlkampf-Kartell aus den beiden konservativen Parteien und den Nationalliberalen herrschte, eine Neuauflage des Bündnisses von „Roggen und Eisen", von feudalem Großgrundbesitz und moderner Schwerindustrie, Krautjunkern und Schlotbaronen. Derweil hielt Bismarcks ältester Sohn Herbert, dem er das Auswärtige Amt anvertraut hatte, in Berlin die Stellung, im Irrglauben, seine Jugendfreundschaft mit dem Hohenzollern werde ewig dauern, vielleicht in der Hoffnung, eines Tages in die großen Kürassierstiefel des Kanzler-Vaters zu steigen.

Der „Alte aus dem Sachsenwald" wurde sehr nachdenklich, als ihn Zar Alexander III. im Herbst 1889 unvermittelt fragte, ob er sicher sei, Kanzler zu bleiben. Doch dann tröstete er sich mit dem Gedanken, „daß ich im Dienst sterben würde", gemäß dem Leitspruch, den er dem dritten Band von „Erinnerung und Gedanke" vorangestellt hatte: „Patriae inserviendo consumor" – „Im Dienste des Vaterlandes verzehre ich mich".

Wilhelm II., bei dessen Erziehung seine Eltern viel gesündigt hatten, mag zeitweilig in Bismarck einen Ersatzvater gesehen haben: „Ich verehrte und vergötterte ihn." Doch er wollte nicht unter oder an ihm leiden, wollte sein eigener Kanzler sein, wie Bismarck spöttelte. Vielen Zeitgenossen war das erstarrte Regime zur lästigen Kalamität geworden, ganz zu schweigen von den erklärten Gegnern, ungezählten Katholiken und Arbeitern, die Bismarck durch den Kulturkampf und die Sozialistenverfolgung auf immer verprellt hatte.

Während der langen Abwesenheiten des Reichskanzlers entstand in der Reichshauptstadt allmählich ein Machtvakuum, das nur zu bald von Militärs, hohen Beamten, Parteipolitikern und von unverantwortlichen Ratgebern am königlichen Hof ausgefüllt wurde. Sie wollten das Königsrecht für ihre politischen Zwecke oder auch nur die eigene Karriere einsetzen. Gewiß, selbst in einem demokratisch-parlamentarischen System wird immer so regiert werden wie von alters her: Der Regierende stützt sich auf den Rat eines kleinen Kreises von Vertrauten, die zumeist in der Verfassung nicht vorgesehen sind.

Im Falle des Deutschen Reiches jedoch mußte sich dieser Umstand verhängnisvoll auswirken, weil sich Bismarck die Reichsverfassung auf den Leib geschneidert hatte. Relikte des preußischen Obrigkeitsstaates vermengte er mit modernen Elementen der bürgerlichen Demokratie und föderativ-rechtsstaatlichen Strukturen des Alten Reiches und des Deutschen Bundes. Die von Bismarck bis aufs Blut verteidigte Kommandogewalt der preußischen Militärmonarchie und die vorindustrielle ostelbische Wirtschaftsverfassung standen einer Reform des Staates, einer dringlichen Anpassung an die Demokratien des Westens, im Wege.

Die Widersprüche dieser Innenpolitik wurden überdeutlich mit der sozialen Frage. Anders als Bismarck, der hernach versuchte, seine Entlassung auf Streitigkeiten um die Kompetenzen des preußischen Ministerpräsidenten, der er ja auch war, und über die künftige Rußlandpolitik zurückzuführen, hat Wilhelm II. in seinen Memoiren klar den eigentlichen Grund für den Bruch mit dem Kanzler benannt: den schweren Konflikt um die Arbeiterschutzgesetze und, nicht davon zu trennen, das berüchtigte Sozialistengesetz.

Der junge Kaiser, auf den zumindest die groß- und kleinbürgerlichen Teile der Nation ihre Zukunftshoffnungen setzten, stand in dieser Frage zweifellos auf der Seite des Fortschritts. Er wollte das von Bismarck entworfene und von seinem Großvater feierlich aus der Taufe gehobene Sozialversicherungswerk, seinerzeit vorbildlich in Europa, durch neue Reformen ergänzen, das soziale Netz dichter flechten und weiter spannen.

Denn unverkennbar war Bismarck mit seiner Arbeiterpolitik gescheitert. Er hatte sein Ziel, durch staatliche Wohlfahrt die Proletarier zu bestechen, sie von ihren sozialistischen oder anarchistischen Führern zu trennen und dafür enger an den Staat zu binden, nicht erreicht. Im Gegenteil, die Sozialdemokratie bekam immer mehr Zulauf, und seit einem Jahr rollte eine Streikwelle über den ganzen Kontinent. Beim großen Bergarbeiterstreik im Ruhrgebiet im Mai 1889 hatte der Kaiser, um blutige Unruhen zu verhindern, durch ein Machtwort die Arbeitgeber zu Lohnerhöhungen gezwungen, sehr zum Unwillen Bismarcks.

Den Kanzler trieben bei seinen Spaziergängen in frischer Landluft ganz andere, finstere Gedanken um. Wenn das „Gesetz gegen die gemeingefährlichen Bestrebungen der Sozialdemokratie" von 1878 – es sollte demnächst im Reichstag verlängert werden, diesmal auf Dauer – nicht das Anwachsen der Arbeiterbewegung aufhalten konnte, dann mußte es eben verschärft werden, dann würde man den Sozialdemokraten das aktive und passive Wahlrecht entziehen, damit sie nicht länger den Reichstag als Forum benutzen konnten, und ihre Agitatoren aus dem Vaterland treiben. Und wenn die Nationalliberalen, denen er bereits warnend ein Dichterwort zugerufen hatte („Laßt euch von Linken nicht umgarnen"), nicht mehr mitspielten, mußte man eben den Reichstag unter Druck setzen, ja notfalls die ganze Reichsverfassung zertrümmern.

Der alte Mann fühlte bei solchen Überlegungen seine Kampfeslust wieder wachsen. Warum nicht wiederholen, was er 1862 mit dem wankenden Wilhelm I. im Kampf gegen ein liberales Parlament und ohne Scheu vor Verfassungsbruch durchgepaukt hatte? In diesem Zustand begegnete ihm in den Adventstagen 1889 seine liebe Freundin, Baronin Spitzemberg – eine Schwäbin, die zur Berlinerin geworden war und mit viel Herz, aber kritischem Blick das Zeitgeschehen verfolgte.

„Mit der Eventualität einer feindseligen Mehrheit muß man ja immer rechnen", hörte sie ihn tönen, als man über den Ausgang der Reichstagswahlen im Februar spekulierte, „man kann drei-, viermal auflösen, zuletzt muß man doch die Töpfe zerschlagen." Und dann kehrte er den Eisernen Kanzler heraus, den rücksichtslosen Machtmenschen: „Diese Fragen, wie die der Sozialdemokratie, wie die des Verhältnisses zwischen Parlamenten und Einzelstaaten, werden nicht gelöst ohne Bluttaufe, wie die deutsche Einheit auch. Und da dem jungen Herrn Gewaltmaßnahmen lose im Nacken sitzen..."

Er traute sich also zu, zusammen mit Wilhelm II. einen Staatsstreich, ja einen Bürgerkrieg zu wagen, zumindest aber mit deren glaubhafter Androhung einen widerspenstigen Reichstag gefügig zu machen. In seinem Silvesterbrief an den Kaiser gab er schon die Richtung an: „Vor der Hand halte ich innere Kämpfe für näher bevorstehend wie äußere Kriege und bedaure lebhaft, daß ich für dieselben nicht mehr so rüstig bin wie 1862. Meine Kräfte nehmen ab, aber was davon übrigbleibt, verbrauche ich gern in Eurer Majestät Dienst, solange es Allerhöchstdero Wille ist."

Den letzten Satz hat der Empfänger vermutlich mißverstanden; diese ehrerbietige Untertreibung sollte lediglich den Monarchen gesprächig stimmen. Bei allen Gebrechen, die Bismarck plagten und die er vornehmlich durch seine Völlerei selbst verschuldet hatte, steckten noch unbändige Kräfte in seinem wuchtigen Körper. Nur ein paar Wochen zuvor hatte er dem obersten Kadi von Sansibar imponiert, als er kurz vor dessen Abreise aus Friedrichsruh plötzlich im Sattel seines Braunen die glatten Stufen zum Bahnsteig hinaufgesprengt kam und nach einem letzten Händedruck am Waggonfenster ebenso rasch wieder davongaloppierte – ganz Afrika sollte über den tollen Junker das Staunen kriegen, und wie erst seine Feinde!

In den Berliner Ämtern und Fraktionszimmern machte sich unterdessen blankes Entsetzen breit: Bismarck schien drauf und dran, kurz vor den Wahlen das bürgerlich-konservative Reichstagskartell zu sprengen. Er hatte den vernünftigen Wunsch der Nationalliberalen, im Sozialistengesetz den Ausweisungsparagraphen zu streichen, strikt abgelehnt. Bis dahin hatten die Behörden fleißig sozialdemokratische Agitatoren aus ihren Wohnbezirken ausgewiesen, doch hatte die Verfolgung die Partei nur noch stärker gemacht.

Herr von Holstein war einer der wenigen, welche das langfristige Konzept Bismarcks durchschauten. Um den vom Kanzler so geliebten Schillerschen Wallenstein abzuwandeln: „Nacht muß es sein, wo Bismarcks Sterne strahlen." In einer totalen innerpolitischen Verwirrung würde der alte Reichslenker wie anno 62 als Retter aus der Not seinem Kaiser und König zur Seite springen und ihn damit völlig von sich abhängig machen. Mit entwaffnendem Freimut hatte Bismarck im Oktober bereits der Kaiserin Augusta

Viktoria angekündigt, daß er ihrem Gemahl nur für dieses Jahr noch die Freiheit lassen könne.

Wenn nur Wilhelm II., rasch in der Auffassung und rasch zu begeistern, mehr Stetigkeit gehabt hätte, statt sich durch immer neue Einflüsterungen oder Vorhaltungen gleich wieder vom Wege abbringen zu lassen! Über diese Unart ärgerten sich Bismarcks Gegner nicht weniger als der Kanzler selber. Holstein hoffte dennoch, mit Hilfe des unersetzlichen Ohrenbläsers Eulenburg, einen Zustand zu erreichen, in dem der Kaiser im Einvernehmen mit den Parteichefs des Kartells die Politik festlegte und der Kanzler, der sich eh nur noch alle halbe Jahr in Berlin blicken ließ, nachträglich zustimmte.

Eulenburg tat, was er konnte. Wenn Holstein es wünschte, alarmierte er auch noch den Bielefelder Geheimrat Georg Hinzpeter, den alten Lehrer des Kaisers. Hinzpeter, der sich für die soziale Frage ins Zeug legte, sorgte sich nach wie vor um das „Seelenheil" seines streng erzogenen Schülers. Dabei hatte Eulenburg ihn im Verdacht, ein Liberaler zu sein, was ihn aber nicht hinderte, sich mit ihm „in der Arbeit für unsern geliebten Kaiser ganz eins" zu fühlen.

Freund „Phili" brachte es sogar zuwege, daß sein geliebter Kaiser, statt sich auf einseitig ausgewählte Zeitungsausschnitte zu verlassen, auch mal selber die Nase in eine Zeitung steckte, und sei es nur in die Wochenausgabe der nationalliberalen „Kölnischen Zeitung", wo man für den schnellen Leser alles Wichtige zusammengefaßt finden konnte. Oder er bewegte ihn dazu, bei seinen Reden dies oder jenes anklingen zu lassen, damit sich der Kaiser öffentlich festlegte. Holstein konnte nach solch erfolgreichen Eingriffen seinem Brieffreund in Oldenburg entzückt zurufen: „Sie sind ein verfluchter Kerl!"

Die Krise steigerte sich, als der Kaiser dem Kanzler den Tort antat, den Staatssekretär des Innern, Karl Heinrich von Boetticher, nach Friedrichsruh zu schicken, um ihn auf die vom Kaiser geplanten Arbeiterschutzgesetze einzustimmen, auf Reformen also, wie sie die Sozialdemokraten schon in ihrem Gothaer Parteiprogramm gefordert hatten: Sonntagsruhe, kürzere Arbeitszeiten, weniger Frauen- und Kinderarbeit, Arbeiterausschüsse und staatliche Inspektoren in den Fabriken. Bismarck betrachtete Boetticher als seine Kreatur – er hatte ihn die Karriereleiter hochbefördert, ihn im preußischen Staatsministerium sogar zu seinem Stellvertreter gemacht, aber nur, weil er ihn für nichts weiter als einen Adlatus hielt, gesegnet mit dem Talent, „geistige Werte von höherem Betrage in Kleingeld unter die Leute zu bringen". Vor allem meinte er, Boetticher für immer in der Hand zu haben, nachdem er seine Familie vor dem finanziellen Ruin bewahrt hatte. Doch der Staatssekretär, im Loyalitätskonflikt zwischen Majestät und Durchlaucht, dachte bereits an die Zeit nach Bismarck und fühlte sich durch das Vertrauen des Kaisers geschmeichelt. Der Kanzler verstand die Welt nicht mehr, als Boetticher, von der Sache des Kaisers überzeugt, ihm widersprach.

Bismarck hatte zur Arbeiterfrage seine eigene Philosophie, nämlich die des gutsherrlichen Patriarchen und des Sägemühlenunternehmers. Das Elend der entwurzelten Proletarier in den neuen Industrierevieren an der Ruhr, in Sachsen und Oberschlesien, die Arbeitsüberlastung der Familien, die Armut, die Wohnungsnot – all das hat er wohl nie ermessen können und wollen. Seine Argumente klingen manchmal so vertraut, als läse man die Pressemitteilung eines Arbeitgeberverbandes zu dem gegenwärtigen Streit um Sonntagsarbeit und Arbeitszeitverkürzung.

„Er vermöge nicht zu verantworten", beschied Bismarck den aufmuckenden Boetticher, „dem hungernden Arbeiter und der notleidenden Arbeiterwitwe die Gelegenheit zum Verdienst zu beschränken, er halte die Beschäftigung jugendlicher, der Schule entwachsener Arbeiter für sie und für ihre Familien für segensreich und werde niemals seine Zustimmung dazu geben, daß der Humanitätsdusel auf diesem Gebiete zu Zuständen führe, welche die vaterländische Wirtschaft schädigen und Unzufriedenheit innerhalb der arbeitenden Klassen erzeugen müßten."

Soviel verstand er von den Dingen, daß ein Arbeiter auf Sonntagsarbeit nur verzichte, wenn man ihm für sechs Tage das gleiche bezahle wie vorher für sieben. Für ihn war der Gegensatz von Kapital und Arbeit ohnehin naturgesetzlich, da war er gar nicht so weit von Karl Marx entfernt. Kapital und Arbeit wären Freunde, meinte er, „wenn nicht jeder Teil vor dem andern einen Vorteil voraus haben möchte". Es seien Hirngespinste, zu glauben, man könne jemals aus Arbeitern zufriedene Staatsbürger machen. So konnte der Millionär Bismarck seine Zuhörer mit der Frage verblüffen: „Haben Sie je einen Bankier mit einer Million gekannt, der zufrieden war?" Genausowenig werde man die Bedürfnisse der Massen befriedigen können: „Heut sind drei paar Schuhe nötig, morgen fünf – und so in allem." Ihm grauste bei der Vorstellung eines Tausendjährigen Reiches, in dem alle Menschen glücklich und zufrieden sind. Es fehlte auch nicht das Argument, wieviel besser es den armen Menschen in Deutschland doch bereits gehe: Vor fünfzig Jahren seien die Kinder der Armen noch barfuß herumgelaufen und hätten nur ein Hemd gehabt.

Der Kaiser hatte sich aber schon viel zu sehr in die Idee verliebt, wie sein Vorfahre Friedrich der Große ebenfalls ein „roi des gueux", ein König der Armen, zu werden. Er spürte, daß die Großindustrie, weil sie neue Kosten scheute und Konkurrenznachteile im internationalen Wettbewerb befürchtete, Bismarck Recht gäbe. Öffentlich machte er sich Mut – jeden, der sich ihm entgegenstelle, werde er zerschmettern. Doch zuviel stürmte auf ihn ein: die Wahlen, das Auseinanderbrechen des Kartells, neue Streikdrohungen und – Bismarck „ad portas": ein grollender Kanzler, der ihm zumutete, die soziale Frage mit Kartätschen zu lösen!

Da mußte erst Seelentröster Eulenburg ihn wieder aufrichten. Am Vormittag des 13. Januar 1890 stapften die beiden zwei Stunden lang allein und unerkannt durch den schmutzigen, nassen Berliner Tiergarten. Eulenburg bestärkte ihn in seinen Idealen: Sein Instinkt werde ihm schon die rechte Empfindung eingeben. Auch malte er die Gefahren aus, die ein Reichsstreich, die Aufkündigung der Reichsverfassung durch die Bundesfürsten, haben könne: Das zu wartende Volk werde schwer und auf lange Zeit enttäuscht sein, der alte Gegensatz zwischen Preußen und dem ganzen deutschen Westen und Süden, der seit 1871 langsam schwand, werde sich verschärfen, der Kaiser dort vollkommen fremd werden.

Freund Eulenburg, der sich in einem Brief überschwenglich für die Audienz im Freien bedankte („Welch eine Freundschaftsgabe ist dieses Vertrauen ... In treuester Treue") war vom Tiergarten schnurstracks ins Auswärtige Amt geeilt, zu dem Vortragenden Rat Paul Kayser, seinem ehemaligen Straßburger Repetitor. Und damit tritt zum erstenmal jener Mann ins Bild, der dem Kaiser für seinen Kampf mit Bismarck überhaupt erst die Waffen an die Hand geben wird.

Kayser, der damals 45jährige „jämmerliche kranke kleine Mann" (Eulenburg) war Bismarcks außenpolitischer Dezernent für Sozialisten- und Arbeiterfragen. Der Kanzler hatte ihn wohl aus Dankbarkeit, weil der junge Richter in Straßburg auch seine beiden Söhne fürs juristische Examen eingepaukt hatte, ins Auswärtige Amt geholt, gegen den Unmut des alten Kaisers, der diesen Geheimrat nicht in seiner Nähe sehen wollte. Kayser hatte nämlich in den Augen der höfischen Gesellschaft einen entscheidenden Makel: Er war Jude (wenn auch getaufter).

Einer der fleißigsten, zuverlässigsten und kompetentesten Beamten, strebsam, auf öffentliche Anerkennung bedacht, ließ er sich mit Arbeit überladen. Als Protokollführer des Staatsrates hatte er einmal nachts ein fünfzig Seiten langes Protokoll angefertigt, ohne daß Bismarck oder (damals noch) Kronprinz Wilhelm ihm ein Wort des Dankes zukommen ließen. So etwas verwand er nie. Wie so manche Juden in Preußen litt er darunter, daß man ihn zwar brauchte, aber dennoch immer wieder schamlos behandelte.

Eulenburg bestellte sich bei Kayser mit Wissen Holsteins ein sozialpolitisches Exposé. Bereits zwei Tage später trug Kayser seine kleine Denkschrift zur Post: „Meine Vorschläge sind so mäßig, daß ich glaube, unsere Industriellen würden gerne zustimmen." Eulenburg hatte sein Ehrenwort gegeben, den Namen des Verfassers zu verschweigen Es folgte noch ein Brief, in dem sich der kleine Kayser für den großen Kaiser den Kopf zerbrach. Der Graf steckte beide Schriftstücke in ein Kuvert und sandte sie am 20. Januar dem Kaiser zu, erfüllt von der Leidenschaft, die er zuvor Freund Holstein gestanden hatte, „für ihn [den Kaiser] allein zu denken und zu handeln – meinetwegen mir auch den Hals zu brechen". Natürlich vergaß er sein Ehrenwort und erläuterte dem Monarchen, um wen es sich bei dem „erfahrensten" Manne handle. Zugleich bat er ihn „flehentlich", den Brief zu vernichten oder zurückzusenden, damit ja nicht Kaysers Stellung im Amte und beim Kanzler, „die alles für ihn bedeute", verdorben werde.

Vier Tage später, am Abend des 24. Januar, empfing Wilhelm II. sein Staatsministerium zu einer Kronratssitzung im Berliner Schloß. Thema: die Arbeiterfrage. Sogleich gab er bekannt, bei welchen Experten er sich in dieser Sache kundig gemacht habe. Bismarck hat in seinen Memoiren diese Namen genüßlich und hohnvoll aufgespießt: den unverantwortlichen „Schulmann" Hinzpeter; den vom Kaiser geadelten Grafen Douglas („ein glücklicher und reicher Spekulant in Bergwerken"); den Maler und einstigen Grubendirektor Professor von Heyden, der unter Bergleuten für einen Maler, unter Künstlern für einen Bergmann gelte; schließlich den Koblenzer Oberpräsidenten von Berlepsch, der sich beim Bergarbeiterstreik so arbeiterfreundlich verhalten hatte.

Seinen wichtigsten Experten, Geheimrat Kayser, verschwieg Wilhelm II. jedoch. Bei seiner Rede hatte er eine eigenhändig mit Tinte geschriebene „Ausarbeitung" zur Hand, die er fast wörtlich von Kaysers Brief abgeschrieben hatte, mit einprägsamen Sprüchen: Fast alle Revolutionen seien darauf zurückzuführen, „daß rechtzeitige Reformen versäumt worden sind", und es sei beklagenswert, „wenn ich den Anfang meiner Regierung mit dem Blut meiner Untertanen färben müßte".

Sodann hieß er Minister Boetticher Vorschläge zum Arbeiterschutz vorlesen, die er einem Flügeladjutanten diktiert hatte – sie waren identisch mit der Denkschrift Kaysers. Von Kayser stammte auch Wilhelms Wunsch, der Erlaß müsse „in warmer und begeisterter Sprache" gehalten sein. Symbolisch hatte der Kaiser den Kronrat auf den Geburtstag Friedrichs des Großen gelegt; den Erlaß wollte er zu seinem eigenen Geburtstag am 27. Januar vorliegen haben. Aber damit kam er bei Bismarck schlecht an. Der Kanzler, ohnehin gereizt, hatte sich vorher bei seinen Ministern rückversichert, man werde über die kaiserlichen Vorschläge erst einmal beraten. Nach dieser Abfuhr versuchte der Monarch, das entschärfte Sozialistengesetz durchzubringen. Abermals stieß er auf den Widerstand des Kanzlers – für Bismarck enthielt das Gesetz in der alten Form das Minimum an Machtmitteln gegen einen möglichen Arbeiteraufstand. Er warnte vor Nachgiebigkeit gegenüber dem Reichstag oder einer Partei; das sei der erste Schritt bergab zur Parlamentarisierung.

Darauf brachte Wilhelm II. die Minister in eine schwierige Lage: Er bat jeden um seine Meinung. Doch keiner wagte es, im Angesichte des dräuenden Bismarcks eine andere als der Kanzler zu äußern. Als der Kaiser auf seinem Punkt beharrte, wurde Bismarck scharf: „Ich sehe immer mehr, daß ich nicht mehr an meinem Platze bin!" Der Kaiser bewahrte die Contenance, murmelte nur etwas von einer „Zwangslage", in die man ihn versetzt habe. Nach der Sitzung lamentierten beide wie entnervte Eheleute nach einem Krach. Der Kaiser stöhnte, das seien ja nicht seine Minister, sondern die des Fürsten Bismarck, während der Kanzler unter Tränen jammerte, die Ministerkollegen hätten ihn verlassen.

Nach ein paar Tagen zeigte sich das ungleiche Paar wieder versöhnt und herzlich, sie wollten sich jetzt doch gemeinsam der Arbeiterschutzfrage annehmen. Bismarck selber erbot sich, die von Geheimrat Kayser vorformulierten Erlasse (Ankündigung der neuen Wohltaten, Einberufung einer internationalen Arbeiterschutzkonferenz in Berlin) zu redigieren. Und er übergab die Leitung des zuständigen Handelsministeriums dem Oberpräsidenten von Berlepsch. Spielerisch erwog er, sich allmählich ganz aus seinen preußischen

Staatsämtern zurückzuziehen: Er wolle den Reichskanzler einer Schweninger-Kur unterziehen – Schweninger war sein Leibarzt – und sich nur noch der Außenpolitik widmen.

Am 4. Februar verkündete der Kaiser seine sozialpolitischen Erlasse, doch hatte Bismarck die Gegenzeichnung verweigert. Am 25. Januar war bereits das Sozialistengesetz im Reichstag durchgefallen, eine Schlappe für das Kartell wenige Wochen vor der Reichstagswahl. Die Quittung stellten die Wähler Ende Februar aus: Es wurde eine Erdrutschniederlage für die Regierungsparteien. Von sieben Millionen abgegebener Stimmen entfielen viereinhalb Millionen auf die Gegner Bismarcks – trotz der kaiserlichen Reformerlasse.

Stärkste Partei wurden mit anderthalb Millionen die damals noch als revolutionär verschrienen Sozialdemokraten. Sie hatten ihren Stimmanteil verdoppelt. (Die Toleranz des Kaisers sollte denn auch nicht lange vorhalten – binnen weniger Jahre wurden für ihn die Sozialisten zu „vaterlandslosen Gesellen", die er am liebsten füsiliert oder in die Südsee verbannt hätte.) Das katholische Zentrum, ebenfalls „Reichsfeinde", bekam 1,3 Millionen Stimmen. Schwer gerupft lagen die Konservativen auf der Walstatt. Wäre Deutschland schon eine parlamentarische Demokratie gewesen, hätte Bismarck jetzt zurücktreten müssen.

Statt dessen ersparte er der Welt nicht das unwürdige Schauspiel eines alten Mannes, der sich mit letzter Kraft an die Macht klammert und dabei vor keinen Tricks, keiner Hinterlist, keiner Schikane, keiner Heuchelei zurückscheut. Dem Kaiser warf er, wo er nur konnte, Knüppel zwischen die Beine. Sein von ihm selber kaum noch überschaubarer Zick-Zack-Kurs in der sozialen Frage brachte den Reichslotsen vollends in die Isolierung, auch bei denen, die sich einen allmählichen, weichen Machtwechsel wünschten.

Unausweichlich wurde der Bruch, als Bismarck am 12. März den greisen Zentrumsführer Ludwig Windthorst in seiner Wohnung empfing, um die Bedingungen für ein Bündnis zwischen Konservativen und Klerikalen auszuloten. Er schien bereit, auch die letzten antikatholischen Kulturkampfgesetze aufzuheben – ein Schock für die preußischen Protestanten. Gleichzeitig ließ der Kanzler eine verstaubte Kabinettsordre aus dem Jahre 1852 hervorkramen, die es den Ministern verbot, hinter seinem Rücken dem Kaiser zu berichten.

Jetzt, angestachelt durch die Frondeure, verlor auch der Kaiser seine mühsam behauptete Selbstbeherrschung. Am Morgen des

15. März ließ er um neun Uhr früh den Kanzler, einen Langschläfer, aus dem Bett holen. Bismarck blieb in der Eile kaum Zeit zum Ankleiden. Um halb zehn mußte er sich beim Souverän melden. In einer filmreifen Szene überschüttete Wilhelm II. den alten Mann mit Vorwürfen. Er erregte sich über den Besuch Windthorsts in Bismarcks Privatwohnung, den dessen Bankier Bleichröder vermittelt hatte („Juden und Jesuiten halten ja immer zusammen"). In solchen Fällen hätte der Kanzler erst den Kaiser um Erlaubnis zu bitten. Bismarcks schneidende Antwort: „Das Recht des Kaisers hört an der Schwelle zum Salon meiner Frau auf!"

Weiter verlangte Wilhelm II. eine Aufhebung der alten Kabinettsordre; auch sollte Bismarck die gemeinsam angestrebte Herausforderung des Reichstages (verschärftes Sozialistengesetz, erweiterter Militäretat) unterlassen. Bismarcks Zorn schwoll an, er soll sogar ein Tintenfaß – oder war's ein Aschenbecher? – auf den Tisch geknallt haben. Dann holte er zum Tiefschlag aus: Er zeigte auf eine Briefmappe; sie enthalte Informationen, daß der Zar abfällige Bemerkungen über den jungen Kaiser geäußert habe, die er wegen ihres verletzenden Inhalts dem Kaiser vorenthalten müsse. Darauf entriß der Kaiser dem Kanzler das Blatt und las erbleichend, er sei „un garçon mal élevé et de mauvaise foi" – „ein unerzogener Bursche, dem man nicht trauen kann". Bismarck hatte seine Rache. Wie dem Kaiser zumute war, erfuhren hernach zwei Generäle, die er mit „Waidmannsheil" begrüßte.

Jetzt erst machte sich Eulenburg, von allen Seiten alarmiert, auf den Weg, um den Kaiser zu stärken. Zweimal in den nächsten Tagen schickte Wilhelm einen General zu Bismarck, um ultimativ die Zurücknahme der Kabinettsordre abzufordern, andernfalls Bismarck im Schloß seinen Abschied zu erbitten habe. Der Kaiser nahm die schwerwiegende Angelegenheit nun, da Freund „Phili" bei ihm war, auf die leichte Schulter. Eulenburg mußte ihm Lieder vorsingen; als zwischendurch gemeldet wurde, Bismarck bleibe bei seinem Nein, blätterte der Kaiser seelenruhig weiter die Notenblätter um.

Bismarck ließ sich Zeit mit seinem Abschiedsgesuch – es sollte ein Dokument werden, das vor der Geschichte bestehen konnte und dem Kaiser die Schuld zuschrieb, keine leichte Aufgabe, da der Kanzler die schlechteren Karten hatte. Da lieferte ihm Wilhelm II. selber den fehlenden Stoff. Er hatte ein paar aufgeregte Berichte des Konsuls in Kiew über angebliche russische Truppenbewegungen gelesen und beschwerte sich auf einem Handbillett, daß der

Kanzler ihn auf diese „furchtbar drohende Gefahr“ nicht hingewiesen habe. Man müsse sofort etwas unternehmen.

Besseres konnte Bismarck nicht geschehen. Er durfte getrost den sozialpolitischen Konflikt übergehen und sich mit der Ordre-Affäre und den Differenzen über die Rußlandpolitik begnügen. Er erweckte den Anschein, als gehe eine Epoche des Bewahrens, des Maßhaltens und der inneren wie äußeren Sicherheit zu Ende. Jedenfalls las man des Kanzlers ahnungsvolle Warnungen nach dem verlorenen Weltkrieg mit anderen Augen, so daß Emil Ludwig in der „Weltbühne“ schreiben konnte, Bismarck sei das letzte Bollwerk gegen den deutschen Imperialismus gewesen.

Den bitter-ironischen Schlußzeilen des Schreibens ist zu entnehmen, daß dieses Abschiedsgesuch vom 18. März 1890 eigentlich das Gegenteil sein sollte. Es überhaupt abgeschickt zu haben, wollte sich Bismarck später nicht verzeihen. Die ganze Familie Bismarck war nämlich fest überzeugt gewesen, der Kaiser werde es gar nicht annehmen, sondern ein sachliches Gespräch suchen. Doch am Morgen des 20. März kamen tatsächlich zwei blaue Briefe vom Schloß: Der Kaiser entließ den Kanzler in Gnaden, verlieh ihm zum Dank den Titel eines „Herzogs von Lauenburg“, gegen den sich Bismarck vergeblich gewehrt hatte, und beförderte ihn zum Generalobersten mit dem Rang eines Generalfeldmarschalls.

Das Abschiedsgesuch durfte nicht veröffentlicht werden, so daß der Kaiser vor der Öffentlichkeit den falschen Eindruck erwecken konnte, Bismarck sei aus Gesundheitsgründen zurückgetreten, und er habe ihn nur schweren Herzens ziehen lassen. Er hielt diese wahrheitswidrige Version auch bei der Abschiedsaudienz im Angesicht des Kanzlers aufrecht, so daß sich Bismarck einige „psychiatrische Fragen“ zum Verhalten des Kaisers stellte.

Nur mit äußerster Anstrengung vermochte der Kanzler in den ersten Tagen, den Schicksalsschlag in Würde hinzunehmen; anders seine Frau Johanna, die vor ihren Gästen, darunter der von Bismarck einst selber vorgeschlagene Nachfolger General Caprivi, eine Majestätsbeleidigung nach der anderen losließ. Sohn Herbert versagte sich allen Bitten des Kaisers, Eulenburgs und anderer, im Amte zu bleiben, zur Freude des Vaters, der einem „sinkenden Schiff“ nicht seinen Sohn anvertrauen wollte. Baronin Spitzemberg, in all ihrer Trauer über diesen Ausgang, notierte dennoch: Nun breche über die Familie „nicht ungerecht die Nemesis herein für die Brutalität und Unbarmherzigkeit, mit der sie so viele Menschen, groß und klein, in den Staub getreten“.

Bald war Bismarck nur noch Gift und Galle. Den Kaiser diffamierte er ungeniert als den „sicheren Verderber des Reiches" – dabei außer acht lassend, welche schweren Versäumnisse in der Innenpolitik und welche Auswüchse seiner ungehemmten Machtpolitik er selber zu verantworten hatte. Fortan wird Wilhelm II. in der Angst des Herrn leben müssen – der Ruheständler Bismarck bleibt ein dauernder Unruhefaktor in der deutschen Politik, so daß es Wilhelm II. öfter gelüstete, den „Rebellen" vor ein Kriegsgericht zu stellen oder in Spandau einzusperren.

In den acht Jahren bis zu seinem Tode und darüber hinaus (in den später veröffentlichten Memoiren) hat Bismarck seine Widersacher mit gnadenlosem Haß verfolgt, allen voran den armen Boetticher, dem es auch nichts half, daß er sich, seine Unschuld beteuernd, vom Kanzler mit einem Handkuß verabschiedete. An Geheimrat Kayser, dem der Kaiser seine treuen Dienste belohnt hatte, indem er ihm die Kolonialabteilung übertrug, kühlte er sein Mütchen in üblem antisemitischem Geifer: Aus jüdischen Männern könne man den Rassenteufel vollends weder mit Beelzebub noch mit Samthandschuhen austreiben – ein Wort, das Nazi-Historiker mit Wonne aufgriffen. Als Kayser, inzwischen Senatspräsident am Reichsgericht in Leipzig, 1898 gestorben war, schrieb Herbert von Bismarck an Bruder Bill: „Daß Kayser endlich vom... geholt, entlockt allen nur den Ausruf: 8 Jahre zu spät!"

Für seinen Hauptgegner indes, den Geheimrat Holstein, der noch bis 1906 die deutsche Außenpolitik maßgeblich und oft verhängnisvoll mitbestimmen sollte, hatte sich der alte Bismarck die härteste Strafe ausgedacht – er läßt ihn in seinen Memoiren überhaupt nicht vorkommen.

Das deutsche Volk nahm die Entlassung Bismarcks so gelassen hin, als sei es ein Tag wie jeder andere. Nicht einmal Extrablätter erschienen in Berlin. Die Parteien von links bis rechts atmeten auf. Bismarcks Zeit war längst abgelaufen.

Erst nach elf Tagen, als Bismarck am Lehrter Bahnhof auf Geheiß des Kaisers mit militärischem Pomp und allen Ehren verabschiedet wurde, strömten Zehntausende von Berlinern jubelnd um seine Kutsche zusammen, viele mit Tränen in den Augen, überschütteten ihn, Sohn Herbert und „Reichshund" Tyras mit Blumen und wunderten sich, daß Wilhelm II. nicht auch da war. Die Menge stimmte die „Wacht am Rhein" an, auch das Deutschlandlied, schon damals das Erkennungslied der Rechten. Bismarck nahm das Ganze als Leichenbegängnis erster Klasse.

Entsetzen, Sorge und Bestürzung nach Bismarcks Abgang waren im Ausland viel stärker als in Deutschland. Selbst der Papst wurde zitiert: „mi manca Bismarck" – „Bismarck fehlt mir". Aus Rußland hörte man, Deutschland ohne Bismarck sei ein Problem. Und der britische „Punch" brachte die seither berühmteste politische Karikatur: Der Lotse geht von Bord. Der kaiserliche Kapitän aber telegraphierte an seinen Onkel: „Volldampf voraus".

„...wie immer regiert wurde" – Die Cliquen im Kaiserreich

Ein gütiges Geschick hat Generationen königs- und kaisertreuer Deutscher vor schweren Anfechtungen behütet: Erst sechs Jahrzehnte nach dem Sturz der Monarchie und 35 Jahre nach dem Ableben des letzten deutschen Kaisers erscheint eines der sorgsamst gehütetsten Geheimnisse der Wilhelminischen Epoche: Der Briefwechsel des Fürsten Philipp zu Eulenburg-Hertefeld, jenes Mannes, der zwei Jahrzehnte lang Duzfreund Wilhelm II. und eine der Schlüsselfiguren in der Politik des Kaiserreiches gewesen ist und dann wegen angeblicher Verfehlungen nach Paragraph 175 in Ungnade fiel. Die Edition, die der britische Historiker John Röhl mustergültig besorgt hat, zeigt den Hohenzollern so unverhüllt, wie ihn nicht einmal die böswilligsten Gegner erahnt hatten: Wilhelm II., wie sein Weggefährte Eulenburg Vater einer stattlichen Kinderschar, war offensichtlich bisexuell; er verkehrte nicht nur in Homosexuellen-Kreisen (Spitzname: „das Liebchen"), sondern hatte auch eine verborgene Schwäche für das andere Geschlecht (sein Herzenswunsch beim ersten Staatsbesuch in Schweden angesichts einer schönen Rothaarigen: „die Dunkelheit und eine Lagerstatt!"), dergestalt, daß er, wenn auch nicht gerade erpreßbar, so doch in bedenklicher Weise für Protektionswünsche zugänglich wurde.

Aber nicht diese pikanten Details machen die Bedeutung des Nachlasses aus. Der Fürst bewahrte seine Korrespondenz (zuweilen schrieb er mehr als fünfzig Briefe am Tag) nicht nur zum Zwecke eigener Rechtfertigung auf, sondern er wollte der Nachwelt auch vor Augen führen, „wie eigentlich regiert wird", ja „wie immer regiert wurde". Wer den ersten Band der Dokumentation sorgfältig studiert, wird manches finden, was nicht in den politologischen Lehrbüchern steht, und jene modernen Historiker, die sich das Kaiserreich nicht anders als eine Agentur finsterer kapitalistischer Mächte vorstellen können, werden vergebens nach Briefen eines Großindustriellen oder eines Bauernpräsidenten suchen.

Die politischen (auch die personalpolitischen) Entscheidungen fielen in einem nach außen abgeschirmten, jeglicher Kontrolle entzogenen Kreis von Fürsten, Diplomaten, Ministerialbeamten und hohen Militärs, die durch ein Geflecht zwischenmenschlicher Beziehungen zusammengehalten wurden. Wir, die wir den Vorzug haben, in einer parlamentarischen Demokratie und Republik zu leben, und um so vieles klüger sind als die Menschen zwischen 1888 und 1918, mögen die Nase rümpfen über die „Liebenberger Tafelrunde“, die Austernesser im Restaurant Borchardt, das „Spiritistennest“ und die „geheime Kamarilla“, die schon zu Regierungszeiten Wilhelm II. von Publizisten und Parteipolitikern aufs Korn genommen wurden. Aber gar so einfach war das Regieren auch damals schon nicht: Preußen-Deutschland war immerhin ein Rechtsstaat; der Kaiser mußte auf die Gefühle der anderen Monarchen im Reiche Rücksicht üben; es gab einen freigewählten Reichstag, in dem frei debattiert wurde; der Augstein jener Zeit hieß Maximilian Harden; und trotz allen blutrünstigen Bramarbasierens hat es doch bis zum 9. November 1918 niemand wagen dürfen, die Sozialdemokraten niederzukartätschen.

Wer schärfer hinsieht, wird auch im letzten Jahrzehnt in allen Staaten „Cliquen“ am stillen Werke finden, gleich ob in Diktaturen oder Demokratien: Nixon mit seinen Ehrlichmans und Haldemans, Breschnjew mit seinem Klüngel aus Dnjepropetrowsk, Nasser und die jungen Offiziere des Putsches von 1952, Mao und die Veteranen des Langen Marsches, de Gaulle und seine Freunde aus der Résistance, Adenauer mit seinem Globke und seinen rheinischen Freunden. Letztlich macht es keinen Unterschied, was die entscheidungsmächtigen Figuren, die „Macher“ in den Kanzleien und Fraktionsvorständen und Parteizirkeln, aneinander bindet: ob Zugehörigkeit zu einer Burschenschaft, einem revolutionären Zirkel, einem Regiment; ob gemeinsame Erlebnisse im Felde, im Gefängnis oder auf Treibjagden und Nordlandfahrten; ob verwandtschaftliche oder freundschaftliche Beziehungen, welch letztere auch homoerotischen Charakters sein können – wie im Falle Eulenburgs und Wilhelm II.

Wer war dieser Fürst Eulenburg? Geboren 1847 als Sproß eines der ältesten ostpreußischen Adelsgeschlechter; von einem knauserigen Offiziersvater spartanisch erzogen, einer empfindsamen Mutter in Liebe zugetan; Leutnant im berühmten Regiment der Gardedukorps; erst juristische, dann diplomatische Laufbahn, doch im Grunde eine Künstlernatur: Balladendichter, Liederkomponist, Erzähler und Dramatiker; gesellschaftlich herausgehoben durch die reiche Erbschaft seiner Mutter, aber auch durch die Verwandtschaft zu preußischen Ministern und Höflingen und seine Freundschaft zu Bismarck Vater und Sohn; unter seinen vielen intimen (und bedeutenden) Freunden aus der Militär- und Studienzeit sicherlich der vielseitigste und genialste.

Philipp zu Eulenburg war ein unpolitischer Mensch, wie des alten Bismarcks scharfer Blick sogleich erkannte: „Er ist liebenswürdig, aber auf politischem Gebiet ohne Augenmaß für das, was wichtig oder unwichtig ist; er läßt sich durch nörgelnde Klatschereien einen Eindruck machen, trägt den weiter und verstimmt damit ohne Not.“ Den Gesandtenposten, zu dem ihm der junge Kaiser verhalf, hat er nur erstrebt, um seine große Familie anständig durchzubringen und seine großen gesellschaftlichen Verpflichtungen einhalten zu können. Denn: „Für Politik bin ich, wie ich merke, nicht zu brauchen. Ich stecke zuviel Empfindungen hinein.“ Mitten in der Kanzlerkrise 1890 schreibt er dem Geheimrat von Holstein: „Wissen Sie, was ich gerne möchte? Ich möchte dem geliebten Kaiser sagen: 'Nun ist alle Politik einmal zu Ende!' Ich will nur noch Musik machen und mit Ihnen bei Holstein essen à trois! Bei einem Glase Goldlacher eine Zeitlang Freund sein.“

Freund war er dem um zwölf Jahre jüngeren Prinzen Wilhelm seit dem Mai 1886, als er nach Ostpreußen zur Rehbockjagd geladen wurde. Unter den Linden von Prökelwitz begann jene für beide und für das Reich schicksalhafte Verbindung. Es war Liebe auf den ersten Blick. Der unsichere, von heftigen Gefühlserregungen zerrissene Hohenzollernprinz erlag sogleich dem Charme des Älteren; sie schwärmten gemeinsam für Wagner-Musik und nordische Mystik, aber auch für den Spiritismus; der Prinz blätterte dem Sänger und Klavierspieler die Noten um, und Graf Eulenburg lobte damals Wilhelms Radierungen. Bald fuhren sie gemeinsam nach Bayreuth (Wilhelm: „Dort können wir ordentlich Musik kneipen“), aber auch mit jungen Fischern auf den Starnberger See.

In jenem Sommer 1886 begann auch der Vortragende Rat im Auswärtigen Amt, Friedrich von Holstein, Bismarcks unentbehrlicher Gehilfe in der Außenpolitik, mächtig durch seine immense Personalkenntnis, auf den Legationssekretär an der Preußischen

Gesandtschaft in München aufmerksam zu werden, der sich so trefflich als Medium bei Hofe würde gebrauchen lassen. Er wird dafür sorgen, daß Eulenburg auf keine Auslandsposten kommt, sondern in erreichbarer Nähe bleibt (Oldenburg, Stuttgart, München), damit er sich als „Krisenmanager", wie man heute sagen würde, bei Gefahr im Verzuge sofort auf die Bahn nach Berlin begeben kann.

Holstein, dieser Sonderling im Auswärtigen Amt, der es vorzog, seine Fäden hinter den Kulissen zu ziehen, und als „Graue Eminenz" jahrzehntelang den außenpolitischen Kurs des Deutschen Reiches bestimmte, war noch viel mehr: Kanzlerstürzer und Kanzlermacher, Beweger der Innenpolitik nicht nur im Reiche und in Preußen, sondern auch in den süddeutschen Bundesstaaten. Seine Verbindung mit dem Grafen Eulenburg wird 1890 den beiden Bismarcks zum Verhängnis. Mit Recht urteilt Herausgeber Röhl: „Die Kombination Holstein-Eulenburg-Wilhelm II. (erwies sich) als stärker denn die über ein Vierteljahrhundert angesammelte Macht des freilich rasch alternden Reichsgründers."

Der Briefwechsel zwischen Holstein und Eulenburg liest sich wie ein Knigge der diplomatisch-politischen Kabale, ein grandioser Stoff für Dramatiker und Romanautoren, gewürzt durch die Ingredienzien genüßlichen Klatsches, boshafter Sottisen und rührender Freundschaftsgesten. Man ist versucht, seitenlang zu zitieren. So schreibt Holstein in der letzten Februarnacht 1891 seinem „lieben Freund": „Also, Prinz Leopold („Schwager der Kaiserin") soll seine Gemahlin gehauen haben. Außerdem sollen die hohen Herrschaften ihr erhabenes Baby irgendwo mit einer unverheirateten Hofdame und einem unverheirateten Adjutanten zurückgelassen haben. Ob dem allen hat Se. Majestät sich geärgert und hat infolgedessen den ersten Adjutanten Klinkowström, weil dieser nicht nach dem Rechten gesehen hat, zu den Ulanen nach Bromberg versetzt. Ich finde das richtig. Weniger richtig ist das neuerliche Verfahren Sr. Majestät in Sachen der auswärtigen Politik" – und schon ist Holstein bei dem Alptraum, der ihm nun von Woche zu Woche mehr zu schaffen macht: den dilettantischen, selbstherrlichen, verhängnisvollen Eingriffen Wilhelm II. in die politischen Geschäfte. Erst wenn alle drei Bände dieser ungewöhnlichen Korrespondenz im Druck vorliegen, werden die Historiker ungefähr ermessen können, wieviel Schlimmeres Eulenburg auf Veranlassung Holsteins und einiger weniger anderer Patrioten hat verhüten können.

Der gräfliche Intimus des jungen Herrschers neigte keineswegs dazu, seine Rolle zu überschätzen. „Einfluß habe ich nicht – niemand – sondern ich kann nur der Vermittler vernünftiger Gedanken sein, die akzeptiert oder verworfen werden." Er fand bald heraus, daß sich der briefliche Verkehr mit seinem hohen Freunde dafür viel besser eignete als das Gespräch unter vier Augen: „In einer Unterhaltung treibt die kaiserliche Dialektik ihr Wesen, und ich kann unter Umständen gerupft nach Hause gehen."

Allmählich entwickelte Eulenburg eine besondere Technik der Vermittlung: Er kopierte vertrauliche Nachrichten, die ihm von Freunden zugingen, oder ließ sie durch den ihm ergebenen Sekretär abschreiben und dem Kaiser zustellen – manchmal mit stillschweigendem Einverständnis der Briefschreiber, zuweilen auch hinter deren Rücken. Welch unsägliche Mühe dies bereitet haben muß, in einer Zeit, die weder Telephon noch Magnetophon noch Diktaphon kannte, läßt sich kaum erahnen – die nervöse Erschöpfung, über die Eulenburg und Holstein immer wieder klagen, hat sicherlich auch hierin ihre Ursache. – Holstein saß meist mitten in der Nacht an seinem Schreibtisch und teilte dem Freunde seine Sorgen mit; war es sehr dringend, brachte er die Briefe zu Fuß oder mit der Droschke eigenhändig zum Expreßzug. Nur ungern telegraphierten die beiden, da sie dann gezwungen waren, sich einer verschlüsselten Sprache zu bedienen. Öfters baten sie um die Vernichtung eines Briefes, doch wird keiner so naiv gewesen sein, auf die Erfüllung solcher Bitte zu rechnen. Dazu waren Holstein und mit der Zeit auch Eulenburg denn doch zu machtbewußte Leute, als daß sie solch potentielles Beweismaterial vorschnell aus der Hand gegeben hätten. Eulenburg bewahrte sogar jeden Notizzettel auf.

Der in der Reichsverfassung nicht vorgesehene, unverantwortliche Einfluß auf den Kaiser hatte seine Tücken und entbehrte nicht des Grotesken. Als es im Frühjahr zwischen Reichskanzler von Bismarck und dem jungen Herrscher wegen des Sozialistengesetzes zu einer Kraftprobe zu kommen schien, entsann sich Eulenburg seines alten Repetitors, eines Dr. Paul Kaysers, des „jämmerlichen kranken kleinen Mannes" (so gar nicht nach dem Geschmack des Ästheten Eulenburg), der als sehr fleißiger und ehrgeiziger Referent im Auswärtigen Amt saß – zufällig im Dezernat Sozialisten- und Arbeiterfragen. Der „kleine Kayser" entwarf für den großen Kaiser ein sozialpolitisches Programm, das er dem Gesandten von Eulenburg in Oldenburg schickte, der es dann samt einem Originalbrief Kaysers postwendend Wilhelm II. zuleitete.

Natürlich wußte der Referent, daß er für einen Augenblick deutsche Geschichte spielte. „Es wäre schwer zu beklagen", schrieb er, genau auf die Empfindungen des neuen Herrschers zielend, „wenn unser junger Kaiser den Anfang seiner Regierung mit dem Blut der eigenen Untertanen färben müßte" und, das Argument verstärkend, „wer sein wahrhafter Freund ist, muß alles aufbieten, damit ein solches Unglück verhütet werde. Zum Dank würde er dabei nur den Großindustriellen helfen, welche nach einem blutigen Zusammenstoß auf einige Jahre vor den Forderungen ihrer Arbeiter Ruhe hätten, aber nur auf einige Jahre, in denen sich noch mehr Haß und Grimm gegen die Regierung und gegen die Reichen ansammelt."

Scheinheilig kommentierte Eulenburg diesen Brief in einem Begleitschreiben an Wilhelm II.:

„Kaysers Stellung aber setze ich im Amt und bei dem Kanzler aufs Spiel, indem ich Euere Majestät von dieser Korrespondenz Kenntnis gebe!! Ich bitte daher 'flehentlich', den Brief Kaysers und den meinigen, unmittelbar zu vernichten oder mir zurückzusenden." Der Monarch dachte gar nicht daran, nahm vielmehr Promemoria und Brief in den Kronrat mit, wo er es als „eigenhändige Ausarbeitung S. M. des Kaisers zur Arbeiterfrage" vortragen ließ.

Es dauerte nicht lange, bis Eulenburg beim Kaiser um den Lohn anhielt: Er möge doch „den kleinen K." fördern: „Ich füge noch hinzu, weil ich ihn ganz genau kenne, daß er keine selbständige Natur ist, sondern lediglich die Gedanken Euerer Majestät zur Ausführung brächte, also zugleich bequem und nützlich...". Und der Lohn ließ nicht lange auf sich warten. Voll des Spotts und der Bewunderung berichtete Holstein am 2. März 1890 dem Helfer Eulenburg: „Gestern hat der große Kaiser den kleinen Kayser sehr ausgezeichnet. Letzterer hat sogar der Kaiserin die Hand küssen dürfen, die ihm gedankt hat für seine Unterstützung. Jetzt sollten Sie mal den Kleinen hören! Kaiserlicher als der Kaiser! Ich wette, das haben Sie gemacht. Sie sind ein großer Diplomat."

Doch nur zu bald wurde der ehrgeizige Beamte seinen Gönnern lästig; er verlangte „Barzahlung": erweiterte Kompetenzen, öffentliche Auszeichnung, Beförderung, so daß sich Eulenburg noch mehrmals beim Kaiser für ihn verwenden mußte, mit verächtlichem Widerwillen ob soviel „wimmernder Piquiertheit": „Der kleine Kayser krankt daran, daß die Welt nicht weiß, daß der wesentliche Inhalt der Kaiserlichen Erlasse aus seiner Feder stammt. Ebensogut könnte ich krank daran sein, daß man nichts von meinem Gedanken weiß, ihn zu meiner Belehrung um ein solches Exposé gebeten zu haben... Das ist lächerlich und ärgert mich. Diese verfluchte Eitelkeit!"

Was jenem Beamten mangelte (er brachte es übrigens mit Eulenburgs Hilfe noch bis zum Präsidenten des Reichsgerichts), besaß der Graf in hohem Maße: Takt. Er verbat es sich, personalpolitisch gegen irgendeinen Kandidaten etwas zu unternehmen, wenn sich eigene Verwandte um denselben Posten bewarben oder wenn der Kandidat ihm irgendwann einmal zu nahegetreten war, Rachegelüste also nicht auszuschließen waren. Er vermied sogar, dem offiziellen Briefverkehr Dinge anzuvertrauen, die sein eigenes Handeln in ein günstiges Licht rückten, denn er wollte keine Selbstbeweihräucherung in die Akten einfließen lassen. Anderseits hielt es Holstein doch für nötig, vor Eulenburgscher Familienpolitik zu warnen, als ein Vetter – nicht ganz ohne Zutun des Grafen – Oberhofmarschall geworden war. Holstein sah bereits das ganze Netz, in dem er als Spinne mittendrin saß, vom Zerreißen bedroht: „Solange Sie allein waren", schrieb er an Philipp zu Eulenburg, „und man von Ihnen sagte: 'obwohl Ostpreuße, treibt er keine Vetternwirtschaft', sah man relativ neidlos Ihre Intimität mit Seiner Majestät ... Wenn aber ein Dritter hinzukommt, wird die öffentliche Stimmung umschlagen."

Da Wilhelm II. für seine Launen, aber auch für seine Anfälligkeit gegenüber allen möglichen Einflüsterungen bekannt war, mit der Zeit auch die stürmischen Gefühle der Flitterwochen zwischen ihm und Eulenburg abflauten, mußten Holstein und vor allem der Graf ihren ganzen Einfallsreichtum spielen lassen und mit viel Einfühlungsvermögen den richtigen Moment erspähen, an dem sie den Kaiser ihrem Willen unterwerfen konnten. Wollte der Graf seinen hohen Freund zum Beispiel von seiner unseligen Redelust abbringen, benutzte er dazu nach Möglichkeit eine Phase, in der ihn der Kaiser durch besondere Gnadenerweise ausgezeichnet hatte. Dann ließ er wohl in einem langen Briefe, in dem allerlei Banales, auch amüsanter Klatsch oder unheimliche Spukgeschichten vorkamen, zum Schluß „en passant" einfließen: „In der Begabung Ew. Majestät für Reden liegt nur eine Gefahr: daß Ew. Majestät zu viel von dieser Begabung Gebrauch machen. Die vorzügliche Wirkung einer Rede kann durch einen einzigen Ausdruck in einer zweiten Rede völlig verloren gehen."

Ein beliebtes Mittel war es, den Herrscher öffentlich oder amtlich auf Äußerungen festzulegen, ehe er sich eines anderen besann

– Eulenburg mußte dann etwa gegenüber hochgestellten Persönlichkeiten des Bundesrats als Weisung ausgeben, was bislang nur ein Gedanke war. Im Oktober 1891 findet sich ein besonders schönes Beispiel für das Zusammenspiel der beiden „treuen Genossen" Holstein und Eulenburg. Das Auswärtige Amt, hielt es für unzweckmäßig, daß der Kaiser dem russischen Zaren auf dessen Durchreise in Danzig zur Begrüßung aufwarte. Kanzler und Staatssekretär hatten ihn davon nicht abzubringen vermocht. Nur Eulenburg konnte noch retten. Also setzte er sich hin und schrieb seinem Freund von Gut Liebenberg über die Freuden der bevorstehenden Jagd; scheinbar bekümmert fragte er, ob die Jagd vielleicht des Zaren wegen verschoben werden müsse. Dabei flocht er dann die Bemerkung ein, daß „jeder Deutsche" sich gekränkt fühlte, wenn der Kaiser dem Zaren „nachlaufe", obwohl dieser noch einen Besuch in Berlin schuldig sei. Um der „guten Sache" wegen bat Holstein seinen Vermittler, er möge anschließend auch noch seinen „„Oberhof-Vetter" auf den Kaiser hetzen („er ist schlau und wird sichs zweimal überlegen, ehe er einen Wunsch von Ihnen unberücksichtigt läßt. Schreiben Sie ihm dann aber energisch"). Und wirklich fuhr der Kaiser nicht nach Danzig.

Die „gute Sache" – das konnte Verschiedenes sein: die Sicherheit des Reiches; die Idee der Monarchie; das Interesse der Besitzenden, die es gegen sozialistische Begierden zu schützen galt; die Eindämmung des militärischen Einflusses bei Hofe; das Vorbeugen gegen unvernünftige Handlungen des Kaisers; das Wohlwollen der süddeutschen Staaten; aber auch immer wieder die Auswahl von Kandidaten für alle möglichen Ämter. Für Holstein wurde sie freilich mehr und mehr zur Pflicht, den von ihm befürchteten „Ruin" des Reiches zu verhindern, in den es durch den Psychopathen auf dem Kaiserthron hineinzugeraten drohte. Mit Ekel betrachtete Holstein das Treiben um sich herum: die Karrieresucht der vielen, die sich im Glanze der kaiserlichen Sonne baden wollten und auf widerliche Schmeicheleien verfielen, wo ein männlich-aufrechtes Wort am Platze gewesen wäre. Bereits 1891 ahnte er die Tragik, die ihn bis ans Ende umwittern wird: „Die Menschen, mit denen man Strecken Lebenswegs zusammen gemacht hat, biegen plötzlich rechts und links in die Sümpfe, und man wandert allein weiter, nur aufrecht gehalten durch die Hoffnung, daß der Weg, den man geht, der richtige ist."

Nach etlichen Jahren wird auch Eulenburg ihn im Stich lassen, als er mit Hilfe seines Freundes Bülow das sogenannte „persönliche Regiment" Wilhelm II. errichtet, welches der Geheimrat für unzeitgemäß und gegenüber dem Volke für unzumutbar hält. Doch Philipp zu Eulenburg hat es nicht über sich gebracht, seinem geliebten Kaiser Gewalt anzutun und ihn den „wesensfremden" liberal-fortschrittlichen und liberal-katholischen Ideen preiszugeben. So schieden die Freunde als Feinde, weil der eine nicht mehr mit dem Kaiser „durch dick und dünn" gehen wollte. Der kaiserliche Herr hat seinem Freund diese Treue schlecht gedankt – als Eulenburg 1908/09 vor die Gerichte gezerrt wurde, rührten weder Wilhelm II. noch Reichskanzler von Bülow eine Hand für ihn; vermutlich hatten sie Angst, sie könnten der gleichen Verfehlungen beschuldigt werden.

In Einsamkeit und Bitternis haben die geheimen Beweger der Reichspolitik, die Drahtzieher Holstein und Eulenburg, ihr Leben geendet. Aber Vereinsamung ist kein ungewöhnlicher Preis beim Spiel um Macht und Kronen. So wird regiert, so wurde immer regiert.

Deutschlands Sucht nach der Weltherrschaft

Mehr als ein Jahr vor dem Ausbruch des Zweiten Weltkrieges, Ende Mai 1938, versuchte Carl Goerdeler, der ehemalige Leipziger Oberbürgermeister, dem Diktator Adolf Hitler noch einmal klarzumachen, daß er durch eine Verständigung mit den Westmächten alle nationalen Lebensrechte Deutschlands ohne Krieg erreichen und den Weltfrieden auf lange Zeit sichern könne.

Doch als Goerdeler in der Reichskanzlei Hitlers Adjutanten Hauptmann Wiedemann seinen Bericht über eine Reise durch England und Frankreich übergeben wollte, kam er schlecht an damit. Wiedemann, der im Ersten Weltkrieg Hitlers militärischer Vorgesetzter war und auch Goerdeler gut kannte, weigerte sich, dergleichen weiterzuleiten – das würde für sie beide lebensgefährlich sein. Denn der Krieg sei nun beschlossene Sache. Kriegsziel sei ein deutsches Imperium, dem außer Großdeutschland (mit Österreich, Sudetenland und Tschechei) Polen, die Ukraine, das Baltikum, Skandinavien, Holland, das flämische Kernland von Belgien, Luxemburg, Elsaß-Lothringen, Burgund und die Schweiz angehören sollten.

Goerdeler rief entsetzt aus: „Das ist ja der Weltkrieg!" – Wiedemann: „Jawohl, das ist der Weltkrieg!" – „Aber das ist die Katastrophe!" – „Jawohl", erwiderte Wiedemann, „das ist die Katastrophe! Aber daran ist nichts mehr zu ändern."

Als die überlebenden Generäle, Minister und Diplomaten nach der Katastrophe ihre Memoiren veröffentlichten, gehörte es bei ihnen zum guten Ton, die Kenntnis von so weitreichenden imperialistischen Plänen zu leugnen, als seien diese verbrecherischen Vorhaben einzig im engen Kreis von Hitler und seinen nationalsozialistischen Trabanten ausgeheckt worden. Angesehene deutsche Historiker, im ehrlichen Bemühen, die Anklage der Kollektivschuld vom deutschen Volk abzuwenden, stellten Hitler und das Dritte Reich als bedauerlichen, jedoch einmaligen Betriebsunfall der deutschen Geschichte hin. Politiker der Weimarer Parteien, die nach 1945 den neuen deutschen Staat im Westen wiederaufzubauen halfen, beruhigten ihr Gewissen mit dem tröstlichen Argument, sie seien – ebenso wie das Volk – durch Hitlers gleisnerische Friedensreden arglistig getäuscht worden – eine Ansicht, die sich in Sebastian Haffners Hitler-Bestseller wiederfand.

Die Deutschen in ihrer Mehrheit verhielten sich, als hätten sie die Erfolge Hitlers – die unblutigen und die kriegerischen – niemals bejubelt; als hätten nicht die Stammtischpolitiker genüßlich das Fell des noch gar nicht erlegten Bären verteilt; als hätte nicht noch der letzte Briefträger die sozialdarwinistische Formel vom „Kampf ums Dasein" nachgeplappert; als hätten nicht Studienräte wie Dorfschullehrer ihren Schülern von der Weltmacht Deutschland vorgeschwärmt; als hätten nicht juristische Koryphäen bereits Theorien zur nationalsozialistischen Großraumordnung nachgeliefert; als hätten nicht deutsche Konzernherren die Arbeitskraft von Millionen verschleppter Sklaven gewissenlos ausgebeutet; als hätten sich nicht Bauern und Landarbeiter freiwillig als Wehrwirtschaftsführer im eroberten „Ostland" gemeldet – die Reihe ließe sich beliebig verlängern.

Sollten denn wirklich alle Ehepaare im Dritten Reich, die bei der Trauung Hitlers „Mein Kampf" geschenkt bekamen, niemals in dem Buch geblättert und jenen Satz übersehen haben, der die deutsche Tragödie vorwegnahm: „Deutschland wird entweder Weltmacht oder überhaupt nicht sein"?

Und haben die Millionen, die Hitler vor 1933 ihre Stimme gaben, seinen Reden nicht zugehört, mit denen er diese Alternative wieder und wieder in die Köpfe der Zuhörer hämmerte? „Jedes Wesen strebt nach Expansion, und jedes Volk strebt nach der Weltherrschaft" – so 1930 in der Universitätsstadt Erlangen. „Kein Volk hätte mehr Anrecht gehabt auf den Begriff Weltherrschaft als das deutsche Volk" – so im selben Jahr unter stürmischem Beifall in Mannheim. „Die Erde wurde verteilt, und wir haben eine Weltherrschaft, die uns gebührt hätte, verloren" – so damals in Kiel.

Am 3. Februar 1933, gerade vier Tage im Amt, verkündet Hitler bereits seinen Generälen und Admirälen, für welches außenpolitische Ziel die Wehrmacht eingesetzt werden sollte: „Eroberung neuen Lebensraumes im Osten und dessen rücksichtslose Germanisierung". In den beiden letzten Jahren vor dem Krieg, als sich Hitler im Besitze uneingeschränkter Macht und im Vertrauen fast des ganzen Volkes sonnte, hat er in Reden vor Offizieren kein Blatt mehr vor den Mund genommen – Kommandeure und Offiziersanwärter wurden für die kommenden „Feldzüge" in die rechte Stimmung versetzt. „Das deutsche Volk mit seinen 110 Millionen Deutschen in Mitteleuropa… diesem geschlossenen Block Mitteleuropas wird und muß einmal die Welt gehören", rief er im Januar 1938 vor der Generalität aus.

Währenddessen zogen Hitlerjungen gröhlend durch die Strassen: „Und heute gehört uns Deutschland, und morgen die ganze Welt!" Bei Hans Baumann, dem Lieddichter, hatte es noch geheißen: „Und heute hört uns Deutschland" – das war vor der Machtergreifung Hitlers und auch schon recht anmaßend. Solche Nuancen markierten den Übergang von der Großmacht zur Weltmacht. Aber die Deutschen – alle Deutschen – sangen damals inbrünstig noch ein anderes Lied, ihre Nationalhymne. Hans-Jürgen Syberberg hat seinem siebenstündigen Hitler-Film immer wieder zeitgenössische Schallaufnahmen des „Deutschland, Deutschland über alles" unterlegt – es ist ein Leitmotiv des „Tausendjährigen Reiches" gewesen, unüberhörbares Zeichen der Kontinuität von hundert Jahren Nationalgeschichte, deren Vollender und Zerstörer Adolf Hitler hieß.

Denn nicht sein Erstgeburtsrecht war es, um die Weltherrschaft zu kämpfen – in seiner Sprache: „Die Erde als Wanderpokal" zu gewinnen. Weltberühmte, ehrsame deutsche Philosophen, Historiker, nationalistische Dichter und liberale Demokraten des 19. Jahrhunderts, die selber nicht einmal einer Fliege etwas zuleide tun konnten, halfen als Schreibtischtäter die imperialistischen Kraftakte der verspäteten deutschen Nation in Wort und Schrift vorzubereiten. Schon die Befreiungskrieger 1813/15 wollten die deutsche Westgrenze weit nach Frankreich und Belgien vorschieben („So weit die deutsche Zunge klingt" dichtete Ernst Moritz Arndt);

im Vormärz träumten die Patrioten von einem neuen Reich, wo „unsere Flagge über Straßburg weht, die Flotte erst in Kronstadt steht".

In der Revolution von 1848 greift der überschäumende deutsche Nationalismus sogleich über die völkischen Grenzen hinaus. Die Mehrheit der Paulskirchen-Versammlung dachte nicht daran, nun etwa Dänen und Polen, Tschechen und Italiener innerhalb der Grenzen des Deutschen Bundes das Recht auf Selbstbestimmung zuzugestehen. „Unser Recht ist kein anderes als das Recht des Stärkeren, als das Recht des Eroberers", tönte selbstgefällig der liberale Abgeordnete Jordan. Für den Präsidenten der Nationalversammlung, Heinrich von Gagern, war der Anspruch des deutschen Volkes „groß und weltgebietend". Er wollte die fremden Völker längs der Donau, die „auf Selbständigkeit weder Beruf noch Anrecht haben, wie Trabanten in unser Planetensystem einfangen".

Der schmachvolle Ausgang des Bundeskrieges gegen das kleine Dänemark, dem die europäischen Großmächte den Rücken gestärkt hatten, und die Versteigerung der ersten deutschen Flotte entwickelten sich zu Traumata der enttäuschten Revolutionsgeneration von 1848/49. Der Apostel deutscher Überheblichkeit, der Historiker Heinrich von Treitschke, wurde für sein Leben geprägt, als er beim Studium in Bonn ehemalige junge Offiziere kennenlernte, die im Kampf gegen Dänemark „unbesiegt unterlegen" waren. Dieser sprachgewaltige preußische Gelehrte aus Dresden hat nach der Bismarckschen Reichseinigung von 1871 mit seinen „Vorlesungen über Politik" eine ganze Generation von Korpsstudenten und jungen Leutnants, von Beamten, Unternehmern und Publizisten verführt, weltmachtsüchtig gemacht. Er suchte für die junge Nation in der bereits verteilten Welt „einen Platz an der Sonne"; er lehrte seine Schüler, daß Staat Macht sei und Krieg eine sittliche Notwendigkeit, daß die Deutschen eine einzigartige Kultur hätten und die Juden „unser Unglück" seien.

Zu den Verführten zählten jene Männer, die sich kurz vor der Jahrhundertwende anschickten, das Deutsche Reich in die „Weltpolitik" hinein- und zu „Weltgeltung" emporzuführen: Kaiser Wilhelm II., Reichskanzler Bernhard von Bülow und Großadmiral Alfred von Tirpitz.

Im nachhinein läßt sich leicht die Nase rümpfen über den imperialistischen Rausch des wilhelminischen Deutschland. Aber die Deutschen, zum erstenmal in ihrer Geschichte in einem Nationalstaat geeint und durch Arbeiterfleiß und Unternehmergeist binnen zwei Jahrzehnten in die Spitzenriege der Industrie- und Handelsnationen aufgerückt, fanden es nur natürlich – wie zur gleichen Zeit die Italiener, wie noch heute die Chinesen –, daß ihr traditionsreiches Vaterland groß und stark sein und bei der Verteilung der Welt nicht leer ausgehen sollte.

Die Zukunftshoffnung, die damals eine begeisterte deutsche Jugend erfüllte, hat kein Geringerer als Max Weber 1895 in seiner Freiburger Antrittsrede angefacht: „Wir müssen begreifen, daß die Einigung Deutschlands ein Jugendstreich war, den die Nation auf ihre alten Tage beging, und seiner Kostspieligkeit halber besser unterlassen hätte, wenn sie der Abschluß und nicht der Ausgangspunkt einer deutschen Weltmachtpolitik sein sollte."

Viele Gelehrte, manche erlauchte Namen darunter, haben es ihm gleich getan, als sie in den Jahren vor und nach 1914 emphatisch die „deutsche Sendung" verkündeten und die Überlegenheit deutscher Kultur über „englischen Krämergeist", „welsche Falschheit" und „russische Barbarei" feierten.

Was den akademischen Zirkeln recht, war dem deutschen Kleinbürgertum billig, das die kraftmeierischen, Grenzen wie Völker verachtenden Parolen des rechtsradikalen Alldeutschen Verbandes wie Honig aufsog. Die Kleinheit dieses Propagandavereins mit seinen 18 000 Mitgliedern darf nicht über dessen Bedeutung hinwegtäuschen – hinter ihm standen das Großkapital und die Schwerindustrie, und sein Einfluß reichte in die Redaktionen großer Zeitungen und in die Parlamente – zeitweilig hat sich sogar das Auswärtige Amt seiner bedient. Sein Vorsitzender schlägt schon 1899 jenes Motiv an, das Hitler in „Mein Kampf" wieder aufnehmen wird: „Deutschland wird Weltmacht sein, oder es wird nicht sein!"

Das Paradox an diesem Postulat: Deutschland war längst eine Weltmacht – neben den anderen großen Mächten England, Frankreich, Rußland, Österreich-Ungarn, auch den Vereinigten Staaten, die von den Abendländern noch nicht für voll genommen wurden. Der Kaiser selber hatte dem Zeitgeist die allem Volke einleuchtende Formel abgelauscht: „Aus dem Deutschen Reiche ist ein Weltreich geworden", proklamierte er am Reichsgründungstag 1896 in seiner Tafelrede im Berliner Schloß. Und so führte er sich auch auf: Er beförderte sich zum Schutzherrn von 400 Millionen Muselmanen; er schickte an der Spitze eines internationalen Expeditionskorps einen „Weltmarschall" nach China; seine Panzerkreuzer durchfurchten den Stillen Ozean und richteten ihre Kanonen drohend auf die Küste Venezuelas; seine Soldaten „befriedeten" aufsässige Stämme in Afrika.

Doch die Weltmacht genügte den aufwärtsstrebenden, überall sich dazwischendrängenden Deutschen nicht – es gelüstete sie im stillen nach der Weltherrschaft. Was der populäre Dichter der Reichsgründungszeit, Emanuel Geibel, von einem friedensstiftenden einigen Deutschland träumend, einst in pathetische Verse gekleidet hatte, wurde nun zum Inbegriff der deutschen Mission: „Und es mag am deutschen Wesen einmal noch die Welt genesen". Doch vorher galt es noch, die unbestreitbar führende Weltmacht, England, vom ersten Platz zu verdrängen, nicht nur im Welthandel, sondern auch in der Herrschaft über die Meere.

Viele Deutsche wollen dies bis heute nicht wahrhaben: Das Reich habe nur auf Selbstverständliches gepocht, auf die „Gleichberechtigung". Doch seit Historiker in den letzten Jahren die „Weltpolitik" eines Bülow und Tirpitz nach Strich und Faden durchgeforstet haben, kann es keinen Zweifel mehr geben: Beide wollten das britische Weltreich aus den Angeln heben. Natürlich nicht von heute auf morgen: Es brauche zwei Jahrzehnte, bis die deutsche Schlachtflotte der britischen ebenbürtig sei. Vor dem Reichstag und der öffentlichen Meinung wurde der Flottenbau, der gewaltige Summen verschlingen sollte, mit dem Argument begründet, ein Krieg müsse für England zu einem schlechten Geschäft werden. Die „Risikoflotte" werde ihre abschreckende Wirkung bereits bei einem Stärkeverhältnis von 2:3 erreichen. Die verbleibenden 33 Prozent Übergewicht der Engländer suchten die Deutschen mit Qualität auszugleichen: durch besseres Material, technische Finessen, größere Feuerkraft, vorzügliche Führung. Obwohl geringer an Zahl, hätte die deutsche Hochseeflotte eines Tages den britischen Angstgegner überrundet.

In der Anfangsphase mußte Deutschland freilich eine „Gefahrenzone" durchlaufen: England hätte der deutschen Marine, wie 1807 den Dänen, ein „Kopenhagen" bereiten, mit anderen Worten: sie bei einem Überfall aus heiterem Himmel in Grund und Boden bohren können (wie es die Japaner 1941 in Pearl Harbor mit den Amerikanern gemacht haben). Darum sollte die deutsche Außenpolitik in dieser Phase die Flottenpolitik absichern. Bülow hat dies versucht, indem er das Zarenreich als Bundesgenossen gegen England zu gewinnen trachtete. Versäumte England den richtigen Augenblick, so werde ihm die neue Seemacht Deutschland die Bedingungen deutscher Weltpolitik diktieren und Kaiser Wilhelm „auch auf der See Frieden gebieten" können. – Der Historiker Peter Winzen spricht mit Recht von einer „gigantischen Fehlkalkulation" Bülows.

Deutschland geriet viel schneller als erwartet in die Risikozone. England nahm die Herausforderung an und ließ sich auf ein Wettrüsten mit den deutschen Vettern ein, bei dem diese auf Dauer nicht mithalten konnten. Außerdem gelang es den Engländern, ihre Interessengegensätze mit Japan und mit Frankreich beizulegen, während sich Rußland dem deutschen Werben entzog.

Deutschland, auf dem seit 1871 der Alpdruck möglicher Koalitionen seiner potentiellen Feinde lastete, fühlte sich „eingekreist". Aus dieser fatalen Lage suchte sich die Reichsleitung seit 1905 durch eine Politik kalkulierten Risikos, also des Bluffens mit kriegerischer Stärke, zu befreien, bis sich Politiker und Militärs im Juli 1914, besessen von der Zwangsvorstellung, bei längerem Zuwarten könne es für Deutschland nur noch schlechter ausgehen, in den Weltkrieg stürzten, unter dem Jubel der Massen. Die deutsche Nation in ihrer Machtverblendung und Selbstüberschätzung war nicht bereit, sich mit der Rolle eines englischen oder russischen Juniorpartners abzufinden, sich ins zweite Glied abdrängen zu lassen.

„Griff nach der Weltmacht" hat Fritz Fischer sein epochemachendes Geschichtswerk über die deutschen Kriegsziele des Ersten Weltkrieges betitelt. Der Titel ist irreführend. Tatsächlich griffen die Deutschen nach der Weltherrschaft, als sie mit Waffengewalt ihre Hegemonie über den Kontinent ausdehnen, das System des europäischen Gleichgewichts zerstören und das russische Reich in seine völkischen Bestandteile auflösen wollten. Vier Jahre kämpften sie um die Weltherrschaft und verloren darüber ihre Weltmachtstellung. „Wir haben unbewußt nach der Weltherrschaft gestrebt", sagt General Groener selbstkritisch nach der Niederlage. Er wußte auch – im engsten Kreise – anzugeben, wie man es beim nächsten Male besser machen müßte: Vorbereitung von langer Hand mit rücksichtsloser Konsequenz; Schaffung einer im Innern wie nach außen unerschütterlichen Machtbasis.

Die Mehrheit des deutschen Volkes hat die Niederlage von 1918 niemals anerkannt. Der Frieden von Versailles war für sie ein Schock, hatte doch das Deutsche Reich eben erst – nach dem Frieden von Brest-Litowsk – seine Macht bis vor die Tore von Petersburg, in Richtung Wolga und Kaukasus, fast bis zu den Ölquellen von Baku ausgeweitet. Adolf Hitler appellierte an verborgene Sehnsüchte, als er sich erbot, nicht nur den schädlichen Frieden von 1918 zu revidieren, sondern gleich auch noch den Westfälischen Frieden von 1648. Unter Hitler wollte Deutschland es zum zweitenmal versuchen, den Weltkrieg nachträglich gewinnen.

Die Kontinuität dieses machtpolitischen Denkens – sowohl in der kontinentaleuropäischen Perspektive als auch in der globalen Ausdehnung – ist keineswegs, wie so oft behauptet wird, in der Weimarer Republik abgerissen. Sie läßt sich vielmehr durchgehend von 1896 bis 1945 verfolgen. Die Beispiele, die von Historikern des Militärgeschichtlichen Forschungsamtes gesammelt und im ersten Band einer amtlichen Geschichte des Zweiten Weltkrieges ausgebreitet wurden, sind erschütternd.

Schon Jahre vor Hitler waren große Teile des Volkes für einen Revanchekrieg und für einen Kampf um den Lebensraum geistig disponiert. Die Literaten des „kriegerischen Nationalismus" erneuerten die imperialistischen Wunschträume der Kaiserzeit: Friedrich Georg Jünger forderte ein „Imperium germanicum" unter deutscher Führung (das dann unter Hitler und Himmler als „Germanisches Reich deutscher Nation" auferstand), und sein Bruder Ernst wünschte sich einen Imperialismus, der sich nicht wie „jener kümmerliche von gestern auf einige Vorrechte, Grenzprovinzen und Südseeinseln richtet, sondern der wirklich aufs Ganze geht".

Einer der bedeutendsten Männer der evangelischen Kirche, der damalige Superintendent der Kurmark, Otto Dibelius, schwang sich 1930 zu einem Hymnus auf, der zwei Jahre nach der Unterzeichnung des Kriegsächtungspaktes durch Deutschland die wahre geistige Verfassung tonangebender Gesellschaftsschichten treffend wiedergibt: „Das, und das allein, ist der Inhalt der Geschichte: Krieg, Krieg und immer wieder Krieg!"

Der große Frontkämpferbund „Stahlhelm" drohte unverhüllt mit der Vernichtung Polens und verlangte unentwegt „den notwendigen Lebensraum im Osten". Alfred Hugenberg, Alldeutscher, Pressezar und seit 1928 Vorsitzender der rechtskonservativen Deutschnationalen, behauptete 1931 in Stettin, der Wiederaufbau des Ostens sei „weit über die alten deutschen Grenzen hinaus nur durch Deutschland möglich". Und keineswegs zufällig erschien im Jahr 1926 Hans Grimms dickleibiger Roman „Volk ohne Raum", von dem 780 000 Exemplare verkauft wurden.

Selbst der Friedensnobelpreisträger Gustav Stresemann hat insgeheim als Fernziel seiner Außenpolitik einen Staat bezeichnet, in dem alle deutschen Volksteile innerhalb Mitteleuropas leben, doch lasse sich dieses Ziel nicht erreichen, ohne daß auch Angehörige fremder Nationalität unter deutsche Staatshoheit gestellt wurden. Ungefähr zur gleichen Zeit empfahl das Truppenamt der Reichswehr dem Auswärtigen Amt, Deutschlands lebenswichtige Ziele durch eine geschickte Kombination von Abrüstung (der anderen) und Aufrüstung (der eigenen) zu erreichen; als nächste Phase war vorgezeichnet die Wiedergewinnung der europäischen Stellung Deutschlands „im Gegensatz zu dem englisch-amerikanischen Machtkreis". Mitte der zwanziger Jahre begann sich auch in der Marineleitung wieder die Tirpitzsche Denkungsart durchzusetzen: Das Reich dürfe „auf Weltgeltung und Anteil an den Gütern der Welt nicht verzichten".

Der Vabanque-Spieler Hitler, der mühelos an diese Konzeptionen der Diplomaten und Militärs anknüpfen konnte, hat dann mit brutaler Energie und halsbrecherischer Ungeduld alle langfristigen Berechnungen aus der Weimarer Zeit über den Haufen geworfen. Bereits 1936 befahl er, die Wehrmacht habe in vier Jahren kriegsbereit zu sein. Erstaunlich sind die Parallelen zwischen Erstem und Zweitem Weltkrieg. Beide Male baute die Staatsführung fahrlässig auf die Illusion britischer Neutralität oder britischer Kampfesunlust. Beide Male, 1914 wie 1939, war das Deutsche Reich für einen langen Krieg nicht gerüstet und schon gar nicht für einen Weltkrieg. Doch der Generalstab vertraute auf das Siegesrezept des „Blitzkrieges": Schlieffen wollte Frankreich in sechs Wochen niederwerfen, ehe sich die russische Dampfwalze der deutschen Grenze näherte; General Halder hoffte, in vier Wochen die Sowjetunion niederzuringen, ehe Amerika auf seiten Englands eingreifen könne. Hitler in seiner Vermessenheit, die von den meisten deutschen Generälen geteilt wurde, hatte bereits für den Herbst 1941, nach dem Sieg über die Sowjetunion, einen „Weltblitzkrieg" in Aussicht genommen: mit Zangenoperationen gegen den britischen Nahen Osten via Ägypten und Türkei und mit einem Stoß vom Kaukasus durch Iran bis zu den Ölquellen des Irak. Auch richtete sich sein Appetit auf die Azoren, ein altes Kriegsziel der Marine – von dort aus könne man mit Fernbombern (die noch erprobt wurden) Störangriffe gegen amerikanische Städte fliegen.

Im Besitze des russischen Lebensraumes, des „deutschen Indiens", so meinte Hitler gegen Jahresende 1941, könne uns Amerika „gestohlen bleiben". Dieser Ausspruch erinnert an die berühmten Worte des Generals Ludendorff aus dem Kriegsjahr 1916: „Ich pfeife auf Amerika."

Hitler stach der Hafer, als er im Dezember 1941, nach dem japanischen Überfall auf Pearl Harbor, ohne Not Amerika den Krieg erklärte. Sebastian Haffners These, diese Kriegserklärung sei ein verkappter Hilferuf gewesen, damit die Amerikaner noch vor den Russen in Berlin sein konnten, ist nichts als eine geistreiche Spekulation. Hitler handelte aus Großmannssucht und aus Prestigedenken: an der Überlegenheit des deutschen Volkes über das amerikanische hat er nie gezweifelt. Diese Verblendung war allgemein. Im September 1944, als den Deutschen das Wasser schon bis zum Hals stand, vergnügte sich der Generaladmiral Saalwächter noch mit Planspielen für den „künftigen Krieg gegen ein Roosevelt-Amerika und ein mit ihm gehendes England" – Deutschland brauche dafür das belgisch-französische Küstengebiet bis nach Brest, außerdem Stützpunkte auf den Shetlands, den Färöer, Island und Grönland. Dieses Denken hatte Methode: Kaiser Wilhelm dachte bei seinem „ersten Punischen Krieg" schon an den zweiten, Hitler bei seinem „ersten Schlesischen Krieg" an den nächsten.

Die nationalsozialistischen Kriegsziele muten an wie ein Abklatsch der alldeutschen Annexionsforderungen aus dem Ersten Weltkrieg, die von weiten Teilen der Öffentlichkeit, von den bürgerlichen Parteien, von Industrie und Landwirtschaft und von der Gelehrtenwelt – im Kern aber auch von Regierung und Generalstab – unterstützt wurden: Vorverlegung der deutschen Grenzen in West und Ost, ein Kranz militärisch und wirtschaftlich abhängiger Vasallenstaaten, Siedlungsräume im Ostland, rücksichtslose Ausbeutung der russischen Rohstoffquellen. Nur hat Hitler diese Ziele bis zum Äußersten getrieben und ins Gigantisch-Verbrecherische gesteigert: ganze Völker wurden zum Helotendasein oder zum Tode verurteilt; an die dreißig Millionen Menschen sollten allein in Rußland ermordet und ebensoviele oder noch mehr umgesiedelt werden, um für die Siedler aus Deutschland und den anderen germanischen Ländern Platz zu machen.

Trotz dieser gravierenden Unterschiede zwischen Kaiserreich und Drittem Reich sind erschreckende Parallelen unübersehbar. Die Vernichtungsexperimente der SS wurden vorgedacht von dem Göttinger Theologieprofessor Paul de Lagarde, der schon im Jahre 1876 Völker im Osten und Südosten zugunsten der Deutschen verschwinden lassen wollte. Den Massenmorden im Zweiten Weltkrieg ging voraus die Vernichtung des Herero-Volkes, das nach dem Aufstand in Deutsch-Südwestafrika 1904/05 bewußt dem Hunger- und Durstttod preisgegeben wurde. Die Pläne preußischer Bürokraten für eine Aussiedlung polnischer Einwohner aus eroberten Ostgebieten nahmen die Verbrechen von 1939 und 1940 vorweg, und die Massenerschießungen und Brandschatzungen im besetzten Belgien 1914 sind Vorläufer der Repressalien im Zweiten Weltkrieg.

Nein, die Katastrophe war nicht allein eine Folge Hitlerschen Größenwahns. Die Freiburger Kriegshistoriker haben eine entscheidende Ursache erkannt: den „seit der Jahrhundertwende ungebrochene(n) Macht- und Geltungsanspruch deutscher Eliten" in Diplomatie, Wehrmacht, Wirtschaft und Wissenschaft. Noch schärfer hat Fritz Fischer die verhängnisvollen Machtstrukturen des Deutschen Reiches konturiert: das Bündnis agrarisch-aristokratischer und industriell-großbürgerlicher Machtgruppen („Rittergut und Hochofen"), die nach innen ihre Position gegen Demokratie und Arbeiterbewegung verteidigen und zugleich durch Expansion nach außen, notfalls auch kriegerische, festigen wollten. Der Demagoge Hitler mit seiner kleinbürgerlichen Massenpartei war ihre letzte Chance. Erst nach der gemeinsam verschuldeten Katastrophe, die Goerdeler im Mai 1938 vorausgesehen hatte, konnten verschüttete freiheitliche, demokratische und bundesstaatliche Traditionen deutscher Geschichte allmählich wieder wirksam werden. Der westliche Nachfolgestaat der „Weltmacht" schrumpfte auf das gesunde Maß einer Mittelmacht. Doch Spurenelemente einer fünfzigjährigen imperialistischen Epoche sind hier und da in Staat und Gesellschaft noch anzutreffen, erst recht nach der Wiedervereinigung. Auf sie muß man achten - auch heute noch.

Die politische Todsünde der deutschen Hybris 1914

„Es gibt viele historische Werke, die unsere Kenntnis nur bereichern und die wir deshalb dankbar aus der Hand legen. Es gibt auch andere, aber wenige, die uns erschüttern, ja umwerfen. Sie treffen den Kern von Vorstellungen, die uns teuer gewesen sind." Mit diesen Worten hat der Publizist Paul Sethe vor zwanzig Jahren in der „ZEIT" (Nr.47 vom 17. November 1961) seine Rezension über das 900-Seiten-Buch des Hamburger Historikers Fritz Fischer eingeleitet, das den provozierenden Titel trug: „Griff nach der Weltmacht". Es war überhaupt die erste Würdigung dieses zeitgeschichtlichen Werkes, das alles über den Haufen warf, was Generationen deutscher Schulkinder über den Kriegsausbruch von 1914 und über die Politik des Deutschen Reiches im Ersten Weltkrieg gelernt hatten.

Zwei Jahrzehnte danach ist den Nachgewachsenen kaum noch begreiflich zu machen, warum Fischers Thesen die Gelehrtenwelt und die öffentliche Meinung so leidenschaftlich aufwühlen konnten. Der unerbittliche Moralist aus Hamburg hatte mit seiner schonungslosen Offenlegung der imperialistischen Habgier des Kaiserreiches („der guten, alten Zeit") und der nationalistischen Verblendung, die damals weite Teile des Volkes ergriffen hatte, ins Mark bundesrepublikanischen Selbstverständnisses getroffen. Gerade hatte sich der Bürger in der restaurierten Wohnstube der Adenauer-Zeit behaglich eingerichtet, mit dem beruhigenden Gefühl, daß Deutschland zwar den Zweiten Weltkrieg verschuldet habe, in den Ersten jedoch „reinen Herzens" hineingetapst sei; die Hitlerschen Raub- und Eroberungszüge wären also nur ein einmaliger Betriebsunfall unserer Geschichte gewesen. Das sensationelle Buch zwang nun zu einer schmerzhaften Revision der ferneren Zeitgeschichte.

Fischer und seine Schüler hatten sich in den fünfziger Jahren, als in Ost und West die riesigen Aktenbestände aus der Kaiserzeit deutschen Forschern verfügbar wurden, die Frage gestellt: Wie würde Europa und die Welt ausgesehen haben, wenn Deutschland 1914 den Krieg gewonnen hätte? Eine erste Antwort fanden sie in einem Dokument, das sie im Deutschen Zentralarchiv Potsdam in den Akten der ehemaligen Reichskanzlei entdeckt hatten: das von ihnen sogenannte Septemberprogramm, eine Kriegszieldenkschrift des Reichskanzlers von Bethmann Hollweg, die er am 9. September 1914 – auf dem Höhepunkt der kriegsentscheidenden Marneschlacht zwischen Paris und Verdun – aus dem Großen Hauptquartier in Luxemburg an den Vizekanzler in Berlin, den Staatssekretär des Innern, Clemens von Delbrück, gesandt hatte. Diese „vorläufige Aufzeichnung über die Richtlinien unserer Politik beim Friedensschluß" hatte sich der Kanzler von seinem nächsten Mitarbeiter, dem noch jungen Legationsrat und politischen Publizisten Kurt Riezler, anfertigen lassen, damit das Reich „für die Eventualität plötzlicher Verhandlungen" über einen Präliminarfrieden gewappnet sei.

Das „allgemeine Ziel des Krieges" war darin gleich zu Anfang umschrieben worden: „Sicherung des Deutschen Reiches nach West und Ost auf erdenkliche Zeit. Zu diesem Zweck muß Frankreich so geschwächt werden, daß es als Großmacht nicht neu erstehen kann, Rußland von der deutschen Grenze nach Möglichkeit abgedrängt und seine Herrschaft über die nicht-russischen Vasallenvölker gebrochen werden", ein Maximalziel, an dem die Reichsleitung und die Machteliten (Militär, Ministerialbürokratie, Wirtschaftsverbände, rechte Parteien, Professorenschaft, Bundesfürsten) durch alle Höhen und Tiefen des Krieges bis unmittelbar vor dem Zusammenbruch im Herbst 1918 festgehalten haben.

Kernstück des Planes war „die Gründung eines mitteleuropäischen Wirtschaftsverbandes durch gemeinsame Zollabmachungen", also eines gemeinsamen Marktes, dem die besiegten Länder Frankreich und Belgien, die neutralen Staaten Holland und Dänemark das erst noch von russischer Herrschaft zu befreiende Polen, das verbündete Österreich-Ungarn und vielleicht auch Italien, Norwegen und Schweden angehören sollten. Bei scheinbarer Gleichberechtigung der Mitglieder sollte Deutschland die Führung zufallen, „die wirtschaftliche Vorherrschaft". Im Widerspruch dazu sollte Frankreich wirtschaftlich völlig von Deutschland abhängig werden.

Für unerläßlich hielt der Reichskanzler die Abtretung des lothringischen Erzgebietes von Briey, auf das die deutsche Schwerindustrie schon seit Jahren begehrliche Blicke geworfen hatte, außerdem eine hohe Kriegsentschädigung. Belgien sollte die Festung Lüttich abtreten, Luxemburg deutscher Bundesstaat werden. Das Königreich Belgien, das von den deutschen Armeen unter Bruch des Völkerrechts überfallen worden war, sollte „zu einem Vasallenstaat herabsinken" (eine Lieblingsidee Riezlers): ihm könne man dann getrost die französische Kanalküste angliedern. Dem Urteil der Militärs wollte man es überlassen, ob Frankreich die burgundische Festung Belfort und den Küstenstrich von Dünkirchen bis Boulogne an Deutschland abtreten müsse. Als weiteres großes Kriegsziel wurde „die Schaffung eines zusammenhängenden mittelafrikanischen Kolonialreichs" angestrebt (vor allem auf Kosten der Belgier und Franzosen), in einem Nachtrag „ein engeres Verhältnis" Hollands zum Deutschen Reich in Aussicht genommen – die niederländischen Kolonien in Südostasien gleich eingeschlossen.

Der Streit der Historiker entzündete sich an der Frage, ob diesem (zunächst ja unverbindlichen) Programm eine defensive oder eine offensive Haltung zugrunde gelegen habe. Für die Fischer-Schule stand es fest: Die Kriegszielpolitik habe lediglich die imperialistischen Zielrichtungen der Vorkriegspolitik wiedereingenommen – von da war es dann nicht mehr weit zu der These, Deutschland habe den Ersten Weltkrieg bewußt herbeigeführt, um nach der Weltmacht, ja Weltherrschaft zu greifen. Freilich, als sich der Pulverdampf der ersten Professorenfehden verzogen hatte, mochte kein Historiker mehr bestreiten, daß Bethmann Hollweg im Juli 1914, nach dem Attentat von Sarajevo, bewußt einen Weltkrieg riskiert hatte – „aus Furcht und Verzweiflung", meinten die einen; in der Absicht die deutsche Vorherrschaft auf dem Kontinent zu erringen, vermuteten die anderen.

Fischer ist der Beweis einer Kontinuität insoweit gelungen (wie es der Thübinger Historiker Hans Rothfels formulierte), „als in den Kriegszielen nichts auftaucht, was nicht vorher schon in der allgemeinen Richtung oder in konkreten Einzelforderungen vor der deutschen Öffentlichkeit diskutiert, ja mit mehr oder weniger starkem Wunschdenken als erreichbar dargestellt oder als Lebensnotwendigkeit bejaht worden war". Bis auf die Sozialdemokraten hatten sich eigentlich alle gesellschaftlichen Gruppen an diesen Spielchen beteiligt. Rudolf Augstein, Vorkämpfer der Fischer'schen Geschichtsaufklärung, hat den Tatbestand auf seine Weise treffend beschrieben. „Kriegsziele schlummern als giftige Zwerge im Unterbewußtsein der Völker. Erst die Elefantiasis des Krieges bringt sie ans Licht und zum Wachsen."

Ein anderer Hamburger Historiker, Egmont Zechlin, schwerverwundeter Veteran des Ersten Weltkrieges, hat viel Scharfsinn darauf verwendet, das von Fischer entdeckte Kriegszielprogramm zu bagatellisieren. Ihm wollte es so scheinen, als ob eine diskutierende Gruppe um eine Schreibmaschine herumgestanden und eilfertig alles zu Papier habe bringen wollen, was ihr an Kriegszielen noch so einfiel. Fischer konnte aber nachweisen – und die später veröffentlichten Tagebücher Riezlers bestätigen es –, daß schon seit den ersten Kriegstagen in Berlin und später im Hauptquartier über Einzelheiten des Programms nachgedacht worden ist. Gerhard Ritter, Anfang der sechziger Jahre der Nestor der deutschen Historikerschaft und sicherlich der schärfste Kritiker Fischers, dessen Aufräumarbeit ihn an politisches Flagellantentum erinnerte, hat immerhin den Inhalt der Septemberdenkschrift ernst genommen, als Zeichen, daß selbst ein so besonnener und sittlich überragender Politiker wie Bethmann Hollweg – „der Philosoph von Hohenfinow" – „auf dem Höhepunkt deutscher Waffenerfolge den Gedanken der reinen Abwehr aufgegeben und die Machtverhältnisse in Mittel- und Westeuropa gründlich habe umgestalten wollen".

Nicht ganz zu übersehen ist, wessen Gedanken im einzelnen in die Denkschrift eingeflossen sind. Gewiß haben der AEG-Chef Walther Rathenau und der Bankier Karl Helfferich den wirtschaftlichen Teil mitbestimmt; natürlich kursierten in Luxemburg auch die annexionistischen Eingaben von Parlamentariern wie Erzberger, von Industriellen wie Thyssen, von den chauvinistischen Alldeutschen; mit den Herren vom Generalstab, vom Militärkabinett und mit Großadmiral von Tirpitz, dem Staatssekretär im Reichsmarineamt und Schöpfer der Hochseeflotte, sprach man ohnehin jeden Tag: selbst die bombastischen Einfälle des Kaisers mußten sich irgendwo noch niederschlagen. Die letzten Zusammenhänge sind noch keineswegs bloßgelegt.

Wir veröffentlichen heute zum erstenmal zwei Dokumente, die aus jener Phase der Meinungsbildung stammen, als eine siegesberauschte Nation täglich mit der Kapitulation Frankreichs rechnete. Das eine hat der Fischer-Schüler Bernd F. Schulte („Die deutsche Armee 1900-1914") ausgegraben. Es ist ein Brief, den der ehemalige Marineattaché in London, Kapitän zur See Widenmann, an Großadmiral von Tirpitz gerichtet hat. Erstaunlich viel daraus ist in Bethmann Hollwegs Denkschrift wiederzufinden. Wie sind diese Parallelen in den Gedankengängen so unterschiedlicher, ja untereinander verfeindeter Kreise wie Kanzlerstab, Industrie, Heer, Marine entstanden? Haben vielleicht Industrielle mit Hilfe der Alldeutschen Stichworte verteilt? Oder hatte bereits die Vorkriegsdiskussion solch tiefe Spuren hinterlassen, daß man in gewissen Kreisen im Gleichklang dachte? Oder gab es einen geheimnisvollen Dritten, der verschiedene Persönlichkeiten als Mittler vorschickte? Oder ergaben sich diese Kriegsziele – Mitteleuropa, Ausbeutung Frankreichs, Annexion der Rhein- und Scheldemündung – einfach aus der Kriegslage, so daß jeder darauf kommen mußte?

Bemerkenswert, wie früh man in der Flotte bereits erkannt hat, daß der Krieg mit England noch lange dauern werde, darum auch die Spekulation, mittels einer saftigen Kriegsentschädigung aus Frankreich neue Kriegsschiffe bauen zu können. Wenige Wochen, und diese Träume waren jäh verflogen.

Das zweite Dokument – das Professor Fischer demnächst in einer Studie herausbringen will – enthält zehn Bedingungen, die der deutsche Botschafter in Washington, Graf Bernstorff, einem amerikanischen Gesprächspartner übergeben hat. Vielleicht waren sie bereits aufgesetzt, als er Mitte August 1914 von Berlin nach New York abreiste. Man wollte für eine mögliche amerikanische Friedensvermittlung vorbauen – kein Wunder, daß in diesen keineswegs unbescheidenen Forderungen jeder Hinweis auf das geschändete Belgien und Mitteleuropa fehlt. Beides hätte amerikanische Interessen und Gefühle verletzt.

Dreieinhalb Jahrzehnte nach dem selbstverschuldeten Untergang des Deutschen Reiches muten diese (schon seinerzeit realitätsfernen) machtpolitischen Ziele grotesk an. Doch sie waren blutige Wirklichkeit, Ergebnis dessen, was Paul Sethe 1961 „die politische Todsünde der Hybris" genannt hat. Wenn wir heute unbefangen über diese so lange verborgenen dunklen Seiten unserer Vergangenheit reden können, so ist das jenem kühnen Wurf Fritz Fischers zu danken. Golo Mann urteilte bereits 1962, ungeachtet seiner Vorbehalte gegen Fischers Methoden und Thesen: „Die Forscherleistung, die Bereitschaft zur rückhaltlosen nationalen Selbstkritik verdienen allen Respekt."

Aus einem Brief Kapitän Widenmanns an Großadmiral von Tirpitz
Nordsee (S.M.S. „Kolberg"), 29. August 1914

Euer Exzellenz!
... Nur die Größe der finanziellen Kriegsentschädigung wird zunächst die Mittel für den weiteren Ausbau der Flotte der Nation schmackhaft machen können, bis auch die Zweifler sehen werden, daß gegen England weiter gerüstet werden muß. Den während des Krieges mit allen Mitteln inszenierten Kampf gegen unser Wirtschaftsleben wird England auch nach dem Frieden fortsetzen und hat dabei den Vorteil, daß wir durch den Krieg an Boden verloren haben, den unsere anderen Konkurrenten, nicht zuletzt Amerika, gewonnen haben und nicht gutwillig werden wieder abtreten wollen. Gegen diesen Verlust scheint mir neben dem weiteren Ausbau unserer Flotte nur ein Weg offen, die „Konstituierung des mitteleuropäischen Zollverbandes" unter „Einschluß von Frankreich". Die hierin drohende Gefahr für England deutete Sir Edward Grey in seiner Rede an, in der er die Kriegserklärung gegen uns motivierte. Also muß sie eine unserer Friedensbedingungen sein, die wir Frankreich auch gegen den Willen Englands abtrotzen müssen. Österreich wird ohne weiteres mitmachen wollen: Belgien wird zum Eintritt gezwungen, dadurch daß es Reichsland bleibt; das so eingekeilte Holland wird nicht zu seinem Nachteile mitmachen

müssen; in den skandinavischen Ländern wurde dieser Gedanke schon vor Ausbruch des Krieges poussiert; Italien, die Schweiz und die Balkanländer werden sich von dem central liegenden, wie ein Magnet wirkenden Bunde nicht ausschließen können...

Um aber England gegenüber auch militärisch diese wirtschaftlichen Bedingungen durchsetzen zu können, muß meiner Ansicht nach außer der Einverleibung Belgiens in das Reichsgebiet auch Nordfrankreich soweit deutsch werden, daß der Besitz von Dünkirchen, Calais und Boulogne militärisch verteidigt werden kann. Wenn Deutschland hierdurch vor den Toren Londons sitzt und den direkten Zutritt zum Kanal in Händen hat, wird zwar die Freundschaft Englands nicht wachsen, aber ein Mittel gegeben sein, gegen die zukünftige Feindschaft besser gewappnet zu sein. Wie weit unsere lothringische und elsässische Grenze weiter westlich vorgeschoben werden muß, um gegen Revanchegelüste Frankreichs sicher zu sein, muß der Entscheidung der Militärs überlassen bleiben, um so weniger werden wir dem Revanchegedanken Nahrung geben, und um so weniger wird der schon durch Belgiens Einverleibung unvermeidliche Zuwachs an fremden Elementen gesteigert werden...

Unsere afrikanischen Kolonien muß England von neuem in altem Besitzstande anerkennen; der Kongostaat fällt mit Belgien an das Reich; ebenso der französische Kongo. Und um eine Etappenstraße nach dem afrikanischen Kolonialbesitz zu sichern, muß England in den käuflichen Erwerb einer der portugiesischen oder spanischen Inseln des Atlantischen Ozeans einwilligen.

Schwieriger wird die Frage einer Entschädigung für den Fall, daß Tsingtau von den Japanern genommen wird. Selbst, wenn man von England erzwingen könnte, diesen Besitz an Deutschland zurückzugeben, ist die Frage, ob ersteres in der Lage ist, es wieder von Japan zurückzuerhalten. Wenn es das deutsche Prestige Japan gegenüber zuläßt, und die wirtschaftliche Stellung des deutschen Handels nicht etwas Positiveres im Norden verlangt, würde England am meisten gestraft sein, wenn es Britisch-Borneo als Entschädigung abtreten müßte, durch dessen Besitz das deutsch-niederländische Kolonialreich eine wertvolle Stärkung erfahren würde.

Damit ist die Frage der politischen Stellung „Hollands" angeschnitten, die neben dem wirtschaftlichen Anschluß an den mitteleuropäischen Zollverband geklärt werden muß. Zwingen tut hierzu die Lage Antwerpens zur holländischen Scheldemündung. Diese und Antwerpen sind der gegebene neue deutsche Kriegs- und Handelshafen des Westens. Der Kriegshafen fordert, daß sein Zugang zum Meer an beiden Seiten vom Reichsgebiet umschlossen wird. Um Holland zu diesem Zugeständnis zu bewegen, müßten ihm in anderen belgischen Gebietsteilen Opfer gebracht werden. Die Garantie seiner Unabhängigkeit im Deutschen Reiche nach Analogie der übrigen Bundesstaaten wäre das wünschenswerteste für uns, wenn Holland selbst zu bewegen ist, ins Deutsche Reich einzutreten.

Jedenfalls muß der Gedanke an den Besitz Antwerpens „mit" der Scheldemündung und an den der ganzen belgisch-französischen Kanalküste bis einschl.(ießlich) Boulogne schon jetzt so sehr Allgemeingut von Deutschland werden, daß ein Frieden ohne diesen Zuwachs überhaupt eine Unmöglichkeit wird.

Das Bild würde nicht vollständig sein, wenn der Osten nicht mit hineingenommen würde. „Österreich" steht uns dabei am nächsten. Es müßte seine Entschädigung in Nordserbien mit Belgrad, dann Montenegro (Sandschak), Albanien und russischem Gebiet finden, soweit es nicht polnisch ist. Der Widerstand Italiens gegen ein österreichisches Albanien müßte durch das Angebot von Savoyen und Südfrankreich gebrochen werden.

Den Rest von Serbien, das als politischer Staat verschwinden muß, müßte „Bulgarien" erhalten.

„Rumänien" müßte sich auf Kosten Rußlands über Bessarabien hinaus bis zur Krim ausdehnen dürfen und schließlich

die „Türkei" den Kaukasus bis zur Grenze des Don-Gebietes und Astrachan einverleiben.

„Schweden" müßte sich in Finnland entschädigen dürfen. Ich würde den vier letztgenannten Reichen schon heute diese Gebietserweiterungen, die alle auf Kosten unserer Feinde gehen, auf diplomatischem Wege vorschlagen, um ihnen das Eingreifen in den Weltkrieg zu erleichtern, und damit sie sich ein Anrecht auf Gebietszuwachs erwerben.

Ein selbständiges „Polen", soweit Russisch-Polen in Frage kommt, könnte uns als Pufferstaat nur erwünscht sein. Unsere Polen müßten zwischen Preußen und dem neuen Polen optieren dürfen. Entscheiden sie sich für letzteres, so müßten sie auswandern.

Am schwersten wird die Frage sein, ob sich Deutschland mit einem Zuwachs an russischem Gebiet selbst beteiligen und ob das ethnographisch schon jetzt bunt zusammengesetzte Reich sich mit noch weiteren Ausländern belasten soll. So wünschenswert es erscheinen mag, Rußland dadurch in Strafe zu nehmen, daß man es zu Gebietsabtretungen an Deutschland zwingt, so fraglich erscheint der Gewinn. Wenn es sich um Gebiete handelt, dürften meiner Ansicht nach nur die eisfreien Küstengebiete der Ostsee in Frage kommen, um Rußland an der empfindlichsten Stelle zu treffen...

Berlin, 13.2.1919 Euer Exzellenz gehorsamst ergebener
(gez.) Widenmann

Welches wären die Bedingungen eines siegreichen Deutschlands gewesen? Graf Bernstorff, der frühere deutsche Gesandte [sic!] in Washington, gab 1914 die Waffenstillstandsbedingungen bekannt, die Deutschland, welches sich damals siegreich glaubte, Frankreich auferlegen wollte. Die Bedingungen waren in folgenden 10 Punkten enthalten:

1. Abtretung aller französischen Kolonien,
2. Abtretung der nordöstlichen Gebiete Frankreichs,
3. Auferlegung einer Kriegsentschädigung von zehn Milliarden,
4. Abschaffung aller Einfuhrzölle auf deutsche Waren nach Frankreich und dies auf die Dauer von 25 Jahren; Deutschland behält sich das Recht vor, auf die französischen Erzeugnisse, die nach Deutschland eingeführt werden sollen, einen Zoll zu erheben;
5. Frankreich gibt die allgemeine Wehrpflicht auf 25 Jahre auf,
6. Schleifung aller französischen Festungen,
7. Auslieferung von drei Millionen Gewehren, 2000 Kanonen, 40000 Pferden,
8. die deutschen Patente müssen in Frankreich spezielle Vorrechte genießen,
9. Frankreich muß jegliches Bündnis mit Rußland und England aufgeben,
10. Frankreich muß auf 25 Jahre ein Bündnis mit Deutschland schließen.

[Bleistiftbemerkung Bernstorffs]:
„Über diesen Funkspruch berichtete ich an den Herrn St.[aats] Sekr.[etär]“* B[ern]st.[orff] 18.2.1919.

*) Es handelt sich um Ulrich von Brockdorff-Rantzau vom Auswärtigen Amt.

Tannenberg – Der größte Sieg und die schlimmen Folgen

Über das Traditionsverständnis der Bundeswehr soll nun, nach dem Willen der Sozialdemokraten, doch weiter diskutiert werden. Es gäbe einiges zum Aufarbeiten. Zum Beispiel Tannenberg. Zwei Kasernen tragen den Namen dieser berühmten Schlacht, in der Ende August 1914 auf ostpreußischem Boden eine russische Armee von unterlegenen deutschen Streitkräften besiegt wurde. Sieben Kasernen sind nach dem Sieger dieser Schlacht benannt, dem Generalfeldmarschall Paul von Hindenburg. Die 54 „Tannenberg-Feldzeichen", die bis zum Januar 1945 im Fahnenturm des Tannenberg-Ehrenmals aufbewahrt wurden, sind auf acht Schulen der Bundeswehr und das Wehrgeschichtliche Museum im Schloß Rastatt verteilt worden.

Das Fragwürdige dieser Tradition fängt schon mit dem Namen an. Die Entscheidung fiel damals in dem südwestmasurischen Dreieck Hohenstein-Neidenburg-Willenberg, also östlich des Dorfes Tannenberg. Die deutsche Oberste Heeresleitung sprach zunächst nur von der „Schlacht bei Allenstein", der nächsten größeren Stadt. Während der Kämpfe kam Hindenburg mit seinem Armeestab zufällig in die Nähe jenes Dorfes. Generalmajor Ludendorff, sein Chef des Stabes, damals bereits ein abergläubischer Mensch, weigerte sich, in Tannenberg Quartier aufzuschlagen – denn dort in der Nähe war am 15. Juli 1410 das Heer des Deutschen Ritterordens von dem vereinigten litauisch-polnischen Heer vernichtend geschlagen worden. Erst als sich der Sieg den deutschen Fahnen zuneigte, bat Hindenburg den Kaiser, er möge auch diese Schlacht nach Tannenberg benennen. „Die Scharte von 1410 ist auf weiter Linie gründlichst ausgewetzt worden."

Wenige Stimmen ließen sich vernehmen, die solch gewagten Rückgriff in die Geschichte für bedenklich hielten. Mußte man ausgerechnet den Nationalstolz der Polen verletzen, die man doch als Bundesgenossen gegen das Zarenreich zu gewinnen trachtete? Am Sieg über den Ritterorden bei Grunwald (wie sie es nannten) richteten sich die polnischen Nationalisten wieder auf, wenn sie am Unglück des dreigeteilten Vaterlandes schier verzweifelten. Für die Demütigung von 1914 rächten sie sich nach dem Zweiten Weltkrieg. Am 550. Jahrestag weihten sie ein Denkmal auf dem Schlachtfeld von Tannenberg; die höchste Auszeichnung der Volksrepublik heißt „Grunwaldorden“.

Wer sich heute noch auf Tannenberg Traditionen stützt, kann das eine nicht vom andern trennen. Dessen waren sich auch die Offiziere der Bundeswehr bewußt, die 1964 die Kaserne des Versorgungsbataillons 26 in Braunschweig auf diesen Namen tauften. Da war nicht nur Heimweh ostpreußischer Landsleute im Spiel. Auf dem Schild am Eingang der Kaserne wurden zwei Symbole angebracht: die Silhouette des Ehrenmals und das Zeichen des Deutschen Ordens, von dessen Brustkreuz das Hoheitsabzeichen der Bundeswehr abgeleitet ist. Doch welche Werte, welche Tugenden, welche historischen Vorstellungen sollten da den jungen Rekruten vermittelt werden? Etwa der Stolz auf das „germanische Schwert“, mit dem „Siegfried“ alias Hindenburg „die Slawen“ aufs Haupt schlug? Wer heute noch Tannenberg und Hindenburg in Ehren hält, muß wissen, was er anrichtet.

Aus der Sicht des Militärhistorikers bleibt Hindenburgs Triumph bei Tannenberg ein weltgeschichtliches Ereignis. Bis zum Zweiten Weltkrieg, in dem alle Dimensionen übertroffen wurden, war Tannenberg wirklich eine der größten Einkreisungsschlachten – nach der Völkerschlacht bei Leipzig von 1813 und den deutschen Siegen über die Franzosen bei Metz und Sedan 1870. Überdies gilt sie als die gelungenste Wiederholung des Schlachtmodells von Cannae. Im Jahre 216 hatte dort der karthagische Feldherr Hannibal mit unterlegenen Truppen das römische Heer unter dem Konsul Terentius Varro durch einen Umfassungsangriff vernichtet. Auf diesem Muster baute der deutsche Generalstabschef Graf Schlieffen seine Kriegstheorie auf, mit deren Hilfe das Reich gegen eine Welt von Feinden bestehen sollte. Eine ganze Generation von Generalstäblern vor dem Ersten Weltkrieg wurde mit seinem Dogma der Vernichtungsschlacht geimpft. Das Prinzip ist einfach – wie alle große Kriegskunst: Die bis aufs äußerste geschwächte Mitte der Front zieht die Masse des feindlichen Angreifers auf sich – sie darf sich biegen, aber nicht brechen. Währenddessen umfassen die verstärkten Flügel den Feind von den Seiten und fassen ihn im Rücken. Er wird eingekesselt und dann im konzentrischen Angriff niedergezwungen. Das Ziel ist immer die Vernichtung – gelingt es dem Feind, aus der Umzingelung auszubrechen, handelt es sich nur noch um einen „ordinären Sieg“.

Hindenburg konnte zufrieden sein. „Das war wirklich ein Cannae à la Schlieffen“, freute er sich. 153 000 Deutsche hatten gegen

191 000 Russen gekämpft. Hernach bedeckten 7 000 tote Russen die Walstatt, unter ihnen ihr Oberbefehlshaber Samsonow, der, wie weiland Varus im Teutoburger Wald, das Ende seiner Divisionen nicht überleben wollte; ihnen zur Seite etwa 5 000 Deutsche. 92 000 russische Soldaten mitsamt dreizehn Generälen zogen in Gefangenschaft.

Für Lehrer an Kriegsschulen, für Sandkastenspiele in den Generalstäben ist Tannenberg immer noch ein nützliches Lehrmodell: wie eine halbwegs geschlagene Armee aus dem Rückzug zum Angriff übergeht; wie man, auf der inneren Linie operierend, in Gewaltmärschen und mittels Eisenbahnen die Truppen an die entscheidende Stelle bringen kann; wie die Auftragstaktik, die Eigeninitiative souverän entscheidender Unterführer, dem Ganzen nutzen, aber auch schaden kann; wie das Gefühl, den eigenen Herd, Weib und Kind zu verteidigen, selbst schwach ausgerüstete, schlecht ausgebildete Truppen noch zu Höchstleistungen anspornt.

Dazu das negative Beispiel eines vernachlässigten Bevölkerungsschutzes. Die Einwohner Ostpreußens wurden vom Krieg im eigenen Land völlig überrascht. Aus Angst vor den mordenden und sengenden Kosaken verließen 800 000 Menschen Haus und Hof; die Flüchtlingstrecks zogen bis nach Niedersachsen, Vorboten eines noch viel schrecklicheren Exodus: Drei Jahrzehnte später versäumte man es abermals, die Bevölkerung rechtzeitig zu warnen. Tausende wurden 1914 nach Sibirien verschleppt, Hunderte erschossen; 34 000 Häuser gingen in Flammen auf. Wer wollte es den Ostpreußen verdenken, daß ihnen Tannenberg wie eine wunderbare Errettung vorkam?

Die Wirklichkeit war prosaischer. Das deutsche Oberkommando konnte die unverschlüsselten Funksprüche der russischen Heerführer mitlesen und war so über die Pläne des Feindes jederzeit genau im Bilde. Auch spekulierte es zu Recht auf die Schwerfälligkeit der russischen Dampfwalze, auf das unzulängliche Nachrichtensystem und die Führungsschwächen des Feindes. Mit welchem Leichtsinn die Narew-Armee ins Feld geführt wurde, erzählt Solschenizyn im „August 14".

Auf Kriegsromantiker wirkt Tannenberg wie der letzte Abglanz einer versunkenen Epoche: Feldherrnhügel, Sturmangriff mit entrollten Fahnen, brennende Windmühlen, zum Schluß den Pour le mérite, Choral von Leuthen, Dankgebet. Nach dem Sieg Ritterlichkeit. Mit trostreichem Zuspruch nahm Hindenburg die Hand des gefangenen Generals Martos in seine beiden Hände: „Da wandte sich der arme, alte, mit Ehrenzeichen der Tapferkeit geschmückte Mann um und weinte bitterlich", berichtete Hindenburg seiner Frau.

Der unverhoffte Schlachtensieg im Osten kam den Führern des Reiches gerade recht. Sein Glanz überstrahlte die Bitternis der schweren Niederlage im Westen. In ihrem Jubel über Tannenberg bemerkten die Deutschen gar nicht, daß der Weltkrieg wegen des Rückschlags an der Marne bereits strategisch verloren war. Es sagte ihnen auch keiner. Reichs- wie Heeresleitung hielten es für ihre Pflicht, dem Volke den Ernst der Lage zu verheimlichen. Der Ruhm der beiden Heerführer im Osten mußte dazu herhalten, die Siegeszuversicht zu stärken. Der Name Hindenburg wurde zur Geheimwaffe. Bald kannte ihn jedes Schulkind. Dieser hünenhafte Recke mit dem kantigen Schädel, dem kurzgeschnittenen Grauhaar und dem aufgezwirbelten Schnurrbart war so recht ein Mann für das deutsche Gemüt, ein Feldherr von der „Art des Marschall Vorwärts" (Blücher) oder „Papa" Wrangels: begabt mit natürlicher Würde und der Herzlichkeit eines Landedelmannes, bärbeißig, doch gutmütig, imposant an Erscheinung, doch bescheiden im Wesen, voller Mutterwitz und Lebensklugheit.

Scharen von Photographen und Malern überfielen sein Hauptquartier; Gelehrte, Wirtschaftsführer, Abgeordnete, Weltreisende plauderten an seiner Tafel. Körbeweise erreichten ihn Briefe, Gedichte und Liebesgaben. Wunderdinge raunte man sich zu; sogar der Dichter Gerhart Hauptmann erzählte die erfundene Geschichte von dem alten General, der vor dem Krieg mit einer Kanone von See zu See gezogen sei, um das Terrain für die Schlacht zu erkunden.

Bereits im ersten Kriegsjahr erschien eine Broschüre, die mit dem Satz schloß: „Gott gab uns in diesem größten Kriege den größten Feldherrn." Nicht einmal der „Gröfaz" (größter Feldherr aller Zeiten) war eine Erfindung des Dritten Reichs.

Das Kuriosum dieser Heldenverehrung war nur, daß Hindenburg etwas zugerechnet wurde, was ihm gar nicht zukam. Nicht er, sondern sein energischer Chef des Stabes, Erich Ludendorff, hatte die Operationen geplant und geleitet. Nach preußischer Tradition hatten Generalstabsoffiziere keinen Namen. Unter die Befehle setzte Hindenburg seinen wuchtigen Namenszug, während Ludendorff eine winzige Paraphe „L" in die Ecke dazufügte. Der Beitrag des Oberbefehlshabers beschränkte sich in der Regel auf ein „Ich weiß auch nichts Besseres, Gott gebs".

Nach dem Krieg, als Ludendorff allen Ruhm für sich beanspruchte, hub ein großer Streit unter den Generälen an. Der Feldmarschall schwieg still. Er wußte, daß der Sieg viele Väter hat. Doch er hatte die Verantwortung getragen: „Wäre die Schlacht verlorengegangen, ich hätte sie allein verloren." Mit seinem Phlegma war er die ideale Ergänzung zu dem cholerischen Ludendorff. „Der einzige Feldherr in Europa, der keine Nerven hatte", spottete der Schriftsteller Emil Ludwig. Und der scharfzüngige Oberst Hoffmann, der intellektuelle Kopf im Stab der 8. Armee, konnte sich, wenn er Besuchern das Quartier des Feldmarschalls zeigte, nicht die Bemerkung verkneifen: „Hier hat der Generalfeldmarschall geschlafen, vor der Schlacht bei Tannenberg, nach der Schlacht bei Tannenberg und, unter uns gesagt, auch während der Schlacht von Tannenberg!" Doch wenn es im Auf und Ab der Schlacht einmal brenzlig wurde und Ludendorff bereits die Operation abbrechen wollte, stand Hindenburg unerschütterlich wie ein Fels in der Brandung, nahm den nervösen Chef väterlich am Arm und redete ihm gut zu. Sie brauchten einander; erst unter dem Schutzschild des Feldmarschalls konnte sich Ludendorffs fast alles bezwingender Wille entfalten.

Seit Tannenberg datiert der Hindenburg-Mythos, der das Schicksal der Monarchie in Deutschland und der Weimarer Republik so verhängnisvoll bestimmt hat. Getragen von der Zustimmung eines getäuschten und verblendeten Volkes, wurden Hindenburg und Ludendorff zu heimlichen Diktatoren. Kaiser Wilhelm rückte ganz in ihren Schatten. Der Feldmarschall, der angeblich so treue Diener seines königlichen Herrn, ließ sich, unter Gewissensqualen zwar, immer wieder von Ludendorff zu erpresserischen Forderungen gegen Seine Majestät mißbrauchen. Bei den ersten Fällen der Insubordination drohte Wilhelm II. noch mit dem Kriegsgericht, doch nur zu bald resignierte er. Schließlich mußte er den neuen „Wallenstein" an die Spitze der Heeresleitung berufen und mit ihm Ludendorff, obschon er dessen „Feldwebelgesicht" nicht leiden konnte.

Die beiden Feldherren unterwarfen rücksichtslos die Politik ihrem Willen, sie stürzten Kanzler und nominierten die Nachfolger; sie trieben das Reich wider alle politischen Bedenken in den Krieg mit Amerika und damit in den Untergang. Sie diktierten dem besiegten Rußland einen Annexions- und Ausbeutungsfrieden und begründeten das erste deutsche Kolonialreich im Osten – von Narwa bis zum Kaukasus.

Dann folgte das jähe Erwachen im November 1918: Der Kaiser ging – auf Hindenburgs Rat –, der Feldmarschall blieb. Mit seinem

Segen durfte der Abgeordnete Erzberger den Waffenstillstand unterzeichnen, doch später schützte er ihn nicht vor den Verleumdungen nationalistischer Mordbuben. Statt dessen erfand er die Legende vom „Dolchstoß“ in den Rücken des Heeres, die das politische Klima der Republik vergiften sollte. Offiziere, die im stillen Kämmerlein Hindenburg als „ehrwürdige Null“ und als „Popanz“ verachteten, spannen weiter an dem Mythos des Feldherrn, der nun als „getreuer Ekkehart“ seines Volkes der neuen Republik diente.

1925 erkor sich die Mehrheit der Nation ihn zum Reichspräsidenten; der alte Mann wurde ihr „Ersatzkaiser“. Wie er es gewohnt war, hielt er loyal seinen Eid auf die Verfassung, doch er ließ es geschehen, daß jene Kreise, die der parlamentarischen Demokratie das Licht ausblasen wollten, ihn als Galionsfigur benutzten. Auch dem verbrecherischen Treiben der Nationalsozialisten, denen er zur Macht verhalf, hat er nicht mehr Einhalt geboten. Hindenburg – eine Traditionsfigur der Bundeswehr?

Am zehnten Jahrestag der Schlacht von Tannenberg legte Hindenburg den Grundstein für ein Ehrenmal. Der Rat des ostpreußischen Städtchens Hohenstein hatte dafür kostenlos vierzig Morgen Land gestiftet. Zunächst war das Ganze wenig mehr als eine Werbung für die vom Reich abgetrennte Provinz Ostpreußen, denn es fehlte an Geld für das aufwendige Projekt, fast zwei Millionen Reichsmark. Die preußische Regierung des Sozialdemokraten Otto Braun lehnte eine finanzielle Beteiligung ab; erst müßten die sozialen und kulturellen Folgen des Krieges überwunden sein. Süddeutsche Länder, aber auch das preußische Rheinland verhielten sich kühl.

Schließlich wurde im ganzen Reich eine Werbeorganisation mit 34 Landesbezirken und 500 Kreisstellen aufgezogen, um durch Sammlungen das Geld aufzutreiben, nach dem Motto: „Die Deutschen im Osten warten auf ein Zeichen der Treue“ – man dürfe doch nicht den Polen die Schadenfreude gönnen, daß dieses Denkmal zur Bauruine werde. Mit Ach und Krach gelang es, noch vor dem 80. Geburtstag Hindenburgs den Rohbau fertigzumauern.

Das Urmodell des Ehrenmals ist noch heute zu besichtigen – es steht in Leer/Ostfriesland. Zwei Berliner Architekten, die Gebrüder Krüger, hatten sich von den geheimnisumwitterten „Stonehenges“ inspirieren lassen, die in einigen germanischen Ländern anzutreffen sind – im Kreis aufgestellte Steinpfeiler aus grauer Vorzeit. Sie entwarfen ein herb-wuchtiges Denkmal, bestehend aus einem riesigen achteckigen Ehrenhof, der mit einem Mauerring abgeschlossen und mit acht hochaufragenden Türmen umstellt wurde. In der Mitte des Hofes schmückte ein Kupferkreuz die Grabstätte von zwanzig unbekannten deutschen Soldaten.

Etwa 80000 Menschen versammelten sich am 18. September 1927 zur Einweihungsfeier, vor allem „Stahlhelmer", Kriegervereine, Korporationen. Welch Geistes Kind die Veranstalter waren, verriet der äußere Schein: Von den Türmen wehten die schwarzweißen Fahnen Preußens, nicht die schwarz-rot-goldenen der ungeliebten Republik. Die jüdischen Frontkämpferverbände und das sozialdemokratische Reichsbanner waren nicht eingeladen.

Reichspräsident von Hindenburg nutzte die Gelegenheit, im Beisein des Reichskanzlers Marx, zu einer politischen Demonstration. Er widerrief die sogenannte Kriegsschuldlüge der Alliierten: „Mit reinen Händen hat das deutsche Volk das Schwert geführt. Deutschland ist jederzeit bereit, dies vor unparteiischen Richtern nachzuweisen." Der alte Herr glaubte es wohl gar selber. Sein Spruch zierte fortan die Hindenburg-Photos in den bürgerlichen Wohnstuben.

Das Satyrspiel zur Weihestunde inszenierte Ludendorff („In mir sieht das Volk Tannenberg."). Der Marschgefährte Hitlers beim Münchner Bierkellerputsch hatte inzwischen die Nervenärztin und „Seherin" Mathilde Kemnitz geheiratet, die „Urgroßmutter des deutschen Antisemitismus" („Spiegel"). Vor dem Torturm in Tannenberg hatte das „Haus Ludendorff" eine Vision: Es stand vor dem „Jahwe"-Tempel der Lichtmenschen. Als Wanderprediger des völkischen „Tannenberg-Bundes" mit seinen 30000 Mitgliedern focht der General einen neuen Großkampf – wider die „überstaatlichen Mächte" (Freimaurer, Jesuiten, Juden, Marxisten) und huldigte einer rassistischen „Deutschen Gotterkenntnis".

Besser noch als die „Tannenberger" verstanden es die Nationalsozialisten, sich der Tradition zu bemächtigen. Hitler ließ es sich nicht nehmen, Tannenberg zum Reichsehrenmal und zur Grabstätte des 1934 gestorbenen Hindenburg zu erklären. Auf seine Anweisung entfernte man das christliche Kreuz aus der Mitte des Aufmarschfeldes. Die Särge Hindenburgs und seiner Frau wurden in einem Turm abgestellt, die Gebeine der zwanzig Soldaten in Seitennischen verschlossen. Über der Gruft erhob sich ein überlebensgroßes Standbild des Feldherrn aus grünem Porphyr. Zwei hünenhafte Soldatenfiguren bewachten den Eingang. Darüber wurde ein riesiger Findling gewälzt, der unbearbeitet 120000 Kilo gewogen hatte – Megalomanie des Dritten Reiches.

Ganze zehn Jahre lag er dort. An einem frostigen Tag Ende Januar 1945 sprengten Pioniere der vierten deutschen Armee das Ehrenmal, um es den herannahenden Russen nicht in die Hände fallen zu lassen. Als der sowjetische Major Lew Kopelew „diese steingewordene Eiterbeule deutschen Hochmuts" betrachten wollte, fand er nur noch wüste Backsteinhaufen vor.

Die Bronzesärge der Hindenburgs und die Fahnen waren noch vor Beginn der sowjetischen Offensive geborgen worden; an Bord des Kreuzers „Emden" gelangten sie wohlbehalten in den Westen des Reiches. Ein Suchtrupp der amerikanischen Armee („Operation Bodysnatch") entdeckte die nationalen Reliquien im April 1945 zufällig im Stollen eines thüringischen Salzbergwerks, wo man sie zusammen mit den Särgen der Hohenzollernkönige versteckt hatte. In der Marburger Elisabethkirche, die der Deutsche Orden einst über dem Grab der Heiligen errichten ließ, wurden die Hindenburgs zur allerletzten Ruhe gebettet.

So man will, läßt sich ein Sinn darin erblicken, daß Endpunkt der Irrfahrt Marburg wurde, ehedem ein Zentrum des Deutschen Ordens, dem auch Vorfahren Hindenburgs in pruzzischen Landen gedient hatten. Die „Deutsche Mission", was immer die nationalen Barden darunter verstanden haben mögen, war sichtbar auf ihre Anfänge zurückgeworfen.

Deutsch-Ordenskreuz, Tannenberg-Ehrenmal, Hindenburg-Mythos, alte Regimentsfahnen – den meisten Soldaten bedeuten diese Symbole nichts mehr. Die Traditionskette ist 1945 zerrissen – wer an sie guten Willens anknüpfen will, setzt sich Mißverständnissen aus. Warum nicht endlich eine neue, in die Zukunft gerichtete Tradition begründen? Noch immer gilt, was Werner Picht 1952 den künftigen Soldaten ins Stammbuch schrieb: „Die Lösung von der zerbrochenen Form muß bewußt vollzogen werden, wenn ein Neues werden soll."

Die Mühle von Verdun – Längste Schlacht der Kriegsgeschichte

Kurz nach Sonnenaufgang begann die Erde zu beben. Über den Wäldern und Tälern nördlich des Maasstädtchens Verdun hob sich eine Feuerwand. 1200 deutsche Geschütze öffneten ihre Schlünde und spien Tod und Verderben auf die französischen Stellungen. An diesem Morgen des 21. Februar 1916 begann die längste Schlacht der Kriegsgeschichte. In zehn Monaten wurden auf diesem Schlachtfeld einige Hunderttausend Deutsche und Franzosen hingemetzelt oder zu Krüppeln geschossen. Wie viele es waren, hat nie jemand genau zu sagen gewußt. Eine Zahl indes ist sicher: Nach dem Krieg wurden Leichenteile von 150000 unbekannten Soldaten aufgesammelt. Sie ruhen heute in einem Gebeinhaus – dem wohl schauerlichsten Denkmal, das je zum Gedenken an einen Krieg errichtet wurde.

Verdun – dies Wort bedeutete für Generationen von Deutschen und Franzosen das Grauen schlechthin. Verdun, das war mehr als Stalingrad, Dresden, Hiroschima. Verdun – das war die Fabrik des Todes, angefüllt mit technischen Apparaten und chemischen Präparaten, die eigens dazu bestimmt waren, ein ganzes Volk zur Ader zu lassen.

Der Mann, der dieses Höllenwerk der Vernichtung erdacht und inszeniert hat, war der preußische Generalstabschef Erich von Falkenhayn. Er hat den Tod von drei- oder vierhunderttausend Menschen zu verantworten, die vor Verdun geopfert wurden: von Kugeln durchsiebt, von Schrapnells zerfetzt, von Handgranaten zerrissen, von Flammenwerfern verbrannt, von Giftgas erstickt, von Trümmern begraben. Stolz und männlich hat er sich zu dieser Verantwortung bekannt: „Wir waren entschlossen, Frankreich durch Blutabzapfung zur Besinnung zu bringen."

Blutabzapfung, – man muß es zweimal lesen, um zu begreifen, was damit gemeint ist. Im deutschen Hauptquartier war es in jenen Tagen ein geläufiges Wort, ein terminus technicus. Churchill verglich Verdun mit einem Amboß, auf dem Falkenhayn die französischen Divisionen von deutschen Kanonen zu Tode hämmern lassen wollte, andere sprachen von einem Hochofen, der Menschen zu Schlacken brannte, von einem unersättlichen Moloch, vom Fegefeuer. Das treffendste Wort fanden die französischen Soldaten: Für sie war Verdun „die Mühle" – die Knochenmühle.

Falkenhayn selber hat dem Kaiser, als er seinen Schlachtenplan vorlegte, das Funktionieren dieses Mühlenwerks beschrieben: Man kann nach Belieben das Tempo beschleunigen oder herabsetzen oder zuweilen auch anhalten, wenn der Arm erlahmt. Mit einem Minimum an eigenem Aufwand läßt sich dem Feind ein Maximum an Schaden zufügen.

Daß diese Mühlentechnik ihrem Schöpfer aus der Hand gleiten, sich gegen ihn selber kehren konnte, sich nachahmen ließ, mag er schon geahnt haben. Aber über diesen Punkt wußte er seinen Obersten Kriegsherrn und die Generale, die seine Befehle ausführen sollten, zu beruhigen: Die deutschen Verluste dürften niemals höher als die französischen ansteigen. Werde diese Schwelle je erreicht, so müsse die Schlacht abgebrochen werden.

Als dann – im Sommer – tatsächlich die deutschen Verluste gefährlich zunahmen, als eine Division nach der anderen im Glutofen der Schlacht zerschmolz, da war beiderseits soviel Prestige und Ehre in das Unternehmen investiert, daß ein Abbruch der Niederlage gleichgekommen wäre. Die Materialschlacht hatte ihre eigenen Gesetze entwickelt.

Eben darin lag Falkenhayns Kalkül: Die Franzosen, von deren Widerstandskraft und Tapferkeit er eine hohe Meinung hatte, würden, so prophezeite er dem Kaiser, bei Verdun gezwungen sein, den letzten Mann einzusetzen. Sie würden sich verbluten, da es ein Ausweichen nicht geben könne, gleichgültig, ob die Deutschen Verdun eroberten oder nicht. Fiele aber Verdun in deutsche Hände, dann werde die moralische Wirkung in Frankreich ungeheuer sein.

Warum gerade in Verdun? Weil hier der Eckpfeiler der französischen Front stand, an dem sich 1914 die deutsche Offensive festgerannt hatte. Diese Festung galt als die stärkste der Welt. Sie hatte schon 1870 und 1792 deutschen Invasionen getrotzt. Was die Deutschen nicht ahnten: Die Befestigungswerke waren sträflich vernachlässigt, nur unzulänglich bestückt und mit viel zu wenig Soldaten besetzt. Der deutsche Sturmangriff wäre schon am ersten Tag blutig zusammengebrochen, wären die Forts der Festung intakt gewesen. Nun fehlte nicht viel, und die deutschen Sturmkolonnen hätten binnen einer Woche vor den Toren der Zitadelle gestanden.

Nichts wäre Falkenhayn unangenehmer gewesen als ein so rascher Erfolg. An den Trümmern der zerbombten Stadt Verdun war ihm nichts gelegen; er hätte auch gar keine Reserven gehabt, um den Durchbruch auszunutzen und die französische Front aufzurollen. Doch diese Hintergedanken mußte er für sich behalten. Er hat sie höchstens einmal angedeutet, aber niemand achtete darauf.

Vom Kronprinzen, dem Oberbefehlshaber der angreifenden 5. Armee, bis hin zum letzten Musketier hatten alle nur ein Ziel vor Augen: Verdun. Sie wollten das mächtigste Bollwerk der Welt erobern. Für diese Aufgabe riskierten Hunderttausende ihr Leben, als hinge die Seligkeit am Besitz der Festung. Hier sollten die Würfel fallen, hier wollte Deutschland den Krieg entscheiden. Wie hätte Falkenhayn je seine Soldaten zum Angriff antreten lassen können, wenn sie gewußt hätten, daß sie eine Festung angreifen sollten, um sie nicht zu erobern? Wie hätten die Kämpfer bei solch absurder Vorstellung wochen- und monatelang das Inferno ertragen können: den Geruch der Leichen, den Gestank der Gase, die Qualen des Durstes, die Martern des Trommelfeuers, den Schlamm des Kraterfeldes, das Stöhnen der Verwundeten, das Schreien der Irrsinnigen?

Selbst Falkenhayns Mitarbeiter im Hauptquartier ließen sich täuschen. Sie verstanden nicht, warum Falkenhayn seine Chancen gleich am ersten Tag vertat: nicht gleichzeitig auf beiden Maasufern angriff, sondern nur auf dem rechten, so daß die Angreifer sogleich von flankierendem Artilleriefeuer niedergehalten wurden. Sie schüttelten den Kopf, als Falkenhayn statt mit zehn Divisionen, wie es die 5. Armee wünschte, nur mit acht stürmen ließ; sie hielten es für Anmaßung, als er sich selber die Entscheidung vorbehielt, wann die Reserven eingreifen durften. Als die Offensive, wie zu befürchten gewesen war, nach einigen Tagen steckenblieb, weil die Angriffsdivisionen ausgeblutet und erschöpft waren, bekannte der Generalstabschef seinen Mitarbeitern zum erstenmal, daß es ihm gar nicht auf Verdun ankomme. Doch sie glaubten ihm nicht, sie hielten das für eine lahme Ausflucht.

Dennoch waren die leitenden Offiziere im Hauptquartier und die Politiker in Berlin – auch solche, die ihm nicht wohlgesonnen waren – fasziniert von der Idee Falkenhayns, den Gegner in einer gewaltigen Abnützungsschlacht allmählich zu zermürben. Diese Sinneswandlung ist um so erstaunlicher, als Falkenhayns Strategie allen herkömmlichen Kriegsregeln ins Gesicht schlug. Welcher Feldherr war jemals so tollkühn gewesen, den Feind an der stärksten Stelle anzugreifen? Wozu hatte Graf Schlieffen den deutschen Generalstäblern jahrelang seine Thesen vom „Cannae“, vom Bewegungskrieg mit weit ausholenden Flügelbewegungen, eingepflanzt, wenn jetzt der stumpfsinnige Frontalangriff zum Prinzip erhoben wurde und die seelenlose Vernichtungstechnik triumphierte?

Diese barbarische „Blutabzapfung“ war letztlich der Verzicht auf alle höhere Kriegskunst, nichts als ein perfektionierter Massenmord. Strategisch zu rechtfertigen wäre der Angriff bei Verdun (so wie er ausgeführt wurde, mit ein paar Divisionen auf engstem Raum) nur dann gewesen, wenn er an anderer Stelle der Westfront, wie Falkenhayn hoffte, den Übergang vom Stellungskrieg zum Bewegungskrieg ermöglicht hätte.

Normalerweise mochte dazu eine Durchbruchsschlacht genügt haben. Aber Falkenhayn zweifelte zu Recht, ob den Deutschen möglich sein sollte, was Engländern und Franzosen trotz ihrer Übermacht in den beiden ersten Kriegsjahren nicht gelungen war. Selbst wenn die feindliche Front aufgerissen wurde, so mußte der Vormarsch spätestens nach dreieinhalb Kilometern aufhören, weil Artillerie und Troß in dem von Trommelfeuer verwüsteten Schlachtgelände nicht schnell genug nachkamen. Dann brauchte der Feind nur ein paar beherzte Männer mit Maschinengewehren, die sich hinter schnell aufgeworfenen Erdwällen verschanzten, und der Einbruch war abgeriegelt. Erst mit der Panzerwaffe wurde diese Überlegenheit der Defensivmittel überwunden.

Der deutsche Generalstab hatte aber nicht einmal die 30 Divisionen, die er als Minimum für eine Durchbruchsoffensive benötigt hätte. Nur 25 Divisionen hatte Falkenhayn im Osten, auf dem Balkan und durch Neuformationen zusammenholen und als Reserven hinter der Westfront versammeln können. Sie brauchte er zur Abwehr der erwarteten alliierten Frühjahrsoffensive, denn die deutsche Front, die sich von der belgischen Kanalküste im großen Bogen bis zum Südrand der Vogesen hinzog, war nur dünn besetzt: ein Mann auf den laufenden Meter.

Falkenhayn wollte der feindlichen Offensive durch den Winterangriff bei Verdun zuvorkommen. Ging seine Rechnung auf, so würde das französische Heer bei Verdun gefesselt und das britische Expeditionskorps auf sich allein gestellt bleiben. Wollten die Briten den Franzosen zu Hilfe eilen, um so besser. Den unerfahrenen neuen Divisionen Lord Kitcheners traute Falkenhayn keine durchschlagende Kraft zu. Mehrere deutsche Armeekorps würden im Gegenstoß die britische Offensive in eine verheerende Niederlage verwandeln.

Denn primär wollte Falkenhayn gar nicht Frankreich, sondern England schlagen. England war Deutschlands zähester und ausdauerndster Gegner, seine Moral galt es zu erschüttern. Drei vernichtende Schläge wollte Falkenhayn den Briten versetzen: In Verdun sollte ihr Festlandsdegen, das französische Heer, zerbrochen werden; im Artois wollte er ihre neuen Armeen vor die deutschen MG's locken; und schließlich sollte ein rücksichtsloser U-Boot-Krieg gegen alle Handelsschiffe England an den Rand des Hungertodes bringen. Verdun und U-Boot-Krieg zugleich sollten das britische Oberkommando verleiten, in Nordfrankreich loszuschlagen, ehe die Offensive genügend vorbereitet war.

Alles in allem war es ein genialer Feldzugsplan. Aber – so urteilten später die Autoren der amtlichen deutschen Kriegsgeschichte – „Wunschbilder hatten den Blick für die Wirklichkeit getrübt." Auch der zweite Versuch des Deutschen Reiches, durch eine Offensive in Frankreich den Weltkrieg zu gewinnen, war zum Scheitern verurteilt, „weil die Spannung zwischen Wollen und Wirklichkeit zu groß war".

Mehrere Prämissen, von denen Falkenhayn ausgegangen war, erwiesen sich als unhaltbar. Die Russen, deren Offensivkraft er für gebrochen hielt, waren zu neuen, gewaltigen Massenangriffen fähig. Die Front der österreichisch-ungarischen Verbündeten hielt ihnen nicht stand, weil die Österreicher ihre ganze Kraft auf einen nutzlosen Privatkrieg mit den Italienern verschwendet hatten. War es schon lebensgefährlich, den Rücken nicht frei zu haben, so war es vollends fatal, daß einer von den drei Trümpfen Falkenhayns – der U-Boot-Krieg – nicht stach. Die Politiker (und in ihrem Bann der Kaiser) wußten den Tauch-bootkrieg zu verhindern, da sie, anders als Falkenhayn, den leichtsinnigen Prognosen der Marine nicht vertrauten. Sie gingen – mit Recht – davon aus, daß Deutschland noch längst nicht genug U-Boote besaß, um alle britischen Häfen zu blockieren, daß es sich aber mit dieser völkerrechtswidrigen Kriegführung zu allem Überfluß auch noch Amerika als Gegner aufgehalst hätte. Sodann täuschte sich Falkenhayn auch in den Engländern. Sie dachten gar nicht daran, vor dem vereinbarten Termin loszuschlagen, mochten die Verteidiger von Verdun noch so sehr nach Entlastung rufen.

Was noch ärger war: die Saugpumpe von Verdun zehrte auch am deutschen Heer. Wochenlang ließen sich Generäle und Politiker von Falkenhayns Gewinn – und Verlustrechnungen blenden. Immer neue französische Divisionen wurden in die Schlacht geworfen, die Mühle lief, scheinbar zugunsten der Deutschen, auf Hochtouren. Erst allmählich erkannte der deutsche Generalstab, daß die Rechnung nicht stimmte. General Joffre, der französische Oberkommandierende, ließ sich durch Verdun nicht von seinem eigenen Feldzugsplan abbringen: der großen alliierten Offensive an der Somme. Dafür sammelte er gewaltige Material- und Munitionsvorräte, dafür wollte er seine Armeen aufsparen. Verdun mußte mit dem Notdürftigsten auskommen. Die französischen Divisionen wurden den deutschen Kanonen jeweils nur kurze Zeit ausgesetzt und dann durch frische Kräfte abgelöst. Im Laufe der Monate passierten so 96 Divisionen die „Mühle".

Die Deutschen hingegen ließen ihre Divisionen solange im Feuer, bis sie zu kümmerlichen Resten ausgebrannt waren. Im Endergebnis verfügte Joffre zu Beginn der Sommeschlacht am 1. Juli noch über 16 ausgeruhte Divisionen, während Falkenhayns Reserve von 26 auf ganze zwei Divisionen zusammengeschmolzen war: einige hatte er nach Osten, einige zur Somme schicken müssen, die meisten aber waren in der Hölle von Verdun verschwunden. Bis zum Juli hatte er dort eine Viertelmillion Mann verloren, zweimal soviel, als er für die erste Offensive im Februar hatte hergeben wollen.

War also der Angriff auf Verdun ein sinnloses Abenteuer, ein „Verbrechen", wie Falkenhayns Gegner im eigenen Lande meinten? Hätte Falkenhayn noch eine andere Wahl gehabt?

Anfang 1916 ließ sich schon absehen, daß Deutschland auf die Dauer der Koalition der großen Weltmächte erliegen werde. Zwar standen des Kaisers Armeen überall weit in Feindesland, aber die Zeit arbeitete gegen die Deutschen. Die Hungerblockade begann sich auszuwirken, die Rohstoffe wurden knapp, das Menschenreservoir erschöpfte sich, die Verbündeten – Österreicher, Bulgaren und Türken – wurden müde. Deutschland mußte also noch 1916 die Entscheidung suchen.

Ein Marsch nach Petersburg, Moskau oder in die Ukraine, wie ihn einige vorschlugen, war wenig verlockend, da die russischen Weiten soviel Divisionen verschluckt hätten, daß die Westfront dem Ansturm der Alliierten nicht mehr hätte standhalten können. Eine Offensive gegen Italien, wie sie die Österreicher planten, wäre nicht kriegsentscheidend gewesen, da die Alliierten notfalls auf diesen Verbündeten verzichten konnten. Blieb noch das Verharren in der Defensive, auch das eine Gleichung mit mehreren Unbekannten. Hätte die Front gehalten? Hätten es Armee und Volk ertragen, dem Feind für immer die Initiative zu überlassen? Noch träumten ja die Deutschen von rauschenden Siegen, ja sogar von großen Eroberungen und prächtiger Beute. Das Volk fühlte sich noch keineswegs geschlagen, es wollte den vermeintlichen Sieg vollenden. Alle Glocken läuteten, alle Fahnen wehten, als Douaumont, das stärkste Fort der Festung Verdun, gefallen war. Das ganze Volk war stolz auf den kühnen Handstreich der brandenburgischen Jäger.

Aber die Faszination, die von Falkenhayns Offensive ausging, verlor rasch ihren Glanz, als die Verlustlisten immer länger wurden. Der Generalstabschef selber begann mitunter zu zweifeln, ob er nicht doch lieber aufhören und an anderer Stelle der Westfront sein Glück versuchen sollte. Aber nun waren es seine Mitarbeiter, der Kriegsminister Wild von Hohenborn, der Chef der Operationsabteilung, Oberst Tappen, und vor allem der Stabschef der 5. Armee, Schmidt von Knobelsdorf, die ihn in seinen gelegentlichen Depressionen wieder aufrichteten: „Es muß durchgesetzt werden!" Knobelsdorf – manche halten ihn geradezu für den „bösen Geist" Falkenhayns – blieb auch hart gegenüber seinem Oberbefehlshaber, dem Kronprinzen Wilhelm, der schon nach einigen Wochen den Angriff abblasen wollte. Er wollte Verdun erobern, er wollte den Sieg, „und wenn er noch so teuer erkauft wäre".

Unmerklich war Knobelsdorf, ebenso wie Falkenhayn selber, der fatalen Faszination der Materialschlacht verfallen. Nicht anders erging es den französischen Generälen. Blindlings tappten sie in die Falle, die Falkenhayn ihnen gelegt hatte. Für einen Hügel, für die Ruinen eines Dorfes, für die Stümpfe eines verkohlten Waldes opferten sie Hekatomben an Menschen. „Wenn Sie räumen, werden alle Franzosen Ihnen ins Gesicht spucken!" hatte Ministerpräsident Briand zu General Joffre gesagt. Und Joffre drohte jedem General, der an Rückzug dachte, mit dem Kriegsgericht.

Nur einer unter den Franzosen paßt nicht in dieses Schema: General Pétain, der beste Offizier, den die französische Armee aufzubieten hatte. Er wurde in den ersten Tagen der Schlacht, als das ganze rechte Maasufer verlorenzugehen schien, zum Oberkommandierenden ernannt. Mitten aus einem Schäferstündchen in einem Pariser Stundenhotel heraus mußte er zur Front eilen. Auf der Anreise bereits traf er seine ersten Anordnungen. Seine Ruhe und Umsicht teilten sich auch dem letzten Poilu im Schützengraben mit. Er führte nach dem Prinzip: „Nicht Menschen kämpfen gegen Material, sondern das Material, von Menschen bedient, führt den Krieg." Er riskierte immer nur soviel, wie eben nötig. Er hatte ein Herz für die Soldaten, deren kleine Sorgen und deren Ängste im Trommelfeuer er kannte.

„Das ist kein Menschenverächter", sagten die Poilus. Ihn liebten sie. Seinen Nachfolger, den General Nivelle („Der Blutsäufer"), fürchteten sie. Aber Generale wie Nivelle und Mangin, von härterem

Holz als Pétain, ehrgeiziger und rücksichtsloser, waren es, die Frankreich auf dem Felde von Verdun zum Gegenangriff und schließlich zum Siege führten. Nivelles „Ils ne passeront pas" wurde zum geflügelten Wort. Verdun blieb den Deutschen so unerreichbar wie Moskau im Winter 1941.

Aber zu welch schaurigem Preis war dieser Schlachtensieg erkauft! Dieser Opfergang ging an die Substanz, bei den Franzosen mehr noch als bei den Deutschen, obwohl sich die Verluste allmählich eingependelt hatten. Als Nivelle im Frühjahr 1917, nach dem Muster von Verdun, seine Divisionen in der Champagne unaufhörlich ins deutsche Sperrfeuer trieb, geriet das halbe französische Heer in Aufruhr. Es meuterten die besten Regimenter, die sich vor Verdun so glänzend geschlagen hatten. Nun konnten sie nicht mehr, nun wollten sie nicht mehr. Wieder war Pétain der Retter in der Not. Sein Trost: „Warten auf die Amerikaner und auf die Tanks." Aus eigener Kraft konnte Frankreich den Krieg nicht mehr gewinnen.

Als der vierjährige Kampf vorbei war, wurde Verdun jedoch zum Mythos der Unbesiegbarkeit. Die ganze Nation wähnte sich sicher im Schutze der gewaltigen Befestigungswerke, die nach dem Vorbild Verduns entlang der Ostgrenze angelegt wurden. Aber 1940 erlag Frankreich dem neuen deutschen Ansturm in ganzen sechs Wochen. Manstein und Guderian – beide Veteranen von Verdun – vollbrachten mit ihren Panzern, was Moltke, Falkenhayn und Ludendorff nicht gelingen konnte. Verdun fiel fast ohne Schwertstreich.

Wenn man so will, hat Falkenhayn fünfundzwanzig Jahre später doch noch gesiegt. Dennoch: die Nachwelt flocht ihm keine Kränze. Hindenburg und Ludendorff hießen die Helden der Nation, und es schadete ihrem Ruhme nicht, daß sie 1918 die Waffen strekken mußten. Falkenhayn aber wurde bis zu seinem frühen Tode die Schatten von Verdun nicht mehr los. Es war, als sträubte sich das Gefühl der Nation gegen die Verehrung eines Feldherrn, der Hunderttausende kühl rechnend in den Tod geschickt und Millionen deutscher Soldaten das Grausen gelehrt hatte.

Falkenhayn hatte hoch gespielt und verloren – zu hoch. Welchen Preis darf ein Feldherr zahlen, um den Krieg zu gewinnen, rasch zu gewinnen? In Verdun wurde diese Frage mit aller Schärfe aufgeworfen. Wir wissen nicht, ob Falkenhayn sie sich selber beantwortet hat. Viele Vorwürfe überging er mit Schweigen. Aber in schlaflosen Nächten drückte ihn die Erinnerung an seine große Schlacht – an die Schlächterei von Verdun.

Als der Kaiser ging – Die Rebellion der Matrosen 1918

Kreidebleich stürzte der Staatssekretär Philipp Scheidemann ins Beratungszimmer. Er, der kraftvolle, stets aufgeräumte, überlegen auftretende Wortführer der Sozialdemokraten zitterte am ganzen Leibe. „Die Revolution marschiert", fiel er seinem Fraktionskollegen David ins Wort, „eben habe ich die Nachricht erhalten, daß zahlreiche Kieler Matrosen in Hamburg und in Hannover die staatlichen Machthaber festgenommen und die öffentliche Gewalt an sich gerissen haben. Das bedeutet: Die Revolution!"

Und mit allen Zeichen des Entsetzens wandte er sich an die anderen im Raume: sieben Genossen, unter ihnen drei Gewerkschafter, ein General, ein Oberst: „Meine Herren, jetzt gilt es nicht mehr zu diskutieren, jetzt gilt es zu handeln. Wir alle wissen nicht, ob wir morgen noch auf diesen Stühlen sitzen werden." Der Marxist Scheidemann hatte Angst vor der Revolution.

Es war der 6. November 1918 – ein denkwürdiger Tag, denn an ihm wurde die wohl letzte Chance vertan, dem deutschen Volk die Monarchie zu erhalten. Wilhelm Groener, Ludendorffs Nachfolger als Generalquartiermeister und jetzt die rechte Hand Hindenburgs, traf sich in Berlin mit den Führern der Mehrheitssozialdemokraten und der Gewerkschaften, die ihn händeringend baten, auf die Abdankung Kaiser Wilhelms und des Kronprinzen hinzuwirken. Wilhelm II. war den Völkern, die mit Deutschland im Krieg lagen, zur Symbolfigur all dessen geworden, was an den Deutschen hassenswert und verabscheuungswürdig erschien. Und nun, da der Krieg verloren war – einen Tag zuvor hatten die Alliierten die Reichsregierung aufgefordert, eine Delegation zur Entgegennahme der Waffenstillstandsbedingungen zu entsenden –, nun galt der Kaiser auch bei Millionen seines eigenen Volkes als der Hauptschuldige an allem Elend. Seit Wochen zogen linksradikale Agitatoren durch die Lande und hetzten gegen die 23 Dynastien, die damals auf deutschem Boden residierten. Wie in Rußland, so sollte auch in Deutschland der Sturz der Monarchie die proletarische Revolution einläuten.

Die Führer der Sozialdemokraten und der Gewerkschaften, immer mit der Hand am Puls der Massen, spürten: Die Hartnäckigkeit, mit der sich Wilhelm an seinen Thron klammerte, ließ ihr schönes, demokratisches Konzept – Evolution statt Revolution – zuschanden werden. Aufgescheucht durch die rebellierenden Matrosen aus Kiel, würden sich die Arbeiter von ihnen abwenden und einem Revolutionsprediger wie Karl Liebknecht nachlaufen, der eben erst, dank einer sozialdemokratischen Initiative, aus dem Zuchthaus entlassen worden war. Soldaten mit dem Eisernen Kreuz am Uniformrock und Berliner Arbeiter hatten ihn jubelnd auf den Schultern davongetragen.

Nein, man durfte nicht mehr länger warten. „Noch heute, spätestens morgen" müsse der Kaiser freiwillig abdanken und einen seiner jüngeren Söhne mit der Regentschaft für den zwölfjährigen Kronprinzensohn betrauen. Dies versuchte Fritz Ebert, der Führer der SPD, dem mächtigsten Ratgeber des Kaisers, eben General Groener, an diesem 6. November klarzumachen. Beide, der Sattler aus der Pfalz und der Offizier aus Württemberg, hatten sich während gemeinsamer Verhandlungen in den Kriegsjahren schätzen gelernt. Der gemütliche General besaß jene verbindliche Art und strahlte jene menschliche Wärme aus, die man bei preußischen Offizieren im Umgang mit Vertretern des Proletariats oft vermißte. Aber in dieser Stunde war Groener ganz und gar Militär, ein loyaler Diener seines Obersten Kriegsherrn.

Es ging ihm wider seine Auffassung von soldatischer Ehre und Gehorsamspflicht, dem deutschen Kaiser die Abdankung anzuraten. Als württembergischer Offizier war er ohnehin gegenüber dem König von Preußen in einer heiklen Lage, aber er war auch zutiefst überzeugt, daß man das deutsche Feldheer nicht mitten in den schweren Abwehrkämpfen an der Westfront seines Kriegsherrn berauben dürfe. Weder der aufgeregte Scheidemann noch der bedächtige Ebert, nicht einmal die Tränen des Abgeordneten Südekum vermochten den General zu erweichen, obwohl ihm alle Sozialdemokraten versicherten, sie wollten ungeachtet ihres republikanischen Bekenntnisses keineswegs die Monarchie als Staatsform abschaffen, denn sie sei auch mit dem parlamentarischen System, das sich Deutschland soeben erst unter dem Druck der Feindmächte zugelegt hatte, durchaus vereinbar.

Umsonst. Groener schnitt mit scharfen Worten die Diskussion ab: Er sei zu der Erklärung autorisiert, daß nicht ein einziger kaiserlicher Prinz die Regentschaft übernehmen werde. Darauf erhoben sich die Sozialdemokraten wie ein Mann: „Jetzt müssen die Dinge ihren Lauf nehmen." Wortlos, traurig, tiefernst verabschiedeten sie sich von dem General, „durch feierlichen Händedruck", wie dem anwesenden Oberst von Haeften besonders auffiel.

Jahre danach bekannte sich Groener öffentlich schuldig, daß er an jenem Nachmittag nicht zu Ebert gesagt habe: „Herr Ebert, ein Mann, ein Wort. Wir wollen zusammengehen: Ich sorge dafür, daß der Kaiser abdankt, und Sie sorgen dafür, daß die Sozialdemokratische Partei hinter Sie tritt und die Monarchie verteidigt."

Am Tage darauf war es schon zu spät. Die Monarchie in Deutschland wurde wie eine hohle Eiche vom ersten Windstoß gefällt – am 7. November in Bayern, am 8. November in Braunschweig, am 9. November schließlich in Preußen und all den anderen Mittel- und Kleinstaaten des Deutschen Reiches. Sang- und klanglos verschwand die Monarchie in der Versenkung. Keine Hand krümmte sich zu ihrer Verteidigung, kein preußischer Gardeleutnant ließ sich für den König von Preußen in Stücke schlagen. Wie war es möglich, daß sich das Haus Wittelsbach nach siebenhundert Jahren und das Haus Hohenzollern nach fünfhundert so einfach aus der Geschichte davonstahlen?

Gewiß war der Weltkrieg die wichtigste Ursache dieses Niedergangs, doch nicht die einzige. Der Geist der Aufklärung, die Französische Revolution, Napoleons Schacher mit Ländern und Kronen, das Aufkommen der modernen Industriegesellschaft hatten die Monarchie allmählich ihres sakralen Charakters entkleidet; Bismarck versetzte dann dem Legitimitätsprinzip der Herrscherhäuser einen weiteren Stoß, als er 1866 kurzerhand einige Fürstenhäuser entmachtete; der unaufhaltsame wirtschaftliche Integrationsprozeß und die von Jahr zu Jahr mächtiger werdende Reichsbürokratie entwerteten die Autorität der meisten Dynastien in Deutschland. All die Könige, Großherzöge, Herzöge und Fürsten waren entbehrlich geworden. Mochte ihre landesväterliche Pose auch schlichten, sentimentalen Gemütern gefallen – tatsächlich taugten sie nur noch als Modell für „Königliche Hoheit".

Anders schien es sich mit dem Kaisertum zu verhalten, das als Symbol deutscher Einheit und Größe nicht des Glanzes und des Zuspruchs ermangelte und sogar die Hoffnungen der Liberalen belebte. Eine lange Zeit war Wilhelm II. samt seinem Es-ist-erreicht-Bart wo nicht der Liebling, so doch der Spiegel seines Volkes. „Dies Volk in dieser Zeit", schrieb Walther Rathenau nach dem Kriege in seiner Studie über den Kaiser, „bewußt oder unbewußt, hat ihn so gewollt, nicht anders gewollt, hat sich selbst in ihm so gewollt, nicht anders gewollt."

Erst als Schein und Sein allzusehr auseinanderklafften, fiel der Kaiser der öffentlichen Kritik oder, schlimmer noch, dem Gespött anheim. Nach vier Kriegsjahren, in denen er nur als Statist mitgewirkt hatte, war er dem Volke gleichgültig geworden – abgesehen von Beamten und Offizieren, die ihren Eid auf ihn geschworen hatten, und abgesehen auch von jenen Familien, bei denen die Verehrung für das angestammte Herrscherhaus zur Tradition gehörte. Schon Jahre vor dem Weltkrieg war Wilhelms „Gottesgnadentum" zur Operette entartet; sein „persönliches Regiment" erlitt schon in der „Daily-Telegraph"-Affäre schmählich Schiffbruch. Damals, im Jahre 1908, als Reichskanzler von Bülow ihn schutzlos den Angriffen von Presse und Parlament preisgab und im Bundesrat bereits die Abdankung des Kaisers erwogen wurde, erhielt sein Selbstbewußtsein einen schweren Schlag. Er hat sich nie davon erholt.

Die führenden Politiker im Kaiserreich haben es von Anfang an gewußt und auch ausgesprochen: daß der Monarchie bei längerer Kriegsdauer und unbefriedigendem Ergebnis Gefahr drohe. Aber die meisten deutschen Fürsten wollten die Zeichen der Zeit nicht erkennen. Sie schwelgten noch in Annexions- und Hausmachtplänen, als dem Volk die Eroberungslust längst vergangen war.

Dabei hätte dieser Krieg, besonders als die Zeit der rauschenden Siege vorbei war, für die Monarchie eine Stunde der Bewährung sein können. Professor Schoeps, der sich noch in unseren Tagen um eine Renaissance des monarchischen Gedankens mühte, hat einmal als Argument angeführt, daß der einfache Mann gerade in Notzeiten nach der persönlichen Anwesenheit des Monarchen verlange. Wilhelm II. jedoch wurde seinem Volke vorenthalten. Bei Frontbesuchen kam er allenfalls bis zur Etappe: die hungernden Mütter in Moabit oder die streikenden Arbeiter in den Berliner Munitionsfabriken bekamen ihn nicht zu Gesicht. Erst in den Wochen des Zusammenbruchs fühlte er sich bemüßigt, vor Krupp-Arbeitern zu sprechen, wollte er unversehens mit Hilfe der Sozialisten „als erster Sozialdemokrat" das Reich aufbauen...

Fast während des ganzen Krieges hatte der Kaiser im Großen Hauptquartier gelebt, nicht ungern, da er sich unter Militärs am wohlsten fühlte. Freilich hätte er sich aus der Verborgenheit des „Feldlagers", wo er sich mit Skat, Treibjagden und Landpartien die Zeit vertrieb, an die Stätte der Politik zurückbegeben können, wiedereinkehren in Schloß Bellevue, mitten in der Hauptstadt, um täglichen Umgang mit Diplomaten, Beamten, Wirtschaftsführern, Gewerkschaftern und Abgeordneten zu pflegen; freilich hätte er damit der Politik wieder zu ihrem Königsrecht verhelfen, das Vermögen des Kanzlers gegenüber den fast allmächtigen Militärs vermehren, das Ansehen des Reichstags heben können. Statt dessen unterwarf er sich, widerwillig und stöhnend, der Vormundschaft seiner Generäle und beschied sich mit der Einsicht, er sei eben zur Zeit kein Herrscher.

Praktisch hatte Wilhelm lange vor dem November 1918 abgedankt; seine eifersüchtig gehütete Kommandogewalt war nur noch eine Fiktion; das Kriegführen überließ er Falkenhayn und Ludendorff, die Autorität und Repräsentation dem Feldmarschall und Nationalhelden Hindenburg, der nicht erst 1925, sondern schon 1916 „Ersatzkaiser" der Deutschen geworden ist. Der nach außen so mächtig wirkende Baum des Kaisertums war also längst innerlich morsch, als der amerikanische Präsident Wilson im Oktober 1918 die Axt an die Wurzel legte.

Die verzweifelten, überstürzten Beschlüsse der neuen Reichsregierung unter dem gutwilligen Prinz Max von Baden, Deutschland in eine parlamentarische Demokratie zu verwandeln, vermochten das Mißtrauen Wilsons gegen die Deutschen nicht zu entkräften. Er war, wenige Wochen vor der Präsidentenwahl, zum Gefangenen der eigenen Kriegspropaganda geworden („Hang the Kaiser!"). „Keinen Frieden mit den Hohenzollern", schrieb die „New York Times", als der Kanzler um Frieden ersuchte. Der Druck der öffentlichen Meinung in Amerika war so gewaltig, daß Wilson in seinen verschiedenen Noten an Berlin ziemlich unverblümt durchblicken ließ, man könne über Bedingungen überhaupt erst verhandeln, wenn sich die deutsche Nation zuvor der Autokratie entledige.

Die Forscher haben bis heute nicht eindeutig feststellen können, ob Wilson den Kaiser nur entmachten oder stürzen wollte. Man müsse ihn wohl beibehalten, meinte der US-Präsident gelegentlich, um den Bolschewismus nicht hochkommen zu lassen „und wenigstens etwas Ordnung zu halten". Aber dann folgte sogleich eine seiner zweideutigen Noten, die in Deutschland die Gemüter langsam in Siedehitze versetzten. Alle Sondierungen des Auswärtigen Amts im Ausland schienen die Annahme zu bestätigen, daß Wilson zumindest auf die Abdankung abzielte. Zugleich weckte er (ungewollt) die Illusion beim deutschen Volk und seinen Führern, man könne, bringe man nur den Kaiser und den verhaßten Kronprinzen zum Opfer, bessere Friedensbedingungen erlangen.

So wurde dann auch schon wenige Tage nach der ersten Note Wilsons öffentlich die Abdankung des Kaisers verlangt. Die erste

Bresche schlug ein Leitartikel der sozialdemokratischen „Fränkischen Tagespost“: „Was ist Wilhelm II. sich selbst, wenn er nicht mehr auf dem Tempelhofer Felde die Revue über die Berliner Garnison abnehmen kann!“ Nicht von ungefähr konnte dieser Artikel in Bayern durch die Zensur schlüpfen, denn bayerische Politiker und Hofbeamte fanden gleichfalls, die Stunde der Hohenzollern habe geschlagen.

Von Tag zu Tag schwoll der Chor derer an, die ebenso dachten: Sozialdemokraten wie Scheidemann und Noske, liberale Gelehrte wie Hans Delbrück und Max Weber („Geht er, ohne Druck von außen, so geht er in Ehren, und das ritterliche Mitgefühl der Nation ist bei ihm. Vor allem: die Stellung der Dynastie bleibt gewahrt.“), schließlich auch Hochfinanz und Schwerindustrie, die aus der Katastrophenbilanz den ihren Interessen gemäßen Schluß zogen, man müsse jetzt mit den Gewerkschaften zusammenarbeiten, und da störe der Kaiser nur. Als letzter gab auch Reichskanzler Max von Baden, der ausgezogen war, die Monarchie zu retten, den kaiserlichen Vetter auf.

Golo Mann hat in einem Essay nachzuweisen versucht, daß Max von Baden die Abdankung habe unbedingt vermeiden wollen. Aber die Taten des Kanzlers lassen auch die umgekehrte Vermutung zu, daß er den Kaiser opfern wollte. Als Verwandtem und Freund des Kaisers und als Bundesfürsten waren ihm viel zuviel Hemmungen auferlegt. Er konnte sich nicht entschließen, selber zum Kaiser zu reisen, um das Äußerste zu wagen. Aber er tat auch nichts, ihm zu helfen, vielmehr zögerte er tagelang, trotz des erklärten Wunsches des Kaiserpaares, jenen berühmten Erlaß, mit dem Wilhelm die parlamentarische Demokratie in Deutschland eingeführt hatte, zu veröffentlichen.

Statt des Kanzlers erbot sich der preußische Innenminister Drews, den schweren Gang ins Große Hauptquartier nach Spa anzutreten. Vorher soll dieser königstreue Beamte von einem Weinkrampf geschüttelt worden sein. In der halbstündigen Audienz nahm er kein Blatt vor den Mund, schilderte in allen Einzelheiten die kaiserfeindliche Stimmung im Lande, verschwieg auch nicht die Kehrtwendung gewisser Großindustrieller.

Der Kaiser fuhr ihm dazwischen: „Ich verstehe die Stimmung ganz genau. Es war schon alles so schön aufgeteilt, ganz Belgien, Nordfrankreich und so weiter. Die Schwerindustrie hatte auch schon Beschlag auf alles gelegt, und nun kommt's mit einmal anders, und jetzt schimpfen sie natürlich, als wenn ich schuld wäre.“

In einem Brief an einen Freund hat der Kaiser diese Unterredung mit Drews ausführlich beschrieben. Es gibt wenig Schriftstücke, die so echt „wilhelminisch" sind, so typisch für die naßforsche Arroganz des Herrschers, für seinen Hang zum Bramarbasieren und zur Selbstüberschätzung, hinter der sich seine Unsicherheit und Angst nur schlecht verbargen: „Dann habe ich mir den Mann gekauft, ihn angefahren – so – und gesagt: 'Was, Sie als preußischer Beamter, Untertan, der Sie Ihrem König den Eid der Treue geschworen haben, Sie wagen es, Sie unterstehen sich, vor mich hinzutreten mit solch einem Angebot!' Sie hätten bloß sehen sollen, wie der Mann zusammengefahren ist. Das hatte er nicht erwartet – einen tiefen Diener machte er gleich vor mir. 'Also gut, es sei', sagte ich, 'wie stellen Sie sich eigentlich das Weitere vor?' ... 'Meine Söhne haben mir in die Hand versprochen, daß keiner meine Stelle annimmt. Also mit mir tritt das ganze Haus Hohenzollern zurück.' Den Schreck hätten Sie sehen sollen, das hatte er nämlich wieder nicht erwartet."

Und weiter in diesem Stil: „Ich denke gar nicht daran abzudanken. Der König von Preußen darf Deutschland nicht untreu werden etc. Ich denke gar nicht daran, wegen der paar 100 Juden und der 1000 Arbeiter den Thron zu verlassen." Und dann im Kraftmeierjargon: „Und das sage ich Ihnen, wenn nur das Geringste passiert, dann schreib ich denen die Antwort mit Maschinengewehren auf das Pflaster, und wenn ich mir mein eigenes Schloß zerschieße, aber Ordnung soll sein!"

Aber er sollte sein Schloß nie wiedersehen. Als er seinen armen Minister derart abkanzelte, war es bereits „passiert": Ausgerechnet seine Marine hatte ihm die Treue aufgesagt. Wie ein Steppenbrand breitete sich die Matrosenrevolte von Kiel aus, erst entlang der Küste, dann im Binnenland. Die Meuterer, besessen von der Angst vor den Exekutionskommandos, suchten ihr Heil in der Flucht nach vorn: Sie setzten sich auf die Bahn, und siehe da, das Unglaubliche, Unvorstellbare geschah: Wo die „blauen Jungs" auch auftauchten, räumte die alte Ordnung beinahe kampflos das Feld. Die Soldaten, die man ihnen entgegenschickte, machten gemeinsame Sache mit ihnen, hängten ihre Gewehre verkehrt um die Schulter, rissen sich Kokarden und Schulterstücke ab und verhafteten ihre Offiziere. Vereinzelter Widerstand, wie in Hamburg, wurde schnell gebrochen. Und überall, wie in Kiel, solidarisierten sich die Arbeiter. Nach russischem Vorbild schossen Arbeiter- und Soldatenräte wie Pilze aus dem Boden.

Dieses Volk hatte einfach keinen Mumm mehr, weiter Krieg zu führen. Vier Jahre übermenschlicher Anstrengungen waren zuviel gewesen. Natürlich nutzten die Agitatoren des Spartakus und der Unabhängigen Sozialdemokraten die Gunst der Stunde. War es zunächst nur um Beschwerdeordnung, Grußpflicht, Verpflegung, um Freilassung der Gefangenen gegangen, so mischten sich unter die Forderungen der Meuterer doch bald auch politische Töne: Abdankung des Kaisers, Beseitigung aller Dynastien.

Noch widerstrebten die Mehrheitssozialdemokraten dem Druck, der von links immer stärker wurde. Sie gingen in ihrer vaterländischen Pflichterfüllung so weit, daß sie ein Ultimatum an den Reichskanzler, mit dem sie die Abdankung erzwingen wollten, noch verlängerten, um nicht unnötigerweise die Waffenstillstandsverhandlungen zu stören.

Noch ein anderes Bedenken ließ sie zögern, in den lauten Ruf nach der Republik einzustimmen: Ging in Preußen die Monarchie über Bord, so geriet die Reichseinheit in Gefahr. Es war kaum anzunehmen, daß sich die Königreiche Bayern und Württemberg einem republikanischen Norden unterwürfen. Doch am 7. November stimmte diese Überlegung mit einem Male nicht mehr. Über Nacht sah sich der (noch) monarchistische Norden einem republikanischen Süden gegenüber. Kurt Eisner, ein Berliner Intellektueller, dem Schwabing zur zweiten Heimat geworden war, hatte die Wittelsbacher abgesetzt – ohne daß auch nur ein Tropfen Blut geflossen war. Die Münchner Bürger, die am Morgen des 8. November ahnungslos erwachten, fanden sich in einer Republik wieder.

Eisner, Sohn eines angesehenen Hoflieferanten Unter den Linden, Journalist seit dreißig Jahren und Idealist reinsten Wassers, war keineswegs ein geborener Revolutionär. Manche Sozialdemokraten hielten den einstigen „Vorwärts“-Redakteur sogar für einen Revisionisten.

Eisner litt an einem Komplex: seinem Haß gegen den preußischen Obrigkeitsstaat. Bei Kriegsausbruch hatte er, wie die meisten Sozialdemokraten, in das allgemeine Verdammungsurteil gegen den aggressiven Zarismus eingestimmt. Doch bald kamen ihm beim Studium der Akten Zweifel, und es setzte sich bei ihm der (zutreffende) Verdacht fest, der sich bis zur leidenschaftlichen Überzeugung steigerte, daß in der Wirklichkeit Preußen-Deutschland der Hauptschuldige an diesem Weltkrieg war.

Von dieser Erkenntnis bis zu seinem Eintritt in die abgespaltene „Unabhängige SPD“ war kein weiter Schritt. Anfang 1918 inszenierte er in München einen Anti-Kriegs-Streik und wurde prompt für etliche Monate hinter Schloß und Riegel gebracht. In München war Eisner stadtbekannt. Dazu hatte ihm seine phantastische Erscheinung, der rötlich-graue Bart und die betont abgetragene Kleidung, verholfen. Die Bürger rümpften die Nase und belächelten ihn, die Sozialdemokraten nahmen den verarmten Literaten nicht ernst. Niemand ahnte etwas von dem tiefen Ernst seines Denkens, von seinem Pflichtgefühl, von dem inneren „ Muß", das ihn erfüllte.

Für den 7. November 1918, einem warmen Spätherbsttag, hatten die beiden sozialistischen Parteien die Münchner Bevölkerung zu einer großen Kundgebung auf der Theresienwiese aufgerufen. Parole: Für den Frieden und gegen den Kaiser. Auch Eisner und sein sozialdemokratischer Gegenspieler Erhard Auer sollten dort Reden halten. Zehntausende waren unterwegs – Arbeiter, Frauen, Kinder, Bauern, Studenten, Künstler und viele Soldaten und Matrosen.

Seit Tagen hatte Eisner die Revolution angekündigt. Schon am Abend des 5. November hätte er genug Leute gehabt, um loszuschlagen. Aber er beschwor seine Anhänger: „Nicht jetzt, nicht in der Nacht wollen wir aufbrechen. Die Sache des Volkes hat nicht das Licht des Tages zu scheuen." Am Nachmittag des 7. November war es soweit: Eisner sammelte an einem strategisch günstig gelegenen Eckpunkt der Wiesn viele (beurlaubte) Soldaten um sich. Während die Hauptmasse der Demonstranten mit Musik hinter dem SPD-Führer Auer zum Friedensengel marschierte und der Landtag seelenruhig über eine Kartoffel-Interpellation debattierte, zog Eisner Arm in Arm mit dem blinden Bauernführer Ludwig Gandorfer und dem Unteroffizier Felix Fechenbach mit einer kleineren Gruppe zu den Kasernen. Im Nu liefen die Truppen zu den Revolutionären über und ließen Waffen und Munition gleich mitgehen. Ehe sichs die Obrigkeit versah, hatten die Aufständischen alle wichtigen Punkte Münchens besetzt, einen Arbeiter-, Bauern- und Soldatenrat gebildet, sich spätabends im Landtagsgebäude konstituiert und Eisner zum Präsidenten gewählt, der unter großem Jubel die bayerische Republik ausrief.

Es war ein gelungener Coup. Regierung, Armee und Polizei hatten alles für den Fall einer Revolution vorbereitet, aber sie wurden hilflos überrumpelt. Offensichtlich hatte niemand diesen Anschlag gegen das Haus Wittelsbach für möglich gehalten Gewiß, der alte König Ludwig III. war bei weitem nicht so populär wie vor ihm der Prinzregent Luitpold; es wurde viel im Lande auf ihn geschimpft; man bezichtigte ihn der Weichheit gegenüber den „Saupreußen“; man ließ an ihm den Unmut aus, der sich im Laufe des Krieges angestaut hatte – wegen des harten Ablieferungsolls, wegen der wirtschaftlichen Not, der hohen Verluste der bayerischen Truppen, der zaghaften Liberalisierung der Verfassung. All dies wäre kein Grund gewesen, den König fortzujagen. Dennoch – Regierung, Armee, Polizei und Parteien stellten sich „auf den Boden der Tatsachen“, und Erhard Auer nahm Eisners Angebot an, eine sozialistische Koalitionsregierung zu bilden.

Der alte König begriff das alles nicht. Ein Fahrradbote hatte ihn nachmittags von seinem Spaziergang im Englischen Park zurückgeholt, als schon die Revolution vor den Toren der Residenz tobte: die Minister rieten ihm und seiner schwerkranken Frau zur Flucht; ohne Taschentuch, nur mit einer Zigarrenkiste unterm Arm, brach der König bei Nacht und Nebel zu einer Autoreise ins Ungewisse auf und – landete unweit Münchens erst einmal in einem Straßengraben. Einer seiner Generäle machte das Maß an Tragikomik voll, als er anderntags dem Volk verkündete: „Der König ist unauffindbar“, und Ex-Ministerpräsident Dandl tröstete seinen nach Österreich geflohenen Herrn: „Majestät, ich habe ja auch meinen Posten verloren!“

Mit ähnlichen Grotesken ging die Revolution in den übrigen süd- und mitteldeutschen Residenzen über die Bühne, wo sie nach bewährtem Münchner Muster prompt nachgeahmt wurde. Keinem der Fürsten wurde auch nur ein Haar gekrümmt. Eine Ehrenwache des Arbeiter- und Soldatenrats geleitete den beliebten König Wilhelm von Württemberg sicher auf seinen Landsitz Bebenhausen. Als einer seiner Minister einem der Revolutionäre ins Gewissen redete, der König habe doch allzeit vorbildlich konstitutionell regiert, entgegnete ihm jener: „S'ischt aber doch wegen dem Sischtem!“

Ein thüringischer Fürst bekam auf die Frage, woher die Arbeiterräte das Recht nähmen, ihn abzusetzen, die Antwort: „Königliche Hoheit, das weeß ich selber nich, es is halt Revolution.“ An vielen Orten drangen Arbeiter mit roten Fahnen und Deserteure mit roten Kokarden an den Feldmützen in die Schlösser ein. Niemand verwehrte es ihnen.

Derart demütigende Szenen blieben dem deutschen Kaiser zum Glück erspart – er saß ja sicher und weitab in Spa; er brauchte der Revolution nicht ins Gesicht zu schauen. Aber er verspürte sogar Lust, an der Spitze seines Heeres den Revolutionären entgegenzuziehen und den Aufstand mit Waffengewalt niederzuwerfen. Am 8. November vormittags gab er General Groener den Befehl, eine Operation gegen die Heimat vorzubereiten. Noch am Abend desselben Tages beschloß Groener, diesen Befehl nicht auszuführen, und Hindenburg stimmte ihm zu.

Das Risiko eines Bürgerkrieges wollten sie nicht verantworten. Denn schon hatten die Revolutionäre alle Rheinbrücken in der Hand, dazu die wichtigsten Magazine des Westheeres; solange an der Westfront noch nicht die Waffen schwiegen, konnte die Heeresleitung nicht genügend Einheiten in so kurzer Zeit zusammenbringen; auch wurde bezweifelt, ob Truppe überhaupt noch auf Truppe schösse.

Groeners Analyse war sicherlich zutreffend, aber den Ausschlag für sein Urteil gab doch wohl seine Abneigung, für die Thronrechte der Hohenzollern deutsches Blut zu vergießen. Nicht frei von romantischen Anwandlungen, hatte er dem Kaiser einen anderen Abgang zugedacht: Wilhelm II. sollte sich in die vorderste Linie begeben und dort den Heldentod suchen. Aus diesem Opfer wüchse dann der monarchischen Idee neue Kraft zu. Auch andere Offiziere und Ratgeber am Hofe ventilierten diesen Plan; doch die Umgebung des Kaisers und auch Hindenburg reagierten mit Entsetzen. Man könne doch nicht die sakrosankte Majestät einem ungewissen Schicksal aussetzen.

In der Tat fällt es schwer, sich den sechzigjährigen, einarmigen Monarchen im Trichterfeld einer Materialschlacht vorzustellen, als hilfloses Nervenbündel im Trommelfeuer, als ein anonymes Opfer unter ungezählten anderen. Solch ein Tod hätte nichts Erhabenes gehabt, wohl eher Züge des Lächerlichen angenommen. Und durfte man riskieren, den Kaiser in Feindeshand fallen zu lassen?

Den anderen Ausweg, den in solcher Lage römische Feldherren und moderne Diktatoren zuweilen suchten, hat Wilhelm II. immer weit von sich gewiesen: Selbstmord widersprach seinem christlichen Glauben. Blieb also noch der Rat, den ein preußischer Ministerpräsident einst seinem Großvater gegeben hatte: am Fuße des Thrones mit dem Degen in der Faust zu fallen. Hindenburg aber kannte nur eine Sorge, der Kaiser könnte von Meuterern verschleppt werden, ja, er hatte in der Villa „La Fraineuse“ schon eine Hintertür ausfindig gemacht, durch die der Kaiser notfalls entweichen konnte; unbedingt wollte er seinem Herrn das Schicksal der Zarenfamilie ersparen.

Dennoch: einem preußischen Herrscher hätte es wohl angestanden, seine Rechte bis zum letzten zu verteidigen. Ein Karl I. ist aufrecht wie ein Ritter zum Schafott geschritten ... Wie immer man es wendet, keiner dieser Schritte hätte sich so verhängnisvoll ausgewirkt, wäre von den loyalen Dienern der Krone so schmachvoll empfunden worden wie der, den anzuraten Feldmarschall von Hindenburg nun für seine Pflicht hielt: die Fahnenflucht nach Holland.

Wilhelm II. hatte den rechten Moment verpaßt, um mit großer Geste von der Bühne abzutreten, auf der er dreißig Jahre in so vielen Rollen geblendet hatte. Anfang Oktober, als Max von Baden den Feinden Deutschlands die weiße Fahne zeigen mußte, hätte die Abdankung vielleicht sogar einem Wilson noch imponiert. Und noch Ende Oktober, als die Rechte des Kaisers zugunsten des Parlaments erheblich beschnitten wurden, hätte der Monarch einem unbelasteten Nachfolger die Zügel überlassen können. Seine Desertion nach Holland jedoch hat Deutschland weder einen milden Frieden verschafft noch die Revolution erspart. Am 9. November 1918 war die Geschichte endgültig über ihn zur Tagesordnung übergegangen. Wie hatte Goethe doch gesagt: „Warum denn wie mit einem Besen/ Wird so ein König hinausgekehrt?/ Wären's Königen gewesen/ Sie stünden alle noch unversehrt."

Die Weimarer Republik

Die Revolution, die keine war

Am Anfang der deutschen Revolution steht eine Legende. Erfunden hat sie der Memoirenschreiber Philipp Scheidemann, aufbereitet wurde sie von seinen sozialdemokratischen Parteifreunden und weitergereicht von Publizisten und Historikern – bis in unsere Tage: Scheidemann, der eben zurückgetretene kaiserliche Staatssekretär, habe am 9. November 1918 um zwei Uhr nachmittags von einem Balkon des Reichstages in Berlin die deutsche Republik ins Leben gerufen – mehr noch: er habe, in einem „Kampf der Balkone" mit dem Spartakus-Führer Karl Liebknecht, der vom Schloß aus die Sowjetrepublik ausrufen wollte, der deutschen Revolution die demokratische, antibolschewistische Richtung gewiesen.

In selbstgefälligen Worten hat der sozialdemokratische Politiker, drei Jahre nach dem Ereignis, geschildert, was ihn an jenem Nachmittag angeblich bewegte: „Nun sah ich die Situation klar vor Augen ... Deutschland also eine russische Provinz, eine Sowjet-Filiale? Nein! Tausendmal nein! Kein Zweifel: Wer jetzt die Massen vom Schloß her 'bolschewistisch' oder vom Reichstag zum Schloß hin 'sozialdemokratisch' in Bewegung bringt, der hat gesiegt! Ich sah den russischen Wahnsinn vor mir, die Ablösung der zaristischen Schreckensherrschaft durch die bolschewistische. Nein! Nein! Nur nicht auch das noch in Deutschland nach all dem anderen Elend!"

Dieses Zitat hat seinen historischen Wert, denn es enthüllt uns, daß der Antibolschewismus in Deutschland auch einen sozialdemokratischen Ursprung hatte. Mit der historischen Wahrheit freilich hat es nicht das Geringste zu tun. Augenzeugenberichte geben von dieser „Geburtsstunde" der Weimarer Republik ein ganz anderes Bild.

Auf dem Königsplatz vor dem Reichstag hatten sich in den Mittagsstunden des 9. November viele Demonstranten angesammelt: Arbeiter aus Moabit, Soldaten, Frauen, Kinder. Die Menge schwoll immer mehr an. Ein paar Arbeiter und Soldaten drangen in den Speisesaal des Reichstages ein, wo einige sozialdemokratische Führer gerade eine dünne Wassersuppe löffelten. Sie holten Scheidemann auf die Freitreppe des Gebäudes, wo er zutiefst erschrocken auf die Massen hinabschaute: „Was wollen die Leute?" Offensichtlich befürchtete er, die Demonstranten wollten den Reichstag stürmen; einige bürgerliche Abgeordnete sollen auch gleich das Weite gesucht haben. Aber die Menschen wollten nur ihren Sieg feiern; sie hatten eben die Nachricht von der Abdankung des Kaisers vernommen und warteten nun, daß irgendeiner der Arbeiterführer zu ihnen spreche und die Republik hochleben ließ, wie das in diesen Stunden an vielen Ecken und Plätzen der Reichshauptstadt der Fall war.

Scheidemann fühlte sich von seinen Genossen überrumpelt und sträubte sich, doch er mußte die Rede halten. Einige bürgerliche Abgeordnete hoben ihn auf die Balustrade eines Balkons, und er hub aus dem Stegreif an: „Das deutsche Volk hat auf der ganzen Linie gesiegt. Das alte Morsche ist zusammengebrochen; der Militarismus ist erledigt! Die Hohenzollern haben abgedankt! Es lebe die deutsche Republik!" Der Jubel war ihm gewiß – er hätte ebensogut auch die „Nationalversammlung" oder die „Demokratie" oder den „Sozialismus" hochleben lassen können.

Auf den Ablauf der Revolution hat Scheidemanns Rede nicht den geringsten Einfluß gehabt – es war eine Rede unter vielen. Dennoch war der Parteivorsitzende und frisch gekürte Reichskanzler Ebert des Zornes voll, als ihm Scheidemann fünf Minuten später von seinem „Zungenausrutscher" berichtete. Ebert schlug mit der Faust auf den Tisch: „Ist das wahr? Du hast kein Recht, die Republik auszurufen! Was aus Deutschland wird, ob Republik oder was sonst, das entscheidet eine Konstituante!"

Da war es, das Zauberwort, das Prinz Max von Baden unter die Menge geworfen hatte, um der Revolution vorzubeugen. Ohne das Einverständnis des Kaisers aus Spa abzuwarten, hatte der Kanzler am späten Vormittag eigenmächtig die Abdankung Wilhelms II. verkündet, seine Amtsgeschäfte dem Führer der stärksten Partei, der SPD, übergeben und Wahlen zu einer verfassunggebenden Nationalversammlung angekündigt, „der es obliegen würde, die künftige Staatsform des deutschen Volkes, einschließlich der Volksteile, die ihren Eintritt in die Reichsgrenzen wünschen sollten, endgültig festzustellen". Der Nachsatz bezog sich auf die Deutschösterreicher, die – allen voran die Sozialisten – in jenen Tagen den „Anschluß" an das Deutsche Reich suchten, nachdem das Habsburger Reich in viele Teile auseinandergebrochen war.

Dieser Staatsstreich, den Max von Baden zusammen mit seinem juristischen Berater, dem Geheimrat Simons, in letzter Minute improvisiert hatte, kam zu spät, um noch die Revolution aufzuhalten. Seit zehn Uhr marschierten die Berliner Arbeiter auf den Straßen, der Generalstreik wurde überall befolgt, und die Berliner Garnison lief zu den Aufständischen über. Aber Max von Baden hatte die Kontinuität gerettet. Indem er, etwas außerhalb der Legalität, Friedrich Ebert zum kaiserlichen Reichskanzler berief, ermöglichte er es Offizieren und Beamten, die ihren Eid auf den König von Preußen geschworen hatten, sich der neuen Regierung zu unterstellen.

Im Gegensatz zu Kurt Eisner, der in Bayern die Wittelsbacher gestürzt hatte, hütete sich Ebert, die monarchische Staatsform anzutasten. Wozu auch? Für Ebert war der Tag der deutschen Revolution nicht dieser 9. November, sondern der 5. Oktober, jener Tag, an dem die Mehrheitssozialdemokraten in die Regierung eingetreten waren, um das Vaterland nicht in seiner höchsten Not im Stich zu lassen. Mit der Einführung des gleichen Wahlrechts in Preußen und des parlamentarischen Regierungssystems im Reiche waren wesentliche Programmpunkte der SPD erfüllt, war die bürgerliche Revolution in Deutschland vollendet. Und schon 1917 hatte das SPD-Zentralorgan „Vorwärts" geschrieben: „Sobald die Monarchie die Wünsche des Volkes erfüllt, ist aller republikanischen Agitation der Boden unter den Füßen weggezogen." Noch klarer hatte es der Reichstagsabgeordnete Landsberg am 8. November ausgesprochen: „Wir denken nicht daran, die Republik einzuführen, weil wir zwar Republikaner, aber auch Demokraten sind und nicht die Ansicht einer Minderheit der Mehrheit aufdrängen wollen."

Bei solcher Gesinnung kann es nicht verwundern, daß zur selben Zeit, als Scheidemann die Republik hochleben ließ, andere Sozialdemokraten noch mit bürgerlichen Abgeordneten darüber verhandelten, wen man wohl als Reichsregenten einsetzen könne: den Herzog von Braunschweig, Schwiegersohn des Kaisers und Welfe dazu, oder den Herzog Adolf Friedrich von Mecklenburg, den letzten Gouverneur der deutschen Kolonie Togo. Am späten Nachmittag, als sich Max von Baden in Bismarcks Arbeitszimmer von dem neuen Kanzler verabschiedete, bat Ebert seinen Vorgänger, doch das Amt des Reichsverwesers zu übernehmen. Der Prinz lehnte ab unter dem Vorwand, er könne nicht mit den unabhängigen Sozialdemokraten zusammenarbeiten, denen Ebert soeben die Koalition angeboten hatte. An der Tür wandte er sich noch einmal um: „Herr Ebert, ich lege Ihnen das Deutsche Reich ans Herz!" Ebert: „Ich habe zwei Söhne für dieses Reich verloren."

Das Reich und auch die Monarchie waren zu dieser Stunde noch gut aufgehoben. Auch in den Koalitionsverhandlungen mit der USPD, die sich streng republikanisch gebärdete, hielt Ebert daran fest, daß erst die vom Volk gewählte Konstituante über das Schicksal der Monarchie entscheiden dürfe. Im Kompromiß, den die beiden sozialistischen Parteien schließlich erreichten, wurde die Republik nicht einmal beim Namen genannt. Doch in der Nacht zum 10. November holten die Berliner Linksradikalen zum Gegenschlag aus.

In aller Hast wurden Delegiertenwahlen für einen Kongreß der Arbeiter- und Soldatenräte ausgeschrieben, der am nächsten Tag im Zirkus Busch zusammentreten, die Regierung Ebert/Scheidemann absetzen und der proletarischen Revolution zum Durchbruch verhelfen sollte. Den Sturz Eberts erreichten sie zwar nicht – die Mehrheit der Räte war treu sozialdemokratisch –, wohl aber den Sturz der Monarchie. Unter dem Druck der revolutionären Arbeiterschaft stellten sich der neugewählte „Rat der Volksbeauftragten" (die künftige Regierung) und der „Vollzugsrat der Arbeiter- und Soldatenräte" auf den Boden einer „sozialistischen Republik". Dies war das einzige relevante Ergebnis der deutschen Revolution von 1918.

Ebert und Genossen kostete diese Konzession wenig, da doch nur ein faktisch schon bestehender Status legalisiert wurde. Aber da die Sozialdemokratie, getreu ihrem Namen, den Sozialismus auf dem Umweg parlamentarisch gebilligter Reformen einführen wollte, und da Ebert die Revolution „wie die Sünde" haßte, war der Sturz der Monarchie ein sinnloser Akt, sofern ihm nicht der Umsturz folgte, wie er im „Kommunistischen Manifest" vorgesehen war: „Das Proletariat kann sich nicht erheben, nicht aufrichten, ohne daß der ganze Überbau der Schichten, die die offizielle Gesellschaft bilden, in die Luft gesprengt wird!"

Wenn es am 9. November in Deutschland eine Revolution gegeben hat, dann nur eine – die bolschewistische. Auch sie brach eher zufällig aus. Die kleine Schar von Linksradikalen, die bewußt auf den Umsturz hinarbeitete und sich dafür von der sowjetrussischen Botschaft in Berlin finanzieren ließ, hatte nämlich die Revolution verschlafen. Am 2. November hatten in Berlin die sogenannten Revolutionären Obleute aus der Metallindustrie, die Initiatoren des illegalen großen Januarstreiks, in einer geheimen Sitzung die für den 4. November geplante Revolution auf unbestimmte Zeit vertagt – nicht ahnend, daß in Kiel bereits die Matrosen zu meutern anfingen. Nach den ersten alarmierenden Nachrichten von der Waterkant war der 11. November als Tag des Losschlagens ausersehen. Pistolen und Handgranaten lagen schon bereit, damit die Arbeiter, wenn sie auf die Straße gingen, sich notfalls gegen Schupos und Gardesoldaten wehren konnten.

Diese „Revolutionsspielerei" war den Spitzeln der Polizei keineswegs entgangen. Am 7. November ließ der Oberbefehlshaber in den Marken, Generaloberst von Linsingen, kraft des Belagerungszustandes Arbeiter- und Soldatenräte verbieten. Am nächsten Tag schon wurde der linkssozialistische Redakteur Däumig verhaftet, der an den Vorbereitungen beteiligt gewesen war. Die Obleute fürchteten um ihr Leben und riefen überstürzt den Generalstreik aus, unter der Parole: „Wir fordern nicht die Abdankung einer Person, wir fordern die Republik!"

Nun gab es auch für die SPD kein Halten mehr. Noch kurz zuvor hatte sie die Arbeiter in den Betrieben zur Geduld ermahnt, vor Provokationen gewarnt: „Arbeiter! Parteigenossen! Es handelt sich nur um einen Aufschub von wenigen Stunden. Eure Kraft und eure Entschlossenheit verträgt diesen Aufschub." Aus Sorge um den Bestand des Reiches hatte Ebert sein Ultimatum vom 7. November (Abdankung des Kaisers oder Rücktritt der SPD-Minister) um einen Tag verlängert, denn die deutsche Waffenstillstandsdelegation hatte noch nicht die feindlichen Linien überschritten, und eine Regierungskrise in diesem Moment hätte die so dringend gewordene Waffenruhe verhindern können. An der Westfront sah es schlecht aus: Bei Verdun waren die Amerikaner durchgebrochen, die Nachschubwege des deutschen Westheeres waren in Händen der Meuterer; es fehlte nicht viel, und die feindlichen Armeen brachen in das Reichsgebiet ein, ohne sich auf Waffenstillstandsverhandlungen weiter einzulassen.

Doch am Vormittag des 9. November war die Lawine nicht mehr aufzuhalten. In den Straßen Berlins wehten die roten Fahnen, und berühmte Regimenter hatten sich, ohne einen Schuß abzufeuern, mit den Arbeitern solidarisiert. Nunmehr waren die SPD-Führer fest entschlossen, mit Hilfe des Generalstreiks und der Demonstrationen die Macht im Reiche an sich zu reißen. Es traf sich, daß Max von Baden, unter anderem Vorzeichen zum selben Ergebnis kam: Ebert mußte Reichskanzler werden.

Der Regierungswechsel wurde hinter den Kulissen bewerkstelligt – die Massen wurden gar nicht erst gefragt. Sie hatten ihre Schuldigkeit getan, und schon am Nachmittag erließ der neue Kanzler Ebert den vielsagenden Appell: „Mitbürger! Ich bitte euch alle dringend: Verlaßt die Straßen!“ Er hatte auch allen Grund dazu. Denn um 16 Uhr hatte sich eine gewaltige Volksmenge vor dem Berliner Schloß versammelt. Karl Liebknecht, Sohn eines berühmten Sozialdemokraten, ein romantisierender Idealist und populär als Märtyrer im Kampf gegen den Krieg, sah seine Stunde gekommen. Vom Balkon des Hohenzollern-Schlosses, hinter einem breiten roten Tuch, proklamierte er „die freie sozialistische Republik Deutschland“, erklärte das Schloß zum Volkseigentum, hieß die Massen auf die Republik und die Weltrevolution schwören und ließ am Mast der Kaiserstandarte die rote Fahne aufsteigen.

Nicht die Stegreifrede Scheidemanns, sondern dieses wohlüberlegte propagandistische Schauspiel des Spartakusführers, den Lenin und die Sowjets bereits frohlockend als neuen Führer Deutschlands betrachteten, dieses Rührstück in proletarischem Rot vor wilhelminischer Kulisse war der erregende Höhepunkt, nach dem die Volksmassen an diesem Tage verlangten.

Aber im selben Augenblick auch zeigte sich, daß die deutsche Revolution keinen Lenin hatte. Dieser ehrlich bemühte Revolutionsprediger mit den Zügen eines Fanatikers und dem zu Herzen gehenden pastoralen Klang in der Stimme, er besaß kein Gespür für die Macht. Als der Jubel endlich verrauscht war, sprang plötzlich ein Soldat vor, schwenkte die rote Fahne und akklamierte Liebknecht zum ersten Präsidenten der Republik. Doch der Mann, vor dessen Namen die Fürsten und Generäle und Bankiers leise zittern, verweigert sich: „Soweit sind wir noch nicht!“

Die Macht lag auf der Straße, das Volk selber reichte sie ihm dar, aber Liebknecht ergriff sie nicht. Eine solche Situation war in seinem Revolutionskalender nicht vorgesehen. Er hatte sich vielmehr ausgemalt, Tag für Tag neue Demonstrationen mit immer neuen Forderungen zu inszenieren, um so allmählich das Volk reif zu machen, das Bewußtsein der Menschen zu schärfen, bis dann irgendwann der Sozialismus wie ein Geschenk vom Himmel fiel. Diese „revolutionäre Gymnastik“, wie Liebknechts Gegner spotteten, erinnert nicht von ungefähr an Rudi Dutschkes „langen Marsch“, denn die Jünger der Neuen Linken kennen die Schriften ihres „Karl“ und ihrer „„Rosa“ beinahe auswendig. Von ihnen (und von Trotzki, Mao und Che) holen sie sich das Rüstzeug für ihre taktischen Manöver.

Vielleicht wäre der 9. November anders verlaufen, wenn Rosa Luxemburg – sie wurde gerade erst aus dem Breslauer Gefängnis befreit – schon in das Geschehen hätte eingreifen können. Diese hochintellektuelle Frau mit dem scharfen analytischen Verstand und einem revolutionären Feuer, das eine Steppe in Brand hätte setzen können (wie sie von sich selber sagte), dieser einzige Mann unter den ganzen Revolutionären, als den sie einer ihrer heimlichen Bewunderer auf der Rechten einstufte – sie hatte die objektiven Bedingungen dieser Revolution längst im voraus richtig eingeschätzt: „Ein Stillstehen, ein Trippeln auf demselben Fleck, ein Selbstbescheiden mit dem ersten einmal erreichten Ziel gibt es in der Revolution nicht." Nach wenigen Monaten spätestens würde entweder die Diktatur des Proletariats herrschen oder die Konterrevolution siegen. Mit Recht beschwerte sie sich: „Ach, wie ist diese deutsche Revolution – deutsch, wie ist sie nüchtern, ohne Schwung, ohne Glanz, ohne Größe."

Ob Rosa Luxemburg freilich Erfolg beschert gewesen wäre, ist sehr zweifelhaft. Denn ebenso wie Liebknecht huldigte sie einem blauäugigen Zutrauen in die Vernunft der Massen, deren Bewußtsein durch geduldige Agitation geschult werden sollte. Da sie in ihrer Kritik der russischen Revolution Lenins Rezept verworfen hatte, an Stelle demokratischer Institutionen die Macht eines Jakobinerklubs zu setzen, da auch für sie – darin nicht unähnlich den Ebert, Scheidemann und Haase – Freiheit immer nur die Freiheit des Andersdenkenden sein konnte, mußte sie ebenso hoffnungslos scheitern wie die Obleute, die Linken der USPD und die anderen radikalen Gruppen.

Sie alle hatten noch eine Grundregel Lenins mißachtet: Revolution heißt Organisation. Propaganda war dafür ein schlechter Ersatz. Gewiß, Liebknecht hat in den Koalitionsverhandlungen am Abend des 9. November alle exekutive, legislative und richterliche Gewalt für die Arbeiter- und Soldatenräte verlangt, die nach russischem Vorbild allüberall in Deutschland die Macht, besser gesagt: die Kontrolle der Macht übernommen hatten. Auf Scheidemanns Frage: „Ja, aber, Leute, wie denkt ihr euch denn das?" antwortete er schroff, es müsse eben sein. Nach den konkreten Zukunftsplänen durfte man auch nicht fragen, sie wurden einer nebulösen Zukunft überlassen. Erst mal die Republik schaffen, „wenn wir so weit sind, dann werden wir ja sehen, was notwendig ist". Aber niemand hat die mangelhafte Vorbereitung des Umsturzes, die Konzeptionslosigkeit der Revolutionäre mehr beklagt als die Anführer der radikalen Metallarbeiter selber. Einen so raschen Verfall aller Staatsautorität hatten die Umstürzler nicht erwartet. Nun praktizierten sie eine Revolution von der Hand in den Mund.

Am allerwenigsten waren die beiden sozialdemokratischen Parteien auf diese Ausnahmesituation vorbereitet. Die Sozialdemokratie, eingedenk bitterer Erfahrungen aus der Zeit der Sozialistenverfolgungen, hatte sich seit vielen Jahren an die evolutionäre Ochsentour gewöhnt. Während des Weltkriegs hatten sich die „vaterlandslosen Gesellen“ in selbstloser Vaterlandsliebe dem Staate integriert. Von den Massen der Arbeiter wurde die SPD – auch nach dem Abfall der USPD – freilich immer noch für eine revolutionäre Partei gehalten, zum großen Ärger der Linksradikalen, die es Ebert und Scheidemann nicht verzeihen konnten, daß sie sich am 9. November in die Revolution „hineingeschmuggelt“ hatten.

Aber nicht Revolution und Unruhe wollten die Sozialdemokraten dem Volk bringen, sondern „Ruhe und Ordnung“. Generalfeldmarschall von Hindenburg, der sich derselben Vokabeln bediente, fand denn auch, manche Sozialdemokraten würden ganz gut in die Konservative Partei hineinpassen. Die Mehrzahl der Parteimitglieder war noch nicht einmal reif für die Demokratie, geschweige denn für den demokratischen Sozialismus. Sie waren gewöhnt an Bebels und Eberts straffe Parteidisziplin, gehalten in Ehrfurcht vor Thron und Altar, pflichtbewußte und einsichtige Bürger, zur Ordnung erzogen als Volksschüler und Kirchengänger, als Rekruten und Reservisten, als Steuerzahler und Markenkleber der Sozialversicherung.

Ordnungsliebe war das hervorstechendste Merkmal der sogenannten deutschen Revolution. Die Arbeiter- und Soldatenräte beschäftigten sich vor allem mit dem Ausstellen von Ausweisen; die Barrikaden in den Straßen waren sorgsam mit den Laternen der Straßenmeisterei versehen; bei der Befreiung der Gefangenen achtete man peinlich darauf, daß die schweren Sünder in den Zellen blieben.

Nichts war den Führern der Sozialdemokratie so verhaßt wie die Gewalt. Ebert: „Gewalt, einerlei von wem sie angewandt wird, ist immer reaktionär.“ Für den Sturz der Monarchie hätte die SPD, nach dem Wort des „Vorwärts“-Chefredakteurs Stampfer, nicht einmal das Leben einer Straßenlaterne riskiert. Solange noch keine Nationalversammlung gewählt war, wünschte Ebert auch keine umwälzende Veränderung der Gesellschafts- oder Wirtschaftsstruktur. Beamte des alten Staates durften im Amt bleiben; Ebert hielt die bürgerlichen Fachminister und die Offiziere der königlichen

Armee für unentbehrlich, um „Ruhe und Ordnung" aufrechtzuerhalten. Er wollte kein „russisches Tollhaus", kein Blutvergießen, keinen Terror.

Überhaupt: Konnte die russische Revolution für einen modernen Industriestaat wie Deutschland Vorbild sein? Mußte nicht ein unentwirrbares Chaos die Folge sein, wenn plötzlich die Verwaltung aufhörte? Eberts erste Sorge war es, Brot für die hungernden Großstadtmassen zu besorgen, „das ging allen Prinzipien voraus". Die Versorgung mit Lebensmitteln und Energie durfte nicht einen Augenblick lang stocken, das Verkehrswesen nicht lahmgelegt, die von Grippewellen angeschlagene Volksgesundheit nicht noch mehr gefährdet werden.

Ungeheure Aufgaben stürmten auf die SPD ein, als sie am 9. November die Konkursmasse des Kaiserreiches übernahm. Zwei Tage später mußte sie einen Waffenstillstand akzeptieren, der sich von einer bedingungslosen Kapitulation kaum unterschied. Für die Demobilmachung und die Räumung der besetzten Gebiete im Westen waren fast unzumutbar kurze Fristen gesetzt worden. Die geringste Stockung konnte feindliche Repressalien nach sich ziehen. Noch hofften die Deutschen, im Vertrauen auf Wilsons Vierzehn Punkte, sie könnten in den kommenden Verhandlungen leidliche Friedensbedingungen herausschlagen. Aber dafür brauchte das Reich eine starke, handlungsfähige Regierung. Hätten die Ententemächte, die bereits in Rußland interveniert hatten, überhaupt einen sozialistischen Umsturz in Mitteleuropa hingenommen? Scheidemann mokierte sich über Liebknechts „Köhlerglauben", man könne die Weltrevolution in die Heere der Entente fortpflanzen, brauche also einen Einfall der Alliierten in die deutschen Herzlande gar nicht zu befürchten.

„Wie halten wir das Reich aufrecht und die Wirtschaft in Ordnung?" war Eberts tägliches Gebet. Niemand vermochte abzusehen, wohin sich die Revolution in den verschiedenen Teilen Deutschlands entwickelte. Schon in den letzten Wochen des Jahres 1918 erhob sich riesengroß die Gefahr des rheinländischen Separatismus, wurden Stimmen laut, die für eine Vereinigung Bayerns mit Österreich plädierten. Noch ehe ein Friedensvertrag unterzeichnet war, griffen die Polen nach Westpreußen und Oberschlesien, und hätte ein von Revolution erschüttertes Reich sie hindern können, auch noch Ostpreußen und Hinterpommern zu schlucken? Und würden nicht auch Tschechen und Dänen Appetit auf deutsches Land bekommen?

Ebert war nicht der Mann, alles aufs Spiel zu setzen, nur um das „Kommunistische Manifest" buchstabengetreu zu erfüllen. Im ersten Aufruf versprach die neue Reichsregierung ihren „Volksgenossen": „Das Eigentum ist vor willkürlichen Eingriffen zu schützen." Sicher, das war ein harter Brocken für die dynamischen Wortführer der radikalen Linken. Zum erstenmal in der deutschen Geschichte konnte das Proletariat eine Diktatur errichten, doch nun wollte es sie nicht gebrauchen.

„Nicht stehenbleiben!" mahnte das linkssozialistische Blatt „Freiheit", dessen Auflage unter dem brillanten Chefredakteur Rudolf Hilferding in kurzer Zeit von 30 000 auf 250 000 anstieg. „Wir müssen weiter! Müssen sofort weiter!" Warum nicht jetzt Bergwerke und Schwerindustrie, Textilfabriken, chemische Werke, Elektrogroßfirmen verstaatlichen? „Die Regierung verfüge. Sie setze Zwangsverwalter in die Hauptbetriebe ... Es wird sehr gut gehen. Es wird gearbeitet, nötigenfalls mit einem Doppelposten vor dem Direktorenzimmer, und es wird produziert werden ..."

Doch Ebert und seine Mitarbeiter entschieden sich für eine Parole, mit der man noch vierzig Jahre später in Deutschland Wahlen gewinnen konnte: „Nur keine Experimente!" Bei wachsender Inflation, ohne Kapitalreserven, mit veralteten Industrieanlagen, in Erwartung hoher Reparationsforderungen der Feindmächte und bei fortdauernder Seeblockade scheute sich die SPD vor einer überstürzten Sozialisierung. Man wollte überdies im Ausland, besonders in Amerika, Vertrauen wiedergewinnen, statt neues Mißtrauen säen, man wollte sich vor allem nicht die Aussicht auf amerikanische Kredite verscherzen.

Erst mußte die Produktion auf den Frieden umgestellt, mußten Millionen Soldaten wieder in den Arbeitsprozeß eingegliedert werden, dann konnte man neue Gesellschaftsformen, neue Wirtschaftsformen erproben. Dahinter stand die Hoffnung, das Proletariat werde durch den Zustrom von kleinen Angestellten und verarmten Mittelständlern so mächtig anwachsen, daß es bei demokratischen Wahlen mühelos die Mehrheit der Stimmen auf sich vereinigen könne – eine Illusion, aus der es spätestens bei der Wahl zur Nationalversammlung im Januar 1919 ein böses Erwachen gab: Auf SPD und USPD entfielen weniger als die Hälfte der abgegebenen Stimmen.

Neuerdings haben junge Historiker und Politologen die These aufgestellt, die einzig wirkliche Alternative zur bürgerlichen Demokratie sei nicht der „Bolschewismus" gewesen, den SPD und Bürgerliche gern als Gespenst an die Wand malten, sondern „eine auf die Räte gestützte soziale Demokratie". Als der Staat Pause machte – zwischen der Meuterei in Kiel und der Revolution in Berlin –, hatten allüberall nach russischem Vorbild Arbeiter- und Soldatenräte die Kontrolle der Macht übernommen; irgendwie mußte sich ja die Revolution organisieren. In den meisten Arbeiterräten kamen die Kontrolleure der Macht aus den bewährten Kadern der SPD und der Gewerkschaften. Vom Parteivorstand wurden sie von vornherein nur als Treuhänder der Macht angesehen. Ebert wurde ihrer bald überdrüssig: „Das Herum- und Hineinregieren der Arbeiter- und Soldatenräte muß aufhören! Sie sind Beratungsbehörden, sonst nichts!" Auch die Gewerkschaften waren den Räten nicht wohlgesonnen, da sie hier mit Recht eine Konkurrenz zu fürchten hatten, die mit ihrem Bestreben nach Betriebsautonomie „alle Schranken gewerkschaftlicher Verträge und Disziplin zu durchbrechen drohte", wie sich die Gewerkschaftspresse entrüstete.

Hätte die SPD gewollt, die Räte hätten sich vielleicht zu einem System der Demokratie von unten, der Mitbestimmung in Betrieben, Kasernen, Amtsstuben, Gewerkschaften ausbauen lassen. Ob dieses Neben- und Gegeneinander von Verwaltung und Wirtschaft einerseits, den Räten andererseits funktioniert hätte, ob das Verwischen des Unterschieds von Legislative und Exekutive glücklich gewesen wäre, niemand weiß es. Denn die Probe aufs Exempel ist nie angestellt worden, obwohl die Verfechter der Räte-Idee bis weit ins Frühjahr 1919 hinein um Macht und Einfluß rangen.

Die Chancen, die sich dem Proletariat im November 1918 boten, wurden nicht genutzt. Was dann in den Wochen bis zum bewaffneten Spartakus-Aufstand im Januar 1919 folgte, die Streitigkeiten zwischen Regierung und Vollzugsrat, das Zerwürfnis mit der USPD, die „Konterrevolutionen" von links und rechts, diente letztlich nur dazu, die Position Eberts und der SPD zu stärken und das hieß: die Sache der bürgerlich-kapitalistischen Gesellschaftsordnung, im Bündnis mit Freikorps und Oberster Heeresleitung und strammen monarchistischen Offizieren.

Die Ermordung von Liebknecht und Luxemburg

Sie waren beide so alt wie das Bismarck-Reich, und sie mußten sterben, als sie diesem Reich die Totenglocken läuten wollten. Ihre Mörder lebten noch fünfzig Jahre danach mitten unter uns. Generalstäbler Hauptmann a.D. Waldemar Pabst, der Verantwortliche für den Mord, rühmte sich 1962: „Es lag nur im Interesse unseres Deutschland, daß wir es damals vor dem Schicksal bewahrten, das ihm heute Herr Ulbricht und seine Drahtzieher bereiten möchten." Das „Bulletin" der Bundesregierung fand diesen Hinweis auf das Regime in Ostberlin so einleuchtend, daß es den Mord an Liebknecht und Luxemburg als „standrechtliche Erschießung" bagatellisierte.

In der Wahrheit ist die Deutsche Demokratische Republik, deren Repräsentanten sich als Testamentsvollstrecker der Ermordeten aufführen, himmelweit von jenem Idealstaat des Sozialismus entfernt, den sich Rosa Luxemburg vorstellte. Es gibt dort weder eine „freie ungehemmte Presse" noch ein „ungehindertes Vereins- und Versammlungsleben", weder die „uneingeschränkteste, breiteste Demokratie" noch die „Kontrolle der gesamten Öffentlichkeit".

Die Westberliner Bürger empfanden Schadenfreude, als nach dem Bau der Mauer Studenten den Grenzwächtern auf der anderen Seite Plakate mit dem berühmten Ausspruch Rosa Luxemburgs vorhielten: „Freiheit ist immer nur Freiheit des anders Denkenden." Aber dieselben Bürger durchlebten ähnliche Ängste wie ihre Vorfahren vor fünfzig Jahren, als die Studenten Bilder von Rosa und Karl durch die Straßen trugen. Bürgermeister Klaus Schütz hieß zwar den Plan der Sozialistischen Jugend gut, auch in Westberlin „des Mordes an diesen beiden Repräsentanten der deutschen Arbeiterbewegung" an besonderen Stätten zu gedenken, aber unter seiner Ägide konnte sich eine Pogromhetze gegen linke Minderheiten austoben, konnte es geschehen, daß auf den Wortführer einer politisch aufbegehrenden Jugend ein Mordanschlag verübt wurde – in derselben Stadt, in der fünfzig Jahre zuvor eine sozialdemokratische Regierung es zugelassen hatte, daß wochenlang gegen den Spartakusbund gehetzt wurde („Schlagt ihre Führer tot! Tötet Liebknecht!"), in derselben Stadt, wo die Truppen eines sozialdemokratischen Wehrministers drei Führer der Kommunistischen Partei Deutschlands – Rosa Luxemburg, ihren Freund und Förderer Leo Jogiches und Karl Liebknecht – meuchlings mordeten.

Bis heute hat sich jene Legende, die von dem Sozialdemokraten Philipp Scheidemann in die Welt gesetzt und vom deutschen Bürgertum nur zu gern übernommen wurde, am Leben erhalten, daß nämlich Rosa Luxemburg und Karl Liebknecht „Opfer ihrer eigenen blutigen Terrortaktik" geworden seien, verblendet „von einer politischen Wahnidee". Ihre Namen symbolisierten den „bolschewistischen" Bürgerschreck, sie wurden mit Verbrechern, Arbeitsscheuen, Drückebergern und Deserteuren auf eine Stufe gestellt. Längst haben die Geschichtsforscher festgestellt, daß die Sozialdemokraten im Winter 1918/19 einer eingebildeten Gefahr erlagen, als sie die Arbeiter- und Soldatenräte als Filialen Moskaus und die „Spartakus"-Leute als russische Agenten verdächtigten. Aber die von ihnen erzeugten antikommunistischen Emotionen breiteten sich im Volke aus wie ein ätzender Ölfleck.

Erst in den sechziger Jahren widerfährt Rosa Luxemburg Gerechtigkeit in deutschen Landen, wird die menschliche Größe dieser jüdisch-polnischen Idealistin erkannt, werden ihre theoretischen Schriften und ihre stilistisch meisterhaften Briefe neu ediert. Aus der „blutigen Rosa", dem „Flintenweib", der „Galizierin" wurde nun „eine selten lichte und lautere Gestalt". Diese Wiedergutmachung, so notwendig sie war, tat des Guten oft zuviel. Allmählich ist es an der Zeit, diese Frau so zu zeigen, wie sie wirklich war: ein vielseitig begabter Mensch von hoher Kultur, doch fähig des erbarmungslosen Hasses, eine Frau mit überströmender Herzensgüte, doch nicht frei von Bosheit, eine geborene Pädagogin und überragende Theoretikerin, doch nicht gefeit gegen Irrtümer und Illusionen, vor allem aber eine Politikerin, nicht ohne Fehl und Tadel.

Es geht nicht länger an, ihre Briefe als Alibi für ihre politischen Schriften zu benutzen. Auch wenn sie mit feiner Selbstironie von sich selber meinte, sie kreise „nur aus Versehen im Strudel der Weltgeschichte" und sei eigentlich „zum Gänsehüten" geboren, so war sie doch von frühester Jugend an – erst in der polnischen, dann in der deutschen Arbeiterbewegung – Revolutionärin durch und durch. Ihrer politischen Leidenschaft opferte sie bedenkenlos Freundschaften, um ihrer politischen Überzeugung willen stürzte sie sich in Gefahren – so bei der russischen Revolution von 1905/06 – und ließ sich in Festungen und Gefängnissen einsperren. Sie verzichtete bewußt auf viele Annehmlichkeiten eines normalen bürgerlichen Lebens, zu dem sich die verhätschelte kränkliche Tochter aus gutem Hause zeitlebens hingezogen fühlte.

Karl Liebknecht steht im Schatten der ihn geistig überragenden Kampfgefährtin, obwohl er im Weltkrieg und in der deutschen Revolution als politische Symbolfigur viel mehr bedeutete. War er nur ein „Wirrkopf mittleren Maßes“ (Tucholsky), ein Weltfremder, bei dem Heroismus und Dilettantismus dicht beieinander lagen (so der Revolutionär Emil Barth) oder war er der „Prophet der Revolution“, „der einzige Mann mit Energie“, wie die Bürgerlichen meinten? Die sozialdemokratischen Genossen maßen ihn stets an seinem Vater, dem großen Parteiführer Wilhelm Liebknecht („ganz der Vater, aber ohne sein Genie“).

Die Liebknechts entstammten einer hessischen Beamten- und Gelehrtenfamilie, die ihre Ahnenreihe bis auf Martin Luther zurückführte. Etwas vom Bekennermut des Reformators steckte in Vater und Sohn. Beide hatten kein Gefühl für Gefahren, beide durchbrachen die Parteidisziplin und die nationale Solidarität, als sie, ihrem Gewissen folgend, im Reichstag gegen die Kriegskredite stimmten – der eine 1870, der andere 1914 (fürwahr ein lebensgefährliches Wagnis!) –, beide glänzten als Journalisten und als Redner. Aber in einem schied sich der Sohn vom Vater: er war kein Pragmatiker, er haßte Opportunismus und Revisionismus, für Kompromisse war er nicht zu haben. Seine Radikalität mag Rebellion gegen den Vater gewesen sein.

Als Rechtsanwalt verdiente sich Karl Liebknecht die ersten Sporen, er war ein Fürsprecher verzweifelter Gefangener und geschundener Soldaten, ein Verteidiger gemaßregelter Journalisten und entrechteter Arbeiter. Zum erstenmal berühmt wurde Liebknecht 1907, als ihn das Reichsgericht in einem Hochverratsprozeß zu anderthalb Jahren Festung verurteilte, weil er in seiner Schrift „Militarismus und Antimilitarismus“ eine pazifistische Erziehung der Jugend propagiert hatte („Wer die Jugend hat, der hat die Armee“). Er war einer der wenigen in Deutschland, die den Vernichtungsfeldzug der deutschen Schutztruppe gegen Herero und Hottentotten in Südwestafrika moralisch verdammte. Er nahm es mit den Geboten der Internationale bitter ernst und vermochte dem biederen Patriotismus der meisten Genossen nichts abzugewinnen. Er kannte nur einen Feind, den er mit fanatischem Haß bekämpfte, und der stand im eigenen Land: die Kapitalistenklasse.

Als Liebknecht, wenige Wochen nach Kriegsausbruch, im besetzten Belgien von den „Strafaktionen“ des deutschen Militärs erfuhr, gab es für ihn kein Halten mehr. Fraktionslos, mit einsamem Mut, umbrandet vom Protest des ganzen Hauses („Das ist kein

Deutscher! Irrenhaus! Landesverrat!") hielt er fortan im Reichstag „Fensterreden" gegen den Krieg und die herrschenden Klassen. Man hielt ihn für verrückt, doch draußen im Lande und in den Schützengräben wurde seine Stimme vernommen, wuchs seine Popularität, je länger sich der Krieg hinzog, je mehr Menschen im Trommelfeuer geopfert wurden. Reichskanzler von Bethmann Hollweg sah in Liebknecht schon Anfang 1915 den heimlichen Führer der Massen. Die Probe aufs Exempel kam am 1. Mai 1916: Auf dem Potsdamer Platz in Berlin, vor einigen hundert Arbeitern und im Angesicht vieler Polizisten, rief Liebknecht sein „Nieder mit dem Krieg! Nieder mit der Regierung!" und wurde prompt verhaftet. Militärgerichtsräte verurteilten ihn zu vier Jahren Zuchthaus und erkannten ihm für sechs Jahre die bürgerlichen Ehrenrechte ab. Doch Liebknechts Ruhm war nicht mehr zu brechen. Ungeachtet des herrschenden Belagerungszustandes legten mehr als 50 000 Berliner Arbeiter aus Protest gegen das Urteil die Arbeit nieder.

Rosa Luxemburg hat von Anfang an Liebknecht intellektuelle Schützenhilfe gegeben, obwohl sie von ihm keine allzu hohe Meinung hatte. Über seine Geschäftigkeit konnte sie spotten, über seine Unvorsichtigkeit beim Konspirieren zürnen. Aber sie respektierte seinen Mut und seine Gesinnung, sie schätzte den Menschen, der, was Anhänger und Gegner nicht wußten, „innerlich tief poetisch veranlagt" war und „sich über jedes Blümchen wie ein Kind freuen" konnte. Darin waren sie sich verwandt: in ihrer Liebe zur Natur, in ihrem Mitgefühl mit den geplagten Menschen dieser Erde, in ihrem himmelstürmenden Idealismus, von dem das Pathos ihrer Reden und Artikel geprägt wurde.

An der Revolution vom 9. November 1918 sind beide unschuldig. Rosa Luxemburg wartete noch im Breslauer Gefängnis auf ihre Befreiung. Karl Liebknecht, wenige Wochen vorher begnadigt, wurde vom Aufstand der Kieler Matrosen und der Berliner Arbeiterschaft genauso überrascht wie die Führung der Sozialdemokraten und die Regierung. Bei seiner Popularität hätte Liebknecht der Führer dieser führerlosen Revolution werden können. Aber weder am 9. November, als er vom Balkon des Berliner Schlosses die sozialistische Republik ausrief, noch an jenem 5. Januar, als bewaffnete Berliner Arbeiter die Straßen beherrschten, ließ er sich zum Diktator ausrufen. Ihm fehlte die nachtwandlerische Sicherheit eines Kurt Eisner, die rücksichtslose Härte eines Lenin oder Trotzki; er wollte nur der Motor der Massen sein.

Was als Spartakus-Aufstand in die Geschichte eingegangen ist, war in Wirklichkeit eine spontane Revolution radikaler Berliner Arbeiter, die von der eben erst gegründeten Kommunistischen Partei (genannt Spartakus) weder geplant noch gutgeheißen wurde. Die Rolle von Spartakus im Weltkrieg wird meistens viel zu hoch bewertet. Dieser Kreis von Intellektuellen und Jugendfunktionären hatte fast gar keinen Kontakt zu den Betrieben, sein Aktionsradius war eng begrenzt. Das Geld reichte kaum, um die Flugblattpropaganda zu finanzieren. Die Führerschaft wurde durch Verhaftungen und Zwangsrekrutierung immer wieder zur Ader gelassen. Agitation mußte Organisation ersetzen.

In der Beurteilung der Massen und in ihrem Vertrauen auf den Sieg der Vernunft waren Ebert und Liebknecht gar nicht so weit voneinander entfernt, nur kamen sie zu entgegengesetzten Schlüssen. Ebert wünschte einen kontinuierlichen Übergang von einer Herrschaftsform zur anderen, vermittels der parlamentarischen Demokratie, möglichst ohne sofortigen Sturz der Monarchie, damit sich das Volk allmählich an die ungewohnte Demokratie gewöhnen könne. Nicht auf den Barrikaden, sondern an den Wahlurnen sollte und würde der Sozialismus siegen. Ganz anders Liebknecht und Luxemburg. Auch sie täuschten sich nicht über die Wetterwendigkeit und Unsicherheit der Massen, über deren politische Unreife und mangelndes Klassenbewußtsein. Darum wollten sie die Revolution immer weitertreiben, als dauernden Lernprozeß, bis die Massen imstande waren, die Macht nicht nur zu erobern, sondern auch auszuüben.

Niemand hat die Dialektik der Revolution damals schärfer erfaßt als Rosa Luxemburg. Während ihrer Gefängniszeit hatte sie Muße genug gehabt, sich in die Geschichte der britischen und der französischen Revolutionen zu vertiefen. In ihrer Analyse der russischen Revolution, die erst nach ihrem Tode bekannt wurde, mokierte sie sich über jene liberale Geschichtsauffassung, die der „guten" Revolution der girondistischen Phase die „schlechte" der jakobinischen Phase gegenüberstellt, bar jeden Verständnisses dafür, „daß ohne den Umsturz der maßlosen Jakobiner auch die ersten zaghaften und halben Errungenschaften der girondistischen Phase alsbald unter den Trümmern der Revolution begraben worden wären, daß die wirkliche Alternative zu der Jakobiner-Diktatur ... nicht gemäßigte Demokratie war, sondern – Restauration der Bourbonen!" Analog sollte auch in Deutschland der bürgerlich-demokratischen Republik, wie sie zufällig am 9./10. November

1918 begründet wurde, die proletarisch-demokratische Republik folgen, so wie nach dem Gesetz der Revolution in Rußland die Bewegung des Februar 1917 bis zum Umsturz im Oktober weitergetrieben werden mußte.

Wer sich heute als Demokrat auf Rosa Luxemburg beruft, sollte allerdings wissen, was er damit ausspricht: Ihr Begriff von der Demokratie hat mit der bürgerlich-liberalen Auffassung nichts gemein. Sie empörte sich über die Sozialdemokraten, die da meinten, „um etwas durchzusetzen, müsse man erst die Mehrheit haben ... Die wirkliche Dialektik der Revolutionen stellt aber diese parlamentarische Maulwurfsweisheit auf den Kopf: nicht durch Mehrheit zur revolutionären Taktik, sondern durch revolutionäre Taktik zur Mehrheit geht der Weg." Sie wollte die „Diktatur des Proletariats", daran hat sie nie Zweifel aufkommen lassen. Und diese Diktatur sollte energisch und entschlossen „in die wohlerworbenen Rechte und wirtschaftlichen Verhältnisse der bürgerlichen Gesellschaft" eingreifen.

Aber im Gegensatz zu Lenin wollte sie die Demokratie nicht abschaffen. Nicht der Wille einer Partei oder bürokratischen Clique sollte diktieren, sondern die Klasse. „Die ganze Volksmasse muß daran teilnehmen." Aus den Regierten sollen Regierende werden, eben jenes riesige, demokratische Potential, das in der Revolution vom November 1918 geweckt worden war und sich in den Arbeiter- und Soldatenräten organisiert hatte. Das Rätesystem, das Rosa Luxemburg im Programm des Spartakusbundes entwirft, macht Ernst mit der totalen Demokratie. Jederzeit sollen die Arbeiter und Soldaten ihre Vertreter in den Räten abberufen und ersetzen dürfen, falls diese nicht im Sinne ihrer Auftraggeber handeln. Für den Zentralrat, das oberste Kontrollorgan, sollen bei jeder Session die Delegierten neu gewählt werden, damit, wie sie anderswo formuliert, „das lebendige Fluidum der Volksstimmung beständig die Vertretungskörperschaften umspült, in sie eindringt, sie lenkt".

Dank des Einflusses von Rosa Luxemburg hat die Kommunistische Partei auf ihrem Gründungsparteitag dem Terror abgeschworen. „Die proletarische Revolution bedarf für ihre Ziele keines Terrors, sie haßt und verabscheut den Menschenmord. Sie bedarf dieser Kampfmittel nicht, weil sie nicht Individuen, sondern Institutionen bekämpft"; so steht es im Programm. Die jüngeren Radikalen freilich, die sich ganz und gar nach den Erfolgsrezepten der russischen Revolution orientieren wollten, mochten ungern auf dieses Instrument verzichten. Leviné, der später, nach der Niederlage der Münchner Räterepublik, dem Standrecht zum Opfer fallen sollte, sprang Rosa Luxemburg in der Debatte bei: Ihre Formulierung solle die „individuellen“ terroristischen Akte ausschließen. Scheidemann und Ebert aufzuknüpfen, sei Sache des Revolutionstribunals. Immerhin eine verräterische Formulierung. Die Kommunisten haben wohl auch nicht erwartet, daß Ebert freiwillig seinen Posten räumen würde.

Es schauderte Rosa Luxemburg bei dem Gedanken an die russischen Geiselerschießungen, aber ebenso wie Liebknecht rechnete sie mit dem Terror der Konterrevolution (mit der sich Ebert verbündet hatte), und den wollten sie selbstverständlich mit Gegenterror beantworten. Im Spartakusprogramm wird die Entwicklung mit Sehergabe vorgezeichnet: „Die imperialistische Kapitalistenklasse ... wird das Bauerntum gegen die Städte mobilmachen, sie wird rückständige Arbeiterschichten gegen die sozialistische Avantgarde aufhetzen, sie wird mit Offizieren Metzeleien anstiften.“ Und dann der unmißverständliche Satz: „All dieser Widerstand muß Schritt um Schritt mit eiserner Faust und rücksichtsloser Energie gebrochen werden ... Der Kampf um den Sozialismus ist der gewaltigste Bürgerkrieg.“

Die herrschenden Schichten in Deutschland taten recht daran, nicht in den Ebert und Scheidemann, sondern in den Liebknecht und Luxemburg ihren Todfeind zu erblicken. Spartakus wollte die radikale Veränderung der Gesellschaft: Entwaffnung aller Offiziere und nichtproletarischen Soldaten, Beseitigung aller Einzelstaaten, aller Parlamente, aller Gemeinderäte, Abschaffung aller Standesunterschiede, Orden und Titel, Konfiskation aller dynastischen Vermögen, Enteignung des Grund und Bodens aller landwirtschaftlichen Groß- und Mittelbetriebe, Enteignung aller Banken, Bergwerke, Hütten und sonstigen Großbetriebe, Konfiskation aller Vermögen von einer bestimmten Höhe an, usw.

Die bedrohten Klassen nahmen diese Herausforderung an. Fünfzig Großindustrielle und Bankiers, die sich am 10. Januar 1919 im Berliner Flugverbandshaus versammelten, um über die Abwehr der „bolschewistischen Gefahr“ zu beraten, bewilligten eine halbe Milliarde Mark für die sogenannte Antibolschewistische Liga, eine Dachorganisation aller konterrevolutionären Parteien, Gruppen und Verbände. Ob auch die Kopfgelder, die auf die Spartakusführer ausgesetzt wurden, aus dieser Quelle stammten – man wird es wohl nie erfahren.

Was immer man von Spartakus halten mag – im Januar 1919 wollten gerade die Kommunisten keinesfalls putschen. Rosa Luxemburg war sich darüber im klaren, daß die Stunde für die Übernahme der Regierung noch lange nicht reif war. Aufstand hieß Wahnsinn in einem Moment, wo sich die Freikorps – zumeist Bürgersöhne und Studenten unter dem Befehl ehemals königlich-preußischer Offiziere – rund um Berlin zum Angriff sammelten und sich die Mehrheit des deutschen Volkes gegen die Ideale von Spartakus sträubte. Sie hat mit Vorwürfen nicht gespart, als sich Liebknecht in einem vorwitzigen Entschluß – ohne Vollmacht der Parteiführung – dem Revolutionsausschuß der Berliner Arbeiter zur Verfügung stellte und seinen Namen unter einen Aufruf setzte, der zum Sturz der Regierung Ebert aufrief. Das Ende ist bekannt: Die einzige sozialistische Regierung, die das Deutsche Reich je gehabt hat, ließ den Aufstand der Arbeiter niederkartätschen.

Es ehrt Liebknecht und Luxemburg, daß sie, nachdem die Würfel gefallen, bei den Putschisten im Kampf ausharrten. Auch nach dem Sieg der Freikorps suchten sie ihr Heil nicht in der Flucht, sondern blieben in Berlin und schrieben weiter ihre Artikel für die „Rote Fahne" – dem körperlichen Zusammenbruch nahe, Tag für Tag das Quartier wechselnd, aber beseelt vom Glauben an den Sieg ihrer Idee.

Den Tod, dieses Berufsrisiko des Revolutionärs, fürchteten beide nicht. Wenige Tage vor dem 15. Januar sagte Liebknecht in einer Rede: falls ihn eine Kugel träfe, solle man den Täter schonen, die Schuldigen seien andere. Und Rosa Luxemburg schrieb einmal an Sonja Liebknecht: „Innerlich fühle ich mich in so einem Stückchen Garten oder im Feld unter Hummeln und (???) viel mehr in meiner Heimat als – auf einem Parteitag. Ihnen kann ich ja wohl das alles sagen: Sie werden nicht gleich Verrat am Sozialismus wittern. Sie wissen, ich werde trotzdem öffentlich auf dem Posten sterben: in einer Straßenschlacht oder im Zuchthaus."

Der Kaiser a.D. – „Ich trinke Tee und säge Holz"

Über Deutschland flatterten seit dem 30. Januar 1933 die Hakenkreuzfahnen, und sein abgedankter Kaiser, der sich im holländischen Exil mit Holzsägen und kulturhistorischen Betrachtungen die Zeit vertrieb, machte sich Gedanken über die Zusammenhänge zwischen chinesischen und indischen Sonnensymbolen. Aber als sein Vortrag „Monade und Hakenkreuz" gedruckt werden sollte, kamen dem Dr. Hermann von Hase vom K.F. Koehler Verlag „die größten Bedenken".

Mochte es gerade noch hingehen, daß Seine Majestät „im Gegensatz zur Volksmeinung" die Entstehung des Hakenkreuzes nicht im germanischen Norden vermutete, so auf keinen Fall die Abbildung eines Hakenkreuzes, auf dem eine Figur lag, welche die Zunge herausstreckte. Da könnte, schrieb Dr. von Hase am 14. Dezember an Hausmarschall Graf Schwerin, „ein Böswilliger ... aus der Verbindung Hakenkreuz und Zunge-Herausstrecken etwas herauslesen, woran, wie gesagt, andere überhaupt nicht denken werden, nämlich daß das Hakenkreuz durch diese Verbindung herabgesetzt werden könnte". Graf Schwerin verstand die Aufregung nicht: Bei der Figur handle es sich um die griechische „Gorgo", und die habe nun einmal eine herausgestreckte Zunge. Man brauche sie doch nur etwas undeutlich abzubilden. So geschah es dann auch.

Solche Denk- und Merkwürdigkeiten erfährt man in der Kaiser-Wilhelm-Ausstellung, die im Münchner Stadtmuseum gezeigt wird. Dort ist, neben anderem Nippes vom kaiserlichen Hofe, auch ein Hakenkreuz als Motorhaubenschmuck zu besichtigen, das Prinz Adalbert seinem Vater schon 1921 zu Weihnachten geschenkt hatte. Vielleicht stammte dieses Hakenkreuz sogar aus München, der „Hauptstadt der (Nazi-)Bewegung"? Dann wäre es jetzt rein zufällig an die Isar heimgekehrt. Haus Doorn, Wilhelms letzter Landsitz, nach 1945 vom holländischen Staat mitsamt Inhalt als Feindvermögen beschlagnahmt, heute Museum, muß dringend renoviert werden. Die Holländer boten 1988 dem Deutschen Historischen Museum in Berlin an, etwa 800 Exponate vorübergehend zu verwahren. Dieses hatte damals noch kein eigenes Haus, und so verfiel Direktor Christoph Stölzl auf den Ausweg, sie im Münchner Stadtmuseum, wo er zuvor amtiert hatte, auszustellen.

Urbayern mögen die Stirn runzeln: Nur zu oft hat Wilhelm II. die Wittelsbacher durch seine Taktlosigkeiten verletzt. Doch er fuhr immer wieder gern nach München, schenkte der Stadt die Schack-Galerie und geruhte später, im Exil, abends ein bayerisches Bier zu trinken.

Nicht die dreißigjährige Regierungszeit des letzten deutschen Kaisers ist das Thema, sondern es sind die 22 Jahre im Exil. Freilich läßt sich das eine nicht vom anderen trennen. Denn der Herr „von Hohenzollern, Friedrich Wilhelm Victor Albert" – so die Eintragung im Bevölkerungsregister der Gemeinde Doorn – lebte und schwelgte bis zuletzt in der Vergangenheit. Mit Friedrich dem Großen stand er sozusagen auf du und du. Oft sah man Wilhelm in Doorn mit dem Krückstock des Alten Fritz herumspazieren. Dessen Bild hatte er sich auf den Schreibtisch gestellt. Er soll sogar für die Friedrich-Skulptur an der Siegesallee Modell gestanden haben – eine Nachbildung ist in München ausgestellt.

Schon im Kaiserreich mußten die preußisch-brandenburgische Vergangenheit und speziell die Familiengeschichte der Hohenzollern als Staffage für die Selbstdarstellung Wilhelms II. herhalten, bis hin zu den Kostümfesten im Schloß und den Paraden auf dem Tempelhofer Feld. Mit den fünfzig Waggonladungen Schloßhaushalt, die ihm das sozialdemokratisch regierte Preußen großzügig ins Exil nachschicken ließ – dazu noch sechzig Millionen Reichsmark für standesgemäße Lebensführung –, kam nicht nur massenweise königliches Bett- und Nachtgeschirr nach Doorn, sondern auch der historische Plunder: Seestücke und Schlachtengemälde, Skulpturen, Blankwaffen, Marschall- und Admiralstäbe, Helme, Tschakos und ganze Kollektionen von Uniformen. Wenn Wilhelm Gäste in Doorn empfing, schlüpfte er nur zu gern in eine seiner feldgrauen Uniformen aus dem Weltkrieg. Er blieb der Staatsschauspieler, der beste Repräsentant und Propagandist seiner selbst und bediente sich dabei gekonnt der modernen Reproduktionsmittel Photographie und Film.

Mit viel Sinn für die psychologischen Hintergründe des nach Wilhelm benannten Zeitalters haben Hans Wilderotter und Klaus-D. Pohl diese Ausstellung inszeniert. Wilhelm II. hat all die Widersprüche der wilhelminischen Gesellschaft – das Rückwärtsgewandte wie das Zukunftsträchtige – in sich verkörpert und wurde deshalb von seinem Volk begafft, bewundert, imitiert und karikiert. Er war nicht bloß der selbstherrliche Gottesgnadenkaiser, der Bramarbas auf dem Thron, sondern auch der Gründer der Kaiser-Wilhelm-Gesellschaft, der Initiator der Schulreform und der Mitschöpfer der Flotte, die in ihrer Verbindung von Technik, Reichsromantik und wirtschaftlichen Interessen der kräftigste Ausdruck deutschen Weltmachtstrebens gewesen ist.

Ausstellungsarchitekt Michael Hoffer hat das Turmzimmer des Exilkaisers originalgetreu nachgestellt und uns auch einen Blick in die Schlafgemächer von Wilhelm und Auguste Viktoria gestattet. Das runde Arbeitszimmer mir dem berühmten Sattelstuhl vor dem Schreibpult wirkt auf den ersten Blick unaufgeräumt und überladen. Gleichwohl hielt Wilhelm auch im Chaos preußische Ordnung – jedes hat seinen Platz: Schreibgerät und Buntstifte, die Jugendbildnisse der innig geliebten Großmutter Queen Victoria und der still verehrten Kaiserin Elisabeth von Österreich, die Seestücke und mediterranen Landschaftsbilder, die Antikenkopien und Chinoiserien, die kultur- und militärgeschichtlichen und die religionswissenschaftlichen Bücher, der Aschenbecher in Form eines Stiefelabsatzes mit Sporn, der Anker mit Uhr, Thermo- und Barometer und anderer Tand. An Kuriositäten mangelt es auch sonst nicht: sei es das Modell eines Flüssig-Sauerstoff-Tanks als Sektkübel (ein Geschenk zum 80. Geburtstag von der Industriegasverwertung AG in Berlin-Beutz), sei es das Buddelschiff vor Haus Doorn.

Überall im Hause hat der Kaiser die Erinnerung an seine erste Frau bewahrt. Obschon die Historiker der sittenstrengen und stockkonservativen Auguste Viktoria gram sind und Feministinnen ihr die Selbstbeschränkung auf Kinder, Kirche, Küche verübeln, hat das Volk besser von ihr gedacht – 200 000 Menschen wohnten ihrer Beisetzung in Potsdam bei. Das von Lenbach gemalte Bildnis der Kaiserin hing unter dem Baldachin über dem Sterbebett ihres Gemahls.

Für sie hatte er einst ein erlesen schönes Diadem entworfen, das man noch auf einem Gemälde erkennen kann. So talentiert wie phantasievoll zeichnete Wilhelm schon als Kind ganze Flottengeschwader; später entwarf er Statuen und Kriegerdenkmäler. Von ihm stammt auch die Skizze zu dem von Knackfuß umgesetzten Bild des heiligen Michael, der die Völker Europas vor der „gelben Gefahr" warnt, die unten in der östlichen Tiefebene herannaht, überschattet von einem schwarzumwölkten Buddha. Sein Flügeladjutant mußte 1895 die Skizze dem Zaren bringen, der sich telegraphisch für „the charming picture" bedankte („Hope you have a good sport, Weidmannsheil!").

In dem Raum, der des Kaisers und seiner Zeitgenossen Flotten- und Militärbegeisterung gewidmet ist, beschleichen den Besucher unbehagliche Gefühle. Erst gerät er auf eine Art Kommandobrücke:

Wo man den Kompaß zu finden erwartet, liegt ein Bildnis von Prinz Wilhelm im Matrosenanzug; dann neigt sich der Boden wie bei einem sinkenden Schiff, und am Ende steht man vor einer Karte vom Schlachtfeld bei Verdun, wo 1916 Hunderttausende deutscher und französischer Soldaten verblutet sind.

Verwundert reibt man sich die Augen: „Unser Kaiser Wilhelm" hat sich stets als ein halber Engländer gefühlt; er war stolz auf seine Großmutter, die Queen, die in seinen Armen entschlafen ist, wohl die einzige Frau, die ihn als Kind angenommen hat. Anrührend ist das ehrende Gedenken an die Eltern, obschon er doch die Liebe seiner englischen Mutter (der „Kaiserin Friedrich") sein Leben lang entbehrt hat. Wer die vielen Portraits des jungen Prinzen studiert – eines behinderten Kindes, das durch eine überstrenge Erziehung auch noch seelisch verkrüppelt wurde – findet in seinen Augen eine unsägliche Traurigkeit. Sie schwindet später unter der Imperator-Pose, wird aber in den Altersbildnissen aus Doorn ab und an wieder sichtbar.

Wir haben heute genügend Abstand von 1918, so daß man sich gelassener über die Fehler und Schwächen des letzten deutschen Monarchen unterhalten kann. So ganz und gar unsympathisch ist er jedenfalls nicht. Jene Berliner Lehrerin, die wegen Majestätsbeleidigung eine Festungshaft absitzen mußte, hatte schon recht: Wilhelm war der ewige „grüne Junge", der die Gewohnheiten des Corps Borussia und des Offizierskasinos nie ablegen konnte. Zuletzt, im Krieg, hatte er nichts mehr zu sagen: „Ich trinke Tee und säge Holz und gehe spazieren." Er sei „doch nur Adjutant von Hindenburg" (Die Filmaufnahmen von der Gratulationscour beim Feldmarschall bestätigen, wer hofhielt.).

Der Personenkult, den Wilhelm II. mit allen technischen Mitteln in Szene setzte, wurde später von seinem ehemaligen Gefreiten Adolf Hitler bis zur höchsten Vollendung getrieben, wobei der das kaiserliche Vorbild bedenkenlos kopierte, so sehr, daß die Erinnerung an Wilhelm allmählich verblaßte. Bei aller verhängnisvollen Kontinuität vom Zweiten zum Dritten Reich fällt es dennoch schwer, sich vorzustellen, Hitler hätte wie Wilhelm jeden Morgen eine Andacht lesen können aus einer Bibel, deren Holzrahmen von einem Ölbaum aus dem Heiligen Land stammen soll. Angesichts eines großen Photos, das den Kaiser mitsamt seinem Gefolge zeigt, wie er 1898 in Jerusalem die von ihm entworfene und gestiftete Erlöserkirche einweiht, belehrte in München ein Großvater seine Enkel: „Also hat er schon was G'scheits gemacht!"

Skandale, welche die Weimarer Republik erschütterten

I. Wie die Feme aufgedeckt wurde

Im September des Jahres 1920 liest die neunzehnjährige Marie Sandmayr in einer Wirtschaft ihres Heimatdorfes Odelzhausen ein Plakat: Der Reichsentwaffnungskommissar fordert die Bürger auf, endlich die Waffen abzuliefern, die nach dem verlorenen Weltkrieg beiseitegeschafft wurden. Das Dienstmädchen, begierig auf die Belohnung, entsinnt sich, daß bei ihrer früheren Dienstherrschaft, dem Grafen Treuberg auf Schloß Holzen bei Wertingen, ein paar Kanonen im Heuschober und achtzig Gewehre im Wäscheschrank versteckt liegen. Da sie nicht weiß, wem sie sich mitteilen soll, fährt Marie nach München zu der Druckerei, deren Namen sie auf dem Plakat gefunden hat. Dort gerät sie an einen jungen Mann, der zufällig Mitglied der Einwohnerwehr ist. Diese nationalistischen Selbstschutzverbände, entstanden in den revolutionären Nachkriegswirren, machen sich einen Spaß daraus, Waffen zu sammeln und vor den Kontrollen der Siegermächte in Sicherheit zu bringen, übrigens mit Duldung staatlicher Stellen. Der Jüngling führt das Mädchen zu einem Kaufmann Zeller, der sich den Namen notiert.

Ein paar Tage später, am 5. Oktober um neun Uhr abends, erscheint ein fremder junger Mann in der Wohnung des Münchner Generalkonsuls Dr. Kemmerich und verlangt Marie zu sprechen, die dort eine neue Stelle als Köchin angetreten hat. Die beiden tuscheln miteinander, dann sagt das Mädchen, blaß geworden, zur Kammerjungfer, ein Herr von der Waffensuchkommission sei da, sie müsse sofort mit. Sie zieht sich um und verläßt gegen zehn das Haus. Am anderen Tag hängt sie aufgeknüpft an einer Tanne im Forstenrieder Park, über ihrem Kopf ein Zettel: „Du Schandweib hast verraten Dein Vaterland, Dich hat ermordet die schwarze Hand."

Bald fand man die Spur der Täter. Offensichtlich hatten ein ehemaliger Leutnant und drei Studenten Marie Sandmayr in einen geliehenen Wagen gelockt, worin sie dann stranguliert wurde. Einer der Beteiligten später: „Das Saumensch hat auch noch ins Auto geschifft." Es dauerte fast fünf Jahre, bis der Staatsanwalt gegen die vier Mordanklage erhob; doch das Gericht lehnte es ab, ein Verfahren zu eröffnen, weil die Verdachtsgründe nicht ausreichten.

Dies war der erste Fememord in der Weimarer Republik. Dutzende, vielleicht Hunderte folgten – so 1921, als die Freikorps in Oberschlesien mit den Polen kämpften, so im Krisenjahr 1923, als halblegale Wehrverbände und rechtsradikale Parteien gegen den demokratischen Staat putschten. Die meisten Morde blieben ungesühnt. Daß „die gemeinsten und brutalsten Verbrechen, die Deutschland je zu verfolgen gehabt hat", so die „Weltbühne", überhaupt aufgedeckt wurden, ist vor allem das Verdienst eben dieser pazifistischen Wochenzeitschrift. Die Republik hat es Herausgebern und Mitarbeitern des Blattes schlecht gedankt. Sie wurden als würdelose, moralisch verkommene Gesellen verleumdet und als Landesverräter vor Gericht gestellt.

In Kampen auf Sylt, von wo aus Siegfried Jacobsohn im Sommer seine „Weltbühne" redigierte, brütete der Herausgeber an einem schönen Tag im Jahre 1925 über einem Manuskript, das auf kleinen Blättern billigsten Papiers getippt war. Der Titel: „Hinter den Kulissen der Vaterländischen Verbände", statt des Autorennamens drei Kreuze. Jacobsohn war der Aufsatz von dem jungen Sozialdemokraten Carlo Mierendorff (später ein Märtyrer des Widerstandes gegen Hitler) vermittelt worden; doch er kannte den Verfasser nicht, konnte ihm nicht einmal schreiben, denn der Mann war auf der Flucht vor der Rache der Feme, wechselte alle acht Tage Logis und Namen. Erst nach ein paar Monaten gab er sich als Carl Mertens zu erkennen. Der ehemalige Unteroffizier der halblegalen sogenannten Schwarzen Reichswehr hatte mit seiner Vergangenheit gebrochen, war dem „Sumpf der niedrigsten Gesinnung und erbärmlichster Leidenschaften", einer „Atmosphäre von Mordlust und Zynismus" entflohen, in die er mit siebzehn Jahren hineingeraten war. Bekennerhaft widmete er sein Manuskript allen Eltern und den Jugenderziehern an höheren Lehranstalten, denn „Eltern, Schule, Umgebung und Lektüre" seien es, „die diese jungen Fanatiker in die Arme des vaterländischen Banditentums treiben".

Siegfried Jacobsohn, hell empört nach der ungewöhnlichen Sommerlektüre, zögerte nicht lange, diesen Sprengsatz zu zünden im klaren Bewußtsein, daß er nun gleichfalls die Feme fürchten mußte. Der erste Artikel einer langen Enthüllungsserie erschien am 18. August 1925. Von diesem Tag an hat der Gründer der „Weltbühne" Woche um Woche seinen Kopf für Mertens hingehalten. Als Jacobsohn kurz vor seinem plötzlichen Tod Ende 1926 gefragt wurde, ob er es nicht bedaure, daß er als Theaterkritiker, der er von Haus aus war, so sehr in den Hintergrund getreten sei, antwortete er: „Und wenn ich nichts getan hätte als die Aufdeckung der Fememorde, so wäre mir das genug...".

Die Fememord-Serie erschien nicht von ungefähr in der „Weltbühne". Im Verein mit ein paar anderen pazifistischen Blättern und der Deutschen Liga für Menschenrechte hatte die Wochenzeitschrift bereits im Frühjahr 1925 die geheime Aufrüstung der Reichswehr angeprangert – anders als die meisten Zeitungen, die über die Machenschaften der Militärs schwiegen, sei es aus außenpolitischen Bedenken oder aus Angst vor dem Staatsanwalt, sei es, weil sie militärfromm und vaterländisch gesinnt waren. Manchen überzeugten Republikaner plagte freilich das schlechte Gewissen, hatten doch die Reichsregierung und die preußische Regierung einen Teil der Heimlichkeiten geduldet, besonders in den von Polen bedrohten Ostprovinzen.

Dazu muß man wissen, daß alle großen deutschen Parteien, bis hin zu den Kommunisten, Deutschland aus den Fesseln des Versailler Friedensvertrages befreien wollten. Da das Heer der Republik nicht stärker als 100 000 Mann sein durfte, war das Reich praktisch wehrlos gegen militärische Übergriffe seiner Nachbarn, so 1923 beim Einmarsch der Franzosen ins Ruhrgebiet. Um die Friedensbestimmungen zu umgehen, wurde das Berufsheer bewußt als Kaderarmee für eine Millionen-Wehrmacht aufgebaut; es hatte mehr Offiziere und Unteroffiziere als Mannschaften. Der Chef der Heeresleitung, General von Seeckt, erfand das System der Zeitfreiwilligen. Oberschüler und Studenten, aber auch Angehörige der Wehrverbände dienten insgeheim für kurze Zeit bei der Reichswehr, so daß allmählich eine Art Ersatzheer heranwuchs. Unter diesem System konnte auch die sogenannte Schwarze Reichswehr, der Hort der Feme, gedeihen. Die Öffentlichkeit hörte von ihr zum erstenmal, als im Oktober 1923 der politische Leiter dieser paramilitärischen Truppe, ein Major a.D. Buchrucker, mit ein paar hundert Mann die Festung Küstrin besetzen wollte. Der liberale Wehrminister Geßler mußte die Putschisten als „nationalkommunistische Haufen" verleugnen. Carl Mertens beschreibt die Schwarze Reichswehr in der „Weltbühne" als „die Idealform eines staatsfeindlichen Verbandes". Über die Entstehung der Truppe notiert er: „Sie wurde Ende 1922 in dem Fort Gorgast bei Küstrin von einem Oberleutnant a.D. Schulz gegründet. Der Gründer, hervorgegangen aus der ehemaligen Unteroffiziersschule in Potsdam, vereinigte alle

Eigenschaften eines rücksichtslosen Willensmenschen und war Nursoldat in jeder Beziehung. Voll Ehrgeiz, sah er einzig in einer straffen Militärdiktatur ein dauerndes Heil für Deutschland und – für sich."

Schulz holte sich Offiziere und Frontsoldaten, die der Krieg aus der Bahn geworfen hatte und die nun nicht mehr ins bürgerliche Dasein zurückfanden. Schon die Gründung war mit Blut befleckt. Mertens zitiert einen, der dabei war. „Schulz ließ uns alle auf seinen Degen schwören. Es war Nacht. Mondschein legte über die alten, grauen Mauern des Forts einen feierlichen Glanz. Wir waren zu sechs. Da merkten wir, daß wir belauscht wurden. Nach einer Jagd durch die dunklen Gänge und Winkel erwischten wir den Beobachter. Er wurde niedergeschossen und verscharrt. Dann wurde auf dem Grabe des Opfers der Schwur auf den Degen des Schulz wiederholt."

Die von Schulz geleiteten Gruppen fingen an, auf dem Lande die verborgenen Waffen einzusammeln und zu reinigen, um sie dann der Reichswehr auszuhändigen. Alsbald wurden die „Arbeitskommandos" von der Reichswehr ins Angestelltenverhältnis übernommen; in jeder Garnison des Wehrkreises III (Mark Brandenburg und Schlesien) gab es drei bis fünf solcher Zivilarbeiter, die einem Offizier unterstanden. Ihr Sold war kümmerlich; nur den Drillichanzug bekamen sie gratis.

Schulz, als militärischer Leiter aller Arbeitskommandos, bezog ein Büro im Stabsgebäude des Wehrkreises in Berlin, Kurfürstenstraße 63. Die Reichswehr ließ ihm freie Hand. Allmählich verwandelte er die Arbeitskommandos in Ausbildungseinheiten, zu denen die Vaterländischen Verbände ihre Mitglieder schickten, damit sie ein paar Wochen lang militärischen Drill und Schießen lernten. Zuweilen erreichten die Kommandos das 20 bis 30fache ihrer vorgesehenen Stärke. Zeitweise soll die Schwarze Reichswehr 18 000 Mann umfaßt haben. Sie war nun von der regulären Armee kaum noch zu unterscheiden; sie erhielt Truppenausweise und Uniformen der Reichswehr und durfte ihre Waffen selber verwalten.

Neben fanatischen Jugendlichen aus gutbürgerlichem Haus und idealistischen Offizieren sah man in ihren Reihen auch verrohte Landsknechte, Glücksspieler, „verwegene Egoisten und perverse Schweine", wie Mertens schrieb. Die Truppe war unzuverlässig und wurde mehr durch Terror als durch Disziplin zusammengehalten. Eine eigene „Criminalabteilung", organisiert von dem Hauptmann a.D. und späteren SA-Führer Stennes, hatte alles Verdächtige zu melden. Die vierzig Spitzel denunzierten Verräter, Spione, Schwätzer, Schieber, Diebe, Deserteure (oder wen sie dafür hielten) und gaben sie der Feme preis.

Die Mörderzentrale, ein Kommando z. b. V., hieß im Soldatenjargon „die Siedlungskommission". Mertens: „Alle zittern ... vor dem 'Abtun', 'Auswandern', 'Einsiedeln', 'Anbauen'." Hinter diesen Tarnworten verbargen sich scheußliche „Heldentaten": „Stich mit Dolch ins Gehirn, Schlag mit Axt auf die Schädeldecke, Zertrümmerung des Schädels mit Hammerschlägen, Schuß in den Hinterkopf, vorherige Verprügelung des Opfers, die ausgeplünderten Leichen vergraben, mit Ketten beschwerte Halbtote ins Wasser geworfen, einfach liegen gelassen, je nachdem, ob man besoffen oder nüchtern war."

Mertens schildert seine erste Begegnung mit einem der Henker: „X. war da. Aus der Nacht aufgetaucht, wie ein fürchterlicher, unerwarteter Richter und Rächer. Hinter dem Tisch hockt er und säuft. Phosphorleuchtende Augen unter einer breiten, niedrigen Stirn, rohe Falten um die Lippen, Gewalttätigkeit in den breiten Fäusten. Das ist einer der Besten. Er 'siedelt'. Alle wissen es, darum schnürt ihnen die Angst die Kehle zu: Das ist der weiße Tod. Von acht Mann spricht er. Das waren acht Namenlose, Kinder, die verschollen sind, vielleicht nur, weil sie sich zu unrechter Zeit nach Hause sehnten, weil sie nicht länger unter der beschmutzten schwarzweißroten Fahne dienen wollten, weil sie – zuviel wußten."

Woche um Woche reichte Mertens via „Weltbühne" neue Enthüllungen nach („Mein Gewährsmann ist bereit. Sind Sie es auch, Herr Untersuchungsrichter?"). Am 15. September 1925 deckte er einen Attentatsplan auf, dem der General von Seeckt zum Opfer fallen sollte. Den haßten die Verschwörer, seit er, nach dem vorzeitigen, unüberlegten Küstriner Putsch, die Schwarze Reichswehr zerschlagen und aufgelöst hatte. Mertens nannte auch die Mordgesellen: Leutnant a.D. Damm, Oberfähnrich Glaser sowie drei Feldwebel mit den unheimlichen Namen Büsching, Klapproth und Fahlbusch. „Sie alle waren Mitglieder der unter Oberleutnant Schulz tätigen Feme." Bei den Feldwebeln handelte es sich um blind gehorchende Landsknechte. Hein Büsching zum Beispiel war der Boxlehrer der Truppe, und Hermann August Fahlbusch kam von der illegalen „Organisation Consul", aus der auch die Mörder Außenminister Rathenaus und des Zentrumspolitikers Erzberger hervorgegangen sind.

Im November 1925 ging der Autor der Feme-Serie noch mehr ins Detail. Er veröffentlichte die Aufmarsch- und Stellenpläne der zu dieser Zeit offiziell bereits aufgelösten Schwarzen Reichswehr; bei den Offizieren der Arbeitskommandos hatte er jeweils vermerkt: „Spitzel" oder „Fememörder". Zwei Wochen darauf stellte er fünfzehn Mordtaten aus den Jahren 1923/24 zusammen, dazu eine Liste der 28 bis dahin verhafteten Fememörder. Zwölf andere hatte man noch nicht gefunden.

Die Enthüllungsserie in der „Weltbühne" und die beeideten Aussagen von Mertens und anderen Zeugen nötigten nicht nur die Schwurgerichte, endlich gegen die Mörder vorzugehen:

Reichstag und Landtage setzten Untersuchungsausschüsse ein. Doch die Mühlen der Justiz mahlten viel zu langsam und gar nicht fein. Vergebens schlug die „Weltbühne" vor, alle Fememorde dem Staatsgerichtshof in Leipzig zu überweisen, der nach den ersten Umsturzversuchen eigens zum Schutze der Republik gebildet worden war. Vor ihm war bis dahin nur ein einziger Fememord verhandelt worden, der Fall Kadow, eines der gräßlichsten Verbrechen in dieser Reihe, das schon deswegen nicht unerwähnt bleiben darf, weil Martin Bormann (nachmals Hitlers Sekretär) und Rudolf Höß (nachmals Kommandant des Vernichtungslagers Auschwitz) darin verwickelt waren.

Am 31. Mai 1923 hatten Soldaten des Freikorps Roßbach – sie waren zeitweise als „Landarbeiter" auf mecklenburgischen Gütern untergebracht worden – den als Spitzel verdächtigten Junglehrer Walter Kadow betrunken gemacht, dann mit Knüppeln halb tot geschlagen. Einer durchschnitt ihm die Kehle, ein anderer gab ihm den Gnadenschuß. Die Leiche wurde ausgeraubt und im Wald verscharrt. Höß erhielt damals zehn Jahre Zuchthaus; Bormann kam mit einem Jahr Gefängnis davon, vermutlich, weil ihn Höß gedeckt hat.

Der Kadow-Prozeß 1924 ließ sich von den Deutschnationalen noch als „gräßliche Ausnahme" abtun. „Aber", so hoffte Carl Mertens, „das Bild ändert sich in dem Augenblick, wo systematische Ermordung unschuldiger Bürgersöhne unwiderleglich zutage kommen wird." Tatsächlich bemächtigte sich dann auch die bürgerliche Presse des schaurigen Themas. Aber Politiker, Militärs und Richter setzten alles daran, die Hintergründe der Verbrechen zu vertuschen. Wesentliche Fragen der „Weltbühne" wurden nie beantwortet: Was hatte die Reichswehr gewußt? Wer hatte die Schwarze Reichswehr mitfinanziert? Der Reichslandbund? Der Arbeitgeberverband? Die Industrie? Fürstliche Häuser? Wer waren die Drahtzieher aus der Deutschnationalen Volkspartei? Hatten sich Beamte der Politischen Polizei bestechen lassen? „Die Femekampagne", schrieb Carl von Ossietzky, inzwischen Herausgeber der „Weltbühne", „war für uns niemals eine Hetzjagd hinter irgendwelchen armen Teufeln ... Unser Ziel war nicht die juristische Sühne für jedes einzelne heute schwer erkundbare Verbrechen, sondern die Feststellung der letzten politischen Verantwortung dafür."

Kurzum: Reichswehrminister Geßler – Mertens nannte ihn „Reichsfememinister" –, der sich durch immer neue Dementis aus der Affäre zog, sollte abtreten. Als im Frühjahr 1927 Oberleutnant Schulz in Moabit als Mordanstifter vor Gericht stand, erschien in der „Weltbühne" unvermittelt ein „Plädoyer für Schulz": „Ja, – wir plädieren für den Oberleutnant Schulz, den berüchtigten Häuptling der Feme ... weil er nicht der Letztverantwortliche ist." Schulz habe nur Befehle ausgeführt. Auf die Anklagebank müßten auch hohe Offiziere der Reichswehr: zumindest Oberst von Bock (seinerzeit Chef des Stabes im Wehrkreis III, unter Hitler Feldmarschall) und Hauptmann Keiner (unmittelbarer Vorgesetzter von Schulz), wahrscheinlich auch Oberst von Schleicher (später Reichskanzler) und General von Seeckt.

Wegen dieses Artikels hat ein Schöffengericht in Charlottenburg den Verfasser, Berthold Jacob, zu zwei Monaten, Herausgeber von Ossietzky zu einem Monat Gefängnis verurteilt – die Reichswehr hatte sich beleidigt gefühlt. (Das Urteil wurde in zweiter Instanz in eine Geldstrafe umgewandelt.) Die Sachverständigen der Reichswehr stellten sich dumm. Sie konnten darauf vertrauen, daß ihre einstigen Kameraden Buchrucker und Schulz nicht „auspackten", sondern alle Verantwortung auf sich nähmen.

Dabei brauchte sich Schulz nicht um seinen Kopf zu sorgen. Die Führer der Reichswehr baten einer nach dem anderen um Gnade für ihn. Sogar General von Seeckt schrieb 1928 aus dem Ruhestand an den Verteidiger: „Ein ordentliches und normales Mittel, Verräter unschädlich zu machen, gab es nicht. Die Angehörigen der B.A. („Beschaffungsabteilungen") konnten der Auffassung sein, daß die Unschädlichmachung eines Verräters in vaterländischem Interesse läge." Diese Quasi-Rechtfertigung der Feme war nicht für die Öffentlichkeit bestimmt – dennoch konnte man den Brief in der „Weltbühne" lesen.

Keiner der vierzehn zum Tode verurteilten Fememörder kam aufs Schafott. Durch eine Amnestie im Sommer 1928 wurden sie zu siebeneinhalb Jahren Gefängnis begnadigt. Schulz, gegen den noch mehrere Verfahren wegen Mordes schwebten, wurde schon

1929 aus „Gesundheitsgründen“ gegen 50 000 Mark Kaution auf freien Fuß gesetzt. Allen anderen verhalfen die Nationalsozialisten zur Freiheit. Denn seit 1933 stand ganz Deutschland unter der Feme. Es durfte weitergemordet werden – nun von Staats wegen.

II. Die „Weltbühne" bekämpft die Fallbeiljustiz

Der Berliner Polizeipräsident erließ im April 1921 eine Auslobung, die in der deutschen Rechtsgeschichte ihresgleichen sucht. „Für aufklärende Mitteilungen, die zu einer Verurteilung des Hölz führen, setze ich 50 000 Mark Belohnung aus.“ Da gab es also ein Justizorgan, das – so höhnte Erich Mühsam in der „Weltbühne“ – „die Leute erst ins Gefängnis sperrt und dann Geldpreise ausschreibt für Zeitgenossen, die nachträglich Gründe herschleppen, mit denen man die Einsperrung rechtfertigen möchte“. Die Zeugen waren denn auch danach. Max Hölz, der proletarische Bandenführer aus Mitteldeutschland, wurde nicht zuletzt dank ihrer Aussagen von einem außerordentlichen Gericht in Berlin wegen Hochverrats, Totschlags und anderer Verbrechen zu lebenslänglichem Zuchthaus verurteilt – der Staatsanwalt hatte wegen „heimtückischen Meuchelmordes“ an einem Gutsbesitzer sogar die Todesstrafe beantragt.

Nach ein paar Jahren widerriefen die Hauptbelastungszeugen ihre Aussagen, doch die Behörden weigerten sich, ein Wiederaufnahmeverfahren einzuleiten. Schlimmer noch: Als sich der wirkliche Täter stellte, wurde er außer Verfolgung gesetzt. Die dafür zuständigen Richter und Staatsanwälte ließen sich ungeniert öffentlich der „bewußten Rechtsbeugung“ zeihen. Max Hölz aber blieb im Zuchthaus. Damit, fand die „Weltbühne“ am 22. Mai 1928, „rückt der Fall Hölz in die erste Reihe der großen europäischen Justizskandale“.

Wer war dieser Max Hölz, für den sich die „Weltbühne“ so unermüdlich geschlagen hat, bis er 1929 endlich amnestiert wurde? In die Schulgeschichtsbücher ging er als „kommunistischer Mordbrenner“ ein. Seine Freunde hielten ihn eher für einen Nachfahren von Michael Kohlhaas und Thomas Münzer. Armer Leute Kind, hatte sich der intelligente, strebsame junge Mann das Geld zum technischen Studium abgehungert. Im Weltkrieg einer der tapfersten Meldereiter, wurde er im Grauen der Materialschlacht zum

Revolutionär. Er organisierte im Vogtland einen Arbeitslosenaufstand, ein Guerillero, wie er im Buche steht: Den Reichen nahm er das Geld, um die Armen zu speisen. Während des rechtsradikalen Kapp-Putsches stellte er sich an die Spitze einer „Arbeiterarmee" und rief eine Räterepublik aus. 1921, verführt durch falsche Parolen der KPD, stürzte er sich in den mitteldeutschen Märzaufstand.

Hochverräter linker wie rechter Couleur fielen bereits 1921 unter die Amnestie, doch dem Max Hölz blieb sie versagt, weil er des Totschlags für schuldig befunden worden war. Partisanen seiner Truppe hatten den Rittergutsbesitzer Heß erschossen, als sie Decken und Mäntel „requirieren" wollten. Frau Heß gab vor dem Staatsanwalt zu Protokoll, sie habe die Täter nur von hinten gesehen, könne daher nicht sagen, ob es Hölz gewesen sei, der mit einem Gewehr auf ihren Mann geschossen habe. Drei Tage später, vor der Kriminalpolizei, verwandelte sich in ihrer Aussage das Gewehr in einen Revolver, den Hölz fortgesteckt habe, und er hatte nun auch den Todesbefehl erteilt. Drei Jahre danach erklärte die Zeugin schriftlich ihre Zweifel an der Täterschaft von Hölz. 1926 meldete sich dann der wahre Täter, ein Bergmann Friehe, der zugab, er habe sich von Heß bedroht gefühlt, deshalb – gegen den Rat von Hölz – auf ihn geschossen und auch seine Kameraden zum Schießen aufgefordert.

Dennoch lehnte Reichspräsident von Hindenburg einen Gnadenerweis ab. Begründung des Reichsjustizministers: Hölz sei ja auch noch wegen vieler Sprengstoffdelikte, Raubes, Brandstiftung und versuchten Totschlages verurteilt worden. Wieder einmal bestätigte sich, daß die Justitia von Weimar nur auf dem rechten Auge blind war, denn längst hatte sie die Hochverräter des Kapp-Putsches begnadigt, obschon auch diese mit Sprengstoff hantiert und etliche Menschenleben auf dem Gewissen hatten. Dem linken Rebellen Hölz jedoch wurden politische Motive nicht zugebilligt.

Mit bitter-ironischen Notizen auf der letzten Seite bedeutete die „Weltbühne" dem Zuchthäusler, daß sie ihn nicht aufgegeben habe: „Immer noch? Immer noch. Lüttwitz (ein Putschgeneral) bekommt Pension: Sie sitzen. Wir stehn am Tor, schlagen dagegen und vergessen nicht." (15.3.1927) – „Ein Richter, der seinen Irrtum eingesteht? Ein deutscher Richter irrt sich nicht." (22.3.1927) – „Die Gnade ist in Deutschland noch schlechter zu Fuß als die Gerechtigkeit." (3.5.1927)

Das Schlußwort in der „Weltbühne" sprach Anfang 1931 Rechtsanwalt Alfred Apfel, nachdem der Generalstaatsanwalt die Reststrafe des (inzwischen amnestierten) Max Hölz erlassen hatte: „Tempora mutantur! 1921 verlangte derselbe Staatsanwalt, das Leben des Angeklagten Hölz zu tilgen, 1930 tilgt er nur sanft den Strafvermerk." Und: „Es bewährt sich wiederum der Rat: Tötet nicht voreilig." Max Hölz ist seiner Freiheit nicht lange froh geworden. Er überwarf sich in Moskau mit der Parteibürokratie und kam Ende 1933 bei einem „Badeunfall" in der Sowjetunion ums Leben.

Getrommelt hat die „Weltbühne" auch wegen des ähnlich gelagerten Justizskandals um Felix Fechenbach, den jungen Sekretär des ermordeten bayerischen Ministerpräsidenten Kurt Eisner. Dies war einer der seltenen Fälle, in denen das Blatt nicht allein stand, sondern wo eine breite Front von Journalisten, Schriftstellern und Professoren (auch der Rechten) gegen das Unrecht Sturm lief. Fechenbach hatte 1919 einem Schweizer Journalisten zwei Dokumente aus der Kriegszeit zugespielt: eine geheime Denkschrift des Zentrumspolitikers Matthias Erzberger, der sich 1914 als wilder Annexionist gebärdet hatte, und ein Telegramm des bayerischen Gesandten beim Vatikan, aus dem eine moralische Mitschuld Papst Pius X. am Weltkrieg herausgelesen werden konnte. Der Inhalt beider Dokumente war schon vorher bekannt gewesen. Dennoch wurde Fechenbach, der „rote Korporal" aus der Münchner Revolution, der Jude mit dem Eisernen Kreuz, im Herbst 1922 vom Volksgericht München, gleichfalls einem Ausnahmegericht, wegen Landesverrats zu elf Jahren Zuchthaus verurteilt.

Das Verfahren, empörte sich die „Weltbühne", kenne „überhaupt keine Prozeßnorm, sondern nur die Willkür des Staatsanwalts, des Gerichts und seines Vorsitzenden!" Der FDP-Politiker Thomas Dehler, der als junger Referendar die Verhandlung miterlebte, ein unverdächtiger Zeuge also, erinnerte sich vierzig Jahre danach: „Hier war der Freislersche Volksgerichtshof schon vorgebildet. Vorsitzender war Oberlandesgerichtsrat Dr. Haß – nomen erat omen: Jede Frage, jeder Satz atmete Haß, Vorurteil, politische Verkrampfung."

Nachdem der sozialdemokratische Reichsjustizminister Radbruch ebenso wie die „Times" von einem deutschen Dreyfus-Prozeß gesprochen hatten, beschäftigte sich im Sommer 1923 auch der Reichstag mit dem Fall. Aber erst anderthalb Jahre später, als der Putschist Adolf Hitler aus der Festungshaft entlassen wurde, öffneten sich für Fechenbach die Zuchthaustore. Das Leipziger Reichsgericht hatte nicht den Mut, den unschuldig Verurteilten voll zu rehabilitieren – es stellte das Wiederaufnahmeverfahren ein.

Fechenbach wurde gelegentlicher Mitarbeiter der „Weltbühne" – 1933 haben ihn die Nationalsozialisten hinterrücks erschossen. Theobald Tiger alias Kurt Tucholsky aber dichtete („Zu einigen dieser Prozesse"): „Wo steckt da die Parteilichkeit? / Wo, deutsche Richter? / Tief in euren Herzen! / Wir kennen euch und euer Opfer Schmerzen! / Wir glauben euch nicht mehr und eurer Waage –, / Das Ding hängt schief! Das sehn wir alle Tage."

Im Frühjahr 1925 zog die „Weltbühne" gegen einen Prozeß zu Felde, „neben dem der gegen Fechenbach als Musterbeispiel eines objektiven und korrekten Verfahrens erscheint": den sogenannten Tscheka-Prozeß vor dem Leipziger Staatsgerichtshof zum Schutze der Republik. Das Verdikt des Blattes klingt maßlos übertrieben: „In der Rechtsgeschichte der gesamten zivilisierten Welt hat der Tscheka-Prozeß nicht seinesgleichen", aber es wird durch haarsträubende Tatsachen gedeckt. Vor Gericht stand eine kommunistische Terrorgruppe, die sich 1923 gebildet hatte; ihr Anführer, Felix Neumann, hatte den Friseur Rauch, einen Polizeispitzel, niedergeschossen. Die „Weltbühne" zweifelte: „Ob die Verwundung und nicht Überanstrengung durch unsinnige Vernehmungen die Todesursache war, konnte nicht beweiskräftig festgestellt werden." Gerichtspräsident Niedner wollte mit dem Prozeß beweisen, daß die KPD, im Einverständnis mit der Sowjetunion, eine Mörderzentrale unterhalte.

Über die Vorgeschichte wußte die „Weltbühne" mancherlei zu berichten, was nach Manipulation und gestellter Szene aussah: Neumann, wiewohl steckbrieflich gesucht, hatte in einem Stuttgarter Restaurant über die Polizeistunde hinaus gezecht und dann vor der Polizei auch noch mit zwei Revolvern herumgefuchtelt, ohne abzudrücken. In seiner Brieftasche steckten Aufzeichnungen über den Spitzelmord, aber auch über geplante Attentate gegen General von Seeckt und die Industriellen Borsig und Stinnes. Stand Neumann als ein Agent provocateur vor Gericht, der es den Anklägern erleichterte, die These von der KP-Terrorgruppe zu vertreten? Bezeichnend ist jedenfalls, daß derselbe Neumann – was die „Weltbühne" nicht ahnen konnte – später als Versammlungsredner der Nationalsozialisten aktiv wurde.

Von der Voruntersuchung drangen skandalöse Einzelheiten ans Tageslicht: In Stuttgart wurde der Angeklagte Margies mit Spitzeln in eine Zelle gesteckt. Sein Protokoll mußte er mit gefesselten Händen unterschreiben. Für eine Aussageverweigerung wurde er mit zwei Monaten Dunkelarrest bestraft. Reine Wäsche bekam er nicht; die Strümpfe mußte er im Spucknapf auswaschen. Der Gefängnisdirektor verbot ihm, die Wanzen an der Wand zu töten. Bei den anderen Angeklagten registrierte die „Weltbühne" das gleiche Bild: „Erpressungen und Drangsalierungen, gesundheitsschädigende Dauerverhöre und lockende Versprechungen".

In seiner Atmosphäre erinnerte der Prozeß an einen Kasernenhof. Präsident Niedner, ein Demokrat, der nach der Revolution über die „Sozialisierung der Rechtspflege" geschrieben hatte, entpuppte sich als ein hemmungsloser autoritärer Richter, der seine eigenen Grundsätze mit Füßen trat. Seine Tonlage kennzeichnen Sätze wie „Ich entziehe Ihnen das Wort, setzen Sie sich!" – „Sie haben bescheiden ums Wort zu bitten!" oder „Herr Rechtsanwalt, ich werde Sie abführen lassen!" Gegenbeweise der Verteidigung wurden abgeschmettert, Entlastungszeugen nicht zugelassen.

Der Leipziger Schauprozeß brachte sich durch seine Lächerlichkeit und durch die Hilflosigkeit der Richter um die von der Rechten erhoffte politische Wirkung. Dennoch wagte es das Gericht, gegen die Angeklagten Neumann, Poege und den Russen Skoblewskij, dessen Identität mit einem angeblichen Drahtzieher „Helmut" nicht einmal bewiesen war, Todesurteile auszusprechen, dasselbe Gericht, das die rechtsradikale Mordzentrale „Organisation Consul" für harmlos erklärt hatte. Vollstreckt wurde allerdings keines der Urteile.

Daß die Rechtsradikalen in der Weimarer Republik von der Justiz begünstigt wurden, bestreitet heute kein Historiker mehr. Von 12 000 Richtern haben nur 400 dem Republikanischen Richterbund angehört. Wie sollte es, nach der verkorksten Revolution von 1918, auch anders sein? Das Gros der Richter und Staatsanwälte war im Kaiserreich aufgewachsen; erzogen im Geiste des Obrigkeitsstaates, blieben sie der Mentalität der bürgerlichen Klasse verhaftet, aus der sie hervorgegangen waren. Da die Väter der Weimarer Verfassung an der Unabsetzbarkeit der Richter nicht rütteln wollten, ließen sie es zu, daß viele Träger der dritten Gewalt von antidemokratischer, reaktionärer Gesinnung erfüllt waren, mit viel Sinn für Bürgerseelen und Nationalisten, mit Verachtung für den kleinen Mann und die Kommunisten.

Wie im Wortsinne tödlich sich diese „Klassenjustiz" – so das Kampfwort der „Weltbühne" – auch in unpolitischen Prozessen auswirken konnte, zeigte der Justizmord an dem Polen Josef Jakubowski im Februar 1926. Der einstige Kriegsgefangene, ein ungebildeter, zerlumpter Wanderarbeiter, sollte einen Jungen umgebracht haben. Als sich nachträglich seine Unschuld herausstellte, sah die

„Weltbühne" nur noch das Mittel der bitterbösen Satire – sie ließ Jakubowski aus dem Grabe sprechen: „Mein letzter Blick traf vier Herren von der Kommission. Sie sahen gräßlicher aus als das Schafott! Ihre Gesichter waren inappellabel... Ich winselte um einen Dolmetscher, der mein Stottern übersetzt; man sah mich mit durchschauendem Hohn an... Oh Gott! – Ausländer bin ich also! Verloren! Ich beleidige meine Richter schon dadurch, daß sie mich nicht verstehen... Kannitverstan muß aufs Schafott! Ich wage die letzte Einmischung in den Gang der Justiz: Ich schreie! Sie packen mich an den Armen." Schließlich bittet Jakubowski um einen Leichenstein mit der Inschrift: „Getötet von den Kannibalen, die den Kant im Tornister tragen."

Das irreparable Fehlurteil gegen Jakubowski diente der „Weltbühne" fortan als eines ihrer Argumente im Kampf gegen die Todesstrafe, gegen die sie seit 1919 mit ihren besten Federn vergebens angerannt war. Als 1931 Volkes Stimme den Kopf des geständnisfreudigen Düsseldorfer Massenmörders Peter Kürten forderte (er hatte sich auch mehrerer Morde bezichtigt, die gar nicht auf sein Konto gingen), schrieb Carl von Ossietzky den Artikel „Der Verrat an Kürten", in dem er noch einmal die Peinlichkeiten des Prozesses aufdeckte: die Schlamperei der Polizei; die mangelhafte Beweislage; die unzulänglichen psychiatrischen Gutachten; die unerträgliche Bigotterie des Angeklagten, die den Verdacht nährte, man habe ihm die Begnadigung versprochen, wenn er die Rolle des reuigen Sünders spiele. Ossietzky: „So haben ihm wohl auch die schwarzröckigen Souffleure die bizarre Schlußrede eingeblasen, in der er betonte, daß ['die Abtreibungsärzte'] Wolf und Kienle noch viel mehr Leben gemordet hätten als er."

Nach Kürtens Hinrichtung flüchtete sich die „Weltbühne" – Zeichen maßloser Resignation – wieder in die Satire. Sie legte dem Berliner Reporter Alfred Braun eine unsignierte Funkreportage von der Exekution in den Mund – sie ist so brillant, daß sie von Tucholsky oder seinem Vorfahr Lichtenberg stammen könnte. Dort heißt es: „Da in Kürtens Heimatprovinz noch heute der Code Napoleon gilt, so findet der Akt vermittels des Fallbeils statt, dessen Schneide aus Kruppschem Nierosta-Stahl gefertigt ist. Es ist desinfiziert mit dem sterilisierenden Präparat 'Semper Sanitas' der Leverkusenschen Fabrik der I.G. Farben. Hier zum ersten Mal wird das Ideal des Doktor Guillotin erreicht sein, daß der Akt selbst auf den Delinquenten nur noch wie eine leichte, in Anbetracht der Hitze besonders den Hals angenehm erfrischende Berührung wirkt."

Zwei Jahre später gefroren Hohn und Spott: Das Dritte Reich mit seiner Fallbeiljustiz übertraf alle Schreckensvisionen. Immerhin, Kurt Tucholsky hatte in seiner unentwegten Richterschelte schon 1927 angemerkt, „daß der heutige Typus noch Gold ist gegen jenen, der im Jahre 1940 Richter sein wird". Den Freikorpsstudenten mit den „kalten glasierten Fischaugen" bescheinigt er vollkommenen Mangel an Rechtsgefühl: „Wenn diese Jungen einmal ihre Talare anziehen, werden unsere Kinder etwas erleben."

III. Sittenwächter unterwegs

„Lieber Pornograph" redete der Schriftsteller Hugo von Hofmannsthal seinen Freund Arthur Schnitzler ironisch-ahnungsvoll an, als dieser ihm den „Reigen" zur Lektüre geschickt hatte. Der „Reigen", eine Komödie in zehn Dialogen, stellt die Scheinheiligkeit und doppelte Moral der Gesellschaft um die Jahrhundertwende bloß. Zehn namentlich nicht benannte Personen, jede von ihnen verkörpert einen bestimmten Stand oder Typ, parlieren vor und nach der geschlechtlichen Vereinigung miteinander. Dabei deklarieren die Akteure das jeweilige Liebeserlebnis als einmalig, ja, als heilig - um sich in der nächsten Szene einem neuen Partner zuzuwenden. Die Dirne vergnügt sich mit dem Soldaten, darauf der Soldat mit dem Stubenmädchen, danach das Stubenmädchen mit dem „jungen Herrn" ... So geht es weiter auf den Sprossen der Hierarchie. Am Ende erwacht der Graf bei der Dirne - der „Reigen" hat sich geschlossen.

Zwanzig Jahre lang ließ Schnitzler das Werk in der Schublade liegen. weil sich ein ebenso prüdes wie heuchlerisches Bürgertum diese Entlarvung allgemeiner Sexualmoral nicht hätte bieten lassen. Erst nach dem Ersten Weltkrieg und nach dem Wegfall der Zensur wurde der ganze Zyklus in Berlin uraufgeführt, einen Tag vor Heiligabend 1920 im Kleinen Schauspielhaus, das Max Reinhardt in der Hochschule für Musik eingerichtet hatte.

Der öffentliche Skandal blieb - zunächst - aus. Sogar der Theaterkritiker des konservativen „Berliner Lokalanzeigers" war des Lobes voll: „Nicht einmal ein einziger Zischlaut. Nur einmütiger Beifall." Doch die Tugendwächter schliefen nicht. Da saß im preußischen Wohlfahrtsministerium ein Regierungsrat, der ehemalige

Gymnasialprofessor Karl Brunner, der die Polizei seit Jahr und Tag als Sachverständiger für Schmutz- und Schund-Literatur beriet („Wenn einmal in Deutschland etwas über Schmutz zu erledigen ist, so werde ich um Rat gefragt"). Er „nahm schweres Ärgernis" an der Aufführung, die er zweimal ansah. Dann inszenierte er ein Kesseltreiben, für das er unzählige Vereine im ganzen Land, überdies die weiblichen Reichstagsabgeordneten mobilisierte; ungebetene Demonstranten schlossen sich ihm an, so der antisemitische Deutschvölkische Schutz- und Trutzbund, der mit Stinkbomben die „Hurenbude" des „Juden Schnitzler" sprengen wollte. Kurzum: Es kam zum Prozeß gegen die Theaterleitung und die zehn Schauspieler des „Reigens". Ihr Haus übrigens war dank der behördlichen „Reklame" Abend für Abend ausverkauft.

„Weltbühne"-Herausgeber Siegfried Jacobsohn, als Kritiker in der Berliner Theaterwelt so geachtet wie gefürchtet, begab sich erst in die 700. Aufführung – ihn packte Entsetzen: „An der Kasse wogte der Abschaum der berlinischen Menschheit..., Gesichter, wie ich noch keine sah; Geistlosigkeiten, ausgespien aus der Hölle." Freilich kamen die Massen nicht auf ihre Kosten, da gar nicht gezeigt wurde, was sie zu sehen hofften. Jugendgefährdendes vermochte Jacobsohn auf der Bühne nirgends zu entdecken; den Knaben drohe „einzig, daß sie für eine Situation, in die sie heute oder morgen unfehlbar kommen werden, ein bißchen bessere Manieren lernen".

Professor Brunner und die Zeugen des Staatsanwalts jedoch fühlten sich in ihrem sittlichen Empfinden verletzt. Das Stenogramm des „Reigen"-Prozesses – er endete mit Freispruch – ist noch heute eine Quelle der Heiterkeit. Manche Zeugen hatten Dinge gehört und gesehen, die nur in ihrer schmutzigen Phantasie existierten. Professor Brunner als Gutachter stilisierte sich selber zur Hauptfigur: zum „Gewissen des Volkes". Grund genug für die „Weltbühne", bekannte Intellektuelle einzuladen, über sechs Folgen hinweg ihre „Gutachten über Brunner" abzugeben.

Empörung paarte sich mit Gelächter, Hohn mit Nachsicht. Arnold Zweig über Brunner: „Er ist ein armer Neurotiker, man schicke ihn zum Arzt." Walter Mehring: „Wer erspart es den Richtern, sich vor unsterblichen Werken sterblich zu blamieren? So was muß einem schon passieren, wenn man mit dem einen Auge den Geschlechtsakt unter die Lupe nimmt und mit dem andern immer Sittlichkeit für Sinnlichkeit liest." Alfred Döblin vermutete hinter dem Brunnerschen Walten „das Prinzip der mittelalterlichen Vergewaltigung und spanischen Unterdrückung durch einen Alba der Moral".

Otto Ernst Hesse projizierte Brunnersche Aktionen in die Zukunft: „1922: Professor Brunner beschlagnahmt sämtliche Schornsteine Deutschlands wegen 'unsittlicher Symbolik'. – 1923: Professor Brunner schafft das Stöpselsystem des Telephonwesens wegen 'Erregung unsittlicher Vorstellungen' ab. – 1924: Professor Brunner ersetzt das System des Schlüssellochs durch ein weniger unsittliches System." Konrad Haenisch hingegen, der ehemalige preussische Unterrichtsminister, rühmte den Professor als „durchaus wohlmeinenden" Mann, dem aber seine „reichhaltige und wohlgeordnete Sammlung pornographischer Bilder und Schriften" so den Blick getrübt habe, daß er nicht mehr zwischen Dichtern und Pornographen unterscheiden könne.

Nur einen einzigen, unerwarteten Fürsprecher fand Brunner in der „Weltbühne": den Kritiker Alfred Polgar, der ganz im Sinne des Professors schrieb: „Wenn ich von den ethisch- melancholischen Fundamentalabsichten des Reigens höre ... geht mir das Brechen an." Freilich zog er einen anderen Schluß als Brunner: „Ich bin durchaus für Kunst, bei deren Genuß man eine Erektion hat."

Der Lärm um den „Reigen" legte sich, obschon die Antisemiten nichts vergaßen – 1933 warfen sie auch Schnitzlers Dichtungen auf den Scheiterhaufen.

Ein anderer Künstler, der Karikaturist George Grosz, schaffte es, die ganze Weimarer Epoche hindurch mit fast jeder neuen Mappe seiner Zeichnungen einen Skandal zu entfachen. Ignaz Wrobel alias Kurt Tucholsky hat als einer der ersten schon 1921 erspürt, daß Grosz mit seinem „Gesicht der herrschenden Klasse" das „meisterlichste Bildwerk der Nachkriegszeit" gelungen sei – heute fehlen die Karikaturen in keiner illustrierten Darstellung der Goldenen zwanziger Jahre. Damals jedoch entfuhr den Karikierten ein Wutschrei: den bürgerlichen Spießern, den Generälen und Feldwebeln, den Gutsherren und Kaufleuten, den Richtern und Medizinern, den Korpsstudenten und Professoren. Wrobel wußte auch, warum: Das Geheimnis des Zeichners sei: „Er lacht nicht nur – er haßt." Seinen Lesern empfahl er, die Blätter bald zu bestellen, bevor sich eine deutsche Strafkammer mit einem Beschlagnahmebeschluß blamiere.

Und siehe da: Der preußische Innenminister und Sozialdemokrat Carl Severing ließ die 55 politischen Zeichnungen durch die Polizei kassieren, so daß sogar der „Vorwärts" protestierte: „In jedem einzelnen Blatt der Groszschen Mappe ist mehr Kunst als in der gesamten Siegessäule." Tucholsky ging jetzt den Minister persönlich an, obgleich dieser der „Weltbühne" durch seine Härte gegen die Rechtsradikalen imponierte: „Will er sich aber überzeugen, wie gut die Bilder getroffen sind, dann blicke er in die Gesichter seiner Land- und Geheimräte." In einem Satz steckt hier das ganze Dilemma des republikanischen Preußens, das von Monarchisten oder bloßen Vernunft-Republikanern regiert wurde.

Im gleichen Jahr hatte eine Strafkammer des Berliner Landgerichts II den Zeichner Grosz und seinen Verleger Wieland Herzfelde bereits wegen Beleidigung der Reichswehr zu drei- oder sechshundert Mark Geldstrafe verurteilt. Grosz hatte in der Dada-Ausstellung seine Mappe „Gott mit uns" ausgelegt, Zeichnungen mit brutalen Militaristen-Fratzen. Die Verteidigung rettete Grosz vor dem Kittchen, indem sie als Spaß hinstellte, was Ernst sein sollte. Wrobel/Tucholsky war über dieses unkämpferische Verhalten enttäuscht: „Niemand von den Jungens war derjenige gewesen, der die Fensterscheibe eingeworfen hatte." Ihm, dem Kämpfer gegen den Militarismus, war das Versteckspiel der Juristen zuwider, die mit dem Begriff Kunstvorbehalt operierten statt mit klarer politischer Agitation.

Acht Jahre später war er genötigt, nun doch den Künstler Grosz vor der Justiz in Schutz zu nehmen. Ein Berliner Schöffengericht hatte Grosz und Herzfelde wegen Gotteslästerung und Preßvergehens zu zwei Monaten Gefängnis, ersatzweise zweitausend Mark Geldstrafe, verurteilt, weil der Zeichner es gewagt hatte, Christus am Kreuz mit Gasmaske und Knobelbechern abzubilden. Grosz brachte vor, die Unterschrift „Maul halten und weiterdienen" beweise doch, daß er die ans Kreuz geschlagene Menschheit habe darstellen wollen, an die auch diese Worte gerichtet seien. Die Richter wußten es besser als er: „Christus ruft diese Worte im Zeichen des Kreuzes der Menschheit zu." Ihre umwerfende Begründung: Der Sinn der Worte sei unverständlich, wenn man sie an Christus richtete.

Wrobel/Tucholsky verschlug es fast den Witz ob soviel „oberlehrerhafter" Besserwisserei. Er machte sich die Mühe, den Richtern auseinanderzusetzen, daß die gekreuzigte Gestalt mit der Gasmaske unmöglich einen Befehl erteilen könne, zumal deren Worte „nur als dumpfes Gemurmel" nach außen zu dringen vermöchten. Nachdem er den Juristen ihren Denkfehler nachgewiesen hatte, rechnete er mit der kirchlichen Moral ab: „Sie versuche zu überzeugen – sie siege im Zeichen des Kreuzes, nicht im Zeichen des Landesgerichtsdirektors."

Auf den Denkfehler des Schöffengerichts in Sachen Christus mit der Gasmaske wurde nach Tucholsky auch die Berufungsinstanz aufmerksam. Eine Große Strafkammer des Landgerichts III zu Berlin unter Landgerichtsdirektor Siegert sprach Georg Grosz und seinen Verleger frei: Der Künstler habe sich „zum Sprecher der vielen Millionen gemacht, die den Krieg abschaffen wollen ... Die Satire und die Eigenart des Künstlers rechtfertigen vollauf die derbe Art der Darstellung." Da das Reichsgericht dieses Urteil aufhob, mußte sich im Jahr darauf nochmals ein Schöffengericht, wieder unter Richter Siegert, mit dem Fall befasssen. Und wiederum Freispruch. Triumphierend zitierte die „Weltbühne" aus dem Urteil: „Weder wußte noch wollte der Angeklagte Georg Grosz, daß seine Zeichnung Nummer 10 als eine Äußerung roher Mißachtung der Person Christi oder der christlichen Kirchen oder der Christenverehrung aufgefaßt werden könne." Doch der Staatsanwalt ließ nicht locker. Zu einem neuen Verfahren kam es nur deswegen nicht mehr, weil Grosz im Januar 1933 nach Amerika emigrierte.

Es waren keineswegs nur die „Linken", die sich mit dem politischen Zeichner Grosz solidarisierten. 1924 zum Beispiel – der Staatsanwalt hatte gerade dem Künstler vorgeworfen, sein „Ecce homo" betiteltes Werk über das Liebesleben der Deutschen verletze das religiöse Empfinden – machte sich Friedrich Sieburg, der nachmalige Literaturpapst der „Frankfurter Allgemeinen", für ihn stark: „Dieser Künstler hat das Verdienst, den bürgerlichen Beischlaf entgöttert zu haben." Sieburg schlug auf die Gesellschaft von Weimar nicht minder unbarmherzig ein als Grosz: „Wie ist der tote Liebesweg der meisten Menschen, die heute in Ehren stehen und Recht sprechen! Er wird gegliedert durch einen oder mehrere Tripper, durch lärmende Einkehr im Bordell nach einem Herrendiner oder einer Kindtaufe, durch einige Brutalitäten gegen ein uneheliches Kind – und dann durch die Ehe, in der man bald erkaltet, ein Verhältnis hat und nur unter dem Einfluß der Wärme und des Alkohols bei seiner Gattin rückfällig wird."

Mehr als siebzig Jahre danach ist in diesen Sätzen noch die ätzende Schärfe des kämpferischen Journalismus jener Tage zu spüren – die gutbürgerliche bundesrepublikanische Gesellschaft würde solche Schelte vermutlich nur von einem Pater Leppich, nicht aber von einem Journalisten hinnehmen.

Die geistigen Querverbindungen zwischen den staatlichen Tugendwächtern à la Brunner, den assistierenden Richtern und der ihnen applaudierenden Rechten waren kein Zufall. In einem Bericht über einen Kuppeleiprozeß in der Hansestadt Bremen hat Carl von Ossietzky 1927 die Abgründe eines deutschen Staatsanwalts aufgezeigt. Unter dem Rubrum „Weltfremdheit feiert Orgien" zitiert er den Anklagevertreter: „Duldeten Sie, daß Ihre Tochter sich schminkt?" Dann spottet Ossietzky: „Fast wäre ein Friseur zitiert worden, um das Gericht zu belehren, daß nach der Mode von heute fast alle Frauen sich schminken." Schließlich gibt er das Einlenken des Staatsanwalts wieder: „Es mag sein, daß die amerikanische Sitte oder Unsitte des Gesicht-Bemalens an sich nicht unsittlich ist."

Und Ossietzky kommentiert: „Wie das herauskommt, giftig zensurierend, ein Millionenvolk gleichsam um ein paar Grade sittlich herabstoßend. Hier führt eine unsichtbare Hirnbrücke zur politischen Justiz. Auch im Schminktöpfchen und Lippenstift der Mädel steckt ein Stück Landesverrat." Dann folgt eine brillante Abrechnung mit jenen Ewig-Gestrigen, die der Republik bald das Genick brechen werden und denen schon im Kaiserreich die ganze Richtung nicht paßte und die nun alle Äußerungen eines neuen Lebensgefühls, demokratischen Verhaltens und gesellschaftlicher Emanzipation als Belege sammeln, um Weimar als Sündenbabel zu denunzieren: „Sie sind gegen die Zeit", schreibt Ossietzky, „sie sind ebenso gegen kurzes Haar und kurze Kleider wie gegen die Weimarer Verfassung. Sie sind gegen die neue Selbständigkeit der jungen Mädchen ebenso wie gegen den 'Potemkin' [Eisensteins berühmten, in Deutschland umkämpften Film] oder gegen George Grosz."

Der Kampf gegen die Justiz wurde für die „Weltbühne" nachgerade zum „Kulturkampf". Einer der Frontabschnitte, an denen ihre Redakteure und Mitarbeiter ihre Federn wetzten, war die Reform des Sexualstrafrechts, vor allem des Abtreibungsparagraphen 218. Das Auf und Ab dieser Gefechte ebenso wie die Argumentation der Gegner und Verteidiger des Paragraphen widerlegen zumindest für diesen Bereich die Formel, daß Bonn oder Berlin doch nicht Weimar sei. Manches von dem, was die Linksintellektuellen des „Kartells für Reform des Sexualstrafrechts" – es wurde von dem „Weltbühne"-Autor und Juristen Kurt Hiller geleitet – durchsetzen wollten, ist überhaupt erst unter der sozial-liberalen Koalition in Bonn verwirklicht worden.

Weit mehr als in unserem Wohlfahrtsstaat legten die Gegner des § 218 in Weimar Wert auf die soziale Indikation, erst recht in den

Jahren der Massenarbeitslosigkeit. Kurt Hiller urteilt dazu 1930: „Unerhört bleibt, daß in dieser Zeit schwerster Not die Proletarierin nach wie vor zum Gebären gezwungen werden soll. Das Gesetz, das diese Ungeheuerlichkeit vorschreibt, ist erbarmungslos. Es ist auch gesellschaftsfeindlich. Denn die Gesellschaft hat kein Interesse an einem Nachwuchs, der im Elend gezeugt worden ist, im Elend geboren ward, im Elend aufgezogen wird und im Elend verkommt."

Nun hätte man unerwünschten Nachwuchs ja auch verhindern können, indem der Staat die öffentliche Anpreisung von empfängnisverhütenden Mitteln gestattete. Hier aber war die Rechtsprechung des Reichsgerichts davor: Solche Mittel könnten außerehelich angewandt werden, außerehelicher Geschlechtsverkehr aber sei ganz allgemein der Unzucht gleichzusetzen. Noch 1930 identifizierte sich das Landgericht Chemnitz mit der „vorherrschenden christlichen Auffassung", daß „auch in der ordentlichen Ehe die Verwendung von empfängnisverhütenden Mitteln unerlaubt und unsittlich" sei. Es verdammte „wilde Ehen und freie Liebe" und besonders die sogenannte Kameradschaftsehe, wie sie damals unter Jugendlichen propagiert wurde: „Eine solche Einrichtung würde die Abkehr von der Kultur und den Rückfall in den animalischen Urzustand bedeuten, und nur auf dem Sumpfboden des Bolschewismus kann etwas derartiges emporwachsen."

Im selben Jahr versuchte Erwin Piscator durch die Aufführung des Bühnenstücks „Frauen in Not" die Diskussion voranzutreiben: Ärzte und Intellektuelle sollten sich selbst der Abtreibung bezichtigen. Zuvor hatte bereits der Stuttgarter praktische Arzt und Kommunist Friedrich Wolf, Theaterschriftsteller und „Weltbühne"-Mitarbeiter, zum gleichen Thema sein Stück „Cyankali" auf die Bühne gebracht. Ihn ereilte 1931 – mit der Weimarer Demokratie ging es bergab – die Rache der Justiz. Er hatte zwar nie selber eine Abtreibung vorgenommen, wurde dennoch als Mittäter gewerbsmäßiger Abtreibung bezichtigt, die mit Zuchthaus bedroht war. Allerdings hatte er vielen Frauen medizinische und soziale Indikation bescheinigt, für die Untersuchungen aber, wenn überhaupt, nie mehr als fünf bis zehn Mark verlangt.

Mit ihm verhaftet wurde die Ärztin Else Jacobowitz, geborene Kienle; ihr hielt man mehr als 200 gesetzwidrige Eingriffe vor, die sich im Laufe der Vernehmungen auf 19 „suspekte" Fälle reduzierten. Beiden Ärzten wurde Haftverschonung zunächst versagt, weil man diesen Idealisten zutraute, sie könnten sich nach Rußland absetzen – inzwischen hatten nämlich die Kommunisten im ganzen Reich zu Massenkundgebungen aufgerufen. Aus Protest gegen die ausgedehnte Untersuchungshaft und die öffentliche Vorverurteilung trat Frau Jacobowitz schließlich in den Hungerstreik. Erst als sie bereits ihr Testament geschrieben hatte und in tiefe Ohnmacht gefallen war, entließ man sie aus dem Gefängnis. Ungebrochen schrieb sie weiter in der „Weltbühne".

Obwohl diese Zeitung mit ihren Freunden den Kampf der beiden wacker unterstützt hat, erlag sie doch nicht der Versuchung, ins kommunistische Fahrwasser abzugleiten. Kurt Tucholsky hat die Position des Blattes mit der ihm eigenen provozierenden Schärfe und Klarheit definiert: „Die Ehe ist uns kein Sakrament, Kinder im Mutterleibe soll man beseitigen, wenn die soziale Indikation das erfordert, oder sie gar nicht erst entstehen lassen, und ich wünschte, die Töchter der Arbeiter wären frei und könnten sich Blumen ins Haar winden: frei von Kirche und wirtschaftlicher Sklaverei. Frei auch von kommunistischer Theologie, die drauf und dran ist, den Sinn ihrer Anhänger erst so zu erweitern und dann so zu verengen, wie es die katholische mit ihren Leuten schon getan hat."

Der Haudegen Walther Stennes

I. Krieg war sein Handwerk

Die einen wußten ganz genau, daß er 1934 beim sogenannten Röhm-Putsch von der SS füsiliert worden sei. Die anderen hatten gehört, die Japaner hätten ihn nach ihrem Einfall in China ermordet. Wieder andere behaupteten, Maos Kommunisten hätten ihn erschossen. Und einige wähnten ihn unter den Opfern des Aufstandes vom 20. Juli 1944. Die Wahrheit ist, daß der Mann, um den es hier geht, tatsächlich auf diese oder jene Weise hätte enden können – aber er hat überlebt.

Der so vielfach Totgesagte heißt Walther Stennes, war unter Wilhelm II. Offizier, diente unter Stresemann, Hitler und Tschiang Kai-schek. Die „Weltbühne", Weimars unerschrockene kulturpolitische Wochenschrift, hatte Stennes einst zu den „gefährlichsten und klügsten Feinden der Republik" gezählt. Und als das ZEIT-magazin eine Serie über die „Weltbühne" druckte („Skandale, die die Republik erschütterten"), war darin auch von Walther Stennes die Rede. Er habe eine eigene „Criminalabteilung" mit vierzig Spitzeln gegründet, hieß es, die Schwätzer, Schieber, Diebe und Deserteure denunzierten und der Feme preisgaben.

Stennes reagierte auf die Serie mit einem Einschreibebrief („...völlig aus der Luft gegriffen, soweit sie meine Person betrifft") und lud einen Reporter zur Aufklärung des Falles in sein Haus. So entstand dieser neue Bericht. Er beschreibt das halsbrecherische Leben einer preußischen Natur, eines Haudegens, der vielen Herren gehorchte und sich dabei – anders als ungezählte seiner Zeitgenossen – dennoch immer einen eigenen Kopf leistete. In der Person des Walther Stennes spiegelt sich deutsche Zeitgeschichte, verkörpert sich das Prinzip der „Pflichterfüllung", das ganze Generationen vor 1945 beherrscht hat.

Der abenteuerliche, aber unverkennbar deutsche Lebensweg dieses Mannes war geprägt durch Herkunft und Erziehung. Nachkomme alteingesessener Westfalen – „Furchtlos und treu" lautet der Wappenspruch der väterlichen Vorfahren –, trug er bereits mit zehn Jahren die blaue Uniform der königlich-preußischen Armee. Fünf Jahre lang wurde der Kadett in Bensberg in die Zucht genommen, in einem Schloß, das einst den Herzögen von Berg gehört hatte.

Hier lernte Walther Stennes strenge Disziplin kennen, schwere Strafen, Dienst rund um die Uhr im Wechsel von militärischem Drill, Schule, Sport und Pauken. Bitter-verzweifelte Gefühle des Zöglings, die manchmal aufkamen, wurden aufgewogen durch den Stolz des Vaters und öffentliches Renommee – etwa durch den Stationsvorsteher auf dem heimatlichen Bahnhof, der angesichts der Kadettenuniform grüßend die Hand an die Mütze legte. Auch Tugenden wie Kameradschaft, das Miteinander-Füreinander, die Verantwortung des Vorgesetzten für den Untergebenen wurden in Bensberg geübt – Qualitäten, die später den Offizier Stennes so auszeichneten, daß ihm von seinen Leuten bis heute rührende Anhänglichkeit bezeugt wird.

Von Bensberg wechselte der junge Walther auf die Berliner Hauptkadettenanstalt Groß-Lichterfelde über, an deren Portal der Spruch prangte: „Der preußische Gehorsam ist der einer freien Entscheidung, nicht der einer unterwürfigen Dienstwilligkeit." Er könnte das Leitmotiv im Leben des Hauptmannes Stennes sein, der bei allem Gehorsam niemals ein bequemer Untergebener gewesen ist.

Als blutjunger Leutnant, kaum 19, zog er im August 1914 ins Feld. Der Zufall wollte es, daß er zum Infanterie-Regiment Freiherr von Sparr (3. westfälisches) Nr. 16 kommandiert wurde, das stolz den Namen eines preußischen Feldmarschalls aus dem 17. Jahrhundert trug, der die Infanterie des Königreiches aus der Taufe hob – seine Fußsoldaten hatten polnische Kavallerie in die Flucht geschlagen. Im Volksmund hießen die Soldaten dieses Regiments die „Hacketauer". Denn in der Schlacht bei Ligny 1815 hatte das Regiment, da im Regen das Pulver naß geworden war, die Gewehre umgedreht und mit dem Kolben auf die Gegner eingedroschen – mit dem plattdeutschen Schlachtruf „Hacke tau".

Auch der junge Leutnant und Kompanieführer Stennes hat nie lange gefackelt. Das bezeugen seine Blessuren (viermal verwundet), seine Orden (Eisernes Kreuz I. Klasse, Ritterkreuz des Hohenzollern-Hausordens mit Schwertern), seine Trophäen, die er gern vorzeigt. Im fünften Kriegsjahr, nachdem er alle mörderischen Schlachten an der Westfront von Flandern bis Verdun überlebt hatte, wurde der Regimentsadjudant wegen Tapferkeit zum Oberleutnant befördert.

Aber mehr als alle Auszeichnungen zählte für den Draufgänger, der Katzbuckeln verabscheute und sich unnötigem Blutvergießen widersetzte, die Beurteilung, die sein Regiment über ihn abgegeben hatte: Stennes verstehe es „in hohem Maße, das Ehrgefühl seiner Untergebenen zu wecken und die Dienstfreudigkeit zu erhalten".

Über den Sinn des Krieges hatte Stennes dabei nicht viel nachgedacht. Als Kadett war er für den Krieg erzogen worden, der Krieg war sein Handwerk, und damit basta. Für eine Champagner-Wette wagte er sein Leben, um sein selbst auferlegtes Soll an Gefangenen zu erfüllen.

Als Stennes nach dem Waffenstillstand im November 1918 in die Heimat zurückkehrte, war er, wie so viele seiner verlorenen Generation, vor der Zeit gereift, waren ihm die Haare grau geworden im Stumpfsinn der Materialschlachten. Von den Meuterern mit den roten Armbinden in der Etappe ließ sich der 23-jährige nicht einschüchtern – er dachte nicht daran, seine Waffe abzugeben oder seine Schulterstücke abzutrennen. Und wie es mit ihm im Frieden weitergehen würde, darüber brauchte er sich nicht den Kopf zu zerbrechen. Beim Generalkommando in Münster, es war kurz vor Weihnachten 1918, fragte ihn der Hauptmann (und spätere Generaloberst) von Kleist in einem unbewachten Augenblick (der Aufpasser vom Soldatenrat hatte sich gerade hinausbegeben): „Können

Sie ein Freikorps aufstellen?" Ja sagen und handeln war für Stennes eins – am Heiligabend stand die „Freiwilligen-Kompanie Stennes". Den Kern bildeten alte Unteroffiziere seines Regimentes, der Rest bestand aus ungedienten Freiwilligen.

Einzig mit Hilfe der Freikorps vermochte sich damals die sozialdemokratische Regierung in Berlin an der Macht zu halten. Für den Bürgerkrieg gegen „die Roten", gegen Spartakus, wurde die Stennes-Truppe in aller Heimlichkeit auf Schloß Varlar, einem Besitz des Fürsten Salm-Hostmar, ausgebildet. Hauptmann von Kleist hatte Stennes versichert, um das nötige Geld brauche er sich keine Sorgen zu machen. Und woher das Geld kam – ob von ängstlichen Unternehmern oder aus öffentlichen Mitteln –, das war dem jungen Anführer egal. Hauptsache, er konnte seine drei Kompanien, etwa 500 Mann, mit Minenwerfern und leichten Geschützen ausrüsten.

Doch so leicht waren die bewaffneten kommunistischen Arbeiter nicht niederzuwerfen. Im März 1919 waren sie drauf und dran, die Herrschaft über das ganze Ruhrgebiet zu gewinnen. Als in Hamm, im Rücken der an der Ruhr kämpfenden Freikorps, der Generalstreik ausgerufen wurde, beorderte der kommandierende General, Freiherr von Watter, nachts um zwei den jungen Oberleutnant Stennes an sein Bett. „Ich seh ihn noch vor mir", erinnert sich Stennes, „mit rotgerändertem Nachthemd, über das er seinen Pelz geworfen hatte; unten schauten die behaarten Beine hervor, und die ganze Zeit schnaufte er."

Damals allerdings hatte Stennes für die unfreiwillige Komik dieser Szene keinen Sinn. „Jetzt schlägt für Sie die Stunde der Bewährung", sagte der General im Nachthemd. „Entweder sind Sie in 48 Stunden Herr der Lage, oder ich muß zum Rückzug blasen und ganz Westfalen preisgeben! Verstärkungen habe ich keine mehr." Stennes heute: „Und dann hab ich die Zechen dort – Radbod, de Wendel, Sachsen, Westfalen – aufgeräumt." Als Militärbefehlshaber in Hamm Stadt und Land („Die schicken mir ein halbes Kind", jammerte der Landrat) verhängte er den Belagerungszustand. Weil die Belegschaft von „Radbod" aus Protest auch die Notstandsarbeiten einstellte und die Zeche „abzusaufen" drohte – sie versorgte die Stadt Münster mit Gas –, ließ Stennes hundert Soldaten seines Freikorps unter Tage einfahren. Mit Hilfe der Angestellten hielten sie die Förderung notdürftig in Gang.

Seine Rücksichtslosigkeit verschaffte Stennes einen solchen Ruf, daß er von seinen Vorgesetzten zur neuaufgestellten preußischen

Sicherheitspolizei im unruhigen Berlin empfohlen wurde. Im August 1919 stellte er die später berüchtigte „Hundertschaft z.b.V." zusammen, eine paramilitärische Sondertruppe zur Unterstützung der Politischen Polizei. Der vollmotorisierte Verband – viele „Hacketauer" waren dabei – gebot, in bewußter Mißachtung der Bestimmungen des Versailler Friedensvertrages, über Flammenwerfer, Revolverkanonen, Maschinengewehre und leichte Panzer.

Der Berliner Volksmund nannte die Stennes-Truppe „Hundertschaft z(ur Verübung) b(esonderer) V(erbrechen)". Einmal empörte sich der sozialdemokratische Innenminister Severing, daß sein „Wildfang" Stennes zu viel Arbeiterblut vergieße: Über diese scheinheilige Moral kann sich Stennes noch heute aufregen: „Alles wurde uns in die Schuhe geschoben. Wir mußten doch die ganze Drecksarbeit für die Regierung machen!" Stennes konnte dem Minister nachweisen, daß von seiner Truppe, die wie eine Blitzfeuerwehr von Ort zu Ort geholt wurde, weniger Menschen auf der Straße erschossen wurden als von anderen Polizeieinheiten: „Nur dank des scharfen Durchgreifens."

Tatsächlich galt Stennes als „scharfer Hund". Aber, so meint er treuherzig: „Ich bin immer ganz fair gewesen. Zunächst gab ich drei ehrlich gemeinte Warnungen an die Massen, sie möchten sich zerstreuen. Diese Warnungen sprach ich betont langsam, aber sehr schnell ließ ich nach der dritten Warnung schießen. Die Leute wußten, daß ich nur bis drei zählte, und sobald sie die dritte Warnung hörten, stoben sie auseinander."

Man muß es Stennes abnehmen, daß er nicht dem Jargon so mancher Freikorpskämpfer huldigte, die in kommunistischen Arbeitern nur noch „vertierte Rote" und „bolschewistische Untermenschen" sahen. Haßgefühle kannte er nicht. Bürgerkrieg war für ihn „das Gemeinste, was es gibt". Aber Befehl ist Befehl – er hatte die Ordnung wiederherzustellen.

Was die Loyalität solcher befehlsgetreuer Ordnungshüter wie Stennes im Ernstfall wert war, zeigte sich im März 1920 beim Kapputsch. Auf Geheiß konservativer Politiker und Generäle besetzte die „Brigade Ehrhardt" die Reichshauptstadt. Sowohl die Reichsregierung als auch die preußische Regierung flohen nach Süddeutschland. Stennes dagegen blieb auf seinem Posten. Natürlich schlug sein Herz für die Putschisten. Aber wie immer führte er nur Befehle aus, die ihm das „Kommando der Sicherheitspolizei" erteilte, das inzwischen von den Putschisten übernommen worden war. Es lief der gleiche Befehlsmechanismus ab, auf den noch 1944 die Verschwörer des 20. Juli vertrauten: Man braucht nur die Spitze auszuwechseln – Armee, Polizei und Beamtenschaft werden, ohne viel zu fragen, weiter Befehle ausführen.

Als der Putsch zusammenbrach und Kapitän Ehrhardt die Stadt räumen mußte, blieb Stennes abermals auf seinem Posten: „Ich habe doch lediglich notwendige Maßnahmen durchgeführt, um Ruhe und Ordnung zu wahren.“ Er kam damit durch. Denn bevor die legalen Regierungen zurückkehrten, hatte sich im Ostberliner Stadtteil Weißensee ein kommunistischer „Freistaat“ aufgetan. Die einzige Truppe, über die der preußische Staatskommissar für die öffentliche Ordnung verfügen konnte, war die Hundertschaft, denn die Polizei hatte das gesamte Gebiet nördlich und östlich der Spree geräumt. Der Kommissar schlug Stennes einen Handel vor: „Wenn Sie mit dem Freistaat fertig werden, dann sind Sie rehabilitiert.“

Stennes tat nur zu gern, wie ihm geheißen. Siebenmal wurden hernach die Gewerkschaften bei Innenminister Severing vorstellig, er solle Stennes absetzen, weil dieser den Kapputsch unterstützt habe. Statt dessen wurde der 25jährige zum Dank für seine Dienste zum Hauptmann ernannt.

Aber zwei Jahre später kam er doch in die Bredouille. Im Juni 1921 hatte ein Wachtmeister, der die Kassengeschäfte der Hundertschaft führte, Gelder unterschlagen; er wurde tot in seinem Dienstzimmer aufgefunden, von hinten durch den Kopf geschossen, die Dienstpistole lag daneben. Peinliche Untersuchungen setzten ein, die sich lange hinzogen, ein Leckerbissen für die Linkspresse. Zwei Wachtmeister kamen in Untersuchungshaft, wurden aber vor Gericht wegen erwiesener Unschuld freigesprochen. Stennes wurde vom Dienst suspendiert, damit er seine Beamten nicht beeinflussen könne. „Es hat auch niemand gesagt, daß ich den Mann erschossen hätte“, sagt er heute und läßt ein rauhes Lachen ertönen, das einen immer ein wenig in Zweifel stürzt, ob der gesetzte, freundliche Herr mit der Zigarre wirklich alles preisgibt, was er weiß.

Immerhin war schon ein Mordverdacht häßlich genug, um Stennes in Ungnade fallen zu lassen; auch begannen nun die Alliierten intensiver nach den geheimen Waffenlagern der Polizeitruppe zu fahnden. Der Hauptmann reichte seinen Abschied ein und ließ sich auch durch Bitten eines Staatssekretärs nicht erweichen. Die „Hundertschaft z. b. V.“ wurde aufgelöst.

Freikorpskämpfer wie Stennes blieben in der Weimarer Republik nie lange arbeitslos. 1923 fielen die Franzosen in das Ruhrgebiet ein, Deutschland organisierte den passiven Widerstand, Kriegsstimmung machte sich breit. Da stellte sich bei Stennes eines Tages ein großer, gutgewachsener Herr vor, Anfang der 40, mit den distinguierten Umgangsformen eines ostelbischen Großgrundbesitzers. Es war Dr. Kurt Jahnke – in den Geschichtsbüchern über die Weimarer Zeit sucht man ihn vergebens, obschon er eine ebenso geheimnisumwitterte Persönlichkeit war wie später der Admiral Canaris. Jahnke war von der Regierung zum geheimen Sonderbeauftragten für den aktiven Widerstand an der Ruhr bestellt worden.

Dieser begüterte, weltläufige Mann aus Pommern hatte während des Ersten Weltkrieges in den USA und in Mexiko Sabotageakte gegen britische Munitionstransporte inszeniert. Nach dem Krieg dirigierte er einen privaten Geheimdienst, den er für nationale Aufgaben auch den Regierungen der Weimarer Republik nutzbar machte. Jahnke wird nachgesagt, er habe die Wege für die enge deutsch-sowjetische Zusammenarbeit in den zwanziger Jahren geebnet. Reichskanzler wie Marx, Stresemann und Brüning schenkten ihm ihr Vertrauen, verfolgte er doch das gleiche Ziel wie sie: Deutschland wieder groß und stark zu machen.

Nun suchte und fand Jahnke in Walther Stennes einen militärischen Koordinator für den Untergrundkrieg gegen die französische Besatzungsmacht.

Gefährliche Aufträge waren das, die Stennes seinen etwa vierzig Agenten mit auf den Weg gab oder zuweilen selber erledigte: Sie mußten Kohlenzüge in die Luft sprengen, Brücken und Bahnen unterminieren. Aber auch skurrile Geheimdienstspielereien fehlten nicht: Sex-Postillen sollten die Kampfmoral der Franzosen untergraben, chemische Zusätze das Pferdefutter für ihre Kavallerie ungenießbar machen.

Gleichzeitig übernahm Stennes noch eine andere wichtige Geheimmission: Als Offizier wirkte er für die „Schwarze Reichswehr", eine Geheimmiliz, die (in lockerer Verbindung mit der Reichswehr) für den Fall eines großen Krieges gegen Franzosen oder Polen ausgebildet und bereitgehalten wurde. Die Verbände waren als Arbeitskommandos getarnt, die überzähliges Kriegsmaterial sammeln und zerstören sollten, es tatsächlich aber für den Ruhrkampf instandsetzten. Stennes fühlte sich in seinem Element. Er bekam das Kommando über das vierte Bataillon der Schwarzen Reichswehr und beanspruchte als Hauptquartier das Fort Hahneberg in der Nähe von Spandau, die stärkste Festung im ganzen Reich.

Der Landsknechtshaufen, den Stennes um sich versammelte, glich den Hacketauern: Allein in der Maschinengewehrkompanie trugen 38 Männer das Eiserne Kreuz I. Klasse. Die Schützenkompanie bestand fast nur aus Studenten schlagender Verbindungen. Wenn zufällig alliierte Kontrolleure das Fort besuchten, verkrochen sich Stennes' 600 Soldaten in den riesigen unterirdischen Kasematten. Aber auch der Republik blieb verborgen, was sich da im Untergrund zusammenbraute: Unter dem Tarnmantel der nationalen Verteidigung planten Major Buchrucker, der politische Chef der Schwarzen Reichswehr, und Hauptmann Stennes einen Aufstand gegen die Weimarer Republik, der nicht so jämmerlich enden sollte wie der Kapp-Putsch.

Schon im Herbst 1923 – inzwischen hatte die neue Regierung Stresemann unter dem Druck der Inflation und der leeren Kassen den passiven (und aktiven) Widerstand an der Ruhr abgeblasen und dadurch den Zorn der Rechtsradikalen erst recht entfacht – wurde die junge deutsche Demokratie erneut auf harte Proben gestellt. Während Erich Ludendorff, Generalquartiermeister des Ersten Weltkrieges, und Adolf Hitler, einst Gefreiter und nun Parteiführer, im Süden des Reiches noch für die Konterrevolution rüsteten und sich über Zeitpunkt und Strategie des Putsches stritten, besetzte Major Buchrucker am ersten Oktober mit einem Bataillon der Schwarzen Reichswehr die Zitadelle von Küstrin. Die Tat sollte das Fanal zum nationalen Aufstand sein. Aber Buchrucker hatte voreilig gehandelt und versäumt, eine in Reserve gehaltene Division zu mobilisieren. So konnten loyale Einheiten der Reichswehr nach einigen Schießereien Herr der Lage werden. Die mitverschworenen Bataillone in Döberitz und Spandau kapitulierten ebenfalls.

Anders in Fort Hahneberg. Die Reichswehr wußte, daß mit dem dickköpfigen Westfalen Stennes nicht zu spaßen war und verlegte sich aufs Verhandeln. Nach langem Feilschen setzte sich der Mitverschwörer durch – seiner Garnison wurde freier Abmarsch zugesichert, allen Beteiligten, für die Stennes die Verantwortung übernahm, die Amnestie garantiert.

Da er jedoch das Konspirieren nicht lassen mochte, wurde Stennes bald wieder steckbrieflich gesucht. Einmal, in einem Mecklenburger Hotel, lag er, mit letzter Anspannung das Niesen unterdrückend, unter einem Bett versteckt, als die Polizei die Räume durchsuchte. Anfang 1924 stellte er sich, nachdem er erfahren hatte, daß man einige seiner Gefolgsleute trotz der Garantien verhaftet hatte.

Wie das von der „Weltbühne" kolportierte Gerücht aufkommen konnte, Stennes habe in der Schwarzen Reichswehr eine Spitzelabteilung von vierzig Mann geleitet, die der Feme ihre Opfer zuführte, erklärt sich vermutlich aus der mysteriösen Sache mit dem Orden vom feurigen Kreuze, den es nur in der Phantasie gab. Stennes hatte im Ruhrkampf angeordnet, daß man jenen Agenten, deren er sich nicht ganz sicher sein konnte, gewisse Einzelheiten über diese angebliche Geheimgesellschaft anvertraute, doch jedem eine andere. Wenn dann die detaillierten Angaben in Umlauf kamen, war der Verräter schnell ausfindig zu machen. Nach der Pflichtauffassung mancher Vaterlandsverteidiger in jenen Tagen hatten Verräter ihr Leben verwirkt. Fememord galt damals nicht einmal bei deutschen Gerichten als ehrenrührig.

Im Januar 1924 – die Lage im Reich begann sich zu beruhigen – wurde der Haftbefehl gegen Stennes aufgehoben. Die Reichswehr fand, sie habe etwas wiedergutzumachen und gewährte dem verdienten Kämpfer eine Ausbildung zum Sportflieger. Schon schickte er sich an, als Fluglehrer für vier Jahre in die Sowjetunion zu gehen, wo er auf Flugplätzen der Roten Armee insgeheim die neuesten Maschinen für die Reichswehr erproben sollte, da überredete ihn sein alter Ruhr-Chef Jahnke, im Lande zu bleiben.

Doch im bürgerlichen Leben konnte er nicht so recht Fuß fassen. Nach einem Zwischenspiel als Vermieter von Kraftdroschken arbeitete er sporadisch weiter für Jahnkes Nachrichtendienst, der nun seine Aufträge von Reichsaußenminister Stresemann empfing. Und der Demokrat Stresemann war es denn auch, der dazu beitrug, daß Stennes den Weg zu Hitler fand.

Mitte der zwanziger Jahre ließ sich absehen, daß viele Jugendliche, gerade auch von Universitäten, den Nationalsozialisten zuströmten. Gustav Stresemann hatte die Sorge, diese junge nationale Bewegung könne völlig in das Fahrwasser von Adolf Hitler geraten, der 1923 in München erfolglos geputscht hatte und nach kurzer Festungshaft weiter die Republik bekämpfte. Der Außenminister sah seine auf Verständigung mit den Siegermächten gerichtete Politik gefährdet und überlegte mit seinem Geheimdienstchef, wie man durch tüchtige Offiziere und Organisatoren Einfluß in der Hitler-Bewegung gewinnen könne. Jahnke: „Wie wär's denn mit Stennes?“ Stresemann war sogleich im Bilde: „Ja, das wäre der richtige Mann. Der ist Preuße, da passiert nichts, der wird sich nicht von irgendwelchen Funktionären an die Wand drücken lassen.“

Für Stennes war Hitler kein unbeschriebenes Blatt mehr. Er hatte den Demagogen bereits einige Jahre vor dem Münchner Putsch kennengelernt. Damals war Hitler für ein paar Wochen nach Berlin gereist, um mit den Männern der nationalen Rechten um Ludendorff Fühlung aufzunehmen. Als Stennes zufällig bei den Reventlows vorbeikam, bat ihn die Gräfin, ihr ins Arbeitszimmer des Grafen zu folgen, wo er den „neuen Messias" sehen könne. Hinter einem schweren Vorhang durfte er ihn in Augenschein nehmen. Von der eher gewöhnlichen Erscheinung fühlte er sich abgestoßen: „Das soll der neue Messias sein? Das ist nicht mal ein falscher Messias!"

Jene Skepsis des Preußen gegen den Österreicher war geblieben. Daß sich Stennes der braunen Bewegung nun trotzdem anschloß, war nicht allein der Intervention Stresemanns und Jahnkes zuzuschreiben. Stennes ist ehrlich genug, heute zuzugeben, daß er auch deswegen zu Hitler ging, weil sich ihm dort eine reizvolle Aufgabe bot: idealistische junge Männer militärisch zu erziehen. Und dem „Führer" in München war er hochwillkommen. Hitler benötigte die organisatorischen Talente ehemaliger Offiziere, die seine Parteiarmee, die SA (Sturmabteilung), neu aufbauen sollten. Oberster SA-Führer („Osaf") war damals der ehemalige Hauptmann Pfeffer von Salomon – Stennes kannte ihn aus dem Ruhrkampf. Pfeffer entwarf das neue Organisationsprogramm für die SA, das Stennes trotz Bedenken als erster durchsetzte. Hitler billigte alles. Fast mit einem Schlage war Stennes einer der höchsten Unterführer Adolf Hitlers.

Die SA wurde, über das Reich verteilt, in sieben Bereiche gegliedert; fast jeder der obersten SA-Führer entstammte den Freikorps und saß in angesehener beruflicher Stellung. Stennes verlangte und erhielt als „Osaf Ost" den Oberbefehl über die preußischen Kernlande: Berlin, Mark Brandenburg, Pommern, Freistaat Danzig, Schlesien und Ostpreußen – Regionen, die ihm aus seinen Erfahrungen mit dem Grenzschutz vertraut waren. Die Disziplinierung schien ihm wichtiger als das Ideologische. In der Tradition der Freikorps und der Schwarzen Reichswehr sollten die Waffen für den Revanchekrieg geschmiedet werden. Ludendorff jedoch, der sich mit Hitler überworfen hatte, mißbilligte den Entschluß von Stennes: „Seh' schon – wollen auch Karriere machen!" – Stennes: „Nein, Exzellenz! Ich will verhindern, daß die deutsche Jugend verheizt wird!" Ludendorff: „Wir werden sehen ..."

Anfangs kommandierte Stennes nur tausend Mann, 1930 bereits 40 000. Freilich strömten nun – in der beginnenden Wirtschaftskrise – mehr und mehr Arbeitslose in die SA, wo sie ein warmes Essen bekamen und von der Hoffnung zehrten, durch ihren Kampf für Hitler würden sie sich selber aus ihrem Elend erlösen.

Zwei Jahre hielt das Interessenbündnis der so ungleichen Männer, dann begannen sich Hitler und Stennes zu entzweien. Der Oberste SA-Führer, Pfeffer von Salomon, war zurückgetreten, weil er die Interessen der SA von Hitler nicht genug vertreten sah. Pfeffer hatte vorgeschlagen, daß zehn Prozent aller nationalsozialistischen Reichstags- und Landtagssitze für die SA reserviert werden sollten, die schließlich die Hauptlast des Wahlkampfes zu tragen hatte. Doch die politischen Leiter der Partei waren dagegen – sie betrachteten die SA lediglich als Propagandatruppe und als Rollkommando für Saalschlachten mit der Rotfront (KPD) und dem Reichsbanner der demokratischen Parteien.

Hitlers Weigerung schaffte auch Ärger bei den Unterführern, die auf die Diäten und die Reichsbahn-Freifahrkarten gehofft hatten, weil die SA in einer finanziellen Misere steckte. Stennes machte sich zum Wortführer der Berliner SA, die sich von ihrem Gauleiter Joseph Goebbels und von der Zentrale in München schlecht behandelt fühlte. Er verlangte völlige Unabhängigkeit von der politischen Leitung, eigene Gerichtsbarkeit und eine selbständige Kassenverwaltung.

Im September 1930 kam es zur ersten Zerreißprobe. Berliner SA-Männer weigerten sich, einem Befehl des Gauleiters Goebbels nachzukommen, der sie bei irgendeiner banalen Gelegenheit zum Saalschutz beordert hatte. Im Wahlkampf hatten sich die braunen Kolonnen aber schon völlig verausgabt. Einige hatten in einer Woche an vier Abenden Dienst. Eines Tages beklagte sich ein Bäckermeister bei Stennes, sein Lehrjunge sei am Backofen eingeschlafen. Er wundere sich, daß Stennes als alter Offizier diesen Raubbau zulasse.

Die Geduld der Braunhemden war völlig am Ende, als die Gaugeschäftsstelle in Berlin eine Wache brauchte, sich aber nicht an die SA, sondern an die SS wandte. Die schwarzuniformierten „Schutzstaffeln“, eine Art Elite- und Polizeitruppe der Partei, unterstanden damals noch dem Oberbefehl der SA. Da man deren Kompetenz ignoriert hatte, gab „Osaf Ost“ Stennes den Befehl, die SS-Einheit abends durch eine SA-Abteilung abzulösen. Anstatt zu gehorchen, verbarrikadierten sich die SS-Männer. Nach dreimaliger Aufforderung stürmte die SA das Büro, verprügelte die SS-Männer und jagte sie in die Flucht. Zur Gaudi der anderen Parteien mußte Goebbels ein Überfallkommando der Polizei anfordern.

Als der Gauleiter den Schauplatz besichtigte, starrte er entgeistert an die Decke, an der noch die Blutspritzer klebten: „Ist das nicht schrecklich?“ Stennes schüttelt sich noch heute vor Lachen über diese Mimosenhaftigkeit des „Jupp“ Goebbels, der doch mit seinen Reden die Gewalt überhaupt erst herbeigerufen hatte, dessen heimliche Vorliebe für den Terror aber jähem Entsetzen wich, sobald er der Früchte seines Tuns angesichtig wurde.

Nach dem Berliner Zwischenfall eilte Hitler, von Goebbels alarmiert, persönlich herbei, um die aufmüpfige SA zur Räson zu bringen.

Einer Begegnung mit Stennes ging er zunächst aus dem Wege. Statt dessen zog er, begleitet von seinem „Schatten“ Rudolf Heß und einer SS-Wache, von Eckkneipe zu Eckkneipe, um die SA-Stürme auf seine Seite zu ziehen. Mit wenig Erfolg. Die Männer tranken ihre Mollen ruhig weiter und drehten Hitler den Rücken zu; immer wieder schlug ihm offene Empörung entgegen. Einem SA-Unterführer konnte Stennes gerade noch die Pistole aus der Hand schlagen, ein anderer SA-Mann, ein bärenstarker ehemaliger Feldwebel, packte Hitler an der Krawatte, schüttelte ihn und schrie: „Adolf, du hast uns im Stich gelassen. Wir haben immer deine Befehle befolgt, nun halte du auch zu uns.“ Daß Stennes dieses Sakrileg zuließ, war in den Augen eines Rudolf Heß, der an die Unfehlbarkeit seines „Führers“ glaubte, unverzeihlich.

Einen Tag später bequemte sich Hitler, die Forderungen der Berliner SA anzunehmen. Im Kriegervereinshaus wurde eine pathetische Versöhnung gefeiert. Der greise General von Litzmann, ein bekannter Kriegsheld, kam auf die Bühne und legte die Hände von Stennes und Hitler ineinander. Unter dem Jubel der SA schworen sie sich Treue auf ewig – Hitler hatte Tränen in den Augen.

Aber hinterher, allein mit seinen SS-Männern, ließ Hitler die Maske fallen: „Ich bin in Canossa gewesen, doch wehe dem Sieger!“

II. Ein Putsch gegen Hitler

Wenn Walther Stennes an ein Gespräch mit Hitler im Oktober 1930 zurückdenkt, läuft es ihm kalt über den Rücken: „Es war ein Wendepunkt in meinem Leben. Ich bin kein allzu religiöser Mensch, auch kein bißchen abergläubisch. Aber als Kind hatte ich meine Bibel gelesen: Darum war mir in diesem Augenblick, als würde ich die Stimme des Teufels hören. Hitler war auf eine infernalische Weise überzeugend, und wenn er seine Verführungskünste bei anderen auf gleiche Weise eingesetzt hat, so würde das manches von dem erklären, was später in Deutschland geschah."

Bei dem Gespräch an jenem Oktobertag ging es Hitler darum, seinen selbstbewußten SA-Führer Stennes, mit dem er sich nach einer Meuterei der Stennes-treuen Berliner SA gerade zähneknirschend versöhnt hatte, in ein stärkeres Abhängigkeitsverhältnis zu dirigieren, ihn von seiner einflußreichen SA-Position wegzuloben.

Stennes könne doch Innenminister im Freistaat Braunschweig werden, wo sich die Nationalsozialisten an einer bürgerlichen Koalitionsregierung beteiligten, schlug Hitler vor. Als Stennes unter der Bedingung akzeptierte, weiterhin Oberster SA-Führer für Berlin und die deutschen Ostgebiete bleiben zu dürfen, winkte Hitler ab – und erhöhte den Einsatz: Wenn die nationalsozialistische Sache eines Tages gesiegt habe, könne Stennes vielleicht preußischer Innenminister werden. Auch um diesen Preis wollte Stennes nicht auf seinen SA-Posten verzichten. Da verlegte sich Hitler auf allgemein gehaltene Offerten: „Ich biete Ihnen kein Geld an, denn ich weiß, daß Sie einem reichen Mädchen versprochen sind, aber ansonsten können Sie alles auf Erden von mir haben, was Sie wünschen. Ich erwarte von Ihnen nur eines: daß Sie niemals meine Ernsthaftigkeit oder meine Fähigkeiten in Frage stellen."

Hitler zog alle Register, vom österreichischen Charme bis zum tyrannischen Zorn, um Stennes auf sich einzuschwören. Alles wollte er sanktionieren, alles decken, wenn Stennes nur an ihn glaube und seinen Anordnungen zustimme. Stennes bringt das Angebot heute auf die Formel: „Nicht mehr denken, Karriere machen."

Genau das aber wollte er nicht. Um weiteren Versuchungen zu entgehen, schrieb er einen Brief an Oberst Max Bauer, einen Mitarbeiter Ludendorffs, der im Stabe des chinesischen Generalissimus Tschiang Kai-schek eine deutsche „Militärberaterschaft" leitete. Der altgediente Offizier Stennes wollte sich dieser Gruppe anschließen. Schon im November erhielt er das Geld für die Reise nach China. Aber von allen Seiten wurde er bestürmt, in Deutschland zu bleiben: von Hitler, der eigens seinetwegen nach Berlin reiste und ihm Mangel an Kameradschaftsgeist vorhielt; von seinen SA-Unterführern, die ihre Hoffnungen auf ihn setzten; schließlich von seinem künftigen Schwiegervater, der seine Tochter, das einzige Kind, nicht so weit fortziehen lassen wollte.

So ließ sich Stennes breitschlagen und erlebte aus unmittelbarer Nähe, wie Hitler sich auf dem Weg zur Machtergreifung aufführte.

Etwa bei einem Treffen aller SA-Führer im neuerrichteten Braunen Haus von München im Dezember 1930. Hitler rügte die Zusammenarbeit zwischen SA und Reichswehr im Grenzschutz (Stennes hatte insgeheim mit der Reichswehr vereinbart, ihr bei einem polnischen Überfall auf Schlesien sofort zehntausend SA-Männer zu überstellen.). Nach Meinung Hitlers jedoch durfte die SA das Weimarer Regime auf keinen Fall stützen: „Keinen einzigen Mann diesem System; selbst wenn die Geschlossenheit der Nation dabei in Mitleidenschaft gezogen wird." Ginge zum Beispiel die „Insel" Ostpreußen verloren, so könne man sie sich irgendwann zurückholen.

Da konnte der Brigadeführer Nowak aus Schlesien nicht länger an sich halten und rief: „Das ist ja Landesverrat!" Minutenlang herrschte Totenstille im Saal – dann fing Hitler wieder an zu reden, als sei nichts passiert. In larmoyanten Tönen erklärte er, daß er alles der Bewegung opfere, sich wie in einem Käfig fühle, überhaupt kein Mensch mehr sei. Stennes konnten dergleichen Tiraden nur noch in seiner Abneigung gegen die „Bonzokratie" in München bestärken. Neue Konflikte schienen unvermeidlich. Und sie ließen nicht lange auf sich warten.

Nachdem Hitler bereits im Herbst 1930 den Oberbefehl über die gesamte SA übernommen hatte, saß seit Anfang Januar 1931 Ernst Röhm, sein Duzfreund aus den Tagen des Bürgerbräu-Putsches, als Stabschef der SA im Amt. Auch für Stennes war Röhm ein alter Bekannter, so daß er sich gegenüber dem neuen, unmittelbaren Vorgesetzten ein offenes Wort erlauben konnte. Ihm war klar, daß Röhm einzig zu dem Zweck berufen worden war, die SA vom Einfluß der Stennes-Gruppe zu säubern. „Hören Sie mal", rief Stennes ihm zu, „erst werden Sie mit mir abrechnen, dann wird man mit Ihnen abrechnen, weil Sie für die ein viel zu guter Soldat sind."

Ungerührt brachte Stennes auch bei Röhm die alten Klagepunkte seiner SA-Männer vor: unvernünftige Anforderungen der politischen Leitung, Inkompetenz der Gauleiter, verheerende wirtschaftliche Not, die sich auf die Moral der SA auswirkte. Es gab in Berlin SA-Standarten, die sich bis zu 67 Prozent aus Arbeitslosen rekrutierten. In Breslau konnte einmal ein SA-Sturm nicht bei Schnee und Frost antreten, weil es an Schuhzeug fehlte. Da mußte es die SA-Männer verbittern, daß Hitler mehr als eine Million in den Bau seines Münchner Parteipalastes gesteckt hatte. Stennes zu Hitler: „Sie haben die Wahl zwischen den Ziegeln für Ihr Braunes Haus in München und für die Schuhsohlen meiner Braunhemden in Berlin."

Solche Worte vergaß und vergab Hitler nicht. An Häresie grenzte es, was Stennes am 28. Februar 1931 an Röhm schrieb: „Außerdem wirkt es disziplinschädigend, wenn Adolf Hitler alle paar Monate seine Befehle umstößt.“ Und: „Von der mittleren Führung bis zum letzten SA-Mann begreift niemand die Maßnahmen des letzten halben Jahres.“

Am 1. April 1931, einem Karfreitag, brach dann der sogenannte Stennes-Putsch aus. Tatsächlich war es ein Putsch ohne Stennes. Während der Oberste SA-Führer für die Ostprovinzen („Osaf-Ost“) nach einem Stettiner Appell erschöpft in seiner Berliner Wohnung schlief, hatten seine Unterführer etwas von seiner Absetzung auf der bevorstehenden Weimarer Führertagung läuten hören und schlagartig die Büros von Goebbels und die Redaktion des Parteiblatts „Angriff“ besetzt.

Wider Erwarten kam nach dem „Putsch“ kein Bannfluch aus München, sondern ein Telegramm: Stennes möge ebenfalls zur Führertagung kommen. Er telegrafierte zurück, ob das Gerücht von seiner Absetzung stimme oder nicht. Darauf Hitlers klassische Antwort: „Sie haben nicht zu fragen, sondern zu gehorchen.“ Stennes reagiert noch jetzt so barsch wie damals: „Da war bei mir Götz von Berlichingen.“

Zunächst sah es einen Augenblick aus, als ob der Nationalsozialismus schon am Ende sei: Fast alle höheren SA-Führer östlich der Elbe stellten sich hinter Stennes. Die Aufrührer in Berlin und die Parteiführung in München schlossen sich gegenseitig aus der Partei aus. Stennes gründete einen „Nationalsozialistischen Kampfbund“, der als Auffangorganisation für alle Rebellen gedacht war. Doch der erhoffte Zuzug blieb aus – nur ein paar hundert Anhänger verließen die Mutterpartei.

Der Mißerfolg der Rebellion hatte mehrere Gründe: Hitler besaß den Kassenschlüssel – für die arbeitslosen SA-Männer ein schlagendes Argument. Sodann hatte Hitler im „Völkischen Beobachter“ eine Breitseite gegen die „Putschisten“ losgelassen, die er bolschewistischer Neigungen verdächtigte, eine Verleumdung, die Stennes noch nach Jahrzehnten empört. Der Verdacht aber reichte aus, zünftig die Portefeuilles der Industrie und der Reichswehr vor ihm zu verschließen. Nicht zuletzt lag das Debakel der Abtrünnigen jedoch in der Persönlichkeit des Hauptmann Stennes begründet. Ihm fehlte das Charisma des Volksführers und Demagogen.

Albert Speer hat beschrieben, wie Hitler nach dem Stennes-Putsch das Unverhoffte tat und gerade dadurch die letzten noch schwankenden Meuterer wieder auf seine Seite zog: Er ließ die Berliner SA-Stürme zum Appell antreten, doch statt eine Rede zu halten, begab er sich schweigend unter die Menge, schritt stundenlang die Reihen der Angetretenen ab, blickte jedem ins Gesicht, als wolle er ihn in seinen Bann schlagen – eine Vorstellung, die ihre Wirkung nicht verfehlte.

Dazu stellte sich jetzt auch heraus, was eine nach dem „Führerprinzip" aufgebaute Partei zu leisten imstande war. Binnen einer Woche hatte die Zentrale den „Putsch" niedergeschlagen. Die SA, auf Hitler persönlich eingeschworen, gehorchte genauso bedingungslos wie später die auf ihn vereidigte Wehrmacht.

Der westfälische Dickschädel Stennes, seines SA-Postens ledig und aus der NSDAP ausgeschlossen, räumte dennoch nicht das Feld. Mit einem Haufen Getreuer gründete er eine Splitterpartei, und als Hitler ihm per Gerichtsbeschluß verbieten ließ, sie „Nationalsozialisten" zu nennen, nannte er sie „Unabhängige Nationalsozialisten". Hitler stieß nach, verleumdete Stennes als Polizeispitzel. Tief gekränkt, wagte sich der Angegriffene auf das ihm unvertraute Terrain einer gerichtlichen Auseinandersetzung. Unter großen Mühen erreichte er eine Ehrenerklärung. Doch das lange Prozessieren hatte viele seiner Anhänger kopfscheu gemacht – Hitlers Weg nach oben war nicht mehr aufzuhalten.

Hinzu kam, daß sich die Stennes-Partei zwar als „das gute Gewissen der nationalsozialistischen Idee" fühlte, daß aber ihre eigenen Ziele merkwürdig verschwommen blieben. Ihre außenpolitische Parole lautete: „Weder Moskau noch Rom noch der Westen, sondern nur: Deutschland", worunter man sich alles und nichts vorstellen konnte. Ihre Zielgruppe waren „Arbeiter Bauern Soldaten" – so der Titel ihres Parteiorgans. Das sozial- und wirtschaftspolitische Programm blieb jedoch ein krauses Gemisch aus sozialistischem Gedankengut und Ständestaatsideen.

Kurz vor dem Kollaps der Weimarer Republik, gegen die er naturgemäß nicht weniger eingenommen war als gegen Hitler, erhielt Stennes 1932 noch einmal Gelegenheit, auf originelle Weise der preußischen Regierung des Sozialdemokraten Otto Braun, der letzten demokratischen Bastion in Deutschland, einen Dienst zu erweisen. Durch einen befreundeten hohen Reichswehroffizier erfuhr er von dem Plan des Reichskanzlers von Papen und seines Reichswehrministers von Schleicher, die preußische Regierung mit militärischer Gewalt abzusetzen und das Land (es umfaßte zwei Drittel des Deutschen Reiches) einem Reichskommissar zu unterstellen. Stennes und seine Freunde waren sich einig, daß ein solcher Verfassungsbruch verhindert werden müsse, weil er die erste Stufe zur Machtübernahme Hitlers und zur Gleichschaltung aller Länder sei. Während eines familiären Abendessens setzte Stennes den preußischen Finanzminister Klepper ins Bild. Der reagierte so, wie sich Menschen benehmen, für die nicht sein kann, was nicht sein darf. Er sehe gar keinen Grund für einen Staatsstreich, die preußische Verwaltung funktioniere doch, und schließlich gebe es ja noch ein Reichsgericht.

Bei längerem Nachdenken wurde dem Minister jedoch so mulmig zumute, daß er ein paar Tage danach den Privatmann Stennes zum Rapport in die Sitzung des preußischen Kabinetts mitnahm, wo Stennes sogleich von seinem einstigen Vorgesetzten Innenminister Severing herzlich begrüßt wurde. Die Minister nahmen seine Informationen ernst, konnten sich aber nicht über das notwendige Vorgehen einigen. Severing beteuerte immer wieder, er wünsche keinen Bürgerkrieg.

Stennes, kurzentschlossen wie stets, wußte Rat. Er machte der Ministerrunde zwei Vorschläge: Entweder sollten die Gewerkschaften eine Abordnung zum Reichspräsidenten von Hindenburg schikken und ihn vor dem „Preußenschlag" warnen – als loyaler Beamter würde Hindenburg den Verfassungsbruch untersagen. Oder, und dieser Vorschlag war ein echter Stennes: „Herr Minister Severing kann mir irgendeine Polizeiabteilung übergeben, mir ist ganz egal welche, die preußische Polizei ist bis auf wenige Zellen noch vollkommen intakt. Mit dieser Abteilung übernehme ich den Schutz des Regierungsviertels. Und wenn dann so ein Leutnant mit zehn Mann kommt, dann werde ich ihn sehr höflich, aber bestimmt auffordern, von seinem Vorhaben abzusehen. Dann werde ich mich zur Wilhelmstraße in Marsch setzen und Herrn von Papen wegen versuchten Bruchs der Verfassung festnehmen."

Man darf annehmen, daß die Kabinettsrunde durch dieses Radikalrezept in Heiterkeit versetzt wurde. Aber der Galgenhumor verdeckte die entscheidende Schwäche der Republik: Den Demokraten gebrach es an Zivilcourage. Gegen Kommunisten hatte Severing den Hauptmann Stennes abprotzen lassen, auf den Reichskanzler mochte er ihn nicht ansetzen. Am 20. Juli 1932 machte der Staatsstreich Papens der Demokratie in Preußen und zugleich dem Staate Preußen den Garaus.

Die Intrige Papens und einiger Bankiers, Industrieller und Großgrundbesitzer, die dann am 30. Januar 1933 Hitler über die Hintertreppe an die Macht brachte, kam auch für Stennes überraschend. Er teilte nicht die Illusion jener, die da meinten, Bürgerliche und Konservative rahmten Hitler so ein, daß er nur noch nach ihrer Pfeife tanzte. Und er sollte nur allzu recht behalten.

Hermann Göring, einst Kadett wie Stennes, riet ihm nach der Machtergreifung Hitlers: „Machen Sie sich schwach", was bedeutete, er solle in Deckung gehen. Tatsächlich schwebte Stennes in höchster Lebensgefahr. Hitler und seine Paladine sähen ihm nichts nach. Mitte März verwüsteten SS-Leute denn auch die Wohnung von Stennes in Berlin-Steglitz. Sie schleuderten sogar seine Kriegsauszeichnungen zu Boden. Als dem greisen Hindenburg davon berichtet wurde, verbat er sich jedes weitere Wort: „Das ist doch Quatsch! So etwas ist in Preußen unmöglich!"

Es war noch viel mehr möglich. Im Mai wurde Stennes in Mecklenburg-Strelitz in einer Jagdhütte verhaftet. Seine Frau – Stennes hatte im Oktober 1930 die Tochter eines hohen Reichsbahnbeamten geheiratet – wandte sich um Hilfe an Göring, der den Häftling unter seinen persönlichen Schutz stellte. Ein SS-Rollkommando, das vor dem Gefängnis in Neustrelitz auffuhr, um den „Verräter" Stennes zur Exekution abzuholen (so etwas hieß dann: „auf der Flucht erschossen"), mußte unverrichteter Dinge wieder abziehen. Der Kriminalkommissar hatte sich so verhalten, wie sich alle Beamten hätten benehmen müssen: Er weigerte sich, den Zellenschlüssel auszuhändigen, obwohl ihm der SS-Führer die Pistole an den Kopf setzte.

„Göring hat mein Leben gerettet", sagt Stennes heute nicht ohne Dankbarkeit. Er kann es sich nur damit erklären, daß sich Göring der gemeinsamen Zugehörigkeit zum Kadettenkorps bewußt war. Vielleicht habe es ihm auch imponiert, daß er, Stennes, Hitler immer offen seine Meinung sagte, statt hinterrücks zu intrigieren.

Der „Schutzhäftling" wurde in Berliner Gefängnisse überführt, wo er vor Anschlägen sicherer schien. Die alten preußischen Gefängnisbeamten behandelten ihn korrekt. Doch die besseren Tage hörten auf, als er in das berüchtigte „Columbia-Haus" eingeliefert wurde, wo die SS ihre Gegner zu mißhandeln pflegte. Zum Empfang führte ihn ein SS-Führer an eine Baugrube: Während andere SS-Männer ihre Pistolen entsicherten, schrie er Stennes an: „Der größte Strolch, den Gottes Sonne bescheint, ist in unsere Hand gegeben." Stennes fand die Szenerie so unwirklich, daß er unwillkürlich grinsen mußte, worauf der SS-Führer unsicher wurde und ihn in die Zelle abführen ließ. Dort mußte Stennes mehrere Tage und Nächte lang gefesselt verbringen, während aus dem Keller die Schreie der Gefolterten zu ihm drangen. Rauchen und Schreiben waren verboten. Kein Bett, kein Stuhl, kein Tisch.

Aus Protest gegen die unwürdige Behandlung beschloß Stennes, einen Selbstmordversuch vorzutäuschen. Er fand in der Zelle eine Krampe, schärfte sie an der Mauer und schnitt sich an beiden Handgelenken die Adern auf. Bis die Wache ihn entdeckte, hatte er schon viel Blut verloren. Fortan wurde er nicht mehr gefesselt, bekam auch Stuhl, Tisch und Bett.

Seine Frau eilte mit dem blutgetränkten Hemd zu Gestapochef Rudolf Diels, der gerade im Hotel „Kaiserhof" mit Hitler Tee trank. Auch andere einflußreiche Freunde ruhten nicht. Der Kölner Kardinal Schulte, ein Onkel des Inhaftierten, schaltete den päpstlichen Nuntius ein, für Hitler besonders peinlich, da er gerade das Konkordat mit Rom unter Dach und Fach bringen wollte.

Ende August 1933, bei der Gedenkfeier am Tannenberg-Mahnmal in Ostpreußen, richteten Offiziere der Reichswehr an Hindenburg und Hitler die Bitte, dem altgedienten Freikorpskämpfer die Freiheit zu schenken. Vizekanzler von Papen unterstützte den Appell in Gegenwart der versammelten Diplomaten. Hitler entschied nach kurzem Überlegen, es sei möglich, wenn Stennes eine Beschäftigung außerhalb Europas nachweise. Ein übler Trick, denn in der damaligen Situation war diese Bedingung nahezu unmöglich zu erfüllen. Doch für Stennes' Freunde war nichts leichter als das: Eine telegrafische Anfrage in Nanking genügte, der Generalissimus Tschiang Kai-schek stimmte sofort zu, und Stennes kam frei.

Zuvor aber wollte Göring noch mit ihm sprechen. Gestapochef Diels, der von sich aus verhindert hatte, daß Stennes auf einem Gefangenentransport nach Dachau erschossen wurde, flehte den Westfalen vorher an: „Halten Sie wenigstens einmal in Ihrem Leben Ihre große Klappe!" Doch Stennes, inzwischen 38 Jahre alt und immer noch ein Heißsporn, riß den Mund weiter auf denn je, so sehr, daß Göring die Türen öffnete und nachsah, ob auch niemand zuhörte. Stennes schilderte alles, was er in der Haft miterlebt hatte. Dann sagte er: „Ich weiß genau, daß Sie Krieg machen wollen, sobald die Vorbereitungen dazu abgeschlossen sind. Aber lassen Sie mich eines sagen: Sie werden den Krieg verlieren, denn die Menschen aus den Gefängnissen und den Konzentrationslagern, ihre Familien und ihre Freunde werden die Nägel für Euren Sarg sein."

Göring sorgte dafür, daß Stennes unter Gestapo-Bewachung von einem Vetter im Kraftwagen bis zur holländischen Grenze gebracht wurde; Stennes durfte auch noch seinem Vater Lebewohl sagen. Die Fahrt war abenteuerlich genug – zweimal brach die Achse, zweimal mußte der Wagen gewechselt werden. Kurz vor der Grenze ließ sich der Gestapo-Begleiter noch im Gebrauch einer Pistole unterweisen – er hatte noch nie eine abgefeuert.

Stennes gelangte unversehrt nach London, wo er wartete, bis seine Frau nachkam. Noch ehe er sich in Nanking bei Marschall Tschiang Kai-schek melden konnte, hatte Hitler die deutschen Berater in China bereits angewiesen: „Legen Sie sich unter gar keinen Umständen mit diesem Stennes an!"

Als Militärberater im persönlichen Stab von Tschiang Kai-schek bildete Stennes nach dem Vorbild der preußischen Garde zunächst die Leibwache des Generalissimus aus, später auch Offiziere für die Militärpolizei und die zivile Polizei. Mitte der dreißiger Jahre wurde er zum Kommandeur der Lufttransportstaffel des Marschalls ernannt, sicherlich der ungewöhnlichsten Fliegerformation auf Erden: Sie bestand aus zehn Flugzeugen verschiedenster ausländischer Typen, die von chinesischen, deutschen, italienischen und amerikanischen Piloten geflogen wurden.

Enttäuschende Erfahrungen blieben Stennes auch im Reich der Mitte nicht erspart. Im Bürgerkrieg mit den kommunistischen Armeen unter Mao Tse-tung mußte er erleben, wie die nationalchinesischen Verbände immer wieder ins Leere stießen – die Strategie des Guerilla-Kampfes war auf preußischen Militärschulen nicht gelehrt worden. Obwohl die widerstreitenden chinesischen Parteien angesichts der japanischen Invasion von 1937 ihren Bruderzwist vorübergehend begruben, brachten sie keine wirksame Allianz gegen Japan zustande. Deutsche Militärberater mußten mit ansehen, wie die besten, von ihnen ausgebildeten nationalchinesischen Divisionen in der Schlacht um Schanghai verbluteten.

Der Hilfe von Freunden und seinem persönlichen Mut hatte es Stennes zu danken, daß er die wechselvollen fernöstlichen Kämpfe im Zweiten Weltkrieg überlebte. Durch Zufall war er 1941 in Schanghai den Japanern in die Hände gefallen; ihre kaiserlichen Offiziere ließen ihn jedoch unangetastet, nachdem er sich ihnen als überzeugter deutscher Monarchist und als Vertrauensmann Tschiang Kai-scheks zu erkennen gegeben hatte. Doch mußte er ständig vor den Nachstellungen der Gestapo und der Kempetai, des japanischen Geheimdienstes, auf der Hut sein. Die nachrückenden amerikanischen Sieger verdächtigten Stennes als Spitzel von Admiral Canaris, verübelten ihm auch, daß er ehemalige deutsche Nazis in

Schanghai nicht denunzieren wollte. Doch ehe sie ihn gegen seinen Willen nach Deutschland abschieben konnten, stellte ihn der Marschall unter seinen persönlichen Schutz und ernannte ihn zum Mitglied der chinesischen Militärkommission in Schanghai.

Vier Jahre später saß Stennes abermals in der Falle: Die siegreichen Truppen Maos belagerten die Stadt. Ohnmächtig hatte Stennes den Zerfall des Tschiang-Regimes miterlebt, das sich außerstande gezeigt hatte, durch Reformen rechtzeitig die Masse des Volkes auf seine Seite zu ziehen. Die Zukunft gehörte den Kommunisten. Der Haudegen Stennes hatte, wie es seiner preußischen Lebensart entsprach, dem Marschall nahegelegt, er solle sich, nach dem Vorbild Maos, mit treuen Truppen in Kiangsi oder einer anderen gebirgigen Region verschanzen und von dort aus versuchen, China zurückzuerobern, sobald die Begeisterung über das kommunistische Regime abgeebbt sei. Tschiang aber wählte den Rückzug auf die Insel Taiwan.

Stennes hatte auch Madame Tschiang umzustimmen versucht, die auf der Suche nach Hilfe 1948 zu einer Reise nach Amerika aufgebrochen war: „Madame, wir müssen in China bleiben und es hier ausfechten. Wir müssen in China sterben!" Beim Abschied auf dem Flugplatz versprach sie ihm, in drei Wochen zurückzusein – doch ihr Aufenthalt dauerte neun Monate, und da war der Bürgerkrieg schon verloren.

Über Taiwan verließ Stennes mit Trauer das Land, dem er sechzehn Jahre gedient, dessen Menschen er liebgewonnen hatte und dessen Kultur er bewunderte. In der vom Krieg noch schwergezeichneten Heimat warteten die Entnazifizierungskammern auf ihn. Nach langem Hin und Her wurde er in die Gruppe V eingestuft – unter jene, die gegen Hitler Widerstand geleistet hatten. Doch eine Wiedergutmachung wurde ihm versagt.

Noch einmal, nun schon weit über fünfzig Jahre alt, wagte er einen Ausflug in die Politik. Er schloß sich der Deutschen Sozialen Partei des niedersächsischen Landwirtschaftsministers und ehemaligen CDU-Politikers Dr. Dr. Günter Gereke an, die sich gegen die Wiederbewaffnung stellte und für die Neutralität Gesamtdeutschlands eintrat. Aber die Mini-Partei verfügte nur über zwei Sitze im Landtag, und nach der Wahl vom Mai 1951 nur noch über einen – und den behielt Gereke für sich. Stennes fand sich wieder einmal im Abseits und bald auch noch als Objekt des Verfassungsschutzes – Parteifreund Gereke war nämlich in die DDR übergewechselt.

Solcher Ränke müde geworden, zog sich Stennes in eine sauerländische Kleinstadt zurück. Dort lebt er heute, betreut von seiner Tochter, umgeben von Erinnerungen an seine turbulente Vergangenheit. Noch immer ist die Erscheinung des nunmehr 84jährigen imposant – ein gedrungener, sportlich trainierter Körper, soldatische Haltung, ein harter Westfalenschädel, blaue Augen, die das Gegenüber mustern.

„Ich habe immer ein gutes Gewissen gehabt und habe immer gut schlafen können", sagt er. Und er ist, Soldat und Rebell in einem, sich selber wohl immer treu geblieben. Der Engländer Charles Drage, ein geheimdienstlicher Bekannter aus den China-Jahren, hat ihm 1958 ein Buch gewidmet: „THE AMIABLE PRUSSIAN" – „Der liebenswerte Preuße". Treffender läßt sich die Person des Walther Stennes mit drei Worten kaum beschreiben.

Erinnerungen eines Rotfrontkämpfers

I. Bomben, Bullen, Barrikaden

Erinnerungen eines Rotfrontkämpfers sind in Deutschland so rar wie Literatur über den „Roten Frontkämpferbund" (RFB), den kommunistischen Kampfbund in der Weimarer Republik. Wer hängt schon im Alter an die große Glocke, daß er als „Halbstarker" mit einem „Ballermann" in der Tasche herumgelaufen ist, aus dem Hinterhalt auf politische Gegner und auf Polizisten geschossen, Ladenkassen ausgeraubt und Fleischerläden geplündert hat? Viele Mitglieder dieser (nach dem Verbot von 1929) ersten deutschen Stadtguerilla haben die Verfolgung im Dritten Reich nicht überlebt; andere fielen den stalinistischen Säuberungen in der Sowjetunion zum Opfer oder ließen ihr Leben im Spanischen Bürgerkrieg. Von den wenigen Überlebenden wollen die meisten – nach KZ und Zuchthaus – endlich ihre Ruhe haben, dieser oder jener fühlt sich noch der kommunistischen Sache verbunden, schweigt aus Furcht oder Loyalität.

Doch nun hat sich ein Hamburger Rentner, der sich von solchen Rücksichten frei weiß, zu Wort gemeldet. In einer Zeit, da wiederum junge Menschen – Schüler, Lehrlinge, Studenten, Arbeitslose – gegen die bürgerliche Ordnung anrennen und jene Grenze überschreiten, die politischen Protest von krimineller Handlung scheidet, hält er es für seine Pflicht, aus dem Nähkästchen eines ehemaligen Terroristen zu plaudern, vor den Verführungen der Gewalt zu warnen.

Mit siebzehn hat sich unser Augenzeuge dem illegalen RFB angeschlossen, in dem man mit einigem Recht einen Vorläufer der „Rote Armee Fraktion" erblicken kann, denn auch er wollte die Vorhut der noch kommenden Roten Armee, des Massenaufstandes, der Weltrevolution sein. Freilich gibt es da einen gravierenden Unterschied: Jene Rotfrontkämpfer waren keine Söhne aus gutbürgerlichem Hause, die auf ihre unentbehrlichen proletarischen Handlanger von oben herabblickten (die Studie über das Klassendenken innerhalb der RAF wäre noch zu schreiben), sondern sie waren allesamt Arbeiter, Seeleute, Handwerksgesellen, und geführt wurden sie von ihresgleichen. Außerdem schwammen sie wirklich wie Maos Fische im Wasser, nämlich in den Elendsmassen der Weltwirtschaftskrise.

Erst aus dem Abstand eines halben Jahrhunderts wird erkennbar, wie kaltblütig irgendwelche Apparate in Berlin oder Moskau jugendliche Idealisten für so abenteuerliche wie sinnlose Aktionen mißbraucht und, wenn es die Parteiräson erforderte, geopfert haben – wie unseren kleinen Rotgardisten aus dem Hamburger Gängeviertel.

Der Rentner Otto Mahncke, ehedem Mitglied der Roten Jungfront im illegalen RFB, denkt an seine Sturm- und Drangzeit mit gemischten Gefühlen zurück. Eigentlich könnte er so etwas wie Stolz empfinden, denn verurteilt wurde er seinerzeit von einem Sondergericht der NS-Justiz, ist also anerkannter Widerstandskämpfer. Aber Terrorakte hat er auch schon vor 1933 verübt, im revolutionären Kampf gegen die Weimarer Republik, gegen das kapitalistische System und die Sozialdemokratie. Er versteht kaum noch, wie er sich zu menschenverachtenden Handlungen hat mitreißen lassen und sogar bereit war, wenn es denn sein mußte, „auf die eigenen Genossen zu schießen".

Die Gewalttätigkeiten des letzten Jahrzehnts hat er mit wachsender Sorge verfolgt. Wann immer in Hamburg auf den Straßen etwas los ist – ob nun Hausbesetzer, Kernkraftgegner oder Freunde der Hungerstreikenden demonstrieren –, macht sich der Rentner Mahncke, soweit es seine Durchblutungsstörungen zulassen, auf den Weg, um die Szenen von heute mit denen von damals zu vergleichen. Vieles kommt ihm bekannt vor – die Taktik der „Strassenkämpfer“ hat sich kaum geändert, und auch die Polizei verhält sich oft genauso ungeschickt wie in den dreißiger Jahren. Was ihn bekümmert, ist die mangelnde Urteilsfähigkeit junger Menschen, die oft nicht durchschauen, ob und für wessen Zwecke ihr Idealismus mißbraucht wird, und die erst recht nicht die Konsequenzen ihres Tuns überschauen.

Wie wurde man damals, vor fünfzig Jahren, Terrorist? Für Otto Mahncke lag die Ausgangssituation insofern anders, als er nicht, wie die Jungen von heute, in einer Wohlstandsgesellschaft, sondern in bitterer Not großgeworden ist. Er wurde dort geboren, wo Hamburg am ärmsten war: im malerischen „Gängeviertel“ der Neustadt, vom Volksmund auch „Klein-Moskau“ genannt. Ältere Hamburger aus feinem Hause mokieren sich zuweilen noch heute, dort hätten doch nur Huren und Ganoven gewohnt – ein unausrottbares bürgerliches Vorurteil, das die 12 000 Bewohner dieses Stadtteils, zumeist ehrliche, schwer arbeitende und darbende Proletarierfamilien, schon in Mahnckes Kindertagen bitter kränken mußte und ihre klassenkämpferischen Gefühle verständlich macht: Hier bekam die Kommunistische Partei mehr als fünfzig Prozent der Stimmen bei den Wahlen.

Von den winkligen Gassen, den jahrhundertealten, niedrigen Fachwerkhäusern, den Bretterzäunen und den Hinterhöfen mit so klangvollen Namen wie Eierhof, Fürstenhof und Paradieshof ist kaum noch etwas zu sehen. Die baufälligsten Häuser wurden bereits zur Nazizeit aus begreiflichen politischen Gründen abgerissen; den Rest besorgten britische Bomben und hernach die Stadtsanierung. So läßt sich die Romantik jenes Stadtteils nur aus den Gemälden und Zeichnungen jener Künstler erahnen, die zu Dutzenden dorthin pilgerten – unter ihnen Berühmtheiten wie Schmidt-Rottluff und Kokoschka.

Auf kleinstem Raume mußten sich die kinderreichen Familien einrichten. Die Küche diente zugleich als Schlafstätte. Wasser mußte aus dem Hof geholt und eimerweise bis unters Dach gebracht werden. Oft teilten sich mehrere Familien die Toiletten. Mahncke erinnert sich, wie „Teddy“ Thälmann, der aus Hamburg stammende populäre KPD-Vorsitzende, gelegentlich den Malern über die Schultern guckte und sie über ihr Sujet aufklärte: „Ihr müßtet mal ein Leben lang drinnen wohnen. Das sind doch nur Löcher, aber keine Wohnungen, die ins 20. Jahrhundert passen.“

Otto Mahncke war zehn, als sein Vater, Schiffsmaler im Hafen, 1923 bei der Arbeit tödlich verunglückte. Seine Mutter, die zwölf Kinder zur Welt gebracht hatte, von denen nach dem Ersten Weltkrieg nur noch sechs lebten, mußte sich mit „Pütt un Pann" durchschlagen: Sie zog mit Töpfen und Bratpfannen über die Dörfer und tauschte dafür Eier, Butter, Speck und Kartoffeln ein; ihre Kinder verkauften einen Teil dieser Lebensmittel wieder an die Nachbarn. „Oft wochenlang haben wir Kinder in Schlackenbergen herumgestochert, um Koks für den Winter herbeizuschaffen. Oder wir kletterten in die Gatter vor dem Schlachthof, um die Kühe zu melken."

Den revolutionären Geist hat Mahncke auf den Hinterhöfen eingesogen. Die Knaben im „Gängeviertel" lieferten sich regelrechte Straßenschlachten mit Steinen und Stöcken, trugen Rivalitätskämpfe in dem dumpfen, tristen Milieu ähnlich gewalttätig wie ihre Väter aus. Sie spielten in Apfelsinenkisten: „hie Freiheit", „hie Rotfront". Beim Hamburger Kommunistenaufstand von 1923 machten sich Jungen und Mädchen in St. Pauli einen Spaß daraus, Reichswehrsoldaten und Bereitschaftspolizisten zu ärgern: „Licht aus, Messer raus, Reichswehr liegt im Krankenhaus." Mit zwölf wurde der Volksschüler Mahncke Pionier im Jung-Spartakusbund. „Unser Nachbarssohn, Otto Köppen, war der beste Trompeter des RFB in ganz Deutschland. Ich habe ihn immer um seine vielen Auszeichnungen beneidet. Eines Tages nahm er mich mit in ein Lokal, wo es nur so von Pionieren im blauen Kittel und roten Halstuch wimmelte."

Die Abenteuerlust muß Mahncke im Blut gelegen haben. Dreimal ging er nach dem Schulabschluß als Decksjunge auf große Fahrt. Dann, nach einem kurzen Zwischenspiel als Hilfsarbeiter in einer Druckerei, und noch ehe er einen Beruf erlernen konnte, hielt ihn die Weltwirtschaftskrise in ihren Fängen. Als einer von Millionen Arbeitslosen hatte er nun ein paar Jahre Zeit, sich ganz der Sache des Kommunismus zu verschreiben – als Berufsrevolutionär. Der 17jährige trat in die Rote Jungfront ein, eine Unterabteilung des militärisch aufgezogenen Roten Frontkämpferbundes, der, seit 1929 im ganzen Reich verboten, im Untergrund weitergeführt wurde. „Von Stund an war ich bei allen Aktivitäten dabei" – als Plakatkleber und Transparentmaler, als Saalschützer und als Ordner bei Demonstrationen, als Leibwächter, als Kurier und schließlich als Mitglied einer „Feuergruppe (F-Gruppe)".

Mahncke hatte sich dem illegalen RFB freiwillig angeschlossen. Im Laufe der Hungerjahre lernte er alle Schliche des Untergrundkampfes kennen. Unmerklich überschritt er die Hemmschwelle zur Kriminalität – als gehorsamer Soldat der Weltrevolution. Er spielte Bürgerkrieg, so wie es ungezählte junge Deutsche damals getan haben – ob bei den Rotfrontkämpfern, beim deutsch-nationalen Stahlhelm, beim linksrepublikanischen Reichsbanner oder in den nationalsozialistischen Wehrverbänden SA und SS. Sie hatten genug vom „Eckenstehen" und vom Herumdösen in den Kneipen. Es lockte sie der Nervenkitzel des Verbotenen, die Gefahr und das Abenteuerliche, und die Zugehörigkeit zu einer verschworenen Gemeinschaft stärkte ihr Selbstwertgefühl. Zweifellos glaubten diese Jungkommunisten inbrünstig an die sozialistischen Ideale, die ihnen ihre Führer einimpften. Einem arbeitslosen Jugendlichen, der wöchentlich fünf Mark „Wohlfahrt" bekam, von denen er meistens vier Mark an seine Eltern abliefern mußte, brauchte man nicht erst das ABC des Klassenkampfes beizubringen – er hörte auf jeden, der ihm Erlösung versprach.

Der Rotfrontkämpferbund war nach dem Verbot von 1929 auf die „Halbstarken" angewiesen, hatten sich doch viele Ältere von ihm abgewandt. Den Jungen leuchteten die Augen, wenn ihr Gauleiter – ein damals bei Linken wie Rechten gebräuchlicher Begriff – sie als die „wirklich kämpferischen Revolutionäre" ansprach, die Übriggebliebenen, nachdem sich die Spreu vom Weizen getrennt habe.

Für Mahncke war die Zeit im illegalen RFB das Ereignis seines Lebens. Er hat noch fast alle Namen seiner Genossen vom 1. und 2. Sturm des 8. Verbandes und von der Roten Marine im Kopf, hat noch viele Einzelheiten vor Augen, kann noch die Orte des Geschehens bezeichnen, auch wenn sie mittlerweile durch Bomben oder Spitzhacken ausgelöscht wurden. „Täglich ging die politische Arbeit schon früh morgens um zehn los: Transparente malen. Transparente über Straßen spannen. Flugblätter herstellen, verteilen. Häuser mit Parolen bemalen. Dazwischen immer wieder Demonstrationen, mal hier, mal dort. Oder Kundgebungen, wo wir den Saalschutz stellten. Oder in den Straßen Posten stehen. Gruppenabende. Politischer Unterricht. Schießübungen. Jeden Tag gab es etwas Neues, damit bloß keine Trägheit aufkam."

Im November 1931 kam der große Moment für Mahncke: Er wurde zusammen mit drei anderen Junggenossen ausgewählt, um „Teddy" Thälmann bei einem seiner Rundgänge durch die Armenviertel in der Altstadt und am Hafen als Leibwächter zu begleiten. Seit SA-Leute nächtens den KPD-Bürgerschaftsabgeordneten Ernst

Henning ermordet hatten, garantierte der RFB die Sicherheit der hohen Funktionäre. Mahncke, der später noch zweimal auf Thälmann aufpassen mußte, erinnert sich mit viel Sympathie an den Parteiboß: „Er war zu jedermann wie ein echter Kumpel. Er klönte mit den Arbeitern und den Marktfrauen, hin und wieder auch auf Platt, kehrte in die kleinen Kneipen ein und spendierte ein Bier, erzählte aus alten Zeiten. Immer sprach er frei und offen." Thälmann achtete darauf, daß ihn jeder RFB-Mann wenigstens einmal persönlich kennenlernte – und jeder lohnte es der Partei mit noch größerer Einsatzfreudigkeit.

Die überschüssige Kraft der Jugend, die sich heutzutage in Fußballstadien oder im Straßenverkehr austobt, wurde beim RFB auf andere Aktivitäten abgelenkt: „Bei einem Druckereistreik mußten wir den Zeitungsträgern, Erwachsenen wie Kindern, die Zeitungspacken aus der Hand reißen und in die Fleete werfen. In einigen Stadtteilen kam tagelang keine Zeitung ins Haus. Als einmal bei der Hochbahn gestreikt wurde, haben wir bei Straßenbahnen, die trotzdem ausfuhren, die Scheiben eingeschlagen. Ein andermal mußten wir den Matrosen der Reichsmarine die Mützen vom Kopf schlagen. Oder wir jagten Nazis, die ihr Parteiabzeichen am Revers trugen."

Seine erste „Demo", wie man heute sagen würde, hatte Mahncke 1927 als Pionier mitgemacht. Damals tobte die Linke in der ganzen Welt gegen das Todesurteil, das in Amerika an zwei armen Anarchisten namens Sacco und Vanzetti vollstreckt worden war. „Als wir gerade an einer großen Baustelle vorüberzogen, löste die Polizei den Demonstrationszug auf. Fast alle holten sich Mauersteine vom Bauplatz und warfen damit auf die Bullen, wie die Polizisten schon damals genannt wurden."

Ein paar Jahre danach: So wie heute der Bürgerkrieg in Salvador die junge Linke erregt, so sorgte damals die japanische Aggression in der chinesischen Mandschurei für Empörung. Während einer Straßendemonstration stürmte eine Truppe des RFB vor das japanische Generalkonsulat in der Mönckebergstraße und warf die Glastüren ein. „Wir hatten die Steinbrocken mit Zeitungspapier umwickelt – darin lag ein Papierbogen, auf dem wir mit der linken Hand und in verkehrter Richtung geschrieben hatten: 'Nieder mit dem japanischen Imperialismus.' Nach der Tat riefen wir laut 'Rot Front'. Bewaffnete deckten unsere Flucht durch die Treppenflure, und draußen tauchten wir im Demonstrationszug unter."

Von älteren RFB-Genossen wurden die Jungen in konspirativem Verhalten unterwiesen. „Bei Vernehmungen durch die Polizei sollten wir grundsätzlich den Doofen spielen, uns möglichst bescheuert geben." In Frage- und Antwortspielen wurde taktisches Verhalten eingeübt:

„RFB? Was ist denn das für ein Tier? – Zugführer? Habe noch nie einen Zug gefahren!"

Die Rotfrontkämpfer probten sogar, wie man Polizisten entwaffnet: „Im Brüllton 'Hände hoch!' – Ein zweiter nimmt ihm die Waffe ab, danach den Tschako vom Kopf reißen, um den Polizisten seiner 'Persönlichkeit' zu berauben." Es kam, wie es kommen mußte: Eines Tages setzte ein RFB-Mann einem Polizisten die Pistole an den Rücken, und als der nicht sofort die Hände hochnahm, drückte der Jungkommunist ab – einer von vielen Hamburger Polizistenmorden in den Jahren vor 1933.

Je einschneidender die Wirtschaftskrise wurde, desto mehr radikalisierten sich die ins Elend Geratenen. Wie grenzenlos die Not damals gewesen ist, wie sehr die öffentliche Ordnung zu wanken begann und mit ihr die Begriffe von Recht und Moral, vermögen sich die Jüngeren kaum vorzustellen. Mehr als die Hälfte der Bevölkerung in der Millionenstadt Hamburg lebte von den schmalen Unterstützungssätzen der Arbeitslosenhilfe und der Krisenfürsorge. Die Hamburger Zeitungen berichteten 1932, auf dem Höhepunkt der Krise, fast täglich von Raubüberfällen auf Banken und Ladenkassen; Plünderungen in Lebensmittelgeschäften waren an der Tagesordnung; an jedem Tag wurden in der Stadt vierzig Fahrräder gestohlen.

Die KPD hat die allgemeine Unzufriedenheit systematisch geschürt. Das Stempel-System der Arbeitsämter erleichterte den Agitatoren ihr Handwerk – sie brauchten sich bloß Tag um Tag unter die „Warteschlange" zu mischen oder den Arbeitslosen Plakate vor die Nase zu hängen, die, anders als heute, dicht mit Texten beschrieben wurden, weil die Menschen zum Lesen genug Muße hatten. Von Zeit zu Zeit entfachten die Kommunisten „Hungerkrawalle". RFB-Trupps zogen mit dem Ruf „Was haben wir Arbeitslose? – Hunger!" durch die Geschäftsstraßen. „In Flugblättern und Sprechchören forderten wir die Leute auf: 'Nehmt euch, um satt zu werden. Das ist nur Mundraub!'"

Die Plünderungen, so glaubt sich Mahncke zu erinnern, wurden hauptsächlich von einer RFB-Gruppe inszeniert, die ein Genosse mit dem Decknamen „Schorsch" anführte. Die RFB-Leitung habe streng darauf geachtet, daß sich die eigenen Leute nicht selber bedienten. Jener „Schorsch" sei einmal für drei Monate ausgeschlossen worden, weil er eigenmächtig zwei große Schinken beiseitegebracht hatte, um sie zu Geld zu machen. Schon wegen einer einzigen Wurst gab es scharfe Rügen. Weniger pingelig zeigten sich die RFB-Männer bei ihren gelegentlichen nächtlichen Propagandafahrten über die holsteinischen Dörfer: „Bei der Weiterfahrt knackten wir einige Scheunen. Wir klauten Kartoffeln und nahmen volle Milchkannen mit nach Hamburg."

Ein dreistes Stück leistete sich der RFB Ende Mai 1932 auf dem Jungfernstieg, der Hamburger Nobelpromenade. Kurz vor Geschäftsschluß tauchten ein paar Hundert Krawallmacher auf, in Gruppen zu viert oder fünft, die auf Kommando blitzschnell Autos umwarfen, Schaufenster einschlugen und ihre Parolen schmetterten – ganz nach der Partisanentaktik, wie sie heute von den Hausbesetzern in Berlin angewandt wird. Die bürgerliche Presse in der Hansestadt, noch unerfahren in der Guerilla-Theorie, verglich das Vorgehen des RFB mit der „Taktik asiatischer Reiterstämme". Wegen des Feierabendverkehrs wagte die Polizei nicht zu schießen. Bis zu ihrem Eintreffen stellten sich RFB-Leute vor die Juweliergeschäfte, um Plünderungen zu verhindern.

Mahncke hatte an diesem Abend eine Sonderaufgabe zu erledigen. Mit vierzehn anderen Genossen ging er, sonntäglich gekleidet, ins Café „Alsterpavillon" am Jungfernstieg. „Als die erste Trillerpfeife draußen ertönte, warfen wir im selben Augenblick drinnen Tische und Stühle um und randalierten mit 'Rot Front'-Rufen. Vor Schreck flüchteten die Gäste. Draußen wurden sie mit Tomaten, Eiern und Steinen beworfen." Mahncke will gehört haben, daß die ganze Aktion inszeniert worden sei, um bei einer Delegation aus der Sowjetunion, die den illegalen RFB in Hamburg inspizierte, Eindruck zu machen.

In den Arbeitslosenkrawallen konnten sich neue RFB-Mitglieder an Auseinandersetzungen mit der Polizei gewöhnen. Wenn die Polizei mit ihren „Mickey-Maus-Flitzern" und ihren Überfallwagen am Tatort auftauchte, waren die Partisanen bereits in der Menge untergetaucht. „Zuvor hatten wir Öl und Nägel auf die Straßen geschüttet. Die Polizeifahrzeuge bekamen einen Platten oder rutschten, sich drehend, durch die Straßen!" Die Guerillataktik des RFB zielte darauf ab, die unbeteiligten, politisch indifferenten Arbeitslosen gegen die Polizei aufzubringen. Diese Rechnung ging nur zu oft auf: „Die Polizisten sprangen wutentbrannt von ihren Wagen und schlugen blindlings um sich. Wir aber waren schon wieder an einer anderen Ecke und riefen dort unsere Parolen. Und wieder das

Gleiche. Die Polizisten prügelten jedesmal auf die verkehrten Leute ein." Anderntags stellte dann die KPD, scheinheilig, empörte Anfragen in der Bürgerschaft.

Nach dem Vorbild der Bolschewiki – ein paar Jahrzehnte später auch von der Baader-Meinhof-Gruppe und der „Bewegung 2. Juni" nachempfunden – hat der illegale RFB in jener Krisenzeit auch „Enteignungen" vorgenommen, also mit Raubüberfällen „die Revolution finanziert". Mahncke behauptet, die Rote Marine habe 1932 bei einem Coup im Afrikahaus der Woermann-Linie 58 000 Reichsmark erbeutet. „Uns vom RFB hatten die Mariner um eine kleine Gefälligkeit gebeten: Wir mußten mit einer Schottschen Karre [einem großen Ziehwagen] eine Straße versperren, um den Verkehr umzuleiten."

Schlagzeilen machte ein bewaffneter Überfall auf ein Wettbüro im Oktober 1931, bei dem der Filialleiter erschossen wurde. Den Plan hatte der 21jährige Jungfrontkämpfer Hans Albertz ausgeheckt, der damals zufällig Mahnckes Sturmführer war. „Er brauchte schnellstens Geld zum Kauf von fünfzig Pistolen", erinnert sich Mahncke. Von den fünf Tätern – mit so herrlichen Spitz- und Tarnnamen wie „Tiger", „Krümel" und „Kuddel Dutt" – wurden vier unmittelbar nach der Tat gefaßt; einer entkam und wurde in die Sowjetunion gebracht. Noch in der Weimarer Republik stellte man die Täter vor Gericht. Albertz stand zu seiner Verantwortung: Von den erhofften 5 000 Mark habe er je ein Drittel für Waffenkäufe, für die Kasse des Rotfrontsturms und als private Entschädigung für die Beteiligten verplant. Der Räuber rechtfertigte seine Tat klassenkämpferisch: Buchmacher sei ein blutsaugerischer Beruf. Sein Urteil – 15 Jahre Zuchthaus – nahm er mit „Rot Front"-Gruß entgegen: „Das letzte Wort spricht das Proletariat!"

Das Gericht nahm ihm diese Parolen nicht ab, vermutete vielmehr einen Dummejungenstreich und verneinte die Bandentätigkeit. Der KPD konnte das nur recht sein. Mahncke berichtet, nach dem Prozeß sei der Bürgerschaftsabgeordnete Etkar André, RFB-Gauleiter von Hamburg, zu ihm gekommen, weil er mit Albertz befreundet war. „Gemeinsam besuchten wir die Mutter von Albertz in ihrer Wohnung am 'Vorsetzen'. André tröstete sie: die Revolution lasse nicht mehr lange auf sich warten. Er bat sie dringend, niemals zu sagen, ihr Hans habe es aus politischen Gründen getan. Vielmehr sei es aus Verzweiflung und Armut geschehen."

Mahncke erzählt auch, wie er im Herbst 1932 selber zum Einbrecher wurde. Jeder RFB-Mann habe damals angeben müssen, wo leicht Geld zu beschaffen sei. Mahncke wußte aus seiner Tätigkeit im GEG-Verlagshaus (GEG = Großeinkaufsgenossenschaft), wo die Gewerkschaftsgelder beim Betriebsrat lagen. Zu dritt machten sie sich eines Sonntagabends ans Werk. Unter dem Lärm einer vorbeifahrenden Schnellbahn schlug Mahncke eine Scheibe ein, „Wir plünderten erst einmal die Gelder des Vertrauensmannes aus. Dann legten wir Küchenbons in alle Schubläden der Setzerei, damit die Kollegen kostenlos in der Kantine essen konnten."

Ehe sich die Einbrecher an der Kassette des Betriebsrats vergriffen, knackten sie noch die Portokasse. Gesamtbeute: etwa 12 000 Reichsmark. „Wir behielten jeder 2 000 Mark für uns, der Rest kam in die Waffenkasse." Den „Räuberlohn" hat Mahncke, wie er sagt, sparsam verwaltet: Er kaufte sich Kleider und gab regelmäßig seiner Mutter etwas ab: „Vom Lotteriegewinn!"

Die Partei hat sich von diesem individuellen Terror öffentlich distanziert. Mit „Kriminellen" wollte sie nicht in einem Atemzug genannt werden. Es ist auch heute, aus langem zeitlichen Abstand, nicht zweifelsfrei auszumachen, wie weit die Überfälle von oben gewünscht oder gar befohlen waren oder privater Initiative entsprangen. Bei der notorisch strengen Disziplin in der Kommunistischen Partei ist das erstere wahrscheinlicher. Da der RFB verboten war, also theoretisch gar nicht existierte, und seine Mitglieder nicht mehr der Partei angehören durften, ging die KPD kein allzu hohes Risiko ein.

Es spricht viel für die Version, die Mahncke – er wurde 1934/35 wegen anderer Überfälle ebenfalls zu Zuchthaus verurteilt – uns zu Protokoll gab: „Wir wurden immer und immer wieder darauf hingewiesen: Sollte einer verhaftet werden, habe er die Schuld allein zu tragen. Immer den Arbeitslosen hervorkehren, der auch einmal die Sonnenseite genießen möchte, wie die Bonzen und Reaktionäre der besseren Gesellschaft. Es sei eine politische Ehre, mit proletarischer Überzeugung ins Gefängnis zu gehen, auch auf die Gefahr hin, als Dieb oder Räuber gebrandmarkt zu werden."

II. Letztes Gefecht im roten Altona

Auf den Straßen des Deutschen Reiches herrschten in der Zeit der heraufdämmernden NS-Herrschaft bürgerkriegsähnliche Zustände. Am Sonntag, dem 17. Juli 1932, wollten Nationalsozialisten im „roten Altona", das damals noch nicht zu Hamburg, sondern zu Preußen gehörte, mit einem Propagandamarsch bewußt die Linke herausfordern. Sie hatten dafür etwa 11000 SA- und SS-Männer und andere Parteigenossen aufgeboten. Ihre Waffen versteckten sie auf Lastwagen. Vergeblich bestürmten die Kommunisten den sozialdemokratischen Polizeipräsidenten von Altona, Otto Eggerstedt, den Marsch zu verbieten, da er die Arbeiter in Altona aufs Blut reizte. Eggerstedt entschied sich für eine polizeilich geschützte Demonstration – als Demokrat meinte er nicht anders handeln zu können.

Die SPD zog an diesem Sonntag mit ihren Genossen nach Hamburg ins Grüne. Anders die Kommunisten: Sie trommelten ihre antifaschistischen Häuserschutzstaffeln und überhaupt alle Genossen aus der Umgebung zusammen, um die Arbeiterviertel „gegen das faschistische Mordgesindel" zu verteidigen. „Bereits am Sonnabend", erinnert sich Otto Mahncke, „wurden der Rotfrontkämpferbund und die Rote Marine in Hamburg alamiert. Ich bekam Befehl, alle Waffen auszuhändigen, die ich für den zweiten Sturm des 8. Verbandes aufbewahrte." Die Rote Marine, auch „Rote Grütt" genannt (Rote Grütze ist eine Hamburger Lieblingsspeise), galt als Eliteverband, vor dem auch die Nationalsozialisten Respekt hatten.

Die Verteidiger des „roten Altona" hatten in der Johannisstraße einen Hinterhalt gelegt. Erst wenn schon etliche SA-Kolonnen eingeschwenkt waren, sollten Rote Marine, Roter Frontkämpferbund (RFB) und andere bewaffnete Gruppen aus den Nebenstraßen und Hinterhöfen, aus Dachluken und Kellerfenstern, das Feuer eröffnen. Gleichzeitig wollten andere Genossen die Polizeiwache angreifen. Mahncke hörte bei der Vorbesprechung den Führer der Roten Marine sagen: „Ballert man ordentlich auf die Bullen!" Doch der Plan mißlang, weil die Rote Marine zu früh losballerte. Als nämlich die ersten SA-Männer in die Johannisstraße einbogen und Zuschauer spontan die „Internationale" anstimmten, sprangen plötzlich SS-Männer vor und schlugen wie wild auf die Menge ein. Da krachte es auch schon von den Dächern.

„Wir vom RFB guckten in die Röhre", erzählte Mahncke. „Die SA haute ab, und die Polizei jagte nun die Schützen von der Roten Marine. Sie ging sogar mit Panzerwagen vor. Wir schossen sofort in Richtung Kleine Freiheit, um die Polizei daran zu hindern, unsere Genossen einzukesseln. Vor der Marienstraße errichteten wir eine Barrikade aus Karren, Brettern und Steinen. Wir steckten Eisenstangen hinein, damit es nach Gewehrläufen aussah. Tatsächlich konnten die Altonaer Genossen aus dem Kessel entkommen. Die Polizei hat noch bis in die Dunkelheit weitergesucht und geschossen." Unter den 18 Menschenleben, die der „Altonaer Blutsonntag" forderte, waren überwiegend unbeteiligte Passanten und Einwohner – nur zwei SA-Leute und kein einziger RFB-Mann. Antifaschistischer Widerstand? Gewiß nach dem Verständnis der KPD-Führung und ihrer Anhänger bis hin zu den Jungfrontkämpfern. Aber als faschistisch, ja als „Mordgesellen" galten ihnen eben auch die sozialdemokratischen Polizeipräsidenten von Hamburg und Altona, das autoritäre Regime der Hindenburg und Papen und die Weimarer Verfassung – eine undifferenzierte Betrachtung, wie sie Jahrzehnte später bei den Neuen Linken noch üblich ist. Erst als Hitler an die Macht kam, nach dem 30. Januar 1933, nahm der bewaffnete Kampf der Rotfrontkämpfer eine andere Qualität an – er wandelte sich zum Widerstand gegen ein Unrechtsregime.

Was Wunder, daß sich gerade in Hamburg, dem Schauplatz des Kommune-Aufstandes von 1923, die Genossen kampfentschlossen zeigten. Einer der Anführer von damals, der berühmte „Fiete" Schulze, war kurz zuvor aus dem sowjetischen Exil in seine Heimatstadt zurückgekehrt, um die Führung des illegalen RFB zu übernehmen. Aber wie würden die arbeitslosen Massen reagieren? War die Situation schon reif für die Revolution?

Am 21. Februar 1933 wurde eine Generalprobe für den Aufstand angesetzt. Etwa hundert bis zweihundert Rotfrontkämpfer sammelten sich in den Straßen zwischen der Stadtgrenze am Schulterblatt und dem Pferdemarkt. Auf ein Signal mit der Trillerpfeife kamen sie aus ihren Verstecken hervor. Schaufenster klirrten, Brote, Würste und Schinken flogen auf den Bürgersteig. Dazu ertönten Sprechchöre: „Werktätige, bedient euch!"

Mahncke kann sich an den Tag noch genau erinnern. Als „Adjutant" mußte er den neuen Organisationsleiter des 8. RFB-Verbandes (St. Pauli-Nord und -Süd, Neustadt, Süd-Eimsbüttel) zum Schulterblatt begleiten: den 25jährigen Tischler Arthur Schmidt. Auch den Politischen Leiter im 8. Verband, den 32jährigen Lagerhausarbeiter Hermann Fischer, sah er am Tatort. Beiden, Fischer und Schmidt, sollte dieser Dienstag zum tödlichen Verhängnis werden.

Denn neben den Plünderungen hatten sie auch noch den Überfall auf ein SA-Lokal befohlen. Gegen halb sieben wurden die Scheiben im „Hotel Adler“ eingeschlagen. Als die SA-Leute auf die Straße stürzten, schlug ihnen ein Kugelhagel entgegen. Einige wurden verletzt, zwei unbeteiligte Passanten, eine Frau und ein Mann, tödlich getroffen. Die Täter, unter ihnen Mahncke, entkamen im Laufschritt in die Dunkelheit; ein gutes Jahr später wurden Fischer, Schmidt und andere wegen dieses Überfalls vor ein NS-Sondergericht gestellt und zum Tode durch das Handbeil verurteilt. Beide Leiter übernahmen die Verantwortung für die Tat, um ihre jungen Genossen zu decken.

Zufrieden waren die Rotfrontkämpfer mit ihrem Probealarm nicht. Kaum jemand unter den Zuschauern am Schulterblatt hatte sich an den Plünderungen beteiligt. Doch Fischer hatte seine jungen Aktivisten getröstet: „Eine Revolution kann man nicht so aus dem Ärmel schütteln.“

Ein paar Tage danach sollte es ernst werden. An diesem „heissen“ Sonntag, dem letzten vor der Wahl am 5. März, wollten die verfeindeten Lager in Hamburg und Altona noch einmal ihre Stärke zeigen: Vormittags zog die SA durch Hamburg, vom Nobelviertel Harvestehude bis ins „rote“ Barmbek, nachmittags durch das „rote“ Altona, während die „Eiserne Front“ der Sozialdemokraten und Gewerkschaften in Hamburg den Nachmittag für sich reserviert hatte.

In der Lokalpresse wurden die Marschrouten und Sammeltermine vorher bekannt gegeben, so daß sich die Gegner leicht ausrechnen konnten, wo man sich vielleicht in die Quere käme. Die Kommunisten, deren Parteizeitung nicht mehr erscheinen durfte, verteilte zuvor Flugblätter: „Die Kommunisten rufen zum gemeinsamen Kampf gegen den faschistischen Mordterror der SA in der proletarischen Einheitsfront.“ Sogar die Sozialdemokraten gaben sich kämpferisch: „Hamburgs Arbeiterschaft trotzt der faschistischen Reaktion“, doch zugleich befürchteten sie ein Blutbad wie im Juli 1932: „Laßt euch nicht provozieren! Schließt die Fenster! Haltet Disziplin!“

Provozieren, mit Gewalt, wollten die Kommunisten. Am Donnerstag bereits hatte Mahncke, zusammen mit drei jungen Genossen, aus einem Waffenlager in Altona vierzig Pistolen samt Munition abholen müssen. Ein Altgenosse gab ihnen noch ein „Macht es besser, als wir es 1923 gemacht haben" mit auf den Weg. Mahncke mußte in seinem finsteren Dachversteck bis zum Sonntag auch eine Tasche mit fünf Stahlrohrbomben aufbewahren. Von diesen Sprengkörpern, so schätzt er, besaß allein der 8. Verband zwanzig bis dreißig. „Der Gewindekopf der Rohrbombe war mit einem Stift versehen, den man vor dem Abwerfen herausziehen mußte. Wir hatten auch Stahlkugelbomben mit Zündschnüren, die wir mit Zigarren ansteckten. Man konnte die Zündschnur bis auf einen halben Zentimeter kürzen, aber dann mußte man sich beeilen, wollte man nicht selber in die Luft fliegen."

Am Vorabend des Aufstandstages wurden Mahncke und etwa zehn andere RFB-Leute in eine Wohnung am Neuen Steinweg vom Gaukurier Arthur Lippert eingeweiht: Bereits am Sonntagmorgen sei die Einzeljagd auf SA- und SS-Männer freigegeben, damit die Nazis noch vor ihren Märschen in Schrecken versetzt würden. Mittags hatten sich dann die Feuergruppen des RFB und der Roten Marine am Schulterblatt einzufinden, genau an der hamburgisch-preußischen Grenze. Dort sollten sie den Demonstrationszug der Eisernen Front beschießen, damit die sozialdemokratischen Arbeiter, im Glauben, sie seien von Nazis überfallen worden, zusammen mit dem RFB die in der Altonaer Nachbarschaft vorbeimarschierende SA angriffen.

Mahncke erinnert sich (und er erzählt es eher beiläufig, achselzuckend und ohne die Stimme zu heben), wie Lippert den jungen Burschen diese Ungeheuerlichkeit zumutete: „Einige von euch müssen auf Genossen schießen. Das ist notwendig für die Revolution."

Dem eben neunzehn Jahre alten Mahncke, einem der auserwählten Schützen, kamen nicht die geringsten Bedenken. „Ich war ja schon bei vielen Aktionen im Dienst der großen Sache dabeigewesen und hatte keine Furcht gezeigt. Wir wollten doch Revolution machen, treue Revolutionäre sein, die nicht reden, sondern Taten vollbringen." Ältere Genossen hätte man auch kaum für solch frivoles Spiel gewinnen können.

Aus dem Aufstand aber wurde nichts: Die Polizei hatte den Zug der Eisernen Front in eine Parallelstraße umgeleitet, und tatenlos mußte die RFB zusehen, wie die Gelegenheit zum großen Schlag entschwand. „Alle waren mutlos, viele verzweifelt." Schließlich, so erinnert sich Mahncke, sei von der Gauleitung eine ermutigende Parole gekommen: „24 Stunden freie Hand für jeden RFB-Mann und jede RFB-Gruppe." Zehn SA-Sturmlokale wurden noch zertrümmert.

Am Abend des nächsten Tages stand der Reichstag in Flammen. Die Nazis, viele Bürgerliche, sogar Sozialdemokraten, meinten, dieser Brand sei das Fanal zum kommunistischen Aufstand. Noch in derselben Nacht lief die Verhaftungswelle an – Hunderte von KPD-Funktionären wurden aus den Betten geholt.

Jetzt rächte es sich, daß die KPD so oft das Schreckgespenst der Revolution an die Wand gemalt hatte. Dem KPD-Funktionär Karl Retzlaw, der gerade im Kreml weilte, widerfuhr es, daß ihm Komintern-Genossen zu der Heldentat in Berlin gratulierten. Einem ähnlichen Trugschluß erlagen anscheinend die Hamburger Genossen. Sie hatten wirklich einen Aufstand vorgehabt. Und so fühlten sie sich, wie Mahncke berichtet, doppelt gefoppt. Da hatte doch der van der Lubbe den Reichstag einen Tag zu spät angezündet. Irgend etwas war wohl schiefgelaufen.

Mahncke behauptet, der Hamburger RFB-Gaukurier habe ihnen bereits am 25. Februar, bei der Befehlsausgabe für den Aufstand vom 26., angekündigt, gleichzeitig werde in Berlin der Reichstag brennen und danach auch im Ruhrgebiet die Revolte losbrechen. Er sprudelt aus seinem Gedächtnis die Namen einer Reihe von RFB-Leuten, die es, gleich ihm, vernommen hätten. Anderseits: Hätte der Brandstifter, der holländische Anarchist van der Lubbe, wirklich, wie ihm sogleich unterstellt wurde, im Auftrage oder zusammen mit Kommunisten den Anschlag verübt, wollte sich die KPD tatsächlich an diesem 27. Februar im ganzen Reich erheben, so hätten sich ihre Funktionäre wohl etwas mehr in acht genommen, und ihr Vorsitzender Ernst Thälmann wäre nicht abends kegeln gegangen.

Die Gestapo jedenfalls hat 1933 auch nicht die Spur eines Beweises für einen unmittelbar bevorstehenden kommunistischen Aufstand beibringen können. Von den Hamburger Plänen erfuhr die Polizei erst ein Jahr später, nachdem fast der ganze illegale RFB aufgerollt worden war.

Beim Prozeß gegen den Hamburger RFB-Gauleiter „Fiete" Schulze im Frühjahr 1935 sollten dann diese Aufstandspläne dazu dienen, dem Angeklagten Vorbereitung zum Hochverrat nachzuweisen. Doch Fiete Schulze hielt sich eisern an die Parteilinie, jegliche Absicht eines Putsches zu leugnen.

Dem 40jährigen Schulze, der 1923 beim Hamburger Aufstand im damals noch preußischen Schiffbek (heute Billstedt) für ein paar Tage eine Räterepublik ausgerufen hatte, wäre es freilich zuzutrauen gewesen, daß er, unabhängig von der Situation im Gesamtreich, eine lokale Aktion geplant und deren Auswirkungen ebensosehr überschätzt hatte wie damals.

Für den RFB änderte sich nach dem Reichstagsbrand zunächst kaum etwas – er lebte ja bereits seit 1929 im Untergrund. Nun erst recht! hieß die Devise. Die Rotfrontkämpfer in Hamburg beherzigten die Losung ihres Führers Fiete Schulze vom „wahrhaften Abwehrkampf“ gegen Hitler.

Der junge Rotfrontkämpfer Mahncke erlebte diesen Kampf so: „Irgendwann im März 1933 wurden mir acht Kugelbomben ins Haus gebracht: ‘Bewahre die Frösche für ein paar Tage auf’, hieß es.“ Was der RFB mit den „Fröschen“ vorhatte, sollte sich am Abend des 18. März zeigen. Der gesamte 8. Verband, die Rote Marine und noch andere Stürme, etwa 50 bewaffnete Kommunisten (auch Mahncke dabei) und ebensoviele ohne Waffen, hielten sich bereit, um zwei SA-Lokale an den Hohen Bleichen in der Innenstadt – „Schützenliesel“ und „Zur Hölle“ – zu überfallen. Das Attentat schlug jedoch fehl, weil sich ein Gruppenführer still aus dem Staube gemacht hatte.

Etwa zwei Wochen später sollte Mahncke selber eine Bombe werfen. Diesmal galt der Anschlag einem SA-Lokal in der Nähe des Schlachthofes. Etwa hundert SA-Männer hielten sich gerade dort auf. Wieder bewahrte ein gütiges Geschick Mahncke davor, zum Massenmörder zu werden. Einer seiner Genossen, der mit dem Schuß auf einen Polizisten das Signal zum Überfall geben sollte, brachte es nicht fertig abzudrücken, weil eine Frau in der Schußlinie stand.

Ungeachtet des Naziterrors versuchte der RFB auch noch in dieser Zeit, seine Kassen aufzubessern. Wieder war Otto Mahncke mit von der Partie: am 17. März bei einem Raubüberfall auf die Allgemeine Bekleidungs-Zentrale im Alten Steinweg, vierzehn Tage danach auf ein Konfektionsgeschäft an der Caffamacherreihe im Gängeviertel (Mahncke zum Ladenbesitzer: „Mach keinen Heckmeck, sonst baller ich los“). Beidesmal ging es schief, weil sich vorzeitig ein Schuß gelöst hatte und alle Täter Fersengeld gaben.

Ein anderes Mal wurden Mahncke und ein anderer Genosse von ihrem Sturmführer losgeschickt, eine reiche Hausbesitzerin am Valentinskamp in ihrer Wohnung zu überfallen. Hier zeigte sich erneut, daß die jungen Terroristen nicht alle Skrupel verloren hatten. „Als wir oben vor der Tür standen und klingelten, kam ein altes Mütterlein an die Tür. Es war die bewußte Hausbesitzerin. Wir brachten es nicht fertig, der alten Dame mit dem Pistolenknauf eins über den Schädel zu hauen, und sagten unten zum Sturmführer: 'Es ist keiner im Haus!'"

Mahncke hatte bei all diesen Unternehmungen unbeschreibliches Glück. Weil ihn sein Verbandsleiter, Arthur Schmidt, nach der Verhaftung nicht verraten hatte, blieb er zunächst unerkannt und entging damit wahrscheinlich dem Schafott. Er hatte sogar doppeltes Glück, denn als das berüchtigte „Kommando z. b. V." – ein Schlägertrupp aus jungen SA- und SS-Leuten – im Frühjahr und Sommer 1933 Jagd auf Hamburger Kommunisten und Sozialdemokraten machte und seine Gefangenen grausam mißhandelte, saß Otto Mahncke an einem sicheren Orte: auf der Jugendgefängnis-Insel Hahnöfersand in der Elbe.

Wegen zweifachen Überfalls auf SA-Leute hatte ihm ein Richter drei Monate Haft aufgebrummt. Erst wollte er türmen, doch einige Genossen, die mit der illegalen Parteileitung Kontakt hatten, versicherten ihm, Hitler werde sich kaum noch drei Monate halten.

Ein Jahr zuvor hatte er schon einmal fünf Tage im Gefängnis zugebracht – wegen groben Unfugs. Sein Sturmführer Walter Brust hatte sich eine Überraschung für die Hamburger einfallen lassen, ganz in der frechtollkühnen Art, die radikale Linke auch in den siebziger Jahren noch demonstrierten. Vom großen Rundbogen der Kersten-Miles-Brücke, die zwischen Bismarck-Denkmal und Landungsbrücke eine vielbefahrene Straße überspannt, sollte ihnen die Parole „Rot Front lebt – trotz Verbot" entgegenleuchten.

„Ich ließ mir eines Abends ein Tau umbinden", erzählt Mahncke, „und mich von zwei Genossen langsam über die Brüstung hinabseilen. Beide hatten mir vorher mit Handschlag versprochen, nicht loszulassen. Einer stand unten und gab die Richtung an, ein anderer ließ neben mir den Maltopf herunter. Die halbe Parole war fast fertig, und ich sagte gerade: „Etwas höher", als ich ganz nach oben gezogen wurde. Zwei Polizisten standen da mit gezogener Waffe."

Mit erhobenen Händen mußten die Festgenommenen zur berühmten Davidswache an der Reeperbahn mitkommen. Beim Verhör redete sich Mahncke heraus, unbekannte Filmleute hätten ihn für fünf Mark angeheuert. „Wir wurden wieder freigelassen. Die haben uns den Schwindel abgekauft." Es hätte leicht, wegen hochverräterischer Umtriebe, ein ganzes Jahr Gefängnis geben können. Wer genau hinsieht, kann noch heute an einem der Quadersteine des Brückenbogens Reste der Mahnckeschen Malkunst erkennen: ein verschwommenes „Rotf".

Richtig erwischt wurde der Rotfrontkämpfer Mahnke erst im Frühjahr 1934: Zum 1. Mai hatte er einem alten RFB-Bekannten, der kurzfristig zur SA gewechselt war und nun reumütig nach links zurückschwenkte, einen Packen KPD-Flugblätter übergeben. Der Mann ging damit auf die Straße, wurde geschnappt und gab Mahnckes Namen preis. Die Gestapo holte Mahncke am nächsten Tag aus der Wohnung seiner Mutter.

Mahnckes Spruch, den er beim RFB gelernt hatte: „Meine Herren, das muß eine Kette von Zufällen sein", löste bei den Verhören nur Gelächter aus. Genossen, mit denen er Seite an Seite in einer Feuergruppe gestanden hatte, umarmten ihn fröhlich: „Otsche, sag alles, was du weißt", und versicherten ihm auf Plattdeutsch: „Se weet't allns" (Sie wissen schon alles). Mahncke: „Immer mehr kamen dazu, so als träfen wir uns im alten RFB-Lokal. Ich war einfach sprachlos." Die Gestapo probierte es diesmal mit der sanften Methode: „Essen wurde ins Vernehmungszimmer gebracht – so gut wie im UG Fuhlsbüttel habe ich zu Hause noch nie gegessen –, und einer der Beamten erzählte nicht ganz stubenreine Witze."

In zwei Mammutprozessen, Ende 1934 und Anfang 1935, wurden die jungen Frontkämpfer vor ein Hanseatisches Sondergericht gestellt, einmal 43, das andere Mal 33 Angeklagte. Mahncke, 21 Jahre alt, in beiden Prozessen angeklagt und als „schwerer Verbrecher" eingestuft, erhielt für die einzelnen Delikte insgesamt 32 Jahre Zuchthaus, die zur zulässigen Höchststrafe von 15 Jahren zusammengezogen wurden.

Einigen abgeurteilten Genossen war noch eine Rolle als Zeuge des Staatsanwalts im Fiete-Schulze-Prozeß zugedacht. In seinem Schlußwort verdammte der Angeklagte die Belastungszeugen als „korrumpierte Renegaten, die in dem heftigen Bemühen, sich beliebt zu machen, vor nichts zurückschrecken". Das Gericht wiederum berief sich in seinem Urteil auf diese Zeugen, „die den Angeklagten durch ihre Aussagen zum Teil aufs schwerste belastet" und „sich vom Kommunismus abgewandt" hätten; neben einigen RFB-Funktionären eben auch das einfache Mitglied Mahncke.

Beide Darstellungen empören ihn noch heute aufs äußerste, weil sie den Sachverhalt verfälschten, soweit es seine Person angehe. Wer das Urteil gegen Fiete Schulze genau liest, wird denn auch rasch merken, daß sich das Gericht auf die Aussagen Mahnckes nur insoweit stützt, als er seine Mitwirkung an bereits erwiesenen Terrorakten zugestand. Allerdings hat Mahncke auch eine Zeugenaussage bestätigt, wonach Fiete Schulze zugegen gewesen sei, als er einmal aus der Wohnung eines RFB-Verbandsleiters zwei Maschinenpistolen abholte.

Bei ihren Aussagen hatten sich die Zeugen nicht mehr an die Parteilinie gebunden gefühlt. Einer sagte Fiete Schulze bei der ersten Gegenüberstellung ins Gesicht: „Wenn du gerade gestanden hättest, dann hätte Fischer (Mahnckes Verbandsleiter) seinen Kopf nicht verloren! Ihr laßt uns Kleine sitzen!“ Otto Mahncke äußerte sich im Gerichtssaal ähnlich. „Ich habe mich darüber geärgert, daß wir Kleinen für unsere Taten einstehen mußten, während die Grossen sich in Prozessen hinstellten und immer sagten, sie wären gegen den Terror gewesen.“ Zu dieser Ansicht, so versichert er, habe er sich nicht korrumpieren lassen, er sei allein dazu gekommen.

1936 wurde Mahncke von Fuhlsbüttel in das sächsische Zuchthaus Waldheim verlegt. Dort teilte er zeitweilig mit dem KPD-Reichstagsabgeordneten, einstigen RFB-Funktionär und späteren DDR-Minister Fritz Selbmann eine Zelle. Selbmann half ihm, Anfang des Krieges, ein Gnadengesuch abzufassen, worin sich Mahncke erbot, freiwillig an die Front zu gehen. Im Mai 1940 wurde er daraufhin vorzeitig entlassen, freilich für wehrunwürdig erklärt und unter Gestapoaufsicht gestellt.

Nach dem Krieg mußte Mahncke acht Jahre auf seine Wiedergutmachung warten, weil einstige Mitangeklagte ihn verdächtigten, er habe Genossen an die Gestapo verraten. Ihre Vorwürfe ließen sich nicht erhärten. Otto Mahncke bekam eine nicht eben großzügig bemessene Haftentschädigung (die wegen Raubüberfalls verhängten Strafen wurden nicht angerechnet). Ihm, dem so eifrigen und disziplinierten Schützen, Bombenwerfer und Einbrecher vom Dienst, wurde der Status des reinen Widerstandshelden verweigert. Die Schuld dafür sucht er letztlich bei der Kommunistischen Partei, für deren Ideale er einst angetreten war: „Die hohen Funktionäre ließen ihre beste Stütze, den Roten Frontkämpferbund, einfach fallen und stempelten uns Junge damit zu Gangstern à la Chicago.“

Das Dritte Reich und der Zweite Weltkrieg

Wer war Hitler?

„Wer dies Monstrum versteht, hat keinen Verstand", folgerte resignierend ein bekannter westdeutscher Publizist, nachdem er jahrzehntelang versucht hatte, dem Rätsel des Diktators, Massenverführers, Massenmörders und Kriegsverbrechers Adolf Hitler auf die Spur zu kommen. Aber wir müssen es immer wieder versuchen, auch wenn der Verstand allein uns dabei nicht weiterhilft. Es war noch vor dem Münchner Bierkellerputsch von 1923 – damals verschaffte sich der Parteiredner Hitler mit einem Pistolenschuß zum erstenmal Gehör auf der Bühne der Weltpolitik –, als der Historiker Walter Elze intuitiv die gefährliche und zerstörerische Spannweite dieses merkwürdigen Politikers ermaß: er sei mehr ein Rasputin als ein Napoleon.

In den ersten Jahren nach 1945 war es unter konservativen deutschen Historikern üblich, Hitler zu dämonisieren. Zum Belege zitierte man gerne Goethe, der den Typus eines dämonischen Menschen dadurch charakterisiert, daß von ihm „eine ungeheure Kraft" ausgehe und „eine unglaubliche Gewalt über alle Geschöpfe". Aber solche Ausflüge in die Klassik waren nur dazu angetan, die Mitschuld der deutschen Eliten, das Versagen der Parteien in der Weimarer Republik und den Jubel der Massen im „Dritten Reich" vergessen zu machen. Ebenso leicht als Ablenkungsmanöver zu durchschauen war die populäre Vorstellung, da habe 1933 ein landfremder Wahnsinniger an der Spitze einer Gangsterbande den Luxusliner „Germania" geentert, das Kommando an sich gerissen und Besatzung wie Passagiere als Geiseln genommen.

Nein, Hitler ist weder als Dämon noch als Usurpator über die Deutschen gekommen. Unlängst hat der Kölner Psychologe und Kriminologe de Boor das einstige deutsche Staatsoberhaupt als strafrechtlich voll verantwortlich bezeichnet – nach allem, was wir wissen, war Hitler weder geistes- noch gemütskrank, auch wenn er psychische und charakterliche Abnormitäten aufwies, wie sie sich auch bei anderen Gewaltherrschern der Weltgeschichte unschwer nachweisen lassen.

Lange Zeit ist Hitler von seinen politischen Gegnern sträflich unterschätzt worden. Besonders in den Kreisen der alten Oberschichten gehörte es zum guten Ton, sich über den Aufsteiger aus dem Kleinbürgertum herablassend und belustigt zu äußern: Er sei ein Narr, ein Spinner, ein Halbirrer, eine chaplineske Figur, ein Halbgebildeter, ein Mann ohne Manieren, der die Suppe schlürft, Zucker ins Weinglas schüttet und immer nur Apfelkuchen mit Sahne ißt. Doch hinter dieser arroganten Geringschätzung verbarg sich ein Gutteil Angst, Hitler könnte ein verkappter „Bolschewist", gar ein linker Revolutionär sein, aber sie verrät auch das schlechte Gewissen, weil man sich – aus Klasseninteressen – genötigt sah, mit dem Anführer der nationalsozialistischen Massenpartei gemeine Sache zu machen.

Nach der Katastrophe konnten sich Militärs, Diplomaten, Bankiers und Wirtschaftsführer in ihren Memoiren nicht genug über die unleugbaren Fehler des „Führers" entrüsten, damit jedoch nur schlecht camouflieren, daß sie während der Hitler-Zeit ihre Kritik zumeist für sich behalten hatten. Schon gar nicht konnten sie erklären, warum sie einer scheinbar politischen wie menschlichen Null zwölf Jahre blinde Gefolgschaft geleistet hatten. Wenig erkenntnisreich war auch die kommunistische These, Hitler als bloße Marionette des Monopolkapitalismus zu bagatellisieren. Hitler ist niemandes Knecht gewesen. Vor dem Diktator mußten Junker, Bankiers und Industriekapitäne ebenso parieren wie einfache Arbeiter und Bauern. Hitlers Wort galt in Deutschland wie dasjenige Stalins in der Sowjetunion, und das, solange sie lebten.

Es hat nichts mit Verherrlichung des Nationalsozialismus zu tun, wenn man Adolf Hitler für die Jahre seines politischen Aufstiegs in der Weimarer Republik politisches Genie bescheinigt, wie es angelsächsische Historiker getan haben (Hitler selber sah sich als Verstandesmenschen mit Instinkt.). Er allein hatte unter allen Parteiführern ein erfolgversprechendes Konzept; er gab sich mit nichts Geringerem als der ganzen Macht zufrieden, auch wenn ihm darüber zeitweise ungeduldige Wähler und Parteigenossen davonliefen; er war allen Gegnern an taktischer Finesse, an propagandistischer Phantasie, an organisatorischem Geschick überlegen; er hatte die größte Willenskraft; und er behielt in Krisen und Katastrophen seinen unbeirrbaren Glauben an die eigene Mission.

Zugute kamen ihm dabei in der Arena seine demagogische Begabung und seine schauspielerischen Fähigkeiten. Aber überzeugt hat er im Expertenkreise mehr noch durch seine hohen intellektuellen Fähigkeiten, seine große Belesenheit, sein technisches Wissen, sein enormes Gedächtnis, sein Urteilsvermögen, seine verblüffende Modernität, seine Zukunftsvisionen. Je mehr Wählerstimmen er gewann, je glänzender seine wirtschaftlichen, je kühner seine außenpolitischen Erfolge, desto strahlender der Mythos des Retters, des Heilandes, des Weltenbezwingers.

Die Zeit war reif für einen wie ihn. Bereits das intellektuelle Bürgertum im preußisch-deutschen Kaiserreich hatte den „Ekel vor der Politik“ gepflegt, aus dem nur noch die Kunst Erlösung bringen konnte – in Gestalt eines cäsaristisch-bonapartistischen Kunsthelden. Der verlorene Krieg 1914/18, die Meuterei und die Revolution im November 1918 (wobei die Schrecken des russischen Bürgerkrieges gleich mitgedacht wurden), die unerträglich anmutenden Bedingungen des Versailler Friedensvertrages, der Sturz der Monarchien, Inflation, Weltwirtschaftskrise, die Umwertung aller Werte und Tugenden – es war eine hohe Zeit für Heilsprediger jeglicher Couleur, für Naturphilosophen, Scharlatane, Freikorpsführer, Jugendbündler, Parteigründer. Manch einer fühlte sich zum charismatischen Führer berufen, aber es lief schließlich auf den einen Hitler zu. Zunächst verstand er sich nur als „Trommler“ der völkischen Bewegung, also der fanatischen Antidemokraten und Antimarxisten, der Revanchekrieger und Imperialisten. Erst nach seinem gescheiterten Putsch, in der Festungshaft, festigte sich sein Sendungsbewußtsein. Und nun fand er auch für sich das „Ei des Kolumbus“: den Antisemitismus. Mit diesem Etikett band er alle politischen Gegner – Kapitalisten, Kommunisten, Liberale – zusammen, was seiner Partei eine enorme Schlagkraft und Konsequenz verlieh.

Über Hitlers Motive für den Massenmord an Juden, Polen, Russen, Sinti und Roma, an Behinderten und sogenannten Minderwertigen ist lange gerätselt worden. Aber er selber hat sie schon in seinem Bekenntnisbuch „Mein Kampf“ enthüllt, ebenso wie sein propagandistischer Kompagnon Joseph Goebbels sie seinem Tagebuch anvertraut hat. Viele wahnwitzige, antisemitische und rassistische Ideen hatte der junge Hitler im schwülen Klima des dahinsiechenden Habsburgerreiches in sich aufgesogen. Aber zum politischen Glaubensbekenntnis wurde ihm der Antisemitismus erst nach dem Krieg. Hitler hielt sich für einen neuen Messias, für den Vollstrecker des göttlichen Willens, der die Welt vom Bösen befreit. Dieses Böse verkörperte sich für ihn in Alljuda, das vernichtet werden mußte.

Dem Sieger in diesem Kampf gegen die „Antichristen“, also Hitler-Deutschland, gebührte wie selbstverständlich als Pokal die Weltherrschaft. Hitler begriff sich nämlich als Vollender der heimlichen Wünsche des preußisch-deutschen Imperialismus. Nur setzte er sie in die Tat um mit einem „fahrlässigen Mut zum Risiko“ (so sein Rüstungsminister Albert Speer). Hybris, Verblendung, Selbstüberschätzung und der irreale Glaube, daß der politische Wille allein genüge, um Berge zu versetzen, wurden ihm zum Verhängnis. Angelegt war dies alles schon in der deutschen Geschichte. Und niemand hat die ungestillten Bedürfnisse seiner Landsleute, ihre Erwartungen, Hoffnungen und Obsessionen so sicher erspürt, gebündelt und befriedigt wie Hitler, solange, bis die von Hitler-Deutschland herausgeforderte Welt die Worte „deutsch“ und „faschistisch“ gleichsetzte. Katastrophe, Strafgericht und Verfemung waren von den Deutschen selbstverschuldet, getreu dem Wort, das Hitler von den Pangermanisten übernommen und seinem Volke eingebleut hatte: „Deutschland wird Weltmacht sein oder gar nicht sein.“

Was für ein Glück, daß die Menschen nicht denken... – Aus Hitlers „Mein Kampf“

Brautpaaren wurde das Buch auf dem Standesamt überreicht: Adolf Hitlers „Mein Kampf“, eine fast 800 Seiten dicke Volksausgabe in einem Band, schwarz eingebunden wie die Bibel. Jede deutsche Familie, auch die ärmste, sollte das Buch besitzen. Aber wäre in den siebziger Jahren jemand durch die Lande gezogen und hätte die Deutschen über 45 gefragt: „Haben Sie ‘Mein Kampf’ gelesen?“ – die meisten hätten gestehen müssen, daß sie allenfalls mal darin geblättert haben. Dieser oder jener hat vielleicht einige Kapitel bewältigt – mit Mühe und Widerwillen, denn der Stil des Buches ist abschreckend, schwülstig und unklar, dazu in einem schlechten, ja falschen Deutsch: Von der ersten bis zur letzten Zeile hat es – nach dem Kriege – wohl nur ein Deutscher gelesen: der Hitler-Forscher Werner Maser, der auch alle verschiedenen Auflagen und deren Änderungen verglichen hat. In seiner 1966 veröffentlichten Monographie über „Entstehung, Aufbau, Stil, Änderungen, Quellen,

Quellenwert“ von „Mein Kampf“ befand er, Hitlers Buch sei „ein unmißverständliches und differenziertes Programm des schrecklichen Unheils“ gewesen, das 1933 über Deutschland und 1939 über die übrige Welt hereinbrach.

Wie konnte ein Autor, der auf vielen Seiten verkündete, daß er das deutsche Volk einer Diktatur unterwerfen, einen Eroberungskrieg vom Zaune brechen und das jüdische Volk ausrotten wolle, wie konnte dieser Mann jemals an die Macht gelangen, wie konnten ihm sechs Millionen Wähler ihre Stimme geben, wie konnte später fast das ganze Volk ihm zujubeln? Sollte der Kulturkritiker Hermann Glaser recht haben, der gemeint hat, „Mein Kampf“ sei so erfolgreich gewesen, „weil es überhaupt nicht mehr gelesen werden mußte“? Denn, so Glaser, „Lebensgefühl und Weltanschauung“ sehr vieler Deutscher stimmten mit Hitlers Programm von vornherein überein. Nehmen wir einmal an, daß jeder Besitzer des Buches zumindest die erste Seite des ersten Kapitels („Im Elternhaus“) angelesen hat, so haben Millionen Deutsche gewußt, daß Hitler den Krieg wollte (was ihm Kommunisten und Sozialdemokraten in den Reichstags- und Reichspräsidenten-Wahlkämpfen vor 1933 in der Tat unterstellten).

Hitler erzählt gleich zu Anfang, er sei in Braunau am Inn geboren, also „an der Grenze jener zwei deutschen Staaten, deren Wiedervereinigung mindestens uns Jüngeren als eine mit allen Mitteln durchzuführende Lebensaufgabe erscheint“. Nun, das mochte noch hingehen: Der Anschluß Deutschösterreichs an das Bismarck-Reich, der unerfüllte Traum von 1918/19, wurde von Sozialdemokraten und von Konservativen erstrebt – auch wenn sie dieses Ziel sicherlich nicht, wie Hitler, „mit allen Mitteln“ erreichen wollten.

Ein paar Zeilen weiter richtet Hitler aber den Blick schon auf ganz andere Ziele: „Erst wenn des Reiches Grenze auch den letzten Deutschen umschließt, ohne mehr die Sicherheit seiner Ernährung bieten zu können, ersteht aus der Not des eigenen Volkes das moralische Recht zur Erwerbung fremden Grund und Bodens. Der Pflug ist dann das Schwert, und aus den Tränen des Krieges erwächst für die Nachwelt das tägliche Brot.“ Selbst wer diese unsauber formulierten Sätze eng auslegt, wird nicht bestreiten können, daß Hitler nach einer Wiedervereinigung mit Österreich eine Situation für denkbar hält, in der Deutschland keine andere Wahl mehr hätte, als sich den fehlenden „Lebensraum“ zu erobern.

Im zweiten Band von „Mein Kampf“ läßt Hitler dann die Katze aus dem Sack: Als Hauptziel nationalsozialistischer Außenpolitik bezeichnet er es, „unser Volk und seine Kraft zu sammeln zum Vormarsch auf jener Straße, die aus der heutigen Beengtheit des Lebensraumes dieses Volk hinausführt zu neuem Grund und Boden", und er nennt auch die neuen deutschen Kolonien beim Namen: „Rußland und die ihm untertanen Randstaaten." Diese Aufgabe schreckte ihn 1926 so wenig wie 1941, denn nach seiner Prognose war „das Riesenreich im Osten ... reif zum Zusammenbruch".

Leser aus dem bürgerlichen Lager, wie der Reichsbankpräsident Hjalmar Schacht oder der Reichstagsabgeordnete Theodor Heuss, hielten diese Aussagen für Phantastereien, die man nicht ernst zu nehmen brauchte, weil Hitler seine Eroberungspläne an eine scheinbar unerreichbare, unvernünftige Voraussetzung geknüpft hatte: Deutschland sollte sich zuvor mit Großbritannien und Italien verbünden, um den „Erbfeind" Frankreich zu isolieren und in einem Revanchekrieg niederzuwerfen.

Anderen Lesern wird das Ganze nicht gar so phantastisch vorgekommen sein: Hitler wandelte doch nur auf den Spuren des von ihm bewunderten Feldherrn Erich Ludendorff, seines Putschgenossen am 9. November 1923 und Mitangeklagten im Hochverratsprozeß. Der Generalquartiermeister hatte, nach dem Frieden von Brest-Litowsk im Frühjahr 1918, als erster die deutschen Divisionen in Marsch gesetzt, um die Kornkammern der Ukraine und die Ölfelder am Kaukasus dem deutschen Weltreich einzuverleiben.

Dieser im Ersten Weltkrieg verlorengegangenen deutschen „Weltmacht" trauerten so manche Generäle, Admiräle, Wirtschaftsführer und Professoren nach. Hitler rührte an ihre geheimsten Gedanken, wenn er – ungeschützt und undiplomatisch – die Gründung eines neuen deutschen Weltreiches proklamierte. Wer 1914 den Weltkrieg riskiert hatte – aus Verzweiflung oder Verblendung – und vier Jahre lang dem Phantom deutscher „Weltmacht" nachgejagt war, dabei wissentlich die Existenz von Reich und Volk aufs Spiel setzend, dem konnte auch jene Alternative nicht so fremd sein, die Hitler in „Mein Kampf" mit der Unbekümmertheit eines Vabanquespielers vortrug: „Deutschland wird entweder Weltmacht oder überhaupt nicht sein."

Hitler und seine Anhänger waren sich mit den ehemals herrschenden Schichten des wilhelminischen Reiches auch darin einig, daß der Wiederaufstieg zur Weltmacht mit den staatstragenden Parteien der Weimarer Republik nicht bewerkstelligt werden konnte. Große Teile des deutschen Volkes, vor allen die Klein- und Großbürger, Intellektuelle, Jugendliche, die unbeschäftigten ehemaligen Frontsoldaten, standen der Republik feindlich gegenüber. Hitlers Haßtiraden gegen Demokratie und Parlamentarismus bestätigten alle Vorurteile der Gleichgesinnten, und die spärlich gesäten Demokraten im Lande konnten sich leicht ausmalen, was ihnen bevorstand, wenn die Nationalsozialisten jemals an die Macht kämen.

Bezeichnend für die politische Gesinnung der deutschen Justiz in jenen Jahren ist, daß kein deutscher Richter es für nötig befand, gegen ein Buch vorzugehen, worin die demokratisch-parlamentarische Staatsform und deren Repräsentanten verhöhnt und verleumdet wurden. Demokratie war für Hitler gleichbedeutend mit „Jämmerlichkeit, Murkserei, Verfall, Dummheit, allgemeiner Verlogenheit und Betrügerei"; die Demokraten beschimpfte er als „zusammengebeulten Haufen, zwergenhafte Lederhändler, Tröpfe, blöde Nichtskönner, Schwätzer, Strauchdiebe, Spießgesellen, elende Charaktere, Jämmerlinge, feige Lumpen, Kreaturen, Unfähige, Nullen, Schieber, Nichtswisser, Nichtskönner, ebenso beschränkte wie ungebildete und aufgeblasene Dilettanten". Originell war diese Art der Politikerbeschimpfung nicht – originell war nur die Selbstherrlichkeit, mit der sich Hitler seinen Anhängern und dem ganzen Volk als lichtvolle Gegenfigur empfahl, als Heiland und Messias, der Deutschland vom Marxismus befreien werde. Er empfahl sich als Fortsetzer einer Tradition, die mit Bismarcks Sozialistenverfolgung begonnen hatte; von Kaiser Wilhelms „vaterlandslosen Gesellen" bis zu Hitlers „Novemberverbrechern" führte ein gerader Weg. Über die Niederträchtigkeit von Hitlers Satz „So wenig eine Hyäne vom Aase läßt, so wenig ein Marxist vom Vaterlandsverrat" müßte man heute gar kein Wort mehr verlieren, gäbe es nicht auch in der Bundesrepublik Pamphlete, in denen führende Sozialdemokraten mit ähnlichen Gemeinheiten bedacht werden.

„Mein Kampf" ist eben kein publizistischer Sonderfall, er ist ein ureigenes deutsches Produkt. Als „Spießer-Spiegel" hat Hermann Glaser dieses Buch treffend charakterisiert, worin all das enthalten war, was ungezählte „kleinbürgerliche Traktätchenverfasser" im 19. und 20. Jahrhundert verbreitet hatten: „abgründige Gemeinheiten, breitgetretener Wortquark, in schiefe Metaphern geschlagene Ressentiments, endlose Tiraden, rhetorisch aufgeschminkte Platitüden und eine penetrante 'Kunstsinnigkeit'." Hitler füllte Seiten mit nationalem Kitsch, doch störte es die Deutschen kaum, weil dieses verlogen-schwülstige Pathos ihnen aus den Schullesebüchern vertraut war; Hitler intonierte nur, was einst Fichte, Körner, Arndt, Kleist, später die Barden der Paulskirche und des Bismarck-Reiches komponiert hatten.

So wie Hitler im August 1914 beim Ausbruch des Weltkrieges, empfanden unzählige junge Deutsche: „Ich schäme mich auch heute nicht, es zu sagen, daß ich, überwältigt von stürmischer Begeisterung, in die Knie gesunken war und dem Himmel aus übervollem Herzen dankte, daß er mir das Glück geschenkt, in dieser Zeit leben zu dürfen." Und in diesem romantischen Überschwang ging es dann hinaus ins Feld: „Zum ersten Male sah ich den Rhein, als wir an seinen stillen Wellen entlang dem Westen entgegenfuhren, um ihn, den deutschen Strom der Ströme, zu schirmen vor der Habgier des alten Feindes. Als durch den zarten Schleier des Frühnebels die milden Strahlen der ersten Sonne das Niederwalddenkmal auf uns herabschimmern ließen, da brauste aus dem endlos langen Transportzuge die alte Wacht am Rhein in den Morgenhimmel hinaus, und mir wollte die Brust zu enge werden."

Diese offensichtlich vorformulierte, gefühlsüberladene Passage hätte man in jenen kleinen Kreisen, die Hitlers Buch streng nach literarisch-künstlerischen Maßstäben beurteilten und für nichtig befanden, wohl als verzeihlich durchgehen lassen, wäre das ganze Buch in diesem vergleichsweise flüssigen und lesbaren Stil abgefaßt worden. Aber Hitlers „Mein Kampf" ist durchweg ungenießbare Lektüre, ist papiergewordene Propagandarede. Wie in den Bierkellern und Zirkusversammlungen überkam es ihn auch in der Festungszelle: Er schwadronierte drauflos und hielt seinen gläubig staunenden Genossen endlose Monologe. Kapitel um Kapitel diktierte er während der Landsberger Festungshaft seinem Chauffeur, später auch seinem Sekretär Rudolf Heß, der sich, zusammen mit seiner Frau, daran machte, die Manuskripte stilistisch zu überarbeiten. Doch der Respekt vor dem „Führer" war schon viel zu groß, Hitlers Eigensinn viel zu stark, als daß Heß und andere Lektoren das Werk von mißverständlichen Schachtelsätzen, von falschen Bildern, von ermüdenden Wiederholungen, von übermäßigen Füllwörtern zu befreien gewagt hätten.

Kein Redakteur einer Lokalzeitung hätte einem Autor solche Sätze durchgelassen, wie sie in „Mein Kampf" Hunderte von Seiten bedecken. Aber hätte sich Hitler redigieren lassen, so wäre rasch offenbar geworden, daß hier ein im Leben Zukurzgekommener seine Halbbildung und seinen Neid auf die Intellektuellen hinter einem Wust von oft nichtssagenden Substantiven zu verbergen trachtete. Das Buch hätte viel kürzer ausfallen können, wie das folgende Beispiel belegt. Hitler schreibt im 13. Kapitel über die deutsche Bündnispolitik: „War vor dem Kriege die Aufgabe einer deutschen Außenpolitik die Sicherstellung der Ernährung unseres Volkes und seiner Kinder auf diesem Erdball durch die Vorbereitung der Wege, die zu diesem Ziele führen konnten, sowie die Gewinnung der dabei benötigten Hilfskräfte in der Form zweckmäßiger Bundesgenossen, so ist sie heute die gleiche, nur mit dem Unterschied: Vor dem Kriege galt es, der Erhaltung des deutschen Volkstums zu dienen unter Berücksichtigung der vorhandenen Kraft des unabhängigen Machtstaates, heute gilt es, dem Volke erst die Kraft in der Form des freien Machtstaates wiederzugeben, die die Voraussetzung für die spätere Durchführung einer praktischen Außenpolitik im Sinne der Erhaltung, Förderung und Ernährung unseres Volkes für die Zukunft ist."

Unter dem Rotstift eines Redakteurs wäre daraus etwa folgender Satz geworden: „Vor dem Kriege mußte die deutsche Außenpolitik die Ernährung des Volkes sichern und Bundesgenossen gewinnen. Das ist auch heute ihre Aufgabe, mit dem einen Unterschied: Damals war Deutschland eine unabhängige Großmacht, heute muß es erst noch frei und mächtig werden." Auch in dieser verkürzten Form klingt der erste Satz harmloser, als er gemeint ist: Das Auswärtige Amt soll nämlich gar nicht die Volksernährung sichern (dafür genügte ja das Landwirtschaftsministerium), sondern es soll einen Eroberungskrieg diplomatisch vorbereiten. Ein paar Seiten weiter spricht Hitler denn auch von der „waffenmäßigen Vorbereitung für eine Erwerbung von Grund und Boden in Europa."

Theodor Heuss hat angeregt, „Mein Kampf" mit Kommentaren zu versehen, neu aufzulegen, um das Volk von neonazistischen Umtrieben zu bewahren. Noch besser wäre, an Beispielen dieses Buches in den Schulen schlechtes Deutsch anzuprangern. Wer die Hohlheit und den falschen Schein dieses Stils entlarvt, lehrt zugleich ein Stück politischer Bildung: wie Sprache als Herrschaftsinstrument mißbraucht wird, wie Sprache als Propagandamittel manipuliert werden kann. Kabarettisten und Parodisten haben sich einen Spaß daraus gemacht, die Lächerlichkeiten Hitlerscher Sprache aufzuzeigen („Es liegen die Eier des Kolumbus zu Hunderttausenden herum, nur die Kolumbusse sind eben seltener zu treffen – „Verpestung durch Negerblut" – „Versyphilitisierung des Volkskörpers"). Hitlers Argument gegen die Vermischung menschlicher Rassen lautet so: „Meise geht zu Meise, Fink zu Fink, der Storch zur Störchin, Feldmaus zu Feldmaus, Hausmaus zu Hausmaus, der Wolf zur Wölfin usw."

Wenn Lächerlichkeit tötete, hätte Hitler keine Rezension seiner Gegner überlebt. Doch für die ihm verhaßten Intellektuellen hatte er sein Buch nicht geschrieben; es konnte ihm nur recht sein, wenn hochmütige Literaten ihn als Pseudowissenschaftler belächelten, ihn als bloßen Trommler, als ahnungslosen Zutreiber und Agenten anderer, mächtigerer Kräfte verkannten. Welch furchtbarem Irrtum erlag ein Kurt Tucholsky, als er über Hitler schrieb: „Den Mann gibt es gar nicht; er ist nur der Lärm, den er verursacht."

Hitler wandte sich an die Massen, deren Unbildung er verachtete, deren Kraft er benötigte, um die Macht im Staat zu erkämpfen. Jenen Deutschen, die nach verlorenem Krieg und in den Wirtschaftskrisen sich nicht mehr zurechtfanden und deren Ängste und Aggressionen er auf den jüdischen Sündenbock ablenkte, wollte er eine Lehre, eine Weltanschauung zur Hand geben, an die sie glauben konnten und die sie wieder hoffen ließ. Um den Massen zu imponieren, kleidete er sich in das Gewand der Unfehlbarkeit.

Die des Denkens unkundigen Menschen durchschauten seine Tricks nicht. Unbewiesene Behauptungen setzte er als Prämissen, auf denen er logische Konstruktionen aufbaute, die in Scheinwahrheiten gipfelten, Umstandswörter wie „endlich, planmäßig, zwangsläufig" sollten seiner Lehre die unumstößliche Gewißheit eines Naturgesetzes verleihen, und wo sie nicht ausreichten, bemühte er die „Vorsehung", das „Schicksal", den „Allmächtigen". Einwände läßt er nicht gelten auch gar nicht erst aufkommen, indem er unentwegt Alternativen an die Wand malte, die eine andere Wahl als die von Hitler vorgeschlagene gar nicht mehr zuließen; es gab nur schwarz oder weiß, nur gut oder böse, nur stark oder schwach.

Hitler hielt sein Publikum offensichtlich für so unbedarft, daß er ihm unverblümt auseinandersetzen konnte, wie er die Massen mit seiner Propaganda an der Nase herumführte: „Die Aufnahmefähigkeit der großen Masse ist nur sehr beschränkt, das Verständnis klein, dafür jedoch die Vergeßlichkeit groß. Aus diesen Tatsachen heraus hat sich jede wirkungsvolle Propaganda auf nur sehr wenige Punkte zu beschränken und diese schlagwortartig so lange zu verwerten, bis auch bestimmt der Letzte unter einem solchen Worte das Gewollte sich vorzustellen vermag." – „Für die Intelligenz ... ist nicht Propaganda da, sondern wissenschaftliche Belehrung." – „Die Aufgabe der Propaganda liegt nicht in einer wissenschaftlichen Ausbildung des einzelnen, sondern in einem Hinweisen der Masse auf bestimmte Tatsachen, Vorgänge, Notwendigkeiten." – „Jede Propaganda hat volkstümlich zu sein und ihr geistiges Niveau einzustellen nach der Aufnahmefähigkeit des Beschränktesten unter denen, an die sie sich zu richten gedenkt." – „Je bescheidener dann ihr wissenschaftlicher Ballast ist und je mehr sie ausschließlich auf das Fühlen der Masse Rücksicht nimmt, um so durchschlagender der Erfolg."

Ein Volk, das sich solches bieten ließ, hat sich selbst das schlechteste Zeugnis seiner demokratischen Reife ausgestellt. Im Jahre 1942 hat Hitler im vertrauten Kreise den Zynismus seiner (auch heute noch lesenswerten) Kapitel über Propaganda noch überboten: „Was für ein Glück für die Regierungen", rief er aus, „daß die Menschen nicht denken." Zu diesem Zeitpunkt wandelte das deutsche Volk auf den Bahnen entsetzlichster Verbrechen. Aber kein Leser von „Mein Kampf" hätte sich nach 1945, als die Untaten auch dem deutschen Volk bekannt wurden, darüber wundern dürfen, denn fast auf jeder Seite ist, bis zum körperlichen Unbehagen, der grenzenlose Haß des Autors, seine Gewalttätigkeit, seine Rachsucht, ja seine Mordlust zu spüren.

„Was der Himmel auch mit uns vorhaben mag, schon am Visier soll man uns erkennen", schreibt Hitler mit ebenso selbstgewissem wie drohendem Unterton. Man lese nur, welches Schicksal er den Funktionären der deutschen Sozialdemokratie zugedacht hatte: „Es wäre die Pflicht einer besorgten Staatsregierung gewesen, ... die Verhetzer dieses Volkstums unbarmherzig auszurotten." Juden (aber auch anderen Gegnern) spricht er einfach das Menschsein ab – die Wahl seiner Wörter legt schon das Verfahren nahe, das er auf sie angewandt wissen will: „Polypen, Drohnen, Ratten, Parasiten, Schmarotzer, schädliche Bazillen, Ungeziefer, Blutegel, Vampire, Bazillenträger, Scheusale, Pestilenz."

Sogar die Gaskammern hat er in seinem Buch vorweggenommen; es bleibt unerfindlich, daß so mancher gläubige Leser von „Mein Kampf" gerade diese Stelle, an der sich Hitler über die versäumte Abrechnung mit dem Marxismus (sprich: Judentum) beklagt, überlesen haben will:

„Hätte man zu Kriegsbeginn und während des Krieges einmal zwölf- oder fünfzehntausend dieser hebräischen Volksverderber so unter Giftgas gehalten, wie Hunderttausende unserer allerbesten Arbeiter aus allen Schichten und Berufen es im Felde erdulden mußten, dann wäre das Millionenopfer der Front nicht vergeblich gewesen."

Wir sollten es nicht mehr nötig haben, noch länger an das Märchen zu glauben, „Mein Kampf“ sei ein wirkungsloses, weil ungelesenes Buch gewesen. Sein Gedankengut wurde durch Tausende und Abertausende von Propagandarednern, Parteijournalisten, Schulungsleitern unters Volk gebracht, umgegossen in vielfältige Formen wie Schulungsbriefe, Wochensprüche, Propagandabroschüren, Zeitungsartikel, Lesebücher. Die „Lingua Tertii Imperii“, wie Victor Klemperer die Sprache Hitlers genannt hat, „bemächtigte sich aller öffentlichen und privaten Lebensgebiete“.

Wer genau hinhört, wird noch heute Wortfetzen dieser „Sprache des Unmenschen“ aufspüren: bei Wahlrednern, Funktionären, Beamten, Festrednern. Und zuweilen verfallen Parteipolitiker und Regierende in die Angewohnheit zurück, politische Gegner, Andersdenkende und unbequeme Minderheiten als minderwertig, geisteskrank, verbrecherisch, schmutzig, tierisch – kurzum: als Untermenschen zu diffamieren und zu degradieren. Brechts Mahnung bleibt beherzigenswert: „So was hätt' einmal fast die Welt regiert! / Die Völker wurden seiner Herr, jedoch / Daß keiner uns zu früh da triumphiert – / Der Schoß ist fruchtbar noch, aus dem das kroch!“

Die braune Weihnacht – Statt des Christkinds kam Frau Holle

Alle Jahre wieder spendet der Bundeskanzler oder der Bundespräsident dem deutschen Volk ein paar besinnliche Worte zum Weihnachtsfest. Der Ritus dieser überflüssigen „Ansprachen“ ist ein (freilich harmloses) Überbleibsel aus einer Zeit, als in Deutschland das Fest der Geburt Christi hemmungslos zu politischer Agitation mißbraucht wurde.

Bereits vor dem Ersten Weltkrieg, im Zeichen des Bundes von Thron und Altar, hatte die Weihnachtsbotschaft vom Sieg des Lichtes über die Finsternis einen nationalistischen Unterton bekommen. Nach der Niederlage von 1918 schleppten enttäuschte Frontsoldaten sentimentale Erinnerungen an gemütvolle Kriegsweihnachten mit sich herum. Auf Kameradschaftsabenden erbauten sich die Veteranen an der Kriegslyrik gefallener vaterländischer Dichter: „Was Frost und Leid! / Mich brennt ein Eid, / der glüht wie

Feuerbrände / durch Schwert und Herz und Hände, / es ende drum, wie es ende – / Deutschland, ich bin bereit."

In ungezählten Weihnachtsfeiern der Hitlerjugend, der Waffen-SS und der Wehrmacht ist dieses Weihnachtsgedicht von Walter Flex später zitiert worden. Von diesem schwärmerischen Patrioten stammte auch das vielgelesene „Weihnachtsmärchen des 50sten Regiments". In dieser Erzählung, die der Kriegsdichter seiner Kompanie am Heiligabend vorgetragen hatte, stürzt sich eine verzweifelte Kriegerwitwe in einen Waldteich. Sie erwacht am Ufer eines Sees, der von vielen tausend toten Soldaten bewacht wird und auf dessen Fluten die ungeborenen Kinder „in den Tränen ihres Volkes" baden.

Viele Deutsche, denen sich das Bild vergangener nationaler Grösse desto mehr verklärt hatte, je trostloser die Gegenwart der Wirtschaftskrisen war, glaubten im Jahre 1933, mit dem Nationalsozialismus sei jenes starke, reine Geschlecht, das Walter Flex besungen hatte, an die Macht gekommen. Nicht nur am deutschen Wesen, auch an deutscher Weihnacht sollte nun die Welt genesen. „Deutscher Winter, komm über die Welt", jubilierte die Dichterin Ina Seidel. Das Christfest wurde zur Siegesfeier der nationalen Wiedergeburt.

Am Heiligabend 1933 schickte der Berliner Gauleiter Joseph Goebbels SA- und SS-Männer in die Arbeiterviertel, um die Kinder der ehemaligen Sozialdemokraten und Kommunisten zu bescheren. Im Zeichen der „Volksweihenacht" sollte die klassenneutrale Gesellschaft geformt werden, in der sich Arbeitgeber wie Arbeitnehmer, arm wie reich, alt wie jung versöhnt unter dem Lichterbaum vereinten.

Die Regisseure der nationalsozialistischen Propaganda waren zu klug, als daß sie mit einem Schlage die ihnen verhaßten christlichen Symbole beseitigt hätten. In der ersten Phase durfte bei Weihnachtsfeiern der Partei und ihrer Organisationen noch das Weihnachtsevangelium verlesen werden, aber es wurde allmählich verdrängt durch Kriegsbriefe gefallener Soldaten und Erinnerungen an die „Kampfzeit" vor 1933 („Rotmord geht um zur Weihnachtszeit"). Und statt „Stille Nacht" wurde die „Hohe Nacht der klaren Sterne" angestimmt, ein hohles Gelegenheitsgedicht von Hans Baumann („Es zittern die morschen Knochen"), der später ein guter Kinderbuchautor geworden ist.

„Ausrichtung", „Durchführung", „Betreuung" und ähnliche Ausdrücke aus dem Wörterbuch des Unmenschen fanden ihren Eingang ins Weihnachtsrepertoire der Feiertagsgestalter. Weihnachten wurde zum organisierten Fest. Nichts blieb mehr dem Zufall überlassen. Eigens dafür eingerichtete Ämter mit Hunderten von Mitarbeitern: das Hauptkulturamt der Reichspropagandaleitung, das Parteiarchiv für nationalsozialistische Feier- und Freizeitgestaltung, die Ämter „Feierabend" und „Deutsches Volksbildungswerk" in der Organisation „Kraft durch Freude", das Kulturamt der Reichsjugendführung, der Reichsführer SS – sie alle kümmerten sich noch um die kleinsten Einzelheiten, sogar um die Bescherung im Familien- und Freundeskreis. Übermäßige Geschenke waren verpönt, empfohlen wurden „selbstgearbeitete Dinge, Bücher, formschöne handwerkliche Geräte, eine gute Reproduktion eines alten oder neuen Meisters..."

Ein Spezialist im Schenken war Hitler selber. Er verbrachte einen ganzen Tag damit, um für sein Gefolge, für seine Leibstandarte, für Bekannte oder für das Personal seines Sonderzuges Pakete zu packen. Einmal, so berichtete die Parteipresse, unterschrieb er eigenhändig siebentausend Porträtkarten, die er den Bauarbeitern in der Neuen Reichskanzlei schenkte. Der Reichsführer SS, Heinrich Himmler, verschickte noch im letzten Kriegsjahr seine Julteller und Julleuchter an Freunde und Förderer der SS.

Unleugbar wurde vor dem Weihnachtsfest enorm viel für die minderbemittelten Volksgenossen getan. Dafür sorgte das Winterhilfswerk, das sogenannte WHW, das zu Beginn der Adventszeit, am „Tage der nationalen Solidarität", zu Geld- und Spendensammlungen aufrief. Diese Organisation war den karitativen Verbänden der Kirchen, Parteien und Vereine nicht nur nachgebildet, sondern sollte sie allesamt an Leistung übertreffen. Es war dies ein leichtes, da alle Verbände des Staates und der Partei aufgeboten wurden und notfalls auch den nötigen moralischen Druck ausüben konnten, um widerspenstige Bürger zu schröpfen.

Aber nicht alle Volksgenossen durften der Segnungen der Volksweihenacht teilhaftig werden. Im Leitartikel des „Völkischen Beobachters" wurde die Botschaft des Friedens und der Freude nur denen verheißen, „die 'guten Willens' Deutsche sind". Politisch Verfolgte in den Konzentrationslagern, Juden und Fremdvölker blieben ausgeschlossen.

Schon nach wenigen Jahren gingen die Nationalsozialisten von der ersten zur zweiten Phase über – der christlichen Weihnacht wurde offen der Kampf angesagt. So wie einst die christlichen Mönche ihre Feste den heidnischen Bräuchen geschickt angepaßt hatten, wurde nun dem Kirchenjahr ein nationalsozialistischer Kalender übergestülpt. Am 6. Dezember kam nicht mehr der Heilige Nikolaus, sondern ein deutscher Knecht Ruprecht, und statt des Christkindes flog Frau Holle auf die Erde. Aus dem Christfest wurde das Julfest. Das Hauptereignis aber war fortan die Wintersonnenwende am 21. Dezember.

Bei Fackelschein und Feuerscheit, bei Fackeltanz und Feuerrede sollte „die junge Mannschaft" auf die menschen- und todesverachtenden Prinzipien des schwarzen Totenkopfordens verpflichtet werden. Der SS-Mann, so lesen wir in einem Weihnachts-„Leitbrief", „spricht nicht von seinen Taten. Er erleidet, wenn es sein muß, den Tod wortlos und ohne Klage. Sein inneres Verhältnis zum Schöpfer aller Dinge ist einfach und klar und bedarf keiner Vermittlung."

Nicht nur das „Stirb und Werde" der Natur wurde beschworen, sondern auch der wechselhafte Daseinskampf der Völker. Ein heiliger Schauder ließ die jungen Menschen frösteln, ein uneingestandenes Todesahnen beschlich sie, wenn das Lied von den fliegenden Fahnen im großen Morgenrot erklang: „Deutschland, sieh uns, wir weihen / dir den Tod als kleinste Tat / grüßt er einst unsre Reihen / werden wir die große Saat."

Diese Lieder von Todessehnsucht und Opferbereitschaft wurzelten in der Tradition des Wandervogels und des Hohen Meißner, sie waren die Ekstasen eines überhitzten Nationalismus. Welten trennten diese Ideologie von der christlichen Botschaft des Friedens und der Gottesliebe. Aber diese Distanz war gewollt. Sonnenwendfeiern seien „eine gesunde Abkehr von den Weihnachtsfeiern mit dem Stall von Bethlehem, mit den Königen aus dem Morgenland und den Hosianna-Gesängen für den Sohn Davids", befand die Reichsjugendführung. Baldur von Schirach, der Hohepriester dieses Feuerspuks, dachte noch beim Rorschach-Test im Nürnberger Kriegsverbrechergefängnis zuerst an „Zwei Weihnachtsmänner mit Christbäumen".

Gläubige Nationalsozialisten empörte es innerlich, daß viele Parteigenossen, ja sogar SS-Männer nominelle oder praktizierende Christen geblieben waren, also nicht den „Arier" Adolf Hitler, sondern den Juden Jesus als Messias anbeteten. Deshalb waren die Festspezialisten peinlich darauf bedacht, alles von den Weihnachtsfeiern fernzuhalten, was irgendwie noch an Maria und Joseph und das Kind in der Krippe erinnern konnte.

Liedgut, das allen Deutschen, ob Christ oder Nichtchrist, lieb und teuer geworden war, wurde zurechtgestutzt oder umgeändert, auch das schönste und älteste Weihnachtslied „Es ist ein Ros entsprungen". Während die übereifrigen SS-Barden den Vers „Von Jesse kam die Art" bereits umgewandelt hatten zu „Es ist von Wunderart", suchte Heinrich Himmler noch krampfhaft den alten Text zu retten. Vom „Verein Ahnenerbe" wollte er wissen, wie die Bibel zu „diesem Stammbaum Davids beziehungsweise Jesses" komme: „Es ist merkwürdig, daß die Überlieferung erzählt, daß die Könige von Atlantis aus dem Stamm Jesse wären und daß der letzte dieser Könige Jesse Bokkika geheißen haben soll."

Fehlte es auch an geistigem Gehalt, so doch nicht an einer Liturgie. Das organisierte Weihnachtsfest wurde in drei Festkreisen abgespult: Advent, Sonnenwende, Heiligabend. Den Familien wurde scheinbar ein unantastbarer Freiraum zugebilligt, in den die Partei nicht hineinreden sollte. Da aber jeder Deutsche irgendeiner Organisation angehörte – und sei es die Reichsfrauenschaft oder die Arbeitsfront –, wurde er irgendwann in der Adventszeit in eine außerkirchliche Feierstunde mit einbezogen, wo man ihm tröpfchenweise die neue Weihnachtsmystik verabreichte. Auch wenn sich bei den Familienfeiern am Heiligen Abend im Vergleich zu früheren Zeiten kaum etwas änderte, so hätten mit den Jahren doch die Hitlerjungen, aus denen eines Tages SS-Männer werden sollten, das Weihnachtsfest in einen Kehraus der Wintersonnenwende verwandelt.

Bereits vor dem Kriege wurde in verschiedenen deutschen Städten und Dörfern die endgültige Form der nationalsozialistischen Weihenacht erprobt: Nach der Sonnenwendfeier marschierten die Fackelträger zum „Adolf-Hitler-Platz", wo der große „Tannenbaum des Volkes" stand. Unter ihm wurde in einer Mooshöhle eine dicke Wachskerze entzündet. Zwei Hitlerjungen hüteten das Feuer bis zum Heiligen Abend. Dann holten sich die Kinder aus allen Familien mit Fackeln oder Laternen das Feuer für ihren häuslichen Baum. In der Sprache der NS-Propaganda: „Dieser Brauch versinnbildlicht Werden und Wachsen unserer Volksgemeinschaft aus dem Funken der Weltanschauung, den der Führer in die Herzen legte."

Die Berufung auf Hitler war nicht ohne Ironie. Der Diktator haßte Weihnachtsbäume, seit er seine Mutter einen Tag vor Heiligabend hatte zu Grabe tragen müssen. Schneelandschaften erinnerten ihn an Leichentücher. Dennoch ließ er die Führer der SS und der Jugend, Heinrich Himmler und Baldur von Schirach, gewähren, als sie durch die Hintertür eben den Mystizismus wieder einführten, den er aus seiner Weltanschauung verbannt wissen wollte.

Man hat hernach mit Recht von einem „braunen Kult" gesprochen, dessen Ritualien von den Kirchen, den sozialistischen Parteien, der Jugendbewegung und vor allem von Richard Wagner entlehnt worden waren. Zu Weihnachten äußerte er sich gleich in mehrfacher Form: als Ahnenkult, als Sonnenkult, als Mutterkult, als Führerkult.

Hitlers Stellvertreter, Rudolf Heß, zelebrierte die traditionelle Weihnachtsansprache „an die Deutschen im Reich und in Übersee" jedesmal wie einen Gottesdienst: „Herrgott, wir wollen auch im kommenden Jahre deinen Segen erringen. Im Kampf für das Land, das du uns gegeben – für den Mann, den du uns geschenkt." Aber dieser Gott war kein Gott der Liebe. Eiskalt das Licht, das er spendete, wüst die Nacht, die es erleuchtete, verloren in ihr der Mensch, der Trost suchen konnte nur im Glauben an das ewige Deutschland.

In Hitlers Weltanschauung wurde der Mensch in die Barbarei zurückgestoßen, zur nichtswürdigen Kreatur erniedrigt. In den „Tischgesprächen" stehen Worte von schrecklicher Selbstherrlichkeit: „Die Kröte weiß nicht, was sie vorher war, und wir wissen es nicht von uns. Man soll auch das Einzelleben gar nicht so hoch bewerten. Wenn sein Bestand vonnöten wäre, würde es nicht untergehen. Eine Fliege legt Millionen Eier, die alle vergehen. Aber die Fliegen bleiben."

Diese Worte des angeblich gottgesandten Führers entlarven auch den Mütterkult, mit dem die Nationalsozialisten den Marienkult der katholischen Kirchen ablösen wollten, als Lüge. 1938, in der letzten Friedensweihnacht, hatte Rudolf Heß die Stiftung eines Ehrenkreuzes in Bronze, Silber und Gold angekündigt, mit dem kinderreiche Mütter vom Staate ausgezeichnet werden sollten. Einige Festredner sprachen seither nicht mehr von der Weihenacht, sondern von der Mutternacht: „Mütter, euch sind alle Feuer / alle Sterne aufgestellt / Mütter, tief in euren Herzen / schlägt das Herz der weiten Welt", dichtete Hans Baumann.

Alles Gerede vom ewig Mütterlichen konnte nicht darüber hinwegtäuschen, daß die deutschen Frauen zu Gebärmaschinen umfunktioniert werden sollten, deren pausenloser Einsatz die Welteroberungszüge künftiger Generationen ermöglichte. Das Hauptkulturamt in der Reichspropagandaleitung der Partei ließ als Muster den „Brief eines Ortsgruppenleiters an die Frontsoldaten" verteilen, worin ebenso brutal wie naiv dieser Hintersinn des nationalsozialistischen Weihnachtskults beschrieben wird: „Liebe Kameraden, am Sonnenwendtage will ich die Namen von denen vorlesen, die im letzten Jahr in unserer Stadt gestorben sind. Und dann sage ich die Namen unserer lieben Kameraden, die in diesem Kriege gefallen sind. Die Bläser spielen vom Turm das Lied vom guten Kameraden. – Aber dann wird es wieder hell. Da werden nämlich die Namen von den Kindern vorgelesen, die in diesem Jahr bei uns geboren sind. Und das sind Gott sei Dank eine ganze Menge."

Härte, nicht Liebe kennzeichnete die Botschaft der Volksweihenacht. Heinrich Himmler brachte das Wesen des Festes in seiner letzten Julbotschaft an die SS-Männer und SS-Sippen auf die knappe Formel: „Durch Mütter und Helden – wird unser der Sieg." Ein halbes Jahr später hatten die Helden bedingungslos kapituliert, und das ewige Deutschland lag in Trümmern. Nicht die Lichtgestalt des Baldur, nicht Siegfried hatte überlebt, sondern das Kind in der Krippe triumphierte über den heidnischen Mummenschanz.

Die Legion Condor vernichtet Guernica 1937

„Vor dem Gericht Gottes und der Geschichte, vor dem wir alle gerichtet werden, bezeuge ich: Dreieinhalb Stunden lang haben deutsche Flugzeuge mit einer unvergleichlichen Grausamkeit die Zivilbevölkerung der historischen Stadt Guernica bombardiert, die Stadt in Asche gelegt, Frauen und Kinder mit Maschinengewehrfeuer verfolgt, so daß viele umkamen und die Überlebenden in Panik geflohen sind." Mit diesen Worten gab der Präsident der Basken-Republik, José de Aguirre, im Frühjahr 1937 der Welt Kunde von einem Verbrechen, das seither als ein Makel an Deutschland haften geblieben ist. Allein schon das berühmte Gemälde, das Pablo Picasso für den spanischen Stand der Pariser Weltausstellung gemalt hat, wird die Erinnerung an jenen 26. April wachhalten.

Obwohl Reporter der internationalen Presse sich an Ort und Stelle von den Folgen des Luftangriffs überzeugt und sogar nicht explodierte deutsche Brandbomben im Schutt gefunden hatten, besaß die Regierung Franco die Stirn, die Zerstörung Guernicas den baskischen Milizen anzulasten, die vor ihrem Rückzug die Stadt in die Luft gesprengt und an allen Ecken angezündet haben sollten. Dem deutschen Volk wurde die Tat verheimlicht; es durfte damals noch nicht einmal erfahren, daß seit dem Ausbruch des Spanischen Bürgerkrieges deutsche „Freiwillige“ auf der Seite der Putschisten gegen die Republik kämpften.

Nach dem Zweiten Weltkrieg wurde Guernica von den deutschen Historikern ausgeklammert; verstohlen nur tauchte der Name in den Memoiren ehemaliger Jagdflieger auf. Erst in den sechziger Jahren wurde in einer Bonner Dissertation die Aussage eines deutschen Obristen publik gemacht, der freilich die Hauptschuld den italienischen Fliegern aufbürdete. Weit verbreitet war allerdings hierzuland das Standardwerk des Briten Hugh Thomas, der zu dem Schluß kam, daß die Deutschen den Ort bewußt mit der Absicht der Zerstörung bombten, um sozusagen klinisch „die Wirkungen eines solchen Terrorangriffs zu studieren“.

Im Jahre 1973 versuchte die „Welt“ noch einmal die nationalspanische Legende aufzutischen: Der deutsche Terrorangriff sollte eine Erfindung des kommunistischen Propagandagenies Willy Münzenberg gewesen sein. Die daran anschließende Pressekontroverse veranlaßte offensichtlich das Militärgeschichtliche Forschungsamt in Freiburg, nun endlich die Archive nach Dokumenten zu durchforschen und Überlebende der „Legion Condor“, unter ihnen hohe Nato-Offiziere, zu befragen. (Heinz Trettner, der ehemalige Generalinspekteur der Bundeswehr, den die DDR-Propaganda zum „Mörder von Guernica“ stempeln wollte, hat übrigens mit dem Angriff nichts zu tun gehabt; er saß zu jener Zeit weitab vom Schuß im Hauptquartier General Francos als Adjutant General Sperrles, des Kommandeurs der Legion.)

Das Ergebnis der quasi offiziellen deutschen Geschichtsschreibung lag dann 1976 vor: eine gediegene, abgewogene, verläßliche Studie, verfaßt von einem jungen Major der Luftwaffe. Dieser Militärhistoriker war auch der wichtigste Informant und Mitarbeiter eines englischen Autoren-Teams, das in zweijähriger Forschungsarbeit mehr als vierzig Augenzeugen des Angriffs und auch eine Reihe von Legionsfliegern interviewt hat. Ihre im Reportagestil geschriebene Geschichte ist eine nach Stunden unterteilte Chronik zweier Tage im April 1937.

Nach diesen beiden Büchern wird auch kein Anhänger Francos mehr ehrlicherweise behaupten dürfen, die Basken hätten das Symbol ihrer Freiheit selber in Schutt und Asche gelegt. Übrigens hat das nationalspanische Hauptquartier auf eine Anfrage aus Berlin am 7. Mai 1937 klipp und klar die Verantwortung für den Luftangriff übernommen: „Guernica sei ein sehr wichtiger Verkehrsknotenpunkt und ein Ort mit Rüstungsindustrie, der mit Reserven belegt war und von fliehenden Truppen passiert wurde. Einheiten der vordersten Linie hätten unmittelbar bei den Luftstreitkräften um die Bombardierung von Straßenkreuzungen nachgesucht, bei deren Durchführung die deutsche und italienische Luftwaffe mangels ausreichender Sicht wegen Qualm und Staubwolken mit ihren Bomben die Stadt getroffen hätten. Eine Untersuchung, die nur ein Propagandamanöver der Roten darstellen würde, könne im Interesse des Ansehens Nationalspaniens und seiner befreundeten Nationen nicht zugelassen werden."

In dieser lakonischen Mitteilung sind schon die beiden Rechtfertigungsgründe enthalten, die später immer wieder hervorgeholt wurden: harte militärische Notwendigkeit einerseits, bedauerlicher Fehlwurf anderseits. Vertuscht wird die Verantwortung: General Franco schiebt sie auf die Front ab, verschweigt aber, daß der Angriff praktisch allein von der Operationsleitung der deutschen Legion Condor befohlen wurde.

Warum die deutsche Luftwaffe, getarnt als nationalspanischer Verband, so frank und frei über dem Baskenland operieren durfte, ist ohne die Vorgeschichte nicht zu erklären. Im März 1937 hatten die internationalen Brigaden in der Schlacht von Guadalajara vier italienische Divisionen vernichtend geschlagen; Franco konnte nun nicht mehr auf eine baldige Eroberung Madrids hoffen. Er brauchte einen schnellen militärischen Erfolg an anderer Stelle, und der schien ihm am ehesten im Norden möglich, durch einen Feldzug gegen die autonome Baskenrepublik und die Eroberung des Industriezentrums Bilbao. Die Legion sollte ihm dabei helfen; sie hatte „die Blamage ganz oben wieder auszugleichen".

Dank der Notlage Francos konnte sich die deutsche Führung einen maßgeblichen Einfluß auf die militärischen Gesamtoperationen sichern. Alle Luftstreitkräfte (auch die spanischen und italienischen) wurden dem deutschen Befehlshaber unterstellt. Die Offensive mußte sich den Wirkungsmöglichkeiten der Luftwaffe anpassen, deshalb wurde ein gemeinsamer deutsch-spanischer Gefechtsstand eingerichtet. Da General Sperrle nur Franco persönlich verantwortlich blieb, unterstand die Legion nicht einmal dem Kommando der Nordarmee; anderseits operierte sie aber unabhängig von Francos Hauptquartier, da sie eng mit der kämpfenden Truppe zusammenarbeitete.

Der Angriff auf Guernica wurde auf freiem Feld zwischen dem 41jährigen Chef des Stabes der Legion, Oberstleutnant Wolfram Freiherr von Richthofen, und dem Chef des Stabes der Navarra-Brigaden, Oberst Juan Vigon, vereinbart. Autor Maier nimmt an, daß Vigon auf Grund seines guten Verhältnisses zu Franco den „Caudillo" informiert hat. Doch da darf man seine Zweifel haben. Da die deutsche Führung überhaupt nicht wußte, welchen Symbolwert Guernica besaß, muß man annehmen, daß Vigon diesen Hinweis versäumte, weil er seinerseits von Richthofen über Art und Ausmaß des Angriffes im unklaren gelassen wurde.

Maier spricht denn auch der Legion Condor ein hohes Maß an Verantwortung zu, rückt sie jedoch unter die nationalspanische Gesamtverantwortung, mit Recht; schließlich hatten Franco und seine Generäle einer rücksichtslosen Kriegführung zugestimmt. Der Oberbefehlshaber der Nordarmee, General Mola, hatte vor Beginn der Offensive den Basken angedroht, er werde notfalls die ganze Provinz Viscaya verwüsten. Er verlangte von der Legion, sie solle mindestens die Hälfte aller Fabriken von Bilbao zerstören, denn „Spanien habe viel zu viel Industrie und schaffe dadurch nur Unzufriedenheit".

Die Einsatzbefehle für die Legion waren ebenso schonungslos. Die Luftstreitkräfte sollten in die Erdkämpfe „ohne Rücksicht auf die Zivilbevölkerung" eingreifen. Und der Luftkrieg wurde von den Deutschen und Italienern um so rigoroser geführt, als der Angriffsschwung der spanischen Infanterie zu wünschen übrig ließ. Guernica war auch nicht die erste Stadt, die vernichtet wurde – vorher waren bereits etliche Dörfer und besonders schwer das Städtchen Durango zerbombt worden (Richthofen, in seinem Tagebuch: „Es ist, als ob die Bomben die Kirchen geradezu gesucht hätten.")

Die Hauptquelle für Maier und die beiden britischen Autoren ist Richthofens Tagebuch, das freilich mit einiger Vorsicht gelesen werden muß, da der Oberst seine Notizen erst später ins reine übertragen hat. Es ist freilich von einer manchmal schonungslosen Offenheit. Dr. Ing. Freiherr von Richthofen, ein Vetter des berühmten „roten Kampffliegers" aus dem Ersten Weltkrieg, in dessen Geschwader er Dienst tat, hatte die Entwicklungsabteilung im Technischen Amt des Luftfahrtsministeriums geleitet. Ihn interessierte der Krieg als technisches Problem; bei der Nordoperation erprobte er zum erstenmal eine neue Taktik im Zusammenspiel von Heer und Luftwaffe. Hier sammelte er die Erfahrungen, die er dann 1939 bis 1941 in den deutschen Blitzkriegen so erfolgreich verwerten konnte. Er war geradezu besessen von seiner Aufgabe. Politische Bedenken hatte er nicht; für ihn waren die Gegner ausnahmslos „Rote", die es auch im deutschen Interesse zu bekämpfen galt. Seine naive

Begeisterung für moderne Waffen konnte er in seinem Tagebuch nur mühsam unterdrücken: „Tolle Bombenwirkung“ – „Schönes Verfolgungsschießen der Flak auf laufende Inf[anterie]“ – „Italiener werfen glänzend auf Elgueta“ – „Jus werfen schon mit großen Bomben auf Ermua“.

Der Angriff auf Guernica war Richthofens Idee. Er wollte diesen Straßenknotenpunkt sperren, um der fliehenden baskischen Miliz den Fluchtweg abzuschneiden. Der Einsatzbefehl lautete: „Auf Straßen und Brücken [einschließlich Vorstadt] hart ost[wärts] Guernica. Dort muß zugemacht werden, soll endlich ein Erfolg gegen Personal und Material des Gegners herausspringen.“ Es war sein Traum von der Kesselschlacht. Richthofen als Ludendorff der Luftwaffe.

Die britischen Autoren hegen einige Zweifel, ob denn der Angriff wirklich nur der Brücke gegolten habe. Sie wurde auch nicht durch einen einzigen Bombensplitter getroffen! Die deutsche Ju 52 hatte eine viel zu ungenaue Zielvorrichtung, um für einen Punktwurf auf eine kleine Brücke geeignet zu sein. Seine vier Sturzkampfflugzeuge, die dafür geradezu ideal waren, hat Richthofen nicht eingesetzt. Die Angriffshöhe war viel zu hoch, die Bomber flogen in Keilformation. Und warum mußten die Bomber neben 250-Kilo-Luftminen auch Splitterbomben und zu einem Drittel Brandbomben mitführen?

Einer der Offiziere der Legion hat, zu seiner Ehre sei es gesagt, gegen diesen Bombeneinsatz Bedenken geäußert: Hauptmann Ekehardt Krafft von Dellmensingen. Aus einer Höhe von 1800 Metern würden die leichten Brandbombenkanister „wie Herbstblätter herunterfallen, außerhalb jeder Kontrolle“. Befehl sei Befehl, wurde ihm erwidert. Krafft flüchtete sich in die Ironie: „So müssen wir also von der Annahme ausgehen, daß es Holzbrücken in Guernica gibt.“

Der Freiburger Historiker glaubt immer noch an die Fehlwurf-Theorie und an „ungünstige Windverhältnisse“. Die beiden Briten stellten dagegen fest, es sei an jenem Nachmittag fast windstill gewesen. Aber auch er muß einräumen, daß die deutschen und italienischen Flieger „wenig Hemmungen hatten, einfach ‘mitten hineinzuwerfen’, als sie über dem eigentlichen Ziel für gezielte Würfe zu ungünstige Verhältnisse antrafen“. Die jungen deutschen Jagdflieger hatten auch keine Hemmungen, trotz ungünstiger Sicht mit ihren Maschinengewehren in das Stadtgebiet und auf die flüchtenden Menschen an den Ausgängen „draufzuhalten“. Als sie sich nach getaner Arbeit ins Bordell begaben, waren sie sicherlich überzeugt, einen erfolgreichen Tag hinter sich zu haben.

Zufrieden war auch Richthofen, wenn auch nicht ganz. Er schrieb in sein Tagebuch am 30. April, nachdem er die inzwischen eroberte Stadt besichtigt hatte: „Guernica, Stadt von 5000 Einwohnern, buchstäblich dem Erdboden gleichgemacht ... Bombenlöcher auf Straßen noch zu sehen, einfach toll. – Stadt war völlig gesperrt für mindestens 24 Stunden, es war die geschaffene Voraussetzung für einen großen Erfolg, wenn Truppen nur nachgerückt wären. So nur ein voller technischer Erfolg unserer 250er[Bomben] u[nd] E.C.B. 1 [1-Kilo-Brandbomben mit Thermit-Füllung, hergestellt von der IG Farben A.G.]."

Noch zufriedener wäre Richthofen gewesen, wenn er geahnt hätte, daß zur Zeit des Angriffs etwa 2 000 Soldaten in und um Guernica einquartiert waren. Sie hätten die Stadt, die ein paar Tage später von der Zivilbevölkerung geräumt werden sollte, bis zum letzten Haus verteidigen sollen: Guernica als „Alcazar des Nordens", eine Festung, an der sich Francos Truppen so lange die Zähne ausbeißen sollten, bis der „Eiserne Ring" um Bilbao kampfbereit war. Richthofens Bomber jagten sie in die Flucht.

Die Historiker haben bisher nicht die genaue Zahl der Opfer des Angriffs ermitteln können (es waren auch 3 000 Flüchtlinge in der Stadt; vielleicht schwanken deshalb die Schätzungen zwischen 90 und 1 400). Die Legionäre haben sich damals kaum Gedanken darüber gemacht; sie waren nicht anders veranlagt als später die britischen Piloten über deutschen Städten, oder die amerikanischen Flieger über Vietnam – es ging ja „gegen den Feind". Der Brite Hugh Thomas denkt, nach der Lektüre des neuen Buches, nicht mehr so hart über die Deutschen. Die Barbarei des totalen Krieges habe, so befand er im Literaturteil der „Times", bereits im amerikanischen Bürgerkrieg angefangen.

Wolfram Freiherr von Richthofen – er sollte eines Tages Deutschlands jüngster Feldmarschall werden – hat einen Monat nach dem Angriff in einem Brief an einen Freund das Urteil über sich selber geschrieben: „Ich hatte mich aber bei Guernica wohl etwas rüpelhaft benommen!"

Der Irrtum vor Ibiza – Warum die „Deutschland" bombardiert wurde 1937

Mitten in einem der schönsten Gärten Nordwestdeutschlands, auf dem Ehrenfriedhof der Marine im Wilhelmshavener Stadtpark, verborgen hinter Buchenhecken, efeuumrankt und rosenbesteckt, liegen 31 Seemannsgräber. Matrosen und Heizer wurden hier begraben. Kein Offizier dabei, doch das mag Zufall sein. Davor ein schlichtes Denkmal, in Stein gehauen die Inschrift: „Den Toten des Panzerschiffes 'Deutschland', gefallen am 29. Mai 1937 vor Ibiza".

Ibiza – der Name weckt heitere Gedanken an sonnige Strände; „gefallen" klingt nach Krieg. Wie paßt solches zusammen? Denn 1937 war ein Friedensjahr. Wer weiß heute noch, daß Europa schon damals, zweieinhalb Jahre vor dem Beginn des Zweiten Weltkriegs, nur eben am großen Krieg vorbeigeschlittert ist? Dem Überfall „rotspanischer" Flugzeuge auf das Panzerschiff folgte die Beschießung der südspanischen Hafenstadt Almeria durch die deutsche Flotte. Die wiedererstandene Großmacht unter ihrem Diktator Adolf Hitler zeigte, wessen man bei ihr gewärtig sein mußte, fünf Wochen nach der Zerstörung Guernicas durch die Legion Condor.

Noch unlängst konnte man in einer völkisch-nationalistischen Postille lesen, Stalin habe den Angriff auf das deutsche Kriegsschiff befohlen. Dies haben seinerzeit der Kommandant und die Besatzung der „Deutschland" auch geglaubt und mit ihnen Millionen ihrer Landsleute. Wie es wirklich war, wissen wir erst seit ein paar Jahren, nachdem der britische Marinehistoriker Willard C. Frank jr. russische Quellen auswerten konnte.

Ebenso wie Italien, Frankreich, England und Amerika hatte auch Deutschland nach dem Ausbruch des Spanischen Bürgerkriegs im Sommer 1936 Seestreitkräfte in die iberischen Gewässer entsandt, um gefährdete Ausländer und Flüchtlinge an Bord zu nehmen. Nachdem sich Hitler entschlossen hatte, den Putschistengeneral Franco, der sich mit der Armee gegen die Volksfrontregierung in Madrid erhoben hatte, mit Waffen und „Freiwilligen" zu unterstützen, bekam die junge deutsche Kriegsmarine neue Aufgaben zugewiesen. Sie mußte im Atlantik die geheimen Schiffstransporte nach Spanien absichern, deutsche Berater gingen an Bord „weißspanischer" (falangistischer) Minensuchboote, und getarnte deutsche U-Boote durften „rotspanische" Kriegs- und Handelsschiffe angreifen.

Währenddessen saß der deutsche Botschafter Joachim von Ribbentrop in London mit am Tisch des sogenannten Nichteinmischungsausschusses, dem 27 europäische Nationen angehörten, darunter die Sowjetunion. Die Westmächte hatten zu der Konferenz eingeladen, um den Bürgerkrieg auf der Pyrenäenhalbinsel zu lokalisieren. Dabei spielten die Großmächte mit verdeckten Karten. Die britischen Konservativen wünschten eher einen Sieg der Rebellen, damit sich der Sowjetkommunismus nicht am Mittelmeer festsetzte. Die französische Volksfrontregierung duldete klammheimlich den Zustrom von Waffen und Freiwilligen für ihre spanischen Genossen. Deutschland und Italien unterstützten Franco, die Sowjetunion stellte sich auf die Seite der linken Republik. Diese drei Staaten mißbrauchten die Konferenz als Propagandabühne im ideologischen Kampf.

Seit April 1937 wurden die spanischen Küsten überwacht, um den Nachschub für die kriegführenden Parteien einzudämmen. Engländer und Franzosen kontrollierten die von den Putschisten beherrschten Atlantikküsten, Italiener und Deutsche die Mittelmeerküsten, die in republikanischen Händen waren. Freilich war es nur eine Scheinüberwachung, da die Kriegsschiffe lediglich den Schiffsverkehr registrieren durften.

Am 11. Mai war die „Deutschland" unter dem Kommando des Kapitäns zur See Paul Fanger von ihrem Heimathafen Wilhelmshaven zu ihrer vierten Spanienfahrt ausgelaufen. An Bord ein Wasserflugzeug, das „gegen rote Flotte und Handelsdampfer aufklären" sollte. Die Informationen wurden ungeniert dem falangistischen Oberkommando zugeleitet. Zwar mußten die Schiffe auf ihren Kontrollfahrten die Dreimeilengrenze beachten. Trotzdem war es allgemein üblich, die Kriegshäfen anzulaufen, um dort Proviant, Öl und Wasser an Bord zu nehmen.

So versammelten sich denn am 26. Mai auf der Innenreede von Palma de Mallorca – die Inselgruppe war von Truppen Francos besetzt – britische, italienische und deutsche Schiffe, aber auch der weißspanische Schwere Kreuzer „Baleares", der Ziel eines feindlichen Bombenangriffs wurde. Am nächsten Tag wiederholten sich die Angriffe, ohwohl jetzt nur noch ausländische Einheiten im Hafen lagen. Getroffen wurde ein italienisches Hilfsschiff – sechs Offiziere kamen dabei ums Leben. Eine Serie von Bomben fiel unmittelbar neben das deutsche Torpedoboot „Albatros". Ihr Kommandant gab jedoch seiner Bordflak keine Schießerlaubnis und mußte sich deshalb vom Oberkommando der Kriegsmarine rügen lassen.

Für Konteradmiral Hermann von Fischel, Befehlshaber aller deutschen Streitkräfte in spanischen Gewässern, stand außer Zweifel, daß es sich um gezielte Angriffe gegen seine Flotte handelte. Darum schickte er sein Flaggschiff, die „Deutschland", und deren Schwesterschiff „Admiral Scheer" nach Palma, um dort anlegende deutsche Boote zu schützen.

Nachdem der englische wie der italienische Befehlshaber wegen der Angriffe sofort per Funkspruch in Valencia, dem Sitz der republikanischen Regierung, protestiert hatten, wollte Konteradmiral von Fischel ein Gleiches tun. Doch der Oberbefehlshaber der Kriegsmarine, Generaladmiral Erich Raeder, untersagte ihm den Protest, da ein vorsätzlicher Angriff auf die „Albatros" nicht beweisbar sei. Außerdem verbot er den Panzerschiffen, den Kriegshafen Palma noch einmal anzulaufen. Statt dessen wurde die „Deutschland" nach Ibiza beordert. Obwohl auch diese Insel Franco unterstand, galt sie als sicher, weil es keinen Marinestützpunkt gab. Bei Abendsonnenschein ging die „Deutschland" auf Reede. Im Hafen wartete bereits das Versorgungsschiff „Neptun".

Der Kommandant gab der Mannschaft dienstfrei. Er ließ sogar die Flak-Kriegswache samt deren Ausguck abziehen; die Signalwache mußte reichen. Etliche Matrosen sonnten sich bei Bordmusik auf dem Oberdeck. In der Mannschaftsmesse standen die Kameraden nach Tabak und Getränken an.

Gegen 19 Uhr tauchte am Horizont ein republikanischer Flottenverband auf – zwei Kreuzer und acht Zerstörer. Vorsorglich befahl der Kommandant eine 10-Minuten-Bereitschaft, damit das Schiff notfalls gleich auslaufen konnte. Da entdeckt – es ist 19.12 Uhr – der achtern stehende Stabssignalgast Huller, wie in etwa 2 000 Meter Höhe zwei Flugzeuge aus der Sonne heraus auf das Schiff zugleiten. Er brüllt: „Flugzeugangriff", und schon läutet Obersignalgast Kaminski die Alarmglocke. Noch ehe überhaupt jemand reagieren kann, kracht es bereits.

Konteradmiral von Fischel räkelt sich gerade in der Badewanne. Er hört die Detonationen, rennt zum Fenster und sieht, wie vier republikanische Zerstörer mit Kurs auf die Insel beidrehen. Sofort funkt er nach Berlin: „'Deutschland' wird, Hafen Ibiza liegend, von roter Flotte beschossen." Ein paar Minuten später muß er korrigieren: „Treffer durch Fliegerbomben".

Mittschiffs ist die Hölle los: Rauch, Flammen, gellende Schreie. Das Bordflugzeug brennt lichterloh. Eine Bombe hat das Oberdeck durchschlagen und detoniert im Zwischendeck; die Stichflamme schlägt in die offene Kantine. Die andere Bombe ist neben einem Steuerbordgeschütz explodiert; es hagelt Schrapnelle. Schlimmer noch: Die Artillerieausgabe, wo Spiritus, Ölfarben und Reinigungsmittel lagern, gerät in Brand; rasend schnell breitet sich das Feuer aus. Einige Heizer können sich nur noch mit einem Sprung durch die Bullaugen retten.

Gleichzeitig nehmen die Zerstörer das Panzerschiff unter Feuer. Die zweite Salve liegt schon ziemlich dicht, etwa fünfzig Meter; eine Granate saust durch die Funkantenne. Als plötzlich die Munition der Steuerbordbatterie hochgeht und ein feuerroter Ball über dem Schiff aufsteigt, hören die Zerstörer auf zu schießen und drehen ab. Was ist geschehen? Genügt ihnen der vermeintliche Volltreffer? Tatsächlich haben der Flottenchef Admiral Miguel Buiza und sein sowjetischer Berater inzwischen erkannt, daß es die „Deutschland" ist, die da auf Reede liegt.

Anderthalb Stunden brauchten die Matrosen des Panzerschiffes, um des Feuers Herr zu werden – auch das Torpedoboot „Leopard" half löschen. Trotz schwerer Schäden im Ober – und Zwischendeck und des Ausfalls einer E-Maschine gelingt es der Mannschaft, das Schiff wieder so weit seeklar zu machen, daß es noch abends nach Südosten abdampfen kann. Wie der Geschichtsschreiber Hans Georg Prager („Panzerschiff Deutschland / Schwerer Kreuzer Lützow", Herford 1981) errechnet hat, sind bei dem Bombenangriff von 1100 Mann Besatzung 31 ums Leben gekommen (einige erlagen noch nach Tagen ihren Brandverletzungen), 110 wurden verwundet, davon 74 schwer. Kapitän Fanger hernach: „Die teilweise kaum vorstellbaren Eindrücke schauerlichster Art werden die Soldaten kaum jemals vergessen."

Über die Ursachen des blutigen Zwischenfalls herrschte an Bord und in Berlin zunächst Ratlosigkeit. Niemand hatte die Angriffsflugzeuge identifiziert. Da sie dunkel angestrichen waren, hätten es auch Nationalspanier sein können. Oder gar italienische Verbündete! Schließlich machte ein Kommuniqué der republikanischen Regierung dem Rätselraten ein Ende: Bei einem Aufklärungsflug über Ibiza seien zwei ihrer Maschinen von der „Deutschland" unprovoziert unter Feuer genommen worden, das von den Piloten erwidert worden sei. Kein Wort der Entschuldigung oder des Bedauerns.

Diese falsche Darstellung erfüllte die Besatzung mit Rachegelüsten und brachte auch Hitler in Rage. Ganz in der Großmachtmanier Kaiser Wilhelms II. beim Boxeraufstand („Peking wird rasiert") wollte er sogleich zur Vergeltung Valencia, die Hauptstadt der Republikaner, bombardieren lassen, ja am liebsten hätte er „Rotspanien“ den Krieg erklärt. Propagandaminister Joseph Goebbels brachte seine antibolschewistische Propaganda auf Hochtouren. Politiker, Militärs, Journalisten schäumten über vor Entrüstung. „Ein schamloser Angriff in vollem Frieden“ habe 31 brave Soldaten dahingerafft, so Generaladmiral Raeder.

Zumindest bei den Verantwortlichen war viel Heuchelei im Spiel. Genau vier Wochen zuvor hatten deutsche Flugzeuge Guernica in Schutt und Asche gelegt, und noch kein Jahr war es her, als U-34 ein republikanisches U-Boot mit 44 jungen Matrosen an Bord auf den Grund des Meeres gebohrt hatte. Kurz vor dem Angriff in Ibiza hatte der republikanische Staatsminister José Giral eine Warnung des deutschen Marinebefehlshabers vor „Gegenmaßnahmen“ zurückgewiesen. Die legitime spanische Regierung werde sich das Recht nicht nehmen lassen, Häfen der Rebellen anzugreifen. Es gebe keine Garantie für fremde Schiffe, die dort anlegten.

Triumphierend lieferte die Goebbels-Presse am 3. Juni 1937 den „Beweis“ für den langgehegten Verdacht: „Die Verbrecher waren Sowjetrussen!“ Man berief sich auf den Bericht einer französischen Wochenzeitung, demzufolge eine sowjetrussische Fliegerstaffel in Valencia unter dem selbständigen Befehl eines sowjetischen Obersten für den 29. Mai aus Moskau einen Sonderauftrag erhalten habe.

Weniger dramatisch war die Aussage eines republikanischen Fliegers, die in einer anderen französischen Zeitung stand: „Wir glaubten, daß wir den ‘Cerveras’, den Kreuzer Francos, getroffen hatten.“ Dasselbe habe er auch nach der Rückkehr in seinem Rapport an den Kommandeur angegeben, der als Hauptmann Jori Arcega vorgestellt wurde. Noch fünf andere spanische Flieger seien beteiligt gewesen. Als „dreisten Lügenhericht“ tat der „Völkische Beobachter“ diese Meldung ab. In der Tat hätten es russische Flieger mit spanischen Decknamen sein können.

Im Jahre 1981 gab der Autor Prager neue Forschungsergebnisse spanischer Historiker wieder: Die beiden Flugzeuge waren zweimotorige Maschinen des sowjetischen Typs SB-2 Katjuska. Doch seien alle sechs Flieger bekannte Spanier der republikanischen Luftwaffe gewesen. Diese angeblich „gesicherte Erkenntnis“ wurde Anfang der Neunziger von Willard Frank widerlegt:

Die republikanische Flotte hatte zusammen mit der sowjetischen Fliegerstaffel unter dem Kommandeur J.J. Proskurow für den 29.

Mai 1937 als Ablenkungsmanöver einen kombinierten See- und Luftangriff auf Ibiza geplant. In der Nacht wurde ein Waffentransporter erwartet, der, ungestört durch die Faschisten, im Geleitzug nach Cartagena gebracht werden sollte. Seit Wochen suchten die sowjetischen Bomberflieger nach dem weißspanischen Kreuzer „Baleares“, der die Nachschublinien der Republikaner bedrohte. Allerdings waren Bombenflieger damals noch nicht erfahren genug, ein Kriegsschiff von dem anderen genau zu unterscheiden. Freudestrahlend kletterten die Piloten am Abend des 29. Mai aus ihren Maschinen, fest überzeugt, den Rebellenkreuzer getroffen zu haben.

Es war also ein Versehen. Diese Möglichkeit wurde aber nicht mehr erwogen, als Hitler am Abend des 30. Mai in der Reichskanzlei mit den Militärs und Außenminister von Neurath über eine angemessene Reaktion beriet. Man einigte sich darauf, die Hafenstadt Almería anzugreifen und dort das Schlachtschiff „Jaime I.“ zu vernichten. Da es aber inzwischen nach Cartagena gefahren war, wollte Raeder auf die Beschießung Almerías verzichten und den Angriff auf den Kriegs- und Nachschubhafen Cartagena verlegen. Doch Reichskriegsminister Werner von Blomberg mochte keine Verzögerung mehr riskieren. Offensichtlich hatte Goebbels die Presse schon vorab informiert. Die Parteizeitung „Wilhelmshavener Kurier“ kam mit der Schlagzeile heraus: „Wir trauern – wir fordern Sühne.“

Am 31. Mai 1937 morgens um 7.30 Uhr Ortszeit erschien das Panzerschiff „Admiral Scheer“ mit den Torpedobooten vor Almería und eröffnete ohne Vorwarnung das Feuer. Eigentlich sollte das Bombardement im Schutz der Dämmerung beginnen, aber wegen eines Verschlüsselungsfehlers verzögerte sich der Einsatzbefehl aus Berlin. Der Verband konnte unbekümmert an die Küste heranfahren, denn die Engländer hatten das Umfeld minenfrei geräumt. Etwa vierzehn Tage zuvor war hier der britische Zerstörer „Hunter“ auf eine Treibmine gelaufen – übrigens eine deutsche; acht Seeleute hatten dabei den Tod gefunden.

Als der erste Schuß fiel, stürzten die Menschen auf die Straßen. Die Deutschen legten zunächst, ehe sie den Hafen bombardierten, einen Granatenfächer über die ganze Stadt, keine Straße, die nicht etwas abbekam. Eine dreißig Meter hohe Rauchsäule stand über den Dächern. Viele Häuser waren zerstört. Als zwei Küstenbatterien zurückschossen, wurden sie niedergekämpft. Nach einer Dreiviertelstunde verzog sich die deutsche Flotte. Am Mast wehte stolz die

Reichskriegsflagge: Heute war Skagerraktag! (Vor 21 Jahren hatten sich die kaiserliche und die britische Flotte vor der Küste Jütlands eine denkwürdige Schlacht geliefert.)

Wie es hieß, wurden nachher 24 Tote und 100 Verletzte in Almería gezählt; 8 000 Menschen waren obdachlos. Anderntags flohen viele Einwohner mit Maultieren und Lastkarren aus der Stadt in die umliegenden Berge. „Was sollen wir von der Zivilisation einer Welt denken, in der die einzige Vergeltung für die Bombardierung eines Kriegsschiffes die Beschießung einer mit Frauen und Kindern angefüllten Stadt ist?" fragte der „Sunday Express". Die Deutschen – sofern nicht jemand Radio Beromünster hörte oder die „Times" las – erfuhren lediglich, die deutsche Flotte habe den befestigten Hafen von Almería zerstört.

Vor dem Korrespondenten der „New York Times" in Berlin gaben Eingeweihte zu, Deutschland habe das Völkerrecht verletzt und sich nicht an das übliche diplomatische Verfahren gehalten, aber da es im republikanischen Spanien an einer verantwortlichen Autorität fehle, sei nur die Wahl der Selbsthilfe geblieben. Hitler hatte außerdem die Mitarbeit im Londoner Nichteinmischungsausschuß eingestellt; das faschistische Italien schloß sich diesem Schritt an. Die deutsche Marine beteiligte sich nicht länger an der Überwachung der spanischen Küsten.

„Sehr gefährlich" befand der britische Außenminister Anthony Eden die deutsche Aktion. Sein Botschafter beschwor den deutschen Außenminister, man möge doch „nicht den Roten den Gefallen tun, die Auseinandersetzung in Spanien zu einem Weltkrieg auszuweiten".

Die Regierung in Valencia beschied sich mit einer Beschwerde beim Völkerbund und einem Appell an die Weltöffentlichkeit. Dies geschah nicht zuletzt aus Rücksicht auf die Sowjetunion, von deren Hilfe die Republik abhing. Stalin hatte in jenen Wochen alles andere im Sinn, als einen Krieg in Europa zu entfachen (wie ihn der republikanische Verteidigungsminister Pietro angestrebt haben soll). Am 12. Juni hat er Marschall Tuchatschewskij und andere hohe Offiziere erschießen lassen, also praktisch die Rote Armee enthauptet.

Ernst von Weizsäcker, der Leiter der Politischen Abteilung des Auswärtigen Amts, notierte am 4. Juli 1937: „Aus der spanischen Krise es zum Krieg kommen zu lassen, wird deutscherseits abgelehnt." Und Botschafter von Ribbentrop berichtete aus London seinem Führer: „England will den Frieden, ebenso Frankreich." Hitler war daran interessiert, daß sich der Bürgerkrieg in Spanien noch länger hinzog; damit bekam Deutschland freie Hand, seine Nahziele in Europa zu erreichen.

Noch baute die britische Regierung auf den Erfolg ihrer Appeasementpolitik. Zwischen der deutschen und britischen Marine – Offizieren wie Mannschaften – bestand im Mittelmeer ein nahezu herzliches Verhältnis. Das zeigte sich, als die „Deutschland" den Hafen von Gibraltar anlief, um dort ihre Toten an Land zu bringen und die Schwerverwundeten einem britischen Lazarett anzuvertrauen. Obwohl das Hospital gar nicht auf so viele Patienten eingestellt war, gaben sich die Ärzte alle erdenkliche Mühe. Es wurden sogar noch Krankenschwestern aus England eingeflogen. Die Bevölkerung von Gibraltar überschüttete die Verwundeten mit Liebesgaben.

Als das Panzerschiff den Befehl erhielt, sich wegen der angespannten Lage sofort wieder dem Flottenverband anzuschließen, mußte die Besatzung darauf verzichten, ihren toten Kameraden das letzte Geleit zu geben. Wie selbstverständlich erklärten sich daraufhin der britische Gouverneur und das britische Militär bereit, den Deutschen am 31. Mai 1937 ein ehrenvolles Begräbnis zu bereiten, mit einer Trauerparade, wie sie Gibraltar noch nie gesehen hatte.

Dem Trauerakt folgte wenige Tage darauf ein makabres Nachspiel. Hitler hatte sich in den Kopf gesetzt, die Helden der „Deutschland" müßten ihre letzte Ruhe in der Heimaterde finden. Also hatte ein hoher Offizier der Kriegsmarine den peinlichen Weg zum Gouverneur von Gibraltar anzutreten und um eine Exhumierung zu bitten. Obwohl nach den Gesetzen der Kronkolonie die Toten erst nach Ablauf eines Jahres wieder ausgegraben werden durften, willigte der Gouverneur anstandslos ein. Um die Bevölkerung nicht zu enttäuschen und den britischen Streitkräften abermalige Ehrenbezeugungen zu ersparen, wurden die Särge am 11. Juni bei Nacht aus der Erde geholt und auf die „Deutschland" gebracht, die unauffällig an der Reede des Handelshafens festgemacht hatte.

Am Abend des 16. Juni kehrte das Panzerschiff in seinen Heimathafen zurück. Fast ganz Wilhelmshaven war auf den Beinen, als die Särge von Bord getragen wurden. Flottenchef Admiral Rolf Carls rief den Angehörigen der Toten zu: „Setzt vor die Trauer den Stolz!" Wieder einmal brillierten die Nationalsozialisten in der Kunst des Totenkults. Schwarzumhüllte Pylonen mit den Namen der Gefallenen und Fackeln säumten den Weg zum Garnisonsfriedhof. Die Grabstätte liegt gegenüber dem Hochkreuz, das die Gräber von 800 Opfern der Skagerrakschlacht überragt.

Zum Staatsbegräbnis am 17. Juni kam Hitler samt der SS-Leibstandarte. Generaladmiral Raeder hielt die Trauerrede und mühte sich, dem Tod der jungen Soldaten einen Sinn zu geben: Ihr Opfer sei „der ganzen Welt blutiges Warnungszeichen geworden, wach zu sein und nicht zu erlahmen im Kampfe gegen den Bolschewismus".

Die anhaltende „Wir sind wieder wer"-Stimmung in Deutschland wurde nicht von allen geteilt. Vizeadmiral a.d. Walther von Keyserlingk, ein diplomatisch erfahrener kaiserlicher Offizier, schrieb besorgt dem jüngeren Kameraden Raeder, daß sich die „Selbstberauschung" des Volkes noch „als eine gefährliche Selbsttäuschung entpuppen könnte". Raeder antwortete, die Ehre der deutschen Nation befinde sich beim „heutigen Führer in guter Hut".

Stolz trugen nun Schulknaben Marinemützen mit dem Schriftband „Panzerschiff Deutschland". Und die Älteren wurden die Ahnung nicht los, es gebe bald wieder einen großen Krieg.

„Sonderauftrag Linz" – Der größte Kunstraub aller Zeiten

Ehe er sich die Giftkapsel zwischen die Zähne schob und die Pistole an die Schläfe setzte, diktierte er noch einer Sekretärin sein persönliches Testament: „Was ich besitze, gehört – soweit es überhaupt von Wert ist – der Partei, sollte diese nicht mehr existieren, dem Staat." Und weiter: „Ich habe meine Gemälde in den von mir im Laufe der Jahre angekauften Sammlungen niemals für private Zwecke, sondern stets nur für den Ausbau einer Galerie in meiner Heimatstadt Linz an der Donau gesammelt. Daß dieses Vermächtnis vollzogen wird, wäre mein herzlichster Wunsch."

Die Galerie wurde nie gebaut, die Partei gibt es schon lange nicht mehr, aber der Staat hat die Zeitläufe überdauert, wenn auch geteilt. Ihm gehört, was von jenen Sammlungen übrig geblieben ist: Gemälde, Plastiken, Graphiken, Münzen, Gobelins. Geschätzter Wert im Jahre 1968: mindestens dreißig Millionen Deutsche Mark. In einem nächtlichen Tischgespräch hatte jener Sammler einmal gesagt, für die Galerie könne er sich nur eine Überschrift denken: „Dem deutschen Volk zu eigen". Dieses Volk, von dem einige Politiker wünschen, daß es endlich aus dem Schatten Adolf Hitlers heraustrete, steht nun in den Museen andächtig vor erlesenen Kunstschätzen, ohne zu ahnen, daß niemand anderer als eben dieser Hitler sie ihm hinterlassen hat. Zum Beispiel im Frankfurter Städel das „Bildnis der Hendrikje Stoffels" von Rembrandt, für die er noch im Frieden nur mal eben 900 000 Reichsmark hingeblättert hat. Zum Beispiel das „Bildnis eines sächsischen Herrn" von Lucas Cranach im Germanischen Nationalmuseum Nürnberg. Zum Beispiel „Der Tanz" von Watteau in der Gemäldegalerie Berlin-Dahlem. Zum Beispiel die Bilder aus Moritz von Schwinds „Aschenbrödel-Zyklus", verteilt auf Museen in München, Oldenburg, Mülheim an der Ruhr und Wiesbaden. Und jedesmal wird ein Schild dem Betrachter bedeuten, es handle sich um eine „Leihgabe der Bundesrepublik".

Auch das ist eine Art, Vergangenheit zu bewältigen. In einem Jahr, wo abermals die Suche nach berühmten Kunstschätzen aufgenommen wird, die man seit 1945 verloren glaubte, wo noch immer Geheimnisse aus dem NS-Reich nicht enträtselt werden können, weil Archive und Behörden sie hüten, wo die sogenannte Nazi-Kunst weiterhin ängstlich in Depots verschlossen wird, wo alle Welt über die Kulturschande vor fünfzig Jahren (1937), die Münchner Ausstellung „Entartete Kunst" reden wird, da ist es an der Zeit, wieder an den größten Kunstraub der Geschichte zu erinnern.

Jene 1067 Gemälde, die das Bundesfinanzministerium an 102 Museen ausgeliehen hat, jene 210 Gemälde, die in der Villa Hammerschmidt, im Auswärtigen Amt oder in deutschen Botschaften hängen, jene 256 Gemälde, mit denen Spitzenbeamte der Bonner Ministerien und anderer Bundesbehörden ihre Amtsstuben schmükken – sie stammen ja nicht von edlen Spendern und Kunstsammlern, sondern von zwei durchtriebenen Kunsträubern.

Der eine, Adolf Hitler, trieb es heimlich und wahrte nach außen hin den legalen Schein, der andere, Reichsmarschall Hermann Göring, protzte offen mit seinen Sammlungen. Vieles von ihren im Krieg zusammengerafften Schätzen ist unterbezahlt oder unter Druck verkauft worden oder hat rassisch oder politisch Verfolgten gehört, die sich in der Not von ihrem Besitz trennen mußten oder von „Volksgenossen" bestohlen worden sind.

Die Geschichte dieses Kunstraubes fing an im März 1938, als Hitler seine österreichische Heimat mit Waffengewalt und unter dem Jubel der großen Mehrheit „heim ins Reich" holte. Beim Einzug in seine Heimatstadt Linz gelobte er in seiner Rührung, sich einen Jugendtraum zu erfüllen. In Linz wollte er sich und wohl auch seiner Mutter ein Denkmal setzen: das schönste und größte Museum der Welt – es sollte den Louvre, die National Gallery, das New Yorker Metropolitan Museum und die Eremitage weit in den Schatten stellen. Die oberösterreichische Landeshauptstadt wollte er in eine Weltstadt verwandeln, und sei es, um dem verhaßten Wien eins auszuwischen, das ihm in seiner Jugendzeit die erhoffte Künstlerkarriere verwehrt hatte.

Vorgesehen hatte Hitler eine großartige Hängebrücke, ein riesiges Versammlungshaus mit einem Glockenturm, in deren Krypta er seine letzte Ruhe finden wollte. Bald reichte nicht mehr die Gemäldegalerie, jetzt mußten auch noch eine Bibliothek mit 250 000 Büchern, eine Waffenhalle samt einer Abteilung Fortifikation, eine Skulpturensammlung und ein Münzkabinett her – alles in gigantischen Ausmaßen. Hitler war von seinem Traum derart besessen, daß er noch im April 1945, im Hintergrund grollten bereits die russischen Geschütze, tief unten im Bunker der Reichskanzlei mit seinem Leibarchitekten Albert Speer über den Planskizzen für die Linzer Bauten hockte.

Hitler, der sich selber für einen verkannten Maler und Architekten hielt, wollte mit seinem Museum die Menschen nach seinem eigenen Kunstgeschmack ausrichten. Zwei Schwerpunkte setzte er: einmal sollten in Linz die Bilder der alten Meister bis Ende des 18. Jahrhunderts ausgestellt werden (so hatte er schließlich 17 Rembrandts und 20 Rubens beisammen; etliche Italiener: Botticelli, Raffael, Leonardo, Tizian; auch viele Franzosen und Holländer); sodann ganz viel Kunst des 19. Jahrhunderts, vorwiegend deutsche Romantiker und Neoklassizisten, auch die, wie er meinte, unterschätzten Österreicher, etwa Hans Makart. Keinen Sinn hatte er für Impressionisten und Expressionisten – das war für ihn schlechte, schlampige, entartete oder krankhafte Kunst, „wo man nicht mehr mit kann". Allenfalls konnte man sie gegen „gute" Kunst eintauschen – und das taten Hitlers und Görings Agenten denn auch, nachdem die deutschen Besatzer in den eroberten Ländern das jüdische Vermögen an sich gebracht hatten.

In den ersten Jahren des Dritten Reiches bediente sich Hitler für seine Sammlungen des so cleveren wie rücksichtslosen Berliner Kunsthändlers Karl Haberstock, der 1933 gleich in die NSDAP eingetreten war. Hitler hielt große Stücke auf ihn. Die zum Teil sehr teuren Ankäufe finanzierte er aus zwei Töpfen: aus der Lizenzgebühr der Reichspost für jede Briefmarke, die seinen Kopf zeigte (da kamen von 1937 bis 1945 fünfzig Millionen zusammen), und aus der jährlichen „Adolf-Hitler-Spende der Industrie" (etwa 300 Millionen). Beraten ließ er sich von seinem Leibphotographen Heinrich Hoffmann, der sich für einen Spitzweg-Kenner hielt, aber prompt auf Fälschungen hereinfiel. Haberstock lästerte über Hoffmann, wenn der Makart sage, klinge das immer wie Café Maquardt in Berlin.

Ein Weltmuseum in Linz aufzubauen, dazu bedurfte es dann doch eines überragenden Fachmanns, und Hitler fand ihn im Sommer 1938: Professor Hans Posse, den 59jährigen Direktor der Dresdner Gemäldegalerie, einen exzellenten Kenner der italienischen und niederländischen Renaissance- und Barockkunst. Posse war kein Nazi, sondern vielmehr gerade vom sächsischen Gauleiter Mutschmann nach fünfundzwanzigjähriger Tätigkeit seines Postens enthoben worden. Die Nazis verübelten dem Galerie-Direktor, daß er den „entarteten" Künstler Oskar Kokoschka bei sich beherbergt und dessen Werke (wie auch die von Otto Dix) in sicheren Verwahr genommen hatte. Es spricht etliches dafür, daß sich der Kunsthändler Haberstock bei Hitler für Posse verwendet hat, um sich den Freund auf diese Weise dienstbar zu machen.

Aber es gibt noch eine plausiblere Erklärung, warum sich Hitler und Posse fanden. Angela Raubal, geborene Hitler, eine Schwester des Diktators, war in zweiter Ehe mit dem Direktor der Dresdner Bauschule, Martin Hammitsch verheiratet. Seine Schule lag dem Hauptstaatsarchiv benachbart, dem Posses Vater, Geheimrat Posse, als Direktor vorgestanden hatte. Die Familien waren befreundet. Angela und ihr Mann verbrachten vom 23. Mai bis zum 5. Juni 1938 ihren Urlaub auf Hitlers Berghof in Berchtesgaden. Am 18. Juni besuchte Hitler Dresden und – setzte Dr. Posse wieder in sein altes Amt ein. Freilich dauerte es noch ein ganzes Jahr, ehe ihm Hitler den „Sonderauftrag Linz" anvertraute.

Das erste Land, in dem sich Posses Organisationstalent und Kunstkennerschaft bewähren konnte, war Österreich. Unmittelbar nach dem „Anschluß" im März 1938 war es dort drunter und drüber gegangen: Die Nationalsozialisten samt ihren Organisationen hatten sich wie in einem Rausch über das jüdische Vermögen hergemacht. Wertvolle Kunstsammlungen, die Bestände vieler Kunsthandlungen, aber auch das Interieur verschiedener großbürgerlicher Palais (Gesamtwert 60 bis 70 Millionen Reichsmark) wurden geplündert. Manches wurde auch von Gestapo und Polizei zugunsten des Landes Österreich, des Reichsschatzmeisters der NSDAP und der Wehrmacht „eingezogen". Für alle diese in den folgenden Monaten systematisch fortgesetzten „Beschlagnahmen" und „Einziehungen“ gab es keine gesetzliche Grundlage. Erst im November 1938 trat eine Verordnung des Reichsinnenministers in Kraft, welche die „Einziehung volks- und staatsfeindlichen Vermögens“ nachträglich legalisierte.

Am selben 18. Juni 1938, an dem Hitler Direktor Posse rehabilitierte, ordnete er an, daß die Bilder und Kunstgegenstände aus jüdischem Besitz weder in österreichischen Amtsräumen ausgestellt noch von leitenden Persönlichkeiten erworben werden dürften. Dies galt vor allem für die sagenhaften Reichtümer des Barons Louis von Rothschild und seines Bruders Alphonse. Kein Stück durfte mehr aus Österreich herausgebracht werden; alle Schätze mußten photographiert und katalogisiert und in Wiener Depots gelagert werden. Die Entscheidung, was endgültig mit ihnen geschehen sollte, hatte sich Hitler vorbehalten. Dieser „Führervorbehalt“ wurde zur Grundlage des „Sonderauftrages Linz“.

Hitler hatte von vornherein daran gedacht, die in Wien eingezogenen Kunstsammlungen an die Museen anderer österreichischer Städte zu verteilen, den größten Batzen natürlich für seine neue Galerie in Linz. Die Auswahl überließ er dem Fachmann Posse, dessen strengem Urteil er sich beugte. Albert Speer schildert in seinen Memoiren, wie Hitler eines Tages voller Stolz Posse seine bis dahin zusammengekauften Privatsammlungen zeigte, dieser aber ungerührt einen großen Teil davon, gerade auch die von Hitler so geliebte Münchner Schule, als unbrauchbar verwarf („Entspricht nicht dem Rang der Galerie, wie ich sie mir vorstelle.“).

Posse brauchte Monate, bis er nur die wichtigsten Kunstschätze besichtigt hatte. Von 270 Gemälden reservierte er allein 122 für Linz, 57 für Wiener Museen. Doch Hitler zweigte noch zwanzig mehr für Linz ab: Wien habe schon Kunstwerke genug.

Mit Feuereifer stürzte sich Posse in seine neue Aufgabe. Dabei verblüfft am meisten, wie dieser integre und korrekte Beamte bedenkenlos über ehemals jüdisches Eigentum verfügte – ihm genügte offensichtlich der Rechtstitel „Beschlagnahme“, wie etwa im Falle der Familie Rothschild, die im Mai 1939 in einem Knebelvertrag alle ihre Vermögenschaften in Großdeutschland dem Reich als Eigentum überlassen mußte. Posse, begeistert von dem einzigartigen Auftrag, das schönste Museum der Welt aufzubauen, hatte sich auf einen Pakt mit dem Teufel eingelassen.

So schrieb Posse am 14. Dezember 1939 an Reichsleiter Martin Bormann, über den seine Verbindung zu Hitler lief: „bitte ich um Anweisung des Sicherheitsdienstes in Wien, daß nunmehr auch die noch ausstehenden beiden Räume des Palais Rothschild in der Theresianumgasse, der sog. 'Haager Salon' und der 'Museumssaal', der wertvolle alte Wandverkleidungen und Ledertapeten, einen gotischen Steinkamin, einen Renaissancekamin, Renaissancetorbogen und Türen enthält, ausgebaut wird." Dummerweise verlangte das Reichsfinanzministerium für die in Reichseigentum übergegangenen beiden Rothschildschen Kunstsammlungen eine Steuernachzahlung. Doch Posse wußte Rat: Der Führer möge doch durch Erlaß die Erwerbung wegen ihrer Gemeinnützigkeit von der Versteuerung ausnehmen.

Der Krieg unterbrach die Bestandsaufnahme in Österreich, denn nun stürmten neue Anforderungen auf den „Sonderauftrag Linz" ein. Im Gefolge der siegreichen Wehrmacht hatten sich Scharen von Kunsthyänen auf ihre Raubzüge durch Europa begeben, allen voran der Einsatzstab Rosenberg, der bewußt die Haager Landkriegsordnung brach. Mit von der Partie waren die Agenten Hermann Görings, ein Bataillon zur besonderen Verfügung des Reichsaußenministers von Ribbentrop, Kunstschutzoffiziere des Heeres, später die SS.

Damit der Vorrang von Linz gewahrt bleiben konnte, mußte der „Führervorbehalt" territorial immer weiter ausgedehnt werden. Galt er zunächst nur für Österreich, so seit Oktober 1940 auch für das Altreich und die inzwischen besetzten Gebiete, seit Mai 1941 ebenfalls für das Protektorat Böhmen und Mähren, und vom Sommer 1941 an für die eroberten sowjetischen Gebiete und für das Generalgouvernement in Polen.

Auch der Sache nach wurde der Führervorbehalt ausgeweitet. Erlaß des Reichsministers und Chefs der Reichskanzlei, Hans-Heinrich Lammers, Ende Juli 1941: „Hiermit ist dem Führer die Entscheidung nicht nur über beschlagnahmte Gemälde, sondern auch über beschlagnahmte Skulpturen, Bücher, Möbel, Gemmen, Waffen, Teppiche usw., soweit diese wegen ihres künstlerischen Wertes als Kunstwerke zu bezeichnen sind, vorbehalten."

Die Organisation „Sonderauftrag Linz" wurde wie eine Geheime Reichssache behandelt. Sie war Hitler und Bormann unmittelbar unterstellt; um die Finanzen kümmerte sich Lammers. Direktor Posse umgab sich mit einem kleinen Stab von Mitarbeitern. Nach seinem Tod berief Hitler gleich vier oberste Sachbearbeiter: Posses Nachfolger, Professor Hermann Voß, war nur noch zuständig für Gemälde und Plastiken; für „Waffen von künstlerischer Bedeutung", „für Münzen und Medaillen" und „für Bücher und Schrifttum" berief er jeweils einen anderen Fachmann.

Erst zu Hitlers Geburtstag am 20. April 1943 – drei Monate nach der Niederlage von Stalingrad – durfte Heinrich Hoffmann in seiner Zeitschrift „Kunst dem Volk" ein wenig den Schleier über Linz lüften und einige von Hitlers Schätzen vorzeigen. Das Titelblatt schmückte eines der berühmtesten Gemälde der Welt: „Die Künstlerwerkstatt" von J. Vermeer van Delft, erworben „aus Wiener Privatbesitz". Dazu Hoffmann: „Der amerikanische Staatssekretär Mellon [gemeint war der Multimillionär Andrew Mellon] hatte für dieses einzigartige Werk sechs Millionen Dollar geboten. Heute ist es fester Besitz des deutschen Volkes." Die Umstände des Kaufes verschwieg Hoffmann. Hitler hatte nämlich das Bild weit unter Wert bekommen – für 1,4 Millionen Mark plus 250 000 Mark Steuern. Der Vorbesitzer, die Familie Czernin, eine der angesehensten des Landes, hatte jahrelang allen Kaufangeboten widerstanden. Die Czernins waren keine Nazis. Nur zu gern hätte man ihnen am Zeug geflickt. Aber man konnte sie beim besten Willen nicht als „staatsfeindlich" oder als „jüdisch versippt" bezeichnen. Steuerschulden hatten sie auch keine. Also konnten die Nazis das Bild weder beschlagnahmen noch versteigern lassen. Doch beständiger Druck machte die Brüder Jeromir Czernin-Morzin und Graf Eugen Czernin, denen das Bild gemeinsam gehörte, schließlich weich. Am 30. September 1940 fuhr Posse im Auftrag Hitlers nach Wien, um den Kaufvertrag abzuschließen – es sollte nun sehr schnell gehen. Am 12. Oktober bereits konnte der Architekt Hans Reger, der im Münchner „Führerbau" alle für Linz bestimmten Kunstgüter inventarisieren mußte, den Vermeer in Empfang nehmen. Heute hängt es im Kunsthistorischen Museum zu Wien.

Jeromir Czernin-Morzin wollte es nach dem Krieg vor Gericht zurückerstreiten, unterlag jedoch in allen Instanzen. Nach österreichischem Recht durfte ehemaliges Reichseigentum als Reparation einbehalten werden.

Mit welcher Selbstherrlichkeit sich Hitler über die Richtlinien der eigenen Regierung hinwegsetzte, wenn er ein berühmtes Bild begehrte, enthüllt eine andere Geschichte, die ebenfalls in Wien spielt: Anfang September 1942 bot ein Dr. Hermann Leber Tizians „Venus und Cupido" für 700 000 Mark zum Verkauf an. Einzige Bedingung: es mußte sofort gezahlt werden. Da Hitler dieses Bild unbedingt haben wollte, schoß Reichsstatthalter Baldur von Schirach die Summe erst einmal vor. Hinterher stellte sich heraus, daß der Betrag in Lire transferiert werden mußte, denn der ehemalige Besitzer lebte in Italien. Reichsminister Lammers erhob schwerwiegende Bedenken, da das Reichsfinanzministerium „für alle nicht lebensnotwendigen und kriegswichtigen Dinge" den Devisentransfer nach Italien untersagt hatte. Mit dem Vermerk „Eilt sehr. Sofort auf den Tisch" funkte Bormann am 26. Oktober 1942 aus dem Führerhauptquartier, Schirach habe dem Transfer bereits zugestimmt. Lammers gab sich damit nicht zufrieden – ohne Kenntnis Hitlers wollte er nicht die Devisenbestimmungen umgehen. Jedoch Hitler fand nichts Anrüchiges daran; er bewilligte die Devisen, „da das Bild nun doch schon von ihm gekauft worden sei".

Den ersten großen Raubzug außerhalb der Grenzen unternahmen die Deutschen in Polen. Posse berichtete nach einem Besuch Ende 1939: „In Krakau waren fast täglich Waggons mit den sichergestellten Kunstwerken aus öffentlichem, kirchlichem und privatem Besitz im Anrollen." Er inspizierte das Beutegut, doch für das Museum in Linz wollte er kaum etwas haben, nicht einmal den berühmten Veit-Stoß-Altar aus der Krakauer Marienkirche, den die SS nach Nürnberg brachte. Allerdings konnte er nicht der Versuchung widerstehen, einige Stücke für seinen Dresdner Zwinger zu reservieren.

Ihm sei das Ganze „nicht geheuer", sagte Posse seinem Assistenten Gottfried Reimer. Den Mitarbeitern schärfte er ein, sie sollten bei jedem beschlagnahmten Stück mit größter Sorgfalt den jeweils letzten Eigentümer schriftlich festhalten. Diese Gründlichkeit hat es nach dem Krieg den Alliierten sehr erleichtert, geraubtes Gut in die Ursprungsländer zurückzuführen.

Auch in Frankreich, wo sich die Nazis sofort über den jüdischen Kunstbesitz hermachten, in erster Linie wieder über den Rothschildschen (nahezu 4 000 Kunstwerke), hielt sich Posse eher zurück. Denn dort beherrschte bereits der Nazi-Chefideologe Alfred Rosenberg mit seinem „Sonderstab Bildende Kunst" das Feld. Über ihm hielt – gewiß nicht uneigennützig – Göring seine schützende Hand. Nach Hitler hatte er sich die zweite Wahl ausbedungen. Da er als Oberbefehlshaber der Luftwaffe sein Hauptquartier in Frankreich aufgeschlagen hatte, konnte er oft im Pariser Museum Jeu de Paume, wo die Beute gestapelt wurde, nach dem Unrechten sehen. Er verstand es, hinter dem Rücken Hitlers wertvolle Schätze für seine eigene Galerie in Karinhall beiseite zu schaffen. Anfang März 1941 ließ sich Göring dort auch, im Beisein einiger Zeugen, die Rothschildjuwelen zeigen. Aus einer Kiste griff er sich einen Ring, streifte ihn an seinen Finger, ließ ihn durch einen anwesenden französischen Experten schätzen und behielt ihn als Eigentum, nachdem er den Schätzwert von 100 000 Francs angewiesen hatte.

Ende Januar 1941 wurde in Paris der erste Teil des Beutetransports zusammengestellt – 25 Waggons „mit in Kisten verpackten Gemälden, historisch wertvollen Möbeln, Porzellan, Fayencen und Plastiken". Göring stellte dafür einen Sonderzug bereit, den er durch Luftwaffeneinheiten bewachen ließ.

Da die Luftschutzkeller des Münchner Führerbaus diese riesige Beute nicht mehr aufnehmen konnten, entschied Hitler, daß die Kunstwerke aus Paris auf Schloß Neuschwanstein bei Füssen untergebracht werden sollten. Bis 1944 wurden dort genau 21 903 Kunstgegenstände abgeliefert – nur 53 Bilder erhielten den Aufdruck „A.H. Linz".

Die von Göring persönlich ausgeschiedenen 31 Packstücke mit den Rothschildjuwelen gelangten nach Berlin, wo man sie im Keller des Reichsluftfahrtministeriums verwahrte. Görings Privatsekretärin Gisela Limberger sagte nach dem Krieg aus, der Reichsmarschall habe Juwelen vor sich auf den Tisch gelegt und sie in fünf bis sieben Haufen verteilt, von denen er zwei zum Verkauf ausschied. Der Rest sollte zu gleichen Teilen an Hitler und Göring gehen. Tatsächlich förderten die Amerikaner im Mai 1945 aus dem Salzbergwerk Altaussee, wo Hitler seine Linzer Sammlungen versteckt hatte, vierzig Pappschachteln mit Rothschild-Juwelen zutage.

Anders als in Frankreich, wo ihm Göring immer wieder in die Quere kam, hatte Direktor Posse in Holland freie Hand. Schon einen Tag nach der Kapitulation Hollands, am 16. Mai 1940, war der beamtete Kunsträuber Dr. Kajetan Mühlmann im Haag eingetroffen, um Kunstschätze zu beschlagnahmen oder sicherzustellen. Mühlmann hatte schon vor 1938 als Kunstagent Görings in Wien gearbeitet. Als Staatssekretär im Generalgouvernement (Polen) tat er sich hervor, indem er dreißig Zeichnungen von Dürer konfiszierte. Göring schenkte sie Hitler, und der hing sie sich ins Führerhauptquartier.

Die Dienststelle Mühlmann arbeitete in Holland eng mit dem „Sonderauftrag Linz" zusammen. Posse fuhr im Juli 1940 zum erstenmal in das besetzte Land. Es war höchste Zeit. Denn inzwischen hatten Scharen deutscher Kunstaufkäufer den Markt durcheinandergebracht und die Preise hochgetrieben. Deshalb regte Posse bei Bormann an, doch künftig die Preise auf 1000 Gulden pro Stück zu begrenzen. Dies hinderte ihn selber freilich nicht, wenn nötig, jeden Preis zu zahlen – Geld spielte für Hitler keine Rolle. Damit

Posse jederzeit bar bezahlen und anderen Käufern zuvorkommen konnte, ließ er bei der Rotterdamschen Bankvereinigung im Haag ein Sonderkonto einrichten. Das Geld wurde vom Reichsminister Lammers über die Bank Delbrück Schickler & Co. angewiesen, die damit das Konto R „Dankspendenstiftung (Sonderfonds)" belastete, also die Zuweisungen der Industrie an Hitler.

Bis zum 23. Januar 1942 waren für Posse allein in Holland schon 7,5 Millionen Reichsmark überwiesen worden. Ein halbes Jahr später hatte Posse nochmals 2,7 Millionen ausgegeben, und er bat, das Konto wieder aufzufüllen. Aber es lohnte sich auch: „Ich melde, daß in den nächsten Tagen die erste Sendung von hauptsächlich holländischen Erwerbungen (68 Gemälde und Skulpturen) an den Führerbau in München ... abgeht", schrieb Posse am 28. November 1940 an Bormann. Er lieferte wie immer das Feinste vom Feinen: Breughel, Rubens, Rembrandt, Ruisdael, Canaletto. Eine Erfolgsmeldung jagte die andere: 15.1.1941: Handzeichnungen aus der Sammlung Koenig; 25.2.1941: 26 Gemälde, dabei die „Kreuzschleppung" von P. Breughel d. J. und drei Rubens, ein Männerbildnis von Rembrandt und ein Jan Steen („Empfang der Braut"); 21.7.1941: 18 Gemälde, dabei Goya, Watteau, Tintoretto; 30.7.1941: Aussicht auf Erwerb von Rembrandts „Pfauenstilleben".

Ein Zeitgenosse erinnerte sich später, wie er einmal in Dresden Professor Posse begegnet sei, der gerade, „alle Taschen voll holländischer, belgischer und französischer Devisen", von der Bank kam. Er wollte mit dem Nachtzug nach Den Haag fahren, um für Hitler zwei Frans Hals zu kaufen. Auf die Frage, ob man den so ohne weiteres bekäme, antwortete Posse: „Wenn sie nicht da sind, werden sie halt vom Gauleiter Seyß-Inquart beschlagnahmt!" Nun, in der Praxis genügte schon die Androhung, um Kunsthändler oder Besitzer verkaufswillig zu machen oder um den Preis zu drücken. Derart „legal erworbene" Gemälde hängen heute in bundesdeutschen Museen.

Beispielhaft für Posses Einkaufspraktiken ist der Erwerb der berühmten Sammlung Mannheimer. Der nach Holland emigrierte Bankier und Multimillionär Fritz Mannheimer hatte sich eine ansehnliche Sammlung von Gemälden, antikem Silber, Golddosen, Kristall und Gobelins zugelegt. Der größte Teil lagerte noch in Amsterdam. Nach dem plötzlichen Tod Mannheimers im August 1939 und dem Zusammenbruch seines Amsterdamer Bankhauses Mendelssohn & Co. hatten die Gläubiger die Hand darauf gelegt.

Posse machte bereits im Oktober 1940 Bormann auf diesen Schatz aufmerksam. Am 4. Februar 1941, 20.40 Uhr, telegraphierte

Bormann an Generalkommissar Schmidt im Haag: „Eilt sehr! Sofort vorlegen. Bitte unterrichten Sie sofort Herrn Dr. Posse, der sich in Holland aufhält. Der Führer wünschte sofortigen Ankauf der Sammlung Mannheimer.“ (Anscheinend gab es selbst bei der Vorbereitung des Rußland-Feldzugs für Hitler nichts Eiligeres zu tun.) „Diese Sammlung soll sofort durch Herrn Dr. Posse im Auftrag des Führers gekauft werden. Ich bitte den Reichskommissar, den Verkauf an andere Stellen nicht zu genehmigen, sondern einen sofortigen Verkauf an Dr. Posse zu unterstützen. Heil Hitler!“

Das Kaufangebot Posses betrug fünf Millionen Gulden (etwa sieben Millionen Mark), weit unter Wert. Doch die Gläubiger akzeptierten es, da die Deutschen drohten, widrigenfalls jedes Objekt als Feindvermögen zu beschlagnahmen. Die Summe entrichtete übrigens Reichskommissar Seyß-Inquart, seinem Führer zuliebe, aus einem Sonderfonds

Hitler schwärmte nicht nur für die holländischen, sondern auch für die italienischen alten Meister. Aber in Italien, bei dem Achsenpartner des Deutschen Reiches, konnte der „Sonderauftrag Linz“ nicht frei schalten und walten wie im eroberten Westeuropa. Um an die besten Stücke heranzukommen, bedurfte es subtilerer Methoden. Direktor Posse konnte als Aufkäufer einen erstklassigen Mittelsmann vorausschicken: den Oberpräsidenten von Hessen-Nassau, Prinz Philipp von Hessen. Dieser Nachfahre des deutschen Kaisers Friedrich III. und der Queen Victoria, Schwiegersohn des italienischen Königs Viktor Emanuel III., war 1922 mit den Faschisten auf Rom marschiert und stand als SA-Führer hoch in der Gunst Hitlers. Er hatte guten Geschmack, ein großes Kunstverständnis und kannte viele italienische Kunsthändler. Wer hätte ihm ein Geschäft abschlagen mögen? Zumal im Wendejahr 1941, als sich die Italiener wegen ihrer militärischen Niederlagen den Deutschen auf Gedeih und Verderb ausliefern mußten.

Allein im Frühjahr 1941 reisten Posse und der Prinz dreimal über die Alpen. Auch hier spielte Geld keine Rolle. Kaum hatte Posse einen glänzenden „Fischzug“ hinter sich, mußte das Sonderkonto bei der deutschen Botschaft in Rom schon wieder um eine halbe Million Reichsmark aufgefüllt werden. Nur in eigenen Geldsachen genierte sich der sächsische Beamte penibel. Als sich Posse die Möglichkeit bot, von München in einem Sonderzug mitzufahren, der die Gemälde aus Italien abholen sollte, fragte er eigens bei Bormann an, „ob ich einen Fahrschein lösen muß, wenn ich in dem Sonderzug fahre, oder ob das nicht erforderlich ist“.

Bis zum Juni 1942 hatten Posse und der Hessenprinz von getrennnten Konten in Italien bereits 7 651 488 Reichsmark ausgegeben! Der Gegenwert durfte sich sehen lassen. Begeistert „meldete" Posse am 23. März 1941, er habe in Rom, Neapel, Florenz, Turin und Genua etwa 25 Gemälde für den Führer erworben, darunter „ein unbekanntes bedeutendes Männerbildnis von Tizian" und „ein sehr großartiges Doppelbildnis von Tintoretto".

Ähnlich seine Meldung an Bormann vom 18. Juni 1941: Diesmal brachte er zehn „zum größten Teil sehr bedeutende Gemälde" heim, „darunter 2 Hauptwerke von Tintoretto, 1 Galviati, 2 Piazzetta, 1 Antonio Canaletto"; über eine gleiche Anzahl werde noch verhandelt, zum Beispiel ein frühes Reiterbildnis von Rubens oder „eine besonders schöne Decke aus dem Palazzo Mocenigo in Venedig von Sebastiano Ricci".

Der Ricci ist heute in der Galerie Dahlem zu bewundern, als Bundeseigentum, „legal erworben". Jahrzehnte später hagelte es heftige Proteste aus Italien. Graf de Robiland behauptete, sein Vater, der Eigentümer des Deckengemäldes, sei vom Hessenprinzen und später auch vom italienischen Außenminister, Graf Ciano, dem Schwiegersohn des Diktators Mussolini, so lange unter Druck gesetzt worden, bis er in den Verkauf einwilligte. Den Italienern kam es auch merkwürdig vor, daß die Amerikaner 1947 und die Deutschen noch 1952 vorgegeben hatten, nichts über den Verbleib des Ricci zu wissen.

Der für Hitler stolzeste Erwerb in Italien war Makarts Breitwandgemälde „Die Pest in Florenz" – Heinrich Hoffmann durfte es in „Kunst dem Volk" als farbiges Faltblatt-Faksimile vorführen. Am 29. September 1940 hatte Posse dem Reichsleiter Bormann aufgeregt die Neuigkeit mitgeteilt, daß die italienische Regierung die Villa der Familie Landau-Finaly, die mit den Rothschilds verwandt war, „sequestiert" habe – dort hing der Makart, um den sich vor dem Krieg im Auftrag Hitlers schon Kunsthändler Haberstock bemüht hatte. „Vielleicht ist das Gemälde nun auf diplomatischem Wege erreichbar." Doch Hitlers Vermögensverwalter Martin Bormann war längst auf dem Quivive – erst auf eine Empfehlung aus dem Führerhauptquartier hin hatten die Italiener die Villa beschlagnahmt. In den Linzer Listen wurde das Bild als „Geschenk des Duce" an Hitler eingetragen – heute schmückt es die Münchner Pinakothek.

Die Geschäfte auf dem italienischen Kunstmarkt wurden in bar, aber ohne Rechnung abgewickelt. Reichsminister Lammers und das

Finanzministerium achteten jedoch auf peinlich genaue Buchführung. Darum ließ sich der Prinz von Hessen vom Einsatzstab Rosenberg Quittungsformulare mitgeben, in die er nur noch Namen, Datum, Bildtitel und Summe einzutragen brauchte. Da hieß es: „Auf den Kaufpreis habe ich in bar ... Lire an den Verkäufer bezahlt. Der Restbetrag von Lire ... ist vereinbarungsgemäß durch Überweisung zu entrichten. Auf Bitten des Verkäufers ist unter Berücksichtigung der Verhältnisse in Italien von der schriftlichen Niederlegung eines Kaufvertrages und von der Ausstellung einer Rechnung abgesehen worden." Schließlich wurde es der italienischen Regierung zuviel – denn außer Hitler ließ sich auch noch Reichsmarschall Göring nebst anderen hohen Nazis den Kunstmarkt leerkaufen. Viele der angekauften Kunstgüter standen auf der Exportsperrliste; in jedem einzelnen Falle mußten die Deutschen um eine Ausfuhrgenehmigung nachkommen. Erziehungsminister Bottai hielt dem deutschen Botschafter von Mackensen vor, dieser Zustand sei „durchaus unwürdig": Einen allgemeinen Ausverkauf, ohne deutsche und französische Kunstäquivalente, könne er unmöglich hinnehmen.

Trotz solcher Bedenken ließ sich aber Hermann Göring nicht davon abbringen, Mussolini bei dessen Besuch an der Ostfront im Sommer 1941 zu bitten, ihm doch für seine in Rom festliegenden 33 Kisten mit Kunstgegenständen die Ausfuhrabgabe zu erlassen. Der Duce war einverstanden, brachte damit aber die ans Gesetz gebundenen Beamten seines Finanzministeriums in Verdrückung. Sie verfielen schließlich auf die rettende Idee, den Wert der Kunstgüter, mit denen Göring seinen Landsitz Karinhall in der Schorfheide garnieren wollte, einfach ganz niedrig anzusetzen.

Aller Rücksichten ledig fühlten sich die Deutschen erst im Herbst 1943, als der Duce gestürzt und das italienische Königreich ins Lager der Alliierten übergewechselt war. Nun plünderten sie auch die Galerien der ehemaligen Verbündeten. 600 Bilder sind seit 1945 verschollen, ganze Sammlungen verschwunden. In welchen Verstecken, Safes oder Depots mögen die Gemälde liegen? Wo sind sie gelandet – diesseits und/oder jenseits des Atlantik? Plündern gehörte immer zum Kriegshandwerk; auch alliierte Offiziere und Soldaten haben Schätze mitgehen lassen; gelegentlich taucht Verschollenes wieder auf – sei es die Blaue Mauritius aus dem Reichspostmuseum in den USA oder ein Gemälde aus Sanssouci in der Sowjetunion. Das Einzigartige am NS-Kunstraub jedoch war die staatliche Sanktion.

Den letzten Raubzug in Italien hat der Sonderbeauftragte Posse nicht mehr erlebt. Bei unermüdlichem Einsatz für „sein" Linzer Museum hatte er sich dic Gesundheit ruiniert. Als er im März 1942 zusammenbrach, schickte ihm Hitler seinen Leibarzt Brandt. Handschriftlich bedankte sich Posse bei Bormann am 28. März 1942: „Ich bin aufs tiefste gerührt durch die mir erwiesene Anteilnahme an meinem persönlichen Befinden und bitte Sie, dem Führer für die mir nun wiederum erwiesene große Güte meinen ergebensten und allerherzlichsten Dank zum Ausdruck zu bringen."

Direktor Hans Posse starb am 7. Dezember 1942 an Mundkrebs. Bis kurz vor seinem Tode hat er noch am Linzer Projekt gearbeitet, selbst noch im Berliner Krankenhaus. Hitler ordnete ein Staatsbegräbnis an. Die Trauerrede hielt Reichspropagandaminister Joseph Goebbels, der so tief in die Leier griff („aus der Tiefe meines Herzens"), daß es den versammelten deutschen Museumsdirektoren nachgerade peinlich war. Posse, so der Redner, habe sich immer „in der wärmenden Sonne" von Hitlers Vertrauen fühlen dürfen. Er habe „in vorderster Reihe der kämpfenden Kunstfront gestanden"; und sein Werk sei „für alle Ewigkeit in den Besitz des deutschen Volkes" gekommen – wenigstens eine Prophezeiung des Lügenministers, die halbwegs zutraf.

Goebbels rühmte Posse nach, er habe binnen drei Jahren 1 200 Gemälde für das Linzer Museum gesammelt. Bis zum Kriegsende sollten es noch viel mehr werden, abgesehen von den vielen Beutestücken, für die sich Hitler die Option vorbehalten hatte. Allein im Salzbergwerk Altaussee entdeckten die Amerikaner im Mai 1945 5 350 Gemälde alter Meister, 21 Nazi-Kunst-Gemälde, 220 Zeichnungen und Aquarelle, 1039 Stiche, 95 Gobelins, 68 Skulpturen, 32 Kisten mit Münzen, 128 Waffen und Rüstungen, 64 Möbelstücke, 79 Körbe und 43 Kisten mit Kunstgegenständen, 237 Bücherkisten sowie das Gordon-Craig-Theater-Archiv aus Frankreich – allesamt für Linz bestimmt. Aber Teile von Hitlers Kunstbesitz lagerten noch an mindestens zehn anderen Stellen – die Sammlung Mannheimer zum Beispiel wurde im böhmischen Kloster Hohenfurth wiedergefunden. Manches lagerte in Altaussee, was Hitler noch nicht für sich reklamiert hatte, darunter etliche belgische Nationalheiligtümer, die er nach dem erhofften „Endsieg" vielleicht auch nach Linz geschafft hätte: so der berühmte Genter Altar aus Löwen und Michelangelos marmorne Madonna aus der Liebfrauenkirche in Brügge.

Fast wären die ganzen Kunstschätze für immer verloren gewesen: Der Gauleiter von Oberdonau, August Eigruber, hatte im April

1945 von Bormann einen widersprüchlichen Befehl Hitlers erhalten: er sollte einerseits die Schätze in Altaussee auf keinen Fall in Feindesland fallen lassen, andererseits auf jeden Fall dafür sorgen, daß keiner der Schätze den geringsten Schaden erleide. Eigruber entschied sich für die Sprengung der Grube. Bergarbeiter mußten in den Gewölben Sprengpatronen anbringen. Widrigenfalls drohte ihnen das Standgericht. Doch die Grubenarbeiter und österreichische Widerständler überlisteten den Gauleiter – sie kamen mit dem gefürchteten Chef des Reichssicherheitshauptamtes, Ernst Kaltenbrunner, ins Geschäft, der sich in die Alpen abgesetzt hatte: Ihm verschafften sie auf einer Berghütte Zuflucht vor nahenden Amerikanern, dafür ermöglichte er ihnen, unbemerkt von den SS-Wachen, die Sprengsätze zu entfernen.

Monatelang brauchten die Amerikaner, bis sie die Schätze geborgen und nach München transportiert hatten, wo alles an einem „Collecting Point" gelagert wurde. Experten aus den ehemals besetzten Ländern kamen dorthin, um die mehr als 13 000 Kunstwerke zu identifizieren und ihre Eigentümer zu ermitteln. Die Rückerstattung der Nazi-Beute dauerte länger als der Zweite Weltkrieg. Erst 1952 übergaben die Amerikaner die Restbestände ihrer Sammelstelle einer deutschen Treuhandverwaltung, die dem Auswärtigen Amt in Bonn unterstand. Auch in den folgenden Jahren wurden noch Kunstgüter an ehemalige Besitzer oder deren Erben zurückerstattet.

Gleich nach der deutschen Kapitulation hatten Offiziere des amerikanischen Geheimdienstes – hervorragend geschulte Kunstexperten – damit begonnen, jene Personen, soweit man ihrer habhaft wurde, zu vernehmen, die für den „Sonderauftrag Linz", für die Sammlungen Görings und für den Einsatzstab Rosenberg gearbeitet hatten. In einem geheimen „Consolidated Interrogation Report Nr. 4" empfahlen sie der amerikanischen Regierung, man solle die Sonderkommission Linz zu einer verbrecherischen Organisation erklären. Doch ihr Bericht verschwand in den Archiven – niemand aus Posses Stab wurde angeklagt.

Die Wiedergutmachung in Sachen Kunstraub wurde in Österreich praktisch mit dem Staatsvertrag 1955 abgeschlossen, in der Bundesrepublik endete sie 1962, als sich die Treuhandverwaltung auflöste und ihre Schätze dem Bundesschatzministerium aushändigte. Einiges fehlte: 1952 hatten die Amerikaner aus der Münchner Sammelstelle pauschal 960 Gemälde, deren Eigentümer bis dahin noch nicht ermittelt werden konnten, an Österreich gegeben.

Versuche der Bundesrepublik Deutschland, diesen Bestand zurückzuerhalten, blieben erfolglos.

Der damalige Bundesschatzminister Werner Dollinger berief 1962 eine Kommission namhafter Kunstexperten, die ihm bei der Verteilung des Hitlerschen und Göringschen Erbes beraten sollte. Die Gemälde wurden auf Schloß Schleißheim bei München ausgestellt, wo jeder Museumsdirektor seine Bestellung aufgeben konnte. Zuvor hatten sich der Bund und das Land Bayern geeinigt, den Göringschen Besitz zu teilen, da nicht genau auszumachen war, was dem Reichsmarschall privat gehört und was er als Reichseigentum verwaltet hatte. Nach den alliierten Gesetzen ging der Kunstbesitz von Naziführern in den Besitz der heutigen Bundesländer über.

Was die vom Deutschen Reich – sprich Hitler und Göring – legal erworbenen Kunstgüter anbelangt, so hatte die Bundesregierung schon in den sechziger Jahren ein gutes Gewissen. Im „Bulletin" ließ sie 1968 Pressemeldungen dementieren, daß es sich um ehemaligen „Nazi-Besitz" oder um „geraubtes Kunstgut" handle. Dr. Rike Wankmüller, ohne deren Übersicht und Kenntnisse die Eigentumsverlagerung vom Reich auf den Bund und die Ausleihe an Museen und Ämter nicht so zügig hätte ablaufen können: „Es ist doch alles anhand der Listen und Nummern geprüft worden. Die Alliierten und die Treuhandverwaltung haben ja noch bis 1962 restituiert." Frau Wankmüller, sie leitete das Kunstreferat der bayerischen Oberfinanzdirektion, kann sich nur an drei Fälle erinnern, in denen frühere Besitzer oder deren Erben Bilder später noch zurückforderten.

Ein schaler Nachgeschmack bleibt. Zwar mußten selbst die Fahnder des amerikanischen Geheimdienstes einräumen, daß die meisten Verkäufe an Hitler und Göring freiwillig getätigt wurden und die Kollaborateure in den besetzten Gebieten den Agenten des „Sonderauftrages Linz" enthusiastisch nachrannten. Aber im „Report Nr. 4" stehen auch folgende Sätze: „Die oberflächlich legalen Käufe durch Linzer Agenten begünstigten den bewußten Versuch der Nazis, die Volkswirtschaft der besiegten Völker zu ruinieren. Die Nazis tauschten ungedecktes Papiergeld gegen reales Vermögen." Neuerdings liegen Indizien vor, daß die Nazis auch mit gefälschten Banknoten bezahlt haben.

Wie auch immer, für die Bundesrepublik und für Österreich ist Kunstraub seit Jahrzehnten kein Thema mehr. Kunstwerke, die legal erworben wurden oder die mangels Beweises oder Anspruchs nicht ihren übervorteilten oder unter Zwang gesetzten früheren Besitzern zurückgegeben werden konnten, verfallen dem Staate. Kann trotzdem jemand auch nach vierzig Jahren noch einen Rechtstitel vorweisen, so wird man den Einzelfall prüfen. Zumindest in der Bundesrepublik räumen jedoch die Experten ein, daß die Treuhänder und Erben des „Reichsvermögens" nicht in allen Fällen die Provenienz eines Bildes haben klären können.

Frieden um den Preis der Schande – Münchner Konferenz 1938

Noch nie in seinem Leben hatte der alte Mann in einem Flugzeug gesessen. Er war aufgeregt wie ein Schuljunge, als er am 16. September 1938 früh um acht auf dem Flughafen Croydon in der zweimotorigen „Lockheed Electra" Platz nahm. Vier Stunden brauchte sie von London bis München. Über dem Kontinent war schlechtes Wetter angesagt. Aber Neville Chamberlain, der siebzigjährige britische Premierminister, mußte dieses Abenteuer auf sich nehmen. Keine Minute durfte er mehr versäumen: der Weltfrieden stand auf dem Spiel.

Seit einigen Tagen wußte das britische Kabinett aus verläßlichen deutschen Quellen, daß der Diktator Adolf Hitler am 27. September seiner Wehrmacht befehlen werde, die Tschechoslowakei anzugreifen. Nichts hatte ihn von diesem Entschluß abbringen können, weder die dauernden Warnungen aus Paris und London noch die Bedenken seiner eigenen Generäle, Diplomaten und Minister. Seine Schlußrede vor dem Nürnberger Parteitag am 12. September war ein unüberhörbares Signal: „Ich bin keinesfalls gewillt, hier mitten im Herzen Deutschlands ein zweites Palästina entstehen zu lassen. Die armen Araber sind wehrlos und vielleicht verlassen. Die Deutschen in der Tschechoslowakei sind weder wehrlos noch sind sie verlassen. Das möge man zur Kenntnis nehmen!"

Als erste kapierten es die sudetendeutschen Nazis. Sie entfachten in Eger und anderswo einen Aufstand. Prag verhängte das Standrecht; es gab Tote und Verletzte. Konrad Henlein, der Führer der faschistischen Sudetendeutschen Partei, dem die große Mehrheit der dreieinhalb Millionen Volksdeutschen in der Tschechoslowakei folgte, floh nach zwei Tagen mit Tausenden seiner Anhänger über die Grenze ins Reich. Von dort aus wollte und sollte er nun, bis zum Einmarsch der Wehrmacht, mit Hilfe der SS eine Guerilla aufziehen. Vor der Weltöffentlichkeit forderte er die Annexion der Sudetengebiete: „Wir wollen heim ins Reich!"

Erst vor einem halben Jahr hatte der Österreicher Hitler – mit Erpressung und Androhung von Gewalt, mit erfundenen „Hilferufen" und militärischer Besetzung, wenn auch unter tosendem Jubel von Millionen – seine Heimat „heimgeholt". Großdeutschland, der nationale Traum von Generationen, erfüllte sich. Jetzt klagten auch die Sudetendeutschen ihre Selbstbestimmung ein, die man ihnen 1919, nach dem Zusammenbruch des Habsburgerreiches, vorenthalten hatte, so wie sie – als Herrenvolk – es zuvor mit den Tschechen getrieben hatten. Aus den Nationalitätenkämpfen am Ende des vorigen Jahrhunderts in Böhmen ging übrigens die erste nationalsozialistische Partei hervor.

Für Hitler war das Sudetenland nur ein Vorwand. Sein wirkliches Ziel: in den Weiten Rußlands ein „deutsches Indien" zu erobern. Dazu brauchte er Etappensiege, lauter kleine lokale Kriege (oder auch „Blumenfeldzüge" ohne einen Schuß). Hatte er Österreich, so konnte er die Tschechoslowakei (in der Propaganda hieß sie „das russische Flugzeugmutterschiff") in die Zange nehmen; hatte er die Tschechoslowakei zerschlagen, konnte er Polen einkreisen, und so fort. Es mußten sich nur die passenden Gelegenheiten bieten, oder man half ein bißchen nach. Macchiavellismus in Reinkultur. Henlein und seine Partei benutzte er als Hebel, um diesen sonderbaren Staat CSR – eine Schöpfung der Pariser Friedensstifter von 1919 – aus den Angeln zu heben. „Wir müssen also immer soviel fordern, daß wir nicht zufriedengestellt werden können", faßte Henlein die Richtlinien zusammen, die Hitler ihm im März 1938 mit auf den Weg gab.

Präsident Eduard Benesch, Mitbegründer des neuen Staates, war durchaus konzessionsbereit. Es ließ sich ja nicht leugnen, daß Deutsche und Tschechen schon längst viel besser miteinander hätten umgehen können. Lord Runciman, der im Auftrag der britischen Regierung einen Sommer lang zwischen den beiden Völkern zu vermitteln suchte, bezeichnete die tschechische Herrschaft in den sudetendeutschen Gebieten als „taktlos, verständnislos und kleinlich"; viele Versprechungen hatte Prag nicht eingehalten. Aber für Benesch gab es eine Grenze des Entgegenkommens. Eine Minderheit von weniger als einem Viertel durfte weder die demokratische

Verfassung in Frage stellen noch die Außenpolitik mitbestimmen. Benesch empfand auch eine Fürsorgepflicht für jene 400 000 deutschen Wähler, die nicht für die Faschisten gestimmt hatten, für die vielen deutschsprechenden Juden und für die deutschen Emigranten, denen er Asyl und Pässe verschafft hatte.

Chamberlain und mit ihm viele Briten waren einem großen Irrtum erlegen: Hitler ging es mitnichten um das Selbstbestimmungsrecht der Brüder und Schwestern. Die Außenpolitik der britischen Konservativen war eine Politik des schlechten Gewissens; es resultierte aus den für Mitteleuropa verhängnisvollen politischen und wirtschaftlichen Folgen des Versailler Friedens. Selbst ein Mann wie Lord Harvey, ehedem Privatsekretär des Außenministers Anthony Eden, der wie sein Chef die Beschwichtigungspolitik des Premierministers, das sogenannte *„appeasement"*, sehr kritisch begleitete, schrieb damals in sein Tagebuch: „Man kann kaum von uns erwarten, daß wir dafür in den Kampf ziehen, Deutsche von Deutschland auszuschließen."

Aber Hitler und seine Ratgeber wollten den Vielvölkerstaat ganz verschwinden lassen, den „Blinddarm Europas" operieren. So dachten auch die konservativen Herrschaftseliten des Deutschen Reiches in Beamtenschaft, Militär, Wirtschaft und Finanz. Für die Generäle bedeutete die Tschechoslowakei, die mit Frankreich, dem „Erbfeind" der Deutschen, und mit der bolschewistischen Sowjetunion Militärbündnisse geschlossen hatte, eine unerträgliche Flankenbedrohung. Der Staatssekretär im Auswärtigen Amt, von Weizsäcker, wollte die „Tschechei" von innen und außen verunsichern. Er bevorzugte das „chemische Verfahren" (will sagen: die Zersetzung des Nationalitätenstaates) und wirtschaftlichen Druck statt des „mechanischen" (sprich: gewaltsamen) Weges. Um die chemische Zersetzung kümmerte sich auch der Chef der Abwehr, Admiral Canaris. Seit 1937 arbeitete sein Geheimdienst mit den Henlein-Leuten im Sudetenland zusammen. Sie gaben Sabotagekurse und schmuggelten Waffen und Sprengstoff über die Grenze. Agenten der Abwehr brachten im Frühjahr 1938 Flugblätter hinüber, auf denen Deutsche, Ungarn und Slowaken für den Kriegsfall zur Massenfahnenflucht aufgerufen wurden.

Solche Aktionen ließen im Mai 1938 die Sudetenkrise gefährlich eskalieren. Der tschechische Meisterspion A 54, Paul Thümmel, Hauptvertrauensmann der Abwehrstelle Dresden und Duzfreund Himmlers, hatte dem Geheimdienst in Prag mitgeteilt, am 21. und 22. Mai, während der Gemeindewahlen, würden sudetendeutsche

Freischärler in tschechisches Grenzgebiet einfallen. Daraufhin ordnete die Regierung in Prag eine Teilmobilmachung an, die sie mit angeblichen deutschen Truppenbewegungen begründete. Als Berlin dementierte, frohlockte die Weltpresse, Hitler sei zu Kreuze gekrochen. Tatsächlich war es umgekehrt: Präsident Benesch hatte es gewagt, das Prestige des „Führers" anzutasten. Schlimmeres kann einem Diktator nicht passieren. Hitler hat Benesch diese „Maikrise" nie verziehen. Fortan beherrschte ihn nur noch ein Gedanke: Wie und in welcher Zeit kann man die Tschechoslowakei zerschlagen?

Das Oberkommando der Wehrmacht und der Generalstab des Heeres mußten seit Ende Mai 1938 den Feldzug gegen die Tschechoslowakei vorbereiten. Die Militärs befürchteten, Frankreich werde den Tschechen zu Hilfe eilen und England den Franzosen beispringen. Einen europäischen Krieg aber hätte Deutschland, das erst 1943 vollauf kriegsbereit gewesen wäre, über kurz oder lang verlieren müssen. Deshalb lief General Ludwig Beck gegen die Kriegspläne Sturm, dachte sogar an einen „Generalsstreik". Als Hitler nicht reagierte, trat der Generalstabschef aus Protest zurück, eine Geste der Hilflosigkeit, denn die Öffentlichkeit erfuhr nichts davon. Beck blieb sogar für die Dauer der Sudetenkrise noch als Armeeführer im Dienst.

Auch sein Nachfolger, General Franz Halder, ebenso wie der Oberbefehlshaber des Heeres, Walther von Brauchitsch und andere hohe Offiziere rieten vom Kriege ab, ein Defätismus, der den Oberkommandierenden Hitler nicht nur in Rage brachte, sondern mehr noch überraschte. Er, der nach seinem kleinen Krieg gierte, hatte erwartet, die Generäle würden wie Fleischerhunde an der Kette ziehen: „Was sind das für Generäle, die ich als Staatsoberhaupt womöglich zum Kriege treiben muß!"

Wohl nie werden sich die Historiker darüber eins werden, ob Hitler im Sommer 1938 wirklich den Krieg gegen die Tschechoslowakei genau so riskiert hätte wie ein Jahr später gegen Polen. Vielleicht wußte er es selber zuweilen nicht; anders sind seine Schwankungen kaum zu erklären. Den großen europäischen Krieg wollte er ebensowenig wie die Militärs. Aber seine Lageeinschätzung erwies sich als richtig, die ihrige als falsch. Weder Frankreich noch England waren kriegsbereit; beiden Völkern steckte noch der Schrecken der Materialschlachten bei Verdun, an der Somme und vor Ypern in den Knochen. Seine Gewißheit, daß sich die Westmächte nicht für die Tschechen schlagen würden, ließ sich Hitler täglich aus den Protokollen der diplomatischen Ferngespräche mit London, Paris und

Prag bestätigen, die in Deutschland abgehört wurden. Dadurch erhielt er auch die Gelegenheit, sich im vorhinein auf Schachzüge der westlichen Regierungen einzustellen.

Damit aber auch jede Möglichkeit einer militärischen Intervention der Westmächte entfiel, verlangte Hitler bei der operativen Vorbereitung, man müsse schon in den ersten zwei oder drei Tagen des Feldzuges die Tschechoslowakei militärisch bezwingen. Nach heftigen Auseinandersetzungen mit den halsstarrigen Generälen befahl Hitler ihnen während des Nürnberger Parteitages, den Feldzugsplan für den „Fall Grün" im entscheidenden Punkte zu ändern.

Brauchitsch und Halder wollten mit zwei Angriffskeilen von Norden und Süden die Tschechoslowakei an ihrer schmalsten Stelle auseinanderreißen und die feindliche Hauptmacht in Böhmen und Mähren einkesseln und vernichten, ehe sie sich in die slowakischen Berge absetzen konnte. Für den Durchbruch durch die Befestigungen brauchten sie, mangels schwerer Artillerie, Panzerverbände, die den Armeen zugeteilt werden sollten.

Hitler dachte moderner und origineller. Die Tschechen würden genau dort den Angriff der Deutschen erwarten, wo er gestartet werden sollte. Statt die Panzer zu verzetteln, sollte bei der 10. Armee, die aus dem Raum Nürnberg-Regensburg operierte und dem Kommando des politisch zuverlässigen Generals von Reichenau unterstand, eine starke Panzergruppe aufgestellt werden. Sie hätte bei Taus, wo ein etwa 30 bis 40 Kilometer tiefes Loch im tschechischen Befestigungswall klaffte (wer erwartete schon im Bayerischen Wald eine Offensive?) blitzgeschwind durchbrechen und an der Festung Pilsen vorbei auf Prag vorstoßen sollen, mitten ins Herz des Feindes.

Dieser Ansatz erwies sich später als richtig; fraglich ist nur, ob die Wehrmacht schon 1938 zuwege gebracht hätte, noch dazu gegen die bestgerüstete Armee der Welt, was ihr 1940 beim Durchbruch in den Ardennen gegen Frankreich gelang. Doch diese Panzermacht gab es noch nicht; viele der Panzer, die 1940 zum Kanal rollten, waren tschechischer Bauart! Ungewiß bleibt auch, ob die französische Armee Gewehr bei Fuß gestanden hätte wie 1939 während des Polenfeldzuges; denn noch war der Westwall, den Hitler mit ungeheurem Arbeitsaufwand aus dem Boden stampfen ließ, eine einzige Baugrube.

Chamberlain wußte, als er nach München flog, daß in Deutschland eine Widerstandsbewegung existierte. Deren Sendboten waren in den Wochen zuvor nach England gereist und hatten die britische Regierung gebeten, eine feste, abschreckende Haltung einzunehmen und mit dem Diktator offen zu reden. Erst dann, wenn Hitler auf diese Weise diskreditiert worden sei, könnte die Widerstandsgruppe handeln. Chamberlain war jedoch nicht geneigt, die Frage von Krieg oder Frieden von der Putschbereitschaft deutscher Generäle abhängig zu machen.

Aber weswegen ist er dann im September 1938 dreimal als Friedensbote nach Deutschland geflogen? Warum hat er sich auf einen Handel mit einem unberechenbaren Diktator eingelassen? Warum hat er in München eine kleine, tapfere, fleißige Nation geopfert, so daß seither „München" als politisches Schimpfwort benutzt wird, sobald jemand verdächtig ist, Frieden um jeden Preis schließen zu wollen?

Der Mann, der da vor fünfzig Jahren auf dem Flugplatz Oberwiesenfeld aus dem Flugzeug kletterte – lang, hager, asketisch; aristokratisch in Haltung und Manieren; von unaufgesetztem Selbstbewußtsein; doch im Innersten scheu, empfindlich, verletzlich – wurde von den Nazis später zur Karikatur entstellt. Allzu kraß unterschied sich sein anachronistisches ziviles Erscheinungsbild – dunkler Gehrock, hoher Eckkragen, Uhrkette, Regenschirm – von den martialischen Uniformierten, die ihn in Deutschland umringten.

Chamberlain war wirklich ein Mann des Friedens – „bis in die Tiefen meiner Seele". Schon im Frühjahr hatte er dem französischen Ministerpräsidenten Daladier gesagt: „Wie immer auch die Lose zugunsten von Krieg oder Frieden verteilt sein mögen, wir spielen nicht um Geld, sondern um Menschen, und ich kann mich nicht leichthin in einen Konflikt begeben, der so schreckliche Folgen haben könnte für unzählige Familien, Männer, Frauen und Kinder unseres eigenen Volkes."

Er schätzte die Lage der siechen Weltmacht England richtig ein, die schon im Ersten Weltkrieg ein Gutteil ihrer ökonomischen Leistungsfähigkeit eingebüßt hatte. Die Abneigung gegen einen neuen Rüstungswettlauf entsprang den materiellen Bedenken der herrschenden Torys, die im Unterhaus über eine satte Mehrheit verfügten. Aufrüstung hätte beschleunigte Staatsverschuldung und Entwertung des Pfund Sterlings bedeutet, sich also bei Wahlen negativ ausgewirkt.

Oliver Harvey hat die Stimmung unter den Torys kurz nach München in seinem Tagebuch aufgefangen, als man sich einer Aufrüstung nicht länger verschließen konnte: „Der wirkliche Widerstand gegen die Wiederaufrüstung kommt von den Reichen in der Partei, die sich vor Steuern fürchten und glauben, Nazis seien im großen ganzen konservativer als Kommunisten und Sozialisten. Jeder Krieg, egal ob wir ihn gewinnen oder nicht, würde die reiche Klasse zerstören. Darum sind sie für Frieden um jeden Preis."

Chamberlain indes hatte, als er 1937 sein Amt antrat, keine andere Wahl, als auf Zeitgewinn zu spielen. Wegen des Rückstandes auf militärischem Gebiet blieb der Weltmacht Großbritannien außer dem verblassenden Prestige nur die Waffe der Diplomatie. In einem Memorandum des Foreign Office aus jenem Jahr steht der inhaltsschwere Satz: „Wir sind nicht imstande (auch wenn wir es nicht öffentlich kundtun), mit Waffengewalt einzuschreiten, um territoriale Veränderungen in Mittel- und Osteuropa zu verhindern."

Das Kabinett stützte sein außenpolitisches Notprogramm auf den Rat der militärischen Fachleute. Die Stabschefs wußten nur zu gut, daß die britische Industrie unfähig war, die erforderlichen Rüstungsgüter rasch zu produzieren. Im Frühjahr 1938 waren die Jagdfliegerstaffeln der Royal Air Force den deutschen Jägern weit unterlegen. Die Hurricane und die Spitfire, die den Messerschmitts 1940 so gefährlich wurden, liefen gerade erst vom Fließband und wurden noch erprobt. Die Engländer litten 1938 unter dem Alptraum, deutsche Geschwader könnten am Himmel über London auftauchen, die Weltstadt in Schutt und Asche legen und ihre Bewohner mit Gasbomben ersticken. Zu dieser Schreckensvision hatte nicht zuletzt der amerikanische Atlantik-Bezwinger Charles Lindbergh beigetragen, der sich im Sommer 1938 von den Taschenspielertricks Hermann Görings und seiner Luftwaffengeneräle hatte hereinlegen lassen. Er nannte schauderhafte Zahlen: „Deutschland hat 8 000 Militärflugzeuge und kann monatlich 1 500 neu auflegen." London war so gut wie schutzlos – es fehlte an Flakgeschützen, an Scheinwerfern, an Peilgeräten.

Politiker wie Militärs befleißigten sich dabei einer merkwürdigen Realitätsblindheit. Denn die deutsche Luftwaffe konnte erst 1940 ihre Bomberflotten mit Jagdschutz über England operieren lassen, nachdem die Wehrmacht die französische Kanalküste erobert hatte.

Entscheidend für die Kriegsmüdigkeit des Westens war doch wohl eher der fehlende Wille. Vielleicht wären die Entschlüsse anders ausgefallen, wenn man sich auf die großen Flügelmächte Amerika und Rußland hätte verlassen können. Aber die Vereinigten Staaten steckten noch tief im Isolationismus, obwohl Präsident Roosevelt die Aggressoren in Europa und Asien nur zu gern unter Quarantäne gestellt hätte. Die Politiker der Sowjetunion waren freigiebig mit unverbindlichen Hilfsangeboten. Doch westlichen Beobachtern in Moskau war klar, daß die Rote Armee nach dem furchtbaren Aderlaß während der Tuchatschewskij-Affäre und mitten in einem Krieg mit den Japanern am Amur allenfalls fähig war, die Landesgrenzen zu verteidigen.

Es bleibt die Frage: War München wirklich „der größte Bluff, den die Geschichte kennt", wie Lord Boothby gesagt hat? Hat niemand Hitler durchschaut? Der erste Test war Berchtesgaden, wo Chamberlain gegen Abend des 15. September 1938 bei düsterem Himmel auf Hitlers Berghof vorfuhr. Der Diktator empfing ihn höflich, aber distanziert. In der dreistündigen Unterredung ließ er sich zu Zornesausbrüchen gegen die Tschechen hinreißen und drohte brutal, er werde das Problem „so oder so" lösen, selbst vor einem Weltkrieg nicht zurückschrecken.

Als Chamberlain daraufhin von Abreise sprach, lenkte Hitler ein. Es ging dann nur noch darum, welche Gebiete mit wieviel Prozent Deutschen von den Tschechen abgetreten werden sollten. Chamberlain wollte für diesen Plan die Zustimmung seines Kabinetts und der Franzosen einholen und dann wiederkommen. Hitler versprach, in der Zwischenzeit stillezuhalten. „Ich habe den Eindruck", schrieb Chamberlain seiner Schwester, „einen Mann vor mir zu haben, dem man vertrauen darf, wenn er sein Wort gegeben hat."

Ganz anders reagierte Hitler. Fühlte er sich schon „wie vom Himmel gefallen", als Chamberlain ihm seine sensationelle Reise angekündigt hatte, so klatschte er jetzt vor Vergnügen in die Hände. Reichsaußenminister von Ribbentrop und seinem Staatssekretär von Weizsäcker schilderte er freudig bewegt, wie er „den alten trockenen Herrn" eingeschüchtert und mit taktischen Kniffen „in die Ecke florettiert habe". Er gab sich erstaunlich offen. Lehnten die Tschechen die vorgeschlagene Volksabstimmung ab, sei die Bahn für den deutschen Einmarsch frei; füge sie sich, daß heißt, trete sie das Sudetenland ab, so komme die Tschechei selber erst später, etwa im Frühjahr 1939, an die Reihe (wie es dann auch geschah). Hitler würde sich gewundert haben, hätte er vernommen, wie sehr sich Präsident Roosevelt daheim am Kamin über das Verhalten der Engländer und Franzosen nach Berchtesgaden entrüstete: „Sie waschen sich jetzt das Blut von ihren Judashänden."

Ohne vorherige Konsultation verlangten der französische und der britische Botschafter am 19. September von Präsident Benesch die Abtretung aller Gebiete mit mehr als fünfzig Prozent deutschen Einwohnern. Sie muteten ihm zu, die gesamten, teuer bezahlten Grenzbefestigungen (Gesamtinvestition: über zehn Milliarden Kronen) und wertvolle Wirtschaftsgüter preiszugeben, dazu noch 800 000 Tschechen an Hitler auszuliefern. Doch der versierte Diplomat Benesch wehrte sich. Prophetisch seine Worte, diese Vorschläge bedeuteten nicht nur die völlige Unterwerfung der Tschechoslowakei unter Deutschland, sondern auch die Zerstörung des Gleichgewichts in Mitteleuropa und die Bedrohung anderer Staaten, auch Frankreichs.

Aber nun erlebte Benesch am eigenen Leibe, wie die Großen mit den Kleinen umspringen: Zwei Stunden nach Mitternacht ließen ihn die Botschafter auf der Prager Burg aus dem Bett holen und forderten ultimativ die Annahme ihres Planes. Andernfalls werde die Tschechei im Krieg mit Deutschland allein stehen.

Am andern Tag versammelten sich abends auf dem Prager Wenzelsplatz zornige und traurige Menschen, Schließlich waren es mehr als Hunderttausend, die sich über die Karlsbrücke hinauf zum Hradschin bewegten. Die Menschen riefen: „Gebt uns Waffen, wir haben für sie gegeben! Weg mit den Defätisten! Nieder mit der Regierung!" Aus der Ferne hörten sich die Rufe an „wie das Gebrüll eines gewaltigen, verwundeten, sich wendenden Tieres" (so ein Augenzeuge). Nach Mitternacht rief die Menge vor den immer noch erleuchteten Fenstern des Präsidentenpalastes nach General Jan Syrovy, dem Helden der Tschechischen Legion, die nach der Russischen Revolution in Sibirien gegen die Bolschewiken gekämpft hatte. Er wurde – eine Verbeugung vor dem Volk – noch in der Nacht von Benesch zum neuen Regierungschef berufen. Aber auch Syrovy hat sich dem alliierten Ultimatum gebeugt.

Aufbegehrte jedoch sein Legionärskamerad General Lev Prchala, der Oberbefehlshaber der 4. Armee, die Wien erobern sollte. Er stürmte in das Palais und fragte Benesch direkt, ob er kapitulieren wolle. Benesch verbarg sein Haupt in seinen Händen: „General, England und Frankreich haben uns verraten. Polen und Ungarn schikken uns Ultimaten. Es gibt keinen anderen Ausweg mehr als nachzugeben." Prchala verlangte, man solle die Sowjetunion um Hilfe bitten, dann würden es sich Polen und Ungarn anders überlegen. „Wir brauchen Frankreich und England nicht. Wir können allein gegen die Deutschen kämpfen." Benesch gab zu bedenken, dann würde sich die ganze Welt gegen die Tschechen stellen, sie für Bolschewiken halten. Prchala: „Dann werden wir eben Bolschewiken. Aber um Gotteswillen: Lassen Sie uns kämpfen!"

Benesch, erschöpft von vielen schlaflosen Nächten, wäre im Verlaufe dieses Auftritts beinahe vor Aufregung gestorben. Am Ende setzte er sich jedoch durch, und der General zog verzweifelt von dannen.

Zufrieden flog Chamberlain am 22. September zum zweitenmal nach Deutschland, diesmal kam ihm Hitler auf halber Strecke bis nach Bad Godesberg entgegen. Doch im Rheinhotel Dreesen brachte Hitler es fertig, den von Prag schon akzeptierten Abtretungsplan für Makulatur zu erklären. Jetzt müßten auch noch die Gebietsansprüche der Ungarn und Polen einbezogen werden.

Seine Absicht war leicht zu durchschauen: er wollte die Situation so verschärfen, daß die Wehrmacht doch noch, ohne von den Westmächten daran gehindert zu werden, die ganze Tschechoslowakei auf einen Streich einsacken konnte. Henlein führte bereits mit seinem Freikorps einen kleinen Grenzkrieg. Unterdes saß im Goebbelschen Propagandaministerium ein Beamter, der immer neue Greuelmeldungen für die Presse fabrizieren mußte, um das Volk in Kriegsstimmung zu versetzen. Der Minister gab die Parole aus: „Dieser Staat ist eine Schande für Europa, er muß endlich von der Bildfläche verschwinden, erst dann wird Frieden in Europa sein."

Zum tiefen Erschrecken Chamberlains setzte Hitler noch einmal alles aufs Spiel. Er verlangte nun die sofortige Räumung des Sudetenlandes; erst danach könne man sich über eine Volksabstimmung einigen. Die Engländer, nicht faul, ermunterten jetzt unter der Hand den verdutzten Benesch zur Generalmobilmachung. Wieder waren die Straßen und Plätze in Prag voll von Menschen, diesmal von Männern unter vierzig, die zu den Fahnen eilten, still, ruhig, wie selbstverständlich, auch manch Deutscher darunter, der seiner Wehrpflicht genügte. Der „Times"-Korrespondent erinnert sich: „Alle sahen dem kommenden Kampf mit der ruhigen, steten Gewißheit entgegen, daß sie durchhalten könnten, bis Frankreich, England und Rußland, wie sie dachten, unvermeidlich in den Krieg hineingezogen wurden." Zu spät merkte Benesch, daß die Westmächte die Mobilmachung nur als Druckmittel benutzten, um Hitler auf ihren alten Räumungsplan festzulegen.

Immerhin brachen Hitler und Chamberlain in Bad Godesberg nicht alle Brücken ab. Der Diktator verschob den Einmarsch um zwei Tage und ließ sich auch die vage Zusage entreißen, die Grenzen der Resttschechei international garantieren zu lassen. Doch die Westmächte taten sich jetzt schwer, den Tschechen die Annahme der neuen Vorschläge Hitlers anzuraten.

Krieg schien wieder möglich. Über ganz Europa lagen die Schatten drohenden Unheils. Frankreich machte ein paar Divisionen mobil; Teile der britischen Home Fleet liefen mit unbekanntem Ziel aus. In den Londoner Parks wurden Schutzgräben ausgehoben, die Bewohner probierten ihre Gasmasken aus, Mütter reisten mit ihren Kindern aufs Land.

Hitler heizte die Krise noch weiter an: Im Berliner Sportpalast hielt er eine der übelsten Schimpfkanonaden, die je ein Staatsoberhaupt gegen ein anderes losgelassen hat. Es war eine Stimmung, als stünden Hitler und Benesch im Boxring. „Er hat jetzt die Entscheidung in seiner Hand: Frieden oder Krieg", schrie Hitler. „Ich gehe meinem Volk jetzt voran als sein erster Soldat. Wir sind entschlossen. Herr Benesch mag jetzt wählen." Er wolle nunmehr, hörte Weizsäcker ihn in jenen Tagen sagen, die Tschechei vernichten. Es klang ernstgemeint; der Hang zum Nekrophilen brach wieder durch, dazu unbändiger Haß und Rachsucht.

Doch Chamberlain mochte nicht einsehen, daß es wegen des fernen Böhmen und eigentlich nur noch einer Prozedurfrage wegen zum Krieg kommen sollte. Deshalb schickte er seinen Berater Wilson mit einem Brief zu Hitler. Der Sondergesandte ließ sich vom Diktator anschreien, sagte ihm dennoch unverblümt ins Gesicht, daß Frankreich und England in den Krieg zögen, sofern Hitler wie geplant am 28. September mobilmache. Hitler wurde allmählich nachdenklicher, da er nicht genau wußte, ob die britische Flotte nicht doch schösse. Er gestattete, daß Weizsäcker eine versöhnlich klingende Antwort entwarf. Der Staatssekretär mühte sich seit Wochen, zusammen mit dem britischen und dem italienischen Botschafter, einen Kompromiß zu finden.

Was dann an jenem 27. September, dem womöglich letzten Friedenstag, geschah, ist oft geschildert worden: wie der italienische Botschafter Attolico, alle Formen mißachtend, in die Reichskanzlei rennt und Hitler die Bitte Mussolinis entgegenruft, er möge die Mobilmachung um einen Tag verschieben – Chamberlain hatte den Duce darum ersucht: sein „letzter verzweifelter Griff nach dem letzten Grasbüschel am Rande des Abgrunds". Danach die bewegendste Szene, die das britische Unterhaus je erlebt hat. Chamberlain erhält mitten in seiner Rede ein Telegramm des Inhalts, Hitler habe soeben den Vorschlag Mussolinis angenommen und sei bereit, sich anderntags mit dem Duce, mit Daladier und Chamberlain in München zu treffen. Einen Moment stockt den Abgeordneten der Atem, dann brechen sie in Jubel aus und erheben sich zu Ehren des Premiers. Alle fühlen: „Dies ist der Frieden!" Nur Harold Nicolson, einer der führenden „Anti-Appeaser", blieb in dem Trubel sitzen. Er schämte sich seiner Kollegen wegen dieses hysterischen Ausbruchs. Chamberlains Widersacher Churchill gratulierte dem Premier: „Sie haben großes Glück gehabt."

Als in Prag die Nachricht von der Münchner Konferenz bekannt wurde – die Tschechen waren nicht als Teilnehmer geladen –, meldeten sich Generalstabschef Krejcj, die drei Landeskommandanten (einer war Prchala) und General Syrovy auf der Burg. Mit Tränen in den Augen, so berichtet Benesch in seinen Memoiren, beschworen sie ihn: „Gleichgültig, was die Großmächte entscheiden, die mobilisierte Armee läßt es nicht zu, daß wir Hitler irgendwelche Gebietskonzessionen machen. Wir müssen in den Krieg, wie die Folgen auch ausfallen mögen ... Auch wenn wir allein bleiben, dürfen wir nicht nachgeben."

Die tschechoslowakische Armee hätte eine gute Chance gehabt, wie Ivan Pfaff nachweist. Mit etwas Glück hätte sie sich etwa solange behaupten können wie das kleine Finnland 1939/40 im Winterkrieg gegen Rußland.

Warum hat Benesch kapituliert? Wirklich nur, weil er seinem Volke Blutvergießen ersparen, das schöne Prag vor Zerstörung bewahren wollte? Oder lähmte der Schmerz über den Verrat des Westens seine Handlungsfähigkeit? Oder war es einfach moralische Schwäche? Benesch mußte einige Tage später abdanken und ins Exil fliegen. Das Volk persiflierte seine Dauer-Ausreden, er habe noch einen Plan: „Es war ein Aeroplan."

Selten ist eine Gipfelkonferenz so chaotisch gewesen wie die in München: ohne Tagesordnung, ohne Protokoll. Mussolini, der als einziger in vier Sprachen parlieren konnte, moderierte mühselig. Sein Kompromißvorschlag wurde unbesehen angenommen. Dolmetscher Schmidt stutzte beim Übersetzen: den Text kannte er schon. Weizsäcker, zusammen mit dem kriegsbangen Göring und dem ehemaligen Außenminister von Neurath, hatte den Entwurf ausgearbeitet und den Italienern zugespielt. Abgemacht wurde, daß die Sudetengebiete binnen zehn Tagen von den Tschechen in Etappen geräumt werden mußten, beginnend am 1. Oktober. Die Prager Regierung mußte das Dokument, das seinen Delegierten nachts ausgehändigt wurde – Friß Vogel oder stirb! – bis zum 30. September morgens fünf Uhr annehmen.

Chamberlain schien froh, die Tschechen los zu sein. Ihm lag nur noch eine von ihm vorbereitete schriftliche Erklärung am Herzen, in der München zum Symbol für den Wunsch der Deutschen und Engländer wurde, nie mehr gegeneinander Krieg zu führen und alle strittigen Fragen friedlich zu lösen. Hitler unterzeichnete es leichthin, ihm bedeutete das „Papier" nicht viel – er war entschlossen, sich auf seinem Weg zur Weltmacht nicht noch einmal von einem britischen Vermittler dreinreden zu lassen, schon gar nicht von diesem „feilschenden Kaufmann". Chamberlain kam es darauf an, Hitler festzulegen. Hielt sich der Diktator nicht an das Papier, so würde sich auch Amerika auf die Seite der Westmächte stellen. Tatsächlich hat der Wortbruch Hitlers im März 1939, als er Prag besetzte, den Westmächten und ihren Völkern die moralische Kraft gegeben, unter viel schwereren Bedingungen als im Herbst 1938 gegen Deutschland ins Feld zu ziehen.

Gegen Abend des 30. September landete der alte Mann auf dem Flughafen Heston. Sein dritter und letzter Flug nach Deutschland lag hinter ihm. Hatte sich das Abenteuer gelohnt? Die Londoner, die sich in den Straßen drängten, um den Premier zu empfangen, erfaßte ein Begeisterungstaumel, als Chamberlain die von Hitler unterzeichnete Erklärung schwenkte: „Frieden für unsere Zeit." Mit den gleichen Worten war 1878 Disraeli vom Berliner Kongreß heimgekehrt. Drei Tage später fühlte sich Chamberlain einem Nervenzusammenbruch nahe. War die körperlich-seelische Anstrengung dieser vierzehn Tage doch zu groß gewesen? Oder quälte den Premier das unlösbare Dilemma – Krieg oder Schande? Als das Unterhaus über München debattierte, hatte sich der Enthusiasmus verflüchtigt. Manch Abgeordneten bedrückten Scham und Schuld. Den Nachruf auf das verratene Tschechenvolk sprach Winston Churchill mit gemeißelten Worten: „Alles ist aus. Stumm, traurig, verstoßen, gebrochen tritt die Tschechoslowakei zurück in die Finsternis."

Die Nacht im November 1938 – Als in Deutschland die Synagogen brannten

„Lieber Hermann, Du hast gewiß von unserem großen Unglück", gehört schrieb die Schwester ihrem in Paris lebenden Bruder: „Am Donnerstagabend um 9 Uhr ist ein Schupo zu uns gekommen und hat uns erklärt, daß wir uns unter Mitnahme der Pässe zum Polizeirevier begeben sollten. Dort fand sich schon fast unser ganzes Stadtviertel zusammen. Man hatte uns noch nicht gesagt, um was es sich handelte. Aber wir haben gesehen, daß es mit uns aus war."

Was war geschehen? An jenem Abend des 28. Oktober 1938 wurden der jüdische Flickschneider Sendel Grynszpan, seine Frau Regina und ihre Kinder Berta und Marcus aus ihrer Wohnung in der hannoverschen Altstadt zur Polizeiwache geschleppt und dann im sogenannten Rusthaus, einem Konzertsaal, eingesperrt. Mit ihnen ein paar Hundert andere Juden. Alle waren Ostjuden – die älteren hatten meist schon zur Zarenzeit Polen verlassen oder nach 1919 für die neue, deutsche Heimat optiert. Ähnlich wie in Hannover wurden auch in anderen deutschen Großstädten polnische Juden zusammengetrieben, etwa 17000 an der Zahl. Jeder erhielt einen Ausweisungsbefehl in die Hand gedrückt. Die erste Massendeportation im Dritten Reich stand bevor.

Einige Wochen zuvor hatte die polnische Obristenregierung, kaum weniger antisemitisch als die deutsche, angeordnet, alle im Ausland lebenden polnischen Staatsangehörigen müßten bis zum 29. Oktober ihre Pässe von den Konsulaten kontrollieren lassen. Da man befürchten mußte, daß die Pässe nicht verlängert werden sollten, beschloß die Reichsregierung kurzerhand, sich dieser unerwünschten Minderheit zu entledigen und sie, ohne Warschau vorher zu verständigen, an die Grenze zu transportieren, mit Vorbedacht an einem Sabbat. Wie es dabei zuging, schilderte der alte Grynszpan, auf jiddisch, später den Richtern im Eichmann-Prozeß: „Die Strassen waren schwarz von Menschen. Und man schrie uns an: Juden, auf nach Palästina! Überall schrie man das." Soweit war es schon mit den Deutschen gekommen. Was den Deportierten an Leid zugefügt wurde – sie besaßen oft nicht mehr, als die dünnen Kleider, die sie auf dem Leibe trugen –, schien die Masse des Volkes gleichgültig zu lassen. Wie viele von denen, die damals in Hannover und anderswo am Straßenrand gestanden haben – geifernd, belustigt, beklommen –, mögen heute noch leben?

In Eisenbahnzügen und Lastwagen wurden die Deportierten zum Grenzbahnhof Bentschen westlich von Posen verschleppt. Dort wurde ihnen alles Geld bis auf zehn Mark abgenommen, dann jagte man sie zu Fuß die zwei Kilometer bis zum Niemandsland: „Die SS-Leute hinter uns her mit Peitschen. Wer nicht mitlief, wurde geschlagen, bis das Blut floß. Der Regen hat getrommelt, alte Frauen und Männer, kranke Kinder waren unter uns, der Jammer war groß."

Die überraschten polnischen Grenzposten verweigerten den Vertriebenen den Zutritt, so daß die Menschen einen Tag lang hungernd und frierend im Herbstregen durch das Niemandsland irrten. Schließlich ließ man die Unglücklichen doch über die Grenze. Die Familie Grynszpan wurde mit anderen zunächst in einen mit Kot bedeckten Pferdestall gepfercht. „Wir haben keinen Pfennig", klagte Berta ihrem Bruder Hermann (Herschel), der zwei Jahre zuvor zu seinem Onkel nach Paris gezogen war.

Als der 17jährige die Postkarte aus Polen erhielt, stand sein Entschluß alsbald fest: Er kaufte sich einen Trommelrevolver und begab sich am 7. November zur deutschen Botschaft in der rue de Lille. Auf dem Hof fragte er einen distinguierten Herrn nach dem Botschafter; jener bedeutete ihm, er möge sich doch an einen Beamten im Hause wenden – und rettete so sein Leben, denn jener Herr war der Botschafter Graf Welczek selber. Grynszpan, da er ein wichtiges Dokument überreichen wollte, wurde ohne weiteres zu dem Legationssekretär vom Rath geführt. Mit den Worten: „Sie sind ein dreckiger Boche, und nun übergebe ich Ihnen im Namen von 12 000 schikanierten Juden das Dokument" zog er den Revolver, an dem noch der rote Faden des Preisetiketts hing, und feuerte mehrere Schüsse ab. Vom Rath, in Brust und Unterleib getroffen, brach zusammen; er ist nach zwei Tagen in der Universitätsklinik seinen Verletzungen erlegen.

Grynszpan ließ sich widerstandslos festnehmen. Der Polizei nannte er nur ein Tatmotiv: Rache für seine Glaubensgenossen.

Was die deutschen Juden nun erwartete, konnten sie bereits am 8. November, als deutsche und französische Ärzte noch um das Leben des Diplomaten rangen, im Parteiorgan „Völkischer Beobachter" lesen: „Es ist klar, daß das deutsche Volk aus dieser neuen Tat Folgerungen ziehen wird. Es ist ein unmöglicher Zustand, daß in unseren Grenzen Hunderttausende von Juden noch ganze Ladenstraßen beherrschen, Vergnügungsstätten bevölkern und als 'ausländische' Hausbesitzer das Geld deutscher Mieter einstecken, während ihre Rassegenossen draußen zum Krieg gegen Deutschland auffordern und deutsche Beamte niederschießen."

Die Führer des nationalsozialistischen Deutschlands hatten seit langem auf einen Vorwand gelauert, zum vernichtenden Schlag gegen die jüdische Minderheit auszuholen. (Es lebten zu diesem Zeitpunkt noch mehr als 300 000 jüdische Bürger im Reichsgebiet – etwa 150 000 waren seit 1933 ins Ausland geflohen.) Die Gelegenheit schien günstig: Das Deutsche Reich war in diesem Jahr, nach dem Anschluß Österreichs und des Sudetenlands, zur stärksten Macht Europas geworden. Auch nach der Münchner Konferenz waren die Westmächte an friedlichem Ausgleich mit Hitler interessiert, und ihre Völker wünschten alles andere als einen neuen Krieg. Die deutschen Antisemiten meinten, nun keinerlei Rücksichten auf das Ausland mehr nehmen zu müssen – ein für das Reich verhängnisvoller Irrtum, denn nach der „Kristallnacht" schlug das Pendel der öffentlichen Meinung gegen Deutschland aus.

Es traf sich ganz im Sinne der Nationalsozialisten, daß der Mord in Paris Anfang November geschah. Alljährlich versammelten sich die „Alten Kämpfer" der Partei in München, um des mißglückten Bürgerbräukeller-Putsches vom 8./9. November 1923 zu gedenken. Außerdem waren gerade zwanzig Jahre seit der Revolution von 1918 vergangen, die von Hitler und seinen Gefolgsleuten den „jüdischen Novemberverbrechern" zur Last gelegt wurde. Im ganzen Reich versammelten sich die Ortsgruppen der Partei und die ihr angeschlossenen Verbände wie SA (Sturmabteilungen), SS (Schutzstaffel) und Hitlerjugend zum Totengedenken an die „Märtyrer" von 1923. Hier und da – in kleinen Orten Hessens und Magdeburg-Anhalts – hetzten die Ortsgruppenleiter bereits am 8. November ihre Anhänger zum Judenpogrom auf.

Als am Abend des 9. November in München die Todesnachricht eintraf, war die Stimmung schon aufgeheizt. Die höheren Parteiführer hatten sich im Alten Rathaus zum Kameradschaftsabend eingefunden. Hitler unterhielt sich längere Zeit mit Goebbels und entfernte sich nach dem Abendessen. Hermann Göring, Hitlers mächtiger Paladin, fuhr bereits mit dem Nachtzug gen Berlin; der „Reichsführer SS", Heinrich Himmler, bereitete sich darauf vor, um Mitternacht die SS-Rekruten zu vereidigen; Reinhard Heydrich, der gefürchtete Chef des Reichssicherheitshauptamts und des SD (Sicherheitsdienstes), saß im Hotel. In ihrer Abwesenheit hat dann Propagandaminister Goebbels vor den Partei-Veteranen eine wüste

Hetzrede gegen die Juden gehalten, deren Text nicht überliefert ist. Sie war das Signal zu den Ausschreitungen, die unter dem Namen „Reichskristallnacht" bekannt wurden – eines der düstersten Kapitel gesamtdeutscher Geschichte, von dem sich auch die DDR und Österreich nicht lösen können.

Seither gilt Goebbels weithin als der eigentliche Anstifter der Pogrome, zumal die anderen Naziführer – wie Göring, Himmler, Heydrich – vor Freunden, vor der Wehrmacht oder vor Ausländern die Verantwortung auf ihren ungeliebten Rivalen abgeschoben haben. Im Sommer 1977 hat dann in Aschaffenburg der britische Historiker David Irving, der für Überraschungen immer gut ist, behauptet, die Unschuld Hitlers sei erwiesen. Er beruft sich auf die unveröffentlichten Memoiren des Luftwaffenadjutanten von Below. Demnach soll Hitler, als ihm in seiner Münchner Privatwohnung gemeldet wurde, die Synagoge brenne und in einem jüdischen Warenhaus seien die Schaufenster eingeschlagen worden, sofort dem Polizeipräsidenten von Eberstein befohlen haben, „daß dieser Wahnsinn unterbliebe". Ähnliche Befehle habe er auch noch Himmler und Goebbels erteilt.

Doch diese Angaben bestätigen lediglich, was man schon aus anderen Zeugnissen wußte: Hitler gab sich den Anschein des Ahnungslosen, sogar vor Himmler. Tatsächlich hat der Staat, Goebbels vorneweg, am 10. November das Ende der „spontanen" Aktionen verkündet. Hitlers Reichspressechef Otto Dietrich (übrigens kein Freund von Goebbels) berichtet jedoch in seinen Memoiren: „Der schmutzige Befehl ... wurde Goebbels am Abend des 9. November in Hitlers Privatwohnung erteilt" – dafür spricht, daß vom Rath um 16.30 Uhr gestorben ist, Hitler also schon vor dem Kameradschaftstreffen Bescheid wissen konnte –, „und wie ich aus einwandfreier Quelle erfuhr, war er von einem Wutausbruch Hitlers begleitet, als sich Hemmungen bei den mit der Durchführung betrauten Personen bemerkbar machten."

Es mochte Hitler opportun erscheinen, sich als Staatsoberhaupt aus der Sache herauszuhalten. Goebbels aber, der nach seiner Affäre mit der tschechischen Filmschauspielerin Lida Baarova dringend seiner Reputation aufhelfen mußte, mochte der Befehl seines Führers wie ein Geschenk vom Himmel kommen – er konnte sich als Scharfmacher bewähren und übernahm die Rolle des Sündenbocks. In seinem Tagebuch hat er dankbar vermerkt, daß Hitler seine Politik ganz und gar billige. Der Diktator zeichnete den Minister sogar vor aller Öffentlichkeit aus, indem er sich am 15. November mit ihm im Berliner Schiller-Theater zeigte und die Nacht und den folgenden Tag in Goebbels' Privatwohnung zu Schwanenwerder verbrachte.

Einen direkten Befehl von Hitler brauchte Goebbels offensichtlich gar nicht. Hitlers persönlicher Adjutant Wiedemann erzählt, Goebbels habe den „Führer“ gefragt, ob man gegen solche spontanen Aktionen wie in Hessen einschreiten müsse, und zur Antwort erhalten: „Im Gegenteil, vielleicht gibt uns das den Anlaß, die Judenfrage ein für allemal zu erledigen.“ Bestätigt wird diese Auskunft durch ein Protokoll des Obersten Parteigerichts: „Der Führer habe auf seinen [Goebbels'] Vortrag entschieden, daß derartige Aktionen weder vorzubereiten noch zu organisieren seien; soweit sie spontan entstünden, sei ihnen aber auch nicht entgegenzutreten.“

Wie Goebbels seine Rede verstanden haben wollte, hat ebenfalls das Oberste Parteigericht herausgefunden, als es über die Schandtaten einzelner Parteigenossen zu urteilen hatte: „So hat wohl jeder der im Rathaussaal anwesenden Parteiführer die Weisung des Pg. [Parteigenossen] Dr. Goebbels, daß die Partei diese Demonstration nicht zu organisieren habe, so aufgefaßt, daß die Partei als Organisator nicht in Erscheinung treten solle; Pg. Dr. Goebbels wird sie auch so gemeint haben, denn die politisch interessierten und darüber hinaus aktiven Kreise, die für solche Demonstrationen in Frage kommen, stehen eben in der Partei und ihren Gliederungen.“

Ungefähr um halb elf abends eilten die politischen Leiter an die Telephone und riefen ihre Gaue an. Von dort wurden die Weisungen – immer per Telephon – nach unten weitergegeben über die Kreisleiter zu den Ortsgruppenleitern. Nicht alle Funktionäre begriffen sofort, was von ihnen erwartet wurde – einige stellten sich wissentlich dumm, die meisten aber hatten den Wink verstanden und legten den Befehl auf ihre Weise aus.

Ähnlich war es bei der SA, jener paramilitärischen Organisation, die seit der blutigen „Säuberung“ im Sommer 1934 von einer Parteiarmee zum Wehrertüchtigungsverein heruntergekommen war und – vor allen in den Städten – darauf brannte, ihren in der Weimarer Republik erprobten „Kampfgeist“ zu beweisen. Ihr Stabschef Viktor Lutze trommelte nach Goebbels' Rede die Gruppenführer zusammen und gab ihnen die Parole, wobei er sich ebenfalls zweideutig ausdrückte. Noch vor Mitternacht gingen vom Hotel „Rheinischer Hof“ in München die Befehle an die SA-Gruppen und von da weiter über die Brigaden und Standarten bis zu den lokalen SA Sturmführern.

Wie die Befehle unten ankamen, dafür gibt es schreckliche Beispiele. Truppführer S. in Wesermünde rief Sturmhauptführer K., den Bürgermeister von Lesum, an:

S.: Hier Standarte 411. Am Telephon Truppführer S. Haben Sie schon Befehl?

K.: Nein.

S.: Großalarm der SA in ganz Deutschland. Vergeltungsmaßnahmen für den Tod von vom Rath. Wenn der Abend kommt, darf es keine Juden mehr in Deutschland geben. Auch die Judengeschäfte sind zu vernichten. Sturmbannführer R. ist zu benachrichtigen.

K.: (nachdem er den Befehl wiederholt hat): Was soll denn tatsächlich mit den Juden geschehen?

S.: Vernichten!

Doch dieser lakonische Bescheid stieß auf Skepsis. Sturmbannführer R. fragte lieber erst bei der Gruppe in Bremen an:

R.: Ich habe hier so einen verrückten Befehl, hat das mit dem seine Richtigkeit?

G.: Jawohl, in Bremen ist schon die Nacht der langen Messer im Gange. Die Synagoge brennt bereits!

Im ostpreußischen Neidenburg sagte der Kreisleiter zu den schon angetrunkenen SA-Männern bei der Befehlsausgabe: „Ihr braucht die Juden nicht so sanft anzufassen!“ Darauf rief einer: „Blut ist geflossen, Blut muß fließen!“ – andere wetzten ihre Dolche. Noch in selbiger Nacht wurden in dem Orte zwei Juden erstochen und mehrere durch Messerstiche verletzt.

Allem Anschein nach sind Himmler und Heydrich von den Pogromen überrascht worden – Hitler wollte ihre Organisationen, die den lautlosen Terror bevorzugten, wohl bewußt nicht mit SA-Rabauken auf eine Stufe stellen.

Die Gestapo war schon von sich aus, fünf Minuten vor zwölf, aktiv geworden. Gestapo-Chef und SS-Standartenführer Heinrich Müller hatte fernschriftlich an alle Dienststellen verfügt, die Verhaftung von 20 000 bis 30 000 vermögenden Juden vorzubereiten. Heydrich ließ dann nachts im gleichen Sinne ein Blitzfernschreiben folgen. Nichts widerlegt die Propagandalüge von der Spontaneität der Judenverfolgung besser als Müllers Verfügung. Dreimal darf man raten, wer ihn ermächtigt hat. Mancherorts hatte die SA als „Hilfspolizei“ bereits der Gestapo die Arbeit abgenommen.

In der Nacht vom 9. auf den 10. November 1938 hörte das Deutsche Reich endgültig auf, ein Rechtsstaat zu sein. Die Weimarer Verfassung, die ja nie außer Kraft gesetzt worden war und den Schutz der Religion garantierte, galt nicht länger, wo Gotteshäuser in Flammen aufgingen. Die polizeiliche Ordnung, auf die der Führerstaat doch so stolz war, stand Kopf, wo Polizisten tatenlos zusehen mußten, als verbrecherischer Mob durch die Straßen zog und den Feuerwehren verboten war, die Synagogenbrände zu löschen. Bürgerliches Gesetzbuch und Strafgesetzbuch waren nur noch Makulatur, wo Morde an jüdischen Bürgern von den ordentlichen Gerichten nicht verfolgt werden durften, wo Menschen, die Geschäfte plünderten und Wohnungen mutwillig zerstörten, öffentlich dafür gelobt wurden und wo die Versicherungen den Geschädigten keinen Schadenersatz leisten durften.

„Lange nach Mitternacht nähern sich Rollkommandos aus Wuppertal der großen Synagoge am Steeler Tor in Essen. Die Pforten werden eingerammt, die Fenster zerschlagen. Die Vandalen rollen zwei Benzinfässer durch die Gänge, über die Teppiche und das Parkett. Dann wirft einer eine Fackel. Im Nu steht das Gotteshaus in Flammen. Scheinheilig berichtet die Essener Polizei anderntags, die Feuerwehr habe sich 'angesichts des ausgedehnten Brandherdes auf den Schutz der benachbarten Gebäulichkeiten beschränken' müssen."

Wie hier in Essen wüteten die Brandstifter auf Befehl an vielen Orten – von der Kurpfalz bis nach Ostpreußen, von Ostfriesland bis zur Steiermark. Im Stile eines Heeresberichtes meldete Heydrich am 11. November in einer vorläufigen Bilanz: „An Synagogen wurden 191 in Brand gesteckt, weitere 76 vollständig demoliert. Ferner wurden 11 Gemeindehäuser, Friedhofskapellen und dergleichen in Brand gesetzt und weitere 3 völlig zerstört."

Nur wo Nachbarhäuser zu sehr gefährdet waren, wie zum Beispiel in Hamburg, wurden die Synagogen nicht angesteckt, sondern nur demoliert. Die Eindringlinge zerfetzten die Thorarollen und heiligen Bücher oder warfen sie auf die Straße, wo sie unter dem Geheul der Menge verbrannt wurden. In den Trümmern stellte die SA Sammelbüchsen für das Winterhilfswerk auf, in welche die Schaulustigen ihr „Opfer" entrichten mußten. Der Wiederaufbau der Synagogen war verboten; die jüdischen Gemeinden mußten für die Räumung der Grundstücke aufkommen.

Diese Vorgänge in einem zivilisierten Land des 20. Jahrhunderts waren einzigartig in der europäischen Geschichte. Sicherlich war es bei Judenpogromen, etwa in Rußland, auch zu Übergriffen gegen die Synagogen gekommen, aber niemals von Staats wegen. Wer im Mittelalter eine Synagoge antastete, galt als Rechtsbrecher. Synagogen standen unter dem Schutz der Obrigkeit. Diesmal würden ehrwürdige Stätten einer traditionsreichen Kultur in einer einzigen Nacht zerstört, und das deutsche Volk, das sich auch im Zeichen des Hakenkreuzes noch als ein christliches verstand, ließ es ohne Aufschrei zu. Seine christlichen Kirchen hüllten sich in Schweigen, galt doch ihren Oberhirten das jüdische Volk noch immer als ein von Gott verworfenes, das seine Leiden, auch die gegenwärtigen, selber verschuldet habe, weil es den Gottessohn ans Kreuz schlug – der freilich auf Befehl des Römers Pontius Pilatus hingerichtet wurde, wie die Heilige Schrift bezeugt.

Der Berliner Rabbiner Leo Baeck, seinerzeit Vorsitzender der Reichsvertretung der deutschen Juden, hat viele Jahre danach die Kirchen an ihr schmachvolles Versagen erinnert: „Nicht nur die jüdischen Gotteshäuser wurden zerschlagen, sondern mit ihnen brachen Pfeiler und Stützen eines menschlichen Bundes, auf den wir vertraut hatten. Damals, in jener Nacht, ist auch an die Kirchen im Land Hand angelegt worden: An sie auch, denn die Synagoge ist geschichtlich und geistig die Mutter der Kirche."

„Erdgeschoß und erster Stock sahen wie nach einer Beschießung aus. Sämtliche Fenster waren eingeschlagen. Im Lichthof waren die schweren Schränke und Tische vom ersten Stock in das Parterre geworfen worden. Schreibmaschinen waren mit Brecheisen auseinandergebrochen, alle Schaufensterpuppen durch die Fenster in den hinter den Häusern verlaufenden Alsterkanal geworfen, große Stoffballen denselben Weg gegangen." Dies das Bild, das sich den Inhabern des Hamburger Modehauses Robinsohn nach der Nacht des Unheils darbietet.

In allen deutschen Großstädten knirschte und klirrte es an jenem Morgen auf den Bürgersteigen, die fußhoch mit Glasscherben übersät waren. Der Berliner Witz hatte rasch eine ironisierend-distanzierende Vokabel zur Hand: „Reichskristallnacht", ein eher verharmlosendes Wort, hinter dem das Volk seine unguten Gefühle verbergen konnte. Wie der organisierte Mob gehaust hatte, konnte niemand übersehen. Die nun in Uniform vor den zerschlagenen Schaufenstern und Schaukästen Wache standen, um Plünderungen zu verhindern, waren oft dieselben, die nachts in „Räuberzivil" den Schaden angerichtet hatten. Mit Gymnastikkeulen, Spitzhacken, Äxten und Feuerhaken hatten die SA-Männer in den Läden, Kaufhäusern und Restaurants alles kurz und klein geschlagen; die Waren wurden zerrissen oder in die Gosse geworfen.

Unaufgefordert hatte sich auch die Unterwelt den SA-Trupps angeschlossen und sich in den Geschäften bedient. Und nicht nur sie – als die schönsten Sachen auf dem Asphalt lagen, mochten auch bessergestellte Bürger der Versuchung nicht widerstehen. Während Göring sich die Haare raufte, weil aus dem Juweliergeschäft Margraf Unter den Linden Juwelen im Werte von 1,7 Millionen Mark verschwunden waren, frohlockte Goebbels: „Da haben sich die kleinen Leute von Berlin endlich mal wieder ordentlich ausstatten können. Sie hätten sehen sollen, wie die das genossen haben: Damenpelze, Teppiche, kostbare Stoffe – alles gab es umsonst. Die Menschen waren begeistert! Ein großer Erfolg für die Partei." Die Polizei mußte hinterher das Plünderungsgut wieder beitreiben; die Volkswohlfahrt richtete Sammelstellen ein, an denen man das geraubte Gut abgeben konnte. Den Plünderern wurde lediglich vorgehalten, daß sie sich am „Volksvermögen" vergriffen hätten.

„Nach Mitternacht stürmen 34 Männer in SS-Uniform das Haus eines Kölner Arztes. Die schwere Haustür treten sie mit ihren Schaftstiefeln ein. In der Wohnung reißen sie die Schränke auf, zerbrechen alles Glas und Porzellan und sonstige Zierstücke. Um halb vier kommen die nächsten – sieben Mann stark. Sie werfen die Küchenschränke um und zerstören alles, was ihnen unter die Finger gerät. Eine dritte Bande macht sich vormittags über die Wohnung her (als die Arztfamilie gerade auf dem Polizeirevier verhört wird): Sie hieven zwei schwere Bronzelampen samt Ketten aus der Decke, zerfetzen alle Gemälde in kleine Stücke, zerhacken alle Möbelstücke derart, daß kein Stück mehr zu erkennen ist, und reißen eingebaute Schränke, Spiegel und Waschbecken aus der Verankerung – den unbrauchbaren Rest der Wohnungseinrichtung kippen sie aus den Fenstern.

Auf solche Weise wurden in jener Nacht unzählige jüdische Wohnungen verwüstet, vor allem in Westdeutschland. Unersetzliche Kunstgegenstände gingen verloren: Gemälde, Skulpturen, antike Vasen, Spiegel, Schränke, erlesenes Porzellan, teure Musikinstrumente, darunter eine Stradivari, alte Bücher und Klavierauszüge. Ledersessel wurden mit Messern aufgeschlitzt, Betten verbrannt. Radios, Schreibmaschinen, Sparbücher und Bargeld verschwanden auf Nimmerwiedersehen. Unbeschreiblich das Entsetzen und das Elend, in das unzählige Familien über Nacht hineingestoßen wurden.

Noch zwölf Tage danach mußte die Ehefrau des bereits nach Dachau verschleppten Mannheimer Bürgers Ludwig Oppenheim einen Bettelbrief an die Behörden schreiben: „Ich besitze keine Wohnungseinrichtung mehr, nicht einmal mehr ein Bett aus meinem Eigentum. Es ist mir ein Notbett zur Verfügung gestellt worden. Ich bitte dringend, ... mir vor allen Dingen meine Kleider, meine Leibwäsche und meine Bettwäsche und neuen Betten freizugeben."

„Zu früher Morgenstunde begibt sich der 26jährige Landwirt und NS-Ortsgruppenleiter Adolf Heinrich Frey mit zwei SA-Männern in das Haus der alleinstehenden Witwe Susanna Stern. Er fordert sie mehrmals auf, zuletzt mit vorgehaltener Pistole, sich anzuziehen und mit zum Rathaus zu kommen. Die 81jährige Frau weigert sich. Als sie ruft: „Machen Sie mit mir, was Sie wollen", schießt Frey zweimal. Die Frau sinkt vom Sofa und bleibt röchelnd liegen. Frey setzt ihr die Pistole auf die Stirn und drückt noch einmal ab. So seine eigene Aussage vor der Staatsanwaltschaft. Die Gendarmerie vermerkt zum Tatablauf, die Witwe sei „eine vorlaute und als bekannt freche Jüdin" gewesen; darum sei es glaubhaft, daß sie der Aufforderung des jungen Frey in echt jüdischer Weise äußerst frech entgegen getreten sei. Das Verfahren gegen den Mörder wird im Oktober 1940 vom Reichsjustizminister niedergeschlagen.

Der Jude war vogelfrei. In vielen Orten wurden in jener Nacht jüdische Bürger, zuweilen noch in ihren Betten, erschossen, niedergestochen oder zu Tode geprügelt; andere wurden halbnackt durch die Straßen oder über die Dächer gejagt oder in die Flüsse getrieben. Manchmal fiel die SA auch noch über die Juden her, wenn sie bereits in Kellern, Spritzenhäusern oder Gefängnissen eingesperrt waren.

Die genaue Zahl der Ermordeten und derer, die in den Selbstmord gehetzt wurden, ist unbekannt. Niemand hat die Schwerverletzten gezählt. Das Oberste Parteigericht befaßte sich mit 91 Todesfällen. Hermann Göring hatte diese Verbrechen wegen des politischen Hintergrunds den Gerichten und Staatsanwaltschaften entzogen. Fast in allen Fällen, wo der Tatbestand klar war, ließ das Gericht die Parteigenossen straffrei ausgehen, weil sie sich auf mißverständliche Befehle berufen konnten. Und hatte nicht Goebbels, als ihm morgens um zwei der Tod eines polnischen Juden in München gemeldet wurde, selber gesagt, man solle sich doch wegen eines toten Juden nicht so aufregen, in den nächsten Tagen müßten Tausende von ihnen daran glauben?

Nur dann, wenn sich die Mörder überhaupt nicht auf Befehle berufen konnten, wurden sie verwarnt und disziplinarisch bestraft. Weitaus härter verfuhr das Parteigericht mit den paar Parteigenossen, die sich an jüdischen Mädchen oder Frauen vergangen hatten – sie wurden wegen „Rassenschande" aus der Partei ausgestoßen und dem Strafrichter zugeführt – Justiz im Dritten Reich.

Mehr als 26 000, vielleicht sogar 30 000 jüdische Männer werden in der Woche nach dem 9. November aus allen Ecken des Reiches in die Konzentrationslager Dachau, Sachsenhausen und Buchenwald verschleppt. Bei hellichtem Tage werden sie auf Lastkraftwagen weggefahren oder von SA und SS eskortiert durch die Straßen zum Bahnhof geführt. Gemäß dem Befehl Heydrichs sollten „nur gesunde und männliche Juden nicht zu hohen Alters" verhaftet oder, wie man die Willkür bemäntelt, in Schutzhaft genommen werden. Freilich geraten auch Knaben, Sieche und Greise in die Mühle der Polizei. Abgesehen hat es die Gestapo auf „insbesondere wohlhabende" Juden – also Bankiers, Kaufleute, Ärzte, Anwälte, Professoren, Künstler, Landwirte, Viehhändler. Auch wegen Tapferkeit ausgezeichnete Offiziere und Frontsoldaten des Weltkrieges werden nicht geschont.

Die Juden konnten sich glücklich schätzen, wenn sie von alten ordentlichen Polizeibeamten abgeholt wurden. Sobald sie SA und SS in die Hände fielen, sahen sie sich der entwürdigendsten Behandlung ausgesetzt: Sie wurden beschimpft und verhöhnt, bespuckt und geschlagen; sie mußten pausenlos nach übelster Kasernenhofmanier exerzieren, vor ihren Peinigern wie Würmer auf dem Boden kriechen, man ließ sie stundenlang in Reih und Glied strammstehen, versagte ihnen Speis und Trank. Das alles war nur ein Vorspiel zu der Hölle, die in den Lagern auf sie wartete. In Buchenwald lauerten SS-Schergen mit Knüppeln und Eisenruten hinter der Eingangspforte und prügelten jeden Neuankömmling bis aufs Blut. Gleich in der ersten Nacht, so berichtet Eugen Kogon, seien 68 Juden wahnsinnig geworden – sie alle wurden „wie tolle Hunde" erschlagen.

Nach dem Ende des Pogroms am 10. November gibt die Reichsregierung bekannt, der Führer werde von nun an die Judenfrage auf dem Verordnungswege lösen – „legal, aber hart", wie Goebbels schreibt. Und schon die nächsten Tage hagelt es Verordnungen und Gesetze, wie es Göring, Goebbels, Heydrich und andere NS-Grössen in einer von Zynismen und Häme strotzenden Besprechung im Reichsluftfahrtministerium am 12. November verabredet haben.

Systematisch soll die jüdische Minderheit ihrer Existenzgrundlage beraubt werden.

Den 300 000 jüdischen Staatsbürgern wurde zunächst als Sühnekontribution die ungeheure Summe von einer Milliarde Reichsmark auferlegt, zu der dann noch eine Viertelmilliarde zugeschlagen wurde. Für die vielen Hundertmillionen Mark Schäden der „Kristallnacht“ mußten die Opfer selber aufkommen – alle ihre Versicherungsansprüche verfielen dem Staate.

Juden durften kein Haus – und Grundeigentum mehr haben. Juden durften keine Geschäfte mehr führen. Aktien und Wertpapiere mußten sie bei einer Bank deponieren. Juden wurden gezwungen, ihre Unternehmen, ihre Handwerksbetriebe, ihre Bauernhöfe und ihr sonstiges Vermögen zu veräußern. Der möglichst niedrig anzusetzende Erlös kam auf ein Sperrkonto, das der Staat verwaltete – die Juden wurden damit zu Almosenempfängern ihrer Todfeinde. Göring verfuhr nach dem Grundsatz, „die deutsche Wirtschaft zu arisieren, die Juden aus der Wirtschaft heraus und in das Schuldbuch hineinzubringen und auf die Rente zu setzen“.

Nicht genug mit Entrechtung und Enteignung, wollte man den Juden auch die Luft zum Atmen beschneiden. Juden durften keine Kraftfahrzeuge halten und keinen Führerschein haben; Juden durften nicht mehr auf deutsche Schulen und Universitäten. Juden durften keine Theater, Konzerte, Kinos, keine Rummelplätze und Ausstellungen, keine Sportplätze und Bäder, keine Lesehallen und Museen besuchen. Dem Berufsverbot für Ärzte und Anwälte folgten jetzt die für Zahnärzte, Tierärzte, Apotheker und Hebammen. Juden mußten (außer den Eheringen) alles abliefern, was sie an Platin, Gold und Silber und an Juwelen besaßen. Juden durften keine Brieftauben halten. Juden mußten in Berlin bestimmte Stadtviertel meiden.

Die meisten der Verhafteten wurden nach einigen Wochen oder Monaten aus den Konzentrationslagern entlassen, nachdem sie sich zur Auswanderung verpflichtet hatten; oft hatten sie vorher auf ihr ganzes Vermögen verzichten müssen. Heydrich und sein Gehilfe Eichmann hatten bereits im annektierten Österreich eingeübt, wie man die Juden durch erpresserische Methoden rasch zur Flucht nötigen konnte. Etwa 100 000 Menschen gelang es noch, bis Kriegsbeginn ins Ausland zu entkommen; doch viele Juden konnten die Mittel nicht aufbringen oder bekamen nicht die Auswanderungspapiere; manche mochten sich trotz allen Elends nicht von ihrer Heimat trennen.

Die Verelendung des Judentums und die Massendeportation in die überfüllten, hygienisch unzulänglichen Konzentrationslager nahm Stufen der sogenannten Endlösung vorweg – die „Vernichtung durch Arbeit und Krankheit“ wurde schon praktiziert. Es fehlten nur noch die Ghettos, die Gaskammern und Krematorien. Daß dieses Endziel angesteuert wurde, hat das SS-Organ „Schwarzes Korps“ bereits drei Wochen nach der Kristallnacht unverblümt zugegeben („Juden, was nun?“). Es sagte voraus, das „auf sich beschränkte Parasitenvolk“ werde in der Isolierung verarmen und dann notgedrungen „in die Kriminalität absinken“ – eine überflüssige Bemerkung, da die Juden im selben Artikel als „Rasse von Mördern und Verbrechern“ abgestempelt werden. Das deutsche Volk aber habe keine Lust, „in diesen Hunderttausenden verelendeten Juden eine Brutstätte des Bolschewismus und eine Auffangorganisation für das politisch-kriminelle Untermenschentum zu sehen“. Es ergebe sich dann die „harte Notwendigkeit“, die „jüdische Unterwelt“ auszurotten: „mit Feuer und Schwert“. Wem das noch immer nicht genügte, dem wurde es noch einmal schwarz auf weiß kundgetan: „Das Ereignis wäre das tatsächliche und endgültige Ende des Judentums in Deutschland, seine restlose Vernichtung.“

Da spricht Mordlust aus jeder Zeile. Vor diesem Hintergrund erst wird Görings Äußerung vom 12. November verständlich, man werde für den Fall eines außenpolitischen Konflikts – auf den das Reich bewußt zusteuerte – „eine große Abrechnung“ an den Juden vollziehen. Fast ungehalten reagierte Hitler, als ihm am 24. November der südafrikanische Minister Pirow, im Einverständnis mit der britischen Regierung, großzügige Hilfe bei der Auswanderung der Juden nach Übersee vermitteln wollte: „Juden werden eines Tages aus Europa verschwinden“, sagte er, und es sei „unerschütterlicher Wille“ das Problem „in der nächsten Zeit“ zu lösen. Zwei Monate darauf, in einer Unterredung mit dem tschechoslowakischen Aussenminister Chvalkovsky, nahm Hitler kein Blatt mehr vor den Mund: „Die Juden würden bei uns vernichtet“ und, in bezeichnender Verknüpfung von Kristallnacht und Novemberrevolution: „Den 9. November 1918 hätten die Juden nicht umsonst gemacht, dieser Tag würde gerächt werden.“

In seiner Rede am 30. Januar 1939 hat Hitler dann nicht nur dem deutschen, sondern dem europäischen Judentum für den Fall eines Krieges die „Vernichtung“ angedroht. Wie sehr sich Kriegs- und Vernichtungswillen bei Hitler vermengt hatten, Eroberungskrieg und Völkermord für ihn eins geworden waren, erhellt schon daraus, daß er in seinen Kriegsreden immer wieder auf jene Prophezeiung zurückkam, das Datum aber auf den 1. September 1939, den Tag des Kriegsbeginns verlegte.

„Keiner darf zu uns stehen, keiner uns helfen“, schrieb die Frau eines Hamburger Juden im November 1938 in ihr Tagebuch. In den ersten Tagen nach dem Pogrom wagten die jüdischen Bürger nicht einmal einkaufen zu gehen; und etliche „arische“ Geschäfte gaben ihnen weder Brot noch Milch. In Stuttgart wollten Ärzte verletzte Juden nur dann behandeln, wenn man ihnen schriftlich nachweisen konnte, daß kein jüdischer Arzt in der Nähe wohnte. Feigheit wurde zum Signum des deutschen Volkes. Der amerikanische Generalkonsul in Stuttgart schätzte damals, daß ungefähr achtzig Prozent des Volkes die Aktionen gegen die Juden innerlich mißbilligten: „Viele Leute lassen vor Scham die Köpfe hängen.“ Doch keine Stadt ohne ein paar Gerechte. Es gab sie, die Barmherzigen, die heimlich jüdischen Bürgern Lebensmittel zusteckten, Botengänge für sie übernahmen, Flüchtlinge in ihren Häusern versteckten. Es gab Parteigenossen, die aus Protest die Partei verließen. Es gab den alten Oberst, der einer Jüdin Rosen schicken ließ. Es gab den Schulrektor, der zwei Schüler disziplinarisch bestrafte, weil sie beim Synagogenbrand gaffend dabeigestanden hatten, statt löschen zu helfen. Es gab den Polizisten, der hilflos weinend vor einem ausgeplünderten Schuhgeschäft stand. Es gab den Pfarrer Julius von Jan, der in seiner Bußtagspredigt das Verbrechen beim Namen nannte, und es ist ihm schlecht bekommen. Es gab den Redakteur in Mannheim, der seine Herbstglosse nach der Kristallnacht mit „Rauch“ überschrieb. „Dieses schmutzige Grau, das dem ausschreitenden Morgen nicht weichen will, hat Tränen in den Augen.“ Es gab den Bonner Musikstudenten Wilhelm Kahle, der einer jüdischen Ladenbesitzerin beim Einräumen half und deswegen von der Universität verwiesen wurde. Die Masse der Menschen aber wandte sich schweigend ab. Über die Machtmittel, sich gegen das Unrecht aufzulehnen, verfügten sie im totalitären Staat nicht mehr.

Und jene zwanzig Prozent, die mitmachten? Die politischen Leiter, die SA-Männer und SS-Männer – zumeist biedere Handwerksmeister, Gewerbetreibende, Hilfsarbeiter, aber ebenso Intellektuelle, viele verblendete jugendliche Idealisten – sie vermeinten, verbissen und stolz ihre Pflicht zu tun, indem sie dem Staat die Drecksarbeit abnahmen. Sie reagierten wie automatische Befehlsempfänger, Prototypen des blind gehorchenden kaltherzigen neuen Menschen, den die Nationalsozialisten erschaffen wollten. Sie genossen es, ihre Macht an Wehrlosen auszulassen. Neid und Haßgefühle durften sich austoben, und die Freude an der Zerstörung ließ für ein paar Stunden alle zivilisatorischen oder christlichen Hemmungen vergessen. Sie unterwarfen sich dem Kollektivzwang der Männergemeinschaft, bis hin zum Mord. Den Rest besorgten die Bürokraten – brave Beamte, die penibel und unbestechlich jüdische Menschenleben verwalteten, als handele es sich um eine Verkehrs- oder Steuerakte.

Nicht nur der Mob hängte sich an die Fersen der Täter, auch die Hehler stellten sich ein. Manch einer suchte bereits am Vormittag jüdische Hauseigentümer auf – ob sie denn nicht schon verkaufen wollten. Manch einer hat bei der „Arisierung" schamlos zugelangt, die Elenden erpreßt und übervorteilt (und sich dann vielleicht nach dem Krieg als „Restitutionsgeschädigter" bitter über ungerechte Behandlung beklagt). Die Konfiskation jüdischen Vermögens soll allein innerhalb der alten Reichsgrenzen rund zwölf Milliarden Mark eingebracht haben. Von der Arisierung profitiert haben auch große Konzerne.

Als die „Kristallnacht" und ihre Folgen dem letzten Deutschen klarmachen mußten, wohin der Zug rollte, da reichte es nur noch zu einem kurzen Erschrecken – aufhalten ließ sich der Zug nicht mehr. Das „Juda verrecke" prangte jahrelang überdeutlich von den Litfaßsäulen, doch die Bürger hatten sich mit der Zeit an den „Stürmer"-Jargon gewöhnt, ohne noch darüber nachzudenken. Wenn einer es zuläßt, daß man seine Nachbarn Tag für Tag als Schädlinge oder Krankheitsträger schmäht, ihr Menschsein zu Parasitentum und Pestilenz entwürdigt, die man ausrotten und ausräuchern müsse – dann ist er unbewußt auf Mord eingestellt, zuckt er allenfalls müde die Achseln, wenn das längst geahnte zur Gewißheit wird. Wer den Deportationen der Zehntausenden im Oktober/November 1938 tatenlos zugesehen hatte, der regte sich nicht mehr auf, als 1941 die letzten deutschen Juden aus den Städten gen Osten abmarschierten – in den sicheren Tod. Freilich sollte man nicht vergessen, daß sich dieses Verbrechen bereits anbahnte, als die Nazis noch kaum bekannt waren. Siegfried von Vegesack schrieb 1920 in der „Weltbühne": „Kann man heute noch Deutscher sein, ohne vor Scham sich in den Wäldern verkriechen zu wollen? Heute, wo wir nichts Besseres zu tun haben, als alles Unrecht, das man uns zugefügt hat, am wehrlosen Dritten – am Juden auszulassen!"

Nur wenige Deutsche haben die Last ihrer Schuld so auf sich genommen wie der sozialdemokratische Bundestagsabgeordnete

Adolf Arndt, der 1965 in der Verjährungsdebatte die unvergeßlichen Worte sprach: „Ich weiß mich mit in der Schuld. Denn sehen Sie, ich bin nicht auf die Straße gegangen und habe nicht geschrien, als ich sah, daß die Juden aus unserer Mitte lastkraftwagenweise abtransportiert wurden.“ Zehn Jahre zuvor hatte es der Philosoph Karl Jaspers noch bewegender formuliert: „Daß wir noch leben, ist unsere Schuld.“

Europa – entthront von den Deutschen

Wie konnte es passieren? Auch vierzig Jahre nach der Entfesselung des Zweiten Weltkrieges läßt diese Frage die Menschheit nicht los, die noch immer an den Spätfolgen zu tragen hat – nicht nur die Deutschen, auch Polen und Tschechen, Juden und Araber, Vietnamesen und Koreaner. Wir dürfen uns die Antwort nicht zu leicht machen, erst recht nicht, da die Mehrheit unseres Volkes die Schrecknisse jener Tage gar nicht mehr erfahren hat. In letzter Zeit werden Tendenzen der publizistischen Geschichtsbetrachtung spürbar, vor der man nur warnen kann. Folgt man einigen dieser Darstellungen, so könnten unbefangene Zeitgenossen versucht sein, nicht mehr (oder nicht allein) Hitler für den Hauptschuldigen zu halten, sondern den sowjetischen Diktator Josef Stalin, polnische Chauvinisten und unaufrichtige britische Staatsmänner.

Diese Ansichten kommen dem weitverbreiteten, nur zu begreiflichen Gefühl entgegen, daß man die Deutschen nicht unaufhörlich für etwas bestrafen kann, was vor Generationen geschehen ist. Jene Geschichtsdeutungen sind keineswegs ganz falsch. Es läßt sich nun einmal nicht bestreiten, daß Deutschland ohne die massive materielle Unterstützung durch die Sowjetunion einen Weltkrieg gar nicht hätte riskieren können, daß die Großmannssucht polnischer Obristen und die Annexionsgelüste polnischer Nationalisten Hitler bei seinem teuflischen Vorhaben in die Hände arbeiteten und daß die Westmächte durch ihre „appeasement“-Politik bis zur letzten Minute bei ihren Gegenspielern den Eindruck verächtlicher Schwäche hervorriefen. Doch für alle Beschuldigten lassen sich mildernde Umstände ins Feld führen.

Stalin: Er und sein Regierungschef Molotow zählten zu den wenigen Staatsmännern, die Hitlers offenherziges Buch „Mein Kampf" gelesen hatten. Sie wußten also, was sie und Rußland von ihm zu gewärtigen hatten; außerdem schmerzte sie noch die Erinnerung an das Revolutionsjahr 1918, als den Bolschewisten im Würgegriff des Ludendorffschen Imperialismus beinahe die Luft ausgegangen wäre. Staatsräson und Ideologie geboten ihnen ein Arrangement mit dem faschistischen Erzfeind, der ihnen größere Vorteile in Aussicht stellte als die westlichen Kapitalisten.

Die Polen: ein stolzes, auf seine Ehre bedachtes Volk, das auf Kosten der deutschen und der russischen Großmacht eben erst nach 140 Jahren der Finsternis seine Freiheit wiedererlangt hatte und weder dem einen noch dem anderen Nachbarn zu willen sein mochte. Sie wollten sich nicht wie die Tschechen, die geballte Faust in der Tasche, versklaven lassen, ohne sich zuvor ihrer Haut zu wehren.

Die Demokratien: Sie boten, auf den ersten Blick, im Sommer 1939 keine erhebende Vorstellung. Aber gerade durch ihr schon fast unverantwortliches Zögern, durch die nicht nachlassende Aktivität ihrer Diplomatie, die selbst eine Chance von einem Prozent nicht unversucht lassen wollte, um den Frieden zu retten, durch dieses entsagungsvolle Geschäft des guten Zuredens haben sie ihren Völkern in dem schließlich unausweichlichen Krieg die bestmögliche moralische Position freigehalten.

Jener Premier mit dem Parapluie, Neville Chamberlain, der sich auf seine alten Tage zum erstenmal in ein Flugzeug setzte und dreimal über den Kanal flog, um Europa vor der Zerstörung zu bewahren, oder jener Minister, der sich weigerte, die Rüstungsfabriken im Ruhrgebiet zu bombardieren, weil diese doch „Privateigentum" seien – rührend anständige Gentlemen einer versunkenen Epoche, denen die Geschichte ihren guten Willen schlecht gedankt hat. Ihr Unglück war es, daß sie mit zynischen, verlogenen, verbrecherischen Machtmenschen umgehen mußten.

Die britische und die französische Kriegserklärung an Deutschland dokumentierten einen außenpolitischen Bankrott: Das kollektive Sicherheitssystem des Genfer Völkerbundes war zerbrochen. Ermuntert durch den Zuspruch des amerikanischen Weltbeglückers Woodrow Wilson hatten die Siegermächte des Ersten Weltkrieges eine gerechte europäische Friedensordnung schaffen wollen, die den bis dahin von Habsburgern, Romanows und Hohenzollern unterdrückten kleinen Nationen zu ihrem Selbstbestimmungsrecht verhelfen und ihnen Sicherheit vor Übergriffen der Großen gewähren sollte. Das System beruhte auf zwei Prämissen: Das besiegte Deutschland mußte durch Abrüstung und Reparationen niedergehalten, das weltrevolutionäre Rußland durch einen „cordon sanitaire" von Mitteleuropa ferngehalten werden. Aber auf die Dauer konnte man weder den Deutschen und ihren Blutsverwandten in Österreich und Böhmen die Gleichberechtigung und Selbstbestimmung vorenthalten noch den Russen den Zutritt zum Völkerbund verwehren.

Für das Versagen dieser Ordnung gibt es viele Gründe: die Abstinenz des isolationistischen amerikanischen Senats; die Bolschewistenfurcht der kapitalistischen Gesellschaften des Westens; das Aufkommen des italienischen Faschismus, der in den ungefügen Nachfolgestaaten des alten Europas viele Nachahmer fand; den japanischen Militarismus, der in China über die Genfer Rechtsordnung triumphierte; schließlich das von Revanchegelüsten nicht freie Sicherheitsinteresse Frankreichs, das den Verständigungspolitikern der jungen deutschen Republik allzu lange jene Konzessionen an das Selbstgefühl der Nation vorenthielt, die dann Hitler den Westmächten mit erpresserischen Mitteln abtrotzte.

Der Krieg von 1939 sei überflüssig gewesen, hat Winston Churchill gemeint. In der Tat hätten die Westmächte dem Dritten Reich beizeiten in den Arm fallen können, aber ihre Staatsmänner scheuten das kriegerische Risiko. Das „Nie wieder Krieg" der bürgerlichen und proletarischen Pazifisten hatte die Wehrmoral der Demokratien zersetzt. Die Angst einer neuen Massenschlächterei à la Verdun oder vor verheerenden Luftangriffen auf die europäischen Metropolen lähmte die Entschlossenheit ihrer Staatsmänner. Ohne das gemeinsame Erlebnis des Ersten Weltkrieges – sein Ausbruch jährte sich im Sommer 1939 gerade zum 25. Male – ist der Zweite gar nicht zu begreifen. Hitler, der einstige Meldegänger der Materialschlachten, und die auf ihn eingeschworene Generation der Frontkämpfer hatten den Schock der Niederlage von 1918 nie verwunden. Er war gierig auf den Krieg, der Deutschland die verlorene Großmachtstellung zurückgewinnen, wenn möglich gar die Weltherrschaft erringen sollte.

Die „Neue Zürcher Zeitung" schrieb bereits vier Tage nach Kriegsbeginn mit bemerkenswertem Freimut: Diesmal, anders als 1914, könne der Verantwortliche für den Krieg „mit Name und Vorname bezeichnet werden". Kühner, vermessener ist seit dem Alexanderzug kein Krieg geplant, leichtfertiger, fahrlässiger kein Krieg angefangen worden – den des Königs Pyrrhos ausgenommen. Hitler war stolz darauf, „va banque“ zu spielen, und er ließ sein Volk nicht im unklaren – in der Rede vor dem Reichstag am 1. September kündete er für den Fall einer Niederlage seinen Selbstmord an. Dieses „Weltmacht oder Untergang“, dieses „Kampf-um-Sein-oder-Nichtsein“, dieses „Alle-Schiffe-hinter-sich-Verbrennen“, das „Nimmer zurück“ seines geliebten Badenweiler Marsches – es war immer in ihm angelegt, schon bei jenem irrsinnigen Marsch zur Feldherrnhalle im November 1923. Und nicht nur in ihm. Er rührte da an verborgene Seelenlandschaften der Deutschen: Nibelungentreue, Gotentod, Götterdämmerung.

Nicht, daß die Deutschen wie im August 1914 begeistert zu den Waffen geeilt wären. Allenthalben sah man am Vormittag des 1. September 1939 bedrückte, skeptische Gesichter. Verblendet durch die voraufgegangenen unblutigen Siege hatten die Menschen, bis hin zu den Generälen und Diplomaten, gehofft, es werde auch diesmal wieder gutgehen. Terror und Konformitätszwang der Diktatur ließen es jedem geraten erscheinen, sich in das Unvermeidliche zu fügen. Aber, so steht es bei Hermann Hesse, „ein Krieg kommt nicht aus dem blauen Himmel herab, er muß gleich jeder anderen menschlichen Unternehmung vorbereitet werden, er bedarf der Pflege und Mitwirkung vieler, um möglich und wirklich zu werden“. Die Mehrheit des deutschen Volkes war für den Krieg disponiert, ehe Hitler die Macht übernahm. Der Traum von des Reiches Herrlichkeit speiste sich aus vielen Denktraditionen, autoritären, nationalistischen, militaristischen, rassistischen, ökonomischen.

Vielleicht bedurfte es erst dieses nochmaligen Anlaufs zur Weltmacht und der totalen Niederlage, damit die Deutschen an sich erfuhren, was vor ihnen schon Spanier, Holländer, Schweden und Franzosen hatten beherzigen müssen: Europa duldet keinen Hegemonialanspruch. Das Lehrgeld, das die Deutschen und ihre Opfer zahlen mußten, war schrecklich hoch. Hitler hat nicht nur, wie Pyrrhos, „ein“ großes Reich zerstört (nämlich sein eigenes), er hat auch Europa entthront. Außereuropäische Flügelmächte haben den Kontinent unter sich aufgeteilt; England und Frankreich ihre Weltmachtrolle eingebüßt; die Völker der Dritten Welt sich erhoben. Das von uns zerstörte europäische Gleichgewicht wurde ersetzt durch das Gleichgewicht der atomaren Abschreckung. Nicht länger ist der Krieg die „ultima ratio“ in den Überlegungen der Größen dieser Welt. Und doch behält der 1. September als „Antikriegstag“ (fernab ideologischen Mißbrauchs) seinen Wert: Noch sitzen die Europäer auf dem Pulverfaß, noch fällt es ihnen unsagbar schwer, über die Abgründe hinweg miteinander zu reden, die jener Krieg hinterlassen hat.

Der Weg in den Krieg 1938/39

I. Hitlers Griff nach der Weltherrschaft

Der Himmel verfärbte sich, erst türkisgrün, dann violett und schließlich in ein schaurig-schönes Rot. Wie gebannt starrten die Menschen auf der Terrasse des Berghofs in die erleuchtete Nacht. Rötlich schimmerten ihre Gesichter und Hände. Wann hatte man je ein Nordlicht gesehen, das ganz Deutschland bis hier nach Oberbayern überstrahlte? Eine schlanke Ordonnanz neigte sich respektvoll zum „Chef" hinab: „Das sieht nach viel Blut aus. Dieses Mal wird es nicht ohne Gewalt abgehen." Der Angesprochene, ein mittelgroßer, leichtgebeugter Mann um die Fünfzig, dessen Lippenbärtchen allen Karikaturisten der Welt vertraut war und der sich „Führer" nennen ließ, entgegnete ohne Umschweife: „Wenn es schon sein muß, dann so schnell wie möglich. Je mehr Zeit vergeht, desto blutiger wird der Krieg."

In dieser lauen Nacht vom 21. auf den 22. August 1939 erhielt Adolf Hitler ein Telegramm, auf das er den ganzen Tag mit Hoffen und Bangen gewartet hatte: Josef Stalin, der sowjetische Diktator, erklärte sich damit einverstanden, daß Deutschland und Rußland einen Nichtangriffspakt abschlössen. Nun berauschte sich Hitler an dem Gedanken, wie morgen die Engländer und Franzosen schokkiert sein würden. Schon als ihm an der Abendtafel die Botschaft Stalins gereicht wurde, hatte er vor unbeherrschter Freude auf den Tisch geschlagen, daß die Gläser klirrten, und geschrien: „Ich hab' sie! Ich hab' sie!" Jetzt hielt ihm Rußland den Rücken frei für seinen kleinen Krieg gegen Polen, das sich erdreistet hatte, dem „Großdeutschen Reich" und dem Willen seines Führers zu trotzen. In vier Tagen sollte die deutsche Wehrmacht zum Angriff antreten.

Das wußten freilich zu dieser Stunde nur ein paar Eingeweihte. Die meisten Deutschen, hoch wie niedrig, redeten sich ein, die Polenkrise werde so verpuffen wie im letzten Jahr die Sudetenkrise.

Alle Kriegsdrohungen würden sich als Bluff entpuppen, Danzig und Westpreußen ohne Schwertstreich und Blutvergießen heim ins Reich kehren. In allen Gauen des Reiches rüsteten bereits die Nationalsozialisten zur Fahrt nach Nürnberg, wohin der Führer für den 2. September zum „Reichsparteitag des Friedens" geladen hatte. Da ließ sich doch unbeschwert träumen von einem bescheidenen Glück: mit Ehestandsdarlehen und Häuschen im Grünen, mit Volksempfänger, Volkswagen und Urlaubsreisen auf einem der neuen, schnittigen Schiffe der KdF (Kraft-durch-Freude)-Flotte. Wozu noch an jene denken, denen solches Glück verweigert wurde? Tausende jüdischer Flüchtlinge irrten durch Europa oder auf den Meeren umher, auf der verzweifelten Suche nach einer Bleibe. Selbst diese Unglücklichen durften sich den Krieg nicht wünschen, denn für diesen Fall hatte Hitler am 30. Januar 1939 im Reichstag allen europäischen Juden den Tod prophezeit.

Wie hatten die Deutschen aufgeatmet, als Ende September 1938 die Staatsmänner Englands, Frankreichs, Italiens und Deutschlands in München in letzter Minute den Frieden retteten. Wie hatten die Engländer gejubelt, als der alte Premierminister Neville Chamberlain nach seiner Rückkehr aus München sein „peace for our time" verkündete. Nichts als den Frieden wolle Deutschland, beteuerte Hitler zwei Wochen danach bei einer Rede in Saarbrücken, doch im selben Atemzug stellte er das Einvernehmen mit England schon wieder in Frage. Er verbat sich „gouvernantenhafte Bevormundungen" von jenseits des Kanals. Es brauchten in England nur die Kritiker der Chamberlainschen Beschwichtigungspolitik – Churchill, Eden, Duff Cooper – an die Macht zu kommen, „so wissen wir genau, daß es Ziel dieser Männer wäre, sofort einen neuen Weltkrieg zu beginnen". Daran war so viel richtig, daß diese Tories es ihm nicht noch einmal durchgehen ließen, andere Völker und Regierungen in Europa mit Gewaltandrohung zu erpressen.

Man rätselte, warum sich Hitler zu solch grober Einmischung in die britische Innenpolitik hinreißen ließ. Wurmte es ihn, daß ein Oppositioneller im Unterhaus ihn einen „Gangster" geschimpft hatte? Oder war er in Wut geraten, weil die Frau eines hohen englischen Geistlichen ihm geschrieben hatte, er möge doch als Dank für München den Pastor Martin Niemöller aus dem Konzentrationslager entlassen? Allzubald hat Hitler auch Chamberlain, der ihm immer noch vertraute, öffentlich als „Regenschirmtypen" verhöhnt. Seine ganze spießbürgerliche Verachtung galt diesen politischen Führern „mit Gummigaloschen, mit Zylinder, Regenschirm"; das sei „ein gänzlich unmännlicher, feiger, haltloser und schwacher Typ“. Selten hat er sich so getäuscht.

Was Hitler nicht verwand: Chamberlain hatte ihm durch seine Friedensvermittlung den Einmarsch in Prag vermasselt. Der Diktator wollte nicht wahrhaben, daß er selber nachgegeben hatte, als ihm Zweifel gekommen waren, ob die britische Flotte nicht schösse. Nunmehr wollte es ihm scheinen, als hätte er „wahrscheinlich spielend“ nicht bloß die Sudetendeutschen befreien, sondern gleich die ganze Tschechoslowakei erledigen können, dieses ärgerliche französisch-russische „Flugzeugmutterschiff“, das den deutschen Militärs seit eh und je ein Dorn im strategischen Auge gewesen war.

Weit mehr als durch seine Saarbrücker Rede jedoch brachte sich Hitler bei den Engländern und ebenso bei Amerikanern und Franzosen in Mißkredit, als er am 9. November 1938 in Deutschland die Synagogen brennen ließ. Die Nazis zeigten ihr wahres Gesicht. Alle drei Westmächte riefen ihre Botschafter aus Berlin zurück; deutsche Aufträge wurden annulliert; die internationale Presse brandmarkte das Verbrechen.

Einen Tag nach der „Reichskristallnacht“ ließ der „Friedensengel“ Hitler in einer Geheimrede vor 400 deutschen Verlegern und Journalisten selber die Maske fallen. Unzweideutig tat er kund, daß seine Friedenspropaganda der ersten sechs Jahre jetzt ihren taktischen Zweck erfüllt hatte. Die „pazifistische Platte“ sei „abgespielt“. Fortan müsse die Presse das Volk psychologisch so auf den Krieg einschwören, daß seine innere Stimme gegebenenfalls „selbst langsam nach der Gewalt zu schreien“ beginne.

Die Visionen – die er zuerst in seinem Buch „Mein Kampf“ ausgebreitet und Anfang der dreißiger Jahre auch in Wahlkampfreden unter die Menge gebracht, dann aber als Reichskanzler schlauerweise für sich behalten hatte, indem er vorgab, lediglich die Folgen des Versailler Friedensvertrages von 1919 revidieren zu wollen – diese Visionen öffentlich und vor aller Welt auszusprechen, scheute er sich jetzt nicht mehr: Deutschland sollte wieder die Vormacht in Europa werden, als „Germanisches Reich deutscher Nation“, das „größte Reich, das die Erde je gesehen hat“, wie Reichsführer SS Heinrich Himmler am 8. November 1938 sagte. Mit Waffengewalt werde es sich den ihm zustehenden Lebensraum erobern und ihn rücksichtslos germanisieren – das hatte Hitler bereits am 3. Februar 1933, vier Tage nach seiner „Machtergreifung“, den Generälen und Admirälen bei einem Abendessen in der Bendlerstraße angekündigt.

Die Gerechtigkeit gebietet es, Hitler von der Vaterschaft der Lebensraumideologie freizusprechen. Er war nur der Vollstrecker von Ideen, die bereits im Kaiserreich aufblühten, von den Alldeutschen verbreitet und 1918 nach dem Frieden von Brest-Litowsk sogar für einige Monate in die Tat umgesetzt wurden. Das Baltikum ebenso wie die Ukraine und Gebiete im Kaukasus wurden damals deutscher Oberherrschaft unterworfen. In der Weimarer Republik – einer der Bestseller damals hieß „Volk ohne Raum" (ein Roman von Hans Grimm) – haben deutschnationale Politiker, Industrielle und Militärs fleißig weiter „Lebensraum" beansprucht, der nicht in Afrika, sondern in Osteuropa und Rußland gesucht wurde.

Äußeres Zeichen der neugewonnenen imperialen Macht sollten monumentale Bauten in den großen deutschen Städten sein. Über der Elbe in Hamburg wollte Hitler die größte Brücke der Welt errichten und daneben Wolkenkratzer gleicher Gewalt wie in Amerika. Den Anfang machte der Baumeister Albert Speer in Nürnberg mit den Reichsparteitagsbauten und in Berlin mit der prächtigen Neuen Reichskanzlei, die Anfang 1939 eingeweiht wurde. Wochenlang hat sie der stolze Hausherr vielen Gästen aus dem Reich und dem Ausland vorgeführt. „Berlin wird eines Tages die Hauptstadt der Welt sein", äußerte Hitler im vertrauten Kreise. „Wenn man die Reichskanzlei betritt, soll man das Gefühl haben, den Herrn der Welt zu besuchen."

Im riesigen Mosaiksaal der Neuen Reichskanzlei empfing Hitler als Oberbefehlshaber der Wehrmacht am 18. Januar 1939, dem wilhelminischen „Reichsgründungstag", 3 500 junge Leutnants, um ihnen für den Marsch zur Weltherrschaft die Richtung zu weisen. Die jungen Offiziere, denen er, allem militärischen Brauch zuwider, Beifall erlaubt hatte, waren von seiner Rede hellauf begeistert. Dabei ist sie ein schreckliches Zeugnis deutschen Größenwahns, der Offenbarungseid eines machtbesessenen, menschenverachtenden Vabanquespielers. Hier ein paar Kernsätze Hitlers: „Die Optimisten machen die Geschichte" – „Es gibt keine 51prozentige Sicherheit im Leben der Völker" – „Ich sehe vor mir immer nur das harte Entweder-Oder, das heißt, entweder zugrunde gehen oder es zu wagen." Er pries den Menschen, „der von den Göttern das Unmögliche verlangt", also sich selber.

Von den Leutnants erwartete er den „bedingungslosen Glauben", daß Deutschland „einmal die dominierende Macht Europas sein wird". Seine Wehrmacht solle die „stärkste der Welt (!)" werden, aber keineswegs „Paradeinstrument" sein.

Noch unverblümter auf den kommenden Krieg eingestimmt hat er drei Wochen später, am 10. Februar in der Krolloper, die neuen Kommandeure (Obristen und Kapitäne). Als wolle er Stalingrad und den Endkampf um Berlin vorwegnehmen, verlangte er von seinem Offizierskorps, daß es auch in „schlimmsten Zeiten" als allerletzte Garde „Mann um Mann vor und neben mir steht". Auch bei eigenen Fehlgriffen könne er es nicht von der Pflicht entbinden, gläubigen Herzens dem Führer zu folgen. Ruhelosen Zeiten scheint er Volk und Wehrmacht entgegenzuführen, denn auch in den kommenden Jahren werde er „bei jeder Gelegenheit irgendein deutsches Ziel zu erreichen" versuchen.

Der nächste Krieg werde ein „Volks- und Rassenkrieg" sein (der Holocaust wirft seinen Schatten voraus). Er sei entschlossen, die deutsche Frage, also das Raumproblem, zu lösen, werde dabei vor dem Äußersten nicht zurückschrecken und vom Volke „ungeheuerste (!) Opfer" fordern. Als ein Ziel des Marsches „auf einem langen Weg, der uns vorgezeichnet ist" – die sechs Jahre seit 1933 seien „erst ein Beginn" –, deutete er die Revision des Westfälischen Friedens von 1648 an, somit die Wiederherstellung deutscher „Weltmacht".

Hitler tat so, als bleibe Deutschland gar keine andere Wahl - der Krieg sozusagen als Flucht nach vorn. Die Ernährungslage werde von Jahr zu Jahr kritischer. Es gebe nur zwei Auswege, um sich der Abhängigkeit vom Ausland zu entledigen: entweder die Exporte der Industrie zu steigern (auch das sei eine politische Machtfrage) oder den Lebensraum der Volkszahl anzupassen. Er wähle den zweiten Weg.

Die Kommandeure ahnten kaum, wie kritisch die deutsche Wirtschaftslage tatsächlich geworden war. Infolge jahrelanger hemmungsloser Aufrüstung und Militarisierung stand Deutschland dicht vor einem Zusammenbruch, den das diktatorische Regime und auch der Führer-Mythos nicht überlebt hätten.

Im sogenannten Vierjahresplan hatte Hitler 1936 befohlen, binnen vier Jahren habe die deutsche Armee einsatzfähig, die Wirtschaft kriegsfähig zu sein. Dazu mußte sich Deutschland in seiner Versorgung mit Rohstoffen und Lebensmitteln soweit wie möglich vom Ausland unabhängig machen, autark werden, und die eigenen Ressourcen bis zum letzten ausbeuten, koste es, was es wolle. Zu bitter und nachhaltig waren die Lehren des Weltkrieges 1914/18, als das Reich, in der Hoffnung auf eine kurze Kriegsdauer, wirtschaftlich so gut wie unvorbereitet in das tödliche Abenteuer hineinstürmte. Nicht noch einmal sollte es ein Opfer der britischen Blockade werden, deren Auswirkungen so manche Deutsche am eigenen Leibe gespürt hatten: Entbehrungen, Inflation, Massenstreiks, Hungersnöte, Seuchen.

Von 1933 an mußten die deutschen Bauern eine „Erzeugungsschlacht" nach der anderen schlagen. Jeder Bauer sollte zum Beispiel dem Führer zuliebe ein paar Quadratmeter Flachs anbauen, damit daraus jedem Soldaten ein Drillichanzug gewebt werden könne. Mit Millionen Reichsmark wurde die Schafzucht gefördert, damit die Uniformtuchindustrie genug Wollvorräte hatte. Ohne Rücksicht auf die Rendite mußte die Industrie Erdölfelder und Erzvorkommen im eigenen Land erschließen. Forscher und Unternehmer verlegten sich auf die Entwicklung von Ersatzstoffen: synthetische Treibstoffe, synthetisches Gummi (Buna), Zellwolle, Kunstseide. Tatsächlich nahm die Produktion einen unglaublichen Aufschwung. Nur: Für den zu erwartenden großen Krieg langte es hinten und vorne nicht.

Nach den Untersuchungen des Militärgeschichtlichen Forschungsamtes in Freiburg war die Wirtschaft des Reiches 1939 allenfalls „für räumlich wie zeitlich begrenzte militärische Unternehmungen" kriegsbereit. Brotgetreide war genug da, auch dank zweier guter Ernten (für Hitler ein Fingerzeig der Vorsehung!); nur bei Fetten und Fleisch mußten sich die Deutschen erheblich einschränken. Kam es zum großen Krieg, so reichten die Rohstoffvorräte für neun bis zwölf Monate. Allerdings hatte der Kohlebergbau keine Produktionsreserven mehr. Und es fehlte rund eine Million an Arbeitskräften, wollte man die Planziele erreichen. Die Gold- und Devisenreserven waren bei Kriegsbeginn nahezu aufgebraucht. Und die langfristigen Schulden des Reiches kletterten auf 42 Milliarden Reichsmark.

„Unsere wirtschaftliche Lage", so resümierte Hitler am 22. August 1939 vor den Militärs, „ist infolge unserer Einschränkungen so, daß wir nur noch wenige Jahre durchhalten können." Aber im Frühjahr hatte er ihnen schon verraten, wie er die Umstände den Forderungen anpassen wolle: „Ohne Einbruch in fremde Staaten oder Angreifen fremden Eigentums ist dies nicht möglich." Und wieder regte sich in ihm der Vabanquespieler: „Wir haben nichts zu verlieren, nur zu gewinnen." Der Zeithistoriker Bernd-Jürgen Wendt folgert daraus, derartige Argumente hätten Hitler geholfen, „die verantwortlichen Militärs, Wirtschaftsführer, Politiker und Diplomaten und schließlich auch das gesamte Volk zwar nicht in

Hurra-Stimmung wie 1914, aber doch in grimmiger und fatalistischer Entschlossenheit hinter sich zu sammeln".

Es kümmerte Hitler wenig, daß seine Alles-oder-nichts-Politik in hohem Maße auch die deutsche Währung gefährdete. Als Reichsbankpräsident Hjalmar Schacht zu Jahresbeginn 1939 vom Reich die Einlösung der sogenannten Mefo-Wechsel forderte, mit denen er in den ersten Jahren das Arbeitsbeschaffungsprogramm der Nazis finanziert und die Hälfte der Rüstungskosten gedeckt hatte, weigerte sich Hitler; er wollte die Rüstungskosten (bis Kriegsbeginn 90 Milliarden) nicht abbauen. Lieber bediente er sich der Notenpresse. Am 7. Januar warnte ihn das Reichsbankdirektorium in einer berühmten Denkschrift: „Das unbegrenzte Anschwellen der Staatsausgaben sprengt jeden Versuch eines geordneten Etats, bringt trotz ungeheurer Anspannung der Steuerschraube die Staatsfinanzen an den Rand des Zusammenbruchs und zerrüttet von hier aus die Notenbank und die Währung ... Keine Notenbank ist imstande, die Währung aufrechtzuerhalten gegen eine inflationistische Ausgabenpolitik des Staates."

Es geschah, was passieren mußte. Der Diktator duldete keine Meuterei: Schacht und fast das gesamte Direktorium der Reichsbank wurden entlassen, die Reichsbank dem Befehl des Führers unterstellt. Hitler tat den Widerständlern – zu denen sich auch Schacht zählte – nicht den Gefallen, vor den von ihm selber heraufbeschworenen wirtschaftlichen Schwierigkeiten zu kapitulieren. Dafür hatte im Sommer 1939 sogar ein so entschiedener Gegner wie der britische Unterhausabgeordnete und Schriftsteller Harold Nicolson Verständnis. In einer Broschüre, die sich auch nach fünfzig Jahren noch faszinierend liest und damals im Emigrantenverlag Berman-Fischer zu Stockholm auf deutsch erschien, schrieb er über Hitler: „Er kann sich eine Wiederauferstehung des Arbeitslosenproblems nicht leisten. Aber wenn er die Rüstungen vermindern, den Arbeits- und Heeresdienst einschränken oder unsere Rohstoffangebote annehmen wollte, würde er einer Arbeitslosigkeit gegenüberstehen, die noch schlimmere Ausmaße hätte als die des Jahres 1932."

Nein, dieser Hitler war auf seiner Talfahrt in den Krieg nicht mehr zu bremsen, es sei denn durch die Kugel aus der Pistole des Schweizer Theologiestudenten Maurice Bavaud oder durch die Höllenmaschine des schwäbischen Schreiners Georg Elser – der eine kam 1938 nicht zum Schuß, des anderen Bombe explodierte 1939 dreizehn Minuten zu spät. Er war gierig nach Krieg, nicht nach dem großen gegen die „Haßgegner" England und Frankreich – den hatte er zusammen mit den Prahlhänsen der jungen Luftwaffe und den dickschiffsüchtigen Admirälen erst für Mitte der vierziger Jahre angepeilt –, wohl aber nach einem kleinen Krieg bei der ersten sich bietenden Gelegenheit.

Da Geheimdienstagenten und Widerständler alle Indizien für mögliche neue Weekend-Coups der Nazis sammelten, hub alsbald nach München in den westlichen Hauptstädten das Rätselraten an: Wo wird Hitler jetzt zuschlagen? Wer ist das nächste Opfer?

Carl Goerdeler, der ehemalige Leipziger Oberbürgermeister und Schattenkanzler der deutschen Widerstandsbewegung, fand Glauben, als er dem britischen Foreign Office im Dezember 1938 und den folgenden Wochen die nächsten Angriffsziele Hitlers nannte: Holland und die Schweiz. Diese Staaten sollten nur besetzt und als Faustpfänder für ein riesiges Erpressungsmanöver gegen Frankreich und England benutzt werden. In der Folge wolle Deutschland die ganze Küstenregion zwischen Emden und Calais in seine Gewalt bringen und dann mit italienischer und spanischer Hilfe die Engländer aus dem Mittelmeer vertreiben; anschließend werde von Libyen aus ein deutsch-italienisches Afrikakorps den schwarzen Kontinent von innen erobern.

Die Warnungen wurden um so ernster genommen, als auch Geheimdienstberichte in dieselbe Richtung wiesen: Von Mitte Februar an seien erste Aktionen zu erwarten. Deshalb überraschte Premierminister Chamberlain am 6. Februar das Unterhaus mit der Erklärung, die Westmächte betrachteten jeden Angriff auf Holland oder die Schweiz als Kriegsgrund.

Alles nur blinder Alarm. Hitler war mit ganz anderen Plänen befaßt. Die Briten fühlten sich genasführt, doch Goerdeler berief sich auf einen Informanten, der täglich mit Hitler zusammenkomme. Zu den Fernzielen nationalsozialistischer Raumpolitik gehörten die beiden „germanischen" Länder allemal, und „Fünfte Kolonnen" mit Nazianhängern gab es dort zur Genüge. Hatten die Nazis falsche Fährten gelegt, um vom Eigentlichen abzulenken?

Damals suchten auch Berliner Korrespondenten großer deutscher Zeitungen – natürlich streng vertrauliche – Informationen. Einige kamen der Wahrheit im Januar bedenklich nahe: Als nächstes an der Reihe seien die Hafenstädte Danzig – seit 1919 eine Freie Stadt unter der Aufsicht des Völkerbundes – und Memel – seit 1923 von Litauen annektiert.

Beide Städte sollten gleichzeitig, nicht auf Raten, ins „Großdeutsche Reich" eingegliedert werden. Tatsächlich hatte Hitler schon im

Oktober 1938 die Wehrmacht angewiesen, eine blitzschnelle Besetzung Memels mitten im Frieden vorzubereiten, als kombiniertes Unternehmen aller drei Waffengattungen (Stichwort „Transportübung Stettin"). Seit Dezember plante man einen ähnlichen Handstreich auch für Danzig („Transportübung Stolpmünde"), vorausgesetzt, daß sich Polen überrumpeln ließe und nicht sofort eingreifen könne.

Als wahrscheinlicher galt ein Vorstoß südöstlich von Polen in Richtung Ukraine. Als Kornkammer, Rohstoffrevier, Siedlungsgebiet und Handelsschneise hatte sie in den Lebensraumplänen der Nazis ihren festen Platz. Unvergessen war, daß auf Betreiben General Ludendorffs 1918 deutsche Truppen die Bolschewiki aus der Ukraine vertrieben hatten. Anfang der zwanziger Jahre tauchten im Verschwörerdunst Münchner Bierkeller russische, baltische und ukrainische Emigranten auf, die sich mit deutschvölkischen Republikgegnern ein Stelldichein gaben, unter ihnen der einstige ukrainische Verbündete Kaiser Wilhelms, Kosakenhetman Skoropadskij, der zum Mitherausgeber des „Völkischen Beobachters" avancieren sollte. Und mit offenen Augen und Ohren, noch ganz am Rande, ein irrlichternder Gefreiter, Reichswehrspitzel und „Bildungsoffizier" namens Hitler.

Was die Flüchtlinge nicht akzeptieren wollten: Die Ukrainer (und was sich dazuzählte) existierten als viergeteilte Nation: 30 Millionen unter sowjetischer Herrschaft in den Weiten zwischen Dnjestr, Don, dem Nordkaukasus und dem Schwarzen Meer; 4,5 Millionen im polnischen Galizien; eine halbe Million im östlichen Zipfel der Tschechoslowakei und eine kleine Gruppe in Rumänien. Jedermann wußte, daß die Nazis den Ukrainern Sukkurs gaben.

Eine unmittelbare deutsche Invasion war nicht zu befürchten, dazu hätte die Wehrmacht erst den osteuropäischen Sperriegel aus nicht eben deutschfreundlichen Staaten durchstoßen müssen. Aber nach München hatte sich das Reich eine Basis für eine indirekte Aggression verschafft. Unversehens betrat ein vergessenes Volk für ein halbes Jahr die Bühne der Weltpolitik: Die Ruthenen, Bauern und Holzfäller slawischer Abkunft und ukrainischer Mundart, wurden auf deutschen Druck von den Tschechen in den Stand der Autonomie erhoben. Sie wohnten an den Südhängen der Karpaten, in einer Gegend, wie geschaffen als Kulisse für Zigeuneropern und Draculafilme.

Hier inszenierten die Nazis das vorweggenommene Satyrspiel zur folgenden europäischen Tragödie. Scharenweise eilten mit einem Mal ukrainische Emigranten herbei, ausgestattet mit deutschem Geld, deutschen Waffen und Propagandamitteln, gelenkt von verschiedenen, miteinander rivalisierenden Partei- und SS-Stellen. Auch die militärische Abwehr unter Admiral Canaris mischte mit, die sich einer Partisanengruppe OUN (Organisation Ukrainischer Nationalisten) bediente. Erklärtes Ziel aller Gruppen war die Wiedervereinigung in einer „Freien Großukraine". Auf dem Wege dorthin mußte zunächst einmal Polen zersetzt werden, indem man die galizischen Ukrainer zu Unruhen anstiftete. Deutsche Sender in Wien und Leipzig halfen dabei.

Der damalige Sekretär an der amerikanischen Gesandtschaft in Prag, George Kennan, hat die grotesken Verhältnisse in der hinterwäldlerischen Karpato-Ukraine beschrieben: „Man hat eine ukrainische Partei nach nationalsozialistischem Muster gegründet und alle anderen Parteien verboten. Ukrainische Offiziere, die von den Deutschen ins Land gebracht worden sind, haben nach dem Muster der SA eine paramilitärische Organisation geschaffen." Die Männer der „Sitsch" (Eule) trugen „echte Hitlerjugend-Dolche". Sogar an Konzentrationslager hatte man gedacht!

Die in dem Dorfe Chust residierende Regierung unter Monsignore Augustin Woloschin wurde allerdings von der Reichsregierung nur halbherzig unterstützt. Die Subventionen für das arme Land mußten nach wie vor die Tschechen zahlen, die deshalb ihren General Prchala als Aufpasser in die Regierung setzten. Hitler ließ seine Parteigenossen und Abwehragenten gewähren; aber im Frühjahr 1939 waren ihm die Ruthenen nichts als diplomatisches Wechselgeld, mit dem er abwechselnd Polen oder Ungarn, zu dem das Land in k.u.k.-Zeiten gehört hatte, beglücken konnte. Mit Recht amüsierte sich Stalin am 10. März in seiner berühmten Parteitagsrede über die Vorstellung, daß sich die riesige Sowjetrepublik Ukraine dem winzigen Karpatenland anschließen sollte.

Im Auswärtigen Amt machte sich derweil Staatssekretär Ernst von Weizsäcker so seine Gedanken. Wie viele nationalkonservative Diplomaten, Militärs und Politiker der alten Schule verfolgte er eine revisionistische Linie in der Außenpolitik: Mit friedlichen Mitteln sollten die letzten territorialen Bestimmungen des Versailler Friedens beseitigt werden, damit Deutschland seine Großmachtstellung wieder einnehme. Auf keinen Fall durfte dabei ein Krieg mit den Westmächten riskiert werden, den Deutschland auf Dauer nur verlieren konnte. Deswegen hatte Weizsäcker schon in der Sudetenkrise, offen oder heimlich, die radikale Kriegsrisikopolitik Hitlers und seines Außenministers von Ribbentrop durchkreuzt.

Unmittelbar nach München hatte Hitler das Oberkommando der Wehrmacht angewiesen, alles für eine „Erledigung der Rest-Tschechei" vorzubereiten. Weizsäcker hielt diese Operation für unnötig. Fast hätte er den schwankenden Ribbentrop, der stets seine Meinung nach Hitler ausrichtete, davon überzeugt, daß man sich die Tschechen durch einen Freundschaftsvertrag für immer gefügig machen solle, statt sich mit der Verwaltung eines „komplizierten fremden Völkersplitters" abzuplagen. Lieber solle sich das Reich der polnischen Frage zuwenden, um Danzig, das ohnehin von Nationalsozialisten regiert wurde, zurückzuerwerben und wieder eine breite, feste Landverbindung zur Enklave Ostpreußen herzustellen. Scherereien mit dem Ausland befürchtete Weizsäcker nicht, denn die Polen hatten sich viele Sympathien verscherzt, als sie im Herbst 1938 wie die Hyänen über die unglückliche Tschechoslowakei hergefallen waren und sich das Industriegebiet von Teschen jenseits der Olsa angeeignet hatten, wo eine starke polnische Minderheit lebte.

Doch eben diese Komplizenschaft verführte Hitler und Ribbentrop dazu, sich mit den Polen auf ihre vermeintlich freundschaftliche Weise zu arrangieren und sie dabei übers Ohr zu hauen – Politgangster unter sich. Hitler hatte sich zu Anbeginn seiner Herrschaft, 1934, aus taktischen Gründen über die Ressentiments vieler Deutscher gegen die polnische Annexionspolitik hinweggesetzt und mit dem halbautoritären Regime des Marschalls Pilsudski auf zehn Jahre einen Nichtangriffspakt geschlossen. So waren die Beziehungen jetzt entspannter als zu Zeiten Stresemanns. Die Kabbeleien um den Minderheitenschutz für die 750 000 Volksdeutschen blieben unter der Decke.

Nunmehr, als Führer eines „großdeutschen" Reiches, wollte Hitler die Polen mit einem großzügigen Angebot ködern: Verlängerung des Paktes von 1934 auf 25 Jahre, Garantie der Grenzen, Beitritt zum deutsch-italienisch-japanischen Antikominternpakt. Jede Division, die Polen gegen Rußland aufstelle, erspare eine deutsche. Dahinter steckte eine strategische Überlegung: Polen sollte Deutschland bei einem Waffengang mit den Westmächten den Rücken freihalten, um sich danach als Juniorpartner und Vasall des Reiches an der Kolonisierung der Ukraine zu beteiligen. Mußten da nicht die polnischen Obristen, die während des Krieges mit Rußland 1920 hoch zu Roß in Kiew eingezogen waren und hernach einen Teil der Eroberungen im Frieden von Riga den Bolschewiken hatten überlassen müssen, begeistert zugreifen?

Für die Aufnahme in die antibolschewistische Front sollte Polen ein, wie Hitler meinte, spottbilliges Eintrittsgeld zahlen: die Heimkehr der alten Hansestadt Danzig in das Reich (unbeschadet der wirtschaftlichen Vorrechte Polens im Danziger Hafen) und eine exterritoriale Autobahn und Eisenbahn – laut Hitler dreißig Meter, laut Himmler ein Kilometer breit – zwischen Pommern und Ostpreußen. Der Besitz des „Korridors" der ehedem preußischen Provinzen Westpreußen und Posen sollte den Polen ebenso garantiert werden wie das von ihnen annektierte Ost-Oberschlesien. Es war in den Gesprächen von Oktober bis März sogar die Rede davon, sich gemeinsam um Kolonien in Afrika zu bemühen und dorthin dann auch einen Teil der mehr als drei Millionen Juden aus Polen zu deportieren.

Aber der polnische Außenminister, Oberst Józef Beck, ein mit allen Wassern gewaschener, aber äußerst vorsichtiger Diplomat, entzog sich den deutschen Sirenenklängen. Er durchschaute das Nazi-Spiel mit verteilten Rollen: Hitler als der sanfte, weise Staatsmann; Ribbentrop als kühler Interessenvertreter; Hermann Göring, des Reiches „zweiter Mann", der so gern nach Polen zur Staatsjagd fuhr, als jovialer Vermittler. Er verlor weder die Nazi-Scharfmacher in Danzig und bei den Volksdeutschen aus den Augen noch die gefährlichen Unruhestifter in der Karpato-Ukraine. Vor allem aber kannte er das hochempfindliche Ehrgefühl, den leidenschaftlichen nationalen Impuls und das lebendige Geschichtsbewußtsein seiner polnischen Landsleute. Die „Freie Stadt" Danzig, die sichtbare Garantie des den Polen in Versailles zugestandenen freien Zugangs zum Meer, symbolisierte die Unabhängigkeit der jungen Republik nach 123jähriger Teilung und Unterdrückung durch Deutsche, Russen und Österreicher. Wer am Status quo für Danzig rüttelte, spielte mit Nitroglyzerin.

Die Sicherheit Polens beruhte auf der Balance zwischen den Nachbarn Sowjetunion und Deutschland, mit denen man Nichtangriffspakte unterhielt. Beiden durfte es nicht über den Weg trauen, da jeder Staat revisionistische Gebietsansprüche an Großpolen hatte. In einer nicht unbegreiflichen Überschätzung der machtpolitischen Bedeutung des 35-Millionen-Volkes übertrugen die Nachfolger Pilsudskis, durchaus in seinem Geiste, auf Polen die Führungsrolle in Ostmitteleuropa. Dieses „Dritte Europa" zwischen Ostsee und Adria sollte alle Staaten umspannen, die sich vom Bolschewismus oder von den imperialen Gelüsten der Deutschen (und der italienischen Faschisten) bedroht fühlten. Nur hatte Beck eine falsche Konstante in seiner Rechnung: die scheinbar unversöhnliche Feindschaft zwischen Nazideutschland und Sowjetrußland.

Während Hitler noch am 1. März 1939 im Gespräch mit dem polnischen Botschafter Józef Lipski einen erstaunlich versöhnlichen Ton anschlug, hatte er sich längst ein teuflisches Spiel ausgedacht, um Polen in jene Ecke zu drängen, in der er es haben wollte. Anfang März entzündeten sich zwischen Tschechen und Slowaken Konflikte, die von deutschen Agenten geschürt worden waren, um Hitler, genau nach Fahrplan, den ersehnten Vorwand für seine Rache an den Tschechen zu liefern.

Die Ereignisse überschlugen sich. Erst wurde der slowakische Ministerpräsident Tiso, dann der tschechische Staatspräsident Hacha nach Berlin bestellt, wo man ihnen mit brutaler Gewaltandrohung die erwünschten Zugeständnisse abpreßte: Die Slowakei wurde ein „selbständiger" Satellitenstaat unter deutschem „Schutz", die „Rest-Tschechei" ein deutsches „Protektorat Böhmen und Mähren". Widerstandslos ließ sich das Land von der Wehrmacht überrollen; am 15. März wurde auf der Prager Burg die Führerstandarte gesetzt.

Auch den Karpato-Ukrainern blieb die Tragödie nicht erspart – sie wurden von Hitler den Ungarn preisgegeben, die er mit diesem Geschenk auf prodeutschem Kurs halten wollte. Vergebens erbat die Regierung im Dorfe Chust den Schutz des Deutschen Reiches; es half auch nichts, daß der tschechische General Prchala in schwejkscher Manier den Invasoren drohte, seine Truppen unterstünden jetzt dem Deutschen Reich. Das Land wurde von den Ungarn besetzt, und die jungen „Eulen" mit ihren Hitlerjugend-Dolchen verkrochen sich in den Bergwäldern. Mancher ist wohl noch von den Ungarn aufgeknüpft worden. Maßlos enttäuscht wandten sich viele Ukrainer von Deutschland ab. Aber was scherten Hitler, der sich bald anschicken sollte, seinen Südtiroler Landsleuten die Heimat zu nehmen, schon ein paar hunderttausend Bergbauern irgendwo in den Karpaten?

Die Welt hatte sich noch nicht von den neuen Schlägen erholt, da folgte bereits der nächste: Ribbentrop forderte am 22. März vom litauischen Außenminister Urbsys in Berlin ultimativ die Übergabe des Memelgebiets. Frist: 24 Stunden. Noch ehe die Litauer zugestimmt hatten, war Hitler schon an Bord des Panzerschiffes „Deutschland" gegangen und gen Memel losgedampft.

Polen sah sich über Nacht auf drei Seiten von den Deutschen eingekreist (Den deutschen Militärs zeigte ein Blick auf die Karte, daß Polen strategisch schon jetzt so gut wie erledigt war.). Obwohl in der Slowakei und in Litauen vitale polnische Interessen berührt wurden, hatte die Berliner Regierung Außenminister Beck nicht vorgewarnt, geschweige denn konsultiert. Aus Danzig flatterten beängstigende Gerüchte über einen bevorstehenden deutschen Handstreich. Und prompt servierte Ribbentrop am 21. März dem polnischen Botschafter die alten deutschen Vorschläge. In der ihm eigenen Empfindungslosigkeit bedeutete er Lipski mit unüberhörbarer Ungeduld, Außenminister Beck möge doch bald nach Berlin kommen, um mit Hitler darüber zu verhandeln. Am Tag darauf wurde Litauen erpreßt!

Auch wenn die polnischen Studenten und Nationalisten nicht sogleich auf den Straßen gegen Deutschland demonstriert hätten, würde Beck immer dieselbe Antwort gegeben haben: ein hartes Nein. Der Außenminister der großen, heldenhaften polnischen Nation durfte sich nie und nimmer in die gleiche demütigende Lage begeben wie vor ihm der österreichische Bundeskanzler Schuschnigg und danach die Herren Tiso, Hacha, Urbsys. Die Worte, die Beck am 24. März im internen Kreise sprach, verdienen festgehalten zu werden:

„Der Feind scheint in Denken und Handeln jegliches Maß zu verlieren. Er mag es wiederentdecken, sobald er auf entschlossenen Widerstand trifft, der ihm bislang nicht geboten wurde. Die Mächtigen haben sich vor ihm gedemütigt, und die Schwachen haben im voraus kapituliert, selbst um den Preis ihrer Ehre. Die Deutschen marschieren quer durch Europa mit ganzen neun Divisionen; mit dieser Streitmacht werden sie Polen nicht überwinden." Die Linie war klar: „Wir werden kämpfen!"

Noch am selben Tage rief Polen 300 000 Mann zu den Waffen und ließ Truppen in unmittelbarer Nähe der Danziger Grenze in Stellung gehen. Beck hatte Hitler herausgefordert. Zwar bot Botschafter Lipski den Deutschen an, durch eine gemeinsame Garantie für Danzig die Völkerbundskontrolle abzulösen; in der Sache selbst gab Polen keinen Fingerbreit nach: Status quo in Danzig und keine Exterritorialität für eine Auto- und Bahnverbindung durch den Korridor.

Hitler reagierte auf die polnische Teilmobilmachung sofort. Den Oberbefehlshaber des Heeres, Generaloberst von Brauchitsch, hielt er an, die polnische Frage nunmehr im Generalstab zu bearbeiten.

Aber die unerwartete Dusche aus Warschau hatte ihn so verunsichert, daß er vorerst das heiße Eisen gar nicht anpacken, auch keine Gewalt anwenden wollte („Möchte Polen dadurch nicht gewaltsam in die Arme Englands treiben."). Er brauchte Zeit zum Nachdenken, bis sich die internationale Lage nach seinen jüngsten Abenteuern etwas beruhigt hatte. Aber was sich an Rache- und Machtgelüsten schon in ihm aufgestaut hatte, brach doch aus ihm heraus: Unter politisch günstigen Umständen solle Polen „so niedergeschlagen werden", daß es für die nächsten Jahrzehnte als politischer Faktor ausscheide. Die Grenze sollte vom Ostrand Ostpreußens bis zur Ostspitze Schlesiens verlaufen – analog dem „Grenzstreifen", den die Deutschen bereits im Ersten Weltkrieg vorgesehen hatten. Und genauso wie damals die preußischen Beamten erwog Hitler „Aus- und Umsiedlung" (wie man es dann im Herbst auf brutalste Art praktizieren wird). Und sollte man nun nicht doch einen ukrainischen Staat errichten? Goebbels, der die Grübeleien seines Führers miterlebte, intonierte schon die neue Melodie: „Die Polacken sind und bleiben natürlich unsere Feinde."

Doch schon nach einer Woche wird Hitler aus seinen Illusionen gerissen – England nimmt von sich aus Polen in seine Arme. Diese für alle Welt völlig unvermutete Reaktion der Engländer hat er sich selber zuzuschreiben. Aber vermutlich geht ihm jedes Empfinden dafür ab, warum das so ist. Dem deutschen Volk ebenso. Sonst wären nicht in Berlin Millionen auf den Beinen gewesen, als Hitler wie ein Caesar im Triumphzug aus Prag zurückkehrte. Selbst ein so kritisch-nachdenklicher Mann wie Weizsäcker läßt sich zunächst in den ersten Tagen täuschen, weil sich England und Frankreich vor einer Intervention scheuten. Äußerlich waren ja die internationalen Anstandsregeln gewahrt worden.

Tatsächlich aber war es der erste große Raubzug außerhalb der bis dahin immer beachteten Volkstumsgrenzen. Hier wurde ein fremdes Volk unterworfen, nur um strategischer und wirtschaftlicher Vorteile willen. Die deutsche Südostgrenze hatte sich von 1500 auf 60 Kilometer verkürzt; die Wehrmacht bekam einen „ungeheuren Kräftezuwachs", nämlich die komplette Ausrüstung für zwanzig Divisionen. Bar jeden Anstands brachte sich das Reich in den Besitz der tschechischen Goldreserven, die schon in England lagen: 809 984 Unzen!

Premierminister Chamberlain brauchte ein paar Tage, um das Ausmaß des Hitlerschen Vertrauensbruchs zu ermessen. In seinem Wahlkreis Birmingham fand er am 17. März die Sprache wieder: „Ist dies der letzte Angriff auf einen kleinen Staat oder werden ihm andere folgen? Ist dies nicht in der Tat ein Schritt auf dem Wege bei dem Bestreben, die Welt durch Gewalt zu beherrschen?" Die Geduld des Beschwichtigungspolitikers war erschöpft, zumal ein Aufstand in der eigenen Partei drohte. Immerhin hat sein Gegner Nicolson das Bemühen der „appeaser", den Frieden um fast jeden Preis zu erhalten, mit schlichten Worten gutgeheißen: „Ich halte es nicht für entwürdigend, wenn man sich vor den Bomben fürchtet oder vor dem Bolschewismus, den der Krieg sicherlich im Gefolge haben wird."

Als Chamberlain zu sagen gewagt hatte, man möge nicht glauben, England habe aus lauter Friedensliebe seinen Mumm verloren, schrieb Nazi-Propagandaminister Goebbels wütend in sein Tagebuch: „Dieser good old man wird frech", und ließ eine Woche lang die gleichgeschaltete Presse von der Leine: „England wird zugedeckt."

Kaum hatte der Premier deutlich gemacht, daß England nicht länger an Südosteuropa desinteressiert sei, wurde seine Regierung durch eine neue Hiobsbotschaft in Panik versetzt. Der rumänische Gesandte Virgil Tilea eilte aufgeregt ins Foreign Office: Deutschland habe seinem Land ein Ultimatum gestellt. Angeblich wollte es sich, mit ungarischer Hilfe, in den Besitz der Erdölfelder bringen, das Land unter den Nachbarn aufteilen und Rest-Rumänien in ein Protektorat verwandeln. Nach wenigen Tagen legte sich die Aufregung. Es gab kein Ultimatum. Allerdings konnte Deutschland nach massivem Druck am 23. März in Bukarest ein Wirtschaftsabkommen durchsetzen, das Rumänien fest in die Großraumwirtschaft der Nazis einband.

Für die britische Regierung war dieser Zwischenfall jedoch der Anstoß, sich der deutschen Expansion auf dem Balkan aktiv entgegenzustemmen. Da man Rumänien nicht direkt helfen konnte, verfiel man auf die naheliegende Idee, den polnischen Nachbarn als Garanten der rumänischen Sicherheit einzuspannen. Ein Angriff gegen Rumänien hätte Deutschland dann im Osten sofort in einen Zweifrontenkrieg gerissen. Allmählich wurde so Polen zum Angelpunkt der „Stop Hitler"-Politik.

Am 31. März geschieht das Unerwartete: Chamberlain verkündigt im Unterhaus eine bedingungslose Garantie für Polen: Bei einem Angriff auf das Land werden England und Frankreich den Krieg erklären. Ein Beobachter notierte: „Mit gebeugtem grauen Kopf verliest er seine Erklärung ganz langsam. Es ist höchst eindrucksvoll." Das ganze Haus ruft ihm Beifall zu.

Dieses britische „Bis hierher und nicht weiter“ wird bis heute von Historikern und Politikern gerügt, weil Polen mit der Garantie einen Blankoscheck erhalten habe, ohne daß England dem Land wirklich helfen konnte. In der Tat hatten die britischen Militärs abgeraten: England war noch nicht stark genug, womöglich an drei Fronten (auch gegen Italien und Japan) kämpfen zu können. Nur die Russen könnten den Polen aktiv beistehen, aber die Rote Armee sei zu einer Großoffensive unfähig. Zudem würde Polen den Russen niemals den Durchmarsch gestatten. Bitteres Resümee: „Es ist unmöglich, Polen davor zu bewahren, binnen zwei oder drei Monaten überrannt zu werden.“ (Es dauerte vier Wochen!)

England hat also – es gab noch keine allgemeine Wehrpflicht – im vollen Bewußtsein seiner militärischen Schwäche den Schritt gewagt: Es war eine moralische Entscheidung. Die Regierung hatte die öffentliche Meinung, ja, die ganze Nation hinter sich, auch (anders als 1938) die Dominions in Übersee, und durfte auf den Rückhalt Amerikas zählen. Duff Cooper, Erster Seelord bis zur Sudetenkrise, schrieb am 22. März 1939 an Außenminister Lord Halifax, Amerika werde nur unter einer Bedingung für England kämpfen: „Es muß ein ideologischer Krieg sein – ein Krieg für moralische Prinzipien.“

Das britische Weltreich hatte zu seiner traditionellen Außenpolitik zurückgefunden: als Hort demokratischer Freiheiten und humaner Werte und als Wahrer des Gleichgewichts in Europa. Andernfalls wäre der Prestigeverlust Großbritanniens bei den kleinen Völkern (er setzte gleich nach München ein) unerträglich groß geworden.

Trotz der deutlichen Warnung an Hitler war die britische Regierung nach wie vor zu einer Verständigung mit ihm bereit. Die „Times“ fand es angebracht, gleich in einem Leitartikel hervorzuheben, daß die Garantie lediglich der Unabhängigkeit („independence“) Polens, nicht seiner Unversehrtheit („integrity“) gelte, England also nicht jeden Zentimeter der gegenwärtigen Grenzen verteidigen müsse. Das war goldrichtig, nur in diesem Moment unklug. Aufgeregte Abgeordnete beschimpften das Blatt als „Hitlers fünfte Kolonne in London“ und verlangten nicht nur die Absetzung, sondern sogar die Ausweisung des Chefredakteurs.

Joseph Goebbels zeigte sich nach der britischen Garantie etwas angeschlagen: „Wir müssen aber auf der Hut sein. Dieser altersschwachen Demokratie ist doch noch Nervenstärke zuzutrauen.“ Hitler hingegen bekam einen Wutanfall. Er hämmerte im Beisein des Admirals Canaris mit den Fäusten auf den Marmortisch: „Denen werde ich einen Teufelstrank brauen!“

II. Großes Spiel zwischen Deutschland, England und Rußland

Am 1. April 1939 war Kaiserwetter. Und wie es sich für einen Stapellauf in Wilhelmshaven gehörte, flatterte über der Taufkanzel der Marinewerft die alte Reichskriegsflagge neben der Führerstandarte. Zwischen lauter Uniformierten – Hitler, Dr. h.c. Raeder, der Oberbefehlshaber der Kriegsmarine, dem der „Führer" nachher den Großadmiralstab überreichen wird, Generaloberst von Brauchitsch – stand eine zierliche Frau, die Tochter des kaiserlichen Großadmirals von Tirpitz. Mit lauter Stimme taufte sie Deutschlands neuestes und größtes Schlachtschiff „auf Befehl des Führers und Obersten Befehlshabers der Wehrmacht" auf den Namen ihres Vaters. Eine pikante Szene, denn die Taufpatin war die Frau des von Hitler geschaßten Botschafters von Hassell. Doch der Kanzler spielte den galanten Österreicher – viermal küßte er Ilse von Hassell die Hand.

Der Name „Tirpitz" mußte und sollte wohl auch die Engländer ärgern. Denn dieser Mann hatte die wilhelminische Flotte aufgebaut, die dem „meerbeherrschenden Albion" den Rang ablaufen sollte.

Am Tage zuvor hatte die britische Regierung Polen mit einer Garantie vor Deutschland in Schutz genommen. Wie wird Hitler reagieren? Ein Troß von Journalisten ist mit ihm an den Jadebusen gefahren. Abends versammeln sich die Massen auf dem großen Platz vor dem neuen Wilhelmshavener Rathaus, einem Klinkerbau von Fritz Höger. Hitler fängt an, seine Rede vom Blatt zu lesen – seltsamerweise wird sie nicht, wie sonst üblich, direkt vom Rundfunk übertragen. Plötzlich schiebt er das Manuskript beiseite und fängt an, gegen die Engländer zu pöbeln. Auf die ausländischen Journalisten wirkt seine demagogische Ansprache wie eine „Kriegserklärung".

Noch der gedruckten, redigierten Fassung ist diese Wirkung anzumerken. Hier schlägt Hitler bereits den Ton der Hetzpropaganda an, die in den kommenden Monaten das Volk auf den Krieg einstimmen soll. Er unterstellt den Briten, sie betrieben die gleiche „Einkreisungspolitik" gegen Deutschland wie vor dem Weltkrieg von 14/18. Für Polen, dem er doch eben noch ein Kondominium über die Slowakei angeboten hatte, fällt ihm nur noch das verächtliche Wort „Trabantenstaat" ein.

Für den Marsch nach Prag, den ihm die zivilisierte Welt nicht verzeihen will, findet er eine umwerfende Rechtfertigung: Schon tausend Jahre vor ihm sei auf dem Prager Berg einem deutschen König gehuldigt worden. Das Protektorat Böhmen und Mähren liege im Lebensraum des deutschen Volkes: „Ich habe wieder vereint, was durch Geschichte und geographische Lage und nach allen Regeln der Vernunft vereint werden mußte."

Die Haßliebe Hitlers zum britischen Empire ist unüberhörbar: Dreihundert Jahre habe das angeblich so tugendhafte England „als untugendhafte Nation gehandelt" und sich mit solchen Mitteln ein Viertel der Welt erworben. England bleibt also auch im Negativen immer noch der Maßstab für das angestrebte „Großdeutsche Weltreich"; gleich nach Prag hatte Goebbels die Presse angewiesen, diesen Begriff noch nicht zu verwenden, sondern sich für spätere Gelegenheiten aufzuheben!

Die Nazipresse wird Hitlers neue Sprache schon bald pädagogisch umsetzen: Das „Schwarze Korps", das Organ der Reichsführung SS, beschreibt ausführlich „Englands Weg zur Weltmacht", um den Lesern zu zeigen, daß die Zukunft keine Unmöglichkeit kenne. Oder man appelliert an Neid und Habgier der Deutschen, indem vorgeführt wird, wie reich und groß doch die anderen sind.

Chamberlain hätte nicht mehr bloß gefragt, ob Prag der erste Schritt zur Weltherrschaft sei, wären ihm die Thesen bekannt gewesen, die seit dem Frühjahr von SS-Funktionären der Volksdeutschen Mittelstelle verbreitet wurden. „Das deutsche Volk übernehme als Herrenvolk den Schutz und die Aufsicht über die Südostvölker", so klang es bereits im Januar 1939. Die Presse wurde angehalten, sich nicht mehr den fremden Kulturen auf dem Balkan zu widmen, sondern den dort lebenden Volksdeutschen. „Schlimmste milchmädchen-imperialistische Demagogie" kam Botschafter von Hassell im Sommer zu Ohren: Man müsse die Inseln deutschen Volkstums auf dem Balkan durch „Dämme" aus siedelnden deutschen Soldaten verbinden, nach dem Vorbild der k.u.k. Militärgrenzen. Das entstehende „Brackwasser", gemeint waren die fremden Völker, müsse man dann eben „ausschöpfen". Vor Umsiedlung solle man keine Angst haben – die Ungarn zum Beispiel verdienten keine Rücksicht. Als Joseph Goebbels im Frühjahr auf einer Urlaubsreise auch Budapest besuchte, schrieb er süffisant nieder: „Die Ungarn haben alle eine furchtbare Angst, daß wir sie einmal schlucken. Wer weiß?" Zunächst war dieses Schicksal einem anderen Volke zugedacht, den Polen. Noch ehe er nach Wilhelmshaven reiste, hatte Hitler das Oberkommando der Wehrmacht beauftragt, den „Fall Weiß", den Feldzug gegen Polen, so vorzubereiten, daß er vom 1. September 1939 an jederzeit „durchzuführen" sei. Zum erstenmal fiel das unselige Datum.

Als politische Voraussetzung nannte Hitler in seiner Weisung vom 11. April die Aufgabe, Polen zu isolieren, also den Krieg auf dieses Land zu beschränken. Ähnlich geringschätzig wie die britischen Militärs dachte auch Hitler von der Roten Armee: Ein Eingreifen Rußlands, „soweit dieses dazu fähig sein sollte", werde Polen wohl nichts nützen, „da es seine Vernichtung durch den Bolschewismus bedeuten müßte".

Inzwischen hatte der polnische Außenminister Józef Beck seinen lange geplanten Besuch in London absolviert (ostentativ fuhr er über Berlin). Zur angenehmen Überraschung seiner Gastgeber verwandelte er das einseitige britische Beistandsversprechen in ein gegenseitiges – das verlange einfach die nationale Selbstachtung. Ansonsten vermied er es, sich auf irgend etwas festzulegen. Die Engländer waren's zufrieden, daß die Garantie ein paar Monate Zeitgewinn brächte. Lord Halifax: „Jeder gewonnene Monat beschert uns 600 Flugzeuge mehr", nämlich jene, deren Piloten 1940 in der Luftschlacht über England der deutschen Luftwaffe den Schneid abkaufen werden.

Die anderen Erwartungen des Außenministers sollten sich nicht erfüllen. Weder hat sich die deutsche Generalität durch die Garantie gegen Hitler aufbringen lassen, noch wurden der öffentlichen Meinung in Deutschland die Augen über Hitlers verderblichen Kurs geöffnet.

Im Gegenteil, die Propaganda gegen die „Einkreiser", die Goebbels nun anlaufen ließ, weckte besonders bei älteren Deutschen ähnliche Gefühle des Bedrohtseins wie anno 1914. Der Komplex des Umzingeltseins verstärkte sich, als England auch für Rumänien und Griechenland Garantien aussprach, nachdem am 7. April Italiens Duce, Benito Mussolini, das Königreich Albanien annektiert hatte. Der faschistische Diktator wollte Italien zur imperialistischen Großmacht erheben: er proklamierte das Mittelmeer zum mare nostro, rief nach der Annexion Äthiopiens den italienischen König zum Kaiser von Abessinien aus, beanspruchte von Frankreich Tunis und Korsika und wollte den Balkan mitbeherrschen.

Erst recht bedrohlich erschien die Lage den Deutschen, als sich die Engländer dazu durchrangen, auch das große Rußland in die antideutsche Front einzubeziehen. Winston Churchill, der sich auf seine historische Stunde vorbereitete, griff das Goebbelssche Schlagwort öffentlich auf: Die Einkreisung sei weder militärisch noch wirtschaftlich gemeint. Vielmehr handle es sich um eine „psychologische Einkreisung", eine Vereinigung gleichgesinnter Staaten zum Schutze ihrer Völker „gegen Tyrannei und Invasion". Er sagte dies in einer Rede an das amerikanische Volk.

*

Im April 1939 fiel zum erstenmal der Schatten Amerikas auf Nazi-Deutschland. Der amerikanische Präsident Franklin D. Roosevelt, der von der deutschen Propaganda mit Vorliebe als ein Hampelmann an den Fäden kriegstreiberischer jüdischer Finanziers dargestellt wurde, hatte sich mehr und mehr zum entschiedensten Gegner der Diktatoren entwickelt. Amerika konnte zwar nicht militärisch in die europäischen Konflikte eingreifen – da waren die isolationistische Mehrheit des Kongresses und das strenge Neutralitätsgesetz davor –, wohl aber das moralische Gewicht einer geschichtsträchtigen Demokratie in die Waagschale werfen. Bereits 1937 hatte Roosevelt Position bezogen: mit seiner „Quarantäne"-Rede gegen die Aggressoren Japan und Italien und gegen Deutschland, das unter Hitler schon mehrere Rechtsbrüche begangen hatte.

Im Jahre darauf setzte Amerika durch den Handelsvertrag mit Großbritannien ein deutliches Zeichen. Die besondere anglo-amerikanische Beziehung sollte Früchte tragen. In den dramatischen Märztagen 1939 wurden die Kontakte zwischen Amerika und Polen so auffällig, daß die deutsche Botschaft in Warschau beim Auswärtigen Amt anregte, den über Berlin laufenden Fernsprechverkehr des amerikanischen Botschafters abhören zu lassen.

Am 15. April 1939 – alle Welt sprach vom Krieg – nahm Roosevelt den deutschen „Führer" beim Wort: „Sie haben wiederholt versichert, daß Sie und das deutsche Volk keinen Krieg wünschen", schrieb er in einem langen – wie Goebbels meinte, „unverschämten" – Telegramm. „Wenn das wahr ist, braucht es keinen Krieg zu geben." Darum forderte er Hitler auf, ihm zu versichern, daß die Wehrmacht 31 namentlich aufgeführte Länder weder angreifen noch in sie einmarschieren werde. Neben den elf an „Großdeutschland" grenzenden Nachbarstaaten, neben den skandinavischen, baltischen, iberischen und südosteuropäischen Staaten sowie Rußland, Großbritannien und Irland hatte er auch den Irak, Syrien, Palästina, Arabien, Ägypten und den Iran genannt.

Selbst heute mutet diese Liste etwas merkwürdig an, schienen doch die nahöstlichen Gebiete fernab der Reichweite der deutschen Armee und Luftwaffe. Doch ganz so abwegig war sie nicht. Denn schon zur gleichen Zeit unterstützte Deutschland heimlich den Aufstand der Araber gegen die britische Mandatsmacht in Palästina. Und kaum zwei Jahre sollten vergehen, da waren auch diese Staaten oder alliierten Mandatsgebiete im Nahen Osten zu Angriffszielen oder Einflußzonen der Achsenmächte geworden.

Hitler ließ die Anfrage aus Washington offiziell unbeantwortet, doch fand er sie derart provozierend, daß er sich entschloß, Roosevelt vor dem Reichstag eine Antwort zu verpassen, „die sich gewaschen hat" (Goebbels). Zuvor schob er noch eine Machtdemonstration ein, die ganz Europa imponieren sollte. An seinem fünfzigsten Geburtstag, dem 20. April 1939, nahm er in Berlin fünf Stunden lang eine Militärparade ab, in der die neuesten und schwersten Waffen vorgeführt wurden. Wie ein Standbild seiner selbst hielt der Diktator die Mammutschau durch – den rechten Arm zum „deutschen Gruß" ausgestreckt, in Dauerstellung, wie er es sich bei den Parteitagsaufmärschen antrainiert hatte. Es sollen 40 000 Mann und 600 Panzer an ihm vorbeidefiliert sein. „Das Publikum rast vor Begeisterung", freute sich Goebbels. „So sah ich unser Volk noch nie." Ausnahmsweise darf man diesmal dem Propagandaminister aufs Wort glauben. In einer kleinen Loge zu Füßen der Führertribüne saßen stumm die Präsidenten der Tschechei und der Slowakei; „wie in einem goldenen Käfig", befand der rumänische Außenminister Grigore Gafencu.

Mittlerweile hatte das Auswärtige Amt bei den Kleinstaaten nachgefragt, ob sie sich von Deutschland bedroht fühlten und ob sie Roosevelt zu seiner Frage bevollmächtigt hätten. Die meisten verneinten, wie erwünscht, einige wohl mehr aus Angst als aus Überzeugung.

Dem amerikanischen Korrespondenten in Berlin, William Shirer, dünkte die Rede Hitlers vom 28. April 1939 – sie wurde um den ganzen Erdball übertragen – als „die brillanteste, die er je gehalten hat", unübertroffen an „Beredsamkeit, Schlauheit, Ironie, Sarkasmus und Heuchelei". Mit zweieinhalb Stunden war sie wohl auch seine längste. Hitler nahm die Fragen und Behauptungen Roosevelts scheinbar ernst und beantwortete sie jeweils ausführlich; dadurch reizte er seine Parteigenossen zu Stürmen der Heiterkeit.

Schwerer als die arrogante und taktlose Abfertigung einer Weltmacht wogen indes zwei Erklärungen: Hitler kündigte das Flottenabkommen mit England und den Nichtangriffspakt mit Polen. Statt die Lage zu entspannen, verschärfte er sie. Wohlweislich hatte er es sich erspart, die Polen zu fragen, ob sie sich bedroht fühlten. Schon begannen die Behörden in Westpolen, ihre Archive ins Landesinnere zu verlagern. Der deutsche Truppenaufmarsch lief unter dem Deckmantel von Manövern; nach Ostpreußen wurden Divisionen verlegt, die angeblich bei der Tannenberg-Gedenkfeier im August paradieren sollten.

Heimlich bewaffneten sich auch die Danziger. Reservisten fuhren zur Ausbildung ins Reich; Waffen, auch schwerere, wurden herbeigeschafft; deutsche Offiziere trainierten den Selbstschutz; die SS stellte eine „Totenkopf"-Einheit auf. Schließlich hatten die Nazis eine Streitmacht von 15 000 Mann beisammen.

Die deutsche Presse hielt sich noch sehr zurück. Meldungen über Zwischenfälle in volksdeutschen Gebieten oder über chauvinistische Tiraden in polnischen Zeitungen durften nur auf den zweiten oder dritten Seiten erscheinen. Goebbels in seinem Tagebuch: „Nur warten und Geduld haben."

Hitler verzog sich in die Berge, und die deutsche Diplomatie hüllte sich in Schweigen, so daß die polnische Regierung im dunkeln tappte. Genau das war beabsichtigt, und auch Staatssekretär von Weizsäcker hielt es für das richtigste, die Polen „mürbe werden zu lassen. Die Zeit werde kommen, wo London seine ... Garantie bereue." Weizsäcker hoffte, man könne die Krise über den Sommer hinziehen. Dann wäre der Frieden für dieses Jahr gerettet gewesen, denn der Herbstregen bereitete einem Blitzkrieg in Polen den Garaus.

In diesem letzten Sommer vor dem Krieg, der Europa zerstören sollte, fühlten sich die Diplomaten auch in anderen Hauptstädten – in London, Paris und Tokio ebenso wie in Rom, Moskau und Warschau – dazu aufgerufen, Barrieren gegen die Katastrophe aufzurichten. Die Polen hüteten sich, in Danzig Zwischenfälle zu provozieren; weiterhin hielten sie sich für eine Verständigung mit Deutschland bereit, sofern sie dabei nicht unter Druck gesetzt wurden.

Hier und da gaben sich die Politiker auch der Illusion hin, Hitler, für seine Entscheidungsscheu bekannt, müsse zwischen Radikalen und Gemäßigten im eigenen Lager lavieren. Also vermeinte man, Hitler und die Friedenspartei in Deutschland gegen die Kriegspartei zu stärken. Das Augenmerk richtete sich – sogar unter deutschen Widerständlern – besonders auf Feldmarschall Göring, einen

Mann, der mit sich reden ließ und zu verstehen gab, daß er lieber weiterhin im Luxus „ordentlich leben", als in den Krieg ziehen wolle.

Aber in solchen Annahmen offenbarte sich lediglich die völlige Unkenntnis vom Wesen des Führerstaates. Hitlers Paladine – Göring, Goebbels, Ribbentrop, Himmler, Rosenberg, Heß, Frank – mochten sich noch so angiften, intrigieren und räsonnieren, Auge in Auge mit Hitler verließ sie alle der Mut, da gehorchten sie. Auf den Despoten lief alles zu. Er brütete seine einsamen Entschlüsse aus, er allein entschied über den Frieden der Welt.

Es gehört unter Zeithistorikern – wie bereits zu Nazizeiten unter Regimegegnern – zum guten Ton, an Reichsaußenminister von Ribbentrop kein gutes Haar zu lassen. Manche deutschen und ausländischen Politiker sind im Sommer 1939 an ihm verzweifelt, wenn er stereotyp wider unschlagbare Argumente und bessere Einsicht sein Verslein aufsagte, England und Frankreich machten für Polen keinen Finger krumm. Da aber der Historiker Wolfgang Michalka überzeugend nachweisen konnte, daß Ribbentrop sehr wohl über eine eigene außenpolitische Konzeption verfügt hat, läßt sich das Verhalten des Ministers nur aus seiner Hörigkeit zu Hitler erklären, dessen Illusionen er sich zu eigen machte. Dem amerikanischen Vernehmer Walter Hasenclever gab er 1945 in Mondorf unumwunden zu, wann immer er Hitler gegenübertrat, sei er ihm „fast willenlos zu Diensten gewesen ... Vor ihm gab es nur Unterwerfung."

Als Botschafter in London hatte Ribbentrop erfahren müssen, daß sich Großbritannien niemals dazu hergäbe, mit Hitler die Welt zu teilen und Deutschland freie Hand im Osten zu lassen. Seine Schlußbilanz: „England will kein übermächtiges Deutschland in seiner Nähe, das eine ständige Bedrohung seiner Inseln wäre." Wollte der Nationalsozialismus seine Fernziele erreichen, so mußte er – dies die Lehre Ribbentrops – mit England „als unserem gefährlichsten Gegner" rechnen.

Dennoch hoffte er, wie einst die kaiserlichen Diplomaten, England durch eine überlegene kontinentale Bündniskonstellation doch noch zum Ausgleich mit Deutschland zwingen zu können. Das Instrument dazu sollte der Anti-Komintern-Pakt sein, in dem sich 1936/37 die expansionistischen, autoritären Staaten Deutschland, Italien und Japan zusammengeschlossen hatten. Diese lockere, antibolschewistische Interessengemeinschaft versuchte Ribbentrop nun in ein Militärbündnis gegen England umzuwandeln. Im Frühjahr 1939 gab man sich in der Wilhelmstraße schon hoffnungsfroh, doch Ribbentrop und der japanische Botschafter in Berlin, General Oshima, hatten die Widerstände in Japan unterschätzt.

Seit Jahren führte Japan einen blutigen Raubkrieg in China, der ihm mehr und mehr die Feindschaft Amerikas eintrug. 1938 war die Armee an der mandschurischen und der mongolischen Grenze in Konflikte mit der Sowjetunion geraten, die in einen unerklärten regionalen Krieg mündeten. Anders als das Heer wollten der Regierungschef und Außenminister, die Marine, der Hof und die Hochfinanz in Tokio keinen Zusammenstoß mit den Westmächten im Pazifik riskieren. Wegen der widrigen Verhältnisse an der Nordfront wäre Japan allenfalls für ein antirussisches Militärbündnis zu haben gewesen. Noch vorsichtiger wurden die Japaner, nachdem sich Hitler im März 1939 das Vertrauen des Westens verscherzt hatte. Chamberlain nannte ihn ungeniert einen Lügner.

Hitler wollte die Hoffnung schon aufgeben, doch der ehrgeizige Ribbentrop mochte von seinem Lieblingsspielzeug nicht lassen. Auch auf seinen Staatssekretar von Weizsäcker hörte er nicht, der ihm dauernd in den Ohren lag: „Wir würden Japan im Ernstfall entweder gratis oder gar nicht an unserer Seite haben."

Ende April verlor schließlich auch der Außenminister die Geduld. Er probierte, die Japaner unter Druck zu setzen: Deutschland müsse in der gegenwärtig gespannten Lage wegen eines Nichtangriffspaktes mit Rußland (bis dahin im Nazijargon „Weltfeind Nr. 1") Fühlung nehmen. Doch mit diesem Gespenst konnte er weder die Deutschen noch die Japaner erschrecken.

Vom ersehnten Freundschafts- und Bündnisvertrag blieb als zweitbeste Lösung der deutsch-italienische „Stahlpakt" übrig, der jedoch überraschend schnell durchrosten sollte. Am 22. Mai 1939 wurde er von den Außenministern der Achse, Ribbentrop und Graf Ciano, dem Schwiegersohn Mussolinis, feierlich in Berlin unterzeichnet und mit einem rauschenden Gartenfest in Ribbentrops Dahlemer Villa gefeiert.

Die Bündnispartner wollten gemeinsam für die „Sicherung ihres Lebensraums" eintreten und – was bis dato international unüblich gewesen war – sich bedingungslos Beistand leisten. Von den Kriegsvorbereitungen gegen Polen jedoch sagte man den Italienern nichts. Anderslautende Nachrichten verdrängte man in Rom; dort waren sich Politiker und Militärs über den „verheerenden" Rüstungsrückstand ihres Landes längst im klaren. Sie vertrauten auf die deutschen Zusagen, man könne sich für die unvermeidliche große Auseinandersetzung mit den Westmächten noch ein paar Jahre Zeit lassen.

Die Militärabsprachen kamen nur mühsam in Gang; die deutschen Generäle hielten mit Informationen hinter dem Berg, weil sie – noch in der Tradition von 1915, als Italien vermeintlich Deutschland „verraten" hatte – ihrem Verbündeten nicht über den Weg trauten. So hatte der Stahlpakt zunächst nur propagandistischen Wert. Auf ihn traf zu, was Graf Ciano über die militärische Protzerei seines Landes sagte: „Ein tragischer Bluff."

So war denn Ende Mai 1939 noch alles in der Schwebe. Hitler ließ die Krise um Danzig schmoren. Ihm konnte es nur recht sein, wenn die „Times" leitartikelte, Danzig sei keinen Krieg wert, und wenn in Frankreich das defätistische Schlagwort „Mourir pour Dantzig?" kursierte. „Danzig ist nicht das Objekt, um das es geht", belehrte Hitler am 23. Mai 1939 seine obersten Militärs (zitiert nach dem Gedächtnisprotokoll seines Chefadjutanten). „Es handelt sich für uns um Arrondierung des Lebensraumes im Osten und Sicherung der Ernährung. Aufrollen des Ostsee- und Baltikum-Problems."

Bereits in der Weisung zum „Fall Weiß" hatte Hitler ursprünglich die mögliche Besetzung und Eingliederung Litauens und Lettlands „bis zur Grenze des alten Kurlands" vorgesehen. In beiden Ländern hätte er die deutschen Volksgruppen als „Hebel" benutzen können.

An diesem Tage sprach Hitler mehr über den künftigen Krieg gegen England als den gegen Polen. Der „Führer" ließ Unsicherheiten erkennen, ja Widersprüche. Aber das war seiner Spielernatur gemäß. Wie eine Spinne scheinbar träge in ihrem Netz auf Beute wartet und irgendwann blitzschnell zupackt, so lauerte Hitler auf seinen Augenblick. Polen wollte er immer noch bei „erster passender Gelegenheit" angreifen, doch nur, wenn der Westen aus dem Spiele blieb. „Ist das nicht möglich, dann ist es besser, den Westen anzufallen und dabei Polen zu erledigen." Er skizzierte den Ablauf genau so, wie es im Mai 1940 (alp)traumhaft Wirklichkeit werden sollte: Holland und Belgien überfallen, die Engländer vom Kontinent vertreiben, Frankreich schlagen.

Die Militärs sollten immer beides vorbereiten: den überraschenden Überfall aus den Kasernen heraus und den planmäßigen Angriff, den kurzen Krieg von ein paar Wochen und den langen Krieg von zehn oder fünfzehn Jahren. Immerhin ließ Hitler durchblicken, daß er sich aus dem großen diplomatischen Spiel „Wer mit wem" einen Ausweg erhoffte, der ihm gestattete, den „Fall Weiß" auszulösen.

Zwei der Zuhörer bei diesem Appell wußten darüber mehr als die anderen: Hermann Göring und sein Vertrauter, Fliegergeneral Karl Bodenschatz. Dieser hatte – man weiß nicht, ob auf Geheiß Görings, vielleicht sogar Hitlers selbst oder aus eigenem Antrieb – dem ihm befreundeten französischen Militärattaché, Hauptmann Paul Stehlin, anvertraut, Hitler werde „lavieren, bis seine Stunde geschlagen hat". Zu diesem Zweck werde er sich mit Rußland verständigen: „Wir werden eine vierte Teilung Polens erleben." Doch nun setzte das Unfaßbare ein: Der französische Botschafter Coulondré glaubte nicht daran, hielt das Ganze für ein diplomatisches Manöver. Die Wahrheit lag wohl in der Mitten: Hitler liebäugelte schon längere Zeit mit einem Frontenwechsel; er mußte zumindest versuchen, die Bündnisverhandlungen zwischen den Westmächten und der Sowjetunion zu hintertreiben.

*

John Bull küßt Josef Stalin die Stiefelspitze – mit dieser Karikatur mokierte sich Anfang Juni 1939 das SS-Blatt „Schwarzes Korps" über das neuerliche britische Liebeswerben um die Sowjetunion. Trotz der Kriegsgefahr hatte sich die Tory-Regierung monatelang gespreizt, den unheimlichen Bolschewiki ein Bündnis anzutragen. „Die ganze [Downing Street] Nr. 10 ist antisowjetisch", konstatierte ein Beamter des Foreign Office. Premierminister Chamberlain befürchtete, ein Militärbündnis des Westens mit der Sowjetunion könne für Hitler der Anlaß zum Krieg sein, den England doch eben verhindern wollte. Den Ausschlag gab schließlich das Argument, man könnte Hitler auf diese Weise verhandlungsfähig machen.

Aber erst nach dem Abschluß des Stahlpakts reiste eine britisch-französische Delegation nach Moskau, übrigens untergeordnete Beamte, um ja keine Innigkeit vorzutäuschen. Allerdings hatten in Meinungsumfragen 87 Prozent der britischen Bevölkerung einem Bündnis mit den Russen zugestimmt.

Die Sowjetunion mußte sich nach München und Prag den Zusammenbruch ihrer Europapolitik eingestehen. Es war nur konsequent, daß Stalin Außenkommissar Maxim Litwinow, den völkerbundstreuen Verfechter der kollektiven Sicherheit, gegen den unverbrauchten Wjatscheslaw Molotow auswechselte.

Die Lage für die Sowjetunion sah im Frühjahr keineswegs rosig aus. Unverkennbar bereitete der ideologische Hauptgegner Deutschland die Eroberung Polens und vermutlich auch des Baltikums vor.

Da stand jedem Altbolschewiken sofort wieder die tödliche Bedrohung des Jahres 1918 vor Augen, als die Deutschen vor den Toren Petersburgs standen und Kiew, ja Tiflis in ihre Gewalt brachten. Ende Mai 1939 fielen überraschend japanische Truppen in die Mongolei ein, die mit Rußland verbündet war. Wollten die Anti-Komintern-Mächte Rußland in die Zange nehmen?

Nach dem Aderlaß der Zwangskollektivierung, der gewaltsamen Industrialisierung und den Säuberungen – Stalin hatte das halbe Offizierskorps „liquidieren" lassen – brauchte die Sowjetunion Ruhe; auch waren die Streitkräfte für einen modernen Krieg noch keineswegs genügend gerüstet oder ausgebildet. Da wäre es töricht gewesen, hätte Stalin die Möglichkeit eines Bündnisses mit der Weltmacht England und mit Frankreich, der vermeintlich noch immer stärksten Militärmacht Europas, ausgeschlagen.

Die Verhandlungen in Moskau schleppten sich zwei Monate lang hin. Als man sich fast einig geworden war - die Bündnispartner sollten für den Fall einer deutschen Aggression auch die Sicherheit der osteuropäischen Randstaaten garantieren -, da wollte Molotow diese Verpflichtung auch auf den Fall einer „indirekten Aggression" gegen diese Länder ausgeweitet wissen. Sogleich meldete sich wieder der britische Argwohn: Wollte sich die Sowjetunion einen Vorwand verschaffen, die 1918 und 1920 entrissenen Gebiete zurückzuerobern? Anderseits: Waren nicht Österreich und die Tschechoslowakei von innen her zertrümmert worden? Saßen nicht in allen Randstaaten die Fünften Kolonnen der Volksdeutschen Mittelstelle?

Zu offensichtlich spielten die Westmächte auf Zeitgewinn. Solange in Moskau verhandelt wurde, hoffte man, Hitler von einem neuen Gewaltstreich abschrecken zu können. Meinten es die Briten überhaupt ehrlich? Sollte womöglich die Rote Armee die Hauptlast eines Krieges tragen? Das Mißtrauen Stalins wurde noch bestärkt, als Mitte Juli durch eine Presseindiskretion ruchbar wurde, daß die Engländer inoffiziell geheime Verhandlungen mit den Deutschen führten. Hauptfiguren dieser immer noch etwas mysteriösen Gespräche waren der außenpolitische Berater Chamberlains, Sir Horace Wilson, und Ministerialdirektor Helmuth Wohlthat von der Göringschen Dienststelle für den Vierjahresplan; am Rande war auch der deutsche Botschafter in London, Herbert von Dirksen, beteiligt.

Noch einmal hatten die britischen „appeaser" ein großzügiges Angebot für eine Generalbereinigung entworfen, mit Nichtangriffsversprechen und Nichteinmischung, mit Rüstungsbegrenzung, Aufteilung der großräumigen Märkte, wirtschaftlicher Zusammenarbeit. Sogar von einer Milliardenanleihe wurde gemunkelt, welche der deutschen Rüstungsindustrie den Umstieg auf eine Friedenswirtschaft erleichtern sollte. Ähnliches hatte einige Monate zuvor die deutsche Widerstandsbewegung angeregt.

Bei einer solchen Generallösung wäre das Danziger Problem sehr an den Rand gedrückt und leichter lösbar geworden. Hitler aber ging es gar nicht um Lösungen. Während der Bayreuther Festspiele sagte er dem Zeitungsverleger Lord Kemsley: „Deutschland ist nicht hinter Geld her." Was es brauche, sei Lebensraum. Zu diesem Zeitpunkt hatte er sich schon entschlossen, statt der japanischen nun die russische Karte zu spielen.

*

Angefangen hatte das nazistisch-bolschewistische Techtelmechtel bereits kurz nach München. Damals vereinbarten der deutsche Botschafter in Moskau, Graf Friedrich Werner von der Schulenburg, und Außenkommissar Litwinow, in den üblichen Propagandaschlachten der beiden Staatsparteien künftig Angriffe auf die Staatsoberhäupter zu unterlassen. Als nächstes boten die Deutschen den Russen an, über einen 200-Millionen-Warenkredit zu verhandeln. Als die Russen zögernd einwilligten, tat Hitler das Seine dazu: Beim Neujahrsempfang für das Diplomatische Korps am 12. Januar 1939 zog er den sowjetischen Botschafter Alexej Merekalow in ein längeres, freundliches Gespräch. Alle Diplomaten rundum zogen die Brauen hoch.

Als Hitler im März die Tschechoslowakei beseitigte, Litauen erpreßte, Rumänien wirtschaftlich vereinnahmen wollte und auch noch Polen bedrohte, erstarb der Flirt. Die Russen blieben zugeknöpft. Das Amt Rosenberg setzte seine antikommunistische Volksaufklärung noch bis tief in das Frühjahr fort und bastelte eifrig weiter an Plänen für die Zertrümmerung „Moskowiens". Und Hitler geißelte in seinen Reden nach wie vor die bolschewistische, satanische Gefahr.

Im Hochsommer eskalierte die Polenkrise: Am 12. August 1939 befahl Hitler die getarnte Mobilmachung. Als Y-Tag legte er Sonnabend, den 26. August, fest, Angriffszeit 4.30 oder 4.45 Uhr. Er hatte noch vierzehn Tage Zeit, Polen diplomatisch zu isolieren. Sein Luftwaffenadjutant von Below überliefert, es sei Ribbentrop gewesen, der Hitler überzeugen konnte, daß nur noch ein Nichtangriffspakt mit Rußland die Westmächte von einer Kriegserklärung an Deutschland abhalten könne. Nun setzte die „Parforcejagd“ (Weizsäcker) in Konkurrenz mit den Westmächten ein.

Hitler und Ribbentrop hatten einen unschätzbaren Vorteil: Der deutsche Botschafter in Moskau, Graf Schulenburg, und seine Gehilfen hatten in mühseliger Vorarbeit ein gewisses Kapital an Vertrauen angesammelt. Sie wollten an die von Bismarck begründete und von Stresemann erneuerte deutsch-russische Freundschaft anknüpfen und, anders als der Opportunist Hitler, „aus einem taktischen Zweckbündnis auf Zeit eine feste vertragliche Bindung auf Dauer“ machen.

Stalin hielt sich bis zuletzt alle Optionen offen. Am 12. August begannen in Moskau Militärberatungen mit den Westmächten. Sie standen von Anbeginn unter einem unglücklichen Stern. Obwohl der Angriff auf Polen unmittelbar bevorstand, hielten es die Alliierten für angebracht, ihrer Militärkommission eine gemächliche fünftägige Schiffspassage nach Leningrad zu gewähren. Die Besetzung war drittrangig; der britische Leiter, Admiral Drax, ehemals Hafenkommandant von Portsmouth, hatte von Strategie keine Ahnung. Er bekam noch nicht einmal eine Vollmacht mit. Überhaupt lautete die Instruktion: nur ja nichts überstürzen. Die Militärmission habe, so meinte Botschafter Dirksen, mehr den Auftrag, „[den] Gefechtswert der Sowjetarmee festzustellen, als operative Abmachungen zu treffen“. Kurzum: Es war eine einzige Beleidigung für die Gastgeber.

Der sowjetische Verhandlungsführer, Marschall Woroschilow, legte den Alliierten drei verschiedene Operationspläne vor. Eine der Varianten sah vor, „mit Zustimmung der baltischen Länder“ die großen Inseln vor der baltischen Küste und eine Reihe von Häfen zu besetzen, um diese Länder vor einem deutschen Überfall zu schützen. Am 14. August stellte Woroschilow klipp und klar die entscheidende Frage: Würde der Roten Armee im Ernstfall der Durchmarsch durch Polen und Rumänien erlaubt sein?

Doch der polnische Außenminister Beck ließ sich, soviel ihn die Franzosen in diesen ernsten Tagen auch bedrängten, kein klares Ja entlocken. Zur selben Zeit sprach der polnische Oberbefehlshaber, Marschall Rydz-Smigly, zu einem französischen Offizier die berühmten Worte: „Die Deutschen werden uns vielleicht die Freiheit nehmen, die Russen aber würden uns die Seele aus dem Leib reißen.“ Am 21. August wurden die Militärberatungen in Moskau vertagt.

Die Deutschen machten das Rennen. Am 19. August wurde als erstes ein Wirtschaftsabkommen unterzeichnet. Dann bot Hitler persönlich in einem Telegramm an „Herrn Stalin“ eine umfassende Regelung an, die den Sowjetrussen all jene Sicherheitswünsche erfüllte, die ihnen der Westen aus Rücksicht auf die Gefühle der kleinen Völker nicht gewähren konnte: nicht nur einen zehnjährigen Nichtangriffspakt, sondern auch noch ein Geheimes Zusatzprotokoll (dessen Existenz die Sowjetunion noch bis vor einigen Wochen schamvoll verleugnete), in dem beider Interessensphären in Ostmitteleuropa aufgeteilt wurden.

Fritz Sänger, Leiter der Berliner Redaktion der „Frankfurter Zeitung“, hörte es zuerst im Radio. Kurz nach 23 Uhr hatten die Reichssender ihr Programm unterbrochen und eine Sondermeldung des DNB, des Deutschen Nachrichtenbüros, eingeschoben: Reichsregierung und Sowjetregierung wollten einen Nichtangriffspakt miteinander abschließen, und Außenminister von Ribbentrop werde am Mittwoch, dem 23. August, in Moskau eintreffen.

Wie elektrisiert rief Sänger im Propagandaministerium an, aber bis dorthin hatte sich die Neuigkeit noch gar nicht rumgesprochen. Dafür war sie aber gleich an diesem späten Montagabend in allen Berliner Kaffeehäusern und Restaurants Tischgespräch, und am andern Tag gab es auch in der S-Bahn, auf der Straße, im Büro und im Schwimmbad nur ein Thema. Überall fand Sänger die Menschen in „freudig erregter Stimmung“.

Seiner Redaktion in Frankfurt berichtete er aus Berlin: „Das Volk hat das Gefühl: Nun gibt es keinen Krieg, und wenn doch, so ist es ungefährlich.“ Er bemerkte jedoch bei vielen ein verschmitztes Augenzwinkern. An neuen Witzen war kein Mangel: Stalin komme als Ehrengast zur Feier der Schlacht bei Tannenberg; die Georgenstraße heiße nun Georgierstraße; das KdF organisiere schon Urlaubsreisen ans Schwarze Meer. Und die Journalisten freuten sich: „Endlich wieder Kaviar in der russischen Botschaft!“

Der polnische Botschafter in Berlin, Józef Lipski, der sich gerade in Warschau aufhielt, erfuhr es nach dem Aufwachen durch die Morgennachrichten: „Dies war für mich ein schrecklicher Augenblick. Die beiden Feinde verbündeten sich gegen uns.“ Vormittags traf er auf seinen verstörten Außenminister Józef Beck. Das britische Kabinett war ebenso geschockt. In Tokio brach wegen des Paktes eine Regierungskrise aus. Auch in den anderen Hauptstädten schlug die Nachricht wie eine Bombe ein. „Ein Beweis völliger Skrupel- und Grundsatzlosigkeit der beiden Diktatoren", notierte Botschafter z.D. Ulrich von Hassell in sein Tagebuch.

Wie konnte sich binnen fünf Monaten die politische Lage in Europa so völlig umkehren? Der Hitler-Stalin-Pakt war das Ergebnis eines dramatischen diplomatischen Spiels zwischen den Welt- und Großmächten.

Mit großem Gefolge kam Ribbentrop am 23. August nach Moskau. Auf dem Flughafen wehten zum erstenmal die Fahnen des „Dritten Reichs"; in der Eile hatte man das Hakenkreuz verkehrt herum aufgenäht. Die Unterredungen im Kreml – Stalin selber hatte sich das Spektakel nicht nehmen lassen – wurden rasch abgespult. Als der Diktator die eisfreien lettischen Häfen Windau und Libau beanspruchte – Hitler hatte die Dünalinie als Grenze vorgeschlagen –, fragte Ribbentrop lieber erst einmal in Berchtesgaden nach. Hitler ließ sich einen Atlas bringen, nahm die Lupe, prüfte die strategische Lage und telegraphierte nach Moskau zurück: „Ja, einverstanden." So wurden im Handumdrehen Völker verschachert. Ribbentrop und Molotow konnten das Vertragswerk unterzeichnen. Es war der 24. August 1939 um zwei Uhr in der Frühe.

Danach löste sich die Spannung in einer jovialen Stimmung, wie einer der beteiligten Diplomaten, Andor Hencke, berichtet. Eine Frau mit rotem Kopftuch servierte Tee, Süßigkeiten, Kaviar, Sandwiches. Reichlich Wodka, russische Weine und Krimsekt wurden aufgefahren. Stalin und Molotow zeigten sich von der liebenswürdigsten Seite. Der Kreml-Herr selber füllte die Gläser, bot Zigaretten an, gab Feuer. Photographen wurden hereingelassen, um das Weltereignis für die Geschichte festzuhalten. Artig hob Stalin sein Glas zu einem Trinkspruch auf den neuen Verbündeten: „Ich weiß, daß das deutsche Volk seinen Führer sehr liebt, und möchte daher auf sein Wohl trinken." Botschafter Schulenburg, dessen Gardemaß alles überragte, hatte das Gefühl, daß es Stalin mit der neuen Zweisamkeit ehrlich meinte.

Einige Stunden später meldete sich Schulenburgs persönlicher Referent, Hans-Heinrich von Herwarth, beim Botschafter, um sich zum Frontdienst in der Wehrmacht abzumelden. Eigentlich hätten beide stolz sein können auf das Erreichte – endlich wieder gute Beziehungen zwischen den Völkern. Doch Schulenburg sagte traurig: „Sie wissen selbst, daß ich in Wirklichkeit nichts erreicht habe. Dieser Vertrag bringt uns den Zweiten Weltkrieg und stürzt Deutschland ins Verderben."

III. Zehn dramatische Tage zwischen Frieden und Krieg

4.47 Uhr: „Feuererlaubnis!" Beinahe wie ein Seufzer der Erlösung nach tagelanger Anspannung mutet die lapidare Eintragung an, die unter dem 1. September 1939 im Kriegstagebuch des Linienschiffes „Schleswig- Holstein" steht. Es waren die ersten Schüsse im Zweiten Weltkrieg, abgefeuert gegen ein kleines polnisches Festungswerk auf einer Landzunge im Danziger Hafen – der Westerplatte.

Am Einsatz jenes Kriegsschiffes – eigentlich nur ein Randereignis des Polenfeldzugs – läßt sich zeigen, wie infam und mit welcher Menschenverachtung dieser Krieg von der obersten Führung entfesselt wurde, aber auch, mit welch innerem Zwiespalt die verantwortlichen Offiziere an der Front in den Kampf zogen.

Die „Schleswig-Holstein", im Marinejargon liebevoll „Sophie X" genannt, vorzüglich bewährt als Eisbrecher in der Ostsee, war eines der beiden Großschiffe, die der Reichsmarine nach dem Versailler Frieden noch belassen worden waren. Hitlers neuer Kriegsmarine diente sie als Schulschiff.

Ursprünglich wollte die Seekriegsleitung schon Ende Juli einen starken Flottenverband nach Danzig entsenden; wegen Bedenken des Auswärtigen Amts sollte dann nur noch der Kleine Kreuzer „Königsberg" der Freien Stadt einen Freundschaftsbesuch abstatten; er wurde der polnischen Regierung – protokollgerecht – angezeigt.

Mitte Juli wird der Befehl abgeändert; nunmehr fällt die Wahl auf die „Schleswig-Holstein". Deren Offiziere und Besatzung träumen bereits von ihrer Karibikreise, die Ende August beginnen soll. Doch nun erfährt der Kommandant, Kapitän zur See Gustav Kleikamp, in Berlin, sein Schiff solle im Kriegsfalle als schwimmende Batterie die polnischen Küstenbatterien am Kriegshafen Gdingen und auf der Halbinsel Hela niederkämpfen, zuvor jedoch die Flankengefahr auf der Westerplatte ausschalten. Dort haben die Polen ein Munitionslager angelegt, das im Laufe der Jahre befestigt und mit einer kleinen Garnison beschickt worden ist. Das alte Linienschiff wurde ausersehen, weil man es gerade mit neuen 28-Zentimeter-Geschützen bestückt hat.

Seit dem 24. August führt der Kommandant ein Kriegstagebuch. Er läßt Kriegswachen aufziehen, die Waffen auf See einschießen und die Munition scharf machen. Bei Nacht nimmt er nahe der Küste eine Marine-Stoßtrupp-Kompanie von 250 Mann an Bord; sie sollen die Westerplatte erobern. Man versteckt sie in den achternen Kasematten. Rund 1200 Menschen sind jetzt dem Kommandanten anvertraut, weit mehr als die Vorschriften zulassen. „Mein Schiff ist gewissermaßen ein Trojanisches Pferd im Danziger Hafen", durchfährt es den Kapitän.

Niemand an Bord mag an Krieg glauben; man hält den ganzen Aufwand für übertriebene Vorsicht. Und wie die meisten Deutschen, angefangen bei Generälen, Admirälen und Diplomaten, hofft man auch hier, es werde im letzten Moment wieder ein Wunder geschehen wie 1938 in der Sudetenkrise. Damals kamen dem Kommandanten erste Zweifel an der Weisheit der oberen Führung. Aber es schien einfach unmöglich, daß Hitler wegen Danzig einen Krieg mit England riskierte, für den die Marine noch nicht gerüstet war.

Am Vormittag des 25. August 1939 macht die „Schleswig-Holstein" im Danziger Hafen fest, nicht dort, wo der polnische Lotsenkommandant sie haben will, sondern 200 Meter von der Westerplatte entfernt. Auf der Pier stehen dichtgedrängt Tausende jubelnder Danziger. Sie fühlen sich im Schutze der Schiffskanonen geborgen. Das Reich hat sie nicht vergessen! Doch merkwürdig, kein Danziger darf bei diesem „Freundschaftsbesuch" an Bord. Ausgenommen natürlich die hohe Prominenz. Die Reihenfolge ist längst vom Protokoll festgelegt: vorneweg Gauleiter Albert Forster, der sich am Vortage zum Staatsoberhaupt der Freien Stadt erklärt hat (1948 wird er von den Polen zum Tode verurteilt), dann Senatspräsident Arthur Greiser (er wird bald Karriere als Gauleiter des eroberten „Warthegaus" machen und nach dem Krieg an einem polnischen Galgen enden); die nächsten Gäste an Bord sind der Schweizer Völkerbundkommissar Carl Jakob Burckhardt und Generalmajor Eberhardt, der angeblich Danziger Polizeitruppen kommandiert, tatsächlich aber eine Heeresstreitmacht in Divisionsstärke befehligt.

Die Kriegslist wird auf die Spitze getrieben, als die Ehrenwache der blauen Jungs auch den polnischen Generalkonsul in Danzig, Minister Chodacki, mit „Seitepfeifen" und „Präsentiert das Gewehr" empfängt. Am nächsten Tag, weiß der Kommandant, soll er auf die Polen schießen. Kleikamp ist nicht wohl in seiner Haut. General Eberhardt hat ihn mit der Mitteilung überrascht, daß die Danziger Truppen gar nichts für den Sturm auf die Westerplatte vorbereitet haben, sie wollen nur „sichern". Man weiß noch nicht einmal, wie stark der Feind ist und welche Waffen er hat.

Der Kapitän ahnt nicht, daß seine Vorgesetzten ihn nur schweren Herzens losgeschickt haben. Großadmiral Raeder hatte sich ein Herz genommen und am 22. August mittags, bei einem Appell auf dem Berghof, seinen Obersten Befehlshaber persönlich angesprochen: Die „Schleswig-Holstein" sei den Küstenbatterien von Gdingen unterlegen. „Na", entgegnet Hitler, „wenn der alte Kahn versackt, so schadet das auch nichts!" Raeder ist entsetzt: Der Verlust von 300 Seekadetten wäre doch „ein schwerer Schlag". Vom „Führer" kommt nur noch eine wegwerfende Handbewegung.

*

Dieser Empfang am 22. August 1939 auf dem Obersalzberg, zu dem Hitler alle Befehlshaber der Heeresgruppen und Armeen sowie der See- und Luftstreitkräfte, dazu die Chefs der Stäbe bestellt hatte, ist in die Geschichtsbücher eingegangen, seit die Anklage im Nürnberger Hauptkriegsverbrecherprozeß 1945 den Text der beiden geheimen Reden vorlegte, die Hitler damals hielt. Niemals hat er vor den hohen Militärs so selbstherrlich und sendungsbewußt, nie so vulgär, ja brutal gesprochen. Wer sich solche Reden bieten läßt, der marschiert auch – in blindem Gehorsam. Die Offiziere – alle mußten aus Tarnungsgründen Zivilanzüge tragen – hatten aus den Morgenzeitungen die Weltsensation erfahren, daß Außenminister Ribbentrop am nächsten Tag nach Moskau fliegen werde. Erleichtert betreten sie die „Große Halle" des Berghofs.

Doch Hitler sagt ihnen gleich am Anfang, er wolle für den nahenden Krieg ihr Vertrauen stärken. Verblüffenderweise stellt er nicht die scheinbar günstige politische Lage vornan, sondern „persönliche Bedingungen": „Mein Dasein ist ein großer Wertfaktor." Niemand werde wohl wieder so wie er das Vertrauen des ganzen Volkes, niemand mehr Autorität als er haben. Und dieses wertvolle Leben, das er mit Deutschland gleichsetzt, sieht er in steter Attentatsgefahr.

Überhaupt denkt dieser Mann, im April eben fünfzig geworden, viel an seinen Tod. Vor Beratern, aber auch vor ausländischen Besuchern läßt er durchblicken, daß ihm nicht mehr allzu viele Jahre zum Leben blieben. Er habe keine Zeit mehr zu verlieren, könne nicht länger warten. Es ist, als ob bei ihm Lebensraum und Lebenszeit zusammenfielen, eins das andere bedinge: Solange er Krieg führt, wird er weiterleben.

Also therapiert er seine Generäle, denen die Worte nur so um die Köpfe schwirren: „ein Wagnis auf sich nehmen" – „rücksichtslose Entschlossenheit" – „schlagen oder vernichtet werden" – „großes Risiko" – „eiserne Nerven".

In seiner Hybris läßt sich Hitler dazu hinreißen, die Staatsmänner des Westens und der Neutralen zu diffamieren — nur die Faschisten Mussolini und Franco läßt er gelten, wohl auch Stalin. „Unsere Gegner sind kleine Würmchen. Ich sah sie in München." Der Pakt mit Stalin ist für ihn gleichbedeutend mit dem „Anfang zur Zerstörung der Vormachtstellung Englands".

Hitler ist bewußt, daß seine Militärs den Krieg mit Polen nicht fürchten, ja manche ihn seit den Zeiten General von Seeckts herbeiwünschen, als die Reichswehr eng mit der Roten Armee zusammenarbeitete und für beide Polen nur ein „Saisonstaat" war. Aber ihnen allen sitzt die Angst vor einem Zweifrontenkrieg im Nacken. Hitler gibt offen zu, er wisse nicht, ob England einschreiten werde. Doch er zieht alle Register, um dieses Risiko so winzig wie möglich erscheinen zu lassen.

Einige seiner Argumente sind in den Ohren der Militärs bestechend. Die britische Blockade kann jetzt Deutschland nicht mehr schaden: „Der Osten liefert uns Getreide, Vieh, Kohle, Blei, Zink." Die Franzosen werden nicht aus der Maginotlinie heraus gegen den deutschen Westwall antreten. Bis Polen erobert ist, wird die Westfront halten. Und mit Recht setzt er voraus, daß die Staatsmänner in London und Paris auch nicht Deutschland via Schweiz und Benelux angreifen werden, weil sie deren Neutralität achten (worüber er, anders als die „kleinen Würmchen", als der größte Lindwurm aller Zeiten sich jederzeit hinwegsetze).

All diese Prophezeiungen haben sich erfüllt. Nur eine Voraussage, die entscheidende, wird allzubald widerlegt: „Unsinn ist es, wenn man sagt, England werde einen langen Krieg führen." Just zu dieser Zeit schreibt ein alter Mann in Downing Street Nr. 10 in einem persönlichen Brief an Hitler: „Es wäre eine gefährliche Täuschung anzunehmen, ein einmal begonnener Krieg würde ein rasches Ende finden, selbst wenn an einer der verschiedenen Fronten, an denen er geführt werden wird, ein Erfolg errungen werden sollte."

Skrupel, wie sie der friedliebende Chamberlain auch jetzt nicht los wird, hat Hitler nie gehabt. Seinem Zynismus legt er keine Zügel mehr an: „Nun ist Polen in der Lage, in der ich es haben wollte ... Ich habe nur Angst, daß mir noch im letzten Moment irgendein Schweinehund einen Vermittlungsplan vorlegt."

Nach der Mittagspause belehrt Hitler sein Publikum, wie man einen Blitzkrieg führt. Den Polen droht gnadenlose Vernichtung. „Ziel ist die Beseitigung der lebendigen Kräfte…, restlose Zertrümmerung Polens.“ Er verlangt von seinen Militärs „größte Härte“, „brutales Vorgehen“, das Herz zu „verschließen gegen Mitleid“.

Schreckliche Worte. Aber auch sie stehen in der Tradition des preußisch-deutschen Militarismus. Die Welt hat noch nicht vergessen, wie deutsche Generäle mit Chinesen, Hereros und Belgiern kurzen Prozeß gemacht haben. Mit der Souveränität des Gewissenlosen setzt sich Hitler über Völkerrecht, über Sitte und Moral hinweg. Es komme nicht auf das Recht an, sondern auf den Sieg. „Ich werde propagandistischen Anlaß zur Auslösung des Krieges geben, gleichgültig, ob glaubhaft. Der Sieger wird später nicht danach gefragt, ob er die Wahrheit gesagt hat oder nicht.“

Viele, die da vor ihm sitzen, verbergen ihre Skepsis hinter unbewegten Mienen, aufgesetzter Jovialität oder gespielter Gelassenheit. General Fedor von Bock, dessen Heeresgruppe Polen von Norden her überfallen soll, ist allerdings von der „glänzenden Rede“ angetan. Hermann Göring, der eben noch drauf und dran war, nach England zu fliegen, um den Frieden in Europa zu retten, scheint wie verwandelt: Als ranghöchster Offizier gelobt er dem „Führer“ die Pflichttreue seiner Wehrmacht. Generaloberst Walther von Brauchitsch, der Oberbefehlshaber des Heeres, der sich auf die politischen Zusagen seines Obersten Befehlshabers verläßt und sich alle Warner vom Leibe hält, ermuntert zum Abschied seine Kameraden: „Herrschaften, begebt euch bald an eure Plätze!“

Admiral Canaris, noch wie betäubt von der Amoralität und Destruktivität dieser Rede, gab das Stenogramm seinen Freunden in der Abwehr zu lesen. Generaloberst a.D. Ludwig Beck, das Haupt der militärischen Verschwörer, entschied, diese maßlose Rede müsse den Regierungen der Westmächte bekannt werden, um ihnen endlich die Augen zu öffnen.

Offensichtlich haben daraufhin Oberst Hans Oster, der zu allem entschlossene Regimegegner, und andere die Ansprache Hitlers noch durch überspitzte Formulierungen vergröbert, auch Informationen über die geplanten Kriegsverbrechen der SS-Einsatzgruppen oder der als polnische Soldaten verkleideten SS-Männer eingestreut. Im Kern stimmt aber alles. Ein Satz wie „Wer spricht heute noch von der Vernichtung der Armenier?“ scheint Hitlerscher Originalton zu sein, denn er hat unter seinen alten Kämpfern in München Augenzeugen der türkischen Massaker von 1915 kennengelernt. Auch eine rühmende Bemerkung über Dschingis Khan könnte wirklich gefallen sein.

Der Sozialdemokrat Hermann Maaß – auch er später ein Opfer des Terrors nach dem 20. Juli 1944 – übergab den Text dem Korrespondenten der „Associated Press" in Berlin, Louis P. Lochner. Die amerikanische Botschaft wollte das Dokument gar nicht erst haben: „That is dynamite." Doch über die britische Botschaft gelangt die „Dschingis-Khan-Rede" noch vor dem Krieg nach England.

*

In den paar Tagen bis zur ersten Salve der „Schleswig-Holstein" läuft noch einmal ein großes Täuschungsmanöver ab. Ausländische und deutsche Diplomaten werden zum Reichsparteitag eingeladen und sollen bis zum 26. August (dem geplanten Angriffstag) zusagen. Kriegervereine reisen zur Tannenberg-Feier nach Ostpreußen; in allen Zeitungen wird fürs kommende Wochenende eine Rede des Generalobersten von Brauchitsch an die Wehrmacht angekündigt. Und was erst wird Hitler, wenn er am 27. August im Rund des Tannenbergdenkmals spricht, der Welt zu sagen haben? Das durchtriebenste Stück leistet sich Göring, diesmal als Reichsjägermeister (einem seiner vielen Ämter): Er lädt den polnischen Botschafter für den Herbst zu einer Mufflonjagd ein.

Währenddessen versammeln sich im oberschlesischen Grenzgebiet besondere Einsatzkompanien der SS und Polizei. In polnische Uniformen gekleidet, sollen sie in der Nacht vom 25. zum 26. August das Zollhaus Hochlinden und das Forsthaus Pitschen in der Nähe von Ratibor überfallen. Die Uniformen hat sich Sicherheitsdienstchef Reinhard Heydrich mittels einer Weisung Hitlers bei der militärischen Abwehr beschafft. In der Slowakei rüsten sich der Reserveleutnant Albrecht Herzner von der Abwehr II und seine K(ampf)-Organisation – zumeist polnische Volksdeutsche und Sudetendeutsche – für ihren Auftrag. Die Agententruppe soll einige Stunden vor Kriegsbeginn in das seit 1938 polnische Olsagebiet eindringen, um die Sprengung des strategisch wichtigen Eisenbahntunnels am Jablunka-Paß zu verhindern. Auch Tausende ukrainischer Legionäre, wieder halbwegs versöhnt mit den Deutschen, stehen kampfbereit.

Am 23. August übernimmt der deutsche Generalstab das Kommando über das slowakische Heer; unter den Augen britischer Journalisten überfluten Zehntausende deutscher Soldaten das kleine

Land, das im März 1939, nach dem Ende der Tschechei, formal unabhängig wurde, und begeben sich zu ihren Ausgangsstellungen an der polnischen Grenze. Sie bewegen sich wie in einem besetzten Land; notfalls dürfen sich die Kommandeure mit Kriegsrecht über die slowakischen Behörden hinwegsetzen.

Auch im Reichsgebiet mehren sich die Anzeichen, daß es brenzlig wird. Im Bahnverkehr gibt es Verspätungen, weil Truppentransporte Vorfahrt haben. In den Nächten rasen Kradfahrer durch die Dörfer und überbringen die Einberufungsbefehle. Am 24. August abends wird ganz Ostdeutschland für den zivilen Flugverkehr gesperrt, am Tage darauf die militärische Zensur eingeführt.

Grenzzwischenfälle häufen sich, ebenso mehren sich die Spannungen zwischen der volksdeutschen Minderheit und den Polen. Seit die Sendboten der Nazipartei, der SS und der militärischen Abwehr unterwegs sind, um der deutschen Invasion durch Propaganda oder Sabotage die Bahn zu ebnen, ist manchem Volksdeutschen der Kamm geschwollen. Auf der anderen Seite hat die Danziger Krise den polnischen Nationalismus überhitzt. Das unbehagliche Gefühl, Polen könnte doch verloren sein, wird durch chauvinistische Parolen vom „Marsch nach Berlin“ übertönt; in gewissen Kreisen setzt man sich schon Kriegsziele wie die Annexion Ostpreußens. Genüßlich läßt das Reichspropagandaministerium Karten aus polnischen Pamphleten nachdrucken, in denen die alten historischen oder möglichen neuen Grenzen Polens gezeigt werden – bis hin zur Oder oder gar zur Elbe.

Unvermeidlich kommt es zu Übergriffen, teils von polnischer, teils von deutscher Seite. Aus Angst fliehen viele Volksdeutsche ins Reich. Was nun die Nazimedien daraus machen, hat mit der (unschönen) Wirklichkeit kaum noch etwas zu tun. Am 10. August hat Goebbels seine Greuel-Kampagne auf den Titelseiten der Zeitungen eröffnet. Die Redaktionen werden angewiesen, nicht gleich in die vollen zu gehen, sondern sich noch eine Steigerung offenzuhalten.

Das Blut quillt sozusagen aus den Schlagzeilen. Im Parteiorgan „Völkischer Beobachter“ liest man: „Polnische Banditen ermorden fünf Monate alten Säugling“ (21.8.) oder „Mord reiht sich an Mord“ (24.8.). Immer nach der zynischen Devise des Propagandaministeriums: „Es sei gleichgültig, was von den Meldungen geglaubt werde oder nicht, sie müßten die Aufmachung der Presse bestimmen, weil damit die Haltung der deutschen Politik kundgetan werde.“ Zuweilen tun die willigen Redakteure des Guten zuviel: In einigen Blättern erscheinen Flüchtlingsbilder, die unverkennbar in einer Winterlandschaft aufgenommen worden sind.

Die Abstimmung zwischen Generalstab und Propaganda ist perfekt. Am Vortage des deutschen Angriffs werden angebliche polnische Truppenkonzentrationen an der Grenze groß herausgestellt. Am Y-Tag, Samstag, dem 26. August, sollen die Morgenzeitungen, die ja wegen nächtlicher Umbruchzeiten den Kriegsbeginn nicht mehr mitbekämen, dem Volke auf der ersten Seite melden, daß die Tannenbergfeier und der Reichsparteitag abgesagt worden sind. Aber schon am 23. August zeigt sich die Londoner „Times" besser informiert als das deutsche Volk. Ihr Berliner Korrespondent berichtet, in den nächsten zwei Tagen werde Deutschland entweder ein Ultimatum an Polen stellen oder es werde sonst etwas passieren. Was er nicht voraussehen kann: Diesmal wird das Deutsche Reich, im Gegensatz zu 1914, ohne offene Mobilmachung und ohne formelle Kriegserklärung anfangen.

*

Die verdeckte Mobilmachung ließ Hitler bis zum letzten Tag diplomatischen Spielraum. Unmittelbar nach dem Abschluß des Paktes mit Stalin hatte er damit gerechnet, daß die Westmächte ihre Garantie für Polen zurückzögen. Statt dessen machten sie einen Teil ihrer Truppen mobil.

Nachdem der erste Schock verflogen war, setzte sich Chamberlain sofort hin, Hitler einen Brief zu schreiben. Darin bekräftigte er feierlich die britischen Verpflichtungen, regte zugleich aber eine Entspannungspause an, damit Deutschland und Polen über ihre Minderheitenprobleme miteinander verhandeln könnten. Einen anderen Weg sehe er nicht, „eine Katastrophe zu vermeiden, die Europa in den Krieg führen wird". Denn noch immer ging es ja vorgeblich um Danzig und den Korridor.

Als Botschafter Henderson den Brief zum Berghof brachte, bereitete ihm Hitler eine fürchterliche Szene. Mit brutaler Sprache wollte er die Engländer einschüchtern. „Die Fragen Danzigs und des Korridors werden liquidiert, so oder so!" Hernach klopfte er sich lachend auf die Schenkel und sagte zu Weizsäcker: „Dieses Gespräch überlebt Chamberlain nicht, sein Kabinett wird heute abend stürzen."

Als dies immer noch nicht geschah, hoffte er auf die Sitzungen von Unterhaus und Oberhaus. Doch es trat genau das ein, was

Weizsäcker vorausgesagt hatte: England stand einig hinter seiner Regierung.

Alle Warnungen vor dem Risiko eines Weltkrieges hatten Hitler nur noch fanatischer gemacht. Je deutlicher London wurde, desto wilder gebärdete er sich. Mehrere Mitglieder der Widerstandsbewegung, unter ihnen Goerdeler, Moltke, Trott, hatten den ganzen Sommer über auf die Briten eingewirkt, sie sollten durch feste Haltung und unmißverständliche Sprache Hitler von seinem Kriegskurs abbringen. Auf eigene Faust reiste der Oberstleutnant Gerhard Graf Schwerin von der Generalstabsabteilung „Fremde Heere West" nach London. Ihm öffneten sich Tür und Tor, und überall wiederholte er seinen Rat: Hitler könne man nur mit Taten beeindrucken, zum Beispiel durch gemeinsame britisch-französische Luftmanöver, durch eine Flottendemonstration in der Danziger Bucht, die Entsendung eines britischen Generals nach Berlin und die Aufnahme Winston Churchills in die Regierung.

All den Aufwand hätten sich die Widerständler sparen können. Was immer die Westmächte getan oder angedroht hätten, Hitler und Goebbels, zeitweise auch Ribbentrop und Göring, hatten sich über Monate an die Vorstellung gewöhnt, England bluffe nur. Die These wurde noch zugespitzt: Wenn England versichere, diesmal bluffe es nicht, so sei eben dies der Bluff. Der amtliche Bericht Schwerins über die Kriegsentschlossenheit der Engländer wurde von seinen Vorgesetzten als „Feindpropaganda" abgelegt.

Aber konnten sich die Politiker des Westens sicher sein, ob nicht auch Hitler bluffte? Sogar Staatssekretär von Weizsäcker im Auswärtigen Amt verstand Hitlers Politik im Frühling und Sommer so, daß er „einen hohen und gefährlichen Poker" spiele, aber mit der bestimmten Absicht, „im letzten Moment einzulenken". Mit einer solchen Politik hatte Hitler in München Erfolg gehabt – dank kluger Mitarbeit Weizsäckers hinter den Kulissen. Mit einer Risikopolitik und mit „auch vor dem Äußersten nicht zurückschreckenden" Entschlüssen hatten schon die Politiker des Kaiserreichs während der Marokko- und Balkankrisen vor 1914 versucht, für das Deutsche Reich Vorteile zu erpressen.

In einem Punkt hatte sich Weizsäcker getäuscht: Hitler wollte partout den kleinen, lokalisierten Krieg mit Polen, so wie der (von Hitler als Feigling mißverstandene) Reichskanzler von Bethmann Hollweg 1914 den Krieg mit Serbien begrenzen wollte. Beide riskierten bewußt den Weltkrieg, und beide hofften bis zuletzt, die Engländer würden es sich doch anders überlegten.

Aber in der Woche vor dem 26. August 1939, als sich Hitler bereits als Herr der Welt fühlte, die er nun, nach dem Pakt mit Stalin, „in der Tasche" habe, zeigte er in seinen tagespolitischen Entscheidungen und Überlegungen bedenkliche Schwankungen. Eben noch will er Polen mit einem Schlag zertrümmern, da denkt er schon wieder an ein etappenweises Vorgehen. Visionen hat er, aber keine klare Linie, kein festes Konzept, in dem fein säuberlich eins nach dem andern abgehakt wird und an dem man sich orientieren kann. Er bleibt unberechenbar, weiht nicht einmal die nächsten Getreuen in seine Pläne ein. In letzter Minute fällt ihm immer noch etwas ein, was alles wieder auf den Kopf stellen kann.

Am 25. August probiert Hitler noch einmal, die Engländer von Polen zu trennen. Zu diesem Zweck verschiebt er die Ausgabe des Angriffsbefehls um eine Stunde. Für halb 2 Uhr mittags bestellt er Botschafter Henderson in die Reichskanzlei und unterbreitet ihm seinen „letzten Vorschlag", angeblich von ähnlich welthistorischer Qualität wie der deutsch-russische Pakt. Sobald er die polnische Frage gelöst habe – er meint natürlich die totale Vernichtung Polens –, wolle er offiziell die Existenz des britischen Weltreiches garantieren und ihm sogar, wenn nötig, die Hilfe der Wehrmacht an jedem Punkt der Welt zusichern. Dann könne man auch über eine vernünftige Begrenzung der Rüstung reden.

Alles Lug und Trug und ebenso dummdreist wie beleidigend. Der persönliche Referent des britischen Außenministers Lord Halifax meinte: „Es ist das unverschämteste Dokument, das ich jemals zu Gesicht bekommen habe, da es die alte Leier wiederholt: Ihr laßt uns freie Hand, mit Polen abzurechnen, und dafür werden wir Euch [das Empire] garantieren, aber Ihr müßt uns unsere Kolonien zurückgeben."

Um 15.02 Uhr am 25. August 1939 öffnet Hitler die Tür seines Musikzimmers und verkündet den wartenden Offizieren ruhig und gelassen: „Fall Weiß!" Mehr braucht er nicht zu sagen. Die Kriegsmaschine setzt sich langsam in Bewegung.

Die Würfel sind gefallen – so scheint es jedenfalls Weizsäcker. Er ist tief deprimiert. Sein ganzes Trachten, den Krieg zu verhindern, war umsonst. „Mein Name in Verbindung mit diesem Ereignis ist eine entsetzliche Vorstellung, abgesehen von den unabsehbaren Folgen für den Bestand Deutschlands und meiner Familie", schreibt er in sein Tagebuch. Drei Söhne und einen Schwiegersohn muß er ins Feld stellen – der älteste fällt schon eine Woche später in der Tucheler Heide, und auch der Schwiegersohn kehrt nicht heim.

Vielleicht geschieht an diesem Nachmittag, woran sich später der damalige SS-Adjutant Ribbentrops erinnert: Der Außenminister sei, als Weizsäcker anscheinend wieder einmal vor dem Kriegseintritt des Westens warnte, kreidebleich geworden und habe unbeherrscht losgeschrien: Er verbitte sich defätistisches Gerede, auch der Staatssekretär habe zu gehorchen. Jedenfalls hat Weizsäcker seinen Rücktritt angeboten (vergebens); man möge ihn zur Marine entlassen. (Vor seiner Diplomatenlaufbahn hatte er zwanzig Jahre lang als kaiserlicher Offizier zur See gedient.) Warum will er dennoch zu den Fahnen eilen? Um Hitlers Krieg zu führen, den er doch verhindern wollte? In jenen Tagen melden sich viele adlige oder bürgerliche Deutsche, denen manches am Naziregime nicht gefällt, die es aber auch nicht aktiv bekämpfen mögen, an die Front – die Wehrmacht, das Instrument des Raub- und Rassenkrieges, als letztes Refugium!

*

Die Depressionen des Staatssekretärs währten nur ein paar Stunden. Um 18 Uhr widerrief Hitler seinen Angriffsbefehl. Dreierlei war geschehen, was ihm jäh seine Illusionen zerstörte:

Die Agenturen meldeten, daß England und Polen einen Beistandspakt unterzeichnet hatten. Kurz danach gab der französische Botschafter Coulondré Hitler sein Ehrenwort als Offizier, daß die französische Armee auf seiten Polens kämpfen werde. Und dann überbrachte der italienische Botschafter Attolico einen Brief Mussolinis, der „als loyaler Freund" mitteilte, Italien könne gegenwärtig nicht in einen Krieg eintreten. Allerdings könne es unverzüglich intervenieren, „wenn Deutschland uns sofort das Kriegsmaterial und die Rohstoffe liefert, um den Ansturm auszuhalten, den die Franzosen und Engländer vorwiegend gegen uns richten werden".

Später wurde die Liste nachgereicht: 600 Flakgeschütze, ungeheure Mengen an Kupfer, Zinn, Blei, Nickel, Eisen, Kohle, Benzin und so weiter – Forderungen, die Deutschland unmöglich noch vor Kriegsbeginn erfüllen konnte. Hitler durfte also, falls die Westmächte den Krieg erklärten, nur auf die wohlwollende Neutralität Italiens zählen.

Unter diesen Umständen entschied Hitler nach kurzer Absprache mit Ribbentrop, den Angriff auf Polen abzublasen. Auf zum Teil abenteuerlichen Wegen gelang es dem Oberkommando, eine Million Soldaten noch kurz vor der Grenze aufzuhalten, sicherlich eine militärische Leistung besonderer Art und ein Sieg der Feldnachrichtentruppe.

Auf eines war im „Dritten Reich" Verlaß: auf die Perfektion der Generalstabsarbeit und auf die Disziplin der Truppe. Nur in Ostpreußen pirschte eine Reiterpatrouille zu früh in Feindesland – ein Unteroffizier fiel. Auch die Kampfgruppe des Leutnants Herzner am Jablunka-Paß konnte nicht mehr zurückgepfiffen werden; nach Schießereien wurde sie von den Polen umzingelt. Da weder der deutsche noch der polnische General am Orte wegen dieses Zwischenfalls einen Krieg auslösen wollten, ging der peinliche Frühstart harmlos aus. Auf der „Schleswig-Holstein" konnte die Ausschiffung der Sturmkompanie noch in letzter Minute vermieden werden.

Bei den Kommandeuren war an diesem Abend das Ansehen ihres Obersten Befehlshabers jäh gesunken. Admiral Canaris glaubte fest, von diesem Schlag werde sich Hitler nie wieder erholen. Der Friede sei für zwanzig Jahre gerettet! Tatsächlich hatte Hitler aber demonstriert, wie ihm die Wehrmacht aufs Wort gehorchte und daß er ihr alles abverlangen konnte.

Generaloberst von Brauchitsch gewann dem Fehlstart sogar Positives ab. Er hatte immer schon beteuert, das Heer sei noch nicht fertig. Jetzt bekam er sieben Mobilmachungstage dazu, so daß am 1. September noch 23 Divisionen mehr, insgesamt 54, an der Ostfront antreten konnten. Dieses Argument leuchtete Hitler um so mehr ein, als er Polen so rasch wie möglich zerschlagen mußte, damit die Masse des Heeres dann sofort an die entblößte Westfront verlagert werden konnte. Außerdem hatte er nun ein paar Tage Zeit für neue diplomatische Spielchen. „Schlau müssen wir sein, schlau wie die Füchse", hörte man ihn murmeln.

Hitler fand sich jetzt in der gleichen Situation wie die Reichsleitung Ende Juli 1914: Man hatte sich „festgeblufft, die Direktion verloren", wie Bethmann Hollweg damals bemerkte. Jetzt galt es, und sei es zum Schein, noch einmal zu versuchen, England ruhig zu halten und zugleich dem deutschen Volk noch vor Kriegsbeginn einen Schuldigen zu präsentieren. Hermann Göring nutzte die Gelegenheit, sich bei Hitler wieder besser in Positur zu setzen, nachdem dieser von Ribbentrop falsch beraten worden war. Ihm schmeichelte der Gedanke, daß er, der Feldmarschall, den Frieden erhalten könne. So ließ er in den nächsten Tagen den schwedischen Industriellen Birger Dahlerus als Vermittler zwischen Deutschland und England hin- und herpendeln.

Die mitunter dramatischen Einzelheiten der diplomatischen und privaten Gespräche in der letzten Friedenswoche können wir uns ersparen, da sie zwar von westlicher Seite ernst gemeint waren, jedoch für Hitler nur dem einzigen Zweck dienten, Polen entweder von den Westmächten zu trennen oder zumindest ins Unrecht zu setzen.

Spätestens am Sonntag, dem 27. August, wurde auch den meisten Deutschen der Ernst der Lage bewußt. Die Hausfrauen erfuhren, daß sie von nun an auf Lebensmittelkarten und Bezugsscheinen einkaufen müßten. Benzin wurde ausschließlich ans Militär ausgegeben. In vielen Berliner Lokalen tanzten und zechten die Menschen die ganze Nacht hindurch – Abschied vom Frieden.

In Polen rief man die Familien auf, sich einen Notvorrat anzulegen. Städte wie Warschau, London, Amsterdam wurden sich ähnlich: Sandsäcke stapelten sich vor wichtigen Gebäuden; Zivilisten schaufelten Deckungsgräben in Parks und Gärten. Am vorsorglichsten reagierten die Engländer: Sie evakuierten drei Millionen Mütter und Kinder aus den vom Luftkrieg gefährdeten Großstädten.

Gedrückte Stimmung in Europa. Nur Hitler zeigte „sehr gute Laune". Am Montag abend sagte er seinen Paladinen im Wintergarten der Reichskanzlei, er werde sich nachts „etwas Teuflisches ausdenken für die Polen, an dem sie krepieren werden". Ein Meisterwerk an Diplomatie sollte es sein. Am nächsten Tag entwarfen die völkerbunderfahrenen Beamten des Auswärtigen Amts den berühmten 16-Punkte-Plan, ein angeblich großzügiges Angebot an Polen, das auf den ersten Blick sogar Botschafter Henderson nicht durchschaute. Es steckte aber voller Fallstricke.

Danzig sollte ins Reich heimkehren, Gdingen polnisch bleiben. Im Korridor sollte ein Plebiszit über die Zugehörigkeit entscheiden. Abstimmen durften alle Polen und Deutsche, die vor dem 1. Januar 1918 in Westpreußen geboren worden waren oder gewohnt hatten. Die Hunderttausende von Westpreußen, die nach dem Weltkrieg ins Reich geflohen waren, durften ebenfalls votieren, nicht aber die Polen, die nach dem Stichtag im Korridor geboren worden oder zugewandert waren.

Nach dem Vorbild des Saarstatuts von 1935 sollte eine internationale Kommission mit eigenen Truppen das Gebiet überwachen. Mitglieder: England, Frankreich, Italien und – Rußland. Militär, Polizei und Behörden der Polen mußten die Zone sofort räumen.

Der Ausgang des Plebiszits konnte natürlich nicht zweifelhaft sein; ergo war der Plan für Polen unannehmbar. Er sollte, wie Hitler später zugab, auch nur als „Alibi" für seinen Krieg dienen. Am

29. August 1939 verlangt Hitler, daß binnen 24 Stunden ein polnischer Generalbevollmächtigter nach Berlin komme. In der Nacht zum 31. August las Ribbentrop dem britischen Botschafter die neuen Vorschläge zwar vor, gab sie aber nicht aus der Hand. Der Plan sei überholt, sagte der Außenminister, denn der polnische Generalbevollmächtigte war ausgeblieben.

Die ultimative Frist war so kurz, weil die Wehrmacht mit ihrem Überfall nicht länger als bis zum 1. September warten konnte. Am späten Abend des 31. August erschien immerhin noch der polnische Botschafter Lipski im Auswärtigen Amt: Seine Regierung werde sich in den nächsten Stunden zu dem englischen Vorschlag für eine direkte Verständigung mit Deutschland formell äußern. Eine Vollmacht hatte Lipski nicht dabei. Er tat gut daran, denn den deutschen Fahrplan hatte General Halder bereits in seinem Diensttagebuch im voraus notiert: „30.8. Polen in Berlin. 31.8. Zerplatzen. 1.9. Gewaltanwendung."

Der „Schuldige" war also ausgemacht, nun fehlte Hitler nur noch der „propagandistische Anlaß". In den Abendstunden unternahm eine SD-Gruppe unter dem SS-Sturmbannführer Alfred Naujocks einen Scheinüberfall auf den Reichssender Gleiwitz; hinterher sprach man von „polnischen Insurgenten". Auch die anderen Scheingefechte, beim Zollhaus Hochlinden (Kreis Ratibor) und beim Forsthaus Pitschen (Kreis Kreuzburg) liefen wie am Schnürchen ab. Anderntags berichteten die Zeitungen davon, und Hitler – „drei ganz schwere Grenzzwischenfälle" – log in seiner Reichstagsrede: „Polen hat nun heute nacht zum erstenmal auf unserem eigenen Territorium auch durch reguläre Soldaten geschossen."

Das ganze verbrecherische Ausmaß des „Unternehmens Tannenberg" hat erst vor einigen Jahren der Düsseldorfer Staatsanwalt Alfred Spieß von Amts wegen ermittelt. Beim Sender Gleiwitz hatte man die Leiche eines angeblichen Insurgenten deponiert – es handelte sich um den Reichsbürger Franz Honiok aus Hohenlieben. Die Gestapo hatte den Mann festgenommen, der SD ihn umgebracht. Sein einziges Vergehen: Er sympathisierte mit Polen. Außer ihm hinterließ der SD noch zwei Leichen am Tatort Gleiwitz, sechs in Hochlinden. Es waren zuvor ermordete Gefangene aus dem Konzentrationslager Sachsenhausen: teils „Schutzhäftlinge", teils sogenannte „Berufsverbrecher". Die SS sprach zynisch von „Konserven". Mit blutbefleckten Händen zog Deutschland in den Krieg.

*

Das Linienschiff „Schleswig-Holstein" lag immer noch, etwas von der Pier zurückgenommen, im Danziger Hafen. Der Führer der Marine-Sturm-Kompanie nutzte die geschenkte Zeit, um in Zivil das Gelände um die Westerplatte zu erkunden. Am 27. August gab Völkerbundkommissar Burckhardt für die Offiziere einen Empfang. Kommandant Kleikamp vertraute ihm überraschend an, er habe einen furchtbaren Auftrag zu erfüllen, den er vor seinem Gewissen nicht verantworten könne. Am 31. August, um 23 Uhr, rief der Kapitän seine Offiziere zu sich. „Er war wachsbleich, mit tiefen Schatten unter den Augen, aber ruhig und beherrscht wie immer, als er uns den Befehl bekanntgab", erinnert sich ein Augenzeuge. Eine halbe Stunde später ging die Marine-Sturm-Kompanie an Land.

Im Morgengrauen des 1. September, um 4.43 Uhr, fuhr das Linienschiff mit halber Fahrt auf die Westerplatte zu, bis dicht an die Pier. Dann brüllten seine Geschütze die Danziger aus dem Schlaf. Die polnische Stellung war durch einen Wald verdeckt. So explodierten die Sprenggranaten schon in den Baumwipfeln. In der Feuerpause stürmte die Marine-Kompanie, blieb aber gleich im Kugelhagel polnischer Maschinengewehre liegen. Dreizehn Soldaten fielen, unter ihnen der Kompaniechef, 58 wurden schwer, 40 leicht verletzt. Fast die halbe Kompanie war „verheizt" worden. Das erste Gefecht des Zweiten Weltkrieges endete mit einer deutschen Niederlage.

Um 10 Uhr vormittags trat Adolf Hitler vor den Reichstag: „Seit 5.45 Uhr wird jetzt zurückgeschossen!" Er hatte sich in der Uhrzeit um eine Stunde vertan, aber niemand wagte den Diktator zu korrigieren. Hitler trug eine feldgraue Uniformjacke, statt der Hakenkreuzbinde am linken Arm das Hoheitsabzeichen der SS, dazu goldene Manschettenknöpfe mit dem Danziger Wappen, ein Geschenk von Eva Braun. Diesen Rock, der ihm der teuerste sei, werde er „nur ausziehen nach dem Sieg, oder ich werde dieses Ende nicht erleben". Da war er wohl mit seinen Gedanken schon weit über den Polenfeldzug hinaus. Dem Dichter Jochen Klepper, der wie Millionen Deutsche die Kriegsrede am Radio mithörte, fiel auf: „Kein Wort von Gott in dieser Stunde."

IV. „Warschau brennt!" – In vier Wochen wird Polen überrannt

Wie ein Dieb bei Nacht kam der Krieg. Neun von zehn Deutschen verschliefen den Anfang. Nur die Grenzbewohner im Osten hörten den Lärm der Geschütze und der Flugzeugmotoren. Hitlers Tagesbefehl an die Wehrmacht wurde noch vor sechs Uhr in der Frühe über den Rundfunk verbreitet. Doch wer morgens den Volksempfänger anstellte, wußte auch so Bescheid: Militärmärsche, Wilhelm Hauffs „Morgenrot! Leuchtest mir zum frühen Tod?", Warnungen an die Schiffahrt, Ankündigung einer Führerrede. Die Schulkinder durften gleich wieder nach Hause gehen, auf daß sich ihnen dieser schulfreie Tag unvergeßlich einpräge.

Nur wenige Berliner säumten die Straßen, als Hitler mit Gefolge zum Reichstag fuhr. In seiner Rede kam das Wort Krieg nicht vor. Propagandaminister Goebbels wies die Presse an, es vorerst zu vermeiden. Es wurde ja nur „zurückgeschossen", und die Wehrmacht führte nur einen Gegenangriff. Einen Kriegszustand hatte Berlin auch gar nicht erklärt, nicht einmal die Beziehungen zu Polen abgebrochen. Wohl darum spricht man heute noch verharmlosend vom „Polenfeldzug".

Danzig hatte sich eine dreiviertel Stunde vor Kriegsbeginn selber ins Deutsche Reich zurückgemeldet, aber diese Freudenbotschaft löste keinen Jubel mehr aus, und nirgendwo wurde geflaggt. Die Menschen wirkten ernst, bedrückt, niedergeschlagen, beklommen. Den älteren fiel auf, wie ganz anders als vor 25 Jahren es diesmal zuging. Im August 1914 strömten die Massen jubelnd zuhauf; fröhlich zogen die Kriegsfreiwilligen zur Kaserne; die Regimenter marschierten blumengeschmückt zum Städele hinaus.

Kein bißchen Hurra-Stimmung in Berlin. Auch in London und Paris nicht, und schon gar nicht in Warschau, wo bereits in der Frühe die ersten Bomben fielen. Den Menschen überall in Europa steckte der Schrecken der Materialschlachten bei Verdun, an der Somme und in Flandern noch in den Knochen, und im Nacken saß ihnen das Grauen vor dem Gaskrieg, auf den sie sich in den Luftschutzübungen vorbereitet hatten.

Erst am 3. September 1939, an einem warmen, ruhigen Sonntag, fiel offiziell zum erstenmal das Wort „Krieg". England und Frankreich erklärten ihn Deutschland. Jetzt wußten es alle: Das war der

Zweite Weltkrieg. Und dennoch: „Man begreift die Wirklichkeit des Krieges nicht", gibt Jochen Klepper in seinem Tagebuch die Stimmung jener Tage wieder, „er scheint fern, widerruflich." Und Sophie Scholl schreibt ihrem Bruder: „Ich kann nicht begreifen, daß nun dauernd Menschen in Lebensgefahr gebracht werden von anderen Menschen. Ich kann es nie begreifen, und ich finde es entsetzlich. Sag nicht, es ist fürs Vaterland."

Während Polens Städte und Dörfer brannten und Zehntausende mit Sack und Pack vor den Deutschen flohen, während seine Regierung unter der Wucht des brutalen Überfalls schon halb verzweifelt die sofortige Hilfe der westlichen Verbündeten einforderte, spukte in London und vor allem in Paris am 1. September noch immer der Geist des Appeasements durch die Amtsstuben. Kein Tommy, kein Poilu marschierte, keine „Vickers Wellington" erhob sich in die Lüfte. Erst abends um sechs, mehr als dreizehn Stunden nach dem deutschen Angriff, trat Premierminister Chamberlain vor das Unterhaus, dessen Fenster bereits verdunkelt waren. Der von Hitler so bitter enttäuschte alte Mann schlug mit der Faust auf seinen Aktenkoffer: „Die Verantwortung für diese schreckliche Katastrophe liegt auf den Schultern eines einzigen Mannes, des deutschen Kanzlers, der nicht gezögert hat, die Welt ins Elend zu stürzen, um seinem sinnlosen Ehrgeiz zu frönen."

Der französische Außenminister Georges Bonnet wollte auch jetzt noch den Frieden retten. Am Vortage hatte in Rom der kriegsscheue Mussolini eine Art neues „München" angeregt: Eine Vierer-Gipfelkonferenz sollte alle noch strittigen Bedingungen des Versailler Friedensvertrages prüfen. Die Entente-Mächte einigten sich, Deutschland noch kein Ultimatum, sondern lediglich eine unbefristete Warnung zuzustellen. Erst abends nach 21 Uhr hat Botschafter Henderson die Note an Außenminister von Ribbentrop überreicht: „Sofern nicht die deutsche Regierung ... ihre Angriffshandlungen gegen Polen einstellt und nicht bereit ist, ihre Streitkräfte unverzüglich von polnischem Territorium zurückzuziehen, wird die Regierung Seiner Majestät des Vereinigten Königreichs, ohne zu zögern, ihre Verpflichtungen gegenüber Polen erfüllen."

Am 2. September brachte Mussolini einen neuen Vermittlungsvorschlag ein: Waffenstillstand in Polen, binnen zwei bis drei Tagen Einberufung einer Konferenz, Lösung des polnisch-deutschen Streits. Für Hitler und den Generalstab wäre dies annehmbar gewesen, denn Danzig war schon deutsch; und die Wehrmacht hatte bereits ansehnliche Faustpfänder erobert. Die Engländer jedoch wollten sich auf nichts einlassen, solange noch ein deutscher Soldat auf polnischem Boden stand. Unter dem Druck der empörten Öffentlichkeit und des Unterhauses blieb der britischen Regierung auch gar keine andere Wahl.

An diesem Sonnabend hatte Chamberlain im Parlament einen schweren Stand. Die eigene Anhängerschaft begann zu revoltieren, weil England nach 36 Stunden noch immer nicht den Krieg erklärt hatte. Doch der französische Verbündete wollte noch mehr Zeit gewinnen, sowohl für die Mobilmachung als auch für die Evakuierung der Mütter und Kinder aus Paris. Man befürchtete, die deutsche Luftwaffe würde sofort nach der Kriegserklärung die Hauptstadt bombardieren. Außenminister Bonnet wäre sogar mit einem symbolischen Rückzug der Deutschen um ein paar Kilometer zufrieden gewesen.

Aber nun wurde es in Downing Street Nr. 10 dramatisch: Die Minister veranstalteten im Kabinettszimmer einen Sitzstreik. Und während draußen ein Gewitter aufzog, gab Chamberlain sich geschlagen: Ruhig eröffnete er den Ministern: *„Right, gentlemen, this means war.“* – „Nun gut, meine Herren, das heißt Krieg.“ Unmittelbar nach diesen Worten erleuchtete ein Blitz die Kabinettsrunde, und ein fürchterlicher Donnerschlag ließ das Haus erbeben. – Am Sonntag morgen um 9 Uhr verlangte der britische Botschafter, Ribbentrop zu sprechen. Der ließ sich wohlweislich verleugnen. Dolmetscher Paul Schmidt mußte das britische Ultimatum entgegennehmen. Der knappe Inhalt: Antworte die Reichsregierung nicht bis 11 Uhr auf die Note vom 1. September, werde sich England mit Deutschland im Krieg befinden. (Frankreich folgte ein paar Stunden später.)

In die Schulbücher eingegangen ist die Erzählung Schmidts, wie er Hitler und Ribbentrop in der Reichskanzlei das Ultimatum übersetzt. Die Einzelheiten werden zwar von anderen Augenzeugen unterschiedlich wiedergegeben, doch verbürgt scheint die etwas ratlose, wütende Frage Hitlers an seinen Minister: „Was nun?“ Nach einem Bericht des Legationsrats Eduard Brücklmeier hatte der Diktator, wohl vor der Ankunft Schmidts, Ribbentrop angeschrien, weil dieser ihn über die britischen Absichten falsch informiert habe: Hätte er geahnt, daß England ihm den Krieg erkläre, würde er Polen nicht angegriffen haben.

Der Minister war tief deprimiert, denn er hatte doch die ganzen Wochen hindurch (wider bessres Wissen?) nur das wiederholt, was Hitler selber allen kundtat: Der Westen würde nicht eingreifen.

In den Mittagsstunden hatte sich Hitler jedoch rasch wieder gesammelt. Er verbot Göring, noch in letzter Minute als Friedensengel nach England zu fliegen, und er entwarf Proklamationen an das Volk, an das Ostheer und das Westheer, an die Partei. Darin stempelte er England zum Hauptschuldigen und im selben Atemzuge auch den „demokratisch-jüdischen Weltfeind". Am 1. September hatte er in seiner Reichstagsrede die Juden merkwürdigerweise noch ausgespart.

Wichtiger als diese geballte Propaganda-Ladung war ein anderes Dokument, das Hitler unterzeichnete: die Weisung Nr. 2 für die Kriegführung an der Westfront, wo er leichtsinnigerweise, abgesehen von dem Defensivaufmarsch am Westwall, nichts vorbereitet hatte. Denn der Krieg gegen die Westmächte war ja erst in ein paar Jahren geplant. Also mußte er schon jetzt anordnen, die gesamte Wirtschaft auf die Kriegswirtschaft umzustellen.

Heer und Luftwaffe wurden im Westen zunächst zurückgehalten – sie sollten die Eröffnung der Feindseligkeiten den Franzosen und Engländern überlassen. Lediglich der Kriegsmarine gab Hitler den Angriff frei. Die Unterseeboote – ein paar waren schon Mitte August in den Atlantik entsandt worden – mußten aber den sogenannten Handelskrieg streng völkerrechtlich nach der Krisenordnung führen. Hitler wollte nicht den gleichen Fehler begehen wie die kaiserlichen Admiräle im Ersten Weltkrieg: Damals hatte Deutschland durch den uneingeschränkten U-Boot-Krieg – Versenkung von Handelsschiffen ohne Vorwarnung – den Kriegseintritt Amerikas provoziert und damit die Niederlage Deutschlands heraufbeschworen.

Doch genau dieser Ernstfall drohte bereits nach ein paar Stunden einzutreten. Vor Mitternacht bekam U 30 westlich der Hebriden den britischen Passagierdampfer „Athenia" vor die Rohre. Der deutsche Kommandant meinte, er habe einen britischen Hilfskreuzer vor sich und schoß seine tödlichen Torpedos ab. Beim Untergang des Schiffes – es hatte 1400 Passagiere an Bord – ertranken mehr als 100, unter ihnen 28 Amerikaner.

Die deutsche Seekriegsleitung hielt die Reuter-Meldung über die Schiffskatastrophe guten Glaubens für eine Falschmeldung. „Unzweifelhaft" könne nur eine „Kesselexplosion", mitnichten ein deutscher Torpedo die Ursache gewesen sein, denn allen U-Boot-Kommandanten waren Angriffe auf Passagierschiffe strikt untersagt. Als einige Wochen später, nach Rückkehr der U 30, die bittere Wahrheit nicht mehr zu leugnen war, wurde sie von Hitler und der Marine verschleiert. Goebbels, auf der Welle der neu entfachten „Gott strafe England"-Stimmung, fabrizierte die ungeheuerliche Lüge, Winston Churchill, seit dem 3. September wieder (wie schon 1914) Erster Lord der britischen Admiralität, habe den Zwischenfall mittels einer Zeitbombe inszeniert, um Deutschland in den Augen der Amerikaner zu diskreditieren. Bald sang Wilhelm Strienz im Volkswunschkonzert das Schmählied vom „alten Lügenlord".

Hitler versuchte weiterhin, seinen Generälen die Sorgen vor dem Zweifrontenkrieg zu nehmen. Mehr als eine bewaffnete Demonstration der Westmächte erwarte er nicht. Aus Saarbrücken und anderen Orten des Grenzgebiets im Vorfeld des Westwalls wurden zwar mehrere hunderttausend Einwohner evakuiert. Tatsächlich aber blieb, wie Hitler vorausgesehen hatte, die befürchtete Offensive des Feindes aus; zu mehr als Stoßtruppunternehmen rafften sich die Franzosen nicht auf. In den ersten Tagen wurde der Krieg sogar nur mit Lautsprechern, Flugblättern und Plakaten geführt.

Wenn Hitler ähnliche Zurückhaltung auch von den Engländern erwartet haben sollte, so wurde er eines anderen belehrt. Schon am 4. September abends wagten britische Flieger bei schlechtem Wetter einen Angriff gegen die deutsche Flotte bei Wilhelmshaven und Cuxhaven, das Panzerschiff „Admiral Scheer" und der leichte Kreuzer „Emden" bei Brunsbüttel wurden dabei etwas beschädigt. Der britische Löwe hatte seine Krallen gezeigt.

„Mit Mann und Roß und Wagen hat sie der Herr geschlagen", brüstete sich Hitler, als nach achtzehn Tagen an der Niederlage Polens niemand mehr zweifeln konnte, die so schnell und gründlich weder die Generalstäbe im Westen noch in Rußland erwartet hatten. Die Polen selber hatten gehofft, drei Monate lang ausharren zu können – bis dahin mußten doch die Heere der Westmächte tief im Herzen Deutschlands stehen.

Der Diktator hatte – ein bißchen ungenau – ein Gedicht von 1812 zitiert, das den Untergang der napoleonischen Großen Armee im russischen Winter als Gottesgericht begriff. Die Kirchen, loyal wie alle anderen gesellschaftlichen Gruppen im Reiche auch, griffen das Wort des Führers gern auf. Dem war allerdings erst am 3. September der „Herrgott" wieder eingefallen – in den Tagesbefehlen für den Polenfeldzug am 1. September hatte sich nur Generaloberst von Brauchitsch einer religiösen Formel bedient („Vorwärts mit Gott für Deutschland!"); Feldgeistliche begleiteten die Truppe, und auf den Koppelschlössern der Soldaten stand immer noch das alte „Gott mit uns". Eine Woche lang mußten im ganzen Land jeden Mittag die Kirchenglocken den Sieg beläuten.

Den Polen hatte ihre Schutzpatronin, die Schwarze Madonna von Tschenstochau, nicht geholfen. Sie waren den anstürmenden deutschen Armeen in Organisation und Führung und in der Bewaffnung hoffnungslos unterlegen, wenngleich sich die Zahl der Infanteriedivisionen (35:35) die Waage hielt. Die Deutschen aber waren der Zeit schon voraus; ihr Blitzkrieg wurde zum Modell künftiger Feldzüge. Zum erstenmal wurden Panzerverbände und motorisierte Einheiten in Großverbänden zusammengefaßt. Sie hatten den Befehl, vorwärtszustürmen, ohne nach links oder rechts zu blicken, die feindlichen Fronten aufzureißen und in großräumigen Bewegungen zu umfassen. Nach fünf Tagen erreichten deutsche Panzerspitzen bereits die Vororte von Warschau (am 6. September floh die polnische Regierung aus der Hauptstadt). Es hätte noch schneller gehen sollen, aber die Natur des Landes („Sumpf und Sand") bremste das Tempo der Panzerwagen.

Die polnische Armee schickte statt Panzerdivisionen elf Kavalleriebrigaden ins Feld, als lebte man noch in den Zeiten von Mars-la-Tour und Gravelotte. Die lanzenbewehrten Soldaten ritten manch schneidige Attacke, so daß bisweilen deutsche Kavalleristen, die es ja auch noch gab, Fersengeld geben mußten. Zufällig geriet eine Schwadron ins Schußfeld deutscher Panzer und wurde erbarmungslos niedergemäht. Aus dieser Begebenheit entsprang die Mär, polnische Reiter seien mit Lanzen auf die Panzer losgaloppiert, weil sie annahmen, es handle sich immer noch, wie bei den frühen Reichswehrmanövern, um Attrappen aus Pappe.

Der deutsche Feldzugsplan war so einfach wie schlagend – beste Schlieffen-Schule. In zwei konzentrischen Bewegungen sollten die Heeresgruppe Nord (Generaloberst von Bock) von Pommern und Ostpreußen, die Heeresgruppe Süd (Generaloberst von Rundstedt) von Schlesien und der Slowakei aus auf Warschau zustoßen und die Hauptmasse des polnischen Heeres westlich der Weichsel abfangen und zerschlagen. Der deutsche Überfall traf die Polen mitten in ihrer Generalmobilmachung (die sie auf westliches Anraten noch um einen Tag hatten verschieben müssen). Da das polnische Oberkommando seine Kräfte verzettelt hatte, weil es sich nicht traute, Provinzen zu opfern, spielte es den Deutschen noch in die Hände.

Ein Erfolgsrezept der Wehrmacht, das später Engländer, Amerikaner und Russen nachahmen sollten, war das Zusammenspiel zwischen der taktischen Luftwaffe und den motorisierten Einheiten. Die ohnehin veraltete polnische Luftwaffe wurde schon in den ersten beiden Tagen am Boden zerstört. So konnten die deutschen

Armeen im Schutze der eigenen Luftherrschaft frei operieren. Zehntausende und Aberzehntausende polnischer Soldaten zogen in die Gefangenenlager. Andere entkamen, zusammen mit Regierung und Generalstab, über die rumänische Grenze, Grundstock der sogenannten Anders-Armee, die in den folgenden Jahren auf westalliierter Seite weiterkämpfen sollte.

Die Nazipropaganda prägte den Begriff vom „Feldzug der achtzehn Tage“, vermutlich weil man den Sieg über Polen allein an die deutschen Fahnen heften wollte. Am 17. September nämlich war die Rote Armee in Ostpolen einmarschiert. Tatsächlich hielten sich aber noch bis zum Monatsende die Verteidiger der dicht beieinander liegenden „Festungen“ Warschau und Modlin und die Garnison auf der Halbinsel Hela. Die kunstvoll befestigte Westerplatte trotzte immerhin acht Tage lang dem Hagel von Schiffsgranaten und Stukabomben. Erst dann gab die Besatzung (rund 200 Mann, die kaum Verluste hatten) demoralisiert auf. Der Festungskommandant, Major Sucharski, durfte nach der Kapitulation seinen Degen behalten. Ebenso ritterlich behandelt wurde der Kommandeur auf Hela, Konteradmiral Jozef Unrug, ein ehemaliger Offizier der kaiserlich-deutschen Marine.

Alle Welt verfolgte das lange Leiden und tapfere Sterben der Hauptstadt Warschau. Das kleine Paris des Ostens war in eine Festung verwandelt worden, in die letzte Bastion der jungen Republik. Im Vertrauen auf westliche Hilfe sollte die Garnison so lange wie möglich ausharren. Die Deutschen hätten die eingeschlossene „Festung“ durch Aushungern oder Wasserentzug zermürben können, ohne unnötig Blut zu vergießen. Aber Hitler und seine Generäle wollten den Feldzug rasch beenden, ehe die Russen kamen oder die Alliierten marschierten. Mit Bomben und Granaten wurde die schöne Stadt sturmreif getrommelt, Hitler starrte mehrmals auf das brennende Warschau – vom Flugzeug aus und durchs grüngetarnte Scherenfernrohr, so als könnte er von dem Anblick gar nicht genug bekommen. Seine Luftflotte über Warschau wurde von General von Richthofen kommandiert, einem Spezialisten für den kombinierten Einsatz von Spreng- und Brandbomben – seine erste Erfahrung hatte er 1937 mit der Legion Condor in Guernica gesammelt.

Am 26. September 1939 appellierte der Stadtpräsident Starzynski über Radio Warschau an die Welt: „Warschau brennt! Wir haben kein Licht, kein Wasser, keine Lebensmittel, 60 000 Gefallene, 100 000 Verwundete, das ist das Ergebnis des schrecklichen Vernichtungswerks der Angreifer.“ Dann wandte er sich unmittelbar an die westlichen Verbündeten, die Polen im Stich gelassen hatten (es sollte nicht das letzte Mal sein): „Ich bitte nicht um Hilfe. Dazu ist keine Zeit mehr. Ich fordere Vergeltung. Für die eingeäscherten Kirchen, für die zerstörten Baudenkmäler [darunter das Warschauer Schloß], für die Tränen und das Blut der unschuldig Ermordeten, für die Qualen derjenigen, die von Bomben zerrissen, vom Feuer der Phosphorgeschosse verbrannt, in den eingestürzten Schutzräumen und Kellern erstickt sind."

Der Aufruf endete mit nationalem Pathos: „Warschau kämpft! Noch ist Polen nicht verloren!" Einen Tag später übergab der polnische Kommandant, General Juliusz Rommel, die Festung nebst 120 000 Soldaten. Am 2. Oktober verließ er als letzter die Trümmer der Hauptstadt. Dem Befehlshaber der deutschen 8. Armee, General von Blaskowitz, überließ er zum Andenken seine Pistole: „Das militärische Los ist veränderlich."

Am Anfang, nach dem Kriegseintritt der Westmächte, hätte es die deutsche Führung sehr begrüßt, wenn die Rote Armee den Polen in den Rücken gefallen wäre. Um so rascher hätte man den Feldzug beenden und die Masse der Truppen an den Westwall verlegen können. Doch Josef Stalin ließ sich nicht zum Mitdinieren ermuntern.

Da die Deutschen nicht wußten, was die Russen eigentlich vorhatten, kramte die militärische Abwehr wieder ihre alten Ukraine-Pläne hervor. Oberstleutnant von Lahousen erörterte am 12. September im „Führerzug" die Lage mit Reichsaußenminister von Ribbentrop und Generaloberst Keitel. Noch hatte sich Hitler nicht auf eine Zukunftslösung für Polen festgelegt, schon deswegen nicht, weil er sich Möglichkeiten für eine Verständigung mit den Westmächten erhalten wollte.

Am liebsten war ihm zu dieser Zeit ein unabhängiges Restpolen, mit dem er einen Friedensvertrag hätte schließen können. (Eingeweihte wußten, daß dies nur die erste Etappe gewesen wäre und – dem Rumpfstaat das gleiche Schicksal geblüht hätte wie der Tschechei.) Ribbentrop stellt sich denn auch schon vor, daß Restpolen zerfällt, Litauen Wilna zurückbekommt und – vorbehaltlich des Einvernehmens mit den Russen – die galizische und polnische Ukraine selbständig wird. Für diesen Fall will Lahousen einen Volksaufstand in Galizien vorbereiten, „der sich die Vernichtung des Polentums und der Juden zum Ziel setzt". So tönt die Sprache des Unmenschen aus dem Munde eines Wehrmachtoffiziers, die sich von der eines Heydrich oder Himmler nicht mehr unterscheidet.

Allein diese Gedankenspiele präludieren schon den Bruch des Hitler-Stalin-Paktes. Inzwischen stehen deutsche Angriffsspitzen tief in dem Gebiet, das am 23. August in einem Geheimen Zusatzprotokoll den Russen als Interessensphäre zugestanden worden war. Den Militärs hat man es verheimlicht. Am 17. September um 7.44 Uhr empfangen die Deutschen einen polnischen Funkspruch aus Luck: „Die Bolschewisten haben die Grenze auf allen Fronten überschritten."

Stalin hatte sich den Zeitpunkt mit Bedacht ausgesucht. Polen existierte als Staat nicht mehr, nachdem die Regierung ins Ausland geflohen war. Die Sowjetunion konnte sich nun als Schutzherr und Befreier der weißrussischen und ukrainischen Volksgruppen aufspielen, die sich Polen unterworfen hatte. Erleichtert wurde ihm der Entschluß, da zwei Tage vorher Rußland und Japan den Grenzkonflikt in der Mongolei beigelegt hatten. (Dort war im August eine ganze japanische Armee von sowjetisch-mongolischen Truppen unter General Schukow vernichtet worden.)

Stalin konnte den Westen über seine Absichten kaum täuschen. „Ein schrecklicher Schlag", schreibt Harold Nicolson deprimiert in sein Tagebuch, „macht unsern Sieg noch ungewisser."

Auch die deutschen Militärs reagieren mißmutig über die unverhoffte Waffenhilfe – wer läßt sich schon mitten im Siegeslauf gern stören? Da zwischen den Generalstäben nichts abgesprochen ist, entsteht sogleich eine gefährliche Situation. Generaloberst von Bock entrüstet sich: „Zur Begrüßung schmeißt ein russischer Bomber in unsere 23. Division." Bei Lemberg kommt es zu Schießereien. Das deutsche Oberkommando befiehlt den Rückzug auf die vorläufige Demarkationslinie an den Flüssen San, Weichsel, Narew und Pissa. Der Abwehroffizier Helmuth Groscurth konstatiert: „Der Rückmarsch ist mehr als kurz befristet, eine Art Flucht. Deutsches Blut half den Russen und dem Bolschewismus zum mühelosen Vordringen." Generalstabschef Franz Halder vermerkt unter dem 20. September 1939 voller Ingrimm: „Ein Tag der Schande für die deutsche politische Führung."

Auf Befehl Hitlers soll vor der Demarkationslinie kein deutscher Soldat mehr fallen. Verbindungsoffiziere beider Seiten einigen sich, daß zwischen den an- und abrückenden Armeen ein halber Tagesmarsch liegen muß. Auf diese Weise wird die galizische Hauptstadt Lemberg von den Russen noch einmal „befreit"– die polnischen Truppen müssen sich den Russen ergeben. Für ihre Offiziere endet der Weg in Katyn...

An dem Tag, da Warschau kapituliert, macht sich Ribbentrop zum zweitenmal nach Moskau auf. Erst wollte Hitler sogar selber Stalin aufsuchen. Am 28. September unterzeichnet der Außenminister im Kreml einen deutsch-sowjetischen Grenz- und Freundschaftsvertrag samt einigen Zusatzprotokollen. Der wesentliche Inhalt: Stalin verzichtet in Polen auf die Wojwodschaften Lublin und Warschau und erhält dafür Litauen als Einflußsphäre zugesprochen (das andernfalls ein deutscher Schutzstaat geworden wäre). Stalin begnügt sich mit einer Grenze, die ungefähr der 1919 von den Alliierten vorgeschlagenen Curzon-Linie entspricht und sich an den ethnographischen Gegebenheiten orientiert. In seinem Machtbereich bleiben nur noch vier von 35 Millionen Polen; viele werden schon bald nach Sibirien deportiert.

Die Nazis meinten sogar, wie immer oberschlau zu sein. Sicherheitsdienstchef Heydrich vertraute seinen Einsatzgruppenleitern am 27. September an, man wolle England jetzt die gesamte Kriegsschuld zuschieben. Da Deutschland und Rußland das eroberte Polen zu je fünfzig Prozent unter sich aufteilten, werde England wegen seiner Garantie gezwungen sein, auch Rußland den Krieg zu erklären. In diese Falle liefen jedoch die Engländer nicht hinein. Erst im Frühjahr 1940 erwägten westliche Militärs, die russischen Ölfelder bei Baku zu bombardieren.

Diesmal hatten die Deutschen nach Moskau Kartenzeichner mitgebracht. Stalin selber markierte mit einem dicken Bleistift einen Teil des Grenzverlaufs. Beim Übertragen auf eine größere Karte hatten nachher die Kommissionen allerlei Schwierigkeiten, da die sowjetischen Beamten nicht wagten, auch nur einen Millimeter von dem Originalstrich des Diktators abzugehen. Die deutsche Armee aber mußte nun Gebiete, die eben in aller Eile geräumt und „feierlich übergeben" worden waren, ein zweites Mal besetzen.

Die Stimmung zwischen den Delegationen im Kreml war geradezu herzlich. Ribbentrop und der Danziger Gauleiter Forster, der als Ehrengast mitgekommen war, fühlten sich „wie unter alten Parteigenossen". Als Alfred Rosenberg, der Hausdenker der Nazis, davon hört, gerät er außer sich: „Das ist so ziemlich die frechste Beleidigung, die dem Nationalsozialismus zugefügt werden kann."

Stalin hatte beim Festbankett jedem Delegationsmitglied einzeln zugetrunken. Seinen Geheimpolizeichef Berija stellte er mit den Worten vor: „Das ist unser Himmler!" Er soll sogar auf den Reichsführer SS einen Toast ausgebracht haben, auf den Mann, der Hunderte von deutschen Kommunisten auf dem Gewissen hatte.

Aber es paßte ins Bild. Denn im besetzten Polen hatten bereits Gestapobeamte und NKWD-Leute Fühlung miteinander aufgenommen, und bald wird Stalin sich nicht scheuen, deutsche Emigranten, die seit den Säuberungen in sowjetischen Gefängnissen sitzen, an die Gestapo auszuliefern. Auch in Polen zeigte diese Gemeinsamkeit furchtbare Folgen: Tausende nach Ostpolen geflohene Juden hatte die Rote Armee durch ihren Einmarsch zunächst einmal vor dem Zugriff der SS gerettet. Aber schon am 29. September ließ sie keine Juden mehr über die Demarkationslinie. Wechselweise wurden jüdische Flüchtlinge am San von der SS oder von NKWD-Truppen erschossen.

Beide Diktatoren bewerteten ihre „Freundschaft" besonders nach strategischen Vorteilen: Die Sowjetunion gewann ein Glacis, eben jene 300 Kilometer, die 1941 den Weg der deutschen Heeresgruppe Mitte nach Moskau so unheilvoll verlängerten, daß sie in den russischen Winter geriet. Das Deutsche Reich wurde durch die Lieferungen aus der Sowjetunion instand gesetzt, trotz der britischen Blockade weiter Krieg zu führen und in den nächsten anderthalb Jahren fast ganz Europa zu überrennen. Hitler beschwerte dieser ideologische Verrat aber nicht weiter. Schon Ende August hatte er in einer geheimen Sitzung des Reichstages den Pakt mit Stalin so charakterisiert: Er wolle den Teufel (und das war für ihn immer noch der „jüdische Weltfeind") mit dem Beelzebub austreiben.

Vor die Gruft des polnischen Staatsgründers Pilsudski auf dem Wawel, der Krakauer Königsburg, ließ Hitler einen Ehrenposten stellen. Offensichtlich rechnete er den Marschall jener „dünnen germanischen Schicht" zu, die er auf seinen Kreuzfahrten hinter der Front in Polen ausgemacht haben will. Unten sei, so sagte er zu Rosenberg, „ein furchtbares Material". Zu Goebbels äußerte er sich konkreter: „Mehr Tiere als Menschen, gänzlich stumpf und amorph."

Dieser verächtlichen Einschätzung entsprach vom ersten Tage an das mörderische Vorgehen von Heydrichs Einsatzgruppen. Mit versprengten polnischen Soldaten hinter der Front und vermeintlichen „Freischärlern" hat aber auch die deutsche Armee – noch ganz in der Tradition des Krieges von anno 70/71, als man französische „Franctireurs" füsilierte – kurzen Prozeß gemacht. Doch das Heer mochte noch so hart durchgreifen, es wurde allemal von der SS übertroffen. (Himmlers Tagesbefehl vom 1. September 1939: „Ich erwarte, daß jeder SS-Mann mehr als seine Pflicht tut!") Für Hitler und Heydrich arbeiteten die Kriegsgerichte viel zu langsam. Zweihundert Exekutionen pro Tag reichten ihnen noch nicht.

Bereits ein paar Tage nach Feldzugsbeginn wußte die Heeresführung von noch viel grausameren Plänen der SS. Hitler hatte befohlen, die polnische Mittelschicht – Lehrer, Adelige, Anwälte, Ärzte, Geistliche – auszurotten. Die Armee äußerte zwar Bedenken gegen diese „volkspolitische Flurbereinigung“, lehnte die Verantwortung ab, duldete jedoch die Verbrechen. Mitbeteiligt war die Armee von Anbeginn bei der Judenverfolgung. Wie selbstverständlich wurden Juden von Soldaten mißhandelt, zu schweren Arbeiten herangezogen; Soldaten plünderten jüdische Läden und Wohnungen, vergewaltigten Jüdinnen. In der Nähe von Pultusk wurden achtzig Juden von Wehrmachtsoldaten „niedergeknallt in viehischer Weise“ – so ein Armeebericht.

Ein Beispiel unter vielen ist das Massaker am 12. September in Bronskie. In dem Städtchen hatte sich das (unzutreffende) Gerücht verbreitet, die Leichen von vier gefallenen Deutschen seien verstümmelt worden. Daraufhin trieben Soldaten und Arbeitsdienstmänner die männlichen Juden zusammen und zwangen sie unter grausamen Mißhandlungen, die Soldatengräber auszuheben; wer keine Schaufel hatte, mußte mit den Händen graben. Der Ortskommandant, ein besonnener Polizeioffizier, gebot dem Treiben Einhalt. Er beschwichtigte die wütenden Landser: Die Juden seien zwar an allem schuld, aber trotzdem müsse der deutsche Soldat Disziplin bewahren. Als die Juden in Panik davonrannten, kam ihnen ein Reserveleutnant entgegengefahren, der „zwei Schreckschüsse“ abgab. Und schon wurde von allen Seiten geschossen – 22 Juden lagen tot auf dem Pflaster.

Der Leutnant wurde wegen Totschlags und unerlaubten Waffengebrauchs zu einem Jahr Gefängnis verurteilt. Kriegsgerichte haben sogar gegen SS-Offiziere wegen Massenmordes an Juden Verfahren eröffnet. Doch am 4. Oktober erließ Hitler eine Amnestie für alle Taten, die „aus Erbitterung über die von den Polen verübten Greuel“ begangen worden seien.

Gemeint war vor allem der „Bromberger Blutsonntag“. Am 3. September hatten polnische Soldaten und aufgebrachte Zivilisten in der westpreußischen Stadt etwa 660 Volksdeutsche umgebracht. Die polnische Version, daß die Truppen beim Rückzug aus dem Hinterhalt beschossen worden seien und deswegen Repressalien verübt hätten, wurde von deutschen Historikern und den Sprechern der Vertriebenen lange nicht akzeptiert. Dann hat jedoch der Journalist und Historiker Günter Schubert in polnischen Dokumenten Indizien gefunden, wonach das polnische Militär tatsächlich in der Nacht unter Feuer genommen wurde. Als Täter vermutet er Störtrupps des SD, die vorher aus dem Reich und Danzig eingeschleust worden waren. Nach den Statistiken einer deutschen „Gräberzentrale" von 1939 sind in den Kriegstagen in ganz Polen insgesamt 3 315 Volksdeutsche umgekommen, ein großer Teil davon während der Zwangsverschleppung ins Innere des Landes. Die Nazis bezifferten in einem ersten Weißbuch die Zahl der Opfer auf rund 5 400. Hitler hat später eine Null angehängt und die Zahl auf 58 000 erhöht – das Volk glaubte ihm.

Die Rache für Bromberg war fürchterlich. Im Verein mit SS, Polizei und volksdeutschem Selbstschutz beteiligten sich Landesschützen, Luftwaffensoldaten und Infanterie-Einheiten an Massenexekutionen. Nach ein paar Tagen hatten sie bereits über 1 400 Polen erschossen. Als am 9. September Staatssekretär Roland Freisler, der spätere Präsident des Volksgerichtshofs, in Bromberg prüfen wollte, ob das von ihm eingesetzte Sondergericht schon tätig geworden sei, wurde ihm gesagt, es gebe gar keine abzuurteilenden Täter mehr. Es hat dann doch noch bis zum Jahresende hundert Todesurteile verhängt.

Was war vier Wochen nach Kriegsanfang von dem Versprechen des Generalobersten von Brauchitsch übriggeblieben, die Wehrmacht sehe in der polnischen Bevölkerung nicht ihren Feind und werde das Völkerrecht achten? Wo die Wehrmacht nicht selber bei den Verbrechen mittat, da schaute sie weg. Gleichermaßen wie die SS wurde sie mitschuldig an den Untaten. Einzelne Soldaten haben es gespürt, wie der Generalstäbler und spätere Widerständler Hellmuth Stieff. Er schrieb im Herbst 1939 aus Polen: „Ich schäme mich, ein Deutscher zu sein."

Oberst Graf Schwerin warnt vergebens die Engländer

Im Sommer 1939 wurde in der Londoner Gesellschaft ein junger Tourist aus Deutschland von Club zu Club weiterempfohlen (als „besonders angenehm und intelligenter Mensch" wird er in einem Brief an den britischen Außenminister beschrieben), ein etwa vierzigjähriger Junker und Offizier, bei dem sich seine Gastgeber nicht so ganz sicher waren (und sein konnten), mit wem sie es zu tun hatten. Denn was er in vertrautem Kreise oder hinter verschlossenen Türen von sich gab, konnte ihn Kopf und Kragen kosten, wie er selber mit grimmigem Humor zugab. War er ein unbekümmerter Schwätzer, ein Abgesandter der Anti-Hitler-Verschwörung, vielleicht ein raffiniert getarnter Spion und Desinformationsagent der Nazis? Oder – wie unverbesserliche Hitler-Anhänger ihm heute noch brieflich vorzuwerfen wagen – ein „Landesverräter"?

Daß ihm in England alle Türen offenstanden, hatte Gerhard Graf Schwerin den Beziehungen seines Freundes William Roloff zu verdanken. Roloff, kaufmännischer Direktor der Nordsee AG, einer Unilever-Tochter, hat die Reise vorbereitet; er bediente sich dabei der Hilfe zweier einflußreicher Persönlichkeiten: der eine war der Vizepräsident von Unilever, der Holländer Paul Rykens, der andere der Herausgeber des „Observer", David Astor. Im Hintergrund hatte Schwerins dienstlicher Partner und Freund an der britischen Botschaft in Berlin, Major K.W.D. Strong, die Fäden gezogen, so daß er mit den maßgebenden Männern aus dem britischen Generalstab und den militärischen Nachrichtendiensten zusammenkam. Damit nichts schiefging, hatten Schwerins Freunde in der „Abwehr" Admiral Canaris eingeweiht. Das Geheimnis blieb bis ins achte Jahrzehnt hinein gewahrt.

Fast zur selben Zeit wie Oberstleutnant Graf Schwerin waren noch andere Hitler-Gegner auf geheimer Mission in England – so die Legationsräte Adam von Trott zu Solz und Erich Kordt sowie die Rechtsanwälte Fabian von Schlabrendorff und Helmuth James Graf von Moltke – im Mai 1939 war schon der ehemalige Leipziger Oberbürgermeister Carl Goerdeler dagewesen. Alle wollten das gleiche: England zu einer festen Haltung gegen Hitler ermutigen, um den drohenden europäischen Krieg abzuwenden. Aber im Gegensatz zur Sudetenkrise im Herbst 1938 sprach die deutsche Opposition diesmal mit vielen Zungen – keiner wußte vom anderen, schon aus Sicherheitsgründen nicht. Für die verantwortlichen Politiker in England ergab sich das konfuse Bild einer verzettelten Aktion.

In jenen von Düsternis und Schwermut beladenen Sommerwochen – ganz anders als die Deutschen, die nichtsahnend in die Sommerfrische fuhren, rechneten die Engländer beinahe fatalistisch mit dem Ausbruch eines neuen Weltkrieges – kam der junge Generalstabsoffizier gerade recht, den Briten zu raten oder ihre Sorgen zu nehmen. Seine Argumente und Vorschläge wogen schwer; andererseits schien er von Amtswegen (Abteilung Fremde Heere West) der richtige Adressat, um richtige (oder fiktive) Daten über die britischen Kriegsvorbereitungen an den Mann zu bringen.

Der arme deutsche Militärattaché in London kam aus dem Staunen nicht mehr heraus: Er hatte noch fast keine der vielen Persönlichkeiten kennengelernt, zu denen sich Schwerin spielend Zugang verschaffte: Offiziere, Professoren, Parlamentarier, Journalisten, Gewerkschaftsführer, Bankiers. Zwar begegnete man Deutschen damals schon mit kühler Reserviertheit – die „Kristallnacht" und Hitlers Wortbrüche hatten in England einen tiefen Schock hinterlassen. Dennoch wurde Schwerin überall höflich, oft sogar mit kameradschaftlicher Herzlichkeit empfangen.

Schwerin nahm kein Blatt vor den Mund. So berichtete zum Beispiel Oberstleutnant Charles Grey am 8. Juli Außenminister Halifax folgendes Zitat des deutschen Offiziers: „Wenn ich Ihre Regierung wäre, so würde ich jemand schicken, der wirklich Autorität hat, sehr gut Deutsch spricht und mit ihm (Hitler) 'Machtpolitik' redet, denn das ist die einzige Sprache, die er versteht." Für Diplomaten alter Schule wie Botschafter Henderson mit seiner unterkühlten Sprache empfinde Hitler nur Verachtung.

Ein Beamter des Foreign Office gab nach einem Gespräch mit Schwerin zu Protokoll: „Wenn wir wirklich zum Kampf mit Deutschland entschlossen seien, falls es einen 'Coup' in Danzig starte, dann sollten wir das nicht nur in unmißverständlichen Wendungen erklären, sondern außerdem irgend etwas ziemlich Spektakuläres unternehmen. Er scheint sich dabei alles vorzustellen, von der Mobilisierung der Flotte bis hin zur Aufnahme Churchills in die Regierung." Nur noch eine offene, unverblümte Sprache, kombiniert mit „Taten", könnte Hitler vom Kriegskurs abbringen – Deutschlands Generäle schafften es nicht mehr, sie würden einfach seine Befehle ausführen.

Staatssekretär Vansittart im Foreign Office versuchte, seine Regierung in diesem Sinne aufzustacheln: „Ich bin überzeugt, daß Graf von Schwerin recht hat. Ich habe schon im vorigen August die frühzeitige Mobilmachung unserer Flotte befürwortet. Ich habe es auch in diesen Jahr schon getan. Und ich wage es noch einmal. Das wäre eine Tat." (Es läßt sich nachweisen, daß Hitler im September 1938 in letzter Minute vor dem Krieg zurückschreckte, weil die britische Flotte mobilisiert worden war.) Doch Außenminister Halifax sah es anders: „Nur wenn wir bei jedweder Gelegenheit den Deutschen immerzu in die Köpfe einhämmern [und damit meinte er auch Schwerin, K.-H. Janßen], daß wir kämpfen können und kämpfen werden, falls es eine neue Aggression gibt, weiß ich, daß wir ein Desaster verhüten werden."

Aber dieser Vorsatz genügte nicht mehr. Selbst der „Urlaubsbericht" des Grafen Schwerin an seine Vorgesetzten hat nichts mehr bewirkt, obwohl er mit den Worten schloß: „Großbritannien steht politisch mit dem Rücken an der Wand und muß Deutschland den Krieg erklären, wenn die deutsche Wehrmacht Polen angreift. Die britische Regierung wird bei solchem Entschluß auf das Unvorbereitetsein der englischen Wehrmacht keine Rücksicht nehmen."

Als dann am 3. September 1939 die britische Kriegserklärung in Berlin eingetroffen war, setzte sich Schwerins Vorgesetzter, General von Tippelskirch, kreidebleich zu Tisch und sagte kein Wort. Erst als man sich bedrückt erhob, entfuhr ihm der Satz: „Ja, das haben wir uns wohl alle nicht vorgestellt..." So sprach der oberste Chef der gesamten Abteilung Fremde Heere, dem alle Informationsquellen, auch die der Diplomatie und der Geheimdienste, offenstanden, derselbe Mann, der ein paar Wochen zuvor den Oberstleutnant Graf Schwerin gefeuert hatte, als dieser das Ereignis voraussagte.

Drei verratene Völker – 134 000 Baltendeutsche vertrieben

Der Kapitän war krank, der Proviant ging zur Neige, die Maschine hatte einen Schaden – Gründe genug, warum das polnische Unterseeboot „Orzel", das seit dem deutschen Überfall auf Polen heimatlos auf See umherirrte, am 14. September 1939 den nächstgelegenen Ostseehafen anlief: die estnische Hauptstadt Reval. Die junge Republik Estland hatte sich, wie die anderen baltischen Staaten auch, neutral erklärt. Deshalb wurde das U-Boot interniert; es sollte entwaffnet werden: estnische Soldaten gingen an Bord.

Drei Tage später hörte die Besatzung vom Einfall der Roten Armee in Ostpolen. Da gab es nicht viel zu überlegen, zu nahe war die Rote Flotte. Die Polen überwältigten die Wachen, kappten die Leinen und liefen mit dem Boot aus. Unter dem Feuer von Küstenbatterien, verfolgt von estnischen Kriegsschiffen entkam die „Orzel" mit viel Glück – nach England. Der Zwischenfall setzte eine

Kette historischer Ereignisse in Gang, deren Folgen später Michail Gorbatschow zu schaffen machten: die Annexion der Republiken Estland, Lettland und Litauen.

Zwischenfälle gehören zum Repertoire imperialistischer Großmächte. Zwischenfälle werden von Geheimdiensten inszeniert, von Propagandazentralen erfunden, oder sie fallen wie ein Geschenk vom Himmel. Dann heißt es nur noch zugreifen. Diktator Josef Stalin ließ sich diese Gelegenheit nicht entgehen: Die große Sowjetunion fühlte sich durch die Flucht eines feindlichen Kriegsschiffes bedroht!

„Erster Akt“: Estland. Am 19. September eröffnete Außenkommissar Molotow dem estnischen Gesandten in Moskau, da Estland seine Neutralität nicht selber garantieren könne, werde fortan die Rote Flotte die Hoheitsgewässer schützen. Und schon kreuzten sowjetische Zerstörer und Torpedoboote vor der Küste auf.

Unvermittelt wurde der estnische Außenminister Karl Selter nach Moskau eingeladen, angeblich um den unterschriftsreifen Handelsvertrag zu unterzeichnen. Als er am Morgen des 23. September mit der Bahn die Grenze passierte, packte ihn der Schrecken: Überall sah er russisches Militär, marschierende Kolonnen, vollbeladene Züge. Ihm schwante, was ihn im Kreml erwartete.

Molotow kam gleich zur Sache. Er präsentierte seinen Gästen den Entwurf eines Beistandspaktes und verlangte Stützpunkte für Marine und Luftwaffe auf estnischem Territorium. Selbstverständlich werde sich die Sowjetunion nicht um die inneren Angelegenheiten des kleinen Nachbarstaates kümmern. Aber der Bär hob kurz die Pranken: „Wir können nicht lange warten. Ich rate Ihnen, die Wünsche der Sowjetunion zu erfüllen, um Schlimmeres zu verhüten.“ Zwei Tage Bedenkzeit gewährte Molotow den Esten.

Inzwischen zogen die Sowjets die Daumenschrauben an. Ohnmächtig mußte Armee-Oberbefehlshaber General Johan Laidoner aus dem Fenster seines Büros zusehen, wie sowjetische Bomber in niedriger Höhe die Hauptstadt Reval überflogen. Er hatte den Befehl gegeben, nicht auf die Flugzeuge zu schießen, um bloß keinen neuen „Zwischenfall“ zu provozieren. Denn zwanzig sowjetische Divisionen standen angriffsbereit an der Grenze, dazu 700 Geschütze, 600 Panzer und 600 Flugzeuge, eine zehnfache Übermacht. General Laidoner hatte beim Oberkommando der Wehrmacht angefragt, ob Estland im Falle einer Invasion auf deutsche Hilfe zählen könne. Die kalte Antwort: man solle keinen Konflikt mit den Sowjets riskieren.

Estland stand allein. Die Westmächte, die nach dem Ersten Weltkrieg die baltischen Randstaaten unter ihre Fittiche genommen hatten, damit sie als „cordon sanitaire" die „rote Pest" vom Abendland fernhielten, waren in einen Krieg mit Deutschland verwickelt und hatten nicht einmal Polen vor dem Untergang bewahren können; die Skandinavier hielten sich zurück; das benachbarte Lettland zeigte mehr Angst als Bündnistreue: Estland habe seine Lage selber verschuldet. Die Deutschen, jetzt die Verbündeten der Sowjets, würden die Ostsee für jeden Nachschub sperren.

Staatspräsident Konstantin Päts, Bauernsohn aus Pernau und Mitbegründer der Republik, entschied in seiner bedächtigen Art, was einzig noch zu tun übrig blieb: „Es ist unsere wichtigste Aufgabe, das estnische Volk und den estnischen Staat heil durch den jetzigen großen Krieg zu bringen." Das bedeutete: nachgeben. Anderenfalls stand die nationale Existenz auf dem Spiel. Außenminister Selter befürchtete sogar, nach dem Einmarsch der Roten Armee werde der NKWD (die Geheimpolizei) binnen vierzehn Tagen die Intelligenz des Landes umbringen. Darum empfahl er seinen Beamten, sich vorsorglich Visa für ihre Auslandspässe zu verschaffen.

Was die Regierung in Reval nicht wußte: Über Estland war schon vor einem Monat das Kreuz geworfen worden: in einem geheimen Zusatzprotokoll zum deutsch-sowjetischen Nichtangriffspakt. Darin wurde nicht nur die Teilung Polens beschlossen, sondern an erster Stelle heißt es: „Für den Fall einer territorial-politischen Umgestaltung in den zu den baltischen Staaten (Finnland, Estland, Lettland, Litauen) gehörenden Gebieten bildet die nördliche Grenze Litauens zugleich die Grenze der Interessensphären Deutschlands und der UdSSR."

Mit anderen Worten: Stalin konnte mit Estland und Lettland nach Belieben verfahren. Ein glatter Vertragsbruch übrigens, denn sowohl Deutschland als auch die Sowjetunion hatten, auf eigenen Wunsch, mit den baltischen Staaten Nichtangriffspakte geschlossen. Der Text dieses völkerrechtswidrigen Protokolls wird offiziell in Moskau noch immer geleugnet – es gebe weder ein Original noch Kopien (sie liegen jedoch im Politischen Archiv des Auswärtigen Amts in Bonn). Aber Gorbatschow erlaubte es schließlich, daß der Wortlaut zum erstenmal in lokalen Zeitungen des Baltikums veröffentlicht werden durfte.

Das Teilungsprotokoll war so „streng geheim", daß es bereits einen Tag später dem amerikanischen Botschafter in Moskau in allen Einzelheiten vorlag. Die Information stammte von einem Diplomaten an der deutschen Botschaft, der durch diesen Schritt versuchen wollte, den Weltkrieg zu verhindern. Alsbald stand sie in der „New York Times" zu lesen. Auch die lettische Regierung wurde von mehreren Seiten informiert. Deutsche Diplomaten hatten die Stirn oder die Weisung, alle Gerüchte über Geheimklauseln zu dementieren.

Der ahnungslose estnische Staatspräsident Päts indes rief am Morgen des 27. September 1939 den deutschbaltischen Baron Wilhelm Wrangell, Mitglied des Estländischen Staatsrates, nach schlafloser Nacht zu sich ins Schloß von Katharinenthal. Da er den Russen nicht traute, ob sie ein einmal besetztes Gebiet je wieder freigäben, war ihm als rettender Ausweg eingefallen, die Armee zu mobilisieren und sie einem gemeinsamen deutsch-sowjetischen Kommando zu unterstellen. Wrangell möge diese Bitte nach Berlin übermitteln.

Reichsaußenminister Joachim von Ribbentrop war gerade zum zweitenmal nach Moskau geflogen, diesmal, um die neue deutsch-sowjetische Grenze in Polen zu markieren. Stalin hatte zuvor den Deutschen abgefordert, im Austausch gegen polnische Gebiete östlich von Warschau den Russen auch noch Litauen zu überlassen. Im Falle deutschen Einverständnisses werde die Sowjetunion „sofort an die Lösung des Problems der baltischen Staaten gemäß Protokolls vom 23. August herantreten", sie erwarte dabei „einwandfreie Unterstützung durch die deutsche Regierung". Als er dies dem deutschen Botschafter vortrug, stand Estland bereits unter schwerstem Druck.

Eine ganze Nacht rang die estnische Delegation im Kreml um erträglichere Bedingungen. Molotow hatte die Esten mit neuen Forderungen schockiert. Außer Stützpunkten verlangten die Sowjets nun auch noch die Stationierung von 35 000 Soldaten. Die Begründung war seit Tagen sorgsam vorbereitet. Angeblich hatten feindliche U-Boote mit Wissen der „herrschenden Klasse" in Estland irgendwo an der Küste Unterschlupf gefunden. „Radio Moskau" unterbrach sein Abendprogramm: In der Nähe von Narwa sei der sowjetische Frachter „Metallist" von einem unbekannten U-Boot versenkt worden; 19 Seeleute hätten überlebt, fünf seien vermißt. Wochen später wurde die „Metallist" im (jetzt von den Sowjets besetzten) Hafen Baltischport unversehrt gesichtet. An jenem 27. September hatten lettische Küstenwachen folgendes beobachtet: Ein unbekanntes Schiff hatte eine Schute im Schlepp, die plötzlich explodierte. Bald darauf trieben Schiffsarmaturen an den Strand. Da hatten die Sowjets offensichtlich den Nazis, die Ende August den Überfall auf den Sender Gleiwitz inszeniert hatten, einiges abgesehen.

Tapfer kämpften die estnischen Delegierten im Kreml um die Freiheit ihres Volkes: Einer Besetzung ihres Landes (Molotow: „Welch scheußliche Bezeichnung!") würden sie nicht zustimmen. Damit gaben sie Molotow das Stichwort zu einer Schmierenkomödie. Jetzt kam der Auftritt des Staatsschauspielers Josef Stalin. Er spielte die Rolle des gutmütigen Georgiers, voll Empfindens für die Angst der kleinen Völker vor den Großrussen vom Schlage Molotows. Zwar drohte auch er unverhüllt: „Euch kann passieren, was den Polen passiert ist. Polen war ein großes Land. Wo ist Polen jetzt?" Aber dann fuhr er Molotow hart in die Parade, ermäßigte die Zahl der vorgesehenen Truppen um 10 000, bestand auch nicht mehr darauf, in der Hauptstadt Reval selber Marine-Einheiten zu stationieren. Und er beruhigte die Esten: „Wir wollen nicht so vorgehen wie die Deutschen in der Tschechoslowakei."

Am Abend des 23. September 1939 unterwarfen sich die Esten. Sie unterzeichneten den Beistandspakt, um ihr Volk „vor Krieg, Besetzung und teilweiser Vernichtung" zu bewahren. Präsident Päts fand seinen Schlaf wieder: Er vertraute den Zusicherungen, die Souveränität Estlands nicht anzutasten. Ein dreiviertel Jahr später fand er sich in einem sibirischen Lager wieder.

Sowjetische Militärs reisten nach Reval, um die Modalitäten der Stationierung festzulegen. Ungeachtet der stalinschen Zusagen verlangten sie immer mehr Basen und Flugplätze. Als die Gespräche stockten, fuhr General Pawlow dazwischen: „Warum hier lange reden? Die Panzer rein und fertig." Man einigte sich friedlich. Am 13. Oktober betraten die ersten sowjetischen Truppen estländischen Boden. Sie hielten sich diszipliniert und fern von der Bevölkerung; Ende Oktober waren es, entgegen den Abmachungen, bereits 30 000, weitere kamen auf dem Seewege. Nie haben die Russen auch nur eine Kopeke Pachtzins für die Benutzung der Stützpunkte gezahlt, geschweige denn Schadensersatz für die evakuierten Bewohner auf den Inseln Dagö und Ösel und in Baltischport. Während des finnischen Winterkrieges starteten sowjetische Bomber von Flughäfen in Estland – ein schwerer Verstoß gegen den Geist des Beistandspaktes. „Die russische Kontrolle über die Marinebasen liefert die kleine Nation vollständig der Gnade des Kreml aus", schrieb der Korrespondent der „New York Times".

„Zweiter Akt": Lettland. Am 28. September begann an der Grenze der Aufmarsch von 16 sowjetischen Divisionen. Am 2. Oktober wurde Außenminister Vilhelms Munters in den Kreml bestellt. Stalin mochte die Art des hochbegabten Diplomingenieurs; wohl deswegen redete er mit ihm in entwaffnender Offenheit. Unbekümmert um die mit Deutschland vereinbarte Geheimhaltung erzählte er von der Teilung der Interessensphären: „Wir könnten Euch erobern. Von deutscher Seite gibt es keine Einwände. Doch wollen wir unser Recht nicht mißbrauchen. Ribbentrop ist da sehr empfindlich." Anderseits argumentierte er, die Sowjetunion brauche Häfen, Flugplätze und Garnisonen in Lettland, um sich beizeiten gegen einen möglichen deutschen Angriff zu wappnen. Auf den Nichtangriffspakt sei kein Verlaß. „Zwischen Nationalsozialismus und Kommunismus wird es immer Differenzen geben."

Stalin wunderte sich, daß in Dünaburg nahe der sowjetischen Grenze so viele Juden lebten, und erwähnte nebenher – fast klang es bewundernd –, die Deutschen hätten eine große Anzahl von Juden getötet (offensichtlich spielte er auf die Massaker in Polen an).

Mit dem Zeitgewinn rechtfertigen Moskauer Politiker noch heute die Besetzung des Baltikums in den Jahren 1939/40. Tatsächlich hat die Anwesenheit starker sowjetischer Armeen in den Randstaaten den deutschen Vormarsch gen Leningrad 1941 kaum aufgehalten – die Truppen hatten sich nicht auf eine Verteidigung eingerichtet.

Die eigentlichen Motive der Sowjetunion hat Molotow seinem Kollegen Munters offenbart: das wiedererwachte, durch Hitlers leichtsinnigen Verzicht geweckte traditionelle russische Sicherheitsbedürfnis. Der Status quo von 1920, als die von Bürgerkrieg und alliierten Interventionen geschwächte Sowjetunion mit den neugegründeten baltischen Republiken Frieden schließen mußte, könne nicht auf ewig andauern. „Peter der Große hat begriffen, daß man einen Zugang zum Meer gewinnen muß. Heute haben wir überhaupt keinen Ausgang." Deshalb brauche Rußland die eisfreien Häfen Windau und Libau und auch die Wege zu diesen Häfen samt deren Schutz. Und noch eines stellte der Außenkommissar klar: Die Sowjetunion mißachte die Neutralität der kleinen europäischen Nationen. „Neutrale baltische Staaten – das ist uns zu unsicher."

Nach dem estnischen Beispiel wurde auch der Beistandspakt mit Lettland ausgehandelt. Für die Dauer des Vertrages mußten die Letten Stützpunkte verpachten; die Garnisonen sollten jedoch nach dem Kriege abziehen. Wieder wurde um die Truppenstärken gefeilscht. Die Russen verlangten 50 000 Mann, die Letten wollten lediglich 20 000 Russen ins Land lassen, entsprechend der Friedensstärke ihrer eigenen Armee. Molotow ärgerlich: „Sie sind größer als Estland, wollen aber weniger hergeben." Man traf sich bei 25 000.

Beim Unterzeichnungsakt am 5. Oktober 1939 gab Stalin in einem Trinkspruch sein „Ehrenwort als Bolschewik", daß man sich nicht in die inneren Angelegenheiten Lettlands einmischen werde. Staats- und Regierungschef Karlis Ulmanis, der sein Land wie ein Diktator beherrschte, hatte zuvor schon seinen Rücktritt und die Flucht ins Ausland erwogen. Ganz Riga, soll er gesagt haben, würde auf den Knien liegen, sobald sich nur einige Sowjetsoldaten in den Straßen zeigten. Nun blieb er auf dem Posten. Hatte nicht Stalin großzügig auf eine Garnison in Riga verzichtet? Lebten nicht die kirgisischen Regimenter, die Anfang November einrückten, hermetisch abgeschlossen? Gaben sich nicht die lettischen Kommunisten ziemlich zahm? Auch Ulmanis und seine Minister wollten nicht wahrhaben, daß sie nur noch das stalinsche Gnadenbrot aßen.

„Dritter Akt": Litauen. Als letzter Staat kam Litauen dran. Der lettische Außenminister Munters und sein litauischer Kollege Juozaz Urbsys gaben sich die Klinke des Kreml in die Hand. Zunächst überraschten die Sowjets ihre Gäste mit einem unerwarteten Geschenk: Sie wollten den Litauern ihre alte Hauptstadt Wilna zurückgeben (Wilna war Anfang der zwanziger Jahre von Polen annektiert und nun von den Russen erobert worden). Doch diese Morgengabe versüßte nicht die bitteren Pillen, die Molotow danach verabreichte: 1. einen Beistandspakt, der die Stationierung von 50 000 Soldaten vorsah, 2. einen Vertrag über die Abtretung des Grenzbezirks Mariampol an Deutschland.

Die Litauer, eingedenk der stolzen Tradition eines Großfürstentums, dessen Grenzen im Mittelalter von der Ostsee fast bis ans Schwarze Meer gereicht hatten, setzten sich energisch zur Wehr. Tagelang zogen sich die Verhandlungen hin, sehr zum Mißbehagen der Deutschen. Kurz vor Kriegsbeginn hatte das Reich vergebens versucht, Litauen zum Feldzug gegen Polen einzuladen. Noch immer bemühten sich die Deutschen um die Freundschaft des kleinen Nachbarn. Doch nun hatte Molotow sie als Landräuber abgestempelt.

Gerade die Abtretung von Mariampol hätte den Nationalstolz der Litauer verletzt, weil viele ihrer politischen Führer aus jenem Gebiet stammten. Noch ärgerlicher für Ribbentrop, daß Stalin deshalb die deutsche Regierung „inständig“ bat, zunächst auf Mariampol zu verzichten.

So geschah es. Dafür bat sich die Reichsregierung aus, daß sowjetische Truppen den Grenzstreifen nicht besetzten. Dieser Länderschacher wurde schließlich auf die Weise abgeschlossen, daß die Sowjetunion Anfang 1941 – mittlerweile war Litauen Sowjetrepublik geworden – den Deutschen als Kompensation für das Gebiet 7,5 Millionen Golddollar zahlte.

Die Litauer boten den Sowjets im Gegenzuge einen Beistandspakt „ohne“ Garnisonen an. Sie wollten ihr Land nicht zum Vasallenstaat erniedrigen lassen. Molotow blieb hart: „Meine Herren, Litauen sollte nicht vergessen, unter welchen Bedingungen Europa zur Zeit lebt. Wir wissen nicht, was im Westen geschieht. Die Deutschen können sich gegen uns wenden, wenn sie den Krieg gewinnen. Die Absichten Englands, falls Deutschland die Partie verlieren sollte, sind auch nicht klar. Litauen ist für die Sicherheit der Sowjetunion wichtiger als Lettland und Estland.“

Zu guter Letzt wurde auch hier Stalin als „deus ex machina“ bemüht. Er beruhigte die Gemüter, ließ sich 30 000 Soldaten abhandeln, wollte sogar die litauischen Kommunisten zügeln und tröstete die immer noch skeptischen Nachbarn: „Wäre Litauen unter deutsche Herrschaft gefallen, so wäre es unzweifelhaft ein deutsches Protektorat geworden.“

Doch Außenminister Urbsys, mit allen Vollmachten ausgestattet, steckte in ähnlicher Lage wie im März 1939, als ihm Ribbentrop mit Androhung von Gewalt die Rückgabe des Memelgebiets abnötigte. Am 10. Oktober 1939 unterzeichnete Urbsys im Kreml den Beistandspakt („mit“ Garnisonen). Längst stand die Rote Armee einmarschbereit an den Grenzen. Im Kreml schäumte der Krimsekt; jovial legte Stalin einem litauischen Delegierten den Arm um die Schulter und frozzelte Molotow an: „Wir Vertreter anderer Nationalitäten sollten an einem Strang ziehen gegen solche großrussischen Chauvinisten wie Molotow. Wenn ich nicht hier wäre, Sie zu schützen, würden die Großrussen oder die Deutschen Sie schlucken.“

Außenminister Urbsys sah dennoch schwarz. Der einzige Hoffnungsstrahl für Litauen, so sagte er dem britischen Konsul in Kowno, sei „der Sieg der Alliierten und die Wiederherstellung ihres politischen Prestiges“. So wie er hofften auch die Politiker in Riga und Reval, ein paar Jahre durchstehen zu können, bis sie irgendwann von den Westmächten oder auch von den Deutschen befreit wurden.

Welches Schicksal den drei Völkern wirklich bevorstand, darüber machte man sich an einer Stelle keine Illusionen: im Berliner Auswärtigen Amt. Die Russen hatten es in der Hand, wann sie ihrem Imperium die Randstaaten vollends einverleibten, Staat, Verwaltung und Wirtschaft bolschewisierten und die „Klassenfeinde“ verfolgten. Das Szenario stand fest. Unter dem Schutz der Roten Armee würden baltische Kommunisten eine „proletarische Revolution“ anzetteln. „Bei ihrem Siege“, so warnte der deutsche Rußland-Experte Fritz von Twardowski, „ist der Eintritt des betreffenden Staates in die Union der Sowjet-Republiken wahrscheinlich.“ Deshalb sollte man vorsichtig allen abwanderungsbereiten Deutschbalten die Ausreise ermöglichen.

Niemand hatte vorausgesehen, wie rasch sich die erwachte russische Großmacht auf den Weg nach Westen machte, nachdem ihr Hitler die Tore weit aufgestoßen hatte. Als in der zweiten Septemberhälfte der Einmarsch der Roten Armee in Estland und wohl auch in Lettland stündlich drohte, breitete sich in Berlin und bei den Volksdeutschen im Baltikum Panik aus. Die deutsche Kulturverwaltung in Reval ließ sofort 12 000 dreisprachige Ausweise drucken, damit sich die lettischen Staatsbürger deutscher Abstammung vor sowjetischen Soldaten als Deutsche ausweisen konnten. Die SS forderte im ganzen Reich Pässe an, damit man die baltische Volksgruppe unter den Schutz des Deutschen Reiches stellen konnte. Auch Evakuierungspläne wurden vorbereitet.

Nahezu hysterisch reagierte der deutsche Gesandte in Riga, Ulrich von Kotze. Schon sah er Riga unter der Herrschaft des Pöbels (will sagen: der Kommunisten), da die Regierung völlig versagt habe. Es bestehe, so kabelte er am 4. Oktober nach Berlin, „unmittelbar Lebensgefahr für 60 000 Volksdeutsche und 3 000 Reichsdeutsche ... Erwünscht genügend Schiffsraum, der zu 75 Prozent nach Riga, Rest nach Libau zu dirigieren wäre. Mitnahme bewaffneten Schutzes für ungehindertes Anbordgehen sowie Lebensmittel und Verbandszeug erscheint erforderlich.“ Am 5. Oktober ließ Staatssekretär von Weizsäcker die Kriegsmarine bitten, Seestreitkräfte zum Schutz der Deutschbalten bereitzustellen. Zwei Linienschiffe und mehrere Minensuchboote sammelten sich auf Danzig Reede; beschlagnahmte Handelsschiffe steuerten die baltischen Häfen an.

In solcher Panikstimmung begann die erste Massenvertreibung während des Zweiten Weltkrieges, der erzwungene Auszug der Deutschbalten aus ihrer 700jährigen Heimat. Nicht Stalin hatte ihn gewollt, sondern es war, völkerrechtlich, eine deutsch-deutsche Zwangsverschleppung.

Am 23. September 1939 – der Polenfeldzug war beinahe zu Ende – wurde Erhard Kroeger, Landesleiter der Nazi-„Bewegung“ in Lettland, ins Führerhauptquartier gerufen, das damals im Kasinohotel des Badeortes Zoppot untergebracht war. In der Nacht zum 26. September empfing ihn dort der Reichsführer SS Heinrich Himmler: „Sie kommen gerade zur rechten Zeit. Wir müssen jetzt überlegen, was wir mit Ihnen machen.“ Dann weihte er Kroeger in das Geheimnis des deutsch-sowjetischen Zusatzprotokolls ein. Himmler dachte daran, noch vor dem Einmarsch der Russen besonders gefährdete Volksdeutsche – Nazis, Volkstumspolitiker – zu evakuieren, möglichst auch „wehrfähige junge Baltendeutsche“ für die Waffen-SS.

Kroeger aber, so schreibt er in seinen Memoiren, will sofort darauf gedrungen haben, die ganze Volksgruppe zu retten, „die, so schien mir, in diesem Augenblick bereits vom sicheren Untergang bedroht war, ohne es im entferntesten zu ahnen“. Seine Aufgabe sei es gewesen, „die deutsche Volksgruppe in beiden Ländern nicht in die Hände der Bolschewiken fallen zu lassen“.

Himmler wollte die Entscheidung Hitler überlassen, fragte jedoch vorher noch den Landesleiter, ob man die Deutschbalten auch im Raum des jetzigen litauischen Staates wieder ansiedeln könne. Zu diesem Zeitpunkt, kurz vor dem zweiten Moskau-Flug des Reichsaußenministers, waren sich also die Naziführer noch nicht einig, ob sie auf dem Einfluß des Reiches in Litauen beharren sollten.

Hitler war im Grunde das Schicksal der Deutschbalten noch gleichgültiger als das der Südtiroler, die er um diese Zeit ebenfalls aus ihrer Heimat aussiedeln wollte. Er soll damals geäußert haben, mit solchen Lappalien wie der Umsiedlung von einigen tausend Menschen aus dem Baltikum gebe er sich nicht ab, und, bösartiger noch, „die morbiden baltischen Adligen brauche er nicht“. An den Deutschbalten störte ihn ihr „grundsätzlich Überlegenes“ (er kannte eine Reihe baltischer Flüchtlinge, die sich nach dem Ersten Weltkrieg den Nationalsozialisten in Bayern angeschlossen hatten, unter ihnen der „Chefideologe“ Alfred Rosenberg).

Ehe er sich zum Angriff auf Polen entschloß, hatte Hitler mit dem Gedanken gespielt, auch das Baltikum in seine Lebensraum-Strategie einzubeziehen. Sicherlich beflügelten ihn dabei die Schilderungen des Generals Erich Ludendorff, seines Mitverschwörers beim Marsch auf die Feldherrnhalle im Jahre 1923. Ludendorff hatte sich 1915 in den von ihm eroberten russischen Provinzen (Litauen, Kurland) ein eigenes „Königreich", das „Land OberOst" (also des Oberbefehlshabers an der Ostfront) geschaffen, in dem sich die Deutschen als das Herrenvolk aufspielten und Litauer und Letten ein Helotendasein fristeten. 1918, nach der russischen Oktoberrevolution, hatte Ludendorff, nun der starke Mann im Kaiserreich, auch noch Livland und Estland erobert und energisch den Anschluß der neu entstehenden baltischen Staaten an das Deutsche Reich betrieben.

Im August 1939 jedoch waren Hitler sein kleiner Krieg gegen Polen und die Isolierung der Westmächte so wichtig, daß er zugunsten seines Paktes mit Stalin bereit war, binnen weniger Minuten – nach einem kurzen Blick auf die Landkarte – nacheinander erst Estland und Livland, dann Kurland und schließlich Litauen rücksichtslos zu opfern.

Anscheinend ist in jenen dramatischen Septembertagen von verschiedenen Seiten auf Hitler eingewirkt worden, die mehr als 80 000 Deutschbalten zu retten. Vertreter der IG Farben und der Dresdner Bank, die gemeinsame Projekte im Baltikum unterhielten, ließen ihre Drähte spielen. Die einen wandten sich an Hermann Göring, den zweiten Mann im Staate, die anderen an Himmler. Auch Alfred Rosenberg hat den zweifelhaften Ruhm für sich beansprucht, den historischen Entschluß, ein 700jähriges Kapitel ostmitteleuropäischer Kulturgeschichte zu beenden, herbeigeführt zu haben.

Jedenfalls hat der Chef des Reichssicherheitshauptamtes, Reinhard Heydrich, am 27. September dem Auswärtigen Amt mitgeteilt, Hitler habe angeordnet, die Rückführung der Volksdeutschen aus Estland und Lettland „sofort in Angriff" zu nehmen. Die Aktion sollte von der „Volksdeutschen Mittelstelle", ebenfalls einem SS-Hauptamt, vorbereitet werden. Staatssekretär von Weizsäcker vereinbarte mit Heydrich, es dürfe nach außen nichts darüber verlauten, auch nichts ohne das Auswärtige Amt unternommen werden.

Einen Tag später unterzeichneten Molotow und Ribbentrop im Kreml ein „vertrauliches Protokoll", worin die Sowjetunion zusicherte, sie werde „den in ihren Interessengebieten ansässigen Reichsangehörigen und anderen Persönlichkeiten deutscher Abstammung, sofern sie den Wunsch haben, nach Deutschland oder in die deutschen Interessengebiete überzusiedeln, hier keine Schwierigkeiten in den Weg legen".

Alles war hinter dem Rücken der Deutschbalten und auch der baltischen Regierungen beschlossen worden. (Die Letten trauten ihren Augen nicht, als im Rigaer Busen plötzlich unangemeldet große deutsche Transportschiffe aufkreuzten.) Gewählte Vertreter der Deutschbalten wurden zu den Beratungen nicht hinzugezogen, nur ein paar Nazis wußten Bescheid.

Erst in seiner Reichstagsrede vom 6. Oktober 1939 gab Hitler bekannt, daß „nicht haltbare Splitter des deutschen Volkstums" im Osten und Südosten Europas umgesiedelt werden sollten, um Konfliktstoffe zu beseitigen. Unmittelbar danach wurden die Deutschbalten aufgefordert, ihre Heimat zu verlassen. „Fast jede deutsche Familie in Lettland scheint gespalten und gequält zu sein", berichtete die „Times" am 9. Oktober 1939. „Manche Familienmitglieder wollen gehen, andere bleiben, wieder andere zögern ... Die Kirchen waren heute überfüllt, und während des Gottesdienstes standen viele Kirchenbesucher in Tränen."

Die Option der Deutschbalten für das Reich sollte freiwillig sein. Tatsächlich wurden aber die Zögernden unter „schweren Terror" (so meldete die „Neue Zürcher Zeitung"), unter psychologischen und wirtschaftlichen Druck gesetzt. Wer blieb, wurde als Verräter hingestellt.

Nach einer Sprachregelung des Auswärtigen Amts durften die Umsiedler weder als Flüchtlinge noch als Emigranten bezeichnet werden. Es sollte der Anschein entstehen (auch die Regierungen in Reval und Riga machten dieses Täuschungsmanöver mit), als habe der Massenexodus überhaupt nichts mit Bolschewikenfurcht zu tun. Dennoch beschwerte sich Stalin: Die Flucht der Deutschen müsse die Aktionen der Sowjetregierung schwer kompromittieren.

Die Nazipropaganda („Der Führer hat uns gerufen, wir folgen") behauptete, das Baltendeutschtum werde „von einem vorgeschobenen Posten auf die Hauptkampflinie des völkischen Kampfes zurückgezogen, es werde dort seinen Platz haben, wo wieder kolonisiert werden muß". Abgeschoben wurden die Deutschbalten nach Westpreußen und in den Warthegau, wo die SS zuvor Polen und Juden von Haus und Hof vertrieben hatte. Die Auswanderer aus dem Baltikum durften nur ihre bewegliche Habe mitnehmen; dem Reich verfiel ihr gesamtes Inlandsvermögen, worüber die SS selbstherrlich verfügte. Ein Riesengeschäft und ein Riesenbetrug, denn die Deutschbalten wurden nur vorläufig aus entschädigungslos enteignetem polnischen Vermögen abgefunden.

Rund 65 Prozent der Volksdeutschen in Estland und 80 Prozent in Lettland haben im Herbst 1939 ihre Heimat verlassen. Diesen 67 000 Flüchtlingen folgten bis zum Rußlandfeldzug nochmals

17000 Menschen, außerdem etwa 50000 Litauendeutsche. Im Januar 1945 wurden sie allesamt in den Untergang des deutschen Ostens hineingerissen.

Die Tragödie der baltischen Völker nahm im Sommer 1940 ihren Fortgang. Unter dem Vorwand, die drei Staaten konspirierten gegen die Sowjetunion, wurden alle Länder vollständig besetzt; Marionetten-Regierungen inszenierten mit sowjetischer Hilfe Volksabstimmungen, deren Ergebnis vorher feststand: Anschluß an die Sowjetunion. Sogleich begannen die Massenverhaftungen unter der Intelligenz des Landes. Kurz vor dem Einmarsch der Deutschen 1941 wurden Zehntausende mit Weib und Kind nach Sibirien verschleppt. Beim Rückzug der Deutschen 1944 flohen 200000 Einwohner in den Westen. Nach Kriegsende ließ Stalin nochmals Hunderttausende ins Innere der Sowjetunion deportieren; gleichzeitig wanderten Russen massenweise in die baltischen Sowjetrepubliken ein.

Doch der Freiheitsdrang der Esten, Letten und Litauer hat sich selbst nach einem halben Jahrhundert nicht unterdrücken lassen. Ihr Schicksal war mit dem der Deutschen seit den Zeiten der Ordensritter und der Hanse eng verwoben. Auch wenn sie 1940 – nach ihren Erfahrungen mit der Besatzung im Ersten Weltkrieg und dem Verrat Hitlers – kaum Grund hatten, den Deutschen nachzutrauern, so spürten nachdenkliche Balten doch den wirtschaftlichen und kulturellen Verlust. Der ehemalige estnische Staatsälteste Jaan Teemant sagte in jenen Tagen einem Deutschbalten voller Traurigkeit über das bis heute fortzeugende Nazi-Verbrechen: „Wir stehen das erste Mal in unserer Geschichte ohne deutsche Hilfe allein den Russen gegenüber. Und ich fürchte die Sarmatische Tiefebene..."

Blutige Spuren in Bosnien – Der Balkankrieg 1941/45

Der Balkankrieg im Jahre 1941 begann mit einem Inferno: Aus dem heiteren Morgenhimmel des Palmsonntags prasselten Bomben auf die ahnungslose jugoslawische Hauptstadt Belgrad. Fast 500 deutsche Flugzeuge flogen an jenem 6. April 1941 rollende Einsätze, bis Belgrad an allen Ecken brannte und in Trümmern lag. Man schätzt, daß dabei 17000 bis 20000 Menschen umgekommen sind. Alle Kommunikationszentren, alle Kommandostellen waren zerstört, die politische und militärische Führung des Landes war mit einem Schlage lahmgelegt.

Ohne Kriegserklärung fiel die deutsche Wehrmacht über Jugoslawien her. Hitler, der als einstiger Habsburger Untertan die Mordtat von Sarajevo 1914 nie vergessen hatte, wollte an den Serben ein Strafgericht vollziehen, nachdem sie es gewagt hatten, ihn durch einen Militärputsch zu provozieren, der den eben vollzogenen Beitritt Jugoslawiens ins Lager der Achsenmächte Deutschland und Italien nichtig machte. Ist es nach den Schreckenstaten der Wehrmacht wirklich so schwer, sich vorzustellen, welche Empfindungen die Serben beschleichen müssen, wenn deutsche „Phantoms" gegen ihre Soldaten und Stammesbrüder in Bosnien Angriffe fliegen, wie es sich Politiker, Stammtischstrategen und Militärs hierzulande ausmalen?

Das Königreich der Serben, Kroaten und Slowenen hatte keine Chance. Gegen die dreißig Divisionen der Achse, darunter fünf Panzer- und sieben schnelle Divisionen, konnte es nur elf mangelhaft bewaffnete und unterbesetzte Divisionen aufbieten. Slowenen und Kroaten warfen gleich die Waffen weg, weil sie für den ungeliebten Serbenstaat nicht kämpfen wollten. Nach zwölf Tagen kapitulierte die jugoslawische Wehrmacht. Es war Hitlers schnellster und leichtester Blitzsieg – 151 Tote hatten die Deutschen zu beklagen. Welch ein Unterschied zum Feldzug vom Herbst 1915, als die Deutschen, gemeinsam mit Österreichern und Bulgaren, das kleine Serbien erst nach acht Wochen niedergeworfen hatten. Ein Drittel der serbischen Armee war damals nach Albanien entkommen, und die Verbündeten hatten 67000 Mann verloren.

Nachdem im Frühjahr 1941 auch Griechenland erobert worden war, zog der deutsche Generalstab das Gros der Streitkräfte vom

Balkan wieder ab, weil sie dringend für den Rußlandfeldzug benötigt wurden. Jugoslawien wurde unter den Siegern aufgeteilt, Kroatien (mitsamt Bosnien und Herzegowina, aber vermindert um Dalmatien) ein Satellitenstaat, Serbien auf seine Grenzen von 1912 zurückgestutzt. Mitten durch Kroatien verlief die Demarkationslinie zwischen den deutschen und italienischen Besatzungszonen.

In Belgrad amtierte, unter den Augen der deutschen Militärverwaltung, eine Kollaborationsregierung unter General Nedic, dem sogar einige Hilfstruppen unterstanden. Nur ein paar deutsche Bataillone für den Bahn- und Objektschutz waren zurückgeblieben, eher harmlose ältere Landsturmleute, denen der Sinn nach Amselfelder und Cevapcici stand. Doch rasch war es mit der Ruhe vorbei. Freischärler überfielen einsame Posten, sprengten Brücken und Bahngleise, legten Hinterhalte. Abseits der Vormarschstraßen hatten sich Tausende serbischer Soldaten in die Wälder und Bergschluchten geschlagen; inzwischen gehorchten viele dem Kommando des Generals Draza Mihajlovic, der die Kapitulation nicht anerkannte und den Kampf fortsetzte. Er bediente sich des altbewährten Systems der Dorfwehren, der Tschetniks; sie verstanden sich auf die Kunst des Kleinkrieges, ganz in der Heldentradition der Komitatschis aus den Türkenkriegen.

Bald nach dem Beginn des Rußlandkrieges gesellten sich den Tschetniks andere, ebenso fanatisch und rücksichtslos kämpfende Gruppen zu: die kommunistischen Partisanen unter Josip Broz, der sich Tito nannte. Gemeinsam fielen sie über die verdutzten Deutschen her. Die Wehrmacht wußte nur ein Rezept: brutale Geiselerschießungen. Die Maßeinheit war hundert Serben für einen toten Deutschen. Zuerst wurden die Juden, dann die Zigeuner, schließlich wahllos serbische Einwohner vor den Pelotons zusammengetrieben.

Damit nicht genug: Nach ein paar Monaten setzte in ganz Jugoslawien ein erbarmungsloser Bürgerkrieg ein, der die Lage unübersichtlich und verworren machte. Die inzwischen etwas verstärkten deutschen Besatzungstruppen standen zwischen den Fronten. Als erste fielen die nationalistischen Königstreuen über die Kommunisten her. In Bosnien metzelten muslimische Ustaschas die Serben nieder, und die Tschetniks verübten Blutrache an den Muslims. Beide Seiten schonten weder Frauen noch Kinder, machten in der Regel keine Gefangene und schändeten die Leichen der Gefallenen.

Die Kommunisten dachten und operierten gesamtjugoslawisch und übernational. Sie hatten den meisten Zulauf; auch viele Mädchen und Frauen, denen die Gleichberechtigung gefiel, kämpften in ihren Reihen. Für alle Parteien und Nationalitäten galt das Wort des Tito-Mitstreiters Milovan Djilas: „Von Anbeginn an kämpfte jeder um die eigene Macht", denn „alle sahen sich derselben Todesgefahr gegenüber: Niemand konnte ... voraussehen, wer der Sieger sein würde." Diese Erkenntnis dürfte auch heute wieder zutreffen.

Wenn westliche Militärs und Verteidigungsminister dieser Tage vor einer Intervention auf dem Balkan warnen, zitieren sie gern den Partisanenkrieg von 1941/44 als abschreckendes Beispiel: Selbst 20 oder 26, ja sogar 36 deutsche Divisionen hätten nicht ausgereicht, den Aufstand zu unterdrücken – ein Faß ohne Boden. Doch mit der deutschen Übermacht war es nicht weit her, ebensowenig wie mit der vielgepriesenen kämpferischen Überlegenheit der Banden.

Mit den Zahlen geht es kunterbunt durcheinander; mal wird die Griechenlandarmee zugezählt, mal addiert man die Verbündeten. Aber am 1. Mai 1943 – nach monatelangen schweren Kämpfen – verfügte die Wehrmacht in Serbien über zwei schwache Divisionen (neben drei bulgarischen, die sich sehr zurückhielten) und in Kroatien über sechs, darunter die SS-Division „Prinz Eugen" (rekrutiert aus Balkan-Volksdeutschen) und zwei kroatische mit deutschen Offizieren. Die Italiener erschienen nur selten auf dem Schlachtfeld und machten lieber ihre Geschäfte mit den Tschetniks, die öfter die Fronten wechselten.

Mehrmals haben die Deutschen in verschiedenen Regionen ihre spärlichen Kräfte konzentriert und Großverbände der Tito-Partisanen eingekesselt, die jedesmal fast völlig aufgerieben wurden; Zehntausende fielen – nur die Stäbe und Reste konnten durch die Wälder entkommen.

Die Situation für Tito änderte sich zum Besseren erst nach der Kapitulation Italiens im September 1943. Seinen Brigaden fielen die Waffen und Depots von einem Dutzend Divisionen in die Hände. Und bald floß über die Adria der Nachschub der Alliierten. Ein Jahr später, beim Herannahen der Roten Armee, liefen auch die Kroaten reihenweise zu Tito über – jetzt hatte er seine Volksbefreiungsarmee. Die Deutschen zogen gen Norden ab – hinter sich ließen sie blutige Spuren und lang währende Alpträume.

Fall Barbarossa

I. Was Hitler wollte und Stalin nicht glaubte

Er fand keinen Schlaf in dieser Nacht zum 22. Juni 1941. Zuviel stand auf dem Spiel. Sein Lebenswerk, seine Visionen, die Existenz eines Volkes, ja ganz Europas. Die Welt würde den Atem anhalten, wenn im Morgengrauen auf seinen Befehl mehr als drei Millionen Soldaten zum Angriff antraten, die größte Streitmacht, welche die Welt je gesehen hatte. Zwischen Finnland und dem Schwarzen Meer, auf einer Front von 2 000 Kilometer Länge sollte die deutsche Wehrmacht mit 2 000 Flugzeugen, 3 580 Panzern und 7 481 Geschützen über die Sowjetunion herfallen. Es war sein einsamster, sein schwerster, sein eigenster Entschluß.

Adolf Hitler, Herr über den europäischen Kontinent, glaubte sich einem Ziele nahe, das er zwanzig Jahre lang, seit er „Mein Kampf" schrieb, nie aus dem Blick verloren hatte: Nur ein Stoß, und Rußland, dieser „Koloß auf tönernen Füßen", sollte zusammenstürzen. Auf den Trümmern wird er das 1000-jährige Germanische Reich deutscher Nation errichten, Lebensraum für Millionen und Abermillionen seines Volkes. Niemand dürfte es dann mehr wagen, die „Festung Europa", diesen wirtschaftlich autarken Großraum, noch anzugreifen. England, das seine „Friedenshand" immer wieder ausgeschlagen hatte, müßte klein beigeben. Was wäre es überhaupt noch neben der Weltmacht Großdeutschland mit seiner strahlenden Hauptstadt Germania? Nicht mehr als ein Holland, ein Juniorpartner in einem künftigen „Krieg der Kontinente" gegen Amerika.

Er vertraute auf den Angriffsgeist seiner jungen Armee – „der besten der Welt", wie er fand; auf das Können seines Generalstabes, der seine Siegeszuversicht teilte; auf das Moment der Überraschung; auf die Unwiderstehlichkeit des „Blitzkrieges". Und doch wollten Sorgen und Ahnungen in dieser Nacht nicht von ihm weichen. Dieses Rußland, über das er, seine Generäle und Geheimdienste im Grunde gar nichts wußten, war irgendwie unheimlich. Ihm, dem Wagner-Verehrer, kam es vor wie das Geisterschiff im „Fliegenden Holländer". Er stieß ein Tor auf, „von dem wir nicht wußten, was dahinter liegt". Vielleicht werden die Russen, denen er zwar nicht viel, doch alles Schlechte zutraute, mit einem Gas- und Bakterienkrieg antworten? „Die Ungewißheit lastete wie ein Grauen auf mir", erzählte Hitler später in einem seiner Tischgespräche.

Vielleicht waren es aber auch die Schatten der Geschichte, die ihn einholten, je näher der Angriffstermin rückte. Als Kreuzzug des Abendlandes gegen die asiatisch-bolschewistischen Horden wollte er seinen Feldzug ausgeben. Wohl darum hatte er den Plan „Barbarossa" benannt, nach jenem deutschen Kaiser, der 1190, auch im Monat Juni, auf einem Kreuzzug in einem Fluß Kleinasiens ertrunken war und seither, so die Legende, im Kyffhäuser auf die Wiedergeburt des Reiches wartete.

Aber ein näherliegendes historisches Ereignis hatte ihn durch die letzten Monate viel mehr beschäftigt. Auf den Tag genau vor 129 Jahren hatte Napoleon in dem polnischen Dorf Wilkowiszki seine Proklamation an die Große Armee verfaßt, die sich am Ufer des Njemen zum Marsch nach Moskau sammelte. Doch die Schatten – das blutige Gemetzel von Borodino, der Brand von Moskau, der Untergang der Invasionsarmee im Schnee und Eis an der Beresina –, Hitler hatte sie immer wieder verscheucht. Nein, diesmal werde nicht ihn, sondern Stalin das Schicksal Napoleons ereilen.

Wenig Schlaf fanden in dieser Mittsommernacht die Soldaten, die in der Morgendämmerung des Sonntags der aufgehenden Sonne entgegenstürmen sollten. Am Abend zuvor hatten ihnen die Kompaniechefs einen Tagesbefehl des Führers verlesen. Er legte „das Schicksal Europas" in ihre Hände. Zum Schluß hatte er sogar die Hilfe des Herrgotts bemüht. Da mußte es schon sehr ernst sein. Bis dahin hatte kaum einer unter den Millionen Landsern, die seit Wochen oder Monaten in Ostpreußen, Polen und Rumänien aufmarschiert waren, glauben mögen, daß Hitler einen Krieg mit Rußland vom Zaun brechen werde. Hatte er nicht eben erst mit Stalin einen Nichtangriffspakt auf zwanzig Jahre geschlossen? Hatte er nicht immer wieder versichert, er wolle seinem Volk einen Zweifrontenkrieg wie 14/18 ersparen?

Natürlich machte sich jeder so seine Gedanken über die auffälligen Vorbereitungen an der Ostgrenze. Die einen wollten wissen, es handele sich nur um ein gigantisches Täuschungsmanöver, das der Landung in England vorhergehe; andere hatten gehört, Stalin wolle die Ukraine auf 99 Jahre an Hitler verpachten; wieder andere erwarteten einen Durchmarsch bis nach Indien. (Davon hatten schon die Füsiliere Napoleons fabuliert, als sie im Juni 1812 in Polen biwakierten). Im nachhinein entpuppten sich all diese Gerüchte als Teil einer gewaltigen Desinformation, die sich sowohl gegen das eigene Volk als auch gegen die übrige Welt richtete – mit verheerendem Erfolg.

Ein Bild des Friedens breitete sich vor den deutschen Sturmkolonnen aus: dampfende Wiesen, leuchtende Wälder, schlummernde Dörfer. Frösche quakten und Vögel zwitscherten. Pünktlich um 3.15 Uhr zerriß das Feuer deutscher Geschütze die sonntägliche Idylle, während in den Lüften die Messerschmitts und die Stukas gen Osten brausten. Doch vielerorts an der 2 000 Kilometer langen Front pirschten sich die Deutschen lautlos über die Grenze. Die Grenzwachen wurden im Schlaf überrascht.

Unbekümmert hatten sich die jungen Soldaten des 393. Artilleriebataillons zum Schlafen niedergelegt, in irgendeiner Kaserne der Grenzfestung Brest-Litowsk. Auch in dieser kürzesten Nacht des Jahres 1941 würde schon nichts passieren. Hatte nicht ihr großer, genialer Führer Stalin erst vor wenigen Tagen kundgetan, es gebe keinen Krieg zwischen Deutschen und Russen? Ein Donnern riß sie aus dem Schlaf, als der Tag dämmerte. „Bloß ein Gewitter", beruhigte einer die Kameraden. „Ein Erdbeben", hielt ein anderer dagegen. Einem dritten kam die Idee: „Die Deutschen haben Ungarn überfallen!"

Aber ach, an eben diesem Morgen fielen sie über die Sowjetunion her. Einfach so – aus heiterem Himmel, ohne Kriegserklärung, heimtückisch, verräterisch, vertragsbrüchig. Die Welt werde den Atem anhalten, hatte der Oberste Befehlshaber selbstgewiß prophezeit. Es sollte der blutigste, der grausamste – und der verhängnisvollste Krieg dieses Jahrhunderts werden. Einer, der genau Bescheid wußte – der spätere Widerstandskämpfer Helmuth James Graf von Moltke –, ahnte es in jener Nacht: „Es ist so, als begänne morgen ein neues Jahr. Morgen wird alles anders aussehen. Und viele Dinge werden uns bestürmen, gegen die wir uns wappnen müssen."

Während im Osten die Erde bebte, schlummerte das deutsche Volk ahnungslos einem herrlichen Sommersonntag entgegen. Nur im Berliner Regierungsviertel, in der Wilhelmstraße und Unter den Linden, herrschte früh schon Geschäftigkeit. Um halb sechs ertönte über alle deutschen Sender zum erstenmal die neue Fanfare, die künftig alle Sondermeldungen vom neuen Kriegsschauplatz ankündigen sollte – „machtvoll, brausend und majestätisch", wie Reichspropagandaminister Joseph Goebbels empfand. Er hatte die

Passage aus Liszts „Les Préludes“ ausgesucht, und Hitler hatte ihr noch ein paar Takte aus der zweiten Nationalhymne, dem Horst-Wessel-Lied, vorangestellt („Kameraden, die Rotfront“), so als würden erst jetzt jene SA-Männer gerächt, die einst in den Saal- und Straßenschlachten mit den Kommunisten ihr Leben gelassen hatten.

Voll erhebenden Gefühls setzte sich Goebbels vor die Mikrophone und verlas mit sonorer Stimme eine Proklamation Hitlers an das deutsche Volk: „Von schweren Sorgen bedrückt, zu monatelangem Schweigen verurteilt, ist nun die Stunde gekommen, in der ich offen sprechen kann...“

Eigentlich hatte der Diktator den neuen Feldzug, so wie vor zwei Jahren den Krieg, mit einer Rede vor dem Reichstag eröffnen wollen. Doch sein schlauer Minister hatte ihn davon abgehalten – die Anreise so vieler Abgeordneter hätte sich kaum verheimlichen lassen.

Auch die Journalisten mußten früh aufstehen. Um sechs Uhr leierte die Stimme des Außenministers Joachim von Ribbentrop über den Äther: Er gab vor der deutschen und internationalen Presse eine langatmige Erklärung der Reichsregierung bekannt, in der alle Schuld an dem verbrecherischen Krieg auf die Sowjetunion abgeladen wurde.

Die meisten Deutschen hörten das Ganze erst mittags in der Wiederholung. Alle waren überrascht, manche bestürzt, aber auch seltsam erleichtert, weil die Spannung und Ungewißheit der letzten Wochen unerträglich geworden war. Die Spitzel des Sicherheitsdienstes der SS registrierten sehr genau und wohl auch zutreffend die Stimmung in der Bevölkerung: Befürchtungen über die Schwere des Kampfes, Sorge um die Soldaten an der Ostfront und dennoch „eine ruhige, gefaßte Zuversicht“ in die Tüchtigkeit der Wehrmacht und das Genie des „Führers“, der sich seit dem Triumph über Frankreich in der abgöttischen Liebe und Verehrung seines Volkes sonnen durfte. Besonders gingen den Deutschen die letzten Worte seiner Proklamation zu Herzen: „Möge uns der Herrgott gerade in diesem Kampfe beistehen!“ Aber warum „gerade“?

Zufriedene, stolze Gesichter bei den Nationalsozialisten – sie konnten sich nach 22 Monaten Heuchelei und verordneten Schweigens wieder offen zu ihren antibolschewistischen Gefühlen bekennen, wieder gegen den „Weltfeind Nr. 1“ wettern, mit dem ihr Führer im August 1939 einen Teufelspakt geschlossen hatte. Jeden alten Nazi erfülle nun tiefe Genugtuung, freute sich Goebbels, „daß wir das noch erleben". Und mit Hitler war er sich einig: „Wogegen wir unser ganzes Leben gekämpft haben, das vernichten wir nun auch."

Mit Augenzwinkern hatten die Partei- und Volksgenossen seinerzeit die sensationelle Nachricht vom deutsch-sowjetischen Nichtangriffspakt aufgenommen. Dafür kannten sie ihren Hitler gut genug, daß er jeden Vertrag – und gar erst diesen – nicht eine Minute länger hielte, als er seinen Interessen dienlich war. Neuere Forschungen widerlegen, was man während des Kalten Krieges nur zu gern glauben wollte: Es sei der böse Stalin gewesen, der Hitler die Hand hingestreckt habe, damit dieser den Weltkrieg vom Zaun breche. Tatsächlich ging die Initiative von Hitler selber aus. Der Pakt mit Moskau sollte die Westmächte davon abhalten, Deutschland den Krieg zu erklären, sobald es Polen überfiele. Ginge die Rechnung nicht auf, dann wollte er sich durch die wohlwollende Neutralität Rußlands den Zweifrontenkrieg ersparen und sich durch die Getreide- und Erzlieferungen aus dem Osten Blockadefreiheit verschaffen.

Stalin – darin sind sich heute Historiker international einig – hatte 1939 keine andere Wahl. Sein Reich, mitten im wirtschaftlichen Aufbau, im Osten von den Japanern bedroht, im Westen von den Deutschen (die 1918 schon einmal die Ukraine und weite Teile Rußlands erobert hatten), hingehalten und enttäuscht von den Westmächten. Da nahm er das Angebot des Meistbietenden an, damit „Mütterchen" Rußland vom Krieg verschont bliebe und die Fünfjahrespläne zur Entwicklung des Landes im Frieden durchgezogen werden konnten. Der Altbolschewik Kalinin sprach Millionen Sowjetbürgern aus dem Herzen, als er noch im November 1940 erklärte: „Außerhalb dieses Krieges zu bleiben, ist ein großes Glück."

Aber der Freispruch der Historiker für Stalin erstreckt sich lediglich auf den Nichtangriffspakt vom 22. August und den folgenden Grenz- und Freundschaftsvertrag vom 28. September 1939, nicht auf die Geheimen Zusatzprotokolle, in denen Ostmitteleuropa zwischen Deutschland und Rußland in Interessensphären aufgeteilt wurde. Der Kongreß der sowjetischen Volksdeputierten hat sie 1989 für null und nichtig erklärt.

Die Stalinsche Außenpolitik 1939/41 war von zwei Tendenzen geprägt: einerseits Fortsetzung der von Lenin und den Außenministern Tschitscherin und Litwinow betriebenen friedlichen Koexistenz; anderseits ein opportunistischer, ehrgeiziger Großmachtchauvinismus in der Nachfolge des Zarenreiches: Stalin ließ sich auf das Verbrechen einer neuen polnischen Teilung ein; er nötigte den baltischen Staaten Beistandspakte auf, die er schon nach einem halben Jahr wieder brach, um die Länder zu annektieren und in Sowjetrepubliken zu verwandeln; er führte Krieg gegen das kleine Finnland und raubte ihm Karelien; er zwang Rumänien zur Abtretung Bessarabiens und der Nordbukowina. Der Kreml-Herrscher kassierte den Preis, den Hitler ihm für die Neutralität zahlte.

Niemand hat die außenpolitischen Ungerechtigkeiten Stalins und einiger seiner Mitarbeiter schärfer gegeißelt als 1989 der ZK-Sekretär Alexander Jakowlew, Mitglied des Politbüros und Schwerkriegsbeschädigter, in seinem großartigen Bericht über den Hitler-Stalin-Pakt: „Nachdem Stalin den Weg der Aufteilung der Beute mit einem Raubtier betreten hatte, begann er mit den benachbarten, vor allem kleinen Ländern in einer Sprache von Ultimaten und Drohungen zu sprechen. Er fand keinen Anstoß daran, zur Waffengewalt zu greifen ... All das deformierte die sowjetische Politik und die Staatsmoral."

Am Ende stand Stalin selber als der betrogene Betrüger da. Ebenso wie sein „Freund-Feind" Hitler in der Neuen Reichskanzlei hielt sich auch der Alleinherrscher im Kreml für unfehlbar und oberschlau. Hatte sich Hitler im August 1939 eingebildet, er habe nun die Welt in der Tasche (und natürlich auch Stalin), so hielt sich der sowjetische Diktator für den besseren Spieler; er brüstete sich, Hitler überlistet und hintergangen zu haben. Als der Zweite Weltkrieg begann, ergötzte er sich mit seinen Genossen an dem Gedanken, daß sich nun die kapitalistischen Mächte „so richtig prügeln", will sagen, die Sowjetunion, die Hoffnung so vieler Proletarier aller Länder, werde schließlich der lachende Dritte sein. Nur eines hatte Stalin nicht vorausgesehen: daß sich Hitler binnen anderthalb Jahren zum Herrscher über den ganzen europäischen Kontinent aufschwänge.

Anfänglich scheint sich Stalin sogar in der Illusion gewiegt zu haben, es ließe sich mit Hitler-Deutschland eine dauerhafte Freundschaft – auf Distanz, versteht sich – begründen, ganz in der Tradition von Tauroggen (wo sich 1812 preußische und russische Militärs gegen Napoleon verbündet hatten), des Bismarckschen Rückversicherungsvertrages und des Abkommens von Rapallo, wo sich die Hauptgeschädigten der Versailler Neuordnung, die junge Sowjetunion und die fast gleichaltrige Weimarer Republik, auf eine für beide nützliche Zusammenarbeit geeinigt hatten.

Nur um Hitler bei Laune zu halten, schreckte Stalin nicht einmal davor zurück, deutsche Kommunisten, welche die Säuberungen in der Sowjetunion in Lagern oder Gefängnissen überlebt hatten, an die Gestapo auszuliefern. Die bis 1933 sehr umfangreichen und fast herzlichen wissenschaftlichen und kulturellen Beziehungen zwischen beiden Ländern wurden nach dem Paktabschluß neu belebt. Deutsche Literatur und Musik, deutsche Filme und Theaterstücke waren wieder gefragt. Umgekehrt wurde nun auch die Sowjetunion, das „neue Rußland", von Scharen deutscher Journalisten und Touristen, Kaufleuten und Ingenieuren wiederentdeckt.

Der deutsche Einmarsch in Paris am 14. Juni und der Waffenstillstand in Compiègne am 22. Juni 1940 veränderten alles. In sechs Wochen hatte die Wehrmacht Frankreich, die stärkste Militärmacht Europas, niedergeworfen. Nicht einmal die deutsche Generalität hatte damit gerechnet, geschweige denn Stalin. Er hatte kalkuliert, Frankreich werde sich anderthalb bis zwei Jahre behaupten. Als er von der französischen Kapitulation hörte, stieß er ein paar handfeste russische Flüche aus und sagte, „daß uns Hitler nun mit Sicherheit den Hals umdrehen wird".

In einer Art Panik-Reaktion inszenierte Stalin unmittelbar nach der Niederlage Frankreichs Krisen im Baltikum und auf dem Balkan. Bezeichnend für die Denkweise im Kreml ist ein Ausspruch des Vizeaußenministers Dekanossow, eines georgischen Landsmanns, den Stalin im Juni 1940 als Kommissar nach Litauen schickte, um die Annexion des Landes zu dirigieren. „Unsere Freundschaft mit Deutschland", sagte Dekanossow einem litauischen Politiker, „gleicht der zwischen zwei hungrigen Kötern, die denselben Knochen haben wollen."

Die deutsche Presse wurde angewiesen, die russischen Gewaltaktionen im Baltikum und in Bessarabien herunterzuspielen („je weniger, desto besser"). Am meisten wurmte Hitler das Vorgehen der Sowjets in der Bukowina, die im Geheimen Zusatzprotokoll gar nicht erwähnt worden war. Freilich hatte Stalin die Logik der neuen Ordnung in Ostmitteleuropa für sich: In diesem alten österreichischen Kronland wohnten nicht nur viele Deutsche – sie wurden bald „heim ins Reich" geholt –, sondern auch viele Ukrainer. Deutschland konnte froh sein, daß sich die Sowjetunion mit dem nördlichen Teil zufriedengab.

Erleichtert wurde den Russen diese Annexion durch Ribbentrops schlampige Formulierungen im Zusatzprotokoll. Unter Punkt 3 heißt es dort: „Hinsichtlich des Südostens Europas wird von sowjetischer

Seite das Interesse an Bessarabien betont. Von deutscher Seite wird das völlige politische Desinteressement an diesen Gebieten erklärt." In der Eile hatten die deutschen Unterhändler übersehen, daß man sich unter „Gebieten" allerlei vorstellen konnte. Jedenfalls verstand es die Sowjetunion als Einladung, auf dem Balkan ihren Fuß in die Tür zu stellen und mitzureden.

Die Angst Stalins vor der siegreichen deutschen Wehrmacht war in der Tat nicht unberechtigt. Denn im Führerhauptquartier richtete man bereits Ende Juni den Blick wieder auf den Osten. Noch im Vollgefühl des Sieges über Frankreich sagte Hitler dem Chef des Oberkommandos der Wehrmacht: „Glauben Sie mir, Keitel, ein Feldzug gegen Rußland wäre dagegen nur ein Sandkastenspiel!"

Front und Heimat erwarteten eigentlich für den Spätsommer/Herbst den Endkampf mit England. Aber der „wasserscheue" Hitler zögerte die „Operation Seelöwe", die geplante Landung in Südengland, hinaus. Ein paar Wochen lang hatte er sich seinem Lieblingstraum hingegeben: Deutschland und das Empire teilen die Welt unter sich auf: den Deutschen der Kontinent und Kolonien in Afrika, den Briten See und Flotte. Nach dem schmachvollen Rückzug des britischen Expeditionskorps aus Dünkirchen und der Kapitulation Frankreichs hätte ja sehr wohl in London eine Friedensbewegung einsetzen können; es gab unter den Tories immer noch Beschwichtigungspolitiker, die sich auf Verhandlungen mit Hitler eingelassen hätten, wäre nicht der Premierminister Winston Churchill davor gewesen. Seine Kampfentschlossenheit, sein mehrmals wiederholter „Blut-Schweiß-und-Tränen"-Appell an das britische Volk und der Rückhalt, den er dank seiner Charakterstärke beim amerikanischen Präsidenten Roosevelt fand, ließen Gedanken an eine Kapitulation oder an faule Kompromisse mit den Nazis gar nicht erst aufkommen.

In Churchill fand Hitler seinen Meister – schon Monate vor der Luftschlacht um England, in der die Deutschen ihre erste bittere Niederlage einstecken mußten. „Er ist ein toller Bursche", schrieb Goebbels in sein Tagebuch, obschon er doch Churchill in seiner Propaganda schmähte, wo er nur konnte. Ein paar Tage vor dem Überfall auf Rußland seufzte er zu Recht: „Ohne ihn wäre der Krieg längst zu Ende."

Hitler wartete vergebens auf britische Friedenstauben. So formulierte er in seiner Reichstagsrede vom 19. Juli 1940 nur noch ein Scheinfriedensangebot. Gegen die britische Sturheit fand er kein Rezept. Zwar ließ er den großmäuligen Reichsmarschall Hermann

Göring ausprobieren, England allein mit der Luftwaffe in die Knie zu zwingen. Aber weder er noch Generalstabschef Franz Halder rechneten ernstlich mit einem Gelingen der „Operation Seelöwe" noch in diesem Jahr.

Churchill machte den „größten Feldherrn aller Zeiten" geradezu hilflos. Hitler befand sich nun in der gleichen Situation wie einst Napoleon, der zwar den Kontinent beherrschte, aber an England nicht herankam. Da Hitler die moralische Kraft westlicher Demokratien unterschätzte, erklärte er sich den britischen Widerstandsgeist einzig mit strategischem Kalkül – der Hoffnung auf Amerika und Rußland. Also mußte man England seinen letzten Festlandsdegen aus der Hand schlagen: „Wenn Hoffnung auf Rußland wegfällt, fällt auch Amerika weg." Denn Japans Macht im Fernen Osten werde dann gewaltig wachsen.

Diese Einschätzung war nicht ganz falsch: Die britische Diplomatie hat bis zum Juni 1941 versucht, die deutsch-russischen Beziehungen zu stören, damit die wirtschaftliche Unterstützung Deutschlands durch Lieferungen aus dem Osten aufhörte. Eine Annäherung an Moskau mißlang jedoch, obgleich Churchill bewußt einen Labour-Politiker, Sir Stafford Cripps, als Botschafter zum Kreml entsandt hatte. Mit einem Erzkapitalisten wäre Stalin besser klargekommen.

Aber Großbritannien hatte den Russen nichts Verlockendes zu bieten – unvorstellbar, daß Churchill, wie Hitler es tat, der Roten Flotte einen schon baufertigen schweren Kreuzer überlassen hätte. Ungebrochen war das Mißtrauen Stalins gegen die Engländer; es rührte noch aus der Zeit der westlichen Interventionen während des Bürgerkrieges nach 1918 her und war durch die Erfahrungen mit der britischen Diplomatie in den Jahren 1938/39 kräftig genährt worden. Es verwundert also nicht, wenn britische Militärs, mit Zustimmung des Foreign Office, noch im Winter 1940/41 planten, die für Rußland lebenswichtigen Ölfelder von Baku zu bombardieren, sei es, um Stalin für seine Geschäfte mit Deutschland zu bestrafen, sei es, um ihn von noch größeren Konzessionen an Hitler abzuschrecken.

Noch ehe sich Hitlers Gedanken über seine strategischen Optionen zu Plänen verfestigt hatten, waren seine ehrgeizigen militärischen Berater in der Heeresleitung von sich aus tätig geworden: Sie ließen sich von Generalstäblern Studien für einen Feldzug gegen Rußland ausarbeiten. Generalstabschef Halder hatte sich innerlich schon mehr auf den Ost- als auf den Westkrieg festgelegt.

Er wollte eine „Schlagkraft“ im Osten aufbauen, stark genug, um der Weltmacht Rußland „die Anerkennung der beherrschenden Rolle Deutschlands in Europa abzunötigen“.

Als Hitler am 21. Juli 1940 mit den Spitzen der drei Wehrmachtteile über die künftigen Operationen konferierte und dabei neben „Seelöwe“ auch die russische Frage aufrollte, konnte der Oberbefehlshaber des Heeres, Generalfeldmarschall von Brauchitsch, bereits mit detaillierten Studien für eine begrenzte Offensive gegen die Sowjetunion aufwarten. Auf sowjetischer Seite veranschlagte er 50 bis 75 ernstzunehmende Divisionen, denen er 80 bis 100 deutsche gegenüberstellen wollte. Der Aufmarsch werde vier bis sechs Wochen dauern, das hieß, der Feldzug hätte bereits Anfang September beginnen können! Als operative Ziele nannte Brauchitsch die Besetzung der baltischen Staaten, Weißrußlands und von Teilen der Ukraine. Jedenfalls sollten die Armeen so weit vordringen, daß die Luftwaffe die wichtigsten Gebiete Rußlands zerschlagen könne.

Diese selbständige Aktion von Brauchitsch und Halder ist um so überraschender, als doch Halder noch 1938/39 gegen Kriegs- und Feldzugspläne Hitlers konspiriert hatte – zum Teil mit Wissen seines Dienstvorgesetzten Brauchitsch. Beide hatten sich den ganzen Winter 1939/40 über bemüht, Angriffspläne im Westen hinauszuzögern. Der rasche Sieg über Frankreich aber hatte ihre Zweifel und Bedenken auf peinliche Weise widerlegt und Hitler in einem Maße recht gegeben, daß er fortan sich selber für den besseren Feldherrn hielt.

Ein Moment persönlicher Kränkung kam hinzu: Hitler hatte sich – gegen die Heeresführung – beim Frankreichfeldzug für den Plan eines Außenseiters, des strategisch hochbegabten Generals von Manstein, entschieden. Einer solchen Situation wollten sich die Heerführer nicht noch einmal aussetzen. Jetzt waren sie von Bremsern zu Drängern geworden – ungefähr so hatte sich Hitler seine Generäle immer gewünscht.

Halder stellte sich in die Tradition der preußischen Generalstabschefs vom Range eines Moltke oder Schlieffen, die sich als verantwortliche Ratgeber des obersten Kriegsherrn verstanden hatten.

Gewiß – die Entscheidung lag allein beim Diktator, doch der sah in seinen militärischen Mitarbeitern nichts weiter als perfekt funktionierende Befehlsempfänger. Im übrigen verrät das Verhalten der Generäle ein hohes Maß an Sympathie mit nationalsozialistischer Ideologie und Politik. Die Wehrmacht war längst vor Kriegsbeginn zum Garanten des Nazi-Regimes geworden.

Halder hat nach dem Kriege, als er für die Amerikaner kriegsgeschichtliche Analysen schrieb, diese Zusammenhänge im Sommer 1940 verschleiert. Er spricht von dem Alpdruck der zweiten Front, die sich abzuzeichnen schien, als die Rote Armee Hunderttausende von Soldaten an den deutsch-sowjetischen Grenzen und in unmittelbarer Nähe der für das Reich unentbehrlichen rumänischen Ölfelder aufmarschieren ließ. Nur ein paar Divisionen, die „kaum für den Zollschutz“ ausreichten, schützten die Ostgebiete. Soldaten, vom General bis zum Wachposten, haben immer auf dem Quivive zu sein. Darum handelte Halder pflichtgemäß, als er von sich aus gleich nach dem Waffenstillstand in Frankreich schon mal ein paar Divisionen ins polnische Generalgouvernement verlegte.

Aber es ist Augenwischerei, so zu tun, als sei Deutschland im Sommer 1940 auch nur einen Augenblick lang durch den russischen Aufmarsch bedroht gewesen. Kenner deuteten die Massivität der Truppenbewegungen als übertriebene Vorsicht, wie sie für Rußland typisch ist – diesmal nicht nur nach außen, denn es galt, die angeblich befreiten kleinen Völker mit dauerndem Terror einzuschüchtern.

Alle Dokumente aus jenen Monaten bezeugen es: Weder Hitler noch seine Generäle, noch seine Diplomaten unterstellten den Russen Angriffsabsichten, im Gegenteil: „Die Russen werden uns nicht den Liebesdienst eines Angriffs erweisen“, heißt es im Operationsentwurf des Generalmajors Marcks vom 5. August 1940. Das wird die herrschende Meinung bis zum Kriegsbeginn bleiben. Rußland, so Goebbels am 4. Dezember 1940, „wird nie etwas gegen uns unternehmen – aus Angst“.

Noch immer ist unter den Historikern umstritten, wann sich Hitler für den Rußlandfeldzug entschieden hat. Einige setzen den Zeitpunkt in die Tage der Schlacht um Dünkirchen Anfang Juni 1940; andere vermuten den Herbst 1940 oder gar erst das Frühjahr 1941. Der Freiburger Historiker Jürgen Förster hat diesen Streit nun mit überzeugenden Argumenten entschieden: Am 31. Juli 1940 hat Hitler zum erstenmal seinen „bestimmten Entschluß“ verkündet, Rußland „im Zuge“ der Auseinandersetzungen mit den angelsächsischen Seemächten zu „erledigen“. „Je schneller wir Rußland zerschlagen, desto besser.“ Von Halders Schnapsidee, das deutsche Heer mitten in den russischen Herbstschlamm stapfen zu lassen, war nicht mehr die Rede.

Den Angriffstermin setzte Hitler auf das Frühjahr 1941 fest; man mußte bis Mai noch die Schneeschmelze abwarten. Die Wehrmacht bekam also rund neun Monate Zeit für die Vorbereitung. Am selben Tag noch wies Goebbels die Gauleiter an: „Keine Alarmgerüchte wegen eines eventuellen Vorgehens gegen Rußland."

Schrecklich war, was der Diktator dem Opfer seines Überfalls zugedacht hatte: Der russische Staat sollte „schwer zerschlagen", die Lebenskraft Rußlands vernichtet werden. Widerspruch der Generalität ist nirgends verzeichnet. Die Idee, Rußland von der Landkarte verschwinden zu lassen, war nicht Hitlers Erfindung. Seit den wilhelminischen Zeiten haben Militärs und Politiker die Auflösung des russischen Reiches betrieben, das ihnen allein durch seine Größe unheimlich vorkam. Ein junger Sekretär an der deutschen Botschaft in Petersburg, Bernhard von Bülow (der spätere Reichskanzler), stellte sich 1887 für den Kriegsfall einen deutschen Vormarsch bis zur Wolga vor, der Rußland zwingen sollte, alle Gebiete „westlich der Linie Onega-Bai/Waldaihöhe/Dnjepr" abzutreten. Dergleichen exzentrische Konjekturen müsse man nicht zu Papier bringen, befand der alte Bismarck. Im Kriegszielprogramm der Reichsleitung vom September 1914 wollte man Rußland künftig durch Randstaaten von Mitteleuropa fernhalten. Daraus resultierte dann 1918 der Diktatfrieden von Brest-Litowsk.

Was Hitler während seiner Festungshaft in Landsberg in seinem Buch „Mein Kampf" zur Ostpolitik schrieb – Rußland, ein „Koloß auf tönernen Füßen", der Germanenzug nach Osten, Lebensraum für deutsche Siedler –, all das zählte in den zwanziger Jahren zum Repertoire der deutschen Rechten und ihrer Parteigänger in Industrie, Verwaltung und Militär. Im Jahre 1940 ließ sich diese Lebensraumideologie nahtlos mit den selbstproduzierten strategischen Notwendigkeiten verbinden. Noch eine andere fatale Tradition des preußisch-deutschen Militarismus haben Hitler und die Militärs fortgeführt: den selbstverständlichen Umgang mit dem Präventivkrieg. Seit einigen Jahren kommen immer wieder Bücher auf den Markt, in denen behauptet wird, Hitler sei einem sowjetischen Überfall nur eben noch zuvorgekommen. Wer heute noch den deutschen Überfall vom 22. Juni als Präventivkrieg bezeichnet, ist ein spätes Opfer der Nazi-Propaganda: Hitler hatte seinem Volk und der Weltöffentlichkeit weisgemacht, die Sowjetunion sei mit ihren gesamten (!) Streitkräften sprungbereit an der deutschen Grenze aufmarschiert.

Der Rußlandfeldzug war also auf keinen Fall das, was die Militärtheoretiker heute den „preemptive strike" nennen (wie zum Beispiel Israels Angriff im Sechstagekrieg von 1967), sondern ein von Anfang an von den Nazis beabsichtigter Raub- und Vernichtungsfeldzug.

Unter rein militärischen Gesichtspunkten hat Hitler, in Erwartung einer mit den Jahren erstarkenden Sowjetunion, durchaus ein „prävenire“ gemacht, wie der von ihm bewunderte Friedrich der Große 1756 zu Beginn des Siebenjährigen Krieges. Als der alte Moltke und sein Nachfolger Waldersee Reichskanzler von Bismarck bestürmten, Rußland präventiv anzugreifen, hat sich der Fürst vehement gewehrt. Er hielt gar nichts davon, der Vorsehung in die Karten zu sehen. Darum hat er in seiner berühmten Reichstagsrede 1888 erklärt, die Deutschen seien friedfertig nicht aus Furcht, sondern aus Stärke, im Bewußtsein, „auch dann, wenn wir in einem minder günstigen Augenblicke angegriffen werden, stark genug zu sein zur Abwehr“. Im August 1914 haben die deutschen Politiker diesen Rat nicht beherzigt; die Reichsleitung ließ sich von den Militärs einreden, man müsse „jetzt“ schlagen, weil die feindliche Koalition in zwei oder drei Jahren den Mittelmächten überlegen sein werde.

Es gab 1941 für das deutsch-russische Verhältnis durchaus noch Chancen einer friedlichen Weiterentwicklung – aber wollte man sie nutzen, wie es dem deutschen Botschafter in Moskau, Graf von der Schulenburg, vorschwebte, hätte Deutschland nicht das „Dritte Reich“, sein Staatsmann und Feldherr nicht Hitler heißen dürfen. Er wollte seinen Krieg, und er wollte ihn in Windeseile, in einer Kampfpause des deutsch-britischen Duells, über die Bühne bringen.

Seit sein Entschluß feststand, hat Hitler die Russen bewußt provoziert, indem er sich nicht mehr strikt an die Abmachungen von 1939 hielt. Er wurde säumig bei den Gegenlieferungen an die Sowjetunion; er konsultierte die Russen nicht, als er im Spätsommer durch den zweiten Wiener Schiedsspruch einen Krieg zwischen Ungarn und Rumänien verhinderte; er garantierte die Grenzen Restrumäniens und schickte deutsche Truppen in das Land – ein Affront für die Sowjetunion; und er belieferte die Finnen mit Waffen, wofür sie ihm das Recht einräumten, Truppentransporte über Finnland nach Nordnorwegen zu leiten; deutsche Flak sicherte die Bahnlinien. Rumänien und Finnland, die Opfer sowjetischer Aggressionen, wurden nun zu natürlichen Verbündeten im kommenden Feldzug.

Abermals vor den Kopf gestoßen fühlte sich die Sowjetunion, als Deutschland, Italien und Japan hinter dem Rücken dieser europäisch-asiatischen Großmacht am 26. September 1940 einen Dreimächtepakt abschlossen. Immerhin hatte Ribbentrop die Sowjetunion vorher informiert, wenn auch erst am letzten Abend. Das neue Bündnis sollte angeblich nur Amerika von einem Kriegseintritt abschrecken. Der Kreml reagierte zunächst heftig: Dieser Pakt – errichtet auf der Basis des gegen den Bolschewismus gerichteten Antikominternpaktes von anno 36 – verschärfe den Krieg und weite ihn aus.

Doch dann nahm man freundlich, fast erleichtert die Einladung an, der sowjetische Regierungschef und Außenminister Wjatscheslaw Molotow möge zu dem längst fälligen Gegenbesuch nach Berlin kommen. Ribbentrop stellte sogar eine Art Viermächtepakt in Aussicht. So viel hatte man in Berlin begriffen: Man durfte die Dinge nicht noch weiter eskalieren, denn über die Wintermonate konnte Deutschland den Russen militärisch nicht drohen.

Molotow wollte mit diplomatischen Mitteln den bewaffneten Konflikt verhindern, freilich aus der Position eines gleichberechtigten Partners. Er konnte nicht ahnen, daß Hitler längst zum Krieg entschlossen war. Was immer das Ergebnis der Gespräche sein werde, versicherte der Diktator im voraus den Militärs, die Vorbereitungen des Feldzuges müßten weitergehen. Der Besuch Molotows, so sieht es heute der junge sowjetische Zeithistoriker Sluzk, sei aus deutscher Sicht „nur ein Glied in der Kette der Täuschungen“ gewesen. Für Hitler und Ribbentrop aber sollten es die härtesten Gespräche ihres Lebens werden.

II. Die schlampige Vorbereitung des Blitzkrieges

Es regnete in Strömen, als am 12. November 1940 Molotow mit großem Gefolge auf dem Anhalter Bahnhof in Berlin ankam. Ein schlechtes Omen für das Gipfelgespräch. Ribbentrop bereitete seinem Gast einen kühlen Empfang: keine Jubel-Berliner, kein Fahnenmeer. Propagandaminister Goebbels konnte noch im letzten Moment verhindern, daß die SA für die Bolschewiken Spalier stand, wie es das Auswärtige Amt vorgehabt hatte.

Einsam und schlaff hing eine sowjetische Fahne am Mast, Hammer und Sichel waren kaum zu erkennen. Nicht einmal die Nationalhymnen wurden gespielt – so konnte keiner der wenigen Zuschauer in die Versuchung kommen, die Internationale in Gedanken an alte Zeiten mitzusingen. Beim Abschreiten der Ehrenkompanie ertönte lediglich der preußische Präsentiermarsch. Molotow, der mehr wie ein Mathematikprofessor denn wie ein Revolutionär aussah – sein Pincenez verstärkte diesen Eindruck noch –, wirkte unter lauter Uniformen ein wenig verloren, wenn er immer wieder artig seinen Hut lüftete.

Hitler und Ribbentrop zeigten sich in den Eröffnungsgesprächen von ihrer liebenswürdigen Seite. Mit undurchdringlichem Gesicht lauschte Molotow ihren weitschweifigen Monologen, die ihm Botschaftsrat Gustav Hilger übersetzte. Hilger hatte es an diesem Tag nicht leicht, weil ihn eine Grippe mit Nasenbluten plagte. Was er den Russen zu vermitteln hatte, klang weder überzeugend noch realistisch: Der Krieg mit England sei so gut wie gewonnen; es gehe nur noch darum, die britische Konkursmasse aufzuteilen. Angeblich wollten sich Deutschland in Mittel-, Italien in Nordafrika und Japan in Südostasien schadlos halten. Den Russen wurde ebenfalls der Weg nach Süden gezeigt, zu den „warmen Meeren".

Molotow jedoch verlegte sich auf das Näherliegende: Er begehrte Auskunft über die Abgrenzung der deutschen und sowjetischen Interessensphären in Europa. Der Außenkommissar nervte Ribbentrop mit seinen schulmeisterlichen Einwürfen: „Was ist großasiatischer Raum?" – „Was für ein Meer haben Sie denn eben gemeint?" Seine große Stunde kam erst beim zweiten Gespräch mit Hitler am Nachmittag des 13. November. Mit bohrenden Fragen und zuweilen groben Vorwürfen holte er den „Führer" aus seinem Wolkenkuckucksheim auf die Erde zurück. Hitlers Chefdolmetscher Paul Schmidt, der als Protokollant dabeisaß, staunte nur so: „Schlag auf Schlag folgten sich Fragen und Antworten. Der Ton war niemals heftig, aber die Debatte wurde ... mit seltener Verbissenheit geführt." Hartnäckig bestand Molotow auf seinen Forderungen: freie Hand in Finnland und Rumänien, Schutzherrschaft über Bulgarien, Stützpunkte am Bosporus.

Hitler verhielt sich ablehnend oder ausweichend, drohte sogar unverblümt, er werde einen neuen Krieg gegen Finnland (auf dessen Nickelvorkommen die deutsche Rüstungsindustrie angewiesen war) nicht dulden. „Es war ein Gespräch zwischen zwei Imperialisten", urteilt der Historiker Michail Semirjaga. Tatsächlich legte Molotow ein Maximalprogramm vor, über das man in den kommenden Monaten ausgiebig hätte verhandeln können. Brechen wollte er mit Deutschland auf keinen Fall. Aber Hitler kam der Katalog seines Gastes gerade recht, um sich – so in seiner Proklamation vom 22. Juni 1941 – „als verantwortungsbewußter Vertreter der europäischen Kultur und Zivilisation" darzustellen, der das Abendland vor dem Bolschewismus retten müsse.

Dem großen Bankett bei Krimsekt, Kaviar und Wodka in der alten zaristischen Botschaft Unter den Linden (wo sie heute noch steht) blieb der Diktator ostentativ fern. Im Laufe des Abends stellte sich noch ein ungebetener Gast ein: Die Royal Air Force näherte sich Berlin. Der Fliegeralarm ließ die Festgäste auseinanderstieben. Ribbentrop verzog sich mit Molotow in seinen Luftschutzkeller in der Wilhelmstraße. Sein Gast genoß die pikante Situation. Mit feiner Ironie variierte er das Thema vom schon gewonnenen Krieg: Wenn Deutschland gegen England einen Krieg auf Leben und Tod führe, so könne er das nur so auffassen, daß Deutschland „auf Leben" und England „auf Tod" kämpfe.

In dieser Schlußbesprechung präzisierte Molotow das weitgehende Interesse der Sowjetunion am Balkan – auch an Ungarn, Jugoslawien und Griechenland; er wollte wissen, was Deutschland mit Polen vorhabe, stellte die schwedische Neutralität in Frage und brachte die dänischen Ostseemeerengen ins Spiel. Diese letzte Forderung riß die Nazis fast vom Stuhl. Obschon der russische Drang nach dem offenen Meer seit den Zeiten Peters des Großen notorisch war, hörten sie nur heraus, Molotow habe Stützpunkte in dem seit April deutsch besetzten Dänemark verlangt.

Trotz des unergiebigen Ausgangs der Berliner Gespräche blieb die Sowjetunion auf Verständigungskurs. Sie schickte den Vize-Außenkommissar Dekanossow, einen Vertrauten Stalins aus dessen georgischer Seilschaft, als Botschafter nach Berlin; sie ließ sich auf neue Wirtschaftsverhandlungen ein; und am 25. November 1940 erneuerte sie in einem Memorandum ihre inzwischen abgemilderten Bedingungen für einen Viermächtepakt: Rückzug der deutschen Truppen aus Finnland (bei friedlichem Verhalten der Russen), Zustimmung zur Entsendung sowjetischer Truppen nach Bulgarien, militärische Stützpunkte an den türkischen Meerengen. Notfalls sollte die Türkei gemeinsam von Rußland, Deutschland und Italien militärisch zur Abtretung gezwungen werden. Als neue Einflußsphäre beanspruchte die Sowjetunion den Raum südlich von Batum und Baku in der Richtung zum Persischen Golf. Genau betrachtet war dies das kaum noch verhüllte Angebot eines Offensivbündnisses. Stalin riskierte durch den Griff nach dem irakischen und persischen Öl einen Krieg mit den Weltmächten England und Amerika.

Reichsmarschall Hermann Göring, zweiter Mann im Nazistaat, hatte schon vorher Hitler nahegelegt, die Russen doch ruhig gegen Finnland und die Dardanellen vorstoßen zu lassen, weil man sie dann in einen offenen Konflikt mit England verwickele. Im Herbst 1939 hatte Hitler noch selber Ähnliches probiert, als er auf der Basis 50:50 Polen mit Stalin teilen wollte; er konnte nicht wissen, daß sich die britische Garantie für Polen einzig gegen Deutschland richtete. Doch Stalin war so schlau, sich mit einer Grenze weiter östlich zu begnügen, ungefähr entlang der Curzon-Linie, welche die Westmächte nach 1918 den Sowjets zugebilligt hatten.

Aber jetzt wollte der deutsche Diktator nichts mehr von einer neuen Waffenbrüderschaft mit den Russen wissen. Er hat, trotz wiederholter Anmahnungen, nie mehr auf das sowjetische Memorandum geantwortet. Dieses Verhalten entlarvte ihn.

Sein Angebot eines Viermächtepaktes, mit dem er die Sowjetunion von Europa auf Britisch-Indien ablenken wollte, war bloß ein taktischer Zug gewesen. Er habe sich davon sowieso nichts mehr versprochen, sagte der Diktator gleich nach der Abreise Molotows. Er fühlte sich richtig erleichtert: Dieser Pakt werde „nicht einmal eine Vernunftehe bleiben". Das eben war der Irrtum Stalins und Molotows. Mit diesem Hitler ließ sich nicht mehr reden. Sie wollten ja nur innerhalb der Interessensphäre, die ihnen Hitler 1939 zugestanden, richtiger: aufgedrängt hatte, den Pakt mit Deutschland bis ins letzte ausschöpfen. Da Hitler sie zu einem Bündnis gegen das britische Empire verleiten wollte, glaubten sie jedoch, als Preis weitere territoriale Gewinne einstreichen zu dürfen. Hitlers Position schien ihnen schwächer, als es die deutsche Propaganda darstellte. Denn noch war England nicht besiegt, im Gegenteil, es hatte den Italienern, Deutschlands Verbündeten, in Afrika und zur See schwere Niederlagen zugefügt, und fast jede Nacht warfen britische Flugzeuge über deutschem Gebiet ihre Bomben ab.

Die nüchternen Rechner im Kreml unterstellten ihrem Kontrahenten kalkulierbares Handeln. Hatte Hitler doch mehrmals versichert, er werde den Fehler der Reichsleitung im Ersten Weltkrieg nicht wiederholen und sich auf keinen Zweifrontenkrieg einlassen. Hitler, in seinem nachtwandlerischen Größenwahn, sah das aber nun ganz anders. Durch den Überfall auf die Sowjetunion verhindere er geradezu den Zweifrontenkrieg, denn das Ganze sollte ja schon in zwei bis drei Monaten erledigt sein. Für ihn jedenfalls war es konsequent, als er am 18. Dezember 1940 die berühmte Weisung Nr. 21 „Fall Barbarossa" unterzeichnete: „Die deutsche Wehrmacht muß darauf vorbereitet sein, vor Beendigung des Krieges gegen England Sowjetrußland in einem schnellen Feldzug niederzuwerfen."

Bis dahin waren die Vorbereitungen der Militärs unter dem Decknamen „Fritz" gelaufen (da mochte sich jemand an den Siebenjährigen Krieg Friedrichs des Großen, des Alten Fritz, erinnert haben, dem die Russen schwer zugesetzt hatten). Der Name Barbarossa paßte auf den Lebensraumkrieg eigentlich nicht, hatten die Nazi-Historiker es Kaiser Friedrich I. doch verübelt, daß er seine Kraft an Italien verschwendet und nicht der Ostkolonisation gewidmet habe.

Es gibt aber eine mögliche Erklärung: Wenn Hitler auf dem Berghof weilte, schaute er auf den Untersberg, wo der Sage nach (ähnlich wie im Kyffhäuser) Kaiser Rotbart lobesam auf des Reiches Wiedergeburt wartete. Rudolf Augstein verdanken wir die kluge Fußnote, der Wagner-Fan Hitler könnte den Aufsatz „Die Nibelungen" von Richard Wagner gelesen haben („Wann kommst du wieder, Friedrich, herrlicher Siegfried! und erschlägst den bösen nagenden Wurm der Menschheit?"). Tatsache ist: Hitler wollte auf seinem Feldzug gegen den „jüdischen Bolschewismus" nicht nur Rußland erobern, sondern zugleich auch die Juden ausrotten, besessen von dem Wahn, er erfülle damit einen göttlichen Auftrag.

Nie ist ein Krieg leichtfertiger und fahrlässiger vom Zaun gebrochen worden als der Rußlandfeldzug. Hitler und seine Generäle nahmen die Rote Armee als Gegner nicht ernst. Ihre Fehleinschätzung wurde übrigens auch von britischen und amerikanischen Militärs geteilt. Sie hatten einen guten Grund für diese Annahme, und die sowjetischen Historiker, die heute freier forschen und offener reden können als in den vorigen Jahrzehnten, geben ihnen recht. Das Schlüsselwort heißt: Affäre Tuchatschewskij.

Im Frühjahr 1937 hatte Stalin den Vize-Verteidigungskommissar Marschall Tuchatschewskij und sechs Generäle wegen Hoch- und Landesverrats erschießen lassen. Vor dem Zentralkomitee hat er seine Bluttat mit belastenden Dokumenten gerechtfertigt. Die Unterlagen aber hatte, angeregt von einem ehemaligen zaristischen Offizier und Doppelagenten, der SS-Sicherheitsdienst Heydrichs gefälscht und dem tschechoslowakischen Präsidenten Benesch zugespielt, der sie dann gutgläubig an Stalin weiterleitete. Die Hinrichtung Tuchatschewskijs war der Auftakt zu einer unbarmherzigen, radikalen „Säuberung" in den Streitkräften.

Das Ausmaß der Verfolgung, soweit bisher bekannt, übersteigt alle Vorstellungen. Der Moskauer Professor Kumanjow gab jüngst in München neueste Zahlen bekannt: Vom 27. Februar 1937 bis zum November 1938 wurden 38 679 Offiziere der Armee verhaftet und erschossen, außerdem 3 000 der Roten Marine. Da die Säuberungen in den folgenden beiden Jahren weitergingen, schätzt Kumanjow die Gesamtzahl der Ermordeten auf über 50 000.

Mehr als 60 000 Offiziere wurden „repressiert", das heißt in den Kerker geworfen oder in den Gulag verbannt. Ein geringer Teil dieser Häftlinge wurde bei Kriegsbeginn reaktiviert. Noch lange nach dem Krieg durften sowjetische Marschälle in ihren Memoiren kein Wort über ihre eigene Verfolgung verlieren.

„Die Rote Armee wurde enthauptet", sagte Generalmajor Jurij Kirschin vom Militärhistorischen Institut. Sein Kollege Anfilow spricht von einer „porösen Armee": „Wir haben im Frieden mehr Kommandeure als im Krieg verloren." Im Juni 1941 hatten sich die Streitkräfte von diesem Verbrechen und dem psychologischen Schock noch längst nicht erholt. Denunziantentum, Mißtrauen und Verantwortungsscheu machten sich breit. Ähnlich sah es bei den Technikern, Konstrukteuren und Leitern der Rüstungsindustrie aus.

Bereits im finnischen Winterkrieg wurde erschreckend offenbar, wie wenig die nachgerückten jüngeren Kommandeure ihren Aufgaben gewachsen waren. Für die Ausbildung der höheren Offiziere wurden normalerweise acht bis zehn Jahre veranschlagt. Von den zwanzig Armeeführern war im Juni 1941 die Hälfte noch nicht länger als drei Monate auf dem Posten. Ihnen allen mangelte es an operativer Erfahrung. Insgesamt fehlten am Vorabend des Krieges mehr denn 66 000 Kommandeure. So konnte es geschehen, daß Divisionen von Leutnants oder Hauptleuten geführt wurden. Marschall Wassilewskij vermutete: „Ohne 1937 hätte es vielleicht kein 1941 gegeben."

Mit solch einer führerlosen Armee, und sei sie noch so riesig, gedachten Hitlers siegreiche Generäle spielend „fertig zu werden". Dabei wußten sie so gut wie gar nichts über Qualität, Stärke und Ausrüstung ihres künftigen Gegners. Seit die Zusammenarbeit zwischen Reichswehr und Roter Armee nach dem Untergang der Weimarer Republik aufgehört hatte, stockte der Informationsfluß. Dafür zehrte man von dem Überlegenheitsgefühl im Ersten Weltkrieg, als Feldmarschall von Hindenburg mit einer an Zahl weit unterlegenen Armee über die schon kriegsmüden Russen triumphierte.

Die ganze Geringschätzung des Generalstabs zeigte sich am Niveau der Feindaufklärung. Die zuständige Abteilung, „Fremde Heere Ost", hatte außer Rußland auch noch China, Japan und Amerika im Auge zu behalten. Ihr Chef, Oberstleutnant Kinzel, sprach weder Russisch, noch kannte er das Land, und vom Nachrichtendienst verstand er auch nichts.

Gleichwohl gab seine Abteilung, gestützt auf spärliche Informationen und mehr noch auf Vorurteile, Beurteilungen ab. Die Allgemeinbildung der sowjetischen Offiziere reichte in Deutschland noch nicht einmal zum Unteroffizier. Die Schwäche der Roten Armee sei ihre Schwerfälligkeit, der Mangel an Organisation, das schematische Denken der Führung. Kinzel in seiner unschlagbaren Kompetenz wußte es ganz genau: „Ihre Vorschriften und ihr Größenwahn verlangen den Angriff, ihre Angst vor dem deutschen Heer lähmt jedoch ihre Entschlußkraft." Ihre Stärke – Masse und Material – werde die Rote Armee, da war man sich sicher, gegen eine moderne Armee wie die deutsche „nicht zur Geltung bringen können".

Geblieben war den preußischen Militärs noch aus friderizianischen Zeiten der Respekt vor dem einfachen russischen Soldaten, dem „Iwan", wie ihn die deutschen Landser bald nennen sollten. In den Worten General Blumentritts war der Russe „unempfindlich gegen Witterungsunbilden, sehr genügsam, wenig blut- und verlustscheu und standfest". Was man freilich außer acht ließ, waren die ausgezeichnete vormilitärische Ausbildung, das Improvisationstalent und die politische Indoktrinierung der Rotarmisten.

In ihrem grenzenlosen Optimismus war die deutsche Führung überzeugt, man werde nach zwei Wochen harter Kämpfe schon einen großen Teil des russischen Heeres zerschlagen haben. Da wirkte das alte Bild vom „tönernen Koloß" nach. Die Hybris der Kriegsplaner verrät sich in ihren abfälligen Urteilen: „Die Rote Armee ist nicht mehr als ein Witz" (Hitler); für Generaloberst Halder ist sie „wie Fensterglas", für General Jodl „eine Seifenblase". Dem Generalfeldmarschall von Brauchitsch wird das Wort von der „Hasenjagd" nachgesagt, und Goebbels freute sich auf das „Haberfeldtreiben".

Bei solcher Einschätzung verwundert es nicht mehr, wenn der Feldzug in schlampiger, unverantwortlicher Weise vorbereitet wurde. Es waren weder schwere Rückschläge noch ein Winterkrieg eingeplant; Jodl verabschiedete die Männer seines Wehrmachtführungsstabes mit dem Rat, sie sollten nur Sommergepäck mitnehmen. Man hielt es gar nicht für nötig, neben den drei Millionen an der Front noch ebenso viele Soldaten als Ersatz bereitzuhalten, was durchaus möglich gewesen wäre. Die Nationalsozialisten scheuten sich jedoch, alle Männer und Frauen rücksichtslos für den totalen Krieg einzuspannen; groß war die Angst, das Volk könne wie im Ersten Weltkrieg unzufrieden werden. Die westlichen Demokratien waren da weniger rücksichtsvoll, England beschäftigte mehr Frauen in der Rüstung als Deutschland.

Siegestrunken vom Frankreichfeldzug wollte das Militär jetzt zum erstenmal einen wirklichen „Blitzkrieg" führen, das heißt eine Operation, die von der Hand in den Mund lebte. Darauf wurde die Rüstungswirtschaft schon im Juli 1940 eingestellt. Hitler hatte mit Generaloberst Fromm, dem Chef des Heeresrüstung und Befehlshaber des Ersatzheeres, vereinbart, das Heer bis zum Mai 1941 auf 180 Divisionen zu vergrößern, man mußte 37 neue Infanteriedivisionen auf die Beine stellen. Waffen, Gerät und Munition dafür sollten in derselben Frist bereitliegen.

Aber schon im Spätsommer 1940 legte sich Feldmarschall Keitel vom Oberkommando der Wehrmacht quer: Es sei ein Verbrechen, die Kapazitäten der Rüstungsindustrie mehr als nötig auszuweiten, da doch der Blitzkrieg nur ein paar Monate dauerte. So verfiel man auf den Trick, einen Teil der Ausstattung aus der Kriegsbeute des Westfeldzuges abzuzweigen oder einfach die Truppe mit weniger auszurüsten. Das Ostheer bekam also von Anfang an nicht das, was es wirklich brauchte.

Kaum hatte Hitler die Barbarossa-Weisung unterschrieben, da wurde in der Rüstung schon wieder umgesteuert: Jetzt hatten Luftwaffe und Kriegsmarine den Vorrang für den Endkampf mit England. Das Ostheer erhielt Munition für ein Jahr, jedoch Waffen und Geräte nur für einen Zeitraum von drei Monaten.

An Verlusten (Gefallene, Verwundete, Kranke) hatte die Führung vorsorglich 475 000 Mann bis zum September einkalkuliert; dem standen aber nur 385 000 Mann Ersatz gegenüber. Aber das war so gewollt: Gleich nach dem Frankreichfeldzug wurden achtzehn Divisionen bis zum März 1941 in einen Urlaub geschickt, den die Soldaten allerdings in den Fabriken und Werkstätten verbringen mußten. So sollten die Soldaten ihre Waffen selber schmieden. Keitel wollte die Männer aber erst Anfang Mai zurück an die Front schicken, denn nun mußten ja mehr Flugzeuge und U-Boote für den Krieg gegen England gebaut werden.

Darunter litt die Verbandsausbildung, die schon Monate vor dem Angriffsbeginn einsetzen mußte. Generaloberst Fromm war um einen Ausweg nicht verlegen: Statt der zurückbehaltenen Urlauber schickte er Ersatzsoldaten an die Front, also noch kriegsunerfahrene Männer. Darunter litt nun wieder die Kampfmoral. So kam, was kommen mußte: Am 22. Juni 1941 waren 40 Prozent der Infanterie- und 25 Prozent der Panzerdivisionen nicht voll einsatzbereit. In bester Form standen lediglich die drei Divisionen der Waffen-SS, sie wurden vom Regime bevorzugt.

Ebenso haarsträubend war die Lage in der Logistik. Das Ostheer sah wie ein Flickenteppich aus. Nur 26 von 152 Divisionen hatten deutsche Kraftfahrzeuge im Fuhrpark; die andern mußten sich mit Beutefahrzeugen begnügen: mit 2000 unterschiedlichen Typen. Eine Heeresgruppe allein brauchte dafür eine Million Ersatzteile.

Generalquartiermeister Wagner hatte vorgesehen, die Heeresgruppe Mitte, die mächtigste und entscheidende der drei Angriffssäulen, in der ersten Operationsphase nur mit Lkw zu versorgen. Seine Mitarbeiter hatten einfach die westeuropäischen Straßenverhältnisse auf den Osten übertragen, obwohl die Wehrmacht noch nicht einmal über genaue Straßen- und Wegekarten verfügte. Die Wirklichkeit: Mehr als die Hälfte des Nachschubs mußte auf Panjewagen von Pferden durch Staub und Schlamm transportiert werden. Ein großes Problem blieb die Ölversorgung. Flugbenzin hatte man bis zum Herbst 1941 genug; der Sprit für Panzer und Lkw reichte nur für den Aufmarsch und knapp zwei Kampfmonate. Schon im Blick auf die Zeit danach bestand der Chef des Wehrwirtschafts- und Rüstungsamtes, General Thomas, darauf, unbedingt auch die Ölfelder von Baku in die Liste der Operationsziele aufzunehmen.

Wohlgemerkt: Die Verantwortlichen nahmen alle diese Mängel bewußt in Kauf. Der Nimbus der Unbesiegbarkeit und der fanatische Wille werde auch diesmal der Wehrmacht über alle Hindernisse hinweghelfen. Hitler beruhigte Goebbels und sich selber: „Unsere Aktion ist so vorbereitet, wie es überhaupt menschenmöglich ist. So viele Reserven sind eingebaut, daß ein Mißerfolg glatt ausgeschlossen ist."

Seit Jahresbeginn 1941 übernahmen auch die Journalisten ihren Teil der Kriegsvorbereitung, um das deutsche Volk unmerklich auf den kommenden Feldzug einzustimmen. Mitte Januar instruierte das Auswärtige Amt die Presse, daß die Verträge mit der Sowjetunion von 1939 „jetzt kritischer angesehen werden". Einen Monat später trat Goebbels' Abteilungsleiter Hans Fritzsche selber vor die Journalisten, um ihnen eine Rüge Hitlers zu verpassen: In den nachrichtenarmen Zeiten sei zuviel Gutes über die Sowjetunion geschrieben worden. Hitler verbot alle Zeitungsberichte über Rußland außer den freigegebenen „DNB"-Nachrichten; auch die Korrespondenten in Moskau bekamen einen Maulkorb. Ein begriffsstutziger Reporter wollte wissen, ob nicht wenigstens Sportmeldungen gebracht werden dürften. Die Antwort: „gerade die nicht."

Dabei hätte es am Jahresanfang 1941 allerlei Erfreuliches über die deutsch-sowjetischen Beziehungen zu berichten gegeben. Nach aufregenden Verhandlungen in Moskau war ein neues Wirschaftsabkommen unterzeichnet worden, mit einem Rahmen von weit über 600 Millionen Reichsmark. Die Russen verpflichteten sich, für die nächsten anderthalb Jahre die gewaltige Menge von 2,5 Millionen Tonnen Getreide zu liefern, außerdem Hülsenfrüchte, Ölsamen, Baumwolle, Mineralöl, Erze. Dafür sollten sie hochwertige Ausrüstungen für die Rüstungsindustrie und feinmechanische Apparaturen für die Öl- und Textilindustrie erhalten. Allerdings hatten die Verantwortlichen in Deutschland nicht die Absicht, ihren Verpflichtungen bis zum Feldzugsbeginn noch nachzukommen.

Molotow versuchte, den politischen Wert des Wirtschaftsabkommens zu erhöhen, indem er es mit fünf anderen Abkommen kombinierte (so über die Umsiedlung von Volksdeutschen, Vermögenswerte, Grenzziehungen). Das wichtigste war die Abtretung eines seit langem umstrittenen Grenzzipfels in Südwestlitauen, den ursprünglich Deutschland beansprucht hatte. Die Sowjetunion mußte einen Kaufpreis von mehr als dreißig Millionen Mark entrichten, davon zehn Prozent in Buntmetallen.

Zehn Wochen vor dem deutschen Angriffstermin spitzte sich die Lage zwischen den beiden Großmächten plötzlich zu, so daß Halders so fein abgestimmter Aufmarschplan arg gefährdet schien. Schuld daran war eigentlich der italienische Duce Mussolini. Er hatte es im Herbst 1940 seinem Achsenpartner Hitler als Eroberer gleichtun wollen und war, ohne diesen zu fragen, über Griechenland hergefallen. Doch die armen italienischen Soldaten hatten sich in den eisigen Bergen Albaniens eine blutige Niederlage geholt. Nun mußten, wie zuvor schon in Afrika, deutsche Truppen die Schlappe wieder ausbügeln. Inzwischen hatten sich nämlich die Engländer in Griechenland festgesetzt. Mit einem Male war das rumänische Erdölgebiet bei Ploesti nicht nur von den Russen bedroht, sondern auch durch britische Flugzeuge.

Am 1. März 1941 schlugen deutsche Pioniere in Südrumänien drei Brücken über die Donau, und die 12. Armee rückte in Bulgarien ein, nachdem es dem Dreimächtepakt beigetreten war. Das war die Vorstufe zum Unternehmen „Marita", dem deutschen Angriff gegen Griechenland.

Die Sowjetunion reagierte auf den Einmarsch in ihre „Sicherheitszone" Bulgarien mit scharfen Protesten. Aber sie fand sich mit den Tatsachen ab, signalisierte sogar gut Wetter, indem sie, trotz der deutschen Säumigkeit, ihre Warenlieferungen enorm verstärkte.

Dramatisch wurde es dann noch einmal Anfang April. Jugoslawien war, unter starkem deutschen Druck, ebenfalls dem Dreimächtepakt beigetreten. Ein paar Tage später wurde die Regierung vom Militär gestürzt. Auf den Straßen Belgrads demonstrierten die Massen gegen Deutschland. Am 5. April schloß die Sowjetunion mit den neuen Machthabern einen Neutralitäts- und Freundschaftsvertrag (also kein Bündnis); Molotow verbrämte diesen Schritt mit dem Argument, der Vertrag solle zusammen mit dem formal noch bestehenden deutsch-jugoslawischen Bündnis dem Frieden auf dem Balkan dienen.

Dies war, schrieb Hermann Poerzgen, der Moskauer Korrespondent der „Frankfurter Zeitung" in einem Informationsbrief, „die nachdrücklichste Demonstration der sowjetrussischen Interessen am Balkan". Staatssekretär von Weizsäcker im Auswärtigen Amt sprach von einer regelrechten Herausforderung, einem „Windstoß, der uns von dem Grat [zwischen Feindschaft und Freundschaft] hinunterzustoßen geeignet wäre, wenn in Rußland nicht noch Schnee läge".

Wenige Stunden nach der Unterzeichnung des Vertrages zwischen Russen und Serben war er schon überholt: Die deutsche Luftwaffe eröffnete mit einem brutalen Angriff auf Belgrad die Invasion Jugoslawiens. Stalin scheint noch auf einen langwierigen Krieg in den serbischen Bergen gehofft zu haben. Der Kreml setzte seine offensive Politik fort und protestierte in Budapest gegen die ungarische Teilnahme am Eroberungs- und Vernichtungsfeldzug gegen Jugoslawien. Aber am 12. April wehte schon die Hakenkreuzflagge über Belgrad und bald auch über der Akropolis in Athen. In einem atemraubenden neuen Blitzfeldzug hatte die deutsche Wehrmacht den Balkan überrannt und die Briten vom Kontinent vertrieben.

Dieser Sieg über Serben und Griechen beflügelte die deutsche Generalität noch in ihrer Hybris. Stolz verkündete Hitler vor dem Reichstag, mit deutlichem Wink an die Russen: „Dem deutschen Soldaten ist nichts unmöglich!" Stalins Selbstvertrauen war schwer erschüttert, weil er sich in der Einschätzung der deutschen Wehrmacht abermals getäuscht und vor seinen Mitarbeitern blamiert hatte. Diesmal jedoch reagierte er auf die neue Lage mit „beispielloser Geschmeidigkeit" (Poerzgen).

Alle seine außenpolitischen Schritte zielten jetzt nur noch darauf, Deutschland von einem Krieg abzuhalten und zu besänftigen: Der Pakt mit Jugoslawien wurde widerrufen, der Botschafter, mit dem Stalin eben noch auf die Freundschaft angestoßen hatte, vor die Tür gesetzt; die Gesandten der Exilregierungen von Norwegen, Belgien und, nachdem Kreta als letzte freie griechische Insel durch deutsche Fallschirmjäger erobert worden war, auch Griechenland mußten ebenfalls ausreisen, weil ihre Länder die Souveränität verloren hätten. Die Putschregierung im Irak, die mit deutscher Hilfe gegen die Engländer einen Aufstand ins Werk gesetzt hatte, wurde hingegen anerkannt. Auch zur französischen Kollaborationsregierung in Vichy entsandte Stalin einen Botschafter.

Bei der Parade am 1. Mai auf dem Roten Platz postierte Stalin den Berliner Botschafter Dekanossow neben sich, eine sichtbare Geste der Freundschaft zu Deutschland. Und damit alle Welt die Kursänderung auch für autorisiert hielt, übernahm der Partei-Generalsekretär Stalin am 6. Mai selber den Vorsitz im Rat der Volkskommissare.

Als ihn die Nachricht vom Fall Belgrads erreichte, steckte Stalin gerade in schwierigen Verhandlungen mit den Japanern. Außenminister Matsuoka war zuvor in Berlin gewesen, wo ihm Hitler und Ribbentrop ihre Schwierigkeiten mit Rußland angedeutet und ihm zu verstehen gegeben hatten, er möge nun nicht mehr mit den Russen abschließen. Aber er hatte nicht verstanden. Da Stalin plötzlich einlenkte, unterzeichnete der Japaner einen Neutralitätsvertrag, der objektiv die militärische Lage der Sowjetunion stärkte, die Deutschlands aber schwächte. Als ein paar Wochen später das Unternehmen „Barbarossa" startete, soll Matsuoka verwundert ausgerufen haben, warum ihm in Berlin keiner etwas gesagt habe...

Nun folgte die berühmte Bahnhofsszene am Ostersonntag, dem 13. April 1941: Noch leicht beschwipst von der Abschiedsparty mit den Japanern, erschien Stalin mit Molotow auf dem Jaroslawer Bahnhof, um Matsuoka zu verabschieden. Dergleichen war noch nie geschehen. Stalin wollte auch etwas ganz anderes demonstrieren. Nachdem er die Japaner, selbst die Soldaten, herzlich umarmt hatte, steuerte er durch die Menge der Diplomaten auf den alle überragenden deutschen Botschafter zu und legte Graf Schulenburg die Hand auf die Schulter: „Wir müssen Freunde bleiben, und dafür müssen Sie jetzt alles tun!"

Damit nicht genug, blieb er auch noch vor dem Vertreter des Militärattachés, Oberst Hans Krebs, stehen: „Ein Deutscher?" Der Oberst bestätigte kurz (vermutlich in strammer Haltung). Stalin, dem hin und wieder das linke Auge zufiel, aber dabei nichts von seiner düsteren Würde einbüßte, faßte mit beiden Händen die Rechte des Offiziers, drückte sie und sagte: „Wir werden für euch Freunde sein – was auch kommen mag." Damit alle es hörten, schrie Krebs zurück: „Ich bin überzeugt davon!"

Vier Jahre später wird sich Krebs, inzwischen des „Dritten Reiches" letzter Generalstabschef, an die Szene erinnern, als er in den Trümmern Berlins als Parlamentär der Regierung Goebbels mit den Russen verhandelt. Danach kehrt er zum Führerbunker zurück und zerbeißt die Giftkapsel...

III. Vergebliche Warnungen an Hitler und Stalin

Der junge Oberleutnant, Kriegstagebuchschreiber der Wehrmachtsführung, arbeitete schon einige Zeit im „Führerzug", von dem aus Hitler den Balkanfeldzug dirigierte. Aber erst Ende April 1941, in der letzten Phase des Balkanfeldzuges, wurde er seinem Obersten Befehlshaber Hitler vorgestellt: „Kriegshistoriker Dr. Scheidt." Hitler hatte sich schon halb abgewandt, da riß es ihn herum: „Kriegshistoriker? Was sagt die Wissenschaft zum Präventivkrieg?" Also mußte der kleine Leutnant seinem großen Führer aus dem Stand vortragen, was ihn selber schon, nicht ohne Sorge, beschäftigt hatte: von der besonderen Verantwortung, der ungeheuren Gefahr, der fehlenden Sicherheit, ob die Trumpfkarte Überraschung sticht, dem Odium des Angreifers. Hitler, in Gedanken schon ganz beim Rußlandfeldzug, wischte alles beiseite: „Ich bin ja bereit, diese höchste Verantwortung zu tragen!"

Generäle und Politiker, die sie mittrugen, behielten ihre Skepsis für sich, sofern sie nicht schon selber jegliches Maß verloren hatten. Gab es denn niemand mehr, der den Diktator vom Weg in den Untergang abhalten konnte, fragte man sich resigniert in den Berliner Gesprächsrunden konservativ-liberaler Widerständler. Reichsmarschall Göring hatte, wie immer, vor Hitlers Suada kapituliert. Außenminister von Ribbentrop schwankte bereits, wollte aber noch von seinem Staatssekretär von Weizsäcker ein Gutachten haben.

Weizsäcker hatte seinem Minister am 26. April gesagt, er halte den Krieg mit Rußland für ein Unglück („Sie sollen nicht sagen können, sie seien nicht gewarnt worden."). Darauf mußte er am 28. April binnen einer halben Stunde seine Begründung fernschriftlich nachliefern. Kernsatz: „Wäre jede niedergebrannte russische Stadt für uns ebensoviel wert wie ein versenktes englisches Kriegsschiff, dann würde ich den deutsch-russischen Krieg in diesem Sommer befürworten."

Deutschland, so argumentierte Weizsäcker weiter, würde den Krieg militärisch gewinnen, wirtschaftlich aber verlieren. Wegen des moralischen Auftriebs für die Engländer verlängere der deutsche Angriff im Osten den Krieg geradezu, statt ihn abzukürzen. Aber solche Sätze konnten Ribbentrop, im Grunde ein Gegner des Rußlandfeldzuges, nicht mehr aufrichten: Er hatte sich Hitler inzwischen gebeugt.

Sein Staatssekretär hatte sich bei seiner Warnung auf den deutschen Botschafter in Moskau berufen. Schulenburg war gerade nach Berlin gekommen, um bei Hitler noch einmal für den Frieden zu kämpfen. Zusammen mit seinen gleichgesinnten Moskauer Freunden, Botschaftsrat Hilger und Militärattaché Ernst Köstring, hatte er in einem Memorandum alle Argumente gegen den Rußlandfeldzug zusammengefaßt. Ihre Aussage: Deutschland könne selbst bei einem langen Krieg und stärkstem Einsatz von Truppen und modernsten Waffen Rußland nicht besiegen. Köstring, General der Kavallerie, der sich im alten wie im neuen Rußland auskannte, hatte schon im Vorjahr seine Vorgesetzten gewarnt. Ein angegriffenes Rußland würde sich wie ein Bär langsam auf die Hinterbeine stellen und dann zurückschlagen. Raum, Klima und die Anspruchslosigkeit seiner Soldaten – das alles würde sich zugunsten Rußlands auswirken. Zudem reiche das vom deutschen Generalstab sträflich ignorierte neue Industriepotential hinterm Ural allemal aus, sogar den Verlust Moskaus wettzumachen.

Auch wurde Köstring nicht müde, der Führung die Angst vor einem sowjetischen Überfall zu nehmen: Durch die Reformen, die der neue Verteidigungsminister Timoschenko der Roten Armee nach dem für Rußland so kläglichen und verlustreichen finnischen Winterkrieg als Therapie verordnet hatte, sei die sowjetische Kampfkraft auf drei bis vier Jahre geschwächt.

Köstrings Resümee: „Wir (brauchen) sie in dieser Generation nicht zu fürchten.“ Der General hatte das Wesen Hitlers verkannt. In seinem Drang zur Weltherrschaft, die er, wenn überhaupt, einzig über den improvisierten Blitzkrieg erlangen konnte, hatte Hitler keine Zeit mehr. Je öfter Köstring und seine Freunde an der Botschaft die Schwäche der Roten Armee aufzeigten, desto mehr fühlte sich Hitler in seinen größenwahnsinnigen Vernichtungsabsichten bestärkt – er ginge also kein Risiko ein.

Noch ganz im Siegesrausch des Balkanfeldzuges, empfing Hitler seinen Moskauer Botschafter am Nachmittag des 28. April. Das Memorandum lag auf seinem Schreibtisch, aber Hitler ließ nicht erkennen, ob er es gelesen hatte. Schulenburg stellte wieder den Friedenswillen des Kremls heraus. Sein stärkstes Argument: Stalin, der bereits in diesem Jahr Deutschland zuliebe die Kornreserven seines Landes angegriffen habe, während das eigene Volk darbte, sei bereit, 1942 die Getreidelieferungen auf fünf Millionen Tonnen zu verdoppeln.

Hitler, der die Diplomaten so wenig schätzte wie die Juristen, brach nach einer halben Stunde das Gespräch ab. Zum Schluß brachte er es fertig, seinem Botschafter, einem Grandseigneur aus kaiserlichen Zeiten, ins Gesicht zu lügen: „Und noch eins, Graf Schulenburg, einen Krieg gegen Rußland beabsichtige ich nicht!“

Tief erschüttert kehrte Schulenburg nach Moskau zurück: „Die Würfel sind gefallen. Der Krieg ist beschlossene Sache“, sagte er zu Botschaftsrat Hilger. Beide nahmen jetzt ihre Zuflucht zu einer Tat, die in der Diplomatiegeschichte ihresgleichen sucht: Sie beschlossen, in einem Akt sittlich gerechtfertigten Landesverrats der sowjetischen Regierung den Ernst der Lage aufzuzeigen. Stalin sollte veranlaßt werden, Hitler in Verhandlungen zu verstricken, um ihm vorerst das Argument für einen Krieg aus der Hand zu schlagen.

Für den 5. Mai wurden zwei Vertraute Stalins zu einem Frühstück in die deutsche Botschaft geladen: der Berliner Sowjetbotschafter Wladimir Dekanossow, der sich gerade in Moskau aufhielt, und der neue Leiter der Mitteleuropäischen Abteilung im Außenkommissariat, Dolmetscher Wladimir Pawlow. Jahrzehnte später wurde in Moskau ein Protokoll über diese Unterredung gefunden, das Pawlow mit der Maschine geschrieben und Dekanossow handschriftlich korrigiert hat.

Zunächst berichtete Schulenburg von seinem Gespräch mit Hitler: Er habe ihn „nicht hundertprozentig“ von den friedlichen Absichten der Sowjetunion überzeugen können. Seit dem Pakt Stalins mit den jugoslawischen Putschisten und wegen einiger anderer Vorfälle sei bei Hitler „irgendein unangenehmer Nachgeschmack“ zurückgeblieben. Sodann habe er, Schulenburg, Hitler auf die Gerüchte über einen bevorstehenden Krieg zwischen der Sowjetunion und Deutschland angesprochen. (An dieser Stelle hat Dekanossow das Wort „Krieg“ durch „militärischen Konflikt“ ersetzt. Fürchtete er den Zorn Stalins, dem Krieg zu einem Synonym für Provokation geworden war?) Hitler habe geantwortet, er sei aufgrund der sowjetischen Handlungen zu „Vorsichtsmaßnahmen an der Ostgrenze Deutschlands“ gezwungen gewesen.

Schulenburg hat die Einzelheiten mehrmals wiederholt, nicht nur zum besseren Verständnis. Wie Hilger in seinen Memoiren schildert, mußten sie verzweifelt gegen die „entmutigende Sturheit“ Dekanossows angehen, der sie unentwegt fragte, ob sie im Auftrag der Reichsregierung handelten, andernfalls könne er den Inhalt nicht weitergeben. Er wollte oder konnte sich einfach nicht vorstellen, daß die beiden Diplomaten bewußt ihr Leben aufs Spiel setzten, indem sie auf eigene Faust den Frieden retten wollten. „Er hatte für unseren guten Willen nicht das geringste Verständnis.“

Natürlich konnte Schulenburg seinen Gästen nicht verbindlich den Angriffstermin nennen – da hatten die sowjetischen Geheimdienste viel zuverlässigere Informationen. Er bezeichnete jedoch die Kriegsgerüchte als „Sprengstoff“, man müsse „ihnen die Spitze zerbrechen“. Als Dekanossow noch immer nicht reagierte – die Gerüchte waren ihm ja hinlänglich bekannt –, wurde der deutsche Botschafter konkreter: Die Quelle der Gerüchte (nämlich Hitlers „Vorsichtsmaßnahmen an der Ostgrenze“) habe „jetzt keine Bedeutung mehr“. Aus der Diplomatensprache übersetzt hieß dies: Die Vorsorge Hitlers war keine mehr; er wollte nicht einem Angriff vorbeugen, sondern selber angreifen. Schulenburg ging bis an die äußerste Grenze: „Man muß mit den Gerüchten wie mit einer Tatsache umgehen!“

Die Aufzeichnung Pawlows hat Stalin nicht vorgelegen. Aber anscheinend haben ihn seine Mitarbeiter über das Gespräch informiert. Im Politbüro mokierte sich der Diktator: „Nun hat die Desinformation schon die Ebene der Botschafter erreicht.“ Mit anderen Worten: Schulenburg und Hilger seien von Hitler vorgeschickt worden, um die Russen zu unbedachten Schritten zu verleiten.

Der Hinweis Schulenburgs war nur eine von mehr als achtzig Warnungen, die den Kreml in den Monaten bis zum deutschen Überfall erreichten. Sie liefen auf mehreren Wegen ein: über eigene oder fremde diplomatische Kanäle, über den militärischen Geheimdienst GRU, über den NKWD sowie über die Feindaufklärung der Grenztruppen. Die Nachrichten wurden, ehe man sie Stalin vorlegte, gefiltert. Er hat lediglich erfahren, was seine Untergebenen ihm mitzuteilen wagten. Nur zu leicht konnte der Überbringer einer schlechten Nachricht für diese Nachricht erschossen werden. Denn Stalin hielt eisern an seinem Dogma fest: Hitler blufft, die Engländer provozieren. Also lautete die Parole: „Nur nicht auf Provokationen eingehen!" – „Über den Provokationen stehen!"

Zu welch grotesken Rückgratsverbiegungen dieses System führte, beweist das Verhalten des Generals (und späteren Marschalls) Golikow, des Chefs der GRU. Er hatte wichtige Meldungen mit genauen Angaben über Angriffstermin und Stoßrichtungen der deutschen Armeen zwar Stalin nicht vorenthalten, aber zur eigenen Sicherheit fügte er jeweils an, es müsse sich um Falschmeldungen des britischen oder sogar des deutschen Nachrichtendienstes handeln.

Die bedeutendsten Warnungen lieferte der Meisterspion Richard Sorge in Tokio, der sich als Korrespondent der „Frankfurter Zeitung" getarnt hatte. Sie waren so gewichtig, daß Verteidigungskommissar Timoschenko und Generalstabschef Schukow es wagten, Stalin deswegen gemeinsam aufzusuchen. Der Diktator warf die Dokumente auf den Tisch („Ich habe andere Unterlagen") und war sich nicht zu schade, den tüchtigen Genossen Sorge zu schmähen: Solle man diesem Arschloch in Japan, das Hurenhäuser unterhalte und seine Informationen von den Deutschen bekomme, etwa glauben?

Nicht einmal die georgische „Mafia" im Kreml konnte es dem voreingenommenen, selbstherrlichen Stalin-Dschugaschwili rechtmachen: Als am 17. Juni 1941 der NKGD aus Berlin erfuhr, vermutlich von dem Leutnant und Widerstandskämpfer Harro Schulze-Boysen, daß die deutsche Luftwaffe für den Überfall startklar sei, schrieb Stalin dem NKGD-Chef, seinem Landsmann Merkulow: „Kannst Eure 'Quelle' aus dem Stab der deutschen Luftwaffe zum Teufel schicken. Das ist keine 'Quelle', sondern ein Desinformant. J.St."

Stalins ganzes Sinnen und Trachten im Mai und Juni 1941 war darauf gerichtet, den Krieg zu vermeiden und Hitler hinzuhalten, damit die Sowjetunion ungeschoren durch den Sommer kam. Dem Grad seiner Verblendung entsprach der blinde Gehorsam des Politbüros. So sagte Innenminister Lawrentij Berija, auch er ein Georgier: „Für uns alle ist es ein Gesetz [!], daß es 1941 keinen Krieg geben wird." Dieses bewußte Wegschauen nahm zuweilen tragikomische Züge an. Als Leopold Trepper, Leiter eines Spionagedienstes („Rote Kapelle") in Westeuropa, über den Militärattaché in Vichy nach Moskau melden ließ, der deutsche Angriff beginne am Sonntag, dem 22. Juni, schickte ihm General Golikow eine persönliche Mitteilung: „Der große Führer ist völlig überzeugt davon, daß der Krieg mit Deutschland nicht vor 1944 ausbrechen wird." Trepper las diese Worte am Montag, dem – 23. Juni 1941... Man muß freilich den Männern im Kreml eins zugute halten: Sie sind nicht nur eigenen Fehleinschätzungen zum Opfer gefallen, sondern auch einem raffinierten, meisterhaft inszenierten Täuschungsmanöver der Deutschen. Es war das gemeinsame Werk des Reichspropagandaministeriums und der Wehrmachtführung, die sich ihrerseits der Abwehr (Admiral Canaris) bediente. Um den Ostaufmarsch zu tarnen, wurde das Ausland von Agenten der Abwehr mit verwirrenden Falschmeldungen überschwemmt, die alle auf eine Landung in England oder einen Angriff gegen britische Stützpunkte im Mittelmeer und im Nahen Osten deuteten. Am 1. Mai wurde zum Schein sogar das südenglische Dover mit Fernartillerie beschossen. Die Verlegung deutscher Truppen nach Polen rechtfertigte man als eine Folge des britischen Luftkriegs: Sie könnten sich dort ungestört auf die Invasion in England vorbereiten.

Mitte Mai 1941, als die Endphase des deutschen Aufmarsches an den Ostgrenzen begann, wurde die Reichspresse informiert, es erschienen jetzt im Ausland viele widersprüchliche Meldungen zum deutsch-sowjetischen Verhältnis. Sie wurden hauptsächlich in den Hauptstädten der neutralen Länder Europas, aber auch Nord- und Südamerikas verbreitet. Der deutsche Aufmarsch, so die „Times" am 20. Juni 1941, vollziehe sich „hinter einem Rauchvorhang von Gerüchten". Goebbels notierte sich ein paar Tage zuvor: „Wir haben die Welt mit einer Gerüchteflut erfüllt, daß man sich kaum noch selbst auskennt."

Der gar nicht mehr zu tarnende Aufmarsch im Osten wurde von den Gerüchtefabrikanten als diplomatisches Druckmittel verharmlost. Man wolle Stalin zu großen Konzessionen zwingen: Verpachtung der Ukraine für 99 Jahre; deutsche Kontrolle über die Werften im Baltikum; Demobilisierung der Roten Armee in den Westbezirken; Abschluß eines Militärbündnisses; Durchmarschrechte für deutsche Armeen auf dem Weg zum Persischen Golf oder nach Afghanistan und Indien (davon hatten 1812 schon die Grenadiere Napoleons vor ihrem Marsch nach Moskau fabuliert).

Diese Flüsterpropaganda sickerte auch zu den Soldaten an der Ostfront durch. In Berlin nährte Goebbels Anfang Juni das Gerücht, Stalin werde mit einem Panzerzug zu einem Staatsbesuch kommen; angeblich wurden schon rote Fahnen genäht.

Nach einem Monat fürchtete Goebbels, das Ausland könne den Deutschen bald auf die Schliche kommen. Darum ersann er „ein Meisterstück der List": In den frühen Morgenstunden des 13. Juni wurde in Berlin der „Völkische Beobachter" beschlagnahmt. Ein paar tausend Exemplare waren jedoch bereits verkauft. Die ausländischen Journalisten fanden schnell des Pudels Kern: einen Leitartikel aus Goebbels' Feder mit der Überschrift „Kreta als Beispiel". Das schien ein todsicheres Indiz zu sein: Die Fallschirmjägerinvasion in England stand dicht bevor.

Goebbels freute sich diebisch über die Sensation, mied die Öffentlichkeit und ließ sich von seinen Mitarbeitern bedauern, weil er in „Ungnade" gefallen sei. Gleichzeitig bezog er nun das eigene Ministerium in das Verwirrspiel ein: Er gab ein Invasionslied in Auftrag, engagierte englische Sprecher und stellte Propagandakompanien für die Englandfront zusammen. Zufrieden registrierte Goebbels, daß „Stalin und seine Leute" untätig blieben. Aber was hätten sie sonst tun sollen?

Seinen Besuchern demonstrierte Stalin an der Landkarte, warum Hitler gar keinen Zweifrontenkrieg führen könne, solange England unbesiegt sei. Merkwürdigerweise wurden die Deutschen von Tag zu Tag frecher. In großer Höhe kreisten Aufklärungsflugzeuge der „Sonderstaffel Rowehl" über den westlichen Bezirken der Sowjetunion und photographierten alle Flugplätze und sonstige Objekte. Stalin verbot den Streitkräften, auf die Eindringlinge zu schießen. Sabotagetrupps der Abwehr drangen in das sowjetische Territorium ein; ukrainische und litauische Freischärler rüsteten zum Aufstand.

Wie hypnotisiert starrten die sowjetischen Führer auf das Ungewitter, das sich an ihren Grenzen zusammenballte. Inzwischen standen die aufmarschierenden Verbände der Deutschen in Ostpreußen so dicht, daß sowjetische Präventivschläge aus der Luft schwersten Schaden hätten anrichten können. „Aber sie werden es nicht tun. Dazu fehlt ihnen der Mut", tröstete sich Goebbels.

Eben dies, einen vorbeugenden Erstschlag (in der NATO-Sprache „pre-emptive strike"), sollen aber die sowjetischen Militärs beabsichtigt haben. Denn 1990 veröffentlichte eine Moskauer Armeezeitung ein Dokument, das im „Spiegel" als „Schukows Angriffsplan" präsentiert wurde: Mit einem Zangenangriff sollten die deutschen Armeen in Ostpreußen und Polen im Stadium des Aufmarsches zerschlagen werden. Der Plan trägt das Datum des 15. Mai 1941 und ist an Stalin adressiert. In der Wirklichkeit handelt es sich nur um einen Entwurf, der nicht einmal die Paraphe General Schukows trägt. Die Autoren des ersten Bandes einer neuen Kriegsgeschichte für die Jahre 1941/45, die vom Militärgeschichtlichen Institut in Moskau erarbeitet wird, kennen mehrere solcher Arbeitsskizzen; auf „bestimmten Ebenen" im Generalstab habe man über Erstschläge in Polen und Rumänien nachgedacht. Weiß man um die abgöttische Bewunderung Schukows für Stalin, so darf man unterstellen, er habe für alle Fälle etwas in der Schublade haben wollen.

Stalin, nach wie vor in ideologischen Kategorien denkend, hatte Mitte Mai ganz andere Schreckensvisionen: „Alle glaubten", so bezeugte später Botschafter Litwinow in Washington, „daß die britische Flotte über die Nordsee herandampfte, um zusammen mit Hitler Leningrad und Kronstadt anzugreifen." Dieser Verdacht eines plötzlichen Wechsels der Allianzen wurde noch von den Engländern selber bewußt verstärkt, nachdem Rudolf Heß, der sogenannte Stellvertreter des Führers, zu ihnen vom Himmel herabgeschwebt war. Heß, ein getreuer Gefolgsmann Hitlers mit romantischen Neigungen, hatte sich in den Kopf gesetzt, er könne in England einen Frieden aushandeln, ehe die Deutschen gen Osten aufbrachen.

Hitler, wie alle Nazis von dem Flug ihres Parteigenossen nach Schottland peinlich berührt, ließ Heß öffentlich für verrückt erklären. Die Berliner witzelten: „Das Tausendjährige Dritte Reich auf hundert Jahre verkürzt: eine Null weniger." Für Stalin aber war ausgemacht: Heß solle im Auftrage Hitlers mit dem alten Kommunistenfeind Churchill handelseinig werden und den Boden für einen antibolschewistischen Kreuzzug bereiten. Hatte ihm nicht Churchill erst vor ein paar Wochen Erkenntnisse der britischen Funkaufklärung über den deutschen Aufmarsch zugestellt? Das roch verdammt nach „Provokation"...

Unglücklicherweise wollte der Londoner Sowjetbotschafter Maiskij für diesen Verdacht starke Indizien gefunden haben: Der Gefangene Heß wurde von konservativen Politikern verhört, die man zum Flügel der Appeaser zählte. Zu dieser Zeit waren die britischen Militärs noch fest überzeugt (wie Stalin), der deutsche Ostaufmarsch sei ein Bluff, um die Sowjetunion zu erpressen. Die britische Politik wollte mit allen Mitteln ein noch engeres Zusammengehen Deutschlands und der Sowjetunion verhindern. Deshalb hatte Botschafter Sir Stafford Cripps in Moskau versucht, mit Andeutungen über einen möglichen deutsch-britischen Frieden Stalin auf die westliche Seite zu ziehen. Nun, im Mai, entschloß sich das Foreign Office, in diesem Sinn auch den Fall Heß – so der Kommentar eines britischen Diplomaten – „auf lügenhafte Art und Weise zu benutzen".

Anfang Juni wurde Botschafter Cripps zu Konsultationen nach London gerufen. In seiner durchtriebenen Art sagte er dem sowjetischen Vize-Außenkommissar Wyschinskij, vielleicht komme er gar nicht mehr zurück. Gleichzeitig wurden Botschaftsangestellte mit ihren Familien aus Moskau evakuiert. Die britische Presse begrüßte Cripps am 12. Juni mit Schlagzeilen, die bessere Beziehungen zur Sowjetunion verhießen.

Dies war der Augenblick, wo die Spannung für Stalin unerträglich wurde. Er wußte sich nicht anders zu helfen, als einen weltweit hörbaren Verzweiflungsschrei auszustoßen – in Gestalt eines Dementis, das er selber formulierte. Es wurde am 13. und 14. Juni über Radio und Zeitungen verbreitet. „FZ"-Korrespondent Poerzgen: „Ein publizistisches Meisterstück." Es richtete sich sowohl an die deutsche als die britische Regierung und an das eigene Volk. Als unsinnige, plumpe Propaganda bezeichnete die Sowjetregierung die Gerüchte über einen bevorstehenden Krieg zwischen Deutschland und der Sowjetunion. Weder habe das Reich territoriale oder wirtschaftliche Forderungen gestellt, noch wolle es wegen ihrer Ablehnung die Sowjetunion überfallen. Nach den Informationen der Sowjetunion halte Deutschland die Bedingungen des Nichtangriffspaktes ein (man kann sich das Gelächter im Führerhauptquartier vorstellen!). Die deutschen Truppenverschiebungen nach dem Balkanfeldzug in Richtung Osten und Nordosten „stehen, wie man annehmen muß [!], mit anderen Ursachen im Zusammenhang, mit denen die deutsch-sowjetischen Beziehungen nichts zu tun haben". Gerüchte über sowjetische Kriegsvorbereitungen seien erlogen und provokatorisch. Die Einberufungen sowjetischer Reservisten und die eigenen Truppentransporte wurden als Sommerübungen und übliche Bahnüberprüfungen ausgegeben. Aus jedem Satz war das verzweifelte Lamento herauszuhören: „Warum schweigt ihr? Was wollt ihr von uns? Sagt, daß auch ihr keinen Krieg wollt! Wir können doch über alles verhandeln!" Poerzgen meinte, Stalin werde zu jedem weiteren Opfer bereit sein, das nicht die Souveränität des Landes berühre, „um einer Katastrophe auszuweichen". Aber Berlin hüllte sich in Schweigen. Und auch die britische Regierung hütete sich, den Verdacht geheimer Verhandlungen mit Moskau auszuräumen, der sich inzwischen bei Hitler festgesetzt hatte. Hitlers Kommentar zum „Tass"-Dementi: „Eine Ausgeburt der Angst."

Innenpolitisch sollte das Kommuniqué die Menschen beruhigen. Tatsächlich ging es wie ein Aufatmen durch das Land: kein Krieg! Ungemein schädlich wirkte es sich auf die Armee aus. Viele Kommandeure, die in den westlichen Bezirken erlebten, wie bedrohlich sich die Deutschen verhielten, reagierten erstaunt, verwirrt, ungläubig. Die Wachsamkeit blieb auf der Strecke: Die Offiziere schliefen wieder zu Hause, und die Soldaten zogen sich aus, ehe sie sich in den Kasernen und Zelten schlafen legten. „Das war die beste Methode, die Truppen in den Tod oder die Gefangenschaft zu schicken", empört sich heute der sowjetische Historiker Andrej Merzalow.

In den letzten Friedenstagen handelten Stalin und seine Umgebung wie unter Schock. Ihre halbherzigen Weisungen an die Armee waren wenig hilfreich: Wie soll man sich auf Befehl wehren, wenn die Gegenwehr verboten bleibt? Molotow, um doch noch mit den Deutschen ins Gespräch zu kommen, protestierte am 21. Juni gegen die dauernden Luftverletzungen; Botschafter Dekanossow suchte um halb zehn abends Staatssekretär von Weizsäcker in gleicher Sache auf, wurde aber kurz und kalt abgefertigt. Noch in diesen Nachtstunden klammerten sich die Kreml-Führer an die Hoffnung, vor einem Krieg werde sich Hitler an den normalen Ablauf halten: Beschwerde, Replik, Ultimatum, Kriegserklärung. Der Terror- und Bestrafungsangriff auf Belgrad hätte sie eigentlich klüger machen müssen.

Hitler wurde nervös, als der Tag X nahte. Wenn nur nicht noch Stalin in letzter Minute mit einem großzügigen Angebot daherkam! Ein harmloser Anruf von Dekanossow versetzte die Reichskanzlei schon in Panik. Lästiger für Hitler waren die Schatten der Geschichte. Es konnte ihm nicht verborgen bleiben, daß er, genau wie 129 Jahre zuvor Napoleon, an einem 22. Juni gegen Rußland antrat. Aber er beruhigte sich gleich wieder: Das Beispiel Napoleons werde sich nicht wiederholen. Seine Blitzkriegsstrategie war ja darauf angelegt, die Massen der Roten Armee hinter der Grenze in einem Riesen-Cannae abzufangen, einzukesseln und zu vernichten, ehe sie in die Tiefe des Raumes entweichen konnten.

Die Verschiebung des Angriffstermins von Mitte Mai auf Mitte Juni beschwerte ihn nicht. Erst mußten die vom Balkanfeldug strapazierten Panzerdivisionen aufgefrischt werden. Dem Blitzkrieger kam es auf ein paar Wochen mehr oder weniger nicht an. Wegen des langen Winters und eines extrem nassen Frühjahrs standen ohnehin im Mai die Feldflugplätze in Polen noch unter Wasser, und die Panzer wären in den Sümpfen steckengeblieben. Der 22. Juni war der letzte günstige Termin für den Kriegsanfang: Das Korn der Ukraine war noch zu grün, um zu brennen.

Mehr zu schaffen machte Hitler die Haltung Amerikas, das sich viel rascher auf die Seite Englands stellte, als ihm lieb sein konnte. Von Tag zu Tag wurden die USA feindseliger: Am 16. Juni 1941 sperrten sie die deutschen Guthaben; am 17. Juni forderten sie die Schließung der Konsulate; am 21. Juni erklärte Präsident Roosevelt die Versenkung des US-Frachters „Robin Moor“ zum „internationalen Verbrechen“. Das Schiff war außerhalb der Blockadezone im Südatlantik von einem deutschen U-Boot torpediert, die Besatzung auf hoher See ausgesetzt worden. Hitler nahm seine Kriegsmarine hart an die Kandarre: nur nicht von amerikanischen Kriegsschiffen provozieren lassen, bevor Rußland am Boden liegt.

In der kurzen Nacht vor dem Überfall konnte Hitler nicht schlafen. Hat vielleicht auch ihn die uralte Angst der West- und Mitteleuropäer vor der Sarmatischen Tiefebene heimgesucht, aus der Hunnen, Awaren, Ungarn, Tataren und Kosaken aufgetaucht waren? Was eben noch ein „Sandkastenspiel“, deuchte ihn jetzt „der schwerste Kampf“ zu werden. Rußland kam ihm vor wie das Geisterschiff im „Fliegenden Holländer“. „Uns öffnete sich ein Tor“, wird er später seiner Tischrunde erzählen, „von dem wir nicht wußten, was dahinter liegt.“ Giftgas, Bakterienkrieg – er traute den Bolschewiken alles zu. „Die Ungewißheit lastete wie ein Grauen auf mir.“

Auch sein Gegenspieler, Josef Stalin, sah sich um den Schlaf gebracht. Die Lage schien todernst:

Mehrere deutsche Überläufer hatten ausgesagt, es gehe Sonntag früh los. Das einzige, was die Generäle dem zögerlichen Diktator entrangen, war ein Alarmbefehl an die Westarmeen. Bei den Grenzregimentern kam er nicht mehr an – Saboteure hatten bereits die Leitungen gekappt.

Nach Mitternacht begab sich Stalin mit dem Auto in seine Datscha außerhalb der Stadt. Kaum war er eingeschlummert, wurde er geweckt. Das Wecken dürfte dem wachhabenden General vor der Ausführung einige Minuten an Todesangst bereitet haben. Aber Generalstabschef Schukow hatte darauf bestanden: Es sei Krieg! Seit Viertel nach drei erreichten das Oberkommando Anrufe aus

Städten im Norden, Westen und Süden der Sowjetunion: „Wir werden bombardiert. Was sollen wir tun?" Drei Minuten mußte Schukow warten, bis Stalin den Hörer abnahm. Der Generalstabschef erstattete Meldung. Stalin verschlug es die Sprache. Nur sein schweres Atmen war zu hören. Schukow fragte in die Stille hinein: „Haben Sie mich verstanden?" Wieder Schweigen. Dann dämmerte es Stalin, daß doch sein kann, was nicht sein darf: „Kommen Sie mit Timoschenko in den Kreml."

Um halb fünf versammelte sich dort das Politbüro. Den Grenztruppen hatte man inzwischen befohlen, nicht zurückzuschießen! Stalin, bleich, in der Hand die gestopfte Pfeife, immer noch ängstlich, einen tödlichen Fehler zu begehen, fiel nichts Beßres ein, als Botschafter Schulenburg zu rufen. Der war jedoch schon mit Hilger auf dem Weg zu Molotow. Sie mußten ihm mitteilen, daß Deutschland den Krieg, den sie hatten verhindern wollen, tatsächlich angefangen hatte. „Das haben wir nicht verdient!" stieß Molotow hervor. Unter Tränen verabschiedete sich Graf Schulenburg. Ihm war sein Lebenswerk zerbrochen.

Als Molotow dem Politbüro die verspätete deutsche Kriegserklärung überbrachte, sank Stalin gedankenverloren in seinen Sessel. Langes Schweigen. Die sowjetische Führung war praktisch handlungsunfähig. Selbst die Mobilmachung wurde auf den nächsten Tag verschoben. Und abends erging, stur nach Doktrin, der sinnlose Befehl, sofort zu einer Gegenoffensive in das feindliche Territorium überzugehen. Ebenso wie Hitler, der an diesem historischen Sonntag dem Volk seine Stimme vorenthielt, schwieg auch Stalin, wenngleich aus anderen Gründen. Zum Volk sprach mittags Außenminister Molotow, der nach Stalin Ranghöchste im Politbüro. Es war eine mannhafte Rede, getragen von ehrlicher Empörung über den schnöden Vertragsbruch und vom Glauben an die gerechte Sache des Überfallenen. Wie einst gegen Napoleon sei die einzige Antwort der Vaterländische Krieg. Molotow brachte es noch übers Herz, zwischen den „faschistischen Machthabern" und dem deutschen Volk zu trennen, eine Unterscheidung, die sich leider bald über Gemetzel und Greueln verlieren sollte.

Noch eine Rede ging über den Äther – eine der großartigsten, die der britische Premierminister Winston Churchill je gehalten hat. Den ganzen Sonntag hatte er an dem Text gefeilt. Ohne auch nur eins seiner Worte gegen den Kommunismus zurückzunehmen, bot er Rußland die Hilfe Englands an. Mit einfühlsamem Pathos beschwor er die Leiden der überfallenen russischen Bevölkerung. Er durchschaute Hitlers strategisches Kalkül – Rußland bis zum Winter „erledigen", dann England überwältigen, ehe Flotte und Luftwaffe der USA eingreifen – und erahnte dessen imperialistische Habgier, der nach Rußland Abermillionen von Menschen in Indien, China und der ganzen Welt zum Opfer fallen würden. „Die Gefahr für Rußland ist auch unsere Gefahr und die Gefahr der Vereinigten Staaten." Churchills Kampfentschlossenheit verhieß den Deutschen nichts Gutes: „Wir werden Deutschland bei Tage und in der Nacht immer stärker bombardieren."

Doch erst einmal stürmten „nach Osten die Heere / ins russische Land hinein", mit ungeheurem Schwung. Ungezählte junge Soldaten der Heeresgruppe Mitte wollten in ein paar Wochen bei der Siegesparade auf dem Roten Platz dabeisein. Nach einer Woche kredenzte Hitler seinem Volk einen Strauß von zwölf Sondermeldungen, verteilt über den Sonntagvormittag: Hunderttausende an Gefangenen, eine riesige Beute an Panzern und Geschützen, mehrere tausend Flugzeuge am Boden zerstört. Nach vierzehn Tagen hielt Generalstabschef Halder den Feldzug schon für gewonnen. Die Wirklichkeit sah anders aus. Sie spiegelt sich im Tagebuch des kühl beobachtenden Stabsoffiziers Udo von Alvensleben in der Ukraine: 26. Juni 1941: „Von der ersten Stunde an Russen auf allen Seiten. Das sind peinliche Überraschungen." – 2. Juli: „Es gibt unerhörte Verluste." – 13. Juli: „Wir haben die Zähigkeit und den Hochstand ihrer technischen Entwicklung unterschätzt." – 26. Juli: „Man gerät von einer kritischen Situation in die andere. Die sowjetische Artillerie nimmt uns wirksam unter Feuer." – 12. August: „Der Feind steht in allen Himmelsrichtungen." General Friedrich Olbricht, der Chef des Allgemeinen Heeresamtes in Berlin, hatte also am Tag des Kriegsbeginns die richtige Eingebung gehabt: „Unser deutsches Heer ist nur ein Wind in dieser Steppe."

Manchmal hat auch der Sport historische Symbolkraft. Am Nachmittag des 22. Juni 1941, als die deutschen Truppen schon tief in sowjetisches Gebiet eingedrungen waren, trafen sich im Berliner Olympiastadion Schalke 04 und Rapid Wien zum Kampf um die (groß)deutsche Meisterschaft. Schalke wollte seine Siegesserie fortsetzen, führte gleich 3:0 – und unterlag 3:4.

Am selben Nachmittag trat in Breslau Robert Ley, der mächtige Vormann der Deutschen Arbeitsfront, vor sein Publikum in der Jahrhunderthalle. Er sprach schon nicht mehr vom Präventivkrieg: „Wenn wir unser täglich Brot für Jahrhunderte sichern wollen, dann jetzt..."

IV. Dreißig Millionen Russen sollten ermordet werden

Schwer angeschlagen, ja tief deprimiert, saß Josef Stalin auf der Veranda seiner Datscha. Regungslos sah er die Autokolonne herannahen. Außenminister Molotow und ein paar Genossen des Politbüros gingen ins Haus. „Warum seid ihr gekommen?" fragte er. Jetzt werden sie mich verhaften, soll ihm durch den Kopf gegangen sein. Aber sie wollten ihm lediglich vorschlagen, die Führung eines Obersten Verteidigungsrates zu übernehmen.

Was Stalin so erschüttert hatte, war die unfaßbare Nachricht, die feindlichen Panzer hätten Minsk erreicht. Sie bewegten sich also mitten im Raum der strategischen Reserven Rußlands, die man leichtsinnigerweise nicht hinten an der Wolga, sondern nahe der alten Grenze zu Polen stationiert hatte, wo sie nun in den Strudel der Vernichtung gerissen wurden. „Wir haben jetzt alles verschissen, was Lenin aufgebaut hat", soll er in jenen Tagen gesagt haben.

Und dies war nur die erste von vielen Katastrophen, die folgen sollten – in der Ukraine, bei Smolensk und an der Rollbahn nach Moskau – mit irrsinnigen Verlusten an Menschen und Material. Noch mehrmals werden die hohen Militärs einen verzweifelten Stalin erleben. Noch haben die sowjetischen Historiker nicht alle Akten einsehen können, so daß man bis heute nicht genau weiß, wann – am 26. Juni oder am 7. Oktober 1941, vielleicht auch erst im September 1942 – jene gespenstische Szene abgelaufen ist, als Stalin, Molotow und Geheimdienstchef Berija als letzten Ausweg ein Friedensangebot an Deutschland erwogen: Das Land brauche wie 1918 dringend eine Atempause. Angeblich wollte man durch bulgarische Vermittlung einen zweiten Brest-Litowsker Frieden anbieten und Hitler das Baltikum, Weißrußland, Bessarabien und die halbe Ukraine abtreten, alles Gebiete, die ohnehin schon von der Wehrmacht besetzt waren. Ganz so verwerflich, wie einige Kritiker Stalins heute meinen, wäre dieser Schritt nicht gewesen – er lag auf der Linie des Taktikers Lenin. Der hatte schon mitten im Ersten Weltkrieg erklärt, die Deutschen könnten Riga, Kiew und Tiflis haben, und – sie bekamen es 1918! Den Diktatfrieden von Brest hatte Lenin zähneknirschend, doch gelassen hingenommen – wenn man nur die Substanz Kernrußlands rettete, werde schon bald die Weltrevolution alles zum Guten wenden. Einen Strich durch die Rechnung machten ihm 1919 die westlichen Siegermächte in Versailles, die das Sowjetreich mit einem „cordon sanitaire" von Mitteleuropa fernhielten.

Die deutsche Regierung hat nach ihren atemraubenden Siegen im Spätsommer 1941 offensichtlich selber mit einem Friedensangebot Stalins gerechnet. Staatssekretär von Weizsäcker notierte sich am 28. September 1941 als Meinung Hitlers, „daß Stalin sich bald entscheiden muß, ob er, der 66jährige, sein ganzes Werk scheitern sehen und ins Exil gehen oder das Mögliche noch retten will. Bietet er, zum Beispiel durch Rückzug hinter die Linie Astrachen-Archangelsk und Verzicht auf die westlich davon gelegenen Gebiete, die Hand zu einem Friedensschluß, so werden wir sie ergreifen." Es ist dies die Zeit, in der Hitler öffentlich verkündet, der Rußlandfeldzug sei gewonnen, obschon sein Heer von Tag zu Tag schwächer wurde.

Die Deutschen hätten ihr Ziel, Rußland zu besiegen und auf die vorpetrinischen Grenzen zurückzuwerfen, beinahe zum zweitenmal in diesem Jahrhundert erreicht. Keineswegs, weil ihr Feldzug so meisterhaft geplant und perfekt vorbereitet wäre – das Gegenteil war ja der Fall –, sondern weil die sowjetische Führung und das stalinistische System versagt hatten und sich jetzt die Folgen jahrzehntelanger grausamer Zwangsherrschaft auswirkten.

Jubelnd begrüßten die Balten – seit einem Jahr unter sowjetischem Joch – die deutschen „Befreier"; wenige Tage zuvor waren noch Zehntausende nach Sibirien verschleppt worden. Ebenso enthusiastisch gaben sich die Ukrainer. Mit Salz und Brot empfingen sie die Soldaten der Wehrmacht. „Die Frauen kamen und brachten uns ihre letzte Milch. Viel mehr besaßen sie ja nicht", berichtete ein Unteroffizier am 17. Juli in einem Feldpostbrief. Wo deutsche Offiziere die von den Bolschewiken geschändeten Kirchen wieder öffneten, strömten die Menschen in Massen herbei: „Es stellt sich heraus", schreibt Solschenizyn, „daß die Republiken nichts anderes wollten als Unabhängigkeit, die Bauern nichts anderes als Freiheit von den Kolchosen und die Arbeiter die Abschaffung der Fron-Ukasse!"

In jenen Wochen waren noch viele deutsche Soldaten überzeugt, sie führten einen Kreuzzug zur Rettung des Abendlandes und zur Befreiung der unterdrückten sowjetischen Völker. Nicht anders erging es ihren finnischen, rumänischen, italienischen und spanischen Waffenbrüdern und Tausenden von SS-Freiwilligen aus Skandinavien, Holland, Belgien, Frankreich und sogar der Schweiz.

Millionen Rotarmisten warfen die Waffen weg, hoben die Hände und liefen zu den Deutschen über, obwohl nach der Felddienstordnung Gefangenschaft als Verrat galt – Rotarmisten hatten zu siegen oder zu sterben. Die „Verräter" und „Deserteure" waren die Söhne der verhungerten oder verbannten Kulaken, die Kameraden der erschossenen oder eingesperrten Offiziere, die gefolterten und geschundenen Verfolgten der GPU, die durch Stalins Versagen enttäuschten und demoralisierten Jungkommunisten. Mit Flugblättern und Lautsprechern hatten die Deutschen sie zum Überlaufen aufgefordert, ihnen gute Behandlung und ausreichende Ernährung zugesagt und Freiheit von Terror und Tyrannei versprochen.

Aber dann geschah das unglaubliche Verbrechen, der ungeheuerliche Vertrauensbruch: Die Überläufer wurden nicht anders behandelt als jene Soldaten, die sich aus Gehorsam, Vaterlandsliebe, Fanatismus oder Angst vor den Kommissaren bis zur letzten Patrone gewehrt hatten. Wider das Völkerrecht, wider die Haager Konvention, wider die soldatische Tradition wurden alle Gefangenen der Vernichtung anheimgegeben: Von 3 350 000 Kriegsgefangenen des Jahres 1941 lebten am 1. Februar 1942 nur noch vierzig Prozent. Zu Hunderttausenden waren sie an Hunger und Durst, an Erschöpfung oder Flecktyphus gestorben. Zu Zehntausenden waren sie am Wegesrand erschossen, in Wäldern und Sümpfen niedergemetzelt oder vom Sicherheitsdienst der SS in den Lagern ermordet worden.

Dieses Massensterben der sowjetischen Gefangenen sei „eine Tragödie größten Ausmaßes", schrieb sogar Altnazi Alfred Rosenberg, der Reichsminister für die besiegten Ostgebiete, Ende Februar 1942 an das Oberkommando der Wehrmacht. Er widerlegte die Behauptung der Heerführer, man sei durch die Verhältnisse überfordert worden. Vielmehr habe man den Bewohnern verboten, die halbverhungerten, von langen Märschen erschöpften Gefangenen zu verpflegen. Man habe sie „vor den Augen der entsetzten Zivilbevölkerung erschossen und die Leichen liegengelassen"; Gefangene hätten bei Regen und Schnee unter freiem Himmel gelegen, ohne daß sie sich Erdlöcher oder Höhlen graben konnten.

Schreckliches berichtete bereits am 10. Juli 1941 ein Augenzeuge aus Minsk: Dort hatte die 4. Armee (Generalfeldmarschall von Kluge) auf engstem Raum 100 000 Kriegsgefangene und 40 000 Einwohner der Stadt zusammengepfercht, viele davon seit acht Tagen ohne Nahrung. Bewacht wurden sie von einer einzigen Kompanie, die ihren Dienst mit „brutalster Gewalt" versah. Erst nach dem Scheitern des Blitzkrieges erkannten einige deutsche Militärs und Beamte die Nachteile solchen Vorgehens: Jetzt hätte man die Millionen Gefangenen dringend als Arbeitskräfte für die Rüstungsindustrie und die Kohlenbergwerke gebraucht.

Diese Mißhandlung der Kriegsgefangenen war einer der Gründe für das unerwartete Erstarken des sowjetischen Widerstandes. Die Soldaten bekamen eine panische Angst vor der Gefangennahme, und die Bevölkerung mußte erkennen, daß sie lediglich eine Tyrannei gegen die andere eingetauscht hatte. Den Bauern hatte man Land versprochen, aber die Kolchosen blieben bestehen.

Der Tod von „zig Millionen" Sowjetbürgern war von den Eroberern im vorhinein einkalkuliert worden, ja dieser Genozid, „der andere Holocaust", geradezu erwünscht, um für die germanischen Ostlandsiedler Platz zu schaffen. Was Hitler und seine Spießgesellen insgeheim mit Rußland und den anderen Sowjetrepubliken vorhatten, wurde am 16. Juli 1941 von Reichsleiter Martin Bormann in einem Aktenvermerk für die Nachwelt festgehalten. Deutschland wollte folgende Gebiete annektieren: das gesamte Baltikum („Ostland"); das altösterreichische Galizien; die Bialystoker Forsten (damit Reichsmarschall und Reichsjägermeister Göring und Außenminister von Ribbentrop dort endlich nach Herzenslust jagen konnten); die Wolga-Kolonie (deren volksdeutsche Bewohner gerade durch Befehl Stalins aus ihrer Heimat vertrieben wurden); die Krim mit großem Hinterland (sie sollte von allen Fremden geräumt werden); im tiefen Süden das Ölgebiet um Baku; im hohen Norden die Halbinsel Kola (wegen der Nickelvorkommen); das verbündete Finnland sollte – wohl im Anschluß an ein annektiertes Norwegen – deutsches Bundesland werden.

Für das verbleibende riesige Gebiet bis zum Ural, das unter den Schutz deutscher Waffen gestellt werden sollte, gab Hitler eine ebenso zynische wie unzweideutige Richtlinie aus: „den riesenhaften Kuchen handgerecht zu verteilen, damit wir ihn erstens beherrschen, zweitens verwalten und drittens ausbeuten können". Die Befriedung dieses „Garten Eden" – Hitler sprach zuweilen auch von „unserm Indien" – geschehe „am besten dadurch, daß man jeden, der nur schief schaut, totschieße". Hatte er vielleicht vorher die „Hunnenrede" Kaiser Wilhelms gelesen?

Einer der Teilnehmer an diesem Gespräch war Alfred Rosenberg, ein Deutschbalte, den es 1918 mit anderen russischen Emigranten nach München verschlagen hatte. Dort lernte er den völkischen Agitator Adolf Hitler kennen, dem er die Richtung nach Osten wies.

Rosenberg, mehr ein Mann der „Weltanschauung" („Mythus des 20. Jahrhunderts") als der Organisation, wurde unter Parteigenossen als weltfremd belächelt. Seit 1933 arbeiteten die Ostexperten seines Büros an Plänen für die Zerschlagung der Sowjetunion und des Kommunismus. Im April 1941 holte ihn Hitler aus der Versenkung hervor: „Rosenberg, jetzt ist Ihre große Stunde gekommen!"

Von Berlin aus regierte er nun über die Reichskommissariate Ostland (Baltikum und Weißrußland) und Ukraine; die Zivilverwaltungen für Kaukasien und Turkmenien blieben mangels Gelegenheit auf dem Papier. Als Feind der Großrussen wollte Rosenberg Rußland als Staat und Namen verschwinden lassen. In „Moskowien" (eine Vokabel, die schon die Alldeutschen im Kaiserreich erfunden hatten), das seinen Schwerpunkt am Ural haben sollte, war den Russen der Status von Heloten zugedacht. Moskau selber – so hatte Hitler befohlen – sollte ebenso wie Leningrad dem Erdboden gleichgemacht, die Bevölkerung dem Hungertod preisgegeben werden.

Verliebt war Rosenberg in die Idee, aus der Ukraine einen selbständigen Staat zu machen (natürlich unter deutscher Oberhoheit). Unter dem Kommando der deutschen Abwehr hatten litauische Freischärler bereits am 30. Juni 1941 das galizische Lemberg befreit; ihr Anführer, Stefan Bandera, rief sofort eine ukrainische Republik aus. Nach zwei Tagen bereitete die SS dem Spuk ein Ende. (In den fünfziger Jahren wurde Bandera in München, im Umkreis von Radio Free Europe, von einem NKWD-Killer ermordet.) Hitler hatte anderes mit der Ukraine vor: Er schickte einen seiner brutalsten alten Kämpfer, den ostpreußischen Gauleiter Erich Koch, als Reichskommissar dorthin, dessen einzige Aufgabe es war, das korn-und erzreiche Land vollständig auszuplündern. Genau wie Hitler hielt Koch die Ukrainer ebenso wie die Russen für „Untermenschen": „Die werden mit Machorke, Wodka und der Nagaika regiert!"

Die Ausbeutung des Ostraumes war schon vor dem Überfall gemeinsam vom Militär, dem Wirtschafts- und dem Ernährungsministerium, der Industrie und den Großbanken vorbereitet worden. Bei der Zukunftsplanung für die eroberten Gebiete herrschte bald ein völliges Chaos, da Hitler auch hier seinem Herrschaftsprinzip treu blieb, möglichst viele Satrapen miteinander konkurrieren zu lassen. So tummelten sich denn auf diesem Felde Reichsmarschall Göring (als Beauftragter für den Vierjahresplan), Reichsführer SS-Himmler („Der Osten gehört der SS"), Wirtschaftsausschüsse und Ostgesellschaften, sogar die Deutsche Arbeitsfront und nicht zuletzt die Wehrmacht und Rosenbergs Leute.

Der amtierende Ernährungsminister Herbert Backe, auch er in Rußland großgeworden, hatte den Ehrgeiz, für das deutsche Volk und das Ostheer acht bis zehn Millionen Tonnen Getreide aus der Ukraine herauszupressen. Möglich war dies nur, wenn die kornarmen Gebiete in der Mitte und im Norden des europäischen Rußlands künftig leer ausgingen. Backe an seine Landwirtschaftsführer im Osten: „Armut, Hunger und Genügsamkeit erträgt der russische Mensch schon seit Jahrhunderten. Sein Magen ist dehnbar, also kein falsches Mitleid.“ In den Richtlinien für die Wirtschaftsorganisation Ost hieß es, in den nördlichen Gebieten würden „viele zehn Millionen von Menschen“ überflüssig werden und „sterben oder nach Sibirien auswandern müssen“. Himmler hatte bereits Mitte Juni 1941 vor den höheren SS-Führern die Dezimierung der Slawen um dreißig Millionen als ein Ziel des Unternehmens „Barbarossa“ angekündigt.

Dies war die Voraussetzung für den sogenannten „Generalplan Ost“, das gigantische Völkerwanderungs-, Ausrottungs- und Siedlungsvorhaben der Nazis und ihrer Helfershelfer, ein lange vernachlässigtes Feld des Holocaust, das erst in den letzten Jahren von jüngeren deutschen Historikern gründlich erforscht wurde. Es ging um nicht weniger als das monströse Werk, den Raum zwischen Weichsel und Ural allmählich für – auf lange Sicht – hundert Millionen germanische Siedler zu erschließen. Die dort ansässigen slawischen Völker, einschließlich der Polen im Generalgouvernement und der Tschechen in Böhmen und Mähren, wollte man nach Sibirien, in das Asien zugewandte „Moskowien“ abschieben, nachdem man zuvor die rassisch „minderwertigen Volksgruppen“ (Juden, Zigeuner) ausgerottet und rassisch „wertvolle“ Bestandteile der slawischen und baltischen Völker, also die Blonden und Blauäugigen, „eingevolkt“ hatte. Hitler, Himmler und Koch wollten nicht nur das europäische Rußland, sondern auch die Ukraine deutsch aufsiedeln. Etwa 300 Kilometer östlich des Urals sollten deutsche Wehrbauern eine offene, „ewig bewegliche“ Wehrgrenze bewachen, „die uns immer jung erhält“.

Den Vorzug bei der Ansiedlung sollten die deutschen Frontsoldaten und ihre germanischen SS-Kameraden haben, die diesen Lebensraum erobert hatten. Auch wenn es heute keiner mehr wahrhaben will, damals träumten viele arme Arbeiter und kleine Bauern von Hof und Grundbesitz im Osten – das war auch von den Nazis so gewollt, denn so ließen sich soziale Spannungen abbauen und zugleich unrentable Hofstellen im Reich in einer Flurbereinigung zu Großhöfen zusammenschließen. Generäle des Heeres und hohe SS-Offiziere suchten bereits im Krieg nach einem Rittergut im Osten (zum Beispiel Panzergeneral Guderian, der sich von Hitler einen Hof im Werte von 1,23 Millionen Mark schenken ließ). Die Nachfrage war so groß, daß Hitler schließlich dies für die Dauer des Krieges untersagen mußte.

Schon Wochen vor dem Überfall auf Rußland kam das Oberkommando der Wehrmacht seiner vermeintlichen Fürsorgepflicht nach: Es berief einen Bevollmächtigten der Wehrmacht für Siedlungsfragen. Auf Merkblättern wurden den Soldaten im Osten berufliche Chancen nicht nur als Bauern, sondern auch als Handwerker und Gewerbetreibende eröffnet. Mit der Zeit überließ die Wehrmacht die Vorbereitungen jedoch der SS, die schon seit 1939 Siedlungsprogramme ausarbeitete. Für ihren Chef Heinrich Himmler war dieses Projekt eines der Instrumente in seinem Machtkampf gegen die anderen Nazi-Diadochen, mit dem er sein SS-eigenes Wirtschaftsimperium durchsetzen wollte. Deshalb trieb er seine Mitarbeiter zur Eile.

Einen ersten vorläufigen „Generalplan Ost" bastelte ihm ein Berliner Agrarwissenschaftler zusammen, der als SS-Standartenführer im Reichssicherheitshauptamt dem „Reichskommissar für die Festigung deutschen Volkstums" zuarbeitete: Professor Konrad Meyer (Nach dem Krieg hatte er einen Lehrstuhl in Hannover; er organisierte die Eingliederung der Vertriebenen und plante nun die Regionalstruktur der Bundesrepublik.). Erst Ende Mai 1942 konnte er eine minuziöse Denkschrift über „rechtliche, wirtschaftliche und räumliche Grundlagen des Ostaufbaus" vorlegen; verschiedene Universitäten und Institute im Reich hatten daran mitgearbeitet. Der bei allem Wahnwitz eher noch bescheidene Plan war auf 25 Jahre angelegt. Neben den schon eingegliederten polnischen Gebieten sollten zunächst nur drei Marken geschaffen werden – Ingermanland (das Gebiet um Leningrad, über das ja der Pflug gehen sollte), Gotengau (die Krim, wohin Hitler die Südtiroler verpflanzen wollte) und Bialystok/Westlitauen. Dazwischen hatte er entlang der Bahnen und Autostraßen 36 „Siedlungsstützpunkte" als Vorposten auf sowjetischem Gebiet vorgesehen, die vorläufig zu 25 Prozent eingedeutscht werden sollten. Den „Gesamtbedarf" an Menschen schätzte Meyer auf 4,85 Millionen, die Kosten auf rund 67 Milliarden Mark.

Inzwischen hatte sich jedoch für die SS ein gewichtiger Konkurrent ins Spiel gebracht: die Deutsche Arbeitsfront. Ihr vortreffliches Arbeitswissenschaftliches Institut legte ein Siedlungsprogramm vor, wonach in vier Stufen von Jahr zu Jahr eine geschlossene Siedlung nach der anderen gen Osten vorgeschoben werden sollte, bis nach hundert Jahren das ganze Gebiet bis zum Ural eingedeutscht sein werde.

Über all diesen grotesken Plänen darf man nicht den grausigen Hintergrund vergessen: den geplanten Hungertod und die Liquidierung oder Dezimierung von mindestens dreißig Millionen Menschen. Hitler steuerte dazu den Gedanken der Geburtenkontrolle bei und stellte sich im Osten einen „schwungvollen Handel mit Verhütungsmitteln" vor. Seuchen waren ebenfalls eingeplant: Auf keinen Fall dürften die Arbeitssklaven geimpft werden… Im Ostministerium überlegte man sich, ob nicht durch die Industrialisierung im Baltikum „die rassisch unerwünschten Teile der Bevölkerung verschrottet [!] werden könnten".

Bald stellte sich heraus, daß die Deutschen, angeblich ein „Volk ohne Raum", den russischen Raum ohne Volk weder besiedeln noch bewirtschaften konnten. Es mußten also irgendwann auch noch die Volksdeutschen aus Brasilien und Kanada und die Amerika-Deutschen herangeschifft werden. Außerdem sollten die germanischen Völker Europas als Reservoir herhalten: neben den Skandinaviern, Holländern und Flamen vielleicht sogar die Engländer! Die Schweizer, meinte der Österreicher Hitler grantig, taugten wohl nur zu Gastwirten. Den Tschechen traute er zu, Sklavenaufseher zu werden. Aber noch der letzte deutsche Pferdeknecht stehe haushoch über diesen „Untermenschen".

Die versklavten Völker sollten auf niedrigstem Bildungsniveau gehalten werden. Lesen, Schreiben und Rechnen seien überflüssig; es genüge, wenn Menschen, die seiner Ansicht nach ohnehin wie Tiere lebten, die Verkehrszeichen kennten und wüßten, daß Berlin die Hauptstadt sei. Bei Laune halten wollte Hitler seine Heloten durch Unterhaltungsmusik, die „unbegrenzt" aus den Lautsprechern tönen sollte. Ein Witzbold hat sich einmal ausgemalt, wie schrecklich dieser Zustand gewesen wäre: den ganzen Tag berieselt zu werden – wahrscheinlich mit Melodien aus der „Lustigen Witwe" von Lehar, den Hitler (neben Wagner) so schätzte.

Aber erst einmal war Krieg, und statt germanischer Bauerntrecks wühlten sich Panzerkolonnen durch Staub und Schlamm, dem Phantom eines Blitzsieges hinterher. Die Kämpfe wurden immer wilder. Manche sowjetischen Offiziere und Soldaten ergaben sich nicht; aus Angst, in Gefangenschaft zu geraten, zogen sie lieber eine Handgranate. Es gab Kommissare, die mit zwei Pistolen auf die Deutschen losstürmten. Als an der Südfront niedergemetzelte deutsche Kriegsgefangene gefunden wurden, gab es bei der deutschen Armee kein Pardon mehr. Aber es hätte solcher Kriegsverbrechen, die durch den Massenmord an den russischen Gefangenen weit in den Schatten gestellt wurden, als Vorwand gar nicht erst bedurft. In Feldpostbriefen deutscher Landser findet man schon früh Ausdrücke wie „Bestien" und „wilde Horden", die russischen Gefangenen werden als „stumpf, tierisch und zerlumpt und doch oft heimtückisch" geschildert.

Das war nicht nur das Produkt einer jahrelangen antikommunistischen Indoktrination, sondern vielmehr eine Nachwirkung der Wehrmachtpropaganda. In trauter Gemeinsamkeit mit den nationalsozialistischen Haßkampagnen hatte das Oberkommando in seinen Richtlinien für das Verhalten der Truppe in Rußland besonders die asiatischen Soldaten der Roten Armee als „undurchsichtig, unberechenbar, hinterhältig und gefühllos" hingestellt. Generaloberst von Falkenhorst unterzeichnete ein Merkblatt, in dem es heißt, der Russe sei in seiner Hinterlist „zu jeder sadistischen Bestialität fähig".

Diese Einstimmung der Truppe entsprach ganz und gar jenen verbrecherischen Befehlen Hitlers, denen die Heeresführung schon etliche Wochen vor Beginn des Feldzuges praktisch ohne Widerspruch zugestimmt hatte. Generalstabschef Halder fand es ganz in der Ordnung, daß die Truppe den Weltanschauungskrieg zwischen Nationalsozialismus und Bolschewismus mitausfechten müsse. Die Generäle widersprachen nicht, als Hitler den Bolschewismus mit asozialem Verbrechertum gleichstellte, weswegen der Kommunist vorher und nachher „kein Kamerad" sein könne. Und sie waren froh, als ihnen die SS-Einsatzgruppen das Mörderhandwerk abnahmen und im rückwärtigen Gebiet Juden und Kommunisten reihenweise erschossen und später auch im „Gaswagen" umbrachten – man schätzt die Zahl der Opfer in den ersten fünf Monaten des Feldzuges auf eine halbe Million!

Berüchtigt ist der sogenannte Kommissarbefehl, der vorsah, die Offiziere und Politruks „sofort zu erledigen". Bei den meisten Divisionen wurde der Befehl ausgeführt – einige rühmliche Ausnahmen bestätigen leider nur die Regel. Er hatte für die deutsche Kriegführung ebenso verheerende Folgen wie das Massensterben der Gefangenen und die unbarmherzige Requirierungspraxis von Truppe und Verwaltung: Der Widerstand der Roten Armee versteifte sich, und immer mehr Einwohner schlossen sich den Partisanen an.

Allen Generälen war das Völkerrechtswidrige ihrer Handlungen bewußt. Es war nicht mehr als ein Trostpflaster für das eigene Gewissen, wenn Generalfeldmarschall von Brauchitsch den Kommissarbefehl dahin abmilderte, daß die Kommissare „unauffällig auf Befehl eines Offiziers" erschossen werden sollten. Noch weit mehr Opfer forderten andere Befehle, bei denen, wie Generalleutnant Müller erklärte, das Rechtsempfinden unter Umständen hinter der Kriegsnotwendigkeit zurückzutreten habe. Nicht mehr Kriegsgerichte oder Standgerichte hatten über Vergehen feindlicher Zivilisten zu entscheiden, sondern ein Offizier. „Freischärler" waren schonungslos zu erledigen, wobei der Verdacht schon genügte und es jeden Einwohner treffen konnte, der auch „nur schief schaute".

Bataillonskommandeure durften jederzeit „kollektive Gewaltmaßnahmen" verhängen: In der Praxis wurden die Dörfer in Brand gesteckt und Einwohner dutzendweise erschossen. Deutsche Soldaten, die Straftaten gegen Zivilisten begangen hatten, blieben in der Regel straffrei, da man ihnen zugute hielt, was kein Deutscher vergessen habe: die vermeintliche Schuld der Bolschewisten an der Meuterei von 1918, den Leiden in der Weimarer Zeit und den „Blutopfern" der SA. So wurden denn „bolschewistische Hetzer, Freischärler, Saboteure, Juden" zum Freiwild der Truppe.

Das Heer war mithin am Ausrottungskrieg ebenso beteiligt wie die Einsatzgruppen des SD und die Polizeibataillone im Hinterland. Ulrich von Hassell empörte sich: „Mit dieser Unterwerfung unter Hitlers Befehle opfert Brauchitsch die Ehre der deutschen Armee", als wäre sie nicht schon 1934 verspielt worden, als die Reichswehr die Ermordung zweier ihrer Generäle hinnahm. Jeder Soldat im Rußlandfeldzug war – auch wenn er sich selber anständig verhielt – Mitglied einer verbrecherischen Organisation. Selbst jene Offiziere, die den Tyrannen haßten, wie zum Beispiel der spätere Widerständler Hellmuth Stieff, waren unentrinnbar in das Böse mitverstrickt: „Es ist schon besser, die Bevölkerung verhungert und erfriert als wir", schrieb er im November 1941, „man wird entsetzlich roh..."

Es ist kein Zufall, daß Hitler im Juli 1941 den Holocaust, die systematische Deportation und Ermordung der europäischen Juden, anordnete. Die ersten, an denen im Vernichtungslager Auschwitz das Gas „Zyklon B“ ausprobiert wurde, waren 900 sowjetische Kriegsgefangene!

Es blieb den Menschen der Sowjetunion, ob sie Stalin nun mochten oder nicht, nichts übrig, als seinem Aufruf zum Volkskrieg vom 3. Juli 1941 zu folgen und sich mit allen Mitteln gegen das Schicksal zu wehren, das ihnen Hitler-Deutschland zugedacht hatte.

Die Wende im Rußlandfeldzug setzte nicht erst im Winter vor Moskau ein, sondern sie kündigte sich bereits Anfang August 1941 an, als die Heeresgruppe Mitte bei Smolensk anhalten mußte und in wochenlangen schwersten Abwehrkämpfen abgenutzt wurde. Stalin zeigte sich – im Gegensatz zu Hitler – lernfähig, er hörte auf guten militärischen Rat, auch wenn ihm zwischendurch noch haarsträubende Fehlentscheidungen unterliefen. Vor Terror gegen die eigene Armee schreckte er nicht zurück: Generäle, die an der Front versagt hatten, wurden erschossen; Sperrdivisionen des NKWD schnitten weichenden Truppen den Rückzug ab; halb ausgebildete Verbände wurden rücksichtslos geopfert, um den Vormarsch des Feindes auf Moskau aufzuhalten, ehe die neuaufgestellten oder aus Fernost herbeigeholten Reserven zur Gegenoffensive antreten konnten.

„Kein demokratisches Land hätte solche Niederlagen überstanden“, meint der Stalin-Biograph Generaloberst Wolkogonow. Er rühmt die innere Kraft Stalins, die sich auf das Volk übertrug, und die Tapferkeit der Roten Armee. „Es ist die größte Kriegskunst, im Niedergang durchzuhalten.“ Vier bittere lange Jahre sollte es dauern, bis Rotarmisten über dem zerschossenen Reichstag in Berlin die Fahne mit Hammer und Sichel hißten. Der Preis ihres Sieges war hoch – zu hoch, räumen heute sowjetische Historiker ein. Die Inhumanität des stalinistischen Systems offenbarte sich im rücksichtslosen „Verheizen“ ganzer Armeen. Aus Inkompetenz oder Starrsinn wurden die Soldaten oft massenweise in den sicheren Tod gejagt – die Verluste waren oft fünfmal so hoch wie die des geschlagenen Feindes. Manchmal wurde unnötig Blut vergossen, nur um an einem bestimmten Festtag den Sieg zu erringen. Offiziell wird die Zahl der Kriegstoten in der Sowjetunion jetzt auf 27 Millionen geschätzt (davon 8,5 Millionen Soldaten). Die wahre Zahl soll noch höher liegen.

Auch ein anderes Tabu-Thema wurde erst nach der Auflösung der Sowjetunion erörtert: Jene Soldaten, die Kriegsgefangenschaft und KZ in Deutschland überlebt hatten, wurden nach ihrer Heimkehr als Verräter in den Gulag verbannt, und die vielen Männer und

Frauen, die man zur Zwangsarbeit nach Deutschland verschleppt hatte, blieben jahrzehntelang verfemt.

Es ist eine historische Tragik: Die Rote Armee hat mit ihrem Sieg über die nationalsozialistische Barbarei die Völker in Ostmitteleuropa und schließlich auch das deutsche Volk befreit. Zugleich aber festigte dieser Triumph auf Jahrzehnte hinaus die Existenz eines Unterdrückungssystems, das weder demokratische Rechte noch wahren Sozialismus zuließ und vielen Völkern die Unfreiheit bescherte. Der Schriftsteller Wjatscheslaw Kondratjew tröstet seine Landsleute, die nun die Last von siebzig Jahren Vergangenheit aufarbeiten wollen: „Haben wir denn wirklich für einen Menschen gekämpft...? Ich aber habe für die Heimat, für die Sowjetmacht, für Rußland gekämpft."

Bis Chimki – Unerwartete Niederlage vor Moskau

„Soldaten der Ostfront ... meine Kameraden ... Soldaten ... Kameraden ..." Zum zweitenmal in diesem Wendejahr 1941 mußten sich die Männer der Heeresgruppe Mitte in der Nacht zum 2. Oktober einen Tagesbefehl ihres Obersten Befehlshabers vorlesen lassen. Den ersten hatte er ihnen dreieinhalb Monate zuvor mit auf den Weg gegeben, ehe sie über den Grenzfluß Bug in die russischen Weiten aufbrachen. Das Ziel hieß Moskau. Gewaltige Schlachten, unermeßliche Strapazen und viel zu viele Gräber lagen hinter ihnen, aber von Moskau trennten sie immer noch 350 Kilometer.

Nun aber, verkündete ihr „Führer" Adolf Hitler, seien die Voraussetzungen geschaffen „zu dem letzten gewaltigen Hieb, der noch vor dem Einbruch des Winters diesen Gegner zerschmettern soll". Er wies seiner Wehrmacht eine historische Mission zu: Sie werde vom Deutschen Reich und von ganz Europa eine Gefahr hinwegnehmen, „wie sie seit den Zeiten der Hunnen und später der Mongolenstämme entsetzlicher nicht mehr über dem Kontinent schwebte". Und: „Dieser Feind besteht nicht aus Soldaten, sondern zum großen Teil nur aus Bestien."

Feldpostbriefe belegen, wie leicht es war, junge, gläubige Soldaten zum Haß auf die „Untermenschen" zu erziehen. So schreibt ein Unteroffizier am 15. Oktober 1941: „Oft kommen uns Gefangene entgegen – einzeln oder in Massen – stumpf, tierisch und zerlumpt – und doch oft heimtückisch.“ Wen wundert es da noch, daß in diesen Wochen vom General bis zum Gefreiten ungezählte Deutsche ungerührt oder hilflos zusehen, wie die russischen Gefangenen zu Zehntausenden verhungern, auf den Märschen erschöpft zusammenbrechen und zu Hunderten erschossen werden?

Hitler vergaß in seinem Tagesbefehl auch das ihm Wichtigste nicht: die ideologische Rechtfertigung des Raub- und Eroberungskrieges, seine antisemitische Wahnvorstellung von einer jüdischen Weltverschwörung. Das Ostheer habe ja im „Paradies der Arbeiter und der Bauern“ eine unvorstellbare Armut kennengelernt; sie sei, so meinte er, „das Ergebnis einer nunmehr bald 25jährigen jüdischen Herrschaft, die als Bolschewismus im tiefsten Grund nur der allergemeinsten Form des Kapitalismus gleicht“. Die Träger des Systems seien die gleichen: „Juden und nur Juden“.

Das war nicht einfach so dahergesagt. In diesen Wochen, wo er dem Bolschewismus „den tödlichen Stoß“ versetzen wollte, wurden die Listen für die Deportation der deutschen Juden in die besetzten Ostgebiete zusammengestellt, begingen Einsatzgruppen des SD (wohlgemerkt: „im Verband des Heeres“) ihre Massenmorde an russischen und ukrainischen Juden. In manchem kriegshistorischen Werk über die Winterschlacht vor Moskau wird dieser Zusammenhang ignoriert, darum ist er hier vorangestellt. Die militärischen Daten seien dennoch nicht verschwiegen: Die Heeresgruppe Mitte unter dem Oberbefehl des Generalfeldmarschalls Fedor von Bock (der hager und schmallippig so aussah, wie sich britische Karikaturisten einen Preußen vorstellen) trat an mit 1 929 406 Mann, 1 220 Panzern, 14 000 Geschützen und Werfern; unterstützt wurde sie von der Luftflotte 2 unter Generalfeldmarschall Albert Kesselring mit 1 387 Flugzeugen, darunter das Jagdgeschwader des populären Kriegshelden Werner Mölders. Monströseres hatte die Welt noch nicht gesehen: drei Armeen und drei Panzergruppen mit rund 78 Divisionen auf einer Frontbreite von 500 Kilometern. Hitler brüstete sich: „Ungeheure Lager an Verpflegung, Treibstoff und Munition liegen bereit! Alle Vorbereitungen sind – soweit sie Menschen meistern können – nunmehr fertig.“

Bei Lichte besehen war alles nur halbfertig, improvisiert, unzulänglich. Mit dem gleichen Leichtsinn, mit dem Hitler und seine Generalität im Juni das „Unternehmen Barbarossa“ gestartet hatten, brachen sie nun die „Operation Taifun“ vom Zaun. Mit einem schwerwiegenden Unterschied: Das Ostheer war viel schwächer als am Anfang. Fast alle Divisionen hatten blutige Kämpfe hinter sich und benötigten dringend Auffrischung und Ruhe; lediglich zwei von vierzehn Panzerdivisionen waren unverbraucht.

Die Panzergruppe 2 des legendären Generalobersten Heinz Guderian, die unmittelbar aus der Riesenschlacht bei Kiew heranrollte, hatte nur noch zwanzig Prozent ihrer durchschnittlichen Panzerstärke. An Kraftfahrzeugen und Zugmaschinen für die Artillerie war nur noch ein Drittel des ursprünglichen Bestandes da. Der Infanterie fehlten 220 000 Mann, aber es gab keinen Ersatz mehr – das Oberkommando des Heeres hatte auch seine beiden letzten Reserve-Divisionen hergegeben. Allein für den Spritverbrauch hätte die Heeresgruppe täglich 29 Eisenbahnzüge benötigt, 22 waren zugesagt, und diese Zusage wurde nie erfüllt! Die Artillerie war gehalten, mit Granaten sparsam umzugehen.

Aber die Energie, mit der sich das deutsche Ostheer noch einmal aufschwang, und das noch ungebrochene Überlegenheitsgefühl sollten all diese Schwächen wettmachen. Beinahe lyrische Töne stimmte Generalstabschef Franz Halder an: „Heute sind meine Soldaten in Richtung Moskau zum Großangriff angetreten ... Um diese Operation habe ich gekämpft und gerungen. Ich hänge an ihr wie an einem Kinde, um das man schwer gelitten hat.“ Es ging ihm – und auch Hitler – nicht in erster Linie um die Stadt Moskau, sondern um die acht Armeen Marschall Timoschenkos, die vor der Hauptstadt standen. Sie sollten zerschlagen werden, um Rußland das Rückgrat zu brechen.

Das Nazi-Reich brauchte diesen Erfolg aus vielerlei Gründen. Der „Blitzkrieg“, der die Sowjetunion spätestens binnen drei Monaten „erledigt“ haben sollte, hatte nicht funktioniert. Jetzt redete sich Hitler damit heraus, der deutsche Musketier müsse schließlich erst die riesigen Weiten durchmarschieren – das hätte er vorher wissen können.

Ein Diktator kann sich keine Prestigeeinbuße leisten. Hitler spürte, wie die Stimmung im Volke bedrückter wurde, wie die von ihm umworbenen Mittelmeer-Anrainer Türkei, Spanien und das unbesetzte Vichy-Frankreich, die seinen Endkampf gegen die britische Vorherrschaft erleichtern sollten, desto mehr zögerten, je länger der Rußland-Feldzug dauerte. Wie lange würde Italien noch bei der Fahne bleiben? Und wieviel Zeit hatte er noch bis zum absehbaren Kriegseintritt Amerikas, das ungeachtet seiner Neutralität bereits an der Seite Englands deutsche U-Boote bekämpfte, Truppen auf Island gelandet hatte und nun auch mit Materiallieferungen offen die Sowjetunion unterstützte?

Denn nur, wenn er uneingeschränkt über die Schwerindustrie, das Erdöl und die Kornkammern der Sowjetunion verfügte, konnte er sich eine Chance ausrechnen, im „Weltenkampf" gegen die angelsächsischen Seemächte zu bestehen. Sein ungewöhnliches Verhalten, einen noch gar nicht errungenen Endsieg im voraus bekanntzugeben, konnte sich Staatssekretär Ernst von Weizsäcker vom Auswärtigen Amt nur so erklären, daß sich Hitler davon eine einschüchternde, womöglich den Frieden herbei zwingende Wirkung auf Amerika und England versprach.

Zunächst ließ sich alles vielversprechend an. Bei strahlendem Herbstwetter brach der „Taifun" über das russische Kernland herein. Die Russen wurden völlig überrumpelt – sie hatten nicht damit gerechnet, daß die Deutschen so kurz vor der Regen- und Schlammperiode, der *rasputiza,* wo in Rußland nichts mehr geht, noch eine Offensive begännen. Binnen einer Woche konnten die deutschen Panzerzangen die sowjetischen Großverbände bei Wjasma und Brjansk einschließen; die Infanterie rückte nach, um die beiden Kessel „auszuräumen".

Abermals posaunte das Oberkommando der Wehrmacht irrsinnige Siegeszahlen in die Welt hinaus: 683 000 Gefangene, 80 Divisionen zerschlagen, 1 242 Panzer und 5 412 Geschütze erbeutet oder zerstört. Damit, so befand Generaloberst Alfred Jodl, einer von Hitlers nächsten Beratern, habe Deutschland „endgültig und ohne Übertreibung den Krieg gewonnen". Reichspressechef Otto Dietrich trat am 9. Oktober in Berlin mit glücklich-übermütigem Gesicht vor die Journalisten und wiederholte, was ihm sein „Führer" in die Feder diktiert hatte: „Die Sowjetunion ist mit diesem letzten gewaltigen Schlage ... militärisch erledigt." Die Spitzel des Heydrichschen SD hörten das Volk geradezu aufatmen ob dieser befreienden Nachrichten, hatte es doch allerorten bängliche Zweifel gegeben, als dieser Feldzug noch immer nicht enden wollte und die Todesanzeigen mit dem Eisernen Kreuz in den Zeitungen täglich zunahmen.

Mitnichten war der Feldzug gewonnen. Zwar hetzten die Panzer Hoths, Hoepners und Guderians schon auf den Rollbahnen gen Moskau weiter, aber Teile ihrer Panzergruppen mußten noch die „wandernden Kessel" begleiten. Auch die Infanterie wurde in verlustreichen Kämpfen aufgehalten. Die sowjetischen Armeen wehrten sich verzweifelt und versuchten immer wieder auszubrechen, oft mit Erfolg. Gnadenlos schickte Stalin seine Soldaten Welle um

Welle ins Feuer – er wollte Zeit gewinnen, um die tiefgestaffelten Verteidigungsstellungen vor Moskau zu vollenden.

Zu Zehntausenden wurden Hausfrauen, Greise und Kinder aus Moskau zum Schanzen herangekarrt. Sie buddelten eine Million Panzer- und Schützengräben, tarnten Bunker, errichteten Baum- und Drahtsperren, legten MG- und Werferstellungen an.

Sie waren noch längst nicht fertig mit ihrer Arbeit, da brachen am 14. Oktober schon die deutschen Panzerspitzen westlich von Moskau bei Moschaisk in das vorgelagerte Verteidigungssystem ein. Vorneweg das Regiment „Deutschland" der SS-Infanteriedivision „Das Reich". Ihr Kommandeur hatte seine Pioniere vorgezogen, galt es doch, ein ausgeklügeltes Schreckenswerk zu knakken: fernzündliche Flammenwerfer, Minenfelder, Sümpfe, Verhaue, Waldstellungen. Gut getarnte Geschütze und die gefürchteten „Stalinorgeln" hielten die Deutschen unter konzentriertem Feuer. Erbittert wehrten sich die russischen Eingreifreserven. Sie kämpften auf historischem Boden, dem Schlachtfeld von Borodino, wo 1812 die Truppen des Zaren zum erstenmal der Grande Armée Napoleons die Stirn geboten hatten.

Im Nordwesten eroberte die Panzergruppe 3 am 14. Oktober Kalinin, das historische Twer, samt einer freien Wolgabrücke; im Südwesten zog die 4. Armee in Kaluga ein. Doch die 4. Panzerdivision, die im Süden als Speerspitze der Gruppe Guderian schnurstracks auf der Rollbahn von Orel nach Tula durchbrausen sollte, um sich dann östlich Moskaus mit der von Norden kommenden Panzergruppe 2 zu vereinen, blieb erst einmal hängen. Sie erlebte „böse Stunden" und erlitt „betrübliche Verluste", als sie von nagelneuen sowjetischen T 34-Panzern angegriffen wurde, denen die Deutschen nichts Gleichwertiges entgegenzusetzen hatten. Weder der Panzer IV noch die Pakgeschütze konnten ihnen etwas anhaben; allenfalls mit den 8,8-Zentimeter-Flakgeschützen war ihnen beizukommen.

Der unerwartete, verbissene Widerstand in den „Kesseln" und vor den Toren Moskaus war es nicht allein, der die Deutschen aufhielt: Am 13. Oktober kam die Regenzeit.

*

Schon waren die deutschen Zeitungsredaktionen Mitte Oktober angewiesen, Spalten für eine Sondermeldung freizuhalten – man erwartete stündlich einen Handstreich gegen Moskau. Doch Stalin hatte vorgebaut. Er ließ General Georgij Schukow, der schon ein paarmal als Retter in der Not eingegriffen hatte, aus dem belagerten Leningrad zurückholen. Am 7. Oktober, angeschlagen von den Hiobsbotschaften und von einer Grippe, empfing er ihn auf seiner Datscha. Der Diktator zeigte auf die Karte: Er hatte keinen Überblick mehr über die Situation an der Front. Schukow begab sich sofort zu den Armeestäben im Vorfeld Moskaus: Die Lage war fatal. Jeden Augenblick konnten feindliche Panzer am äußeren Verteidigungsring Moskaus auftauchen. Daraufhin ernannte Stalin am 10. Oktober seinen fähigsten General zum Befehlshaber der Westfront. Dessen erster Tagesbefehl: „Kein Schritt zurück! Vorwärts fürs Vaterland!"

Inzwischen hatte das Staatliche Verteidigungskomitee die Zerstörung von 1119 Betrieben angeordnet: Rüstungsbetriebe, die Elektroanlagen der Metro, alle Bahnhöfe und Verkehrsbetriebe, die Telegraphenämter, Elektrizitätswerke und das Gebäude der Nachrichtenagentur Tass. Viele Kostbarkeiten aus den Galerien und Museen, historische Archive und zuletzt auch der Sarkophag Lenins wurden fortgebracht. Als am 13. Oktober an allen westlichen Zufahrtsstraßen heftige Kämpfe einsetzten, beschlossen die Kommunisten, die halbe Bevölkerung der Vier-Millionen-Stadt – Alte, Frauen, Kinder, Arbeiter ausgelagerter Industrien – zu evakuieren. Die höchsten Partei-, Regierungs- und Militärbehörden und das Diplomatische Korps mußten sofort in das 900 Kilometer entfernte Kubyschew umziehen.

Kaum hatte Radio Moskau gemeldet, die Lage an der Westfront habe sich verschlechtert, war kein Halten mehr in der Stadt. Eine Panik brach aus. Alle Bahnhöfe wurden gestürmt, alle Straßen nach Osten waren verstopft. Zehntausende, mit oder ohne Erlaubnis, flohen mit Autos oder zu Fuß vor den Deutschen. Direktoren ließen ihre Fabriken, Funktionäre ihre Ämter im Stich. Warenhäuser und leerstehende Wohnungen wurden vom Mob geplündert. Lagerhäuser verschenkten ihre Lebensmittelvorräte an die Bevölkerung.

Anderntags standen alle Betriebe in Moskau still, niemand arbeitete mehr. Während aus der Ferne das dumpfe Grollen der Geschütze zu hören war und jede Nacht deutsche Flugzeuge ihre Bomben über Moskau abwarfen, schwirrten Gerüchte durch die Stadt: Stalin sei gestürzt, der NKWD aufgelöst, die Regierung geflohen.

Jahrzehntelang hielt sich die Version, auch Stalin habe damals die Nerven verloren und sei für einige Tage verschwunden. Was dahintersteckte, hat erst vor kurzem der Historiker Alexander Samsonow enthüllt. Die entscheidende Passage aus dem Parteibeschluß vom 15. Oktober ist bislang verheimlicht worden: „Genosse Stalin bringt sich morgen oder später in Sicherheit – entsprechend den Umständen.“ In den folgenden Tagen haben einige von Stalins Vertrauten – Geheimdienstchef Berija und die Politbüromitglieder Kagananowitsch und Malenkow – ihren „geliebten“ Stalin beschworen, Moskau zu verlassen. Jüngere Forscher haben den Verdacht, die drei hätten dabei mehr an ihre eigene Karriere als an das Schicksal der Stadt gedacht. Doch nach längerem Nachdenken kam Stalin selber zu der einzig vernünftigen Erkenntnis: Wenn der Oberste Befehlshaber Moskau verließe, wäre das in den Augen der Verteidiger und der Bevölkerung Verrat; die Kampfmoral würde sinken, Moskau nicht mehr zu retten sein.

Über die Hauptstadt wurde der Belagerungszustand verhängt, mit nächtlicher Ausgangssperre. Panikmacher und Plünderer durften auf der Stelle erschossen werden. Allmählich kehrten wieder Ruhe und Zuversicht ein, um so mehr, als Schukow einen geordneten, durch tapfere Nachhuten abgedeckten Rückzug auf eine neue Verteidigungsstellung eingeleitet hatte.

Moskau veränderte völlig sein Gesicht – es wurde zur Festung. Hunderttausende schanzten in den Vororten; andere produzierten in den Fabriken leichte Waffen für die Verteidiger. Freiwillige Volkswehren und Arbeiterbataillone übten den Straßenkampf. Über den Dächern schwebten Fesselballons; mitten in der Stadt standen Barrikaden und Panzersperren. Auch NKWD und Stadtverwaltung faßten wieder Mut: Sie strichen die Brotfabriken und Kühlhäuser von der Sprengliste.

Die daheimgebliebenen Moskauer erfuhren jetzt, daß sich Stalin nach wie vor im Kreml aufhielt. Einmal fuhr er sogar in einem Panzerzug an die Front, natürlich nur bis zu den Stäben. Aber er war auch zu kühneren Selbstdarstellungen fähig. Am 24. Jahrestag der Oktoberrevolution stand er in eisiger Morgenluft mit dem Politbüro auf dem Lenin-Mausoleum und hielt eine Ansprache an die Fronttruppen, die sich auf dem verschneiten Roten Platz zur traditionellen Parade aufgestellt hatten. Jagdflieger sicherten den Himmel über Moskau.

Stalin erinnerte seine Soldaten an den ersten Jahrestag der Revolution, als drei Viertel des Landes von feindlichen oder konterrevolutionären Truppen besetzt waren und es noch nicht einmal eine Rote Armee gab. Wie damals werde auch diesmal, unter viel besseren Bedingungen, Lenins Geist den Kampf beflügeln. Wie ein stolzer, nationalbewußter Großrusse beschwor der Georgier jene Helden, welche die Deutschordensritter, die Tataren und die Polen besiegt hatten, und er rief den Vaterländischen Krieg von 1812 ins Gedächtnis, als Suworow und Kutusow das Napoleonische Heer aus dem Lande vertrieben hatten. „Zweifelt irgend jemand daran, daß wir die deutschen Eindringlinge schlagen können und schlagen werden?“

Vielleicht war dies Stalins größter Augenblick. Arbeiter, Bauern und Soldaten haben ihm, ungeachtet all seiner Grausamkeiten, jenen Auftritt nicht vergessen. Er gab seinem Volk in der dunkelsten Stunde die Selbstachtung wieder und erfüllte es mit der Hoffnung, das heilige Rußland werde siegen. So gestärkt, marschierten die Soldaten und rollten die Panzer wieder zurück in ihre Stellungen vor den Mauern der Stadt.

Von den deutschen Bombern abgesehen, hatte Moskau wochenlang Ruhe vor den Feinden gehabt. Die „Operation Taifun“ war eingeschlafen, denn die Heeresgruppe Mitte saß Mitte Oktober im Schlamm fest.

Schukow nutzte die Misere des Gegners aus, indem er seine wenigen Truppen auf die Straßen und Autobahnen konzentrierte – denn nur dort konnten die Deutschen auch vorankommen. Auf der Autobahn Wjasma-Moskau explodierten täglich Zeitzünderminen, die Löcher von bis zu zehn Meter Tiefe und dreißig Meter Breite rissen, in denen sich das Wasser sammelte. Wollten die Angreifer links und rechts Bohlen über den Morast legen, mußten die Pioniere erst das Gelände entminen. Die Qual jener Tage haben die deutschen Veteranen ihr Leben nicht vergessen, und so setzte sich denn in ihren Köpfen die Legende vom „General Schlamm“ fest, der die Deutschen um ihren Sieg betrogen habe.

Doch die Regenfälle waren in diesem Herbst sogar außergewöhnlich gering und hörten früher auf als sonst. Im übrigen trifft das Wetter immer Freund und Feind gleichermaßen; auch die Russen litten unter dem Schlamm, mußten von Lkw auf Panjewagen umladen. Nein, die armen Landser mußten nur das Versagen ihrer Führung ausbaden, doch darüber nachzudenken, waren sie schon zu abgestumpft.

Für den 13. November 1941 hat Generalstabschef Halder die Stabschefs der Heeresgruppen und einiger Armeen nach Orscha nahe Smolensk gerufen, in eine Stadt, wo die Deutschen rundum zehn Konzentrationslager unterhalten. Einziges Thema: Soll mit Frostbeginn die Offensive wieder aufgenommen werden? Die Mehrzahl der Generäle plädiert für sofortigen Rückzug in eine gutausgebaute Winterstellung, ja sogar vom Rückzug bis zur Reichsgrenze soll die Rede gewesen sein.

Aber die Oberkommandos von Heer und Wehrmacht, der ehrgeizige Feldmarschall von Bock, der noch einmal so einmarschieren möchte wie im Juni 1940 in Paris, und natürlich Hitler hatten nun völlig den Sinn für die Realitäten verloren. Generaloberst Halder meint allen Ernstes, die Russen könnten keine zusammenhängende Front mehr bilden, stärkere Kräfte lediglich noch in den Bereichen Moskau und Kaukasus konzentrieren. Dazwischen wäre also freier Raum für deutsche Vorstöße. Noch Wochen später wird Hitler, bar jeder Vernunft, sagen: „Wäre der Frost nicht gekommen, so wären wir weitergelaufen, 600 Kilometer, wir waren nahe daran!"

Doch die Kraft der Heeresgruppe Mitte reicht nicht einmal mehr aus, das Nahziel zu erreichen: die Einkreisung Moskaus. Schließlich einigt man sich, wenigstens bis zum Westrand der Stadt vorzudringen. Aber selbst das ist eine abstruse, um nicht zu sagen verbrecherische Idee: Ausgeblutete, entkräftete Armeen würden auf freiem Feld in Eis und Schnee kampieren müssen und den schweren Angriffen eines Gegners ausgesetzt sein, der den Vorteil der inneren Linie hat: ein dichtes Bahn- und Straßennetz, kurze Nachschubwege und außerdem die Luftüberlegenheit. (Hitler hat Teile der Luftflotte 2 nach Sizilien verlegen müssen, damit die Italiener nicht Libyen an die Engländer verlieren.)

Die Generäle leiden fast alle am „Marne-Trauma". Im September 1914 hatte sich der deutsche Vormarsch in Frankreich an der Marne erschöpft; als eine alliierte Gegenoffensive einsetzte, hatte der Generalstab die Nerven verloren und den Rückzug befohlen. Noch einmal will man sich einen vermeintlichen Sieg nicht entreißen lassen. Das „letzte Bataillon" wird den Ausschlag geben, und es wird ein deutsches sein. Halder ist „durchdrungen" von dem Gedanken, „daß der härtere Wille recht behält". Krieg des Willens, Triumph des Willens? Die Sprache verrät, wie sehr sich die Generalität schon mit Hitlers Visionen identifiziert. Das Ungeheuerlichste: Die Führung ist sich der Schwächen ihrer Truppe durchaus bewußt: Erfrierungen, verschlissenes Material, Kleidernot, Verlausung, zu wenig Panzer, zu wenig Brennstoff, zu wenig Munition, zu wenig Proviant, kein Hafer für die Pferde – und keine Reserven. Halder tröstet sich bei dem Gedanken: „Den Russen geht es noch viel schlechter als uns." Er und Bock wollen Moskau mit „letzter Kraftanstrengung" angreifen.

So rollen am 15. November 1941 noch einmal die Panzer vor, marschieren aufs neue die Musketiere. Im Nordwesten gelingt es den Angreifern am Wolgastaudamm und am Moskwa-Wolga-Kanal, in den schwach besetzten Verteidigungsring einzudringen. Auf der Wolokolamsker Chaussee werfen sich Rotarmisten selbstaufopfernd mit Brandflaschen den Panzern entgegen und – halten sie auf.

Nach wilden Kämpfen müssen die Deutschen einen Brückenkopf am Kanal wieder räumen. An dieser kritischen Stelle kann Schukow den Durchbruch nur verhindern, indem er eine seiner geheim gehaltenen Reservearmeen ins Feuer schickt.

(Der Retter heißt General Wlassow; später wird er, mit Hilfe der Wehrmacht und der SS, die Waffen gegen Stalin kehren und – am Galgen enden.)

Im Süden greift Guderian wieder an; er hat nur noch 150 Panzer; ohne Stollen bleiben sie an vereisten Hängen liegen. Seine alten Goslaer Jäger geben ihr Letztes, um statt Moskau wenigstens Tula zu bezwingen. Vergebens – auch die Panzergruppe 2 muß auf die ersehnten warmen Winterquartiere verzichten. Am nächsten an Moskau heran kommt noch am 2. Dezember eine Kampfgruppe, die den Vorort Chimki erreicht, achtzehn Kilometer vom Roten Platz entfernt. Ein Panzersperrendenkmal erinnert noch heute daran. Nur ein paar Offiziere haben die Zwiebeltürme des Kreml gesehen – durchs Scherenfernrohr...

Die Truppe kann einfach nicht mehr weiter. Denn nun beginnt die plötzlich einfallende bittere Kälte – Minustemperaturen bis zu 25 oder 30 Grad Celsius –, ihre Opfer zu fordern. Die meisten Soldaten sind dem Frost nahezu schutzlos preisgegeben. Ihre Winterkleidung liegt irgendwo auf polnischen Bahnhöfen, da die Züge – wenn nicht die Loks gerade eingefroren sind – Munition, Treibstoff und Proviant heranschaffen müssen. (Nach wie vor aber bringt jeden zweiten Tag ein Güterzug der Deutschen Reichsbahn jüdische Deportierte ins Ghetto nach Minsk!)

Es fehlt an Handschuhen, Kopfschützern und Wollwesten; in den zu engen Stiefeln erfrieren die Zehen; über die verschlissenen Sommerhosen ziehen viele ihr Drillichzeug. Erbarmungslos reißen die frierenden Soldaten russischen Gefangenen und Zivilisten ihre Filzstiefel und wattierten Jacken vom Leib. Sie plündern die Wohnungen in den eroberten Dörfern und Städten: Alles, was wärmt oder im Schnee tarnt, ist ihnen recht: Gardinen, Betten, Decken, Pelze, Damenhüte. Immer ähnlicher werden die Landser den Jammergestalten der Grande Armée nach dem Übergang über die Beresina. An das blamable Ende Napoleons in Rußland denkt nun jeder; nur Hitler verscheucht den Alptraum: Diesmal werde sich das napoleonische Schicksal an den Russen vollziehen...

Auf einen Winterkrieg ist das Heer auch technisch nicht vorbereitet. Frostschutzmittel sind nicht zur Stelle. Autos und Panzer müssen alle Stunden warm durchlaufen, damit sie beweglich bleiben. Das Öl wird dick; Panzertürme drehen sich nicht mehr; Maschinengewehre schießen nicht mehr, Funkgeräte frieren ein.

Zwischen dem 3. und 5. Dezember beenden die Armeen der Heeresgruppe von sich aus den Angriff. Alle Anstrengung ist umsonst gewesen. Die oberste Führung rechnet es sich immerhin als Verdienst an, daß die Rote Armee zu keiner großen Gegenoffensive mehr fähig sei. Die frierenden, verlausten, hungernden, zerlumpten Soldaten der Heeresgruppe Mitte aber freuen sich auf einen „ruhigen Winterschlaf".

*

Schweres Artillerie- und Werferfeuer und das Heulen der Bomben reißen die Deutschen am Morgen des 5. Dezember 1941 am Frontabschnitt bei Kalinin jäh aus ihrer Illusion. Am nächsten Tag lebt die Schlacht auf der ganzen Frontbreite vor Moskau wieder auf. Mit achtzehn Armeen und mehr als einer Million Soldaten eröffnet die Rote Armee ihre Gegenoffensive. Alle Divisionen sind voll aufgefüllt, sieben Armeen sogar noch unverbraucht – die Stawka, Stalins Hauptquanier, hat sie aus dem Fernen Osten, aus Mittelasien und Sibirien herbeigeholt, ohne daß die deutsche Funk- und Luftaufklärung etwas bemerkt hätte.

Schukow und Stalin hatten die Nerven, den Kulminationspunkt der letzten deutschen Offensive abzuwarten. Die strategische Überraschung ist perfekt. Fast überall durchstoßen die sowjetischen Armeen die weit überdehnten deutschen Linien. Manche Divisionen können nur mit Mühe der Umzingelung entkommen. Die Rückzugsstraßen sind gesäumt mit Hunderten ausgebrannter Lkw, gesprengten Geschützen und Panzern. Was noch nie geschehen ist: Deutsche Soldaten rennen in Panik davon, sobald sich die T 34 nahen. Doch im Hinterland lauern neue Gefahren auf sie: Kosaken, Skibataillone und Partisanen.

Generaloberst Hoepner schreibt am 12. Dezember verzweifelt: „Die *Masse* der Russen erdrückt uns. Ihre Kampfmoral ist gering.

Aber unsere Leute sind übermüdet, schlafen im Stehen ein, sind so stumpf, daß sie sich nicht mehr hinwerfen, wenn geschossen wird. Erfrierungen sind fast zahlreicher als blutige Verluste."

Alle haben das Schicksal Napoleons leibhaft vor Augen, jetzt auch Hitler in seinem ostpreußischen Hauptquartier, tausend Kilometer vom Schuß entfernt. In stundenlangen Telephongesprächen ringt er mit den Frontbefehlshabern, die aus Angst vor Einkreisung immer neue Rückzüge planen. Hitler jedoch befürchtet, daß dann erst recht alles ins Rutschen gerät und immer mehr unersetzliches schweres Kriegsmaterial verlorengeht. Solange noch keine Winterstellungen ausgebaut sind, soll jede Einheit dort halten, wo sie steht, egal ob durchgebrochene Russen in der Flanke oder im Rükken stehen. Unter persönlichem Einsatz sollen Befehlshaber, Kommandeure und Offiziere ihre Soldaten zum fanatischen Widerstand zwingen.

Es ist die Zeit, da auch die Generäle nachts schlecht schlafen, Nerven zeigen, sich untereinander angiften oder am Ende gar schwer erkranken wie der Oberbefehlshaber des Heeres, Feldmarschall von Brauchitsch. Nach seinem Rücktritt reißt Hitler selber den Oberbefehl an sich. Jetzt kann er bis in die Regimenter hineinkommandieren. Feldmarschall von Bock gibt sein Kommando ab; 35 Korps- und Divisionskommandeure werden in diesem Winter von Hitler gefeuert.

Als der Panzergeneral Hoepner eigenmächtig wegen drohender Umfassung durch den Feind einen Rückzug befiehlt, um den ihm anvertrauten 200 000 Soldaten Leben und Freiheit zu retten, statuiert Hitler ein Exempel: Hoepner wird unehrenhaft aus der Wehrmacht ausgestoßen. (Nach dem Putschversuch vom 20. Juli 1944 wird ihn Hitler an den Galgen bringen.) Sein Panzerkamerad Guderian wird ebenfalls seines Postens enthoben; er war sogar zu Hitler geflogen, um ihm persönlich die Haltebefehle auszureden. „Sie haben zuviel Mitleid mit ihren Soldaten", bekam er vom Diktator zu hören.

„Dies war der Augenblick, in dem die Führungskraft Hitlers auf dieselbe Probe gestellt wurde wie kurz zuvor diejenige Stalins", schreibt Alan Bullock in seiner Doppelbiographie der Diktatoren zur Winterschlacht. Auch Hitler hat die Demoralisierung verhindert und dem Rückzug Einhalt geboten. Selbst dann noch können die Russen ihren Feind um zwei- bis dreihundert Kilometer zurücktreiben.

So wie sich Hitler seit dem Sieg über Frankreich für den größten Feldherrn hielt, sah er sich nun als genialen Abwehrstrategen und hat doch nur das primitive Rezept Stalins nachgeahmt. Das „Halten um jeden Preis“ wird zum starren Prinzip, dem bald ganze Armeen und Heeresgruppen und schließlich ganz Deutschland geopfert wurden. Die „planmäßigen“ Rückzüge der Deutschen (als „Frontbegradigungen“ verbrämt) zogen neue Verbrechen nach sich. Hitler befahl „verbrannte Erde“ zu hinterlassen. Hunderte von Dörfern gehen in Flammen auf. Hier und da treiben flüchtende Soldaten die Einwohner als Kugelfang vor sich her. Ehe sie die Stadt Kalinin (200 000 Einwohner) räumten, sprengten sie alle Wolgabrücken, alle Krankenhäuser und Bibliotheken. 16 000 der 28 000 Wohnhäuser werden zerstört, vom Rest bleiben nur die Fassaden stehen. Vor der Feuersbrunst werden noch Lkw mit Möbeln und Büchern aus dem Puschkinmuseum beladen. Die Befreier der Roten Armee fanden im Stadtbereich die Massengräber von 57 000 Kriegsgefangenen und Zivilisten, die während der zweimonatigen Besetzung der Stadt ermordet wurden. Eingedenk solcher Taten schrieb der Oberstleutnant Hellmuth Stieff, selber als amtierender Armeebefehlshaber Augenzeuge der Winterschlacht, am 13. Dezember 1941 über diese erste große Katastrophe des deutschen Heeres: „Es war ja auch notwendig und ist wohl die gerechte Strafe für derart viel Vermessenheit eines undeutschen Systems von Rachgier und Mordlust...“

Tod im Kabriolett – Das Attentat auf den Herrenmenschen Heydrich

„Warum sollten meine Tschechen denn auf mich schießen?“ fragte Reinhard Heydrich selbstgewiß, als er mitten im Kriege mit Rüstungsminister Albert Speer stundenlang im offenen Kabriolett und ohne Begleitschutz durch das besetzte Prag gefahren war. Man muß sich das einmal vorstellen: Der in ganz Europa gefürchtetste und nach Hitler und Himmler drittmächtigste Mann in Deutschland, Chef des Reichssicherheitshauptamtes, also Herr über Sicherheitsdienst und Sicherheitspolizei, Gestapo und Kripo, amtierender Reichsprotektor in Böhmen und Mähren und Beauftragter für die „Endlösung der Judenfrage“, bewegte sich täglich wie eine Zielscheibe durch Feindesland. Das SS-Begleitkommando ließ er zu Hause, und die

Warnungen der Polizei vor einem Attentat schlug er in den Wind. Nicht bloß aus sportlicher Haltung oder tyrannischem Übermut, sondern mehr aus sachlicher Überzeugung, daß nur ein unerschrockenes Auftreten dem unterdrückten tschechischen Volk, das er mit Zuckerbrot und Peitsche regierte, imponieren könne.

Es waren denn auch nicht „seine" Tschechen, die ihm am Vormittag des 27. Mai 1942 auflauerten, sondern emigrierte tschechoslowakische Soldaten, die von britischen Flugzeugen als Kommandotrupps abgesetzt worden waren. Sie handelten auf Befehl ihrer Exilregierung in London. Die Attentäter hatten bald erkundet, daß Heydrich an jedem Morgen auf dem Weg von seinem Wohnsitz, dem Schlößchen Jungfern-Breschan, zu seinem Amtssitz auf der Prager Burg um halb zehn im Ortsteil Prag-Lieben mit verlangsamter Fahrt eine Haarnadelkurve passierte. Seit Tagen hatten sie die Gegend ausspioniert, dabei am Straßenrand eifrig Kaninchenfutter gesammelt und jedesmal, wenn der SS-Obergruppenführer vorbeifuhr, ehrerbietig gegrüßt. Oberhalb der Kurve stand an diesem schönen Sommertag der Agent Josef Valcik, der mit einem Taschenspiegel seinen Kameraden, den Unteroffizieren Josef Gabcik und Jan Kubis, das Herannahen des Autos anzeigen sollte.

Doch diesmal mußten sie lange warten. Heydrich, der für zwei Tage nach Berlin fliegen wollte, um mit Hitler zu konferieren, hatte es gar nicht eilig mit der Abfahrt. Er spielte noch im Garten mit seinen drei kleinen Kindern, ehe er sich von seiner hochschwangeren Frau Lina verabschiedete.

Um 10.32 Uhr durchfährt der offene grüne Mercedes mit der Kennummer SS 4 die Kurve. Am Steuer SS-Oberscharführer Klein, neben ihm Heydrich in der feldgrauen Uniform eines SS-Obergruppenführers, geschmückt mit den Orden, die er sich als Jagdflieger im Rußlandfeldzug verdient hat. Am Straßenrand, einen halben Meter vom Wagen entfernt, steht Gabcik, scheinbar auf die Straßenbahn wartend, über dem Arm einen Regenmantel, unter dem er seine englische Sten-Maschinenpistole verbirgt. Plötzlich bringt er die Waffe in Anschlag, drückt ab ... und nichts geschieht. Eigentlich hätte Heydrich, von 32 Kugeln durchsiebt, blutüberströmt zusammenbrechen sollen. Doch die MP blockiert. Wütend wirft Gabcik seine Waffe beiseite und rennt davon. Wie so oft bei berühmten Attentatsverschwörungen in der Geschichte – so beim Anschlag der Nihilisten auf Zar Alexander II. oder der serbischen Terroristen auf Erzherzog Franz Ferdinand in Sarajevo – ist etwas dazwischengekommen, das den ganzen Plan gefährdet. In diesem Fall schließt sich gleich eine Kette grotesker Zufälle an.

Fahrer Klein müßte vorschriftsgemäß sofort Gas geben, um seinen hohen Fahrgast aus der Gefahrenzone zu bringen. Doch Heydrich schreit „Anhalten“, und Klein gehorcht blind. Als der Wagen langsam ausrollt und Heydrich aus der Seitentasche des Wagens seine Aluminium-Leichtpistole Kaliber 7.65 reißt, springt hinter einem Lichtmast der zweite Attentäter hervor. Kubis rennt ein paar Meter hinter dem Wagen her und wirft mit zaghaftem Schwung eine Bombe aus englischem Plastiksprengstoff. Er trifft nur die Seitenwand des Mercedes über dem hinteren Kotflügel.

Der Wagen wird aufgerissen: Splitter schlagen durch die Rükkenlehne des Vordersitzes. Zwei eher kleine Splitter dringen in Heydrichs Rücken, einer durchschlägt die Milz. Ihm wäre nichts passiert, hätte man, wie es die Vorschrift verlangt, die Rückenlehne durch ein Stahlblech geschützt. Kubis selber wird durch den Detonationsdruck im Gesicht und am linken Auge verletzt.

Trotz seiner Wunden springt Heydrich aus dem Wagen und setzt dem Bombenwerfer nach, der zu seinem Fahrrad rennt. Heydrich drückt ab – aber auch bei ihm geht kein Schuß los. Der General der Polizei hat das Durchladen vergessen. Kubis' Vorsprung vergrößert sich, da stellen sich ihm tschechische Straßenbahnpassagiere in den Weg. Er schießt sich den Weg frei.

Heydrichs Fahrer hat indes die Verfolgung des MP-Schützen Gabcik aufgenommen. Als er auf 15 Meter herangekommen ist, fängt Gabcik mit seinem Colt wild zu feuern an. Oberscharführer Klein will das Feuer mit seiner Walther-Pistole erwidern – doch auch seine Waffe versagt: Er hat in der Aufregung den Knopf gedrückt, der das Magazin freigibt. Er könnte es leicht zurückschieben, statt dessen rennt er unbewaffnet hinter dem Täter her. Gabcik flüchtet sich in einen Fleischerladen, der aber keinen Hinterausgang hat. Er muß zurück und setzt den SS-Mann durch einen Knieschuß außer Gefecht.

Heydrich krümmt sich vor Schmerzen, schleppt sich zum Wagen zurück und sinkt hilflos auf einen Sitz. Niemand schützt den „Schlächter von Prag“, wären da nicht „seine Tschechen“, die sich erbarmen. Eine Passantin hält einen Kombiwagen an; gemeinsam mit anderen hilft sie dem Reichsprotektor beim Umsteigen. In einem Kastenwagen wird Heydrich von den Tschechen ins nächste Krankenhaus gebracht. Auf die Idee, ihn zu entführen, kommt niemand.

Schon auf dem Operationstisch sitzend, vermißt Heydrich seine Aktentasche, in der lauter geheime Reichssachen stecken. Die Attentäter hatten Befehl, sie ihm zu entreißen. An ihrer Stelle holt ein tschechischer Tatzeuge die Tasche aus dem leeren Mercedes und – liefert sie brav im Krankenhaus ab.

Die tschechische Polizei verständigt eine Gestapodienststelle von dem Attentat, auf schwejkisch: Ein höherer Offizier der Wehrmacht sei angeblich verletzt worden. Drei deutsche Beamte machen sich allmählich auf die Suche; im Krankenhaus weiß weder der Pförtner noch sonst jemand etwas von einer Einlieferung. Also müssen sich die Beamten durch alle Räume der Chirurgischen Abteilung fragen, bis sie Heydrich gefunden haben. Für eine entschlossene Verschwörergruppe wäre noch immer Zeit, das Attentat zu vollenden. Man fordert dringend Verstärkung zum Schutz des Krankenhauses an. Doch der Leiter der Prager Gestapo glaubt zunächst an einen Scherz: Attentat auf Heydrich? Aber es ist doch alles ruhig im Protektorat!

Diese Ruhe eben war es, die der Exilregierung unter Präsident Benesch in London und dem britischen Geheimdienst mißfallen hatte. Denn das Protektorat war Rüstungsschmiede und Kornkammer für das kriegführende Nazireich. Zwar hatten nach dem deutschen Überfall auf die Sowjetunion kommunistische Widerstandskämpfer Sabotageakte verübt, manchmal bis zu achtzig an einem Tage. Hitler und Himmler, der die Rest-Tschechei gern in einen Modellstaat der SS verwandelt hätte, fanden, daß Reichsprotektor Freiherr von Neurath, ein Grandseigneur aus dem Auswärtigen Amt, viel zu nachsichtig mit den Tschechen umgehe. Sie schickten ihn im Herbst 1941 in einen „Krankheitsurlaub". Für ihn kam als sein Stellvertreter Heydrich, um die Ruhe wiederherzustellen; es gelang ihm auf Anhieb, da er, ein Machiavellist reinsten Wassers, mit Grausamkeiten anfing: Ausnahmezustand und Standgericht.

Reinhard Tristan Heydrich, gerade 37 Jahre alt, Sohn eines bekannten Musikers, Wagner-Sängers und Komponisten, ehemaliger Marineoffizier und seit 1931 bei der SS, hat – so meint sein Biograph Günther Deschner – Nietzsches Traum von der „blonden Bestie" in sich wirklich werden lassen. Er entsprach ganz dem Typus des neuen Herrenmenschen, den die SS heranzüchten wollte: schlank und rank, hochintelligent, deutscher Meister im Fechten, brillanter Violinspieler, ein Technokrat, der mit pragmatischem Zynismus eine Aufgabe nach der anderen perfekt erledigte, mit einem Machtbewußtsein, das ihn allen Rivalen an der Spitze des

Naziregimes unheimlich werden ließ. Viele, die dienstlich mit ihm zu tun hatten, fühlten sich schon durch seinen eiskalten Blick, seine spitze Ironie und sein herrisches Wesen eingeschüchtert.

Binnen zweier Monate ließ der neue Reichsprotektor 400 Todesurteile vollstrecken. Den Ministerpräsidenten der autonomen Protektoratsregierung, Elias, brachte er vor den Volksgerichtshof. Der harten Welle ließ Heydrich die weiche folgen – die Rüstungsarbeiter kamen in den Genuß sozialer Vergünstigungen. Zum erstenmal in der Geschichte der CSR wurden Arbeiterdelegationen auf der Prager Burg empfangen. Die große Mehrheit der Tschechen zog es vor, sich dem neuen Kurs anzupassen, um zu überleben. Die wenigsten ahnten, was Heydrich und die Nazis mit ihnen vorhatten. Nach dem Endsieg sollte der böhmisch-mährische Raum germanisiert werden. Die „rassisch unbrauchbaren" Teile des Volkes wollte man – mit anderen Slawen zusammen – nach Sibirien umsiedeln, die politisch gefährlichen „an die Wand stellen".

Benesch und der Chef seines Nachrichtendienstes, Oberst Frantisek Moravec, spürten mit Bitternis, wie die westlichen Alliierten ebenso wie die Sowjets die Tschechen wegen ihrer Passivität zu verachten begannen. Solange der Krieg noch unentschieden war, mußten sie befürchten, daß bei einem Ausgleichsfrieden die Tschechen abermals ihrem Schicksal überlassen blieben. Also wollte man dem lahmen Volk auf die Sprünge helfen.

Tschechoslowakische Freiwillige wurden von der SOE, der „Special Operations Executive" des britischen Geheimdienstes, für Sabotage- und Partisaneneinsätze ausgebildet.

In den vier Monaten bis zum Attentat auf Heydrich sind insgesamt 25 Fallschirmspringer in Böhmen und Mähren infiltriert. Nur zwei haben überlebt. Eine der Gruppen hatte einen Sonderauftrag: Im Verein mit anderen Widerstandskämpfern sollten sie ein Attentat auf Heydrich vorbereiten. Deckname der Gruppe: „Anthropoid" – ein beziehungsreicher Begriff aus der Zoologie. Es ist viel spekuliert worden, was die Alliierten mit dem Kommandounternehmen bezweckten. So hieß es, Oberst Moravec habe den SD-Chef beseitigen wollen, um einen seiner wichtigsten Spione, den Altnazi und Abwehrmitarbeiter Paul Thümmel, vor den Nachforschungen der Gestapo zu schützen. Doch gibt es dafür ebensowenig einen Beweis wie für die These, die Alliierten hätten den gnadenlosen Vollstrecker der Judenvernichtung treffen wollen.

Die britischen Akten zu diesem Fall sind bis heute verschlossen. Doch weiß man aus den Aussagen tschechischer Exilpolitiker und britischer Experten Bescheid: „Unternehmen Anthropoid“ entsprang jenem menschenverachtenden Kalkül, das Geheimdienste im Kriege und terroristische Gruppen im Frieden seit eh und je auszeichnet: Die Ermordung einer hervorragenden Persönlichkeit soll das bekämpfte Regime zu brutalen Vergeltungsschlägen und blindwütigen Racheakten provozieren, damit sein Prestige leidet und die Zustimmung oder Apathie der Massen schwindet.

Patrioten der Sokol, der tschechischen nationalistischen Turnerbewegung, von denen Gabcik und Kubis betreut wurden, wurde es ungemütlich. Deshalb funkte Sokol-Führer Professor Vanek alias „Jindra“ nach London an Präsident Benesch: „Dieses Attentat würde in nichts den Verbündeten Nutzen bringen. Es würde nicht nur unsere Geiseln und politischen Häftlinge gefährden, es würde auch Tausende andere Leben fordern, es würde die Nation in eine unerhörte Unterdrückung werfen.“ Doch der Befehl wurde nicht widerrufen.

Die Rechnung der Geheimdienste ging nur zu gut auf. Noch während Heydrich auf dem Operationstisch lag – ihm mußte mit den Splittern auch die Milz entfernt werden –, fragte sein sudetendeutscher Staatssekretär, SS-Gruppenführer Karl Hermann Frank, ahnungsvoll den Leiter der Gestaposonderkommission Heinz Pannwitz: „Und was werden wir nun tun?“ Pannwitz: „Herr Staatssekretär, wollen Sie Vergeltung üben – oder sollen wir aufklären?“ Frank, im Volkssturmkampf mit den Tschechen hart geworden, zeigte sich einsichtig: „Natürlich aufklären!“ Aber schon die ersten Befehle aus dem Führerhauptquartier vereitelten eine maßvolle Reaktion der Behörden.

Abends erhielt Frank ein Blitztelegramm vom Reichsführer SS Himmler: Von den zu verhaftenden Hauptgegnern aus der tschechischen Intelligenz seien noch in der Nacht „bereits die hundert wichtigsten zu erschießen“. In einem nächtlichen Telefongespräch mit Himmler setzte Frank durch, daß er einen Termin bei Hitler bekam. Tatsächlich gelang es ihm, Hitler den Befehl auszureden: „Wenn Sie zehntausend erschießen, erwachsen Ihnen zehnmal zehntausend Rächer – das können wir uns im Protektorat nicht leisten.“ Nach der Unterredung beglückwünschten die Adjutanten den Mann aus Prag. Dennoch war Frank nicht ganz zufrieden. Er hielt sich für den gegebenen Nachfolger Heydrichs, doch Hitler tat ihm den Gefallen nicht, sondern setzte ihm den Polizeigeneraloberst Kurt Daluege vor die Nase, der sofort ein blutiges Regiment errichtete.

Wochenlang regierte nun in Prag der nackte Staatsterror. Sofort wurden der zivile Ausnahmezustand und ein nächtliches Ausgeh- und Verkehrsverbot verhängt. Wehrmacht und Polizei riegelten die Hauptstadt ab. Noch am Abend des Tattages durchsuchte man die 36 000 Häuser der Stadt! Es herrschte Standrecht: „Wer die Täter beherbergt oder ihnen Hilfe leistet oder von ihrer Person oder ihrem Aufenthalt Kenntnis hat und keine Anzeige erstattet, wird 'mit seiner gesamten Familie' erschossen." Jeden Tag standen in den Zeitungen die Listen der Erschossenen zu lesen – vielen wurde lediglich „Gutheißung des Attentats" vorgeworfen.

Obwohl das Reich und die tschechische Marionettenregierung für das Ergreifen der Täter zwei Millionen Mark ausgesetzt hatten, gingen in 14 Tagen ganze 300 Meldungen bei der Polizei ein – nicht ein einziger Hinweis auf die Täter darunter. Zu tief saß den Tschechen die Angst vor den Erschießungspelotons in den Knochen. Alle Ärzte des Landes mußten schriftlich erklären, daß sie den verletzten Attentäter Kubis nicht behandelt hätten. Die Ärztin, die seine Wunden versorgt hatte, erklärte das ebenfalls. Über 300 Mädchen wurden verhört, weil man gesehen hatte, wie eine Vierzehnjährige das Fahrrad eines Attentäters weggeschoben hatte. Geistesgegenwärtig ließ die Mutter ihrem Kind die Haare schneiden und eine Dauerwelle machen. Das Mädchen wurde bei der Gegenüberstellung nicht erkannt.

Schrecken und Verzweiflung in der Bevölkerung grassierten, als Heydrich am 4. Juni 1942 unerwartet doch vom Tode ereilt wurde. Mit den Bombensplittern waren Seegraspartikel aus dem Autopolster in die Wunden gelangt. Sie verursachten eine wilde Sepsis, gegen die es damals in Deutschland noch kein Mittel gab.

Kein Nazi hat jemals ein solches Leichenbegängnis erhalten wie der 38jährige Heydrich. Geehrt wurde er gleich in zwei Hauptstädten, in Prag und in Berlin, wohin er überführt wurde und wo er auf dem Invalidenfriedhof seine letzte Ruhe fand. Mit Staatssekretär Frank, der die beiden kleinen Söhne Heydrichs zum Staatsakt in die Reichshauptstadt begleitete, kam freiwillig der tschechische Staatspräsident Hacha samt allen Ministem. Ihnen hat Hitler nach der Trauerfeier einen gewaltigen Schrecken eingejagt: Notfalls werde er ein paar Millionen Tschechen aussiedeln. Der alte Hacha, erzählte Hitler später amüsiert seiner Tischrunde, sei „förmlich in sich zusammengesackt". Der Diktator erreichte, was er wollte: Gefügig hielten die Prager Kollaborateure mit Drohungen ihr Volk zur Ruhe an. Aber Hitler setzte ein noch schlimmeres Zeichen – er rächte den Tod Heydrichs an der kleinen Ortschaft Lidice.

Als Staatssekretär Frank mit dem Flugzeug nach Prag einschwebte, sah er das Dorf brennen. Er begab sich sofort an den Tatort. Das tschechische Gericht, das ihn 1946 zum Tod durch den Strang verurteilte, gab ihm die Schuld an Lidice. Er hat sie immer bestritten – im vertrauten Kreis während des Krieges überkam ihn der Grimm, daß Lidice den Feinden unnötig zu einem Propagandaerfolg verholfen habe.

Kriminalrat Pannwitz hat in seiner nun aufgefundenen Aufzeichnung den wahren Schuldigen ausgemacht: den Befehlshaber der Sicherheitspolizei und des SD in Böhmen und Mähren, SS-Standartenführer Horst Böhme, den er den „wirklichen Bluthund des Protektorats“ nennt. Böhme, ein ungeschlachter, gewalttätiger Mann, war Heydrich eng verbunden. Es wurde kolportiert, beide hätten seit der Besetzung Österreichs eine gemeinsame Leiche im Keller. Hinweise, beileibe keine Beweise, daß die Dorfbewohner Fallschirmspringer beherbergt hätten, kamen ihm gelegen. „Frank ist von Böhme völlig ausgespielt worden“, schreibt Pannwitz.

Standrecht und Vergeltung ließen die Kriminalpolizei nicht weiterkommen. Pannwitz lief so lange Sturm bei den Nazipolitikern, bis er am 13. Juni endlich eine kurzfristige Straffreiheit für Mittäter erwirkte – mit durchschlagendem Erfolg. Im Nu kamen 2 000 Anzeigen zusammen; am dritten Tag der Amnestie stellte sich sogar einer der Fallschirmspringer, Karel Curda, der den Anschluß an die „Gruppe „Anthropoid“ verpaßt hatte; er verriet Kontaktadressen. Bei den Verhafteten half die Folter nach. Binnen fünf Tagen war das Versteck der Attentäter bekannt. Sie hatten sich, mit fünf Kameraden, in der orthodoxen Karl-Borromäus-Kirche versteckt. Drei von ihnen übernachteten auf der Empore; als im Morgengrauen des 18. Juni die Kripo eindrang, eröffneten sie das Feuer. Sie wurden mit Handgranaten niedergekämpft – einer der Toten war Kubis. Die Kripo wollte aber unbedingt die Kronzeugen lebend. Darum beschwor Kriminalrat Pannwitz die SS, nicht die Katakomben zu stürmen, in denen sich Gabcik und die anderen aufhielten. Als man die Gruppe weder mit Tränengas noch mit eingepumptem Wasser zum Aufgeben zwingen konnte, erwirkte der SS-Kommandeur bei Frank einen Sturmbefehl: „Gruppenführer, bitte um die Erlaubnis, einen Stoßtrupp in den Keller zu schicken, wir blamieren uns ja hier!“ Eine mehrtägige Belagerung, so fürchtete man wohl, hätte die Deutschen in den Augen der Tschechen lächerlich gemacht. Wider den Einspruch der Kripo wurde angegriffen: Die SS verlor bei dem Gefecht etliche Leute, und die vier Fallschirmspringer gaben sich die letzte Kugel. Eine halbe Stunde später traf ein Funkspruch Himmlers ein: „Die Attentäter auf alle Fälle hinhalten und vertrösten, um sie lebend zu fangen."

Das Morden ging weiter. 252 Anverwandte und Helfer der sieben Helden wurden im KZ Mauthausen hingerichtet. Mit dem Tode bestrafte man auch den Bischof und die Geistlichen der erstürmten Kirche. Von den Standgerichten in Prag und Brünn sind allein vom Attentat bis zum 3. Juli 1 331 Personen zum Tode verurteilt worden. Der Anschlag auf Heydrich zeitigte noch ein anderes schreckliches Verbrechen. Himmlers Leibarzt, SS-Brigadeführer Professor Karl Gebhardt, der nach der Operation Heydrichs hinzugezogen worden war, mußte sich schwere Kritik gefallen lassen, weil er keine neuen Sulfonamide ausprobiert habe. Hitler: „Heydrich ist eine verlorene Schlacht von einem Ausmaß, wie wir sie bisher nie erlitten haben." Daraufhin begann Gebhardt auf Befehl Himmlers im KZ Ravensbrück mit Sulfonamidversuchen an polnischen Frauen, denen künstlich Wunden und Infektionen beigebracht wurden. Gebhardt wurde deswegen später von den Amerikanern aufs Schafott geschickt.

Das Attentat von Prag und die Vergeltung in Lidice haben Geschichte gemacht. Auf einmal war die Tschechoslowakei im öffentlichen Weltbewußtsein wieder existent. Wochenlang beherrschten die Ereignisse im Protektorat die Schlagzeilen der britischen und amerikanischen Zeitungen. „Ohne das Attentat auf Heydrich und ohne Lidice", schrieb ein Mitarbeiter von Präsident Benesch, Dr. Prokop Drtina, „hätten die Alliierten niemals unserer Forderung zugestimmt, die deutsche Bevölkerung vom tschechischen Territorium zu entfernen." Drei Millionen Sudetendeutsche, von denen 1945 eine halbe Million bei der Austreibung umkam, waren die letzten Opfer jenes blutigen Zirkels von Terror, Rache und Vergeltung.

Die Katastrophe in Stalingrad 1942/43

I. Drei Monate Kampf um jedes Haus

Zuweilen sitzt der Prophet, wo man ihn am wenigsten vermutet: Im äußersten Winkel Chinas, in einer Höhlenwohnung, beugte sich im Herbst 1942 ein Mann über die Landkarte und studierte den Frontverlauf im fernen Rußland. Dort waren die deutschen Truppen bis an die Wolga vorgedrungen, und die Verteidiger von Stalingrad wehrten sich verzweifelt gegen die pausenlosen Angriffe ihrer Feinde. Während die halbe Welt mit ihnen bangte, erkannte unser Chinese klarsichtig, daß diese Schlacht der Wendepunkt im Zweiten Weltkrieg war. Am 12. Oktober schrieb er in einem Leitartikel für das weithin unbekannte „Yenaner Tageblatt“: „Das vierte Stadium des Krieges, das in diesem Winter beginnt, wird Hitler ins Grab bringen ... Der ganze Raum westlich und südlich des Don ist für ihn höchst gefährlich, und die Rote Armee wird hier zum Gegenangriff übergehen.“

Nach 38 Tagen geschah genau das, was der Leitartikler – er zeichnete mit Mao Tse-tung – vorausgesagt hatte: Auf beiden Seiten von Stalingrad trat die Rote Armee zur Gegenoffensive an, und drei Tage später saß die deutsche 6. Armee in der Falle, aus der es für sie kein Entrinnen mehr gab. Stalingrad wurde zum Massengrab für mindestens 165 000 deutsche Soldaten – eine Katastrophe, wie sie die preußisch-deutsche Militärgeschichte seit 1806, seit der Doppelschlacht von Jena und Auerstedt gegen Napoleon, nicht mehr gekannt hatte. Mao verstand viel von der Feldherrenkunst und ihren einfachen Regeln: Man muß zuschlagen, sobald der Feind den Bogen überspannt hat und seine Kräfte erlahmen. Im Grunde wußten oder ahnten es auch die Deutschen, doch in ihrer Verblendung und ihrem Hochmut, ihrer Eroberungsgier und ihrer heimlichen Angst vor dem Strafgericht verschlossen sie die Augen vor dem nahestehenden Unheil.

Eigentlich hätte das deutsche Ostheer im Sommer 1942 gar nicht bis zur Wolga marschieren dürfen, denn es war, so urteilt der Freiburger Militärhistoriker Bernd Wegner, „nur noch ein Schatten jener Macht, die im Juni des Vorjahres zum Unternehmen 'Barbarossa' angetreten war.“ Über 1,1 Millionen Mann hatte es seither verloren, rund 35 Prozent seiner Gesamtstärke. Die Heeresgruppe

Süd, die für die neue Offensive (Operation „Blau") ausersehen war, besaß nur noch ihre halbe Kampfkraft. Die Ersatzleute waren Männer zwischen dreißig und vierzig, dafür wurden die Offiziere immer jünger – zwanzigjährige Fähnriche, im Schnellkurs für die Front präpariert. Über 2 000 Panzer fehlten, Pferde und Ochsen mußten die ausgefallenen Kraftfahrzeuge ersetzen, Munition wurde knapp, von Benzin und Diesel ganz zu schweigen. Einer der vielen skeptischen Militärs fand, die geplante Offensive sei „ein einem armen Manne gänzlich unangemessener Luxus". Doch trotz ihrer berechtigten Bedenken stellten sich alle Generäle hinter den Operationsplan, voran der Generalstabschef Franz Halder.

Dreierlei wollte man erreichen: im ukrainischen Vorfeld des Don die sowjetischen Armeen vernichten, dann Stalingrad als Rüstungs- und Verkehrszentrum ausschalten und schließlich die Kornkammern, Ölfelder, Kohlen- und Manganerzvorkommen am Kaukasus erobern, so daß die Sowjetunion, ihrer wichtigsten Kraftquellen beraubt, den Krieg beenden müßte. Nur auf diese Weise konnte Deutschland sich überhaupt noch auf den langen Zermürbungskrieg einlassen, der ihm seit dem Kriegseintritt Amerikas drohte. „Wenn ich das Öl von Maikop und Grosny nicht bekomme", sagte Hitler seinen Generälen, „dann muß ich diesen Krieg liquidieren." Keiner widersprach. Alle redeten sich ein, um die Kampfkraft des östlichen Gegners sei es noch viel schlechter bestellt. Man mußte es noch einmal wagen, andernfalls hätte man sich schon jetzt eingestehen müssen, daß der Krieg nicht mehr zu gewinnen war. Und so geisterte denn von Stalingrad bis zum bitteren Ende in so manchem Feldpostbrief die Parole: „Wir werden siegen, weil wir siegen müssen."

Als Hitlers italienischer Achsenpartner Benito Mussolini – ihm wurde allmählich mulmig, seit die Engländer Rommels Afrikakorps aus Ägypten vertrieben hatten und die Amerikaner in Nordafrika gelandet waren – im Dezember 1942 den nicht ganz unvernünftigen Gedanken aufwarf, Deutschland solle doch, wie 1918, einen neuen Brest-Litowsker Frieden mit den Russen schließen und dann alle militärische Macht auf den Westen konzentrieren, gab Hitler dem italienischen Außenminister Graf Ciano die entwaffnende Antwort, man werde sich mit der Sowjetunion über gar keine Linie einigen können.

Im Herbst wurde erkennbar, daß Deutschland wiederum seine Operationsziele nicht erreicht hatte. Die Offensive geriet an den Hängen des Kaukasus und vor Stalingrad ins Stocken, und die sowjetischen Armeen hatten sich durch strategische Rückzüge der Vernichtung entzogen. Dies verleitete Hitler zu dem Irrglauben, die militärische Kraft der Russen sei bereits gebrochen.

Als die Speerspitze der sieggewohnten 6. Armee, die 16. Panzerdivision, am Nachmittag des 23. August nördlich von Stalingrad die Wolga erreichte, schien es einen Moment, als könne die riesige Stadt, die sich mit ihren Vororten über fünfzig Kilometer an Europas größtem Strom entlangstreckte, im Handstreich erobert werden. Ihrer Bevölkerung – sie hatte sich wegen der vielen Flüchtlinge auf 900 000 Menschen verdoppelt – hatte Hitler, ähnlich wie zuvor den Moskauern und Leningradern, ein schreckliches Schicksal zugedacht: Beim Eindringen in die Stadt sollte die gesamte männliche Bevölkerung „vernichtet" werden, weil Stalingrad mit seiner „durchweg kommunistischen Einwohnerschaft besonders gefährlich sei". Frauen und Kinder seien zu deportieren. Da jedoch die sowjetischen Behörden den größten Teil der Bevölkerung über die Wolga evakuiert hatten, fielen den Deutschen nur 38 000 Flüchtlinge in die Hände. Wegen der angespannten Ersatzlage konnten die Militärs Hitler überreden, die arbeitsfähigen Stalingrader auszusortieren. Alle anderen – Alte, Frauen, Kinder – wurden ihrem Schicksal überlassen: Sie konnten in der Steppe verhungern oder in ihren Lumpen erfrieren. „Ihr zu Hause könnt euch gar kein Bild von all dem Elend machen", heißt es in einem Feldpostbrief.

Erfahrene Landser hatten sich an solchen Anblick längst gewöhnt. An den Vormarschstraßen der 6. Armee waren Hunderttausende sowjetischer Kriegsgefangener dem Tod durch Hunger und Erschöpfung überlassen worden. Hinter der Armee lag das Massengrab von Babi Jar mit 33 000 ermordeten Kiewer Juden. Die Soldaten waren vorbeigezogen an ungezählten Galgen, an denen die Deutschen junge Kommunisten und Partisanen aufgeknüpft hatten. Die Armee hatte sich aus dem Lande ernährt und die Massen in den eroberten Großstädten verhungern lassen. Mit Recht erinnerte der Oberbefehlshaber der 6. Armee, Generalfeldmarschall Friedrich Paulus, nach dem Kriege daran, daß die deutsche Kriegführung die Menschlichkeit schon vor Stalingrad nachhaltig mißachtet habe. Nach ihrer Niederlage schlug auf die 6. Armee nur zurück, was sie selber der unterworfenen Bevölkerung und den besiegten Sowjetsoldaten zugefügt hatte.

Daß sich die 6. Armee an Stalingrad die Zähne ausbiß und, noch ehe sie eingekesselt wurde, in wochenlangen Straßen- und Häuserkämpfen ausblutete, hatte sie den beiden Diktatoren zu verdanken, die sich auf der Landenge zwischen Don und Wolga auf dem Rükken ihrer Soldaten einen unerbittlichen Prestigekampf lieferten. Als die Hafenstadt Rostow, der Drehpunkt auf den Wegen in den Kaukasus und zur Wolga, trotz aufopferungsvollen Widerstandes seiner Elitetruppen verlorengegangen war, hatte Stalin am 28. Juli 1942 seinen berühmten Befehl Nr. 227 erlassen: „Kein Schritt zurück!" Unverblümt hatte er seinen Soldaten die Lage geschildert: „Falls unser Rückzug nicht sofort abgestoppt wird, bleiben wir ohne Brot und Heizmaterial, ohne Metalle und Rohstoffe, ohne Werke und Eisenbahnen." Von nun an müsse jeder Meter Sowjeterde bis zum letzten Blutstropfen verteidigt werden. Das ginge nur bei strengster Disziplin. „Miesmacher und Feiglinge" seien auf der Stelle zu erschießen, desgleichen alle Offiziere und Politkommissare, die ohne Befehl ihre Stellung räumten. „Keinen Schritt zurück" war wörtlich gemeint: Hinter unzuverlässigen Divisionen standen Sperrtruppen des NKWD, die jeden Deserteur niederknallten.

Aber bloßer Terror vermag keine Niederlage in einen Sieg zu verwandeln – das hat sich im Frühjahr 1945 in Deutschland gezeigt, als überall die Standgerichte wüteten. Nein: Der Todesmut, mit dem sich die Verteidiger von Stalingrad – Rotarmisten, Fabrikarbeiter, Komsomolzen, auch viele Frauen – Tag und Nacht in die Schlacht stürzten, nährte sich aus der Liebe zur russischen Erde, zur „Mutter Heimat", und aus dem Haß gegen die „Faschisten", die ihr Land verwüsteten und seine Menschen ausrotteten. Noch nie war in diesem Krieg so wild gekämpft worden. Hatten die Sowjetsoldaten die letzten Patronen verschossen, wehrten sie sich mit Bajonetten, Dolchen und Spaten. Wenn überhaupt, fielen sie fast nur noch verwundet in Gefangenschaft. Gerungen wurde um jedes Haus und jeden Treppenabsatz. Oft saßen die Russen im oberen, die Deutschen im unteren Stockwerk. Fabriken, Hochhäuser, Bahnhöfe wechselten mehrmals den Besitzer. Mit Blut getränkt wurde der Mamaia-Hügel – dort, wo sich heute die monumentale Gedenkstätte über der wiederaufgebauten Stadt erhebt, die sich jetzt Wolgograd nennt.

Unter dem Feuerhagel deutscher Kanonen, Panzer und Stukas wie auch der gefürchteten Katjuscha-Raketen, der Stalinorgel, und der Ferngeschütze, die am Ostufer der Wolga standen, verkam Stalingrad zu einer Ruinenlandschaft. Insofern hatte Hitler sein Operationsziel erreicht. Man hätte das blutige Gemetzel Mann gegen Mann beenden können, wie es die 6. Armee vorschlug. Doch mittlerweile hatte sich Hitler öffentlich auf den Fall Stalingrads festgelegt. Am 30. September 1942 verkündete er im Berliner Sportpalast, kein Mensch werde die Wehrmacht „von dieser Stelle mehr wegbringen". Und am 8. November prahlte er vor seinen alten Kämpfern im Münchner „Löwenbräu", bis auf ein paar ganz kleine Plätzchen habe man die Stadt schon. Immer ungeduldiger und besorgter warteten die Deutschen auf die Sondermeldung. Also mußten die schon arg dezimierten Divisionen der 6. Armee immer aufs neue antreten.

Die sowjetische 62. Armee unter dem Kommando des Generals Tschuikow, der selber in einem Unterstand am Steilufer der Stadt kampierte, verkrallte sich in die letzten paar hundert Meter, die den Feind noch vom Fluß trennten. Nachts wurden die Verwundeten über die Wolga zurückgeschafft und Verstärkungen übergesetzt. Der Blutzoll war so hoch, daß die Armee in drei Monaten mehrmals aufgefüllt werden mußte. An dieses düstere Kapitel sowjetischer Kriegführung und Menschenverachtung tasten sich die russischen Historiker nur zögernd heran.

Was zählt: Die Reste der 62. Armee hielten durch, bis die Entlastungsoffensive losbrach, die seit zwei Monaten vorbereitet worden war. Am 19. November 1942, nach verheerendem Trommelfeuer, durchstießen die russischen Panzer in dichtem Schneetreiben die dünn besetzten Stellungen der rumänischen 3. Armee nordwestlich von Stalingrad. Die Rumänen schlugen sich tapfer; aber ohne panzerbrechende Waffen und mit veralteten tschechischen Panzern hatten sie keine Chance. Einen Tag später durchbrachen sowjetische Truppen auch die weit überdehnte Front der 4. rumänischen Armee im Südwesten am Brückenkopf Beketowka und in der Kalmückensteppe. Am 22. November vereinigten sich die Angriffsspitzen am Don bei Kalatsch.

Noch zwei Tage vor der sowjetischen Offensive, am 17. November 1942, hatte der nationalsozialistische Reichspropagandaminister Joseph Goebbels in der Wuppertaler Stadthalle unter dem Jubel seiner Zuhörer dieses Rußland zu einer deutschen Kolonie degradiert:

„Das, was wir besitzen, wollen wir nicht mehr 'rausgeben. Koste es, was es wolle, das muß jetzt gelöst werden! Jetzt wollen wir die Weizenfelder am Don und Kuban besitzen und wollen damit die Hand auf dem Brotbeutel Europas haben! Wir wollen jetzt die Ölquellen und die Eisen- und Kohlen- und Manganlager besitzen. Wir wollen uns einen kolonialen Besitz auf eigenem europäischen Raum beschaffen, und das ist unser begrenztes Ziel, und für dieses Ziel opfern wir unsere Soldaten, und dafür Soldatenblut zu opfern, kann man überhaupt nur verantworten."

Voreilig hatte Goebbels die Katze aus dem Sack gelassen. Er hielt anscheinend die Ergebnisse des Sommerfeldzuges in Südrußland, der die Wehrmacht bis an die Wolga und tief in den Kaukasus geführt hatte, für eine unumstößliche Tatsache. Kein Wort mehr davon, daß Deutschland im Juni 1941 angetreten sei, Europa vor den Gefahren des Bolschewismus zu retten. So unmißverständlich hatte er es noch nie gesagt, daß der Rußlandfeldzug in Wahrheit ein Eroberungsfeldzug war, eben jener Zug nach Ostland, den Adolf Hitler schon in seinem Buch „Mein Kampf" prophezeit hatte.

Doch nun war auf einmal die Nabelschnur der 6. Armee abgeschnitten. Im Kessel, der etwa 60 Kilometer lang und 40 Kilometer breit war, steckten 20 deutsche Divisionen, außerdem 2 rumänische Divisionen, ein kroatisches Infanterieregiment, 1100 Bauarbeiter der Organisation Todt, 30 italienische Kraftfahrer und etwa 50000 „Hiwis", „Hilfswillige" – russische Gefangene, die der Wehrmacht dienten. Alles in allem saßen – nach den neuesten Berechnungen des Historikers Rüdiger Overmans – 250000 Mann in der Falle. General Paulus und sein Stab, deren Hauptquartier noch hinterm Don lag, flogen mit einem Fieseler Storch in den Kessel, den Hitler großspurig „Festung Stalingrad" nannte.

II. Eine Armee verhungert

Der umzingelten 6. Armee blieb zunächst nichts anderes übrig, als sich einzuigeln – die russischen Panzer waren einfach zu schnell. Nur ein Gedanke beseelte die Generäle: so rasch wie möglich den noch lockeren Ring nach Südwesten zu durchbrechen, um Anschluß an die 4. Panzerarmee zu finden.

Nur war das leichter gedacht als getan. Die 6. Armee, völlig erschöpft von dem wochenlangen sinnlosen Gemetzel in der Ruinenstadt, hätte dringend ins Winterquartier verlegt werden müssen.

Schon Ende Oktober hatte ein Ordonnanzoffizier notiert, wie es um die Soldaten stand: „Innerhalb eines Vierteljahres gab es keinen Wäschewechsel, kaum ein Waschen, oft Hunger, keine Behausung bei Kälte und Regen, Schmutz, Verlausung, zu späte Hilfe bei Verwundungen."

Die Versorgungslage war eh schon katastrophal, da sich die Transportzüge auf der einzigen Bahnlinie stauten. Die Winterzusatzbekleidung lag zur Hälfte noch in der Etappe, und Treibstoff wurde knapp.

Durch die Einkesselung gingen einige Versorgungslager verloren. Die Verpflegungssätze bei den einzelnen Korps lagen zwischen zweieinhalb und zwölf Tagessätzen, mußten also ausgeglichen werden. Deshalb wurden sofort die Rationen herabgesetzt, der Spritverbrauch eingeschränkt. Am schlimmsten betroffen waren jene Soldaten, die – mangels Bau- und Brennholz – unter freiem Himmel kampieren und auf der sturmdurchtosten, baumlosen Steppe Schützenlöcher in den gefrorenen Boden schlagen mußten. Nur jeden zweiten Tag wurde eine dünne warme Suppe nach vorn gebracht. Ein bis zwei Wochen würde man noch durchhalten, schätzte der Quartiermeister. Aber noch dringender als Lebensmittel wurden Waffen, Munition und Treibstoff für den Ausbruch benötigt.

Alles mußte über eine Luftbrücke eingeflogen werden, doch in den ersten Tagen konnte wegen des schlechten Wetters keine Maschine starten. Für eine ausreichende Versorgung hätte die Armee 630 bis 795 Transportflugzeuge vom Typ Ju 52 benötigt. Aber die Luftwaffe besaß überhaupt nur 750, und ein großer Teil war nach Italien verlegt worden, um Truppen nach Tunis überzusetzen. Von den höchstens 300 Maschinen an der Don-Front aber war nur jede dritte einsatzbereit.

Dieses Rechenexempel brachte die verantwortlichen Luftwaffengeneräle an der Front rasch zu der Einsicht, daß die Versorgung einer so großen Armee unmöglich sei. Die spätere Entwicklung gab ihnen nur recht: Im Durchschnitt wurden täglich 94 Tonnen Versorgungsgüter gelandet oder abgeworfen – bei einem Tagesbedarf von 500 bis 750 Tonnen!

Hitler überhörte diese Warnungen. Der Oberbefehlshaber der Luftwaffe, Reichsmarschall Hermann Göring, hatte ihm offenbar mehrmals feierlich zugesagt, er könne für die Versorgung der 6. Armee garantieren. Göring, dessen Stern gesunken war, seit die Bomberflotte des britischen Luftmarschalls Harris deutsche Städte zerstörte, sah im Zusammenhang mit Stalingrad eine Chance, sein Ansehen aufzupolieren. Sein junger, „zurückhaltend zweifelnder" Generalstabschef Jeschonnek wagte nicht, energisch zu widersprechen, vielleicht hatte er auch die Kapazitäten falsch berechnet. Göring, der sich kaum noch um seine Luftwaffe kümmerte, hatte nach seiner leichtfertigen Zusage nichts Besseres zu tun, als nach Paris zu fahren, um Gemälde zu kaufen und in Juwelen zu wühlen.

Hitler, der unbedingt an der Wolga stehenbleiben wollte, kam Görings Garantie gerade recht. Am 24. November verbot er der 6. Armee den Ausbruch, den die Heeresgruppe B schon gutgeheißen hatte. Als Retter in der Not holte sich Hitler Generalfeldmarschall von Manstein, den fast alle Generäle als großen Strategen verehrten. Dem Oberbefehlshaber der neuen Heeresgruppe Don unterstand auch die 6. Armee. Nach wenigen Stunden vermeinte Manstein den genügenden Überblick zu haben: Er wollte erst die aufgerissene Südfront stabilisieren, dann eine Entsatzoffensive eröffnen.

Den Ausbruch der 6. Armee hielt er für unnötig, „solange noch Aussicht für ausreichende Versorgung, wenigstens mit panzerbrechender Munition, Infanteriemunition und Betriebsstoff besteht". Diesen Satz muß man genau lesen, um die Ungeheuerlichkeit seiner Aussage zu ermessen. Die großen Strategen des deutschen Generalstabs hatten sich für Logistik nie besonders interessiert – das war Sache der Quartiermeister gewesen. So entging Manstein die traurige Tatsache, daß die Lufttransportflotte schon vorher mitnichten genügt hatte.

Als ihm General Paulus, wohl bei ihrem ersten Gespräch über das Dezimetergerät, meldete, die Vorbereitungen für den rettenden Ausbruch liefen an, fuhr ihm Manstein sogleich über den Mund: „Ich verbiete Ihnen eigenmächtiges Auftreten!"

Und Paulus gehorchte. „Ich stehe hier auf Befehl", wird er seiner Frau im letzten Brief schreiben. Der General, mehr ein Wägender denn ein Wagender, beugte sich auch dem zwingenden Einfluß seines Stabschefs, des energischen Generalmajors Arthur Schmidt, der seine Umgebung spüren ließ, wer die Armee wirklich führte. Was ihn mit Paulus verband, war ihr noch ungebrochenes Vertrauen auf Hitlers guten Stern und auf Mansteins Genie. Wie die meisten Generäle des Heeres führten sie so loyal wie überzeugt die operativen Beschlüsse Hitlers aus, der so oft gegen den Rat seiner militärischen Berater Recht behalten hatte.

Doch einen General gab es im Kessel, der seit seiner Kadettenzeit den Spruch beherzigt hatte, daß der preußische Gehorsam der einer freien Gewissensentscheidung sei: General Walther von Seydlitz, ein ergrauter Feuerkopf, Nachfahr einer berühmten Soldatenfamilie. Er hielt es nicht für richtig, erst bei Hitler anzufragen, ob man Handlungsfreiheit habe. Für seinen Teil, als kommandierender General des LI. Armeekorps, hatte er bereits gehandelt: Er ließ, um den Ausbruch einzuleiten, einen Frontzipfel am Nordrand der Stadt räumen. Eigentlich hätte er vorher im Führerhauptquartier um Genehmigung bitten müssen.

Nichtsahnend übertrug Hitler zur selben Zeit Seydlitz die Verantwortung für den ganzen Nordabschnitt des Kessels. Er hatte ihm im Frühjahr das Eichenlaub zum Ritterkreuz verliehen, nachdem der General den bis dahin von der Luftwaffe versorgten – freilich viel kleineren und frontnahen – Kessel von Demjansk nach schweren Kämpfen entsetzt hatte. Als ihm Paulus jetzt ironisch bedeutete, nun könne er ja ausbrechen, räumte Seydlitz etwas kleinlaut ein, unter diesen Umständen werde er gehorchen.

Danach übermannte ihn wieder der Zorn. Sein Chef des Stabes, Oberst Clausius, entwarf eine Denkschrift, in der Seydlitz die Armee nochmals vor die Wahl stellte: Durchbruch nach Südwesten oder Untergang in wenigen Tagen. Sie legte Paulus in den Mund, wie man hinterher den Rückzug Hitler als Sieg hinstellen könnte: „Nach völliger Zerstörung des sowjetischen Rüstungszentrums Stalingrad ist die Armee unter Zerschlagung einer feindlichen Kräftegruppe von der Wolga abgesetzt worden." Am Schluß des Dokuments stehen die denkwürdigen Worte: „So ergibt sich vor dem eigenen Gewissen gegenüber der Armee und dem deutschen Volk die gebieterische Pflicht, sich die durch den bisherigen Befehl verhinderte Handlungsfreiheit selbst zu nehmen ... Die völlige Vernichtung von 200 000 Kämpfern und ihrer gesamten Materialausstattung steht auf dem Spiel. Es gibt keine andere Wahl."

Umsonst. Kommentarlos gab Paulus das Schriftstück an die Heeresgruppe weiter. Schmidt konnte es sich nicht verkneifen, einen bissigen Kommentar darunter zu setzen. „Wir haben uns nicht den Kopf des Führers zu zerbrechen und Gen. v. Seydlitz nicht den des O.B. [Oberbefehlshabers]."

Die Armee durfte nicht ausbrechen. Also werkelten Armeeoberkommando und Heeresgruppe nach der Devise weiter: „Wir werden das schon hinkriegen. Es muß eben gehen." Schmidt erfand den Spruch: „Drum haltet aus, der Führer haut uns raus!" und Paulus gab ihn an seine Soldaten weiter. Welche Hoffnungen er damit weckte, läßt sich aus vielen Feldpostbriefen ablesen, die man in russischen Archiven gefunden hat. Noch war im Kessel das Vertrauen auf Hitler grenzenlos. So täuschten sich Landser und Offiziere über die unübersehbare Misere hinweg.

In den Stäben und in der Etappe bekam man sie freilich weniger zu spüren als an den dünnen Frontlinien des Kessels. Wie es

„unten, wo das Leben konkret ist", aussah, schildert der Hegel-Forscher Wilhelm Raimund Beyer, der dabei war: „Wer fiel, schied ohne Ersatz aus. Der einfache Schütze mußte ständig auf Posten, auf Stoßtrupp, auf Marsch ins Schützenloch, zu einer Abkommandierung sein. Er war verbraucht, restlos. Dazu: verhungert. Und schließlich: verlaust." Einige Kompanien waren so entkräftet, daß sie für einen Fußmarsch über sechs Kilometer einen halben Tag brauchten.

Am schlimmsten von allen Plagen war der Hunger. Im Dezember bekam der einzelne Soldat die halbe Kalorienmenge zugeteilt, die ein Erwachsener braucht. Zuerst einmal wurden die 10 000 Pferde im Kessel geschlachtet, die ohnehin nichts mehr zu fressen hatten. Wegen der chronischen Unterernährung froren die Soldaten im kalten Steppenwind bitterlich. Noch übler erging es den paar tausend sowjetischen Kriegsgefangenen. Auf engsten Raum zusammengepfercht, mit dick geschwollenen Gliedern, mußten sie schon froh sein, wenn ihnen ein Posten mal einen abgenagten Pferdeknochen hinwarf. Täglich starben zwanzig Gefangene an Fleckfieber.

Am 12. Dezember 1942 hebt ferner Kanonendonner aus dem Süden die Lebensgeister: „Der Manstein kommt!" Tatsächlich hat der Feldmarschall beiderseits Kotelnikowo, 150 Kilometer von Stalingrad entfernt, die Armeegruppe des bewährten Panzerführers Hoth zum Entsatzangriff befohlen (Unternehmen „Wintergewitter"). Vierzig Kilometer vor dem Kessel bleibt der Angriff liegen, teils wegen russischer Gegenangriffe, teils weil Manstein die Panzer plötzlich woanders dringender braucht. Denn es ist passiert, was Hitler schon lange kommen sah: Sowjetische Divisionen haben die italienische Armee am mittleren Don in die Flucht geschlagen. Ein Riesenloch klafft in der linken Flanke.

Vergebens wartet die 6. Armee auf ein Signal Mansteins, sich dennoch zur Gruppe Hoth durchzukämpfen (Unternehmen „Donnerschlag"). Paulus hat seine letzten achtzig Panzer zusammengeklaubt, ein Teil der fußkranken Divisionen soll auf geheizten Lastwagen nach Süden gefahren werden. Manstein aber traut sich nicht: Er weiß nur zu gut, daß Hitler gar nicht von der Wolga weg will, auch deswegen, weil sonst die Heeresartillerie liegenbleiben müßte. Das hieße für Hitler, „den ganzen Sinn dieses Feldzuges preisgeben". Es sollte bloß ein Korridor freigekämpft werden.

Jetzt erfüllt die sterbende Armee einen strategischen Auftrag: Sie bindet fünf sowjetische Armeen, die Marschall Schukow, Stalins Stellvertreter im Felde, bei dem Versuch fehlen, Rostow zurückzuerobern. In diesem Fall hätte er auch noch die ganze Heeresgruppe Kaukasus eingesackt. Erst zum Jahresende gibt Hitler ihr den Rückzugsbefehl – vier Wochen früher hätten die Panzer der Kaukasus-Armeen die 6. Armee befreien können. Diese muß also nochmals die Fehler der obersten Führung büßen.

Das Stimmungstief nach der mißlungenen Befreiungsoffensive wird für die vereinsamte 6. Armee durch das Weihnachtsfest vorübergehend aufgefangen. Indes: Es ist kein gutes Omen, daß gerade über die Festtage gar kein Flugzeug in Stalingrad landet – weil die Startflugplätze in der Ukraine wegen der neuen russischen Offensive zurückverlegt werden mußten. Manche Stalingradkämpfer klagen in ihren Weihnachtsbriefen – mit kaum verhüllter Verzweiflung –, daß sie seit Wochen keine Post mehr aus der Heimat bekommen haben. Währenddessen lagern irgendwo in der Ukraine zwei Millionen Weihnachtspäckchen, die nicht mehr zugestellt werden können. Was jedoch eingeflogen wird, sind Körbe voll Eiserner Kreuze.

Der Arzt und Theologe Kurt Reuber, der die berühmte Stalingrad-Madonna gezeichnet hat, gibt in einem Brief vom 7. Januar 1943 die Stimmung im Kessel treffend wieder: „Kaum eine irdische Hoffnung mehr, den sicheren Tod vor Augen oder ein Schrecken ohne Ende in Gefangenschaft, irgendwo im Raum aller Unbarmherzigkeit."

III. Nur 5000 Soldaten sahen die Heimat wieder

Seit Tagen war es verdächtig still an den Fronten in Stalingrad. Von den Russen war in der verschneiten Steppe nichts zu sehen. Irgendwo lagen Scharfschützen in weißen Tarnanzügen auf der Lauer. Am Vormittag des 10. Januar 1943 schlugen plötzlich überall Granaten in den deutschen Stellungen ein. Die Rote Armee eröffnete ihre Schlußoffensive. Werner Schwabe, damals ein 28jähriger Leutnant in der 9. Kompanie des Infanterieregiments 91 (mot.), lag mit seinem Zug an der Nordwestecke des Kessels. Er erinnert sich: „Sehr langsam kam der Panzer auf uns zu, blieb zwanzig Meter vor uns stehen und senkte sein Kanonenrohr sorgfältig auf unseren Graben. Wie hypnotisiert blickte ich in die offene Mündung hinein. Ein betäubender Knall und Luftstoß dicht über meinem Kopf! Mein Gruppenführer, der größer war als ich und hinter mir stand, war wie mit einem Messer in der Mitte seines Leibes durchgeschnitten. Die Eingeweide quollen aus den Körperteilen hervor. Drinnen im Schützenloch hatte die Granate ebenfalls furchtbar gewirkt. Einigen war das Gesicht zerschlagen, und sie gurgelten mit jedem Atemzug in ihrem Blut."

Als russische Infanteristen aus der Deckung des Panzers hervorschlichen und ihre Maschinenpistolen auf die Überlebenden richteten, griff ein Kriegsfreiwilliger nach seiner Pistole, um sich zu erschießen. Schwabe schlug sie ihm aus der Hand: „Sterben kannst du auch in Gefangenschaft, aber vielleicht hast du doch eine Überlebenschance!" Dann warf Leutnant Schwabe sein Gewehr über den Grabenrand und hob die Hände. So wie hier wurden die Hauptkampflinien an der West- und Südfront einfach überwalzt. Das Finale der 6. Armee hatte begonnen. Für die Armeeführung kam es nicht unerwartet.

Zwei Tage zuvor hatte das Oberkommando der Roten Armee Generaloberst Paulus per Funkspruch und auf Flugblättern ultimativ zur Kapitulation aufgefordert: „Ihre Lage ist hoffnungslos und jeder weitere Widerstand sinnlos." Allen Offizieren, Unteroffizieren und Mannschaften wurden Leben und Sicherheit und bei Kriegsende die Rückkehr nach Deutschland garantiert, alle sollten Uniform, Rangabzeichen und Orden behalten, die höheren Offiziere auch Degen und Seitengewehr. Nach der Übergabe erhielten alle sofort normale Verpflegung, den Verwundeten und Kranken wurde Hilfe versprochen. Andernfalls drohe den Eingeschlossenen die Vernichtung.

An mehreren Stellen rückten auch einige deutsche Emigranten, unter ihnen der einstige KPD-Reichstagsabgeordnete Walter Ulbricht und der Schriftsteller Erich Weinert, in die vorderste Linie vor und riefen über Lautsprecher zur Übergabe auf. Doch Paulus hatte das Ultimatum abgelehnt. Alle seine kommandierenden Generäle und Divisionskommandeure hatten diese Entscheidung gebilligt. „Es liegt ihm nichts an eurem Leben", lasen deutsche Soldaten am nächsten Tag auf den russischen Flugblättern, „nichts an dem Glück eurer Frauen und Kinder, die euch wiedersehen wollen."

Aber hatten der Oberbefehlshaber und seine Armee den Versprechungen des Feindes überhaupt trauen dürfen? Und trauen können? Ob sie nun „soldatisch-ehrenvoll" bis zur letzten Patrone kämpften, wie es der Führer von ihnen erwartete, oder ob sie rechtzeitig kapitulierten – in beiden Fällen erschien es vielen „nicht unwahrscheinlich, in der Hand des Feindes elend umzukommen, wenn nicht gleich bei der Gefangennahme vom Gegner umgebracht zu werden" – so hat Paulus später seinem Sohn die Situation vom 10. Januar 1943 beschrieben. Erst in der Gefangenschaft ist ihm bewußt geworden, „daß Führung und Truppe auch in dieser Einstellung zum Russen ein Opfer der eigenen Propaganda gewesen seien". Paulus und sein Stab hatten sich in den Wochen von Weihnachten bis zum Beginn des sowjetischen Großangriffs von Hitler und auch von Manstein immer wieder vertrösten lassen: Das Durchhalten werde durch die baldige Befreiung belohnt. Man hatte sie über den Ernst der Gesamtlage getäuscht.

Panzergeneral Hans Hube war aus dem Führerhauptquartier mit der frohen Botschaft zurückgekehrt, der Generalstab bereite eine Gegenoffensive vom Westen her vor, die in der zweiten Februarhälfte, vielleicht noch früher, beginnen werde. Erst aber müsse sich die Heeresgruppe Kaukasus zurückziehen, deshalb dürfe die 6. Armee auf keinen Fall die nach Süden führende Bahnlinie in Feindeshand fallen lassen. Diesen Kampfauftrag stellten Paulus und sein Stabschef Schmidt höher als die Verantwortung für die ihnen anvertrauten 200 000 Soldaten, die sie notfalls opfern wollten.

Aber wie sollte diese Armee noch kämpfen? Bereits am 26. Dezember hatte Hauptmann Winrich Behr an einen Verwandten in der Umgebung Hitlers geschrieben: „Ich möchte Dir nur ganz nüchtern sagen, daß hier einfach nichts mehr zu essen da ist." Am 4. Januar 1943 schrieb der Pionier K.A. seiner Schwester: „Jeden Tag ein paar Eßlöffel Wasserbrühe und bis vor ein paar Tagen zwei Scheiben Brot. Als Neujahrsüberraschung gibt es jetzt nur noch eine."

Schon vor Weihnachten hatten Truppenärzte Schreckliches entdeckt: Mindestens 56 Soldaten waren an Hunger gestorben! Generalstabsarzt Renoldi sprach zynisch von einem Hungerexperiment großen Stils! Über das Ergebnis urteilt der Freiburger Historiker Rolf-Dieter Müller: „Der Untergang der 6. Armee war kein heroisches Unterliegen im Kampf gegen eine feindliche Übermacht, sondern ein elendes Massensterben von Menschen."

Generalstabschef Zeitzler, ein rundliches Energiebündel mit dem Spitznamen Kugelblitz, versuchte, Hitler die Lage drastisch vor Augen zu führen: Er setzte sich und seine Stabsoffiziere im Führerhauptquartier auf Stalingrad-Ration. Erst als er bereits sichtlich abgenommen hatte, untersagte Hitler ihm diesen Hungerstreik: Er solle seine Nervenkraft nicht durch solche Solidaritätskundgebungen verbrauchen...

Die russische Offensive beschleunigte den Zerfall der halbverhungerten, entkräfteten und ermüdeten Armee. Alles, was sich noch auf den Beinen halten konnte, floh aus der Steppe nach Osten in die Ruinen der Stadt. Verbandsplätze in Frontnähe mußten in aller Eile von Ärzten und Sanitätern geräumt werden, Tausende von Schwerverwundeten blieben ohne Hilfe liegen und erfroren. Manche Verwundete und Kranke krochen oder schleppten sich zu den Flugplätzen, wo bereits Ungezählte auf den Abtransport warteten. Insgesamt wurden etwa 25 000 Verwundete ausgeflogen. Die Luftwaffe verlor bei diesen Einsätzen fast 500 Maschinen und mehrere tausend Mann Besatzung.

Innerhalb einer Woche gingen die Flugplätze Pitomnik und Gumrak verloren. Vor den Starts der letzten Ju 52 brach eine Panik aus. Leichtverwundete versuchten, die ohnehin überladenen Maschinen zu stürmen, mit Waffengewalt mußten sie zurückgedrängt werden. Verzweifelte, von Todes- und Russenangst getriebene Menschen klammerten sich an Rumpf und Fahrgestell, stürzten sich in die Propeller. Dennoch hatte General Schmidt noch in den sechziger Jahren die Stirn, lächelnd zu dementieren: „In Pitomnik gab es keine Panik."

Das letzte Flugzeug startete am 23. Januar auf der Behelfsflugpiste Stalingradskij unter Beschuß.

Vier Tage zuvor hatte Paulus einem Luftwaffenoffizier vorwurfsvoll entgegengehalten: „Der vierte Tag ist es schon, an dem die Männer nichts mehr zu essen bekommen. Wir können keine Linie mehr halten, da die Leute vor Entkräftung umfallen." Hitler leistete es sich, erst Mitte Januar den Generalfeldmarschall Milch, einen hervorragenden Organisator, zu beauftragen, die Luftversorgung zu verbessern. Doch dafür war es nun zu spät. Die Ju 52 und He 111 haben zwar bis zuletzt noch viele Verpflegungsbomben über dem immer kleiner werdenden Kessel abgeworfen. Das meiste jedoch landete beim Feind oder in unerreichbaren Schneewüsten.

Nicht nur Verwundete, auch Hunderte von Spezialisten durften Stalingrad noch auf dem Luftwege verlassen. Einer der letzten war der Pionierführer der 6. Armee, Oberst Herbert Selle. Beim Abschied gab ihm Generalleutnant Schmidt, nun bar aller so oft hervorgekehrten Siegeszuversicht, ein paar Worte mit auf den Heimweg: „Sagen Sie überall, wo Sie es für angebracht halten, daß die 6. Armee von höchster Stelle verraten und im Stich gelassen worden ist!“ Selle entledigte sich dieses Auftrages dergestalt, daß ein Kriegsgerichtsverfahren gegen ihn eröffnet wurde.

Was von der „verratenen“ Armee noch übriggeblieben war, verkroch sich in den Ruinen und Kellern, in Erdlöchern und Höhlen. 40 000 völlig unversorgte Verwundete lagen dort ebenfalls. „Ganze Rudel von Menschen hatten sich wie sterbende Tiere zusammengehockt,“ berichtet ein Augenzeuge, „das Halbdunkel wurde nur von einigen Hindenburglichtern [einer Art Teelicht] erhellt, der Geruch von Blut, Eiter und Exkrementen war sehr intensiv.“ Vor den Eingängen türmten sich Leichenberge.

Selbst jetzt noch verbot Hitler jede Kapitulation, und Paulus gehorchte. Die alten Preußen waren da von anderem Zuschnitt gewesen: Blücher, dem berühmten „Marschall Vorwärts,“ hatte es zur Ehre gereicht, daß er 1806 vor den Franzosen kapitulierte, als seiner Truppe Brot und Patronen ausgegangen waren. In Stalingrad hingegen erließ die Armeeführung am 28. Januar 1943 den unglaublichen Befehl, an Verwundete und Kranke keine Verpflegung mehr auszugeben, „damit Kämpfer erhalten bleiben“.

General Schmidt formulierte zum 30. Januar, dem zehnten Jahrestag der „Machtübernahme“ durch die Nazis, einen Durchhaltefunkspruch: „Noch weht die Hakenkreuzfahne über Stalingrad. Unser Kampf möge den lebenden und kommenden Generationen ein Beispiel dafür sein, auch in der hoffnungslosesten Lage nie zu kapitulieren, dann wird Deutschland siegen.“ Auch Paulus unterschrieb diesen Text – und bereute es nach dem Krieg: Er habe damals dem Furchtbaren noch einen Sinn geben wollen.

Es paßt ins Bild, daß bis zuletzt noch versprengte deutsche Soldaten in den Trümmern von Stalingrad als Deserteure zum Tode verurteilt und erschossen wurden. Die anderen durften sich im Radio die vorgezogene Leichenrede des Reichsmarschalls Göring anhören, der das Leiden der 6. Armee dem Opfergang der Spartaner am Thermopylenpaß gleichstellte. Hitler ließ sich etwas Besonderes einfallen: Er ernannte Paulus zum Generalfeldmarschall, in der Erwartung, der Armeeführer werde den Tod der Gefangenschaft vorziehen.

Aber eben das tat Paulus nicht. Als am Vormittag des 31. Januar 1943 Schmidt ihm die Ernennung zum Feldmarschall mitteilte – Paulus’ Adjutant trug sie, Ordnung muß sein, sofort ins Soldbuch ein – befanden sich die Russen bereits vor der Tür des Befehlsstandes im Kaufhaus Univermag am Roten Platz. Paulus, Schmidt und ihre Offiziere wurden in Kraftwagen zum Hauptquartier der russischen 64. Armee gefahren. Mit erhobenem rechtem Arm, dem deutschen Gruß (streng nach Dienstvorschrift), traten sie vor General Schumilow. Er will sogar ein „Heil Hitler!“ gehört haben. Nachdem er sich den Nazigruß verbeten hatte, grüßten sich die Herren militärisch und setzten sich zum Essen.

„Sie starben, damit Deutschland lebe“, hieß nach der Schlacht die Schlagzeile im „Völkischen Beobachter“. Sie sollte dem Volk suggerieren, alle Soldaten, vom Feldmarschall bis zum letzten Grenadier, seien gefallen. Doch 22 Generäle hatten sich gefangennehmen lassen. Nur einer hatte vorher Selbstmord begangen, ein anderer sich mit angelegtem Gewehr auf einen Bahndamm gestellt, bis ihn die Russen niederschossen. Hitler schäumte vor Wut, als er hörte, daß Feldmarschall Paulus noch lebte.

Das deutsche Volk konnte allenfalls über Feindsender erfahren, daß mit den Generälen auch noch 110 000 Soldaten – freilich separat – in die Gefangenenlager marschierten, manche ohne ausreichende Winterkleidung, in Lumpen gewickelt oder mit Strohschuhen. Fast alle waren unterernährt und krank. Manche starben vor Erschöpfung am Wegesrand, viele erfroren auf der Rast oder wurden, wenn sie liegenblieben, von Wachposten erschossen – und empfanden die Kugel wohl gar als Erlösung von monatelangen Qualen. Zehntausende wurden in den Lagern vom Fleckfieber hingerafft. Nur etwa 5 000 deutsche Soldaten haben die Heimat wiedergesehen.

Bei rechtzeitiger Kapitulation Anfang oder selbst noch Mitte Januar hätte ein großer Teil die Gefangenschaft überleben können. Gleichwohl hat Paulus Recht mit seinem Schlachtenresümee, dem jeder der 200 000 Befehlsempfänger in Stalingrad hätte zustimmen können: „Daß wir Hitler und seinem System in diesen Krieg gefolgt sind, war der Ursprung der Katastrophe.“

Attentäter und Tyrann – Was alles am 20. Juli geschah

Es ging auf halb sieben. Im Radio mußte gleich der allabendliche „Zeitspiegel" beginnen. Ein Jugendchor sang eine sommerliche Weise, ließ für einen Augenblick die Schwere der Zeit vergessen. Da bricht das Lied ab. Es ist 18.28 Uhr. Eine aufgeregte Stimme schlägt aus dem Lautsprecher: „Mordanschlag auf den Führer!" – eine quälend lange Schrecksekunde, dann: „Der Führer unverletzt."

So erfuhr das deutsche Volk zum ersten Mal von dem Attentat, fast sieben Stunden nach der Explosion in der „Wolfschanze", Hitlers Hauptquartier in Ostpreußen. In Windeseile verbreitete sich die Nachricht. Die meisten Menschen atmeten auf. Die Freude überwog, trotz der verheerenden Kriegsfolgen, trotz Verbrechen und Parteibonzentums. Zwar fiel es täglich schwerer, an den Endsieg zu glauben, aber in einer Mischung aus Wunderglauben, Wunschdenken und Verblendung, aus Angst vor dem Ungewissen und dem Strafgericht der Feinde setzte die große Mehrheit ihre Hoffnungen auf den vergötterten Tyrannen.

Selbst wenn die Verschwörer am Abend des 20. Juli 1944 die Oberhand gewonnen hätten, Deutschland war nicht mehr zu retten. Schon hörte man in Ostpreußen den Kanonendonner. Den Deutschen blieb nichts übrig als die bedingungslose Kapitulation, die totale Besetzung des Landes, womöglich die Teilung des Reiches. Dies war die bittere Wahrheit, mit der die Emissäre der Widerstandsbewegung aus Schweden, Spanien und der Schweiz zurückkehrten, wo sie sich insgeheim mit Abgesandten der Feindmächte getroffen hatten.

Die Widerstandsbewegung – ein Zweckbündnis konservativer Militärs und Beamter mit Gewerkschaftsführern, bürgerlichen und sozialistischen Politikern – war im Sommer 1944 zerstritten und von tiefer Resignation befallen. Einer riß sie aus ihrer Passivität heraus: Claus Graf von Stauffenberg, ein 36 Jahre alter brillanter Generalstabsoffizier.

Im Oktober 1943, kaum genesen von einer schweren Verwundung, war Stauffenberg als Chef des Stabes im Allgemeinen Heeresamt an eine Schaltstelle der Macht gelangt. Vom ehemaligen Kriegsministerium im Berliner Bendlerblock aus spann er seine Fäden. Mit jungenhaftem Charme – jeden bezauberte er mit seinem befreienden Lachen – und großer Überzeugungskraft gewann er im ganzen Reich und in den besetzten Gebieten einen Kreis von etwa hundert Mitverschworenen, auf die er sich am Tage X verlassen konnte. Keiner hat ihn verraten; etwa achtzig von ihnen haben, gleich ihm, ihr Leben gegeben.

Zusammen mit Oberst Henning von Tresckow hatte Stauffenberg die Putschpläne minuziös ausgearbeitet. Ihr Rezept war so einfach wie genial. Getarnt wurde der Staatsstreich durch den „Walküre-Befehl", mit dem das Heimatheer gegen meuternde Gefangene oder feindliche Fallschirmjäger alarmiert werden konnte. Sobald der Eidesherr Hitler tot war, somit alle Offiziere, Beamten und Soldaten von ihrem Eid entbunden, hatte die Wehrmacht binnen zwei bis sechs Stunden die vollziehende Gewalt zu übernehmen. Spätestens nach 36 Stunden sollte die neue Regierung schon Waffenstillstandsverhandlungen eröffnen.

Da der Kreis der Verschwörer klein gehalten werden mußte, vertraute man dem blinden Gehorsam der Soldaten („Befehl ist Befehl"). Damit das Heer überhaupt gegen die Staatspartei, gegen den Regierungsapparat und gegen SS und Gestapo antrat, sollte behauptet werden, „eine gewissenlose Clique frontfremder Parteiführer" sei der schwer kämpfenden Front in den Rücken gefallen.

Im Sommer 1944 wurde der Verschwörer Stauffenberg zum Chef des Stabes beim Befehlshaber des Ersatzheeres berufen. Das hieß: Er hatte nun direkten Zugang zum innersten Sperrbezirk des Führerhauptquartiers. Und da niemand sonst mehr sich traute, Hand an den Diktator zu legen, sah sich Stauffenberg unversehens in eine Doppelrolle gedrängt: Er war „Kommandeur" und „Stoßtruppführer" in einem. Er mußte das Unmögliche wagen: erst die Bombe über Hunderte von Kilometern an den Tatort tragen, dann sofort nach Berlin zurückkehren, um den Staatsstreich zu dirigieren. Generaloberst Ludwig Beck, das ob seiner moralischen Integrität von allen anerkannte Oberhaupt der Verschwörung, hatte ihm befohlen, sich nicht aufzuopfern, weil er für das Gelingen des Putsches unersetzlich sei.

So wurde der 20. Juli der Tag Stauffenbergs. Diesmal gab es kein Zurück mehr wie noch am 11. oder 15. Juli, als er auch schon den Sprengstoff in der Aktentasche hatte, ihn aber nicht zündete, weil weder Reichsmarschall Göring noch der „Reichsführer SS" Himmler dabei waren. Würde alles nach Plan laufen? Oder sollte sein Bruder Berthold, mit dem er bis in die Nacht zusammengesessen hatte, recht behalten: „Das Furchtbarste ist zu wissen, daß es nicht gelingen kann und daß man es dennoch für unser Land und für unsere Kinder tun muß"? Dachte er an die vielen Diskussionen, ob ein Attentat sittlich gerechtfertigt sei? An jenen verzweifelten Ruf des Sozialdemokraten Hermann Maaß: „Herr Graf, man löst eine tiefe geschichtliche Krise nicht durch einen Revolverschuß?" Oder stählte er sich an der Entschlossenheit Tresckows, der sich um der Befreiung Deutschlands willen darüber hinwegsetzte, daß die Bombe auch unschuldige Kameraden, gar Mitverschworene tötete? Welch anderen Ausweg gab es als den Tyrannenmord?

Stauffenberg hatte sich geprüft, und die Tat fand ihren Mann. Niemand hat irgendeine Spur von Nervosität an ihm bemerkt. Als er erfuhr, daß die Lagebesprechung bei Hitler wegen des Mussolini-Besuchs um eine halbe Stunde vorverlegt worden sei, hat er dennoch eine Sitzung mit Feldmarschall Keitel bis zur letzten Minute durchgehalten.

Die Runde bricht überstürzt auf, weil Keitel pünktlich bei Hitler sein will. Der Oberst läßt sich einen Raum zeigen, wo er rasch sein Hemd wechseln kann. Da ihm die rechte Hand und zwei Finger der anderen fehlen, ist es unverdächtig, daß ihm sein Adjutant, Oberleutnant Werner von Haeften, behilflich sein will. Bei angelehnter Tür stopfen die beiden das Sprengstoffpaket zu den Konferenzpapieren in der gelben Aktentasche. Mit der eigens für ihn zurechtgebogenen Flachzange zerdrückt Stauffenberg die Säureampulle, die nach etwa zehn Minuten den Schlagbolzen zur Zündung lösen wird. Er präpariert die Bombe, obwohl ihn zwischendurch ein Feldwebel stört und draußen Keitels Begleiter zur Eile mahnen. Stolz, ja unwirsch verbittet er sich das Angebot einer Ordonnanz, die schwere Tasche zu tragen.

In der Lagebaracke meldet Keitel den Oberst aus Berlin, Hitler reicht ihm die Hand. Ein Admiral macht Stauffenberg Platz, der die gelbe Tasche zwei Meter von Hitler entfernt an den Sockel des Kartentisches lehnt. Wahrscheinlich hat später ein anderer Teilnehmer sie noch weiter unter den Tisch geschoben, auf die Hitler abgewandte Seite des Sockels.

Während General Heusinger, Chef der Operationsabteilung (er wird unter Adenauer die Bundeswehr aufbauen), noch die Lage an der Ostfront erläutert, entfernt sich Stauffenberg nach einigen Minuten unauffällig unter dem Vorwand, er müsse telefonieren. Er geht etwa zweihundert Meter weit zur Adjutantur, wo der Fahrer und Haeften auf ihn warten. Stauffenberg begrüßt dort noch den mitverschworenen General der Nachrichtentruppen, Fellgiebel, der nach der Explosion die Fernsprechverbindungen stillegen soll. Sie verharren vor der Tür im gewollt harmlosen Gespräch.

Es ist gleich 12.42 Uhr. Hitler hat sich gerade von seinem Schemel erhoben, beugt sich weit über den Kartentisch, den rechten Arm aufgelegt. Da fegt mit ohrenbetäubendem Knall eine gelbe Stichflamme durch den Raum. Die schwere Eichenplatte reißt Hitlers rechten Arm in die Höhe. Die zwei Dutzend Anwesenden werden zu Boden geschleudert; an Haaren und Kleidern züngeln kleine Flammen, die Trommelfelle platzen. Am schlimmsten hat es jene getroffen, die der Bombe am nächsten waren: Dem Stenographen Berger sind beide Beine abgerissen, General Schmundt hat ein Auge verloren, seine Oberschenkel sind zerquetscht, General Korten ist von einem Trümmerteil aufgespießt worden, Oberst Brandt hat einen Fuß verloren. Alle vier werden ihren Verletzungen erliegen.

Nach dem ersten Schreck versuchte jeder, so rasch wie möglich aus Rauch, Trümmern und Glasscherben nach draußen zu entkommen. „Was war das?" fragte Kapitän Aßmann beim Hinauskriechen. „Ein Attentat, Sie Dussel", entgegnete der an beiden Händen schwerverbrannte General Scherff. Der erste, der wieder zur Besinnung kam, war Keitel. „Wo ist der Führer?" schrie er, und da sah er ihn aus der Baracke humpeln: mit blutendem Gesicht, angesengten Haaren; die schwarze Hose und die weiße Unterhose baumelten in langen Fetzen um die Beine. Keitel umarmte ihn: „Mein Führer, Sie leben, Sie leben!"

Im Bunker zurück, fühlte sich Hitler den Puls – sein Herz war ruhig geblieben. Sogar das nervöse Beinzittern, das ihn seit Monaten plagte, hatte aufgehört. Er schaute beinahe froh und erleichtert drein: So hatten sich seine Vorahnungen aus den letzten Tagen doch bestätigt. Und während ihm die Ärzte die Splitter aus den Beinen zupften, musterte er jeden zu Hilfe Herbeieilenden, ob er sich wohl als Attentäter verrate.

Wie konnte Hitler mit dem Leben davonkommen? Die Sprengkraft der Zwei-Kilo-Bombe war für den Konferenzraum zu schwach: Die Explosionswelle konnte durch offene Fenster und Türen und unter dem Holzfußboden entweichen. Der beste Kenner der Widerstandsbewegung, der Historiker Peter Hoffmann, meint, Stauffenberg habe darum zwei Bomben zünden wollen, hätte aber nur eine einpacken können, weil sein Adjutant von Haeften und er gestört wurden. Tatsächlich hat Haeften nachher, auf der Fahrt zum Flugplatz, eine zweite Bombe aus dem Wagen geworfen – sie war mit einem 30-Minuten-Zünder versehen, vermutlich für den Fall, daß die

Anwesenheit Stauffenbergs bei einer Sitzung längere Zeit erforderlich sein würde. Aber warum hat er sie dann nicht einfach dazugepackt? Sie wäre ja auch ohne eingedrückten Zünder mitexplodiert. Oder wäre die Tasche dann für Stauffenberg zu schwer gewesen?

Hitler hatte im ersten Moment gemeint, ein feindlicher Fallschirmjäger habe eine geballte Ladung durchs Fenster geworfen. Als dann das Bombenloch im Fußboden entdeckt wurde, fiel der Verdacht der Militärs und Sicherheitsbeamten auf die Bauarbeiter von der Organisation Todt, die erst einmal arretiert wurden.

Der wahre Attentäter aber war gleich nach der Detonation davongebraust. Bei der Abfahrt erblickten Haeften und er die Rauchwolke über der Lagebaracke. Es sah aus, als sei eine 15-cm-Granate eingeschlagen. Glücklich gelangte Stauffenberg durch alle Sperren, indem er die Posten durch sein bestimmtes Auftreten einschüchterte. Um 13.15 Uhr flog er mit einer von den Verschwörern gestellten „He 111" nach Berlin zurück. Der Flug sollte zwei Stunden dauern – kostbare Zeit. Aber sie wurde vertrödelt.

In Berlin warteten die Verschwörer in der Bendlerstraße auf ein Zeichen General Fellgiebels aus der „Wolfschanze". Er hatte sich sofort nach der Explosion zum Tatort begeben. Verdutzt sah er später, wie Hitler in neuer Uniform mit seinem Schäferhund spazierenging. Der General hielt es für richtig, seinem Oberbefehlshaber zur Errettung zu gratulieren. (Hitler konnte hinterher, als Fellgiebels Mitschuld herauskam, nicht begreifen, warum der ihn nicht sofort niedergeschossen habe!) Der General jedoch hatte nach Plan gehandelt: er verständigte die Verschwörer mit einer verschlüsselten Botschaft: „Es ist etwas Furchtbares geschehen: der Führer lebt." Damit konnten oder mochten die Verschwörergeneräle in Berlin nichts anfangen; sie hatten sich schon am 15. Juli Ärger und Angst eingehandelt, als sie voreilig den „Walküre"-Alarm auslösten. Also warteten sie ab.

Auch Hitlers Hofstaat reagierte bedächtig. Goebbels in Berlin wurde kurz informiert; Göring, Himmler und Dönitz, die ihre Hauptquartiere ebenfalls in Ostpreußen hatten, wurden herbeizitiert. Von Berlin flog der gefürchtete Chef des Reichssicherheitshauptamtes, SS-Obergruppenführer Kaltenbrunner, sofort mit einer Untersuchungskommission nach Rastenburg. Erst nach dem Abheben der „Ju 52" setzte er die Kripobeamten ins Bild: „Irgend jemand hat eine Bombe gelegt. Der Führer ist schwer verletzt, wie es heißt. Vielleicht ist er jetzt schon tot." Und ehe sich die Beamten von ihrer Verblüffung erholen konnten, lud sie der SS-Obergruppenführer zum Skat ein. Diese Gelassenheit sollte die SS den ganzen Putschtag über beibehalten.

In Rastenburg wollte man wohl das Attentat vor der Öffentlichkeit vertuschen und hatte eine vorläufige Nachrichtensperre verhängt, ganz im Sinne der Verschwörer. Es dauerte nicht lange, bis sich der Verdacht auf Stauffenberg richtete. Ein Wachtmeister in der Telefonvermittlung war stutzig geworden. Erst holte er sich mächtige Anraunzer seiner Vorgesetzten, weil er einen schwerkriegsbeschädigten Obersten so ungeheuerlich verdächtigte. Aber Reichsleiter Martin Bormann hörte ihn an. (Der Wachtmeister wurde später befördert und bekam 20 000 Reichsmark und ein Häuschen geschenkt.) Noch glaubte man an die Tat eines Einzelgängers; einige meinten, Stauffenberg sei zu den Russen geflogen.

Vorerst wurden alle durch den Besuch Mussolinis abgelenkt. Hitler, den rechten Arm in einer Schlinge, holte seinen italienischen Verbündeten vom Bahnhof ab und erzählte dem tieferschrockenen Duce sogleich, daß ihm soeben das größte Glück seines Lebens widerfahren sei. Nachher hockten die beiden Diktatoren etwas benommen inmitten der zertrümmerten Baracke. Hitler saß auf einer Kiste und versuchte seine „wunderbare Errettung" zu begreifen („Mir soll eben nichts passieren"); Mussolini stimmte ihm abergläubisch zu: „Ein Zeichen des Himmels!"

Etwa zur gleichen Zeit, noch vor vier Uhr nachmittags, erfuhren die Verschwörer im Bendlerblock zum ersten Mal, Hitler sei tot. Gleich nach der Landung auf dem Flugplatz Rangsdoff hatte Stauffenbergs Adjutant sie angerufen. Aber der Attentäter wurde jetzt durch neues Mißgeschick aufgehalten: Sein Fahrer war nicht am Flugplatz, und man mußte erst ein anderes Auto und Benzin beschaffen. Nach Haeftens Signal gelang es Oberst Mertz von Quirnheim, seinen immer noch zaudernden Vorgesetzten, General Olbricht, mitzureißen, indem er eigenmächtig das Stichwort „Walküre" herausgab. Die ersten Kuriere eilten durch Berlin.

General Olbricht mußte nun den Oberbefehlshaber des Ersatzheeres, Generaloberst Fromm, gewinnen. Der hatte bislang die Verschwörer im Amte gewähren lassen, so daß sie ihn vor vollendete Tatsachen stellten: Er brauche nur noch die „Walküre"-Befehle zu unterschreiben. Fromm traute dem Frieden nicht. In einem Blitzgespräch mit Keitel erfuhr er die bittere Wahrheit: Hitler lebte.

Doch den Putsch konnte er nicht aufhalten. Schon wurde das erste lange Fernschreiben abgesetzt, das mit den Worten begann: „Der Führer Adolf Hitler ist tot!" Der Leutnant im Fernschreibraum, nicht in die Pläne eingeweiht, wunderte sich, daß die Vorlage weder Dringlichkeits- noch Geheimvermerke hatte. Da meinten die Verschwörer, er solle wie üblich verfahren. Und so gingen denn die Befehle an die Dienststellen hinaus ins Land, nicht in Konferenzschaltung, sondern einer nach dem andern über Geheimschreiber – eine stundenlange Verzögerung, die man nicht bedacht hatte. Und schon gar nicht bemerkte man, daß eine Fernschreibleitung in die „Wolfschanze" geschaltet war, so daß Hitlers Umgebung bald wußte, was sich da zusammenbraute.

Erst als um halb fünf die Fernschreiber zu ticken begannen – was sie nach Plan schon um ein Uhr mittags, gleich nach dem Attentat, hätten tun sollen –, erreichte Stauffenberg den Bendlerblock. Alle Zweifel fegte er mit der kühnen Notlüge vom Tisch, er selber habe gesehen, wie man den toten Hitler hinausgetragen habe. Fromm aber berief sich auf Keitels Auskunft; ohnehin witterte er Insubordination und wollte den Oberst von Mertz festnehmen.

Da sagte Stauffenberg mit erschütternder Stimme: „Ich habe es getan." Alle sprangen auf. Fromm rief seinem Stabschef zu: „Stauffenberg, haben Sie eine Pistole? Dann wissen Sie ja, was Sie zu tun haben." – „Das werde ich nicht tun!" entgegnete der Oberst ruhig. Fromm nun: „Mertz, holen Sie mir eine Pistole!" Der wandte ein, er sei doch eben erst von Fromm in Schutzhaft genommen worden. Stauffenberg, nun ganz Revolutionär: „Wenn hier einer in Schutzhaft genommen wird, dann sind Sie es, Herr Generaloberst!" Fromm, ein Hüne von Gestalt, wollte mit erhobenen Fäusten auf Stauffenberg losgehen, doch dessen junge Kameraden drückten ihm ihre Pistolen in den Leib.

Da Fromm als Gallionsfigur ausfiel, wurde Hoepner zu seinem Nachfolger bestimmt, ein hochangesehener Panzergeneral, den Hitler 1941 in der Winterschlacht vor Moskau davongejagt hatte, weil er auf eigene Faust seine Truppen aus einer unhaltbaren Stellung zurückgezogen hatte. Hoepner hielt sich seit Mittag im Bendlerblock auf.

In bester preußischer Ordnung, stur nach dem Schematismus von Befehl und Gehorsam, begann der Putsch auch in der Reichshauptstadt anzulaufen. Stadtkommandant General von Hase setzte das Wachbataillon und andere Einheiten in Marsch; außerhalb Berlins rollten die Panzer los. Fahnenjunker des Heeres malten sich mit grimmigen Humor aus, wie sie die ungeliebte SS „verkloppten".

Feldmarschmäßig ausgerüstete Soldaten riegelten die Wilhelmstraße ab. Aus den Fenstern der Ministerien, aber auch des Reichssicherheitshauptamtes beobachteten ahnungslose Beamte und Angestellte den rätselhaften Truppenaufmarsch. Derweil hielten sich schon die Polizisten bereit, die nachher die Minister und Staatssekretäre verhaften sollten.

Der junge Kommandeur des Wachbataillons, Major und Eichenlaubträger Otto-Ernst Remer (nach dem Krieg ein Aushängeschild der Rechtsradikalen), gehorchte wie alle anderen Offiziere dem Verschwörerbefehl. Das Verhängnis aber wollte es, daß zufällig ein Mitarbeiter von Goebbels, ein Leutnant Dr. Hagen, beim Wachbataillon einen Vortrag gehalten hatte. Ihm kam der „Walküre"-Befehl spanisch vor. Denn in den Mittagsstunden, so erzählte er Kommandeur Remer, hätten er und sein Begleiter den Generalfeldmarschall von Brauchitsch in voller Uniform und im offenen Wagen durch die Stadt fahren sehen. Grund genug zum Wundem, denn Brauchitsch war schon 1941 als Oberbefehlshaber des Heeres in Pension geschickt worden (seither befehligte Hitler selber das Heer). Es roch geradezu nach einem Militärputsch.

Remer war deshalb einverstanden, daß sich Hagen mit einem Krad schnurstracks zu Goebbels begab, um die Lage zu erkunden. So kam es schließlich um sieben Uhr abends zu der Begegnung zwischen Major und Minister (beide versicherten sich zuvor ehrenwörtlich ihrer Treue zum Führer). Goebbels tat nichts lieber, als dem argwöhnischen Kommandeur ein Telefongespräch mit Hitler zu vermitteln. Hitler („Hören Sie mich?") übertrug dem Major auf der Stelle die Befehlsgewalt über alle Berliner Truppen.

Ein Phantom hatte Schicksal gespielt; Brauchitsch war an jenem Tage überhaupt nicht in Berlin. Noch gespenstischer wird der Vorfall dadurch, daß bereits am selben Abend der von den Engländern betriebene „Soldatensender Calais" die Brauchitsch-Geschichte verbreiten konnte.

Für Goebbels und für Hitler war es ein unschätzbarer Vorteil, daß die Verschwörer den Rundfunk nicht in ihre Gewalt brachten. Zwar wurden das Funkhaus an der Masurenallee und der Deutschlandsender planmäßig von Truppen besetzt, aber die Soldaten, die keine Fachleute dabei hatten, ließen sich hereinlegen – die Sendungen liefen ungestört weiter.

Dies war nicht die einzige Panne. Die Fernschreiben der Verschwörer gingen bei den meisten Wehrbereichen erst nach Dienstschluß ein. Die Befehlshaber waren zu Hause, auf der Jagd oder beim Tarocken. Ihre Subalternen aber sahen sich verstrickt im Widerstreit der Befehle und Gefühle. Kurz nach vier Uhr hatte das Führerhauptquartier zum Gegenschlag ausgeholt: Himmler wurde zum neuen Befehlshaber des Ersatzheeres ernannt – ein Triumph der SS über das Heer. Mit Blitzfunkspruch verbot Generalfeldmarschall Keitel die Annahme von Befehlen der Verschwörergruppe. Gegen einen lebenden Hitler war schwer aufzukommen, da würde die Truppe kaum noch zum Bürgerkrieg bereit sein.

Dennoch bleibt erstaunlich, was alles an diesem Abend möglich war. In Frankfurt wurden mehrere öffentliche Gebäude besetzt. In Hamburg saßen die Spitzen von Partei und SS im Gewahrsam der Militärs, wenn auch bei einem Glas Sherry („Gauleiter, wir beide werden nicht aufeinander schießen", versicherte der kommandierende General). In Wien („Bürgerkrieg ist") ließen sich die obersten Nazis ebenfalls zur Verhaftung hinbestellen; sie bekamen, bei Kognak und Zigarren, für ein paar Stunden Zimmerarrest.

Hervorragend klappte der Putsch im fernen Paris, wo der mitverschworene Militärbefehlshaber, General Karl-Heinrich von Stülpnagel, entschlossen handelte: Im Schutz der Dunkelheit ließ er 1 200 SS-Männer und Gestapoleute in ihren Unterkünften festnehmen und in die Wehrmachtgefängnisse abführen. Im Hof der École Militaire hatte man bereits die Sandsäcke aufgeschichtet, vor denen im Morgengrauen einige SS-Führer wegen ihrer Kriegsverbrechen standrechtlich erschossen werden sollten. „Wie gerne hätten wir mit Blut heruntergewaschen, was uns seit Jahren bedrückt", schrieb Ernst Jünger in sein Pariser Tagebuch.

Im Führerhauptquartier hatte man nach Mussolinis Abreise begriffen, daß Hitler dringend über den Rundfunk die Zweifelnden und Ungetreuen von seiner fortdauernden Existenz überzeugen mußte. Seit neun Uhr wurde die Ansprache über Radio angekündigt. Doch ließ sie lange auf sich warten: Der Aufnahmewagen aus Königsberg kam nicht über; die Besatzung war nach Cranz zum Baden gefahren. Allein die Ankündigung jedoch raubte vielen Sympathisanten des Putsches den zagen Mut; auch etliche Verschwörergeneräle dachten nur noch ans Überleben. Schwerster Schlag für Stauffenberg: Der Oberbefehlshaber West, Generalfeldmarschall Kluge, weigerte sich, den Eid auf Hitler zu brechen („Ja, wenn das Schwein tot wäre…").

Erst um acht war im Bendlerblock jener Mann erschienen, dessen Name unter den Putschbefehlen stand: Generalfeldmarschall Erwin von Witzleben, der seit einigen Jahren wegen Krankheit pausieren mußte. Der neue Oberbefehlshaber der Wehrmacht merkte rasch, daß er ein Feldherr ohne Truppen war (sie neutralisierten sich gegenseitig). Nachdem er Stauffenberg eine Standpauke gehalten hatte („Schöne Schweinerei das!"), fuhr er – nach Hause. Generaloberst Hoepner, eine ehrliche Haut, verzichtete in seinen Ferngesprächen mit den Wehrbezirken darauf, die schwankenden Gestalten bei der Stange zu halten. Und General Olbricht sah nur noch die Wahl, sich zu erschießen oder erschießen zu lassen.

Nur einer ließ den Kopf nicht hängen: Stauffenberg. Stundenlang hetzte er von einem Telefon zum anderen, ermunterte hier, drängte dort, forderte energisches Handeln, beschwor die Freunde, doch ja nicht schlapp zu machen, dementierte, argumentierte, rang um jede Seele. Aber sein Feuergeist vermochte auf Dauer nichts gegen die Befehle Keitels.

Ungefähr gegen zehn Uhr taten sich nichteingeweihte, hitlertreue Offiziere im Bendlerblock zusammen; sie beschafften sich Waffen und stürmten durch die Gänge mit dem Ruf „Für oder gegen den Führer? Antwort oder wir schießen." Schüsse fielen. Stauffenberg klemmte sich eine Armeepistole unter seinen Armstumpf, feuerte zurück, wurde an der Schulter verwundet. Entkräftet sank er auf einen Stuhl und nahm seine Augenklappe ab: „Sie haben mich ja alle im Stich gelassen."

Inzwischen hatten die Gegenputschisten Generaloberst Fromm aus seiner Schutzhaft befreit. Plötzlich stand er, gefolgt von Bewaffneten, vor den Verschwörern im Türrahmen: „So, meine Herren, jetzt mache ich es mit Ihnen so, wie Sie es heute mittag mit mir gemacht haben." Die Männer um Stauffenberg wurden entwaffnet. Generaloberst Beck erhielt von Fromm die Erlaubnis, sich an Ort und Stelle zu erschießen. Nach zwei Versuchen, die nicht tödlich endeten, gab ihm ein Feldwebel den Gnadenschuß. Generaloberst Hoepner lehnte einen Selbstmord ab. Fromm gab ihm „als Mensch und alter Freund" die Hand und ließ ihn ins Gefängnis abführen. (Hoepner wurde später als Hochverräter gehängt, Fromm wegen Feigheit erschossen.)

Der Opportunist Fromm hatte es eilig, die Putschisten aus dem Wege zu räumen. „Im Namen des Führers" verkündete er: „Es werden der Oberst im Generalstab von Mertz, General Olbricht, der Oberst – den mit Namen ich nicht nennen will [er meinte Stauffenberg] – und der Oberleutnant von Haeften zum Tode verurteilt."

Die vier Todgeweihten wurden sofort in den Hof abgeführt. Der junge Haeften versuchte sich loszureißen – umsonst. Im Scheinwerferlicht einiger Lkws wurden sie vor einen Sandhaufen gestellt und von zehn Unteroffizieren des Wachbataillons füsiliert. Stauffenberg starb mit dem Ruf „Es lebe das heilige Deutschland!“ Es geschah um Mitternacht. Becks blutiger Leichnam wurde, wie weiland Wallenstein zu Eger, die Treppe hinuntergeschleift. Man warf alle Leichen auf einen Lastwagen und verscharrte sie auf einem Friedhof. Später ließ Himmler sie wieder ausgraben und verbrennen.

Die Spuren konnte man tilgen, doch Stauffenbergs Name wurde unsterblich. Der ihn als erster dem deutschen Volk bekanntgab, war Hitler selber. Nachdem er, nun doch etwas niedergeschlagen, im abendlichen Kreise sinniert hatte, ob das deutsche Volk seiner überhaupt würdig sei, konnte er um halb zwölf endlich seine Ansprache halten. Noch war der Putsch nicht ausgestanden – in Berlin besetzten zwei verspätete Kompanien gerade das Schloß, in Paris saß die SS noch hinter Gittern.

Erst um ein Uhr in der Nacht, als der Putsch überall zu Ende war, ertönte Hitlers zornbebende Stimme über alle Sender. Er sprach vom Fingerzeig der Vorsehung, sein Werk weiterzuführen. Er durfte – neun Monate lang, bis alles in Scherben lag. In dieser Zeit sind an den Fronten, in den bombengepeitschten Städten, in den Konzentrationslagern und auf der Flucht mehr Menschen umgekommen als in den ganzen Kriegsjahren zuvor. Und viele schöne alte Städte gingen noch in den Feuerstürmen zugrunde: Königsberg, Breslau, Aachen, Freiburg, Nürnberg, Stuttgart, Hildesheim, Dresden. Das sinnlose Sterben abzukürzen, wäre allemal den Erfolg des Putsches wert gewesen.

Doch der „Aufstand des Gewissens“ scheiterte tragisch. War alles umsonst? Vor dem Attentat hatte Stauffenberg seinen Freund und Mitverschwörer Tresckow gefragt, ob sich ein Versuch überhaupt lohne. Tresckows Antwort steht wie eine Leuchtschrift über der Tat des 20. Juli: „Das Attentat muß erfolgen, coûte que coûte. Sollte es nicht gelingen, so muß trotzdem in Berlin gehandelt werden. Denn es kommt nicht mehr auf den praktischen Zweck an, sondern darauf, daß die deutsche Widerstandsbewegung vor der Welt und vor der Geschichte den entscheidenden Wurf gewagt hat. Alles andere ist daneben gleichgültig.“

Die letzte Schlacht – Ardennenoffensive aus Verzweiflung

„Soldaten der Westfront! Eure große Stunde ist gekommen. Starke Angriffsarmeen sind gegen die Angloamerikaner im Vormarsch. Mehr brauche ich Euch nicht zu sagen. Ihr wißt selbst, was das bedeutet. Wir setzen alles auf eine Karte!“ In nebelverhangener Winternacht, ehe der 16. Dezember 1944 anbrach, hörten Offiziere und Mannschaften den Tagesbefehl ihres Oberbefehlshabers West, des siebzigjährigen Feldmarschalls Gerd von Rundstedt, den manche Deutsche heute noch für den Idealtyp eines Oberbefehlshabers halten. Doch dieser Tagesbefehl allein schon verbietet es, ihn in die Traditionsliste der Bundeswehr aufzunehmen.

„Bloody old Rundstedt“, wie ihn die amerikanischen, britischen und kanadischen Soldaten bald voller Ingrimm nennen sollten, schickte drei Armeen – ganze 250 000 Mann – in die Ardennen. Er verlangte „Übermenschliches“ von ihnen, so wie es ihm sein „Führer und Oberbefehlshaber“ Adolf Hitler aufgetragen hatte. Er entließ sie sehenden Auges ins Verderben. Er setzte den Anfang vom bitteren Ende des Deutschen Reiches.

Die letzte deutsche Offensive entsprang einzig der Eingebung eines Diktators, der nicht wahrhaben wollte, daß sein Krieg verloren war. Bedingungslose Kapitulation, Teilung, Besetzung, Vertreibung – alles war längst beschlossene Sache. Doch 90 000 deutsche Männer mußten noch verbluten, auf daß Hitler und seine Komplizen ihr jämmerliches Ende um ein paar Wochen hinausschieben konnten.

„Wir befanden uns in einer verzweifelten Lage, und der einzige Ausweg war ein verzweifelter Entschluß“, sagte nach dem Krieg Generaloberst Jodl, der als Chef des Wehrmachtführungsstabes Hitlers Gedanken zuallererst erfahren hatte. Im September hatte ihn Hitler an sein Krankenbett rufen lassen. Noch an den Folgen des Attentats vom 20. Juli laborierend und von einer Gelbsucht befallen, brütete der „Führer“ über seinem und des Reiches Schicksal.

Von allen Seiten näherten sich die feindlichen Armeen den deutschen Landen. Wichtige Rohstoffgebiete waren verloren, die Produktionsstätten der Rüstungsindustrie dem Bombenhagel der alliierten Geschwader ausgesetzt. Wie konnte er noch einmal die Initiative zurückgewinnen, ehe es gänzlich zu spät war? Zusammen mit

Jodl überlegte er, ob man mit den neuaufgestellten Reserven im Osten oder im Westen zuschlagen solle. Aber die Weite des russischen Raumes, in der sich seit 1941 noch alle deutschen Offensiven totgelaufen hatten, schreckte sie.

Ein Ausfall im Westen versprach da mehr Erfolg. Hitler schätzte die Kampfkraft der Briten und Amerikaner nicht so hoch ein wie die der Russen, ja, er hielt es für denkbar, daß eine deutsche Offensive Engländer und Kanadier verhandlungswillig machen werde. Sollte es nicht möglich sein, in den Ardennen den Sieg von 1940 zu wiederholen? Damals hatten seine Panzer in drei Tagen das Gebirge durchquert, die Maas bezwungen und dann im Blitzmarsch den Kanal erreicht. Diesmal sollten sie die Maas in zwei Tagen überwinden und am siebten Tage in Antwerpen einrollen. Zwanzig bis dreißig alliierte Divisionen wären dann eingekesselt gewesen, darunter die britische Armeegruppe des Feldmarschalls Montgomery. Doch jetzt würde es kein Entkommen wie in Dünkirchen geben.

Antwerpen, diesen alten Traum deutscher Reichsherrlichkeit, hatte sich Hitler zum Weihnachtsgeschenk erkoren. Was der letzte König von Bayern im Ersten Weltkrieg als Prämie des deutschen Sieges begehrte, sollte nun dem ehemals königlich-bayerischen Gefreiten als Unterpfand seines Glückes dienen. War es ein Zufall, daß der Österreicher Hitler und der Süddeutsche Jodl die Kriegsentscheidung dort suchten, wo in vergangenen Jahrhunderten so viele europäische Kriege entschieden worden waren: auf dem Boden der einstmals habsburgischen Niederlande und im alten Reichsland Elsaß? Der Chef des deutschen Generalstabes, Heinz Guderian, und mit ihm viele „preußische" Generale kannten in diesen Wochen nur eine Sorge: den deutschen Osten. Für sie gab es gar keine Alternative: Alle überschüssigen Kräfte mußten gegen den russischen Ansturm aufgeboten werden.

Aber Hitler ließ sich von dem einmal gefaßten Ziel nicht mehr abbringen, am wenigsten von der Generalität. Ihn kümmerten nicht die gewaltigen russischen Streitkräfte, die sich hinter der Weichsel zum Marsch auf Berlin rüsteten. Ihn scherten nicht die Bedenken der Generäle im Westen, die ihm vorrechneten, seine Angriffsziele seien viel zu weit gesteckt. Rundstedt, Model, Manteuffel und andere bevorzugten eine „kleine Lösung", eine Zangenoperation östlich der Maas, um die starke feindliche Streitmacht bei Aachen zu vernichten. Doch Hitler hatte sich mit aller ihm noch verbliebenen Energie auf den Plan „Christrose" versteift, den er zuletzt auf den Namen „Wacht am Rhein" umtaufte. Auch dies eine Reminiszenz an den Ersten Weltkrieg, als der Kriegsfreiwillige Hitler das Nationallied vom „Donnerhall, Schwertgeklirr und Wogenprall" begeistert mitgesungen hatte.

Merkwürdig oft kam Hitler am Ende seines Lebens auf seine Fronterfahrungen zu sprechen, an denen er noch immer die Leistungen der Wehrmacht zu messen pflegte, obschon sich das Kriegsbild seither gründlich gewandelt hatte. Hitler machte im letzten Kriegsjahr sogar die gleichen Fehler wie seinerzeit der General Ludendorff. Auch jene letzte deutsche Offensive im Frühjahr 1918, bei der Hitler dabeigewesen war, entsprang der Verzweiflung über eine aussichtslose strategische Situation. Auch damals langte es hinten und vorn nicht, auch damals blieb der deutschen Heeresleitung als letzte Aushilfe nur noch die „Büffeltaktik": Sobald ein Angriff sich festgefahren hatte, stürmten andere Divisionen gegen einen anderen Abschnitt der feindlichen Front, um eine schwache Stelle zu finden. In sinnlos wütenden Angriffen verausgabte sich die deutsche militärische Kraft – 1918 so gut wie 1944.

Hitler wußte nur zu gut, daß er „nicht durchweg erstklassige Verbände" kommandierte. Von Anbeginn lebten die drei Angriffsarmeen von der Hand in den Mund. Der Sprit für die Panzer reichte nur für fünf Tage; was fehlte, sollten sich die Soldaten vom Gegner holen. Um Haaresbreite wäre den SS-Panzern während des Angriffs ein amerikanisches Lager mit vielen Millionen Liter Treibstoff in die Hände gefallen; aber sie ahnten nichts davon. Die neuen Divisionen waren abgekämpft und mangelhaft ausgebildet; Bewaffnung und Ausrüstung ließen viel zu wünschen übrig, der Munitionsvorrat war begrenzt.

Wettgemacht wurden diese Mängel durch eine hohe Kampfmoral. Dies war zwar nicht mehr die Armee von 1940 oder 1942, aber die jungen Soldaten der Heeresgruppe glaubten an ihren „Führer", an den Endsieg, an die Wunderwaffen, die man ihnen versprochen hatte. Ihr Angriffsschwung, ihre Tollkühnheit hat besonders die Amerikaner erstaunt, die seit der Landung in der Normandie den Respekt vor den Deutschen schon fast verloren hatten.

Es ging wieder vorwärts – diese Meldung elektrisierte die Menschen in Deutschland, die noch nicht die Hoffnung auf den Sieg aufgegeben hatten, weil sie sich die Niederlage nicht vorstellen mochten. Es war die Zeit, da in vielen Feldpostbriefen der Satz wiederkehrte: „Wir werden siegen, weil wir siegen 'müssen'!", da Studienräte ihren Schülern, die mit Notabitur ins Feld rückten, goldene Worte mit auf den Weg gaben: „Wir werden siegen, weil wir siegen 'wollen'!" Heute mag man sich ob solchen Unsinns an den Kopf fassen, aber damals waren solche Sätze ein Stück deutscher Realität. Denn mehr als Wunderglauben hatte auch Hitler seinen Kommandeuren nicht zu bieten, die er vor der Offensive um sich versammelte. Wohl hatten sie alle ihre Vorbehalte, sogar die Generäle der Waffen-SS, wohl verachteten die meisten ihren Oberbefehlshaber, doch keiner vermochte sich seiner Faszination ganz zu entziehen. Hatte dieser seltsame Mann nicht so oft wider alle Vernunft recht behalten? Hatte er nicht auch 1940 wider den Rat der meisten Generäle im Westen angegriffen und ihnen zum Trotz den größten deutschen Sieg errungen?

Mit blassem, aufgedunsenem Gesicht, eine entstellende Brille auf der Nase, niedergebeugt und zitternd hing er im Sessel, als er an den Abenden des 11. und 12. Dezember in seinem Bunker „Adlerhorst" unweit von Bad Nauheim die Kommandeure der Angriffsdivisionen ans Portepee faßte. Anderthalb Stunden redete er, wie üblich mit langen historischen Ableitungen. Er war erstaunlich freimütig, gab unumwunden zu, daß er 1939 den Krieg bewußt herbeigeführt habe, beschwor das Vorbild Friedrichs des Großen im Siebenjährigen Krieg („Die Standhaftigkeit eines Mannes hat es ermöglicht, daß dieser Kampf durchgeführt worden war und doch am Ende das Wunder einer Wende eintrat") und beruhigte sich mit der vagen Aussicht auf eine Spaltung der angelsächsisch-sowjetischen Koalition: „Wer so wie eine Spinne, möchte ich sagen, im Netz sitzend, diese Entwicklung verfolgt, der kann sehen, wie von Stunde zu Stunde sich diese Gegensätze mehr und mehr entwickeln. Wenn hier noch ein paar ganz schwere Schläge erfolgen, so kann es jeden Augenblick passieren, daß diese künstlich aufrechterhaltene gemeinsame Front plötzlich mit einem riesigen Donnerschlag zusammenfällt."

Was in der Tat mit einem riesigen Donnerschlag zusammenfiel, war die Front der ersten amerikanischen Armee zwischen Aachen und Luxemburg, die von Rundstedts Truppen schon im ersten Anlauf überrannt wurde. Die Überraschung war perfekt, ein Meisterstück der Geheimhaltung. Zwar ahnten die Amerikaner, daß sich in der Eifel irgend etwas zusammenbraute, aber im Ernst hatte niemand mit einer Gegenoffensive des schon geschlagenen Gegners gerechnet.

Punkt 5.30 Uhr in der Frühe begann auf 140 Kilometer Breite die Front zwischen Monschau und Echternach zu brennen. Schwere Eisenbahngeschütze, Feldhaubitzen, Granat- und Nebelwerfer trommelten eine Stunde lang auf die dünnbesetzten amerikanischen Stellungen. Dann erleuchteten riesige Scheinwerfer das Feld: In Schneehemden getarnte deutsche Infanterie stürmte die feindlichen Gräben. Ihnen folgten schwere Panzer – Königstiger, Tiger, Panther – und Sturmgeschütze. Und hinterher wälzte sich ein gewaltiger Heerwurm: Selbstfahrlafetten, Pontonbrücken, Lastwagen und pferdebespannte Panjewagen, die von russischen „Hiwis“ kutschiert wurden.

Es war „Führerwetter“. Dichter Nebel verschleierte den Vormarsch. Ein junger Metereologe hatte für fünf Tage schlechte Sicht vorausgesagt. Nur unter dieser Bedingung konnte die Offensive überhaupt gewagt werden, weil sonst die Kolonnen hilflos der feindlichen Luftwaffe ausgeliefert gewesen wären. Vorwärts, Tempo hieß die Parole, den Feind rechts und links liegenlassen, nur rasch den Maasbrücken zu, und dann auf nach Antwerpen.

Aber die Amerikaner hatten sich schnell vom ersten Schrecken erholt. Nun, da sie der schirmenden Luftwaffe ledig waren, zeigten die GIs, daß sie auch ohne Materialüberlegenheit zu kämpfen verstanden. Überall fanden sich ein paar Versprengte, die mit Maschinengewehren, Pak und Bazookas den Feind stundenlang aufhielten. Viel Blut floß in den Dörfern und Städtchen der Schnee-Eifel und der Ardennen. Was noch unangenehmer für die Angreifer war: Ihre Panzerspitzen gerieten auf verschlammte Wege. Bald herrschte ein heilloses Verkehrschaos auf den Straßen. Feldmarschälle und Generäle stapften durch die Pfützen, um eigenhändig den Verkehr zu regeln.

Schon am Abend des ersten Angriffstages zweifelte Generaloberst Jodl, ob die Armeen Antwerpen je erreichten. Die Speerspitzen waren allenfalls zehn Kilometer vorangekommen. Hitler hatte die Palme des Sieges den vier SS-Panzerdivisionen zugedacht, die als 6. SS-Panzerarmee unter Generaloberst Sepp Dietrich den nördlichen Angriffsflügel bildeten. Sie sollten über Lüttich und entlang des Albertkanals zur Scheldemündung stürmen. Aber ausgerechnet die Lieblingssoldaten mußten ihren „Führer“ enttäuschen. Nur eine Vorausabteilung unter Oberstleutnant Peiper stieß weit ins feindliche Gebiet vor, sah sich aber bald umzingelt und mußte sich ohne Panzer und Gerät zurückschlagen. Vergebens warteten die Fallschirmjäger des Obersten und Professors von der Heydte, die hinter den feindlichen Linien abgesprungen waren, auf die Panzer.

Vergebens wartete auch Skorzenys Geheimbrigade, die in amerikanischen Uniformen und amerikanischen Beutefahrzeugen in der feindlichen Etappe operieren sollte, auf das Startsignal – aber die SS schaffte den Durchbruch nicht. Nur ein paar seiner Freiwilligen stifteten hinter der alliierten Front Verwirrung, indem sie Regimenter umdirigierten und Telephonleitungen unterbrachen. Diese ungewöhnliche Art der Kriegführung hatte immerhin den Effekt, daß Amerikaner und Franzosen wochenlang von einer „Agentenpsychose" heimgesucht wurden. GIs machten sich einen Spaß daraus, Generäle der US-Army peinlichen Verhören zu unterziehen oder sie festzunehmen, weil sie sich in den Namen von Filmschauspielergatten oder Baseballklubs nicht auskannten.

Noch anderes, Schlimmeres geschah, was den bösen Ruf der SS mehren half: An einer Straßenkreuzung nahe Malmedy schossen Panzer der Abteilung Peiper amerikanische Kriegsgefangene zusammen. 71 erfrorene Leichen lagen noch im Schnee, als das Gebiet nach Tagen zurückerobert wurde. In den späteren Kriegsverbrecherprozessen konnte nie einwandfrei geklärt werden, ob das Gemetzel aus Versehen oder mit Vorsatz verübt worden war.

Zum Verdruß der SS-Generäle kam die 5. Panzerarmee unter Heeresgeneral Hasso von Manteuffel im Mittelabschnitt der Angriffsfront schneller voran. Zwar blieb ein Teil der Armee vor dem Straßenknotenpunkt Bastogne in Südbelgien hängen, aber die Spitzen der Panzerlehrdivision und der 2. Panzerdivision preschten in wenigen Tagen bis in die Nähe von Dinant vor, sieben Kilometer östlich der Maas. Da war der Angriffskeil jedoch schon so überdehnt und dünn, daß die Amerikaner die Spitzen bald abhacken konnten. Abgeschossene deutsche Panzer wurden zur Dutzendware. Nur wenig an Raum gewann die 7. deutsche Armee, die den Panzervorstoß nach Süden absichern sollte.

Der Mißerfolg der Offensive war vorauszusehen gewesen, freilich nicht, daß er so schnell und nachhaltig sein würde. Es ließen sich viele Gründe anführen: das Verkehrschaos, die verschlammten Straßen, die fehlende Koordination zwischen SS- und Heeresverbänden, der Mangel an Sprit, der unerwartet zähe Widerstand der US-Truppen. Am meisten hat jedoch die rasche Reaktion des alliierten Oberkommandos zur deutschen Niederlage beigetragen.

Eisenhower, kaum daß er die ersten, noch unklaren Meldungen auf dem Tisch hatte, entschied sofort, dies sei kein lokaler Störangriff, sondern eine Gegenoffensive. Mit großer Umsicht vollführte der alliierte Oberkommandierende seine Gegenzüge: Zwei Luftlandebataillone wurden in aller Eile von Reims in die Ardennen geworfen; General Patton mußte seinen Angriff gegen das Saarland aufgeben und seine Panzer nach Norden rollen lassen; nördlich des deutschen Durchbruchkeils übertrug Eisenhower das Kommando über die US-Truppen dem britischen Feldmarschall Montgomery.

Die Unterstellung unter den widerborstigen britischen Feldherrn paßte einigen US-Generälen gar nicht; nur widerwillig befolgten sie seinen Befehl, sich vom Feind abzusetzen. „Monty" brachte die Nordfront wieder auf Vordermann. Er ließ sich so wenig aus der Ruhe bringen wie Eisenhower. Ängstlichen Gemütern in London schickte er einen Funkspruch: „Diesmal kommen wir aber nicht über Dünkirchen zurück, denn dort sind noch immer die Deutschen." (Dünkirchen war eine der „Atlantikfestungen", die weit hinter der Front von deutschen Besatzungen gehalten wurden.) Ein mächtiger Schreck war offensichtlich einigen Franzosen in die Glieder gefahren, die den Zusammenbruch vom Sommer 1940 wieder vor Augen hatten. Als ein hoher französischer Offizier in Eisenhowers Hauptquartier zu Versailles die Stabsoffiziere ruhig an den Schreibtischen sitzen sah, brach es ungläubig aus ihm heraus: „Was? Sie packen noch nicht?"

Vorschnell urteilte auch Hitler, der schon am Abend des 16. Dezember den Panzergeneral Balck ans Telephon holte: „Balck, Balck, das ist der große Umschwung im Westen! Der Sieg – der Endsieg –, jetzt haben wir ihn in der Hand!" Dabei bahnte sich vor Bastogne schon das Verhängnis an. Wenige Stunden vor den deutschen Panzern, die im Schlamm steckengeblieben waren, rückte die 101. US-Luftlandedivision unter dem Befehl des Brigadegenerals Anthony McAuliffe in das Städtchen ein. Er richtete Bastogne zur Rundumverteidigung ein. An diesem Eckpfeiler bissen sich die Deutschen die Zähne aus. McAuliffes Spezialhaubitzen verwandelten die Tiger in brennende Wracks.

Bastogne wurde eingeschlossen. Der deutsche Korpskommandeur, General von Lüttwitz, schickte zwei Parlamentäre in die Stadt und forderte zur Übergabe auf. Andernfalls schössen sechs Flakabteilungen (die er gar nicht hatte) die US-Truppen zusammen.

„Dieser Artilleriebeschuß würde schwere Verluste unter der Zivilbevölkerung hervorrufen, was mit der wohlbekannten amerikanischen Humanität sicherlich nicht zu vereinbaren wäre." Dieser Satz brachte General McAuliffe in Harnisch. Er diktierte eine Antwort, die seither in Amerika ebenso berühmt geworden ist, wie hierzulande das Götz-Zitat: „An den deutschen Kommandeur: 'Nuts'. Der amerikanische Kommandant." Den verdutzten Parlamentären bedeutete ein Dolmetscher: „Das heißt soviel wie 'Geht zum Teufel!'"

Am Heiligabend traten die Deutschen zum Sturm an. In blutigen Nahkämpfen behaupteten sich McAuliffes Männer. Am zweiten Weihnachtstag wurden sie von Pattons Panzern entsetzt. Aber der Kampf ging noch tagelang weiter. Neun deutsche Divisionen wurden nacheinander in die Schlacht um Bastogne geworfen und aufgerieben. Denn mittlerweile war der Himmel aufgeklärt, und Bomber und Tiefflieger hielten die Angreifer nieder.

An jenem 26. Dezember verlangte General von Manteuffel, den Vorstoß in Richtung Antwerpen sofort einzustellen. Aber Generaloberst Jodl beschied ihn: „Der Führer will nicht, daß Sie auch nur einen einzigen Schritt zurückgehen. Gehen Sie vor! Niemals zurück!" Aber es ging nur noch zurück, und das manchmal nur noch zu Fuß. Viele Panzer mußten mangels Sprit oder Ersatzteilen gesprengt werden. Die engen Straßen in den Ardennen wurden unter Bomben und Tieffliegerkanonen zum Massengrab für Mann und Roß und Wagen.

Es begann die „Schlacht um den Bauch" („Battle of the Bulge"). Von Nord und Süd drückten die Truppen Montgomerys und Pattons gegen den Frontbogen, mit dem Ziel, die geschlagene deutsche Armeegruppe einzukesseln. Doch ihr Gegenangriff begann zu früh: In leidlicher Ordnung konnte sich das Gros der Männer zum Westwall zurückkämpfen: hungernd, vor Kälte zitternd, erschöpft und mit dem nagenden Gefühl im Herzen, daß dies die endgültige Niederlage sei. Der Angriffsgeist des Westheeres war wie erloschen.

Dessen ungeachtet imitierte Hitler Ludendorffs „Büffeltaktik" nun weiter im Süden, wo die Amerikaner ihre Front wegen der Ardennenschlacht entblößt hatten, wenn auch längst nicht so stark, wie das deutsche Oberkommando vermutete. Acht Divisionen traten in der Neujahrsnacht aus dem Saarland zum Angriff gegen das Unterelsaß an („Unternehmen Nordwind"), um die dort stehenden US-Truppen zu zerschlagen. Danach wollte Hitler in einem dritten Schlag die lothringischen Minetten zurückerobern.

Am 28. Dezember hatte er vor den Kommandeuren noch einmal seine „Alles-oder-Nichts"-Strategie erläutert. Und wieder schlug der greise Feldmarschall von Rundstedt seine Hacken zusammen und versprach, „alles, aber auch alles" zu tun, um der Offensive zum Erfolg zu verhelfen. „Wo bei unserer ersten Offensive Fehler gemacht worden sind, wissen wir ganz allein. Daraus werden wir lernen." Mitnichten. Was war das für eine Führung, die wiederum abgekämpfte Divisionen gegen einen frischen, ausgeruhten und wohlverpflegten Feind anstürmen ließ, dessen Flugzeuge jede Bewegung zunichte machen konnten? Weiter als zwanzig Kilometer kamen sie nicht voran.

Und noch einen „großen Schlag“ vollführte Hitler am Neujahrstag: Die mühsam in Monaten aufgebaute Reserve der deutschen Jagdflieger, die ursprünglich in einem Großeinsatz einen alliierten Bomberverband vom Himmel holen sollte, wurde zu einem Überraschungsangriff gegen die alliierten Feldflugplätze in Holland und Belgien eingesetzt. An die tausend Focke Wulf 190 und Me 109 unterflogen das feindliche Radarnetz und zerstörten etwa 300 alliierte Maschinen am Boden. Doch dieses Unternehmen war zugleich der Schwanensang der Jagdfliegerwaffe. 300 Jäger gingen verloren, davon die meisten über den V2-Sperrgebieten, im Feuer der eigenen Flak. Das deutsche Oberkommando hatte wieder einmal die Geheimhaltung zu weit getrieben.

Die Verluste in all diesen Operationen waren nicht mehr zu ersetzen. Hitler und seine Generäle hatten alles auf eine Karte gesetzt und – verspielt. Blinder Gehorsam und verblendeter Wahn mußten teuer bezahlt werden. Am 12. Januar brach an der Weichsel der große Sturm los, der Ostpreußen, Pommern und Schlesien verschlingen sollte. Jene Divisionen, Panzer und Flugzeuge, die Ostdeutschland noch hätten schützen können – sie lagen zerschlagen im Schnee der Ardennen und der unteren Vogesen.

Nein, es tönt kein Heldenepos. Was bleibt von dieser Schlacht? Die Trauer um sinnlos geopferte Soldaten und unschuldige belgische Zivilisten. Die schauerliche Mär einer wahnwitzigen Kriegsführung. Die Tragödie mißbrauchten Soldatentums. Die letzte Dissonanz einer „Weltmachtpolitik“, die lange vor Hitler eingesetzt hatte. Die Agonie eines Reiches.

Jalta – Das Märchen vom Ausverkauf Europas

„Die polnische Frage ist für die Sowjetunion eine Frage von Leben und Tod.“ So grimmig hatte der Kremlchef noch nie gesprochen. Jetzt war er nur noch der Oberste Befehlshaber: „Was verlange ich von der Regierung eines Landes, das von der Roten Armee befreit wurde?“ Die Antwort des Sowjet-Marschalls: „Ich verlange nur das eine: Diese Regierung muß Ruhe und Ordnung im Hinterland der Roten Armee gewährleisten. Sie muß einen Bürgerkrieg hinter unseren Linien verhüten. Den Männern der Roten Armee ist es ziemlich gleichgültig, welche Art von Regierung die Polen haben, wenn man ihnen nur nicht in den Rücken schießt."

Der Wirkung seiner Worte bewußt, setzte der Generalsekretär fast begütigend hinzu: „Das werden nicht nur die Militärs verstehen, sondern sogar die Zivilisten. So ist die Lage."

Ermahnungen des Marschalls Breschnjew an den Genossen Jaruzelski? Oder appellierte Breschnjew mit diesen beschwörenden Worten an die Staatsmänner der westlichen Welt? Nein, so sprach sein Vorgänger Josef Stalin am Abend des 6. Februar 1945 auf der Gipfelkonferenz von Jalta.

Diese paar Sätze bringen das machtpolitische Interesse der Sowjetunion an Polen auf den Begriff: Ruhe und Ordnung, kein Bürgerkrieg, Sicherung der militärischen Verbindungswege nach Deutschland. Noch am Vorabend des Militärputsches in Polen am 13. Dezember 1981 erklang die gleiche Weise aus Moskau – als letzte Warnung.

Der Streit um Polen war, so Churchill in seinen Memoiren, „der dringlichste Grund" für die Konferenz gewesen. Wegen Polen mußten der amerikanische Präsident Roosevelt, schon vom Tode gezeichnet, und der britische Premierminister eine beschwerliche Reise bis zur Krim antreten. In nicht weniger als sieben der acht Sitzungen debattierten sie mit ihrem Gastgeber Stalin über die polnische Frage, die 1939 den Zweiten Weltkrieg ausgelöst hatte. Damals wie vierzig Jahre danach waren den Westmächten die Hände gebunden: Sie wünschten sich ein freies, unabhängiges Polen, durften es aber deswegen nicht zum Bruch mit der Sowjetunion kommen lassen. Ihn zu vermeiden, war eben der Hauptzweck des Gipfels. Der Sieg über Hitler-Deutschland, der Weltfrieden, zählten mehr. „First things first".

*

Jalta – ein politischer Mythos des 20. Jahrhunderts. Eine zeithistorische Legende. Nicht von ungefähr ist sie Anfang der 1980er Jahre von Publizisten wie Politikern beschworen worden. „stern"-Herausgeber Henri Nannen wußte seiner Leserschaft zu berichten, in Jalta hätten Stalin, Roosevelt und Churchill durch ihre Unterschriften die Teilung Europas besiegelt. Mitnichten haben sie das getan. Der

Westen, so entschuldigte Bundeskanzler Helmut Schmidt vor dem amerikanischen Publikum seine Zurückhaltung in der Polenkrise, habe in Jalta die Aufteilung Europas in Einflußsphären gebilligt. Auch davon kann keine Rede sein.

Henri Nannen und Helmut Schmidt, beide nicht immer firm in Zeitgeschichte, sind einer Legende aufgesessen, die der französische Präsident Charles de Gaulle 1968, nach dem sowjetischen Einmarsch in die Tschechoslowakei, in die Welt gesetzt hatte. Es war die späte Rache des Generals an den „Großen Drei", die ihn trotz seiner imposanten Statur nicht für groß genug hielten, an der Gipfelkonferenz teilzunehmen. Kein Wunder, daß sich sein sozialistischer Nachfahre Mitterand in seiner Neujahrsansprache 1982 zu dem verbalen Kraftakt aufschwang, alles, was erlaube, „Jalta zu überwinden", sei gut.

Noch merkwürdiger klingt, was der frühere amerikanische Sicherheitsberater Zbigniew Brzezinski, ein Sachkenner also, zum Thema beisteuerte: Bei massiverer sowjetischer Intervention in Polen sollte Amerika „an die öffentliche Aufkündigung der Abkommen von Jalta denken". Welche mag der gebürtige Pole gemeint haben? Was Europa angeht, so gab es in Jalta nur Absichtserklärungen der „Großen Drei", niedergelegt in einem öffentlichen Kommuniqué und in einem internen Protokoll.

Eine Verlautbarung – die „Erklärung über das befreite Europa" – verspricht den befreiten Völkern, aber auch den ehemaligen Verbündeten des Dritten Reiches freie Wahlen. Eine andere Absprache verpflichtete die neue polnische Regierung zu „freien und uneingeschränkten Wahlen auf der Grundlage des allgemeinen und geheimen Wahlrechts". Kurzum: Es gibt kein Jalta-Abkommen, bloß Absichtserklärungen.

Man kann es nicht oft genug wiederholen: In Jalta ist Europa nicht aufgeteilt worden – übrigens auch Deutschland nicht. Die Teilung des Kontinents und des Bismarck-Reiches vollzog sich in Etappen; sie reicht über einen Zeitraum von zehn Jahren. Ihre Stationen heißen: Potsdam, Marshallplan, Prager Putsch, Berliner Blockade, Wiederaufrüstung, Gründung zweier deutscher Staaten.

Jalta wird man nicht unter diesen Stationen finden, denn dort sollte ja gerade die sich bereits abzeichnende Spaltung zwischen Ost und West aufgehalten werden. Weil dieser Versuch kläglich scheiterte, wurde Jalta schon bald nach dem Krieg zum Streitobjekt der amerikanischen Innenpolitik und Geschichtsforschung. Die Revisionisten von rechts beschuldigten Präsident Roosevelt, er habe

Ost- und Südosteuropa „verraten", ihre Völker leichtfertig dem Bolschewismus preisgegeben. Die Revisionisten von links warfen ihm vor, er habe durch seine unaufrichtige Politik das friedenswillige Rußland zurückgestoßen und somit überhaupt erst den Kalten Krieg entfacht. Die Anklagen beider Seiten treffen daneben – sie verkennen die Realitäten in der Endphase des Krieges und die widerstreitenden Interessen, die zwangsläufig zur Kollision führen mußten.

Was immer man den Staatsmännern des Westens an Naivität, an Illusionen, an politischer Blindheit nachsagen mag – die Teilung der Alten Welt haben nicht sie zu verantworten, sondern Adolf Hitler. Er war es, der 1939 Stalin einlud, mit ihm Polen aufzuteilen; er war es, der jenen „Cordon sanitaire" kleiner unabhängiger Staaten, die das bolschewistische Rußland vom übrigen Europa isolieren sollten, den Sowjets auslieferte; er schließlich hat durch seinen Überfall auf die Sowjetunion den Russen die Tore nach Mitteleuropa geöffnet.

Die „Großen Drei" trafen sich am 4. Februar 1945 auf der Krim. Wie sah es damals auf dem Kriegsschauplatz Europa aus? Noch war Deutschland nicht geschlagen; die alliierten Generäle erwarteten die Kapitulation frühestens im Sommer. Eben erst hatte Hitler mit seiner überraschenden Ardennen-Offensive die Operationsplanung der Westmächte gründlich durcheinandergebracht. Nur: Die – von den Amerikanern herbeigesehnte – sowjetische Großoffensive an der Weichsel konnte er nicht mehr abwehren. Wenn Stalin seine Militärs gelassen hätte, wären die sowjetischen Panzerspitzen schon Anfang Februar 1945 – als sich die „Großen Drei" im ehemaligen Zarenschloß Livadia um den runden Tisch setzten – bis Berlin durchgestoßen.

Der schlaue Kremlchef hatte mit der Konferenz gewartet, bis sich die Frontlage entscheidend zugunsten der Sowjetunion verbessert hatte. Inzwischen war ganz Polen befreit, auch schon ein großer Teil jener ostdeutschen Provinzen erobert, die den Polen als Ersatz für ihre Gebietsverluste im Osten zugedacht waren. Einen Tag, nachdem Roosevelt und Churchill die Einladung zur Krimkonferenz angenommen hatten, ließ Stalin, symbolbewußt zum Neujahrstag 1945, in Lublin eine provisorische Regierung ausrufen. Das Regime von Moskaus Gnaden wurde prompt vom Kreml anerkannt. Fortan existierten zwei polnische Regierungen, das von Moskau protegierte Lubliner Komitee, und eine im Londoner Exil, die von den Westmächten unterstützt wurde. Höchste Zeit also, diesen für die Kriegskoalition unerträglichen Zustand zu beenden.

Und: Was sollte aus Deutschland werden? Wie sollte die neue Weltordnung, die Vereinigung aller freien Völker, beschaffen sein? Wie ließ sich die Harmonie dcr so ungleichen Brüder Kommunismus und Kapitalismus vom Krieg in den Frieden hinüberretten? Die Amerikaner interessierte vor allem eins: Wie konnten sie die Sowjetunion in den Krieg gegen Japan ziehen? Denn der rechtzeitige Kriegseintritt war geeignet, den Amerikanern eine blutige Landung auf dem japanischen Inselreich zu ersparen und hunderttausend Soldaten das Leben zu retten. Für derlei Beistand war Präsident Roosevelt bereit, einen hohen Preis zu zahlen.

Einerseits konnte es sich Stalin leisten, den Preis in die Höhe zu treiben. Denn: Seine Armeen hatten Polen und den Balkan erobert, und sie standen vor den Toren Berlins. Anderseits durfte er den Bogen nicht überspannen. Denn er brauchte die gewaltige Wirtschaftskraft der Amerikaner für die schwere Phase des Wiederaufbaus ebenso sehr wie in den ersten bitteren Kriegsjahren. Und dazu die Reparationen aus dem besiegten Deutschland – Stalin selber pochte auf zehn Milliarden Dollar –, die er sich vor allem aus den hochindustrialisierten Westzonen zu holen gedachte. Darum durfte er es sich nicht mit dem Westen verderben.

Alle drei Großmächte waren also aufeinander angewiesen. Bis zum Siege über Deutschland und Japan mußten sie, widerwillig zwar, den Kompromiß pflegen. Die vielen Friedens-Trinksprüche mit Wodka und Krimsekt – Stalin hatte außerdem noch drei Waggons voll Kaviar nach Jalta karren lassen – entsprangen keineswegs der alkoholbeflügelten Laune des Augenblicks. Sie waren allesamt aufrichtig gemeint – auch von Stalin.

Nur: die guten Absichten kollidierten mit gegensätzlichen Interessen und ideologischen Ansprüchen. Wie noch bei allen Gipfelkonferenzen, neigten die Großen dazu, ihre Absichtserklärungen schon für die Tat zu nehmen, die lästige Detailarbeit oder unangenehme Entscheidungen Außenministern und Botschaftern und irgendwelchen Kommissionen zu überlassen.

Die amerikanische Historikerin Diane Clemens hat in ihrem Buch „Jalta" (1972) aufgerechnet, wer wem was auf der Konferenz konzediert hat. Unterm Strich konnten alle zufrieden, die Russen sogar überzeugt sein, sie hätten am meisten nachgegeben. Churchill vermochte durchzusetzen, daß Frankreich wieder als europäische Großmacht respektiert und an der Gestaltung der Welt mitbeteiligt wurde („nur aus reiner Freundlichkeit", meinten Roosevelt und Stalin); Amerika erreichte, daß seine Abstimmungsformel im künftigen Weltsicherheitsrat (mit Vetorecht der Großmächte) abgesegnet wurde; Rußland gewann die Unterstützung der beiden Westmächte für eine sowjetfreundliche Regierung in Polen. Clemens' Bilanz: „Jalta war ein traditioneller diplomatischer Handel", ungeeignet als Objekt für gefühlsgeladene Urteilsschelte oder nachträgliche Besserwisserei.

In den prunkvollen Palästen von Livadia (die Amerikaner residierten im schönsten) entspann sich sehr bald eine wohlige, familiäre Stimmung. Roosevelt und Churchill versuchten – jeder auf seine Weise, zuweilen auch hinter dem Rücken des anderen –, „Onkel Joe" bei Laune zu halten. Als in den fünfziger Jahren auf Geheiß der republikanischen Administration in Washington die ersten Jalta-Protokolle veröffentlicht wurden, erschrak die Öffentlichkeit über den zynischen Umgangston der Großen, mehr noch über die eiskalte Höhenluft, in der mit einem Wort, mit einem Federstrich über das Schicksal ganzer Völker entschieden wurde.

Vom schlimmsten Verbrechen, dessen sich der Westen in Jalta schuldig gemacht hat, um bloß nicht die Russen zu verstimmen, erfuhr die Welt eigentlich erst Ende der siebziger Jahre: von der eher nebensächlichen Abmachung über die Rückführung sowjetischer Kriegsgefangener, die an der Seite der Deutschen gegen den Bolschewismus gekämpft hatten. Es sei unklug, meinte der amerikanische Außenminister Stettinius auf Vorhaltungen seiner Mitarbeiter, die Genfer Konvention auch auf diese Personen anzuwenden. Hunderttausende – die wahren Opfer von Jalta – wurden einem fürchterlichen Schicksal ausgeliefert: ihnen drohte die sofortige Hinrichtung oder jahrelange Zwangsarbeit im „Archipel Gulag".

Zwischen Nazis und irregeleiteten Antikommunisten zu unterscheiden, fiel den mit europäischen Verhältnissen weniger vertrauten Amerikanern ohnehin schwer. Und das Leben der Faschisten wog leicht, seit Hitler quer durch Europa seine blutige Spur gelegt hatte. Er sei, sagte Roosevelt zu Stalin, nachdem er die Kriegsverwüstungen auf der Krim gesehen hatte, „noch blutrünstiger" gestimmt als vor einem Jahr und hoffe, Stalin werde wieder einen Toast auf die Hinrichtung von 50 000 deutschen Offizieren ausbringen.

„Ich persönlich bin nicht gerade entsetzt", sagte Churchill, als er dem sowjetischen Wunsch zustimmte, sechs Millionen Deutsche aus Ostpreußen und Schlesien umzusiedeln: „Wir haben sechs oder sieben Millionen Deutsche getötet, so daß es in Deutschland noch für einige Menschen Platz geben sollte." Als Stalin die Annexion Ostpreußens damit rechtfertigte, das Land habe vor langer Zeit einmal den Polen gehört, fiel Roosevelt dazu nur der Witz ein, mit gleichem Recht könnten die Briten Amerika zurückverlangen.

Doch was war schon das Schicksal von ein paar Millionen angesichts der hehren Vision einer „One World", von der sich Roosevelt leiten ließ? Der scheinbar veralteten Idee des europäischen Gleichgewichts setzte er eine verbindliche Weltordnung entgegen, in der die „Großen Drei" über Frieden und Wohlstand der Völker wachten. Ebenso wie seine Militärs und wie bekannte Publizisten in Amerika hatte sich Roosevelt im stillen mit der Hegemonie der Sowjetunion über Europa abgefunden.

Schlimmer noch: Während einer Sitzung in Jalta bemerkte er beiläufig, die amerikanischen Truppen würden kaum länger als zwölf Jahre in Europa bleiben. Für Stalin muß es eine Einladung gewesen sein. Womöglich hat ihn dieser Nebensatz von Roosevelt gar dazu verleitet, von der Zerstückelung Deutschlands Abstand zu nehmen, die in Jalta nochmals verabredet wurde. Statt dessen setzte er nun auf die Einheit Deutschlands, das heißt auf die Ausdehnung sowjetischen Einflusses bis an Rhein und Ruhr.

Nichts lag den Amerikanern ferner als die Aufteilung Europas in Interessensphären. Sie widersetzten sich diesem Gedanken um so mehr, als im Herbst 1944 sowohl die Briten als auch die Franzosen bei ihren Verhandlungen mit den Russen zur traditionellen Gleichgewichtspolitik zurückgekehrt waren. Als die sowjetischen Armeen in diesem Herbst über die Balkanhalbinsel hinwegfluteten und dort die britischen (und amerikanischen) Investitionen – etwa die Ölraffinerien in Ploesti – bedrohten, entschied sich Churchill für eine praktische Abgrenzung und fand damit das Gefallen Stalins, der ähnlich pragmatisch dachte. Auf einem Zettel entwarf Churchill, während eines Besuchs im Kreml, folgende Geschäftsaufteilung: Griechenland zu 90 Prozent an den Westen und zu zehn Prozent an die Sowjetunion, Jugoslawien und Ungarn je halbe-halbe, Bulgarien zu 75 und Rumänien zu 90 Prozent an die Sowjets.

Stalin hielt sich korrekt an diesen Schacher mit Prozenten und sah deshalb auch tatenlos zu, wie die kommunistischen Aufständischen in Griechenland Ende 1944 von britischen Geschützen niederkartätscht wurden. Bloß konnte er es sich in Jalta nicht verkneifen, auf die Verhältnisse in Griechenland anzuspielen, als sich Churchill wieder einmal für die Polen ins Zeug legte. „Ich habe nicht die Absicht", sagte Stalin mit kaum verhüllter Ironie, „die britischen Aktionen in Griechenland zu kritisieren oder mich in Griechenland einzumischen. Ich möchte lediglich gern wissen, was da vor sich geht."

Wie ernst Stalin die ausgehandelte Balance auf dem Balkan nahm, zeigte sich denn auch in Rumänien, das die Rote Armee besetzt hatte. Die Tinte unter dem Hauptdokument von Jalta, das überall im befreiten Europa freie Wahlen vorsah, war kaum trocken, da erzwang Moskau in Bukarest die Einsetzung einer prosowjetischen Regierung. Als sich der rumänische König Michael auf die Deklaration der „Großen Drei" berief, schrie ihn der sowjetische Emissär Wyschinskij an: „Jalta? Was heißt Jalta? Jalta, das bin ich!" Dann warf er hinter sich die Tür zum Audienzzimmer so kräftig ins Schloß, daß sie aus den Angeln fiel.

Auch General de Gaulle hat – während seines Moskau-Besuchs im Dezember 1944 – die sowjetische Vorherrschaft über Bulgarien und die ehedem französischen Klienten-Staaten Ungarn und Rumänien widerspruchslos hingenommen; die Anerkennung ihres Satellitenstatus war ihm der Beistandspakt wert, den er mit Stalin schloß, um mit derlei Papier-Arbeit Frankreichs Großmachtrolle bestätigt zu bekommen. Was de Gaulle damals Stalin versprochen hatte, erwartete dieser nun in Jalta auch von den anderen Westmächten:

Sie sollten die Exil-Polen und deren Anhänger im Lande überreden, die „Westverschiebung" ihrer Grenzen an Oder und Neiße zu akzeptieren und sich zur ewigen Freundschaft mit der Sowjetunion zu verpflichten.

Amerikaner und Engländer waren jedoch entschlossen, die Lubliner Regierung nicht anzuerkennen. So kam denn der Kompromiß von Jalta zustande: Stalin stimmte zu, daß in die von ihm bestallte Regierung auch ein paar Vertreter der polnischen Exilgruppen im westlichen Ausland aufgenommen wurden. Diese, wie der Westen meinte, „neue", nach sowjetischer Meinung aber lediglich erweiterte Regierung sollte alsbald freie Wahlen ausschreiben. Das erhoffte Kontrollrecht wurde indes den westlichen Botschaftern in Warschau verwehrt.

Der amerikanische Diplomat George Kennan, damals an der Botschaft in Moskau tätig, hatte vergebens dafür plädiert, in Polen aufs Ganze zu gehen: Der Westen sollte Stalin vor die Wahl stellen, entweder wirklich unabhängige Staaten in Osteuropa zuzulassen oder aber für den Rest des Krieges auf die materielle Hilfe des Westens zu verzichten. Die Polen-Erklärung von Jalta taugte nicht als Hebel, sie war – so Kennan – „bloß noch der Versuch, die Stalltür zu verriegeln, nachdem das Pferd schon gestohlen war".

Die Konfrontation mit Moskau riskierte der Westen erst, als Deutschland und Japan kapituliert hatten. In Jalta fühlten sich

Roosevelt und Churchill geradezu von einer Bürde befreit; die Exilpolen gingen ihnen mit ihrem Starrsinn noch mehr auf die Nerven als de Gaulle. Stalins vage Zusage, das Selbstbestimmungsrecht der Polen zu achten, genügte ihnen, die Londoner Exilregierung fallen zu lassen. Stalin meine es gut „mit der Welt und mit Polen", versicherte Churchill seinem Kabinett nach der Rückkehr von der Krim. Ein paar Wochen später war seine Zuversicht dahin. Denn bei den Botschaftergesprächen in Moskau versteifte sich der sowjetische Außenminister Molotow kleinkrämerisch auf die Buchstaben der Jalta-Erklärung – Kern der polnischen Regierung blieb für ihn das Lubliner Komitee unter kommunistischer Dominanz.

Die Folge: Gewählt wurde in Polen erst zwei Jahre später, und dann alles andere als frei. Dennoch hatten Roosevelt und Churchill das Äußerste herausgeholt, was damals unter den realen Machtverhältnissen in Europa möglich war. Hatte doch Stalin zu Tito gesagt: „Dieser Krieg ist anders als die Kriege der Vergangenheit. Wer ein Gebiet besetzt, legt ihm auch sein eigenes Gesellschaftssystem auf. Jeder führt sein eigenes System ein, so weit seine Armeen kommen. Es kann nicht anders sein." So verfuhr Stalin auch in Polen – und der Westen konnte allenfalls froh sein, daß es ihm in Jalta gelungen war, den Übergang zur totalen kommunistischen Herrschaft in Warschau um zwei Jahre hinauszuzögern. Als 1947 Stanislaw Mikolajczyk, der Führer der oppositionellen Bauernpartei und ehemalige Chef der Londoner Exilregierung, in den Westen flüchten mußte, war der Traum von der „Morgenröte des neuen Tages" (Roosevelts Berater Harry Hopkins über Jalta) endgültig dahin.

Doch die polnische Tragödie hatte schon 1939 angefangen – mit dem Hitler-Stalin-Pakt. Die Krim-Konferenz beschloß nicht die Teilung Europas; sie war, im Gegenteil, der letzte Versuch, die Katastrophe der osteuropäischen Völker aufzuhalten. Einer, der auf der Krim dabei war, der amerikanische Diplomat Charles Bohlen, urteilte ein Vierteljahrhundert später: „Die Landkarte von Europa sähe genau so aus wie heute, wäre die Konferenz von Jalta nicht abgehalten worden."

Als die Städte starben – Die Zerstörung von Würzburg

„Du warst wie ein Altar, / der Tag und Nacht brannte, / und deine Kirchen lagen da / wie offene Weihgefäße“ – so besang Gertrud von le Fort das schöne, alte Würzburg, das am Abend des 16. März 1945 in einem Bombenangriff der britischen Luftwaffe dahinsank. An das milde, schreckliche Frühjahr vor 45 Jahren zu erinnern scheint angezeigt, jetzt, da Deutschland hüben und drüben wieder zusammenfindet. Vor wenigen Wochen wurde zum erstenmal in gesamtdeutschem Rahmen des Untergangs von Dresden gedacht, diesmal ohne die üblichen ideologisch gefärbten Anklagen gegen die englisch-amerikanische Kriegführung. Aber über Dresden wird nur zu oft vergessen, was sonst noch alles gegen Ende des Krieges an alten Städten und unersetzlichen Kulturschätzen verlorenging.

Würzburg, dieses Kleinod europäischer Barockkunst mit der fürstbischöflichen Residenz von Balthasar Neumann, den vierzig Kirchen, den alten Domherrenhöfen und Bürgerhäusern, wurde im Verhältnis zu Dresden (bezogen auf Größe, Bevölkerungszahl und zerstörter Fläche) weitaus schlimmer getroffen als das vielbesungene „Elb-Florenz“. In einem offiziellen Werk der Royal Air Force (RAF) steht es schwarz auf weiß: „Keine andere Stadt außerhalb des Ruhrgebiets wurde so vollständig verwüstet, 89 Prozent von allen Gebäuden wurden zerstört.“ (In Dresden waren es rund fünfzig Prozent.) Neunzig Prozent der Bevölkerung mußten evakuiert werden.

Dabei verdankt Würzburg dieses grausame Schicksal womöglich nur einem Zufall. Max Domarus hat in seiner aktenkundigen Darstellung belegt, daß die Stadt nur deswegen auf die Zielliste der britischen Bomberflotte gelangte, weil die Verwaltung 1930 der Großmannssucht erlag:

Würzburg wollte „Großstadt“ werden. Deshalb hat man das freie mittelalterliche Heidingsfeld vor den Toren der Stadt eingemeindet, damit die Einwohnerzahl von 100 000 erreicht wurde.

Die britische Kriegführung hatte sich im Frühjahr 1942 entschlossen, einen strategischen Luftkrieg gegen Deutschland zu führen, um die Moral der Bevölkerung zu zermürben. Strategisch hieß: Durch Flächenbombardements (im Volksmund „Bombenteppich“) sollten systematisch alle 58 deutschen Großstädte im Reichsgebiet (also einschließlich Österreichs und der Ostprovinzen) zerstört werden. Lübeck und Rostock eröffneten den Totenreigen. Domarus zitiert den britischen Luftmarschall Sir Arthur Travers Harris („Bomber-Harris"), den einstigen Kommandeur der strategischen Bomberverbände: Bis zum Dezember 1944 hatte die RAF bereits achtzig Prozent der deutschen Großstädte „vollständig vernichtet oder sehr ernstlich zerstört". Die übrigen, besonders in Ostdeutschland, sollten 1945 an die Reihe kommen. Und so geschah es. Am 2. Januar wurde die Altstadt von Nürnberg ein Raub der Flammen, am 16. des Monats folgte Magdeburg.

Im Februar sanken Wiesbaden, Dresden, Chemnitz, Erfurt, Anfang März Halle und Dessau dahin. Die Würzburger hatten, ähnlich wie die Dresdner, gehofft, sie würden von den Bomben verschont bleiben. Aber erst eine Woche nach dem Angriff, am 23. März 1945, nach der Überquerung des Rheins durch die Alliierten, wurde die strategische Luftoffensive gegen deutsche Großstädte eingestellt. Drei schlesische Städte entgingen den Bomben, weil inzwischen die sowjetischen Armeen an der Oder standen. Potsdam und Plauen, weil schon im Frontgebiet, wurden aus militärtaktischen Gründen noch Mitte April aus der Luft zerstört.

Wie man sieht, traf es vor allem Großstädte in der heutigen DDR – so ist ihr Schicksal den Westdeutschen allmählich aus der Erinnerung entschwunden. Darüber darf man aber nicht die vielen Mittelstädte vergessen, die noch im Frühjahr 1945 gnadenlos zerstört wurden: so im Norden die alte Fachwerkstadt Hildesheim, so im Südwesten Pforzheim, so in der Mitte Halberstadt und Nordhausen. All diese Namen gemahnen die Menschen in den (noch) beiden Staaten daran, daß von deutschem Boden niemals wieder ein Krieg ausgehen darf.

Höret die Signale – Freiwillige Deutsche in der Roten Armee

Es geschah in der Nacht vom 21. zum 22. März 1945. In der Hauptkampflinie vor der „Festung Königsberg", wo weit unterlegene deutsche Streitkräfte die Schlußoffensive der Roten Armee erwarten, tauchen aus der Dunkelheit vor den Deckungslöchern der 1. Kompanie eines Volksgrenadierregiments Männer in deutschen

Uniformen auf. Die einen erzählen, sie seien ein versprengter Spähtrupp, andere behaupten, sie seien Pioniere und kämen vom Minenlegen aus dem Niemandsland. Doch immer heißt es plötzlich: „Hände hoch, wir sind vom Nationalkomitee Freies Deutschland! Kommt mit!“ Einige dringen auch in den Bunker des Kompaniechefs ein. Oberleutnant Grünwald erkennt sofort, daß Widerstand sinnlos ist – die Eindringlinge sind gut bewaffnet.

Ohne daß ein Schuß fiel, wurden auf einen Schlag 40 Landser in sowjetische Gefangenschaft entführt, nach anderen Berichten überhaupt alles, was von der Kompanie noch übrig war. Ein Husarenstück sondergleichen: Deutsche gegen Deutsche, Kameraden gegen Kameraden. Die Angreifer gehörten zu einer Kampfgruppe kriegsgefangener Antifa-Kämpfer, die von einem Leutnant Peters geführt wurde. Sie waren als „Frontschule“ dem Kommando der 1. Baltischen Front – gemeint ist eine sowjetische Armeegruppe – unterstellt.

Diese Einsätze bewaffneter deutscher Freiwilliger im Verband der Roten Armee sind in der bundesrepublikanischen Öffentlichkeit so gut wie unbeachtet geblieben. Dies ist um so erstaunlicher, als in der Endphase des Krieges alle Ostfrontkämpfer vor der „Seydlitz-Armee“ gewarnt wurden. General Walther von Seydlitz war Anfang Februar 1943 in Stalingrad in sowjetische Gefangenschaft geraten und hatte sich als Vizepräsident dem Nationalkomitee zur Verfügung gestellt, das im Juli 1943 in Krasnogorsk, einer Stadt südwestlich von Moskau, von kommunistischen Emigranten und deutschen Kriegsgefangenen gegründet worden war. Ihr erklärtes Ziel: Deutschland solle Hitler stürzen und aus eigener Kraft dem Krieg ein Ende bereiten.

Im März 1989 trat in einer eindrucksvollen Fernsehdokumentation, die zunächst nur im Dritten Programm der Nordkette gezeigt wurde, ein ehemaliger sowjetischer Offizier auf, der allein 33 Einsätze mit ehemaligen Wehrmachtsoldaten hinter den deutschen Linien angeführt hat. Der Hamburger Publizist Bernd C. Hesslein hatte 1988 die Erlaubnis bekommen, mit einem Kamerateam des „Norddeutschen Rundfunks“ in Krasnogorsk zu filmen, wo 1985 ein Museum der deutschen Antifaschisten eingerichtet worden ist. Er durfte das Archiv benutzen und Interviews mit ehemaligen sowjetischen Politoffizieren führen. Sein Film („Roter Stern und Stacheldraht. Umerziehung in sowjetischer Kriegsgefangenschaft“) ist ein Stück deutsch-sowjetischer Anstrengung, die Geschichte des Krieges aufzuarbeiten. Man steht damals erst am Anfang; viel Material war und ist noch zu sichten und auszuwerten.

Ohne Glasnost wäre es kaum möglich gewesen – zu diesem Teil der Vergangenheit hatten die Kommunisten in den letzten Jahrzehnten ein eher zwiespältiges Verhältnis. In der DDR, die seit 1949 die Tradition des „Antifa" hochhielt, wurde zum Beispiel des 40. Jahrestages der Komiteegründung nicht gedacht. DDR-Verteidigungsminister Heinz Keßler, im Juli 1941 zu den Russen übergelaufen, war einer jener Soldaten, die damals vom Nationalkomitee in die Schützengräben geschickt wurden, um deutsche Soldaten zum Überlaufen oder zur Kapitulation aufzufordern.

In den ersten Kriegsjahren hatte die sowjetische Frontpropaganda kaum Erfolg. Dies änderte sich erst mit dem Untergang der 6. Armee, die von Hitler auf dem verlorenen Posten in der Wolgametropole Stalingrad (heute Wolgograd) kaltblütig geopfert wurde.

Bis dahin hatten die meisten deutschen Soldaten auch in der Gefangenschaft noch fest an den Sieg geglaubt. Sie hatten immer nur gehört, der Russe sei bald am Ende. In Stalingrad gab es ein böses Erwachen aus Siegesillusionen und blindem Führerglauben. Zumal die Offiziere fühlten sich von Hitler verraten. Seydlitz berichtete noch Jahrzehnte danach mit Entsetzen in den Augen, wie er über Leichenberge steigen mußte, als er bei der Kapitulation aus dem Bunker geholt wurde.

Die Masse der Kriegsgefangenen verschloß sich auch jetzt noch dem Liebeswerben der sowjetischen Umerzieher, die sie den Antifaschismus und die Ideale einer humaneren Gesellschaft lehren wollten. Nur etwa zehn Prozent, so schätzt einer der Filmzeugen, hätten sich für die Antifa anwerben lassen. Etliche Opportunisten waren sicherlich dabei – sie wollten den harten Gulag-Bedingungen des Lagers entgehen. Aber es waren auch die anderen dabei, die Antinazis, die Enttäuschten, welche jetzt erst nachzudenken anfingen, die Wißbegierigen, die endlich erfahren wollten, was es mit dem Kommunismus auf sich habe.

Der ehemalige Antifa-Aktive Otto Engelbert (er verstarb kurz vor der Filmpremiere) berichtet, wer ihn umgedreht hat. Es war Lew Kopelew, der später in der Bundesrepublik lebende sowjetische Schriftsteller. Damals hieß er „der schwarze Major", ein blendend aussehender Offizier, der fließend Deutsch sprach und sich in der deutschen Literatur auskannte. Er muß ein wahrer Menschenfischer gewesen sein: tolerant, warmherzig, verständnisvoll, ganz anders als die üblichen Parteiapparatschiks, die aus berechtigter Angst vor der Geheimpolizei und dem Gulag gar nicht wagten, anders als in vorgestanzten Formeln zu reden.

Aber das entscheidende Erlebnis für den Kriegsgefangenen war jener Moment, als man ihm einen Stapel von Photos vorlegte, die man Gefallenen oder gefangenen deutschen Soldaten abgenommen hatte: „Man sah das offene Massengrab, man sah die dahinter stehenden Erschießungskommandos, man sah im Hintergrund Scharen von nackt ausgezogenen Menschen, darunter auch Frauen und Kinder." Otto Engelbert schämte sich – erst jetzt wechselte er bewußt auf die andere Seite.

Lew Kopelew, der ebenfalls in Hessleins Film auftrat, mochte am liebsten solch kritisch denkende, offene junge Menschen wie Engelbert, die sich den Übergang nicht leichtmachten. „Ich wollte ehrliche Kerle haben ... moralisch integre Menschen, die davon überzeugt waren, daß sie ihren Kameraden die Wahrheit sagen über diesen Krieg und zum baldigen Kriegsende verhelfen." Kopelew zählte zu jenen Umerziehern, die aus den Gefangenen nicht in erster Linie Kommunisten, sondern Antifaschisten, Volksfrontkämpfer machen wollten.

Noch heute entzünden sich unter Veteranen, aber auch unter Bundeswehrsoldaten Debatten über das Thema, ob denn die Leute vom Nationalkomitee als Verräter oder als Widerstandskämpfer gehandelt haben. Hesslein holte den Bundeswehrobersten a.D. Zank vor die Kamera, der sich vehement dagegen wehrte, die Seydlitz-Männer in die Berliner Ehrengalerie des Widerstands aufzunehmen. Für ihn waren sie Instrument stalinistischer Propaganda, ihm war Beweis genug, daß so mancher aus den Antifa-Lagern in der DDR Karriere gemacht hatte. Sein entscheidendes Argument: Die Antifa hätten, anders als die Männer des 20. Juli 1944, nie bewiesen, daß sie für ihre Sache ihr Leben einsetzten. Damit tat er den vielen unrecht, die Seite an Seite mit russischen Soldaten im Kampf gefallen sind, und jenen, die hinter den Linien gefaßt und von der Wehrmacht oder der SS füsiliert wurden.

Helmut Gollwitzer, selber Regimegegner und nach dem 8. Mai 1945 noch in sowjetische Gefangenschaft geraten (er schrieb das erste große Heimkehrerbuch), zögerte bei der Frage Hessleins. Zwar freute er sich als Soldat, wenn er die Kundgebungen des Nationalkomitees Freies Deutschland hörte oder las, denn so dachte auch er. Widerstand? Er hatte sich seinerzeit zu der Einsicht durchgerungen, man könne als Gefangener nicht politisch tätig sein. „Man wird damit Instrument des Gegners, und man verliert seine Freiheit."

Anders sah es Ludwig von Hammerstein, der als junger Offizier am 20. Juli beim Putsch in der Bendlerstraße dabei war. Er hätte sich von Gefühl und Temperament her in russischer Gefangenschaft ebenfalls dem Nationalkomitee angeschlossen. Im April 1944 fragte er den Generalobersten a.D. Ludwig Beck, einen der Anführer der Widerstandsbewegung. Beck antwortete ähnlich wie Gollwitzer: In Kriegsgefangenschaft könne man keine Politik machen, schon gar nicht in sowjetischer. Aber Verständnis für diese Gefangenen brachte Beck immerhin auf. Hammerstein: „Diese Offiziere und Soldaten haben subjektiv durchaus richtig gehandelt."

Führer von ihnen war der Jagdflieger Heinrich Graf von Einsiedel, ein Urenkel Bismarcks. „Wir haben die Existenz eines deutschen Widerstandes vorausgesetzt." Ihm wollten sie helfen, zugleich das deutsche Volk darüber aufklären, daß der Krieg nicht nur verloren, „sondern daß der Krieg von vornherein ein Verbrechen war und daß in dem Krieg unglaubliche Verbrechen geschahen". Bei einem erfolgreichen Aufstand gegen Hitler, so rechnet er vor, wäre die Hälfte der Kriegsopfer und die Hälfte der Zerstörungen den Deutschen erspart geblieben.

Der Einfall, den jungen Leutnant und Grafen zum Vizepräsidenten des Nationalkomitees zu wählen, verrät die geschickte Regie der kommunistischen Initiatoren. Als Präsident wurde der Schriftsteller Erich Weinert herausgestellt; sein Genosse Walter Ulbricht, der spätere SED-Chef und Staatsratsvorsitzende der DDR, hielt sich mehr im Hintergrund. Einsiedel erkannte später viel deutlicher als damals, in welch schwieriger Lage sich auch die kommunistischen deutschen Funktionäre befanden. Sie alle waren der Hölle der stalinistischen Säuberungen entronnen – die Angst saß ihnen im Nakken. Allmählich bekam der Antifa-Schüler und „Vizepräsident" auch ein Gespür für die Unterschiede unter den Genossen. Ein Mann wie sein Lehrer Wilhelm Zaisser haßte Ulbricht; daneben gab es Kommunisten, die vom freiheitlichen Sozialismus träumten, und „Apparatschiks wie Ulbricht, die im Stalinismus die Vollendung sahen".

Zur Gründungskonferenz fanden sich drei- bis vierhundert Menschen ein: KPD-Funktionäre, Antifa-Schüler, „Delegierte" aus den Gefangenenlagern, beschämend wenige Offiziere. Der Sitzungssaal im Ortssowjet von Krasnogorsk war mit schwarzweißroten Fahnen drapiert, also in den Farben des Bismarckreiches – Anklänge an die einstige deutsch-russische Freundschaft und an preußische Traditionen. Schwarzweißrot war die Kopfleiste der Zeitung „Freies Deutschland", war die Armbinde der Frontbevollmächtigten und ihrer Helfer, die man in russische Uniformen ohne Rangabzeichen steckte. Nach Reden und Wahlen sang man gemeinsam

„Brüder, zur Sonne, zur Freiheit". Pausenzeichen des Komitee-Senders wurden die Anfangstakte eines Liedes des Freiheitsdichters Ernst Moritz Arndt, das auch im „Dritten Reich" gesungen wurde: „Der Gott, der Eisen wachsen ließ, der wollte keine Knechte."

Das Gründungsmanifest, das bald darauf in Millionen Flugblättern auf die deutschen Stellungen herabrieselte, besticht noch heute durch seine prophetische Klarsicht: „Wenn das deutsche Volk sich weiter willenlos und widerstandslos ins Verderben führen läßt, dann wird es mit jedem Tag des Krieges nicht nur schwächer, ohnmächtiger, sondern auch schuldiger. Dann wird Hitler nur durch die Waffen der Koalition gestürzt. Das wäre das Ende unserer nationalen Freiheit und unseres Staates, das wäre die Zerstückelung unseres Vaterlandes."

Der entscheidende Part wurde der Wehrmacht zugedacht: „Ihr habt die Waffen! Bleibt unter den Waffen! Bahnt Euch mutig unter verantwortungsbewußten Führern ... den Weg zur Heimat, zum Frieden." Beschworen wurde der Geist von Tauroggen: Vorbilder des Freiheitskampfes sollten Männer wie Stein, Arndt, Clausewitz, Yorck sein, die zu einer Zeit, als deutsche Soldaten unter dem Oberbefehl Napoleons noch als Feinde auf russischem Boden standen, von Rußland aus an das Gewissen der Nation appellierten.

Zwei Monate später wurde ein Bund Deutscher Offiziere gegründet, der sich sofort dem Nationalkomitee anschloß – und damit seinen Sinn bereits verloren hatte. Viele Wochen hatten die hohen Offiziere ihre Entscheidung vor sich hergeschoben – sie mußten sich erst aus dem vor Gott beschworenen persönlichen Eid auf Hitler innerlich lösen, die Barriere überspringen, daß man nicht mit dem Feind paktieren und sich nicht des Landes- und Hochverrats schuldig machen darf. Die Filmbilder von der Gründungskonferenz berühren eigenartig: Deutsche Offiziere, angetan noch mit den Orden des „Dritten Reiches", rufen mit schneidigen Worten zum Kampf gegen Hitler auf – aus einem sowjetischen Lager.

Seydlitz, ein Feuergeist, der, wie Einsiedel in seinem „Tagebuch der Versuchung" spottet, von seiner neuen Rolle geradezu „betrunken" war, brachte es über sich, einem Deserteur minutenlang die Hand zu schütteln und ihn als „Herr Gefreiter" anzureden. Seinen Entschluß zur Tat rechtfertigte er nach dem Kriege auch mit der Zusage des russischen Generals Melnikow, man werde einem Deutschland ohne Hitler bei einem Friedensschluß die Grenzen von 1938 (also mit Österreich und dem Sudetenland) und die Einheit des Reiches garantieren.

Der von des Gedankens Blässe angekränkelte Generalfeldmarschall Paulus brauchte ein Jahr länger, bis auch er sich zur Rebellion bereitfand. Ihn rühmte der sowjetische General Alexander Schwetschwenko, damals in der Hauptverwaltung für antifaschistische Erziehung, als einen Patrioten für Deutschland: „Ich sage nicht für DDR, für das ganze deutsche Volk."

Am 8. Dezember 1944 veröffentlichten Paulus und an die fünfzig weitere Generäle einen Aufruf an Volk und Wehrmacht, sofort mit dem Krieg Schluß zu machen. Hitler aber, der Seydlitz in Abwesenheit zum Tode hatte verurteilen lassen, nötigte seinen Feldmarschällen einen Treueschwur ab, in dem sie sich von dem „feigen Verräter" distanzierten.

Aber da waren das Nationalkomitee und die Seydlitz-Armee, die eher nach Kompanien als nach Divisionen zählte, in Deutschland längst zum Begriff geworden. Ein erster Propagandaerfolg waren die täglichen Rundfunksendungen, in denen Grüße von Kriegsgefangenen an ihre Angehörigen verlesen wurden. Hitler hatte verboten, Gefangenenpost aus der Sowjetunion weiterzuleiten. Volk und Soldaten sollten glauben, daß die Sowjetrussen - von Hitler und der SS als jüdische Bolschewiken, als Untermenschen, als Bestien tituliert - keine Gefangenen machten.

Gezielte Frontpropaganda wurde zur wichtigsten Aufgabe des Komitees. Waren größere deutsche Verbände eingeschlossen, fuhren Seydlitz und andere Generäle an den Rand des „Kessels" und forderten über Lautsprecher ihre Offizierskarneraden und die Mannschaften zur Übergabe auf. Zurückgeschickte Kriegsgefangene mußten Briefe an die Kommandeure überbringen.

Die sowjetischen Politkommissare hatten schon früh gelernt, daß die Propaganda für Deutsche von den Deutschen selber gemacht werden mußte, und zwar von den Gefangenen. Denn die kommunistischen Emigranten hatten oft den Bezug zur Realität des nationalsozialistischen Deutschland verloren; ihre marxistischen Sentenzen kamen bei jungen Soldaten gar nicht an. Lew Kopelew berichtet, wie sehr ihn die ersten Begegnungen mit den Gefangenen enttäuschten. Er hatte sich nicht vorstellen können, daß die Jugend, sogar die aus dem Arbeiterstande, so hitlergläubig geworden sei, bereit zu jedem Opfer.

Aber bis Kriegsende hielt sich die Zahl der Überläufer in engen Grenzen; sie stand in keinem Verhältnis zum propagandistischen Aufwand. Nicht allein die goebbelsche Feindbild-Propaganda war schuld, wenn die Landser nicht aus ihren Bunkern und Schützengräben herauskamen. Manche hatten einfach ein schlechtes Gewissen – sie waren zu Zeugen oder Tätern geworden, als die Deutschen mit wahrer Vernichtungswut über das Land herfielen und ihre blutige Spur hinterließen. Wer weiterdachte, den störte die riesige Diskrepanz zwischen dem hohen Anspruch der kommunistischen Ideologie und der traurigen Realität des Mutterlandes aller Werktätigen. „Aber", so weiß Filmautor Hesslein aus eigener Fronterfahrung, „man läßt auch nicht seinen Haufen allein, will das Gefühl der Geborgenheit unter Kameraden nicht missen. Darum ziehen sich Kriege wohl so schrecklich in die Länge."

Was dann freilich passierte, als die rachedürstige Rote Armee deutschen Boden betrat und nun doch mancher Sowjetsoldat zwischen Faschisten und Deutschen nicht unterscheiden konnte oder wollte, schien die schlimmsten Befürchtungen der Nazi-Propaganda zu übertreffen und ließ den Widerstand der Verteidiger nur noch verbissener werden. Ähnlich groß war das Entsetzen der sechzig deutschen Fronthelfer, die im Januar 1945 den angreifenden russischen Truppen in Ostpreußen auf dem Fuße folgten. Sie erfuhren von Orgien des Grauens; die Armee, die doch das deutsche Volk befreien sollte, geriet ihren Kommandeuren aus der Hand. Mord, Vergewaltigung, Brandschatzung, Plünderungen, Deportationen waren an der Tagesordnung. Da wurde in wenigen Tagen und Nächten zunichte gemacht, was sich die Männer vom Nationalkomitee erträumt und was auch vernünftige Sowjetoffiziere wie Lew Kopelew erstrebt hatten: ein friedliches Miteinander der Völker. Die Ausschreitungen beim Einmarsch der Russen in Deutschland sollten auf Jahrzehnte noch das Klima zwischen den beiden Völkern ebenso vergiften wie die unbeschreibbaren Greuel der deutschen Invasoren in der Sowjetunion.

Aber auch in den letzten Kriegsmonaten taten die Fronthelfer des Nationalkomitees dennoch treu ihre Pflicht. Wer hinter die deutschen Linien zurückgeschickt wurde, mußte zuvor schwören, daß, sollte er selber zum Verräter am Kampf für die Rettung von Volk und Heimat werden, sein Leben verwirkt sein möge. „Meine Kampfgenossen mögen mich dann als Volksfeind und Verräter vernichten."

Man muß unter den bewaffneten Antifa-Gruppen – zumeist weniger als zehn Mann, teils mit Russen gemischt – zwei Arten unterscheiden: Die einen trieben im rückwärtigen Gebiet der Wehrmacht Feindaufklärung für die Rote Armee, die anderen wirkten im Auftrag des Nationalkomitees: verbreiteten Losungen, verteilten Flugblätter und Zeitschriften, beförderten Gefangenen-Post, versuchten Landser anzuwerben. Kampfhandlungen sollten sie aus dem Wege gehen, doch waren sie zwecks Selbstverteidigung bewaffnet. Viele dieser Gruppen operierten in Partisanengebieten und haben manche Guerilla-Aktion mit vorbereitet. Da sie sich als deutsche Soldaten tarnten, wußte jeder, was ihn erwartete, wenn er Wehrmachtsstreifen in die Hände fiel.

Professor Iwan Bejdin erzählt vor der Kamera, wie ihm bei seinem ersten Einsatz zumute war. Er sollte mit einer Gruppe deutscher Antifa hinter den Linien der Wehrmacht abspringen. Während die Deutschen im Flugzeug aufgeregt diskutierten, saßen ihre russischen Begleiter still in der Ecke. „Wir haben uns das so vorgestellt, wenn wir jetzt auf dem Boden sind, werden sie uns unter die Arme nehmen und zum ersten Kommandeur bringen." Er kann sich auch noch erinnern, wie einmal General von Seydlitz zugegen war, als die Waffen an seine Männer ausgehändigt wurden. Seydlitz habe in einer kurzen Ansprache der Gruppe viel Erfolg im Hinterland gewünscht.

Nach Kapitulation und Teilung des Deutschen Reiches ließ Stalin das außenpolitisch wie militärisch nun unnütz gewordene schwarzweißrote Komitee alsbald auflösen. Einige der Aktiven fuhren als Kommunisten in die sowjetische Besatzungszone, um dort beim Wiederaufbau mitzuwirken, merkwürdigerweise manch hoher Offizier dabei, den man eher weit rechts statt links vermutete. Wer sich nicht so kooperativ zeigte, wurde wie jeder gewöhnliche Plenny behandelt. Seydlitz wurde – ähnlich vielen deutschen Gefangenen – wegen angeblicher Kriegsverbrechen zum Tode verurteilt, dann zu 25 Jahren begnadigt. Er kehrte erst 1955, nach dem Besuch Bundeskanzler Adenauers in Moskau, mit den letzten Gefangenen zurück.

Im Mai 1945 machten Hunderttausende deutscher Soldaten überhaupt erst mit sowjetischen Gefangenenlagern Bekanntschaft. Die Aktivisten aus den Antifa-Schulen wurden weiterhin in die Lager geschickt. Aber sie zerrieben sich zwischen den Fronten: hier eine sture, inkompetente, gelegentlich korrupte Lagerkommandantur samt unerträglichen Gulag-Verhältnissen, dort die Masse der Gefangenen, die in den Antifa-Aktiven nur bloße Handlanger der Stalinschen Zwangsherrschaft zu sehen vermochten – sicherlich auch eine Folge des unseligen Spitzelsystems, mit dem der Geheimdienst die Lager überzog, so daß sich die Kameraden gegenseitig nicht mehr trauten.

Der Fernsehfilm Hessleins hat diese Schattenseiten keineswegs verschwiegen, sondern sehr deutlich kritisiert. Otto Engelbert charakterisiert den verhängnisvollen Umschwung im Verhältnis des sowjetischen Staates zu den deutschen Kriegsgefangenen nach 1945 mit der Parole: „Die wahre Gesinnung ist die wahre Arbeitsleistung." Aktivisten wurde zugemutet, die Arbeitsbrigaden zu höheren Normen anzutreiben. Hinzu kam die Wehleidigkeit vieler Gefangener, die allzu schnell das Massensterben der sowjetischen Kriegsgefangenen in Deutschland und die Entbehrungen der sowjetischen Bevölkerung vergaßen. Manchen wurde es dadurch bequem gemacht, gar nicht erst über die deutsche Vergangenheit nachzudenken. Hier hat die Sowjetunion unter Stalin eine große Chance verpaßt.

Inzwischen ist eine neue Generation nachgewachsen. Russen und Deutsche wollen gemeinsam den Schutt aus schlimmen Zeiten wegräumen. Nicht vergessen werden sie das Opfer jener jungen deutschen Soldaten, die in Königsberg, Breslau oder irgendwo in der Ukraine auf Soldatenfriedhöfen neben ihren sowjetischen Kameraden ehrenvoll beigesetzt wurden.

Warum die Allierten den Holocaust solange verschwiegen

Sie wußten viel mehr, als sie zugaben. Geahnt hatte man es schon lange, daß die militärische Aufklärung der Briten, der es nach und nach gelungen war, die Funksprüche der deutschen Wehrmacht zu entschlüsseln, auch Informationen über den Holocaust gesammelt hat. Bereits 1980 tat der amerikanische Historiker und Publizist Walter Laqueur kund, die sagenhafte Dechiffrierzentrale im Bletchley-Park habe 1941 den SS-Code geknackt. Nur ist der größte Teil dieses Geheimdienstmaterials in England bis heute top-secret.

Bestätigt wurde die Vermutung Laqueurs im November 1998 durch den Washingtoner Geschichtsprofessor Richard Breitman. Er hatte zusammen mit Kollegen durchgesetzt, daß die britischen Abhörprotokolle, von denen seit über einem halben Jahrhundert Kopien in den Tresoren der National Security Agency lagen, für die amerikanische Öffentlichkeit freigegeben wurden.

Es handelt sich um Erfolgsmeldungen der SD-Einsatzgruppen und Polizeibataillone, die im Sommer 1941 den in die Sowjetunion eindringenden deutschen Armeen auf dem Fuße folgten: insgesamt 282 engbeschriebene Seiten mit Fernschreiben aus dem Zeitraum vom 18. Juli bis zum 13. September. Danach trat Funkstille ein. Das Reichssicherheitshauptamt hatte angeordnet, Berichte über die Massenerschießungen im Baltikum, in Weißrußland und in der Ukraine nur noch per Kurier nach Berlin zu übermitteln.

Natürlich freuen sich die Zeithistoriker, jetzt im Detail nachlesen zu können, was deutsche und amerikanische Forscher schon im großen und ganzen in den achtziger Jahren aufgearbeitet haben. Was jetzt als Sensation verkauft wird, ist längst bekannt. Die „Vernichtung der jüdischen Rasse" in Europa, die Adolf Hitler am 30. Januar 1939 für den Fall eines Krieges angedroht hatte, begann im großen Stil mit dem Überfall der Wehrmacht auf die Sowjetunion am 22. Juni 1941 und nicht erst mit der Wannsee-Konferenz im Januar 1942, deren Bedeutung Eberhard Jäckel vor einigen Jahren relativiert hat.

Ebenfalls seit langem weiß man, daß, ehe die Schlote der Krematorien in den Todesfabriken zu qualmen begannen, im ersten halben Jahr des Rußlandfeldzuges über eine halbe Million Juden ermordet worden sind. Ähnliche Zahlen standen schon 1942 in angelsächsischen Zeitungen!

Dem Kriegspremier Winston Churchill wurden fast jeden Tag die abgehörten Funksprüche des Feindes einzeln oder zusammengefaßt auf den Tisch gelegt, und er hat sie auch gelesen. Aber warum hat er diese Verbrechensbeweise im Panzerschrank verschlossen? Die Antwort liegt auf der Hand: Der Feind sollte nicht merken, daß er belauscht wurde.

Vor ein paar Jahren wurden in London Dokumente veröffentlicht, denen zufolge Churchill auch 1942 an der Entschlüsselung des SS-Codes partizipiert hat. So erfuhr er, daß im Vernichtungslager Auschwitz allein in einem einzigen Monat 6 829 Männer und 1 525 Frauen umgekommen waren, nicht zuletzt als Opfer einer Flecktyphusepidemie. Die Deportationszüge rollten weiter nach Oberschlesien.

Immer wieder wird den westlichen Demokratien vorgeworfen, während des Krieges das Wissen über den Holocaust unterdrückt und so gut wie nichts unternommen zu haben, um Millionen jüdischer Europäer zu retten. Die Kritiker vergessen dabei, daß schon in der Vorkriegszeit jüdische Flüchtlinge aus Deutschland, Österreich und der Tschechoslowakei nirgendwo mit offenen Armen aufgenommen wurden. Im Gegenteil: Die Vereinigten Staaten hielten die Einwanderungsquoten niedrig; die Engländer, die es nicht mit den Arabern verderben wollten, achteten streng darauf, daß nicht zu viele Juden in ihr Mandatsgebiet Palästina einwanderten; und auf den Meeren irrten Flüchtlingsschiffe umher, denen die Zielhäfen verschlossen blieben.

Zwar schlugen die Wellen der Empörung in der westlichen Welt hoch, als die Nazis im Frühjahr 1933 jüdische Geschäfte boykottierten und 1938 die Synagogen in Brand steckten und 30 000 Juden in Konzentrationslagern einsperrten. Doch kein Staat brach deswegen die Beziehungen zum Großdeutschen Reich ab. Den Krieg haben England und Frankreich nicht der deutschen Juden wegen erklärt, sondern weil die Wehrmacht über Polen hergefallen war.

In den Jahren 1941/42, als die Deutschen Millionen Juden umbrachten oder verschleppten, war ein Sieg der Alliierten noch keineswegs sicher. England litt unter dem Unterseebootkrieg und konnte lediglich seine Bomberwaffe gegen Deutschland einsetzen. Die Amerikaner mußten sich zunächst der Japaner erwehren und brauchten in ihrer Gründlichkeit ein Jahr Vorbereitung, ehe sie den Sprung über den Atlantik wagten. Die deutschen Panzer standen vor Kairo und bedrohten Baku, und die Militärs – selbst ein Stauffenberg – träumten von einem Zangenangriff im Nahen Osten, der die britische Vorherrschaft gebrochen hätte. Schutzlos waren die Juden in den besetzten Gebieten und auch in einigen Satellitenstaaten ihren Todfeinden ausgeliefert.

Die Regierungen in England und Amerika und, in selbstauferlegter Disziplin, auch Rundfunk und Presse haben in den ersten Kriegsjahren das Leiden der verfolgten Juden als zweitrangig behandelt. Über die Massaker wurde zumeist nur auf den Innenseiten der Blätter berichtet. Britische Journalisten wollten vor allem keine Greuelpropaganda wie im Ersten Weltkrieg. Deshalb sollte nur gedruckt werden, was belegbar war oder aus zuverlässiger Quelle stammte.

Von Anfang an hüteten sich die westlichen Alliierten davor, einen Kreuzzug zur Rettung der Judenheit auszurufen. Ohnehin war es nicht leicht, Soldaten aus Übersee für einen Krieg im fernen Europa zu begeistern. Rücksicht auf den sowohl in England als auch in den Vereinigten Staaten noch viel häufiger als heutzutage anzutreffenden Antisemitismus schien vor allen den höheren Ministerialbeamten in den Außen- und Kriegsministerien geboten. (Der

US-Finanzminister Henry Morgenthau nannte sie „gleichgültig, gefühllos und vielleicht sogar feindselig".) Da mischten sich auch mal Stimmen ein, man könne sich nicht dauernd mit jammernden Juden abplagen.

In einem erstaunlichen Ausmaß gelangten vom Herbst 1939 an Nachrichten über die Not der polnischen Juden in den Westen. Kuriere und Funker der Untergrundbewegung (Heimatarmee), Geschäftsreisende, Flüchtlinge, Deserteure, Rotkreuzvertreter, Priester schilderten, wie die Menschen zu Hunderttausenden von Haus und Hof verjagt, in Ghettos zusammengepfercht, Hunger, Krankheit und Elend ausgesetzt wurden.

Einen Schock für die öffentliche Meinung und erst recht für die polnische Exilregierung in London verursachten dann im Mai 1942 Berichte der jüdischen Arbeitervereinigung „Bund", die ihr Vertreter in London, Szmuel Zygielbojm, der britischen Presse zuspielte. „Mehr als 700 000 polnische Juden sind in den größten Massakern der Weltgeschichte abgeschlachtet worden", hieß es im „Daily Telegraph". Diese Zahl wurde nach einer Woche auf über eine Million erhöht (tatsächlich waren es zu diesem Zeitpunkt schon anderthalb!).

Zum erstenmal erfuhr die Welt von den Gaskammern, die – nach Vorproben in Auschwitz an sowjetischen Kriegsgefangenen und kranken polnischen Häftlingen – im Lager Chelmno in Betrieb genommen wurden. Dort waren von Dezember 1941 bis März 1942 im Schnitt 1000 Menschen – Juden und auch Zigeuner – pro Tag vergast worden. Von Pogromen konnte man nicht länger reden: Hier wurde planmäßig die von Hitler in seinen jüngsten Reden abermals prophezeite Ausrottung der europäischen Juden vollzogen.

Der wichtigste Umschlagplatz für Nachrichten vom Holocaust im besetzten Europa wurde die neutrale Schweiz. Hier haben sich zwei Männer hervorgetan, die während des ganzen Krieges mit unermüdlichem Einsatz Beweise für das unglaubliche Menschheitsverbrechen sammelten: der aus Deutschland emigrierte junge Anwalt Gerhart Riegner, Vertreter des Jüdischen Weltkongresses in Genf, und der ehedem führende deutsche Zionist Richard Lichtheim, am selben Orte Horchposten der Jewish Agency for Palestine.

Ende Juli 1942 kamen zwei Boten aus Deutschland mit ungeheuerlichen Informationen ins Nachbarland. Der eine war Oberstleutnant Arthur Sommer vom Wirtschaftsamt des Oberkommandos der Wehrmacht, der seinem Kollegen, dem Ökonomieprofessor Edgar Salin, einen Zettel im Briefkasten hinterließ: „Im Osten werden Lager vorbereitet, in denen alle Juden Europas und ein Teil der russischen Kriegsgefangenen mit Gas vernichtet werden sollen.“ Salin möge diese Nachricht unverzüglich an Churchill und an Roosevelt weiterleiten. Sommer stellte sich vor, tägliche Warnungen über die BBC könnten das Zünden der Gasöfen noch verhindern. Aber in mehreren Lagern wurden schon seit Monaten Menschen mit Zyklon B umgebracht. Salin hat versucht, die Warnungen über Mittelsleute an den Mann zu bringen, aber, wie Raul Hilberg festgestellt hat, sie sind anscheinend ohne Wirkung verpufft.

Wie eine Bombe schlug jedoch die Botschaft ein, die der Unternehmer Eduard Schulte, Generaldirektor der schlesischen Bergwerksgesellschaft Georg von Giesches Erben in Breslau (30 000 Beschäftigte), am 30. Juli 1942 seinem Geschäftspartner Isidor Koppelmann überbrachte. Schulte war ein Jagdfreund des pommerschen Gutsbesitzers und unerbittlichen Nazigegners Ewald von Kleist-Schmenzin, der nach dem 20. Juli 1944 hingerichtet wurde. Er selber hielt schon vor 1933 die Nazis für Gangster. Als er von einem längeren Besuch Himmlers in Auschwitz erfährt, reist er sofort in die Schweiz. Seine Mitteilung gelangt über verschiedene Personen schließlich zu Riegner, der zunächst skeptisch ist, da man ihm den Namen des Boten verheimlicht. Doch dann geht ihm plötzlich ein Licht auf, warum die Nazis in den letzten Monaten aus Frankreich, den Beneluxstaaten und auch aus Berlin Juden in den Osten deportiert haben. So schickt er dann Telegramme nach London und Washington:
erhielt alarmierenden bericht in fuehrerhauptquartier sei plan diskutiert und erwogen dreieinhalb bis vier millionen juden in den von deutschland besetzten und kontrollierten gebieten nach deportation und konzentration im osten mit einem schlag vernichtet werden sollen, um die judenfrage in europa ein fuer allemal zu loesen – stop – aktion ist fuer herbst geplant, art der ausfuehrung noch nicht festgelegt – stop – die rede war von blausaeure – stop – uebermittlung der nachricht mit allen gebotenen vorbehalten, da wir die richtigkeit nicht ueberpruefen koennen [zu diesem Einschub hatte ihm Riegners Lehrer, der Professor für internationales Recht Paul Guggenheim, geraten] – stop – informant soll enge beziehungen zu hoechsten deutschen stellen haben und ist als zuverlaessig bekannt

Im State Department und im Foreign Office wollte man sich nicht gleich auf diese heikle Sache einlassen, da sie den Diplomaten zu phantastisch erschien, zumal der Bote anonym blieb. Rabbi Stephen Wise, der Vorsitzende des American Jewish Congress, erfuhr den Inhalt des Fernschreibens nur auf dem Umweg über den Labour-Abgeordneten Sidney Silverman vom britischen Jüdischen Weltkongreß.

Niemand im Westen wußte bis dahin, daß der Holocaust bereits in sechs Vernichtungslagern praktiziert wurde. Schultes Warnung hinkte also den Ereignissen hinterher, auch sollten die Millionen Juden keineswegs „mit einem Schlag" erledigt werden.

In den kommenden Wochen sammelten Riegner und Lichtheim so viele neue Informationen, daß die alliierte Diplomatie gar nicht mehr umhinkonnte, die Mitteilungen Schultes ernst zu nehmen. Der hatte inzwischen behauptet, es gebe einen Führerbefehl zur Vernichtung der Juden; das gleiche wollte der ehemalige Völkerbundkommissar in Danzig, Carl J. Burckhardt, Vizepräsident des Internationalen Komitees vom Roten Kreuz, gehört haben. (Ein solcher Befehl ist bis heute nicht gefunden worden.)

Am 22. Oktober 1942 suchten Riegner und Lichtheim gemeinsam den amerikanischen Gesandten in der Schweiz, Leland Harrison, auf und übergaben ihm ein Dossier, in dem sie alles, was sie inzwischen über den Holocaust wußten, zusammengestellt und mit Dokumenten ergänzt hatten. Kurz darauf informierten sie auch die britische Vertretung. Von nun an konnte unter den Verantwortlichen in Washington und London und bei den Juden in Palästina niemand mehr die Augen vor dem Grauen verschließen.

Mehr und mehr bemächtigte sich auch die Presse des politisch noch immer heiklen Themas. Allerdings brauchten die jüdischen Führer in Palästina und auch in den USA viele Monate, die Vernichtung der europäischen Judenheit als gegeben hinzunehmen. Einige klammerten sich an Zahlenspiele und sprachen von zwei Millionen Toten, wo doch schon die Leichen von vier Millionen verbrannt oder in Massengräbern verscharrt waren.

Nicht den viel zu vorsichtigen Forderungen der Judenvertreter in den Vereinigten Staaten war es zuzuschreiben, daß sich im November des Jahres 1942 auf einmal eine internationale Reaktion auf die nationalsozialistischen Untaten entwickelte, sondern den Appellen des polnisch-jüdischen Untergrunds. Seine Botschaft an die Vereinten Nationen des Westens wird von dem ehemaligen nichtjüdischen Kavallerieoffizier Jan Karski überbracht, der bei Kurierfahrten durch das besetzte Europa schon mehrmals sein Leben riskiert hat.

Wie Karski viel später, nun Professor in Amerika, enthüllt hat, wurde von den alliierten Westmächten und der polnischen Exilregierung die öffentliche Erklärung verlangt, daß es Teil ihrer Kriegsstrategie sei, die Ausrottung der Juden zu verhindern. Durch Flugblätter und über Rundfunk sollte das deutsche Volk über die Verbrechen aufgeklärt und zugleich aufgerufen werden, auf seine Regierung Druck auszuüben. Bei Nichtbefolgen würden der Nation Repressalien angedroht, zum Beispiel Vergeltungsangriffe aus der Luft. Uneinsichtige deutsche Kriegsgefangene oder Auslandsdeutsche müßten gewärtig sein, für die Verbrechen verantwortlich gemacht zu werden.

Vom Exilpräsidenten der Polnischen Republik, Wladyslaw Raczkiewicz, erwarteten die Untergrundkämpfer, er solle den Papst um Schutz für die Juden ersuchen: Öffentlich verkündete Exkommunikationen könnten das deutsche Volk, eventuell sogar den Katholiken Hitler, zum Nachdenken bringen. Zur Rettung jüdischer Bürger, vor allem in den Ghettos, wurde um Geld, Medikamente, Lebensmittel und Kleidung gebeten. Schließlich sollte General Sikorski, Regierungschef und Oberhefehlshaber, den Widerstandskämpfern, die sich in den Ghettos formierten, Waffen der Heimatarmee aushändigen lassen.

Auch wenn die meisten Forderungen nicht erfüllt wurden, fühlten sich die Exilpolen in London und auch alliierte Politiker aufgerüttelt, besonders durch die Erzählungen Karskis vom Sterben der Menschen im Warschauer Ghetto. Sogar Präsident Roosevelt empfing den Kurier, gab ihm aber nur die Worte mit auf den Weg, er solle seiner Nation sagen, „daß wir den Krieg gewinnen" Ähnliche Sprüche hatte der US-Präsident parat, wenn jüdische Vertreter bei ihm Trost suchten.

Unter dem Druck der Exilpolen, des Jüdischen Weltkongresses und der Presse schlug der britische Außenminister Anthony Eden den verbündeten Großmächten eine Erklärung der Vereinten Nationen („United Nations") vor. Trotz amerikanischer Bedenken setzte sich Eden durch: Am 17. Dezember 1942 verurteilten Amerika, Großbritannien und die Sowjetunion nebst den acht Exilregierungen der von den Deutschen eroberten Länder sowie das Nationalkomitee General de Gaulles gemeinsam Deutschlands „bestialische Vernichtungsmethoden aufs schärfste". Die über BBC ausgestrahlte Anklage war unmißverständlich: „Von keinem der Deportierten hat man je wieder gehört. Die Arbeitsfähigen werden in Lagern zu Schwerarbeit gezwungen, bis sie vor Erschöpfung sterben. Die Kranken und Schwachen läßt man an Unterkühlung oder Hunger sterben, oder sie werden kaltblütig massenweise hingemordet." Auf Anregung des sowjetischen Botschafters Maisky wurde die Zahl der unschuldigen Opfer „auf viele Hunderttausende" geschätzt. Nachdem Außenminister Anthony Eden die UN-Erklärung im Unterhaus verlesen hatte, erhoben sich die Abgeordneten zum stillen Gedenken.

Gescheitert ist der Versuch der angloamerikanischen Diplomatie, Papst Pius XII. zu bewegen, sich der Erklärung anzuschließen. Die katholische Kirche wußte genau, was in Polen geschehen war. Doch hätte der Papst Deutschland, das er zu dieser Zeit noch als Bastion gegen den heidnischen Bolschewismus ansah, anklagen wollen, so mußte er auch die Kriegsverbrechen der Russen aufgreifen. Da die Kirche für ihre Gläubigen in allen Ländern dazusein hatte, zog sich der Vatikan in Sachen Holocaust auf die unverbindliche Formel zurück, die Berichte über den Massenmord an den Juden seien nicht nachprüfbar (übrigens weigerte sich das britische Kabinett noch 1943, die Gaskammern öffentlich zu erwähnen). Doch hat der Heilige Vater in seiner Radioansprache zu Weihnachten 1942 der Hunderttausende gedacht, „die ohne jedes Verschulden, manchmal nur wegen ihrer Nationalität oder Rasse, dem Tod oder einem langsamen Siechtum überantwortet sind".

Neben der Kirche gab es eine andere moralische Institution, von der sich die Juden in ihrer Not noch viel mehr Hilfe erhofften: das Internationale Rote Kreuz. Da immer mehr Schreckensmeldungen aus dem Osten die Schweiz erreichten, berief das Internationale Komitee vom Roten Kreuz (IKRK) in Genf für den 14. Oktober 1942 eine Vollversammlung ein, um über einen Appell an die kriegführenden Mächte zu beraten. Die Erklärung unterblieb, da die Argumente der Spitze und der Politiker alle überzeugten: Man wollte weder die Neutralität der Schweiz aufs Spiel setzen noch riskieren, daß Hitler die Genfer Konventionen kündigte. Die Delegierten in den einzelnen Ländern wurden angewiesen, „sich um die Juden nur mit größter Diskretion und Vorsicht zu kümmern".

Zwar hat das Rote Kreuz 1943/45 – inzwischen hatte sich das Kriegsglück von den Deutschen abgewendet – rund 120 000 Hilfspakete an die Konzentrationslager im Reich versandt. Aber da war das Ansehen des IKRK längst lädiert, zumal es, so der Genfer Historiker Jean-Claude Favez, „das Risiko nicht einging, das ganze Gewicht seiner moralischen Autorität in die Waagschale zu werfen".

Im Frühjahr 1944 schien sich zum erstenmal für die Alliierten eine Chance zu bieten, den Holocaust zumindest zeitweise mit militärischen Mitteln zu unterbrechen. Am 7. April flohen zwei junge slowakische Häftlinge aus dem Lager Auschwitz-Birkenau: Walter Rosenberg alias Rudolf Vrba und Alfred Wetzler. Sie wollten die Welt über die Zustände in Auschwitz aufklären und eine Million ungarische Juden vor ihrer Deportation warnen, auf die sich die SS schon vorbereitete. Die Warnung kam zwar via Slowakei in Budapest an, wurde aber von den Judenräten geheimgehalten. Sie wollten ihre Verhandlungen mit der SS über ein Tauschgeschäft (10 000 Lastwagen gegen KZ-Häftlinge) nicht stören lassen. Judenverfolger Eichmann konnte nun in aller Stille die Deportation organisieren. Seit Mitte Mai rollten die Züge nach Auschwitz, und nach sechs Wochen waren schon 437 000 Männer, Frauen und Kinder mit Gas gemordet worden.

Anfang Juni tauchten noch zwei Flüchtlinge in der Slowakei auf. Sie berichteten, jeden Tag würden 12 000 Juden getötet; da die Krematorien nicht ausreichten, verbrenne man viele Leichen in grossen Gräben. Vierzehn Tage später hielt Gerhart Riegner in Genf die zusammengefaßten Berichte der vier Flüchtlinge in Händen. Er handelte sofort: Die zuständigen Stellen in London, Washington und Palästina wurden alarmiert. Mit einemmal war das Vernichtungslager Auschwitz, das alle anderen Todesfabriken der Nazis in den Schatten stellte, weltbekannt – sieben Monate vor der Befreiung des Lagers durch die Rote Armee.

Als im Mai 1944 die Deportationen aus Ungarn einsetzten, forderten jüdische Gruppen von den Alliierten, die Bahnlinien nach Auschwitz zu bombardieren. Alle Bitten wurden mit dem Argument abgelehnt, daß wegen kriegswichtiger Operationen keine Flugzeuge für solchen Zweck abgezweigt werden könnten. Die Angriffe erübrigten sich schließlich, da der ungarische Reichsverweser Miklos von Horthy – auf Drängen ausländischer Staatsoberhäupter, unter ihnen auch der Papst – die Deportationen am 9. Juli 1944 gestoppt hatte.

Doch nun verlangten die Judenvertreter, man solle wenigstens die Gaskammern und Krematorien in Auschwitz zerstören. Dies um so mehr, als inzwischen die Alliierten damit begonnen hatten, in einem Radius von siebzig Kilometern rund um Auschwitz die Hydrierwerke für synthetischen Treibstoff zu bombardieren. Zweimal – im August und im September 1944 – wurden auch die IG-Farben-Werke unweit von Birkenau angegriffen. Es gab hervorragende Luftaufnahmen vom Lager, doch die Auswerter interessierten sich nur für die Lage der IG-Farben-Fabriken. Die britische und die amerikanische Luftwaffe schoben sich gegenseitig den Schwarzen Peter zu.

Ihre Bedenken wirken hergeholt, denn zur gleichen Zeit haben die Alliierten den Aufstand der polnischen Heimatarmee in Warschau aus der Luft unterstützt. Da das Morden in Auschwitz noch bis in den November andauerte, wird man Walter Laqueur Recht geben dürfen: „Hunderttausende wären zu retten gewesen."

Der 8. Mai 1945 – Die deutsche Kapitulation in Karlshorst

Am 8. Mai 1945, 24 Uhr. Im Kasinosaal der Pionierschule Berlin-Karlshorst drängen sich ein Dutzend Sowjetgeneräle, mehrere hohe alliierte Offiziere, viele Ordonnanzen und etwa hundert Journalisten und Photographen. Aller Augen und das grelle Licht der Jupiterlampen richten sich auf die Tür. Es wird feierlich still. Herein tritt, gemessenen Schritts und hochaufgerichtet, Generalfeldmarschall Wilhelm Keitel, der Chef des Oberkommandos der deutschen Wehrmacht. Das breite Kinn trutzig vorgeschoben, hebt er die Hand mit dem Marschallstab kurz zum Gruß. Schweigen umfängt ihn. Marschall Georgij Schukow, Sieger der Schlacht um Berlin und nun Oberbefehlshaber der sowjetischen Besatzungstruppen in Deutschland, hat zuvor die Parole ausgegeben, die Vertreter der geschlagenen deutschen Streitkräfte weder mit ihrem Rang anzureden, noch sie zu grüßen.

Auf viele Augenzeugen dieser nächtlichen Stunde, die das Schicksal des Deutschen Reiches besiegeln sollte, wirkte Keitels Auftritt arrogant und abstoßend. Doch es gab auch andere Empfindungen. Schukow erinnert sich: „Nein, das war nicht mehr der hochmütige Keitel, der die Kapitulation des besiegten Frankreichs entgegengenommen hatte. Jetzt sah er niedergeschlagen aus, obwohl er sich Mühe gab, Haltung zu bewahren." Und mit einem Anflug von Sympathie gesteht Major-General Sir Kenneth Strong, der alliierte Geheimdienstchef: „Ich konnte nicht umhin, seine Gelassenheit und den ihn umgebenden Hauch von Autorität zu bewundern ... Er wurde von den deutschen Offizieren überhaupt nicht geschätzt und wegen seiner engen Beziehungen zu Hitler viel kritisiert, aber wenn sich die Deutschen für diesen Tag der Kapitulation eine majestätische Gallionsfigur wünschten, dann konnten sie niemanden gewählt haben, der selbstbewußter war als Keitel."

Gewiß steht Keitel in diesen bitteren Minuten jene Szene vor Augen, als er im Juni 1940 im Wald von Compiègne die französische Waffenstillstandsdelegation durch eine hochfahrende Rede tief gedemütigt hat. Da er jetzt den ebenso eleganten wie arroganten französischen General de Lattre de Tassigny am Tisch der Sieger erblickt, entfährt es ihm unwillkürlich: „Was, die Franzosen auch? Die haben uns noch gefehlt!" Er kann nicht ahnen, welch hohe Achtung gerade dieser Offizier dem deutschen Gegner entgegenbringt („Es hat in unserer Zeit noch einige ganz große Leistungen gegeben, zum Beispiel die Deutschen in Stalingrad.").

Der deutschen Delegation – außer Keitel gehören ihr Generaloberst der Flieger Stumpf und Generaladmiral von Friedeburg an – wird ein „Katzentisch" zugewiesen. Ihre Adjutanten müssen stehenbleiben. Einer von ihnen weint, ohne daß sich ein Muskel in seinem Gesicht bewegt. Nervös, mit geballten Fäusten, lauscht Keitel der Übersetzung der Kapitulationsurkunde, deren Text er seit Stunden kennt. Er gibt zu erkennen, daß er die Dokumente an seinen Tisch gebracht haben möchte. Doch Schukow befiehlt ihm: „Kommen Sie zum Schreiben hierher!"

„Mit einem unguten Blick auf das Präsidium erhob sich Keitel rasch von seinem Platz", so berichtet der sowjetische Marschall in seinen Memoiren. „Dann senkte er die Augen, nahm langsam seinen Marschallstab vom Tisch und kam mit unsicheren Schritten auf unseren Tisch zu. Sein Monokel fiel herunter und baumelte an der Kordel, das Gesicht bedeckte sich mit roten Flecken."

Unter zuckenden Blitzlichtern setzt sich der Feldmarschall schwerfällig an den großen Tisch, legt Mütze und Stab vor sich, streift den Handschuh ab, schiebt die Tintenfässer beiseite, klemmt das Einglas ins linke Auge und zückt seinen Füllhalter. Er zögert, tut, als ob er lese und setzt dann seinen Namen umständlich unter die fünf Exemplare der Kapitulationsurkunde. Es ist der 9. Mai 1945, 0.16 Uhr deutscher Sommerzeit.

Bis heute haben sich die Gelehrten nicht einigen können, auf welches Datum die deutsche Kapitulation anzusetzen sei. Denn in Karlshorst wurde sie nur noch ratifiziert, nachdem Generaloberst Jodl bereits in den frühen Morgenstunden des 7. Mai in General Eisenhowers Hauptquartier zu Reims im Namen der deutschen Wehrmacht kapituliert hatte. In Kraft getreten war die Kapitulation am 8. Mai um 23.01 Uhr mitteleuropäischer Zeit (oder 24.00 deutscher

Sommerzeit). In Großbritannien, den Vereinigten Staaten, Frankreich und anderen Ländern wurde der Sieg über Deutschland am 8. Mai gefeiert. Aber zur selben Stunde, als der britische Kriegspremier Winston Churchill, der amerikanische Präsident Truman und der französische Regierungschef de Gaulle ihren Völkern das freudige Ereignis verkündeten, sendete Radio Moskau wie üblich sein Kinderprogramm. Schon in der Stunde des gemeinsamen Sieges traten die Risse in der unnatürlichen Koalition zwischen kapitalistischen und kommunistischen Staaten deutlich hervor.

In diesem Falle waren daran die Deutschen nicht ganz unschuldig. Großadmiral Karl Dönitz, von Hitler bestellter Nachfolger und des Reiches letzter Präsident, hatte seinen Soldaten schon vor der offiziellen Kapitulation befohlen, den Kampf gegen die amerikanischen und britischen Truppen einzustellen, an der Ostfront jedoch solange wie irgend möglich weiterzukämpfen, damit noch Hunderttausende von Soldaten und Zivilisten dem Zugriff der Roten Armee entkommen und sich über die Linien der westlichen Alliierten retten konnten. Mit Recht witterte Marschall Stalin dahinter den Versuch, die Alliierten gegeneinander auszuspielen, glaubten doch damals viele Deutsche, sie würden alsbald Seite an Seite mit den Westmächten den „Kampf gegen den Bolschewismus“ wiederaufnehmen.

Die Tinte auf den Kapitulationsurkunden in Reims war noch nicht trocken, da wurde Eisenhower, dem alliierten Oberbefehlshaber in Europa, ein Schreiben des stellvertretenden sowjetischen Generalstabschefs Antonow übergeben: Moskau weigerte sich, die Unterzeichnung anzuerkennen. Inzwischen hatten nämlich die Russen festgestellt, daß die von Eisenhowers Stabschef Bedell Smith vorgelegten Texte nicht mit denen übereinstimmten, die zuvor von den Beauftragten der Regierungen in Washington, London und Moskau gebilligt worden waren. Wahrscheinlich hatte General Bedell Smith in der Aufregung den falschen Entwurf aus dem Panzerschrank genommen. Eisenhower beeilte sich jedenfalls, den Sowjets zu versichern, daß er sich peinlich an die Verpflichtung gehalten habe, keinen separaten Waffenstillstand abzuschließen. Schließlich habe ja der sowjetische Vertreter bei seinem Stabe, General Susloparow, mitunterschrieben.

Stalin verlangte, die Kapitulationsurkunde von Reims nur als Vorprotokoll zu betrachten. Da die Sowjetunion die Hauptlast des Krieges getragen habe, müßten die Deutschen vor dem obersten Kommando aller Kriegführenden kapitulieren und zwar in ihrer eigenen, von den Russen eroberten Hauptstadt Berlin. Eisenhower bedauerte aufrichtig, daß ihn der Brief Antonows zu spät erreicht hatte, und erklärte sich sogleich bereit, nach Berlin zu fliegen, um zusammen mit Schukow die Zeremonie zu wiederholen. Deshalb sollte auch Keitel anwesend sein.

In Windeseile richteten die Sowjettruppen das zerstörte Berlin für den Empfang her. Die Anfahrtstraßen inmitten der schwelenden Ruinen wurden von Schutt geräumt. Rotarmisten fuhren mit Lastwagen durch die nächtliche Stadt und requirierten Möbel, Teppiche, Vorhänge, Bestecke, Gläser und Blumen. Uniformierte Sowjetmädchen schneiderten derweilen an die tausend Fahnen. Als Decke für den langen Tisch im Kasino der Pionierschule mußte grau-grüner Uniformstoff herhalten.

Am 8. Mai um 10 Uhr wartete auf dem Flughafen Tempelhof eine sowjetische Abordnung, an ihrer Spitze General Sokolowski, mit drei Ehrenkompanien auf die Ankunft Eisenhowers. Aber zur maßlosen Enttäuschung der Russen schickte der alliierte Oberkommandierende seinen Vertreter, den britischen Luftmarschall Arthur Tedder, der sich mit heiterer Ironie in die peinliche Situation zu fügen wußte.

In Reims hatte man es sich in der Zwischenzeit anders überlegt. Eisenhowers Berater und auch Winston Churchill fanden es nicht in der Ordnung, wenn sich der Oberbefehlshaber der alliierten Truppen in Europa von einem sowjetischen Marschall einladen ließ, der nur eine Heeresgruppe kommandierte. Außerdem wollten die Amerikaner diesmal gern ihrem britischen Verbündeten den Vortritt lassen. Für die Amerikaner reiste der Befehlshaber der strategischen Luftwaffe, General Spaatz, mit, der sich nun, unter respektvollem Beifall der Russen, überzeugen konnte, was seine Bomber in Berlin angerichtet hatten.

Bei der Ankunft in Tempelhof passierte ein weiteres Mißgeschick, das den labilen Zustand der Siegerkoalition augenscheinlich werden ließ. General de Lattre, dem Eroberer von Straßburg, von de Gaulle als Repräsentant wiedererstandener französischer Großmacht ausersehen, widerfuhr ein beispielloser Affront: Die Russen hatten weder eine französische Fahne gehißt noch ihrer Militärkapelle die Noten der Marseillaise ausgehändigt. Auch in Karlshorst vermißte er die vertrauten Farben. Junge Russinnen mußten hastig aus einer alten Hakenkreuzfahne, einem Bettlaken und blauen Drillichhosen eine Trikolore zusammenflicken. Als General de Lattre ihr Werk zu Gesicht bekam, fühlte er sich abermals gefoppt: Die

Näherinnen präsentierten ihm die Fahne Hollands – sie hatten die Streifen falsch gelegt.

Die alliierten Generäle und die deutsche Delegation mußten länger als einen halben Tag auf den Unterzeichnungsakt warten. Schukow hatte zunächst keine Vollmachten, da Stalins Sonderbeauftragter, der stellvertretende Außenminister Wyschinski, noch mit den Instruktionen unterwegs war. Zum erstenmal bekamen die alliierten Militärs einen Vorgeschmack von den schwierigen Verhandlungen, die ihnen noch mit den sowjetischen Besatzern bevorstanden. Wyschinski, der ehemalige Hauptankläger in den Stalinschen Schauprozessen, brachte allerlei formale Einwände vor. Zwei Stunden lang wurde darüber gestritten, ob die Generäle Spaatz und de Lattre überhaupt als Zeugen unterschreiben dürften. De Lattre warf sich in die Brust: „Wenn ich zulasse, daß mein Land ausgeschlossen wird, dann verdiene ich, aufgehängt zu werden." Schließlich fand der Jurist aus Moskau das Ei des Kolumbus: Amerikaner und Franzose mußten ihre Unterschriften tiefer setzen als Schukow und Tedder.

Bei der Sitzordnung gab es nochmals eine Panne. Es war vereinbart worden, daß als Vertreter der alliierten Seestreitkräfte Admiral Burrough neben Marschall Tedder Platz nehmen sollte. Ungeachtet des britischen Protestes aber setzte sich Wyschinski auf den Stuhl des Admirals.

Nachher, beim Siegesbankett, das bis zum Morgengrauen dauerte, ließ russische Gastfreundschaft allen Ärger zunächst vergessen. Wodka und Champagner flossen in Strömen. Russische Generäle sangen und tanzten. Wyschinski hob sein Glas: „Alle, die ihr hier seid, ich nenne euch Kameraden. Briten, Russen, Franzosen, Amerikaner: wir sind in diesem Weltkrieg eine einzige Völkerfamilie geworden Den deutschen Banditen aber rufe ich zu: Wir werden niemals vergessen, und wir werden niemals verzeihen, ganz gleich, wie viele Deutsche über die Trümmer Berlins weinen mögen."

Unversöhnlicher Haß – aber er kam nicht von ungefähr. Ein russischer General erklärte es: „Sie müssen verstehen: Wyschinski hat die Verlustlisten der Sowjetunion überwacht. Er weiß besser als alle anderen, was wir erlitten haben. Unsere Verluste dürften sich auf zwölf bis fünfzehn Millionen Tote beziffern, davon schätzungsweise die Hälfte Soldaten, die andere Hälfte Zivilisten. Es gab Gelegenheiten, da wir mit einer einzigen Entscheidung 500 000 Mann opferten und opfern mußten, wenn wir das Vaterland retten wollten."

Währenddessen machte sich Feldmarschall Keitel ernstlich Gedanken, ob ihn die Russen überhaupt wieder heil aus Berlin herausließen. Aber die von ihm so sehr verachteten bolschewistischen Sieger zeigten sich überaus großzügig: Sie bewirteten die deutsche Delegation nach dem Unterzeichnungsakt mit einem opulenten Mahl, entschuldigten sich sogar noch, daß es „so bescheiden" ausgefallen sei. Seit Monaten hatten die Deutschen solchen Luxus nicht mehr gekannt. Keitel war sichtlich angetan: „Zum Schluß gab es noch gefrorene frische Erdbeeren, die ich zum erstenmal in meinem Leben vorgesetzt erhalten hatte."

Am 8. Mai früh schrieb Harry Truman, seit vier Wochen Präsident der Vereinigten Staaten von Nordamerika, einen Brief an seine Mutter und seine Schwester: „Liebe Mama und Mary, heute werde ich einundsechzig Jahre alt und habe vergangene Nacht im Präsidentenschlafzimmer des Weißen Hauses geschlafen. Die Maler sind fertig, und einige Möbel stehen wieder an ihrem Platz. Ich hoffe, daß Freitag alles für Euch bereit ist. Mein teurer Goldfüllhalter funktioniert nicht so, wie er sollte. – Heute ist ein historischer Tag. Um neun Uhr vormittags werde ich über den Rundfunk zur Nation sprechen und die Kapitulation Deutschlands verkünden ... Ist das nicht ein schönes Geburtstagsgeschenk?"

Als Harry Truman kurz darauf die Journalisten zu sich ins Büro ließ, verhehlte er seine Freude nicht: „Die Fahnen der Freiheit wehen über ganz Europa – auch zur Feier meines Geburtstages, der ebenfalls heute ist." Aber seine Jovialität, auch die Banalität seines Morgenbriefes, waren nur vorgeschützt. Er hatte nämlich in der Frühe schon Ärger mit Churchill gehabt, der „aufgeregt wie eine Henne, die ins Wasser fällt", darauf gedrängt hatte, die Kapitulation in Reims noch vor der mit den Russen vereinbarten Zeit bekanntzugeben.

Die Nachricht, die Eisenhower und Truman so gern um einen Tag hinausgezögert hätten, war längst um den Erdball. Obwohl der General die Journalisten zum Schweigen vergatterte, hatte der AP-Korresponderit Ed Kennedy die Meldung über Jodls Unterschrift seinem Büro in London durchgegeben. Er fühlte sich nicht mehr an das Schweigegebot gebunden, nachdem er am Nachmittag des 7. Mai über BBC den Text einer Rede des deutschen Reichsaußenministers Schwerin von Krosigk gehört hatte.

Graf Schwerin von Krosigk, ein konservativer Beamter, der Hitler die ganzen Jahre hindurch als Finanzminister treu gedient hatte, war von Dönitz zum leitenden Minister seiner Regierung ernannt worden. Er war es, der den Großadmiral davon abhielt, nach der bedingungslosen Kapitulation von seinem Amt zurückzutreten: „Sie dürfen sich niemals sagen lassen: Das ist der Mann, der ohne Kampf die deutsche Einheit aufgegeben hat." Er war es, der noch vor Churchill das berühmte Wort vom „Eisernen Vorhang" gebrauchte, „hinter dem, den Augen der Welt entzogen, das Werk der Vernichtung der in die Gewalt der Bolschewisten gefallenen Menschen vor sich geht". Er war es, der nun am 7. Mai 1945 über den Sender Flensburg dem deutschen Volk die bedingungslose Kapitulation bekanntgab und zu einer Zeit, als kaum ein Deutscher die dritte Strophe des Deutschlandliedes kannte, schon die Richtpunkte vorwegnahm, nach denen sich vier Jahre später die Bundesrepublik Deutschland orientieren sollte: „Wir müssen uns den Weg durch das Dunkel der Zukunft durch drei Sterne erleuchten und führen lassen, die stets das Unterpfand echten deutschen Wesens waren: Einigkeit und Recht und Freiheit."

Die Deutschen, noch wie betäubt von den Schlägen der Niederlage, gewahrten erst nach Tagen, daß der Weltkrieg in Europa zu Ende war. Zum Jubeln war kein Anlaß, jeder dachte nur ans Überleben. Doch rund um Deutschland – den Osten ausgenommen, wo immer noch geschossen wurde – feierten die Völker – kriegführende und neutrale gleichermaßen – den „V-Day", den „Victory Day". Fahnen wehten, Glocken läuteten, Sirenen heulten, glückliche Menschen tanzten und sangen auf Straßen und Plätzen und beteten in den Kirchen. In Amerika und England war die Begeisterung etwas gedämpfter als anderswo, denn noch tobte in den Dschungeln und auf den Inseln Ostasiens ein grausamer Krieg.

Vor dem Buckinghampalast versammelte sich abends eine Menge, die wohl an die halbe Million zählte. Sie wartete, bis sich endlich das Königspaar mit seinen beiden Töchtern winkend auf dem Balkon zeigte. Zur gleichen Zeit hielt Winston Churchill – siegesgewiß wie eh und je mit der unvermeidlichen Zigarre und dem glückverheißenden V-Zeichen – vor Zehntausenden von Londonern in Whitehall eine kurze Rede: „Gott segne euch alle. Dies ist euer Sieg! ... Jeder Mann und jede Frau haben ihr Bestes getan." Was nicht im Protokoll steht, hat später ein Schweizer Augenzeuge berichtet. Mit dem Schalk im Mundwinkel fragte Churchill die Londoner „Were we ever downhearted?" Und dem vielstimmigen „No" folgte ein brausendes Gelächter, das Aufjauchzen eines Volkes, das dem Verderben um Haaresbreite entronnen war.

Eine der schönsten Hauptstädte Europas, die der Krieg bisher verschont hatte, fand an diesem 8. Mai noch keinen Frieden. Während die Truppen des amerikanischen Generals Patton auf sowjetischen Wunsch bei Pilsen verhalten mußten und die Panzerkolonnen Marschall Konjews von Nordböhmen her sich der tschechoslowakischen Hauptstadt näherten, versuchten in Prag tschechische Aufständische – Benesch-Anhänger und Kommunisten – die Widerstandsnester der SS und der Wehrmacht niederzuringen. Sie hatten einen unerwarteten Verbündeten gefunden: die erste Division der russischen Wlassow-Armee. Diese Soldaten, die als Hiwis der Deutschen gegen ihr eigenes Land gekämpft hatten, waren nun vor lauter Enttäuschung der Wehrmacht in den Rücken gefallen. Die Männer mit dem Andreaskreuz auf den Ärmeln ihrer deutschen Uniformen hofften, sie könnten sich als Befreier Prags so gut bei den Amerikanern einführen, daß ihnen die Auslieferung an die Sowjetunion erspart blieb.

Seit den Morgenstunden verhandelte der deutsche Stadtkommandant General Toussaint mit dem tschechischen Nationalrat über die Bedingungen eines freien Abzugs. Gegen Abend begann endlich, im Schutze einer Waffenruhe, der Auszug der deutschen Truppen, denen kommunistische Partisanen und sowjetische Panzer dicht auf den Fersen blieben. Und mit ihnen flüchteten die Wlassow-Verbände aus der Stadt, die sie mit Blumen empfangen hatte. Denn statt der erhofften Amerikaner stand nun die Rote Armee vor den Toren Prags. Die meisten der flüchtenden Russen wurden später von Eisenhower an die Sowjetunion ausgeliefert.

Mit Bitternis im Herzen verfolgte im fernen London Winston Churchill die Prager Tragödie. Vergebens hatte er General Eisenhower gedrängt, den Russen zuvorzukommen und Prag durch amerikanische Soldaten zu befreien. Zum zweitenmal seit 1938 fühlte sich das tschechische Volk vom Westen im Stich gelassen. Viele Tschechen schlossen sich nun aus innerster Überzeugung der kommunistischen Partei an; die CSR stellte sich unter den Schutz der mächtigen Sowjetunion.

Die Freude Europas über den gemeinsamen Sieg der Anti-Hitler-Koalition währte kaum länger als einen Tag. „Sorgen um die großen Fragezeichen der Zukunft bedrückten mein Herz, indes sich rund um mich herum die Londoner Bevölkerung nach all ihrem bitteren Leiden dem wohlverdienten Jubel hingab“, schreibt Churchill in seinen Memoiren. Der Premierminister wappnete sich schon für den nächsten Krieg, den man bald den „kalten“ nennen sollte. Einen Tag nach der deutschen Kapitulation bat er General Eisenhower, unbedingt die Zerstörung des deutschen Kriegsmaterials zu verhindern. „Wir werden all dies eines Tages vielleicht dringend brauchen...“

Die Vergessenen von Stukenbrock

Donner zerschlägt die Stille. Ein fürchterlicher Donner: röhrend, krachend, grollend. Er ist überall, bricht sich wieder und wieder an den Bäumen des herbstlichen Parks. Acht britische „Harrier“ starten über die Kriegergräber hinweg. Kaum ist die Stille zurückgekehrt, da rumpelt im Hintergrund ein Panzer über die Rollbahn. „Ruhet in Frieden, Kameraden“, lesen wir auf einem verwitterten Grabstein.

Wir stehen auf dem russischen Soldatenfriedhof Stukenbrock, unweit der Bundesstraße 68 zwischen Bielefeld und Paderborn. Er ist der größte in der Bundesrepublik. Eine frisch renovierte Inschrift auf den Obelisken mit den drei Sowjetsternen und dem orthodoxen Kreuz besagt, daß hier rundum 65 000 „in der faschistischen Gefangenschaft zu Tode gequälte“ russische Soldaten begraben wurden. Beamtete Personen in der Umgebung versäumen nicht, ein „angeblich“ vor diese Zahl zu setzen: Als vor Jahren einmal der Regierungspräsident in Detmold bei überlebenden Gefangenenwärtern und in den Archiven nachforschte, ergaben die Schätzungen zwischen 25 000 und 32 000 Tote.

Sagen wir lieber: Unzählige wurden hier verscharrt, auf einem staubigen Feld des Truppenübungslagers Senne, in 36 Reihengräbern, jedes 112 Meter lang. Man kippte sie in tiefe Gruben, stapelte sie übereinander, nackt, ohne Sarg. Längst ist Gras über den Totenacker gewachsen. Bäume, wie Russen sie lieben, recken sich gen Himmel: Birken und Kiefern, Roteichen und Lärchen. Mitten drin, wie geduckt, ein Monument aus verschränkten Kreuzen, aus Stein gehauen von dem Paderborner Bildhauer Josef Rikus.

Vergebens die Mühe, sich vorstellen zu wollen, daß unter dem Rasen so viel Menschen liegen wie die Einwohnerschaft einer ganzen Stadt. Erst an den 788 Einzelgräbern wird menschliches Schicksal wieder faßbar. Diese Toten – Kriegsgefangene neben Zwangsarbeitern, viele Frauen darunter, blutjung die einen, andere schon nahe den fünfzig – wurden in den sechziger Jahren hierher gebracht, als man im Regierungsbezirk die verstreuten Gräber auflöste. Dürre Heide wuchert vor den Gedenksteinen mit den kyrillischen Lettern. Dmitrij, Wassilij, Konstantin, Wladimir, Michail, Maxim, Pawel, Pjotr, Igor, Iwan – Anastasia, Maria, Nina, Irina, Galina, Vera, Anna – Namen wie aus Romanen von Dostojewskij und Tolstoj. Manchmal nur ein schlichtes „Unbekannter Soldat“.

Vor den Obelisken und an der offenen Gedenkhalle verdorren Sträuße und Kränze mit verfaulenden Schleifen, Überreste vom Antikriegstag 1981. Die Aufschriften, kaum noch zu entziffern, passen zu den Düsenjägern und Panzern der Nato nebenan: „Für das Leben, gegen Neutronenwaffen" – „Stukenbrock verpflichtet – Keine USA-Atomraketen in der BRD". Nicht nur Diplomaten und Delegationen aus der Sowjetunion, der DDR und Polen, nicht nur deutsche Kommunisten sind hier gewesen, auch Jusos, Falken, Kriegsdienstverweigerer. Aber kein Bonner Politiker war offiziell dabei, kein Bundeswehrgeneral, kein Bischof machte sich je auf, um diese Toten zu ehren.

Auch die Menschen im Dorfe leben nicht mit dem Russenfriedhof, sie ignorieren ihn. Kaum jemand ist noch anzutreffen, der sich an das große Gefangenenlager in der Nähe erinnern kann, und wenn, so redet er nicht gern davon. Die Deutschen hörten von Dachau, Buchenwald, Belsen – von Stukenbrock steht nichts in den Schulbüchern. Wer weiß schon, daß in der Nähe der KZ-Gedenkstätte Bergen-Belsen vier große russische Friedhöfe angelegt wurden? Wer weiß schon, daß allein in der Bundesrepublik 325 000 sowjetische Kriegstote bestattet sind?

Dort, wo in der ostwestfälischen Senne einst das berüchtigte „Stalag (Stammlager) 326" angelegt wurde, wo dann 1945 nach dem Auszug der sowjetischen Kriegsgefangenen Nazi-Funktionäre interniert und später ostdeutsche Vertriebene einquartiert waren, breitet sich heute die größte Polizeischule Nordrhein-Westfalens aus. Ein paar Baracken aus Deutschlands finstersten Zeiten stehen noch, aber sie wurden vor sechs Jahren mit viel Kosten von Grund auf erneuert – nichts erinnert mehr daran, daß hier einmal auf hölzerne Pritschen, die knapp für hundert Menschen reichten, deren 500 oder 600 gepfercht wurden.

Soweit sichtbar, verschwendete niemand im Lande einen Gedanken daran, auf dem Lagergelände ein Museum einzurichten. So trefflich funktionierten die Mechanismen der Verdrängung, daß sich bares Entsetzen einstellte, als vor vielen Jahren ein junger Historiker, Christian Streit, den Mord an 3,3 Millionen sowjetischen Kriegsgefangenen der Vergessenheit entriß. Vielleicht dachte Bundesverteidigungsminister Apel damals auch an Stukenbrock, als er die Traditionspflege neu regelte. Denn dieses Kriegsverbrechen geschah unter der Verantwortung der deutschen Wehrmacht.

Noch vor dem Überfall auf die Sowjetunion hatte Hitler befunden, daß sowjetische Soldaten für die Deutschen „keine Kameraden" sein könnten. Der Generalstab nahm es hin. Nach dem Krieg hatten Hitlers Generäle allerlei Entschuldigungen zur Hand, wenn sie auf das Massensterben der sowjetischen Kriegsgefangenen angesprochen wurden. Gewiß waren die vorwärtsstürmenden deutschen Armeen überfordert, als sie Hunderttausende von Gefangenen und Überläufern zu versorgen und unterzubringen hatten. Den Amerikanern erging es im Frühjahr 1945 nicht anders, nachdem sich das deutsche Westheer im Ruhrkessel ergeben hatte. Aber in Rußland galten von Anfang an keine ritterlichen Maßstäbe: Auf sowjetische Menschenleben brauchte keine Rücksicht genommen zu werden. Die Militärs trösteten sich damit, daß die Sowjetunion ja die Genfer Konvention nicht unterzeichnet habe. Tatsächlich aber hatte Stalin den Deutschen angeboten, diese Regeln gemeinsam zu respektieren, nur hatte Hitler bewußt nicht darauf reagiert.

Zu Zehntausenden starben die sowjetischen Kriegsgefangenen im Sommer und Herbst 1941 bereits auf dem Marsch in die rückwärtigen Durchgangslager: ohnehin erschöpft von schweren Kämpfen, verhungerten und verdursteten sie am Wegesrand. Wer schlapp machte, wurde erschossen. Und viele von denen, die hinten ankamen, raffte das Fleckfieber hinweg. Die Überlebenden wurden auf Hungerrationen gesetzt. Wer ihnen mehr zukommen ließ, beging „Diebstahl am deutschen Volk". Noch meinte die Führung, sie brauche die Gefangenen gar nicht – der Krieg sollte ja in drei Monaten zu Ende sein. Auch wollte man sie ungern ins Reichsgebiet lassen – zu tief steckte den Militärs noch der Schock der November-Revolution von 1918 in den Knochen: Mußte man nicht befürchten, daß „bolschewistische" Gefangene die ehedem fünf Millionen kommunistischen Wähler aufhetzten?

Gegen Ende 1941 änderte sich diese Einstellung. Nun schrie auf einmal die Kriegswirtschaft nach den Millionen russischer Arbeitssklaven, und nun ergingen Befehle, die Gefangenen „aufzupäppeln". Freilich galt weiterhin die Devise des Reichsfeldmarschalls Hermann Göring: „Schaffung eigener Kost (Katzen, Pferde usw.). Kleidung, Unterbringung, Verpflegung etwas besser als zu Hause, wo die Leute zum Teil in Erdhöhlen wohnen."

Fürwahr, Löcher in die Erde buddeln mußten sich die ersten sowjetischen Gefangenen, die im Juli 1941 in der Eselsheide nahe dem Stukenbrocker Forellkrug eingezäunt wurden. Ihre Tagesration bei schwerster körperlicher Arbeit: 200 Gramm Russenbrot (eine eigens erfundene Mischung aus 50 Prozent Roggenmehl, 20 Prozent Zuckerrübenschnitzel, 20 Prozent Sägemehl und zehn Prozent Strohmehl oder Laub), ein halber Liter Ersatzkaffee und eine Schöpfkelle Wassersuppe aus ungeschälten Rüben, Kartoffelschalen, Kräutern und Baumblättern. Das waren, wenn es hochkam, zwischen 700 und 800 Kalorien. Sogleich begann das Massensterben in Stukenbrock. Die Toten wurden unweit des Gemeindefriedhofs begraben, ein paar hundert Meter von „Stalag 326" entfernt.

Am schlimmsten war der strenge Winter 1941/42. In einem Dokument der Reichswirtschaftskammer ist vermerkt, daß allein vom November bis Januar 500 000 Russen im Wehrmachtsbereich gestorben sind. Überlebende aus Stukenbrock erinnern sich: „Stalag 326 wurde auf unseren Knochen gebaut. Jedes seiner Ziegel, jede Baracke, jeder Meter Stacheldrahtzaun ist begossen mit russischem Blut. Sie brachten unsere Leute um durch Hunger, Kälte, erschöpfende Arbeiten, Krankheiten und Folter. Sie hetzten uns mit Hunden, erschossen unsere Kameraden." Prügelstrafen und stundenlange Stehappelle bei Wind und Wetter waren an der Tagesordnung. In den späteren Jahren folgte die „Vernichtung durch Arbeit": halbgeschwächte Gefangene mußten in den Bergwerken des Ruhrgebiets unter Tage arbeiten. Wer von Stukenbrock zu den westfälischen Bauern aufs Land verlegt wurde, konnte noch von Glück reden.

Am 2. April 1945 wurde das Russenlager von amerikanischen Soldaten befreit. Sofort machten sich die überlebenden Gefangenen daran, ihren toten Kameraden ein Denkmal zu erbauen. Künstler, Ingenieure und Architekten entwarfen einen Plan. Die Männer in der Baugrube lösten sich alle zehn Minuten ab, so außer Kräften waren sie noch. Auch einige Deutsche halfen ihnen. Das Material für den Friedhof besorgten sich die Russen in den Ruinen der umliegenden Städte. Vor jedes Massengrab setzten sie einen Stein, das Epitaph jeweils in Russisch, Englisch oder Deutsch. Einige Inschriften bezeugen noch den Geist jener Tage: „Ihr starbt mit heißgeliebten Worten – Heimat, Stalin" oder „Terror und Hunger stärkten bitteren Haß in Eueren Herzen gegen Faschismus".

Eine rote Fahne aus Gipsplastik krönte den Obelisken. Sie wurde in den fünfziger Jahren, in der Hochblüte des Kalten Krieges, von den Deutschen entfernt und durch ein russisch-orthodoxes Kreuz ersetzt. Die Anlage wird heute von der Gemeinde Schloß Holte/Stukenbrock gepflegt, mit einem jährlichen Aufwand von etwa fünfzigtausend Mark. In den sechziger Jahren taten sich in Lemgo kirchliche Bruderschaften, Kommunisten, Jungsozialisten zusammen, um das Gedenken an den Massenmord wachzuhalten. So entstand die Aktion „Blumen für Stukenbrock", zu der sich alljährlich um den 1. September herum Tausende auf dem Friedhof einfinden.

Die Pflege der russischen Gräber in der Bundesrepublik ist Sache der Kommunen, die Kosten trägt der Bund. Wenn Leonid Breschnjew, kurz nach dem Volkstrauertag, in Bonn sein wird, dürfte ihn der Kanzler fragen, was denn für die deutschen Gräber in Rußland getan werde. 2,2 Millionen Soldaten sind in der Sowjetunion gefallen oder in Gefangenschaft gestorben – über ihre Ruhestätten weiß man fast nichts.

Und dennoch: Zum An-die-Brust-Klopfen ist kein Anlaß. Eher zur Einkehr. Wann wohl wird sich ein deutsches Staatsoberhaupt vor den Gräbern von Stukenbrock verneigen?

Endstation Potsdam – Die Großen Drei in Cecilienhof

„Was ist Deutschland?“ fragte Winston Churchill in Potsdam. Fünfundzwanzig Jahre lang beruhigten sich die Bürger der Bundesrepublik mit der Vorstellung, Deutschland sei das Reich in den Grenzen von 1937. Bis zum Frühjahr 1970 wurden die alten Grenzen jeden Abend auf der Wetterkarte des Deutschen Fernsehens gezeigt; Konturen, die sich dem Unterbewußtsein einprägten.

Für jene Staatsmänner freilich, die fünfundzwanzig Jahre zuvor im Schloß Cecilienhof bei Potsdam, im Landsitz des letzten deutschen Kronprinzen, über das Schicksal des geschlagenen und unterworfenen deutschen Volkes beratschlagten, für die „Großen Drei“ Stalin, Churchill, Truman gab es nicht den geringsten Zweifel, daß ein Deutschland, wie es seit 1871 existiert hatte, nie wieder auferstehen sollte. Ein kleines Frage-und-Antwort-Spiel am Rande – in der zweiten Plenarsitzung, am Nachmittag des 18. Juli 1945 – ist lehrreicher als noch so viele juristische Abhandlungen über die ungebrochene Kontinuität des Deutschen Reiches.

„Was bedeutet 'Deutschland' jetzt?“ unterbrach Winston Churchill den amerikanischen Außenminister Byrnes, der gerade vorlas, wie er und sein britischer und sowjetischer Kollege sich die Verwaltung Deutschlands vorstellten. Und dann entspann sich folgendes Gespräch, das hier nach den beiden amerikanischen Protokollen und dem russischen Text rekonstruiert wird.

Truman: „Was versteht die sowjetische Delegation darunter?"

Stalin: „Deutschland ist das, was nach dem Kriege daraus geworden ist. Ein anderes Deutschland gibt es nicht. Österreich zum Beispiel ist jetzt nicht mehr ein Teil Deutschlands."

Truman: „Warum sagen wir nicht: das Deutschland von 1937?"

Stalin: „Abzüglich dessen, was es 1945 verloren hat."

Truman: „Es hat 1945 alles verloren." (Hier fügt das russische Protokoll hinzu: „Deutschland existiert jetzt faktisch nicht.")

Stalin: „Deutschland ist, wie man uns sagt, ein geographischer Begriff. Man kann unmöglich über die Ergebnisse des Krieges hinwegsehen."

Truman: „Aber wir brauchen eine Linie, von der wir ausgehen können."

Stalin: „Soll zum Beispiel im Sudetenland die deutsche Verwaltung wieder eingesetzt werden?"

Truman: „Ich habe das Deutschland von 1937 vorgeschlagen."

Stalin: „Formal kann man es so verstehen, in der Wirklichkeit ist es nicht so. Wenn in Königsberg eine deutsche Verwaltung auftauchen wird, werden wir sie fortjagen, ganz gewiß fortjagen!"

Truman: „Wir haben vereinbart, daß territoriale Veränderungen auf der Friedenskonferenz entschieden werden."

Stalin: „Lassen Sie uns die Westgrenze von Polen jetzt festlegen, dann wird die Frage klarer werden."

Truman: „Das kann am besten geschehen, wenn entschieden worden ist, was mit Deutschland geschehen soll."

Stalin: „Es ist für mich sehr schwierig auszudrücken, was jetzt unter Deutschland zu verstehen ist. Das ist ein Land, das keine Regierung, das keine festen Grenzen hat. Es hat überhaupt keine Truppen, keine Grenzwachen. Es ist in vier Besatzungszonen zerteilt. Und nun definieren Sie, was Deutschland ist. Es ist ein zerschlagenes Land!"

Truman: „Ich schlage trotzdem vor, daß wir das Deutschland von 1937 als Ausgangspunkt nehmen."

Stalin: „Ausgehen kann man von überall. Von irgend etwas muß man ausgehen. In diesem Sinne kann man auch das Jahr 1937 nehmen."

Churchill: „Einverstanden." (Nach dem russischen Text soll er aber auch gesagt haben: „Nur als Ausgangspunkt. Das heißt nicht, daß wir uns darauf beschränken.")

Wer die Wiedervereinigung will und sich einzig auf Potsdam berufen wollte, wäre schlecht beraten. Die gemeinsame Verantwortung der vier Alliierten, auf die sich die Bundesregierung 1970 bezieht, ist in Abkommen festgelegt, die alle vor Potsdam geschlossen wurden. Zwar findet man auch im Abschlußkommuniqué – später als Potsdamer Abkommen deklariert – einige Ansätze für eine Wiedervereinigung des gevierteilten Reiches: Deutschland soll als politische und wirtschaftliche Einheit behandelt werden; es sind gesamtdeutsche Staatssekretäre vorgesehen, die dem Alliierten Kontrollrat unterstehen, und zwar besonders („particularly“) für Finanzen, Transport, Verkehr, Außenhandel und Industrie; eine deutsche Zentralregierung wird für eine spätere Zeit nicht verneint.

Praktisch wird im Potsdamer Abkommen durch zwei Entscheidungen die deutsche Einheit aufgehoben. Erstens wird Deutschland in zwei Reparationszonen aufgeteilt: Reparationszone West und Reparationszone Ost, der Grundsatz der wirtschaftlichen Einheit also durchbrochen. Zweitens wird die Autonomie der vier Zonengouverneure bestätigt; unterschiedliche Ideologien und Interessen der vier Besatzungsmächte entwerten das Prinzip der politischen Einheit, das jederzeit durch ein Veto im Kontrollrat außer Kraft gesetzt werden kann.

Winston Churchill enthüllte seinem Leibarzt bereits in den ersten Tagen der Konferenz die bittere Wahrheit: „Die Idee eines einheitlichen Staates Deutschland existiert nicht mehr.“ Von einem Friedensvertrag mit einer gesamtdeutschen Regierung wird denn auch im Potsdamer Abkommen konsequenterweise nicht gesprochen.

In Potsdam wurde zwar eigens für die Vorbereitung von Friedensverträgen ein Rat der Außenminister gegründet, dem außer der Sowjetunion, Amerika, England und Frankreich auch China angehören sollte. Aber er hatte Friedensverträge nur für Deutschlands ehemalige europäische Verbündete (Italien, Rumänien, Bulgarien, Ungarn und Finnland) auszuarbeiten. Für Deutschland hingegen ist lediglich eine „Friedensregelung“ eingeplant: „Der Rat wird mit der Vorbereitung einer Friedensregelung für Deutschland befaßt, die von der deutschen Regierung angenommen wird, wenn eine solche Regierung gebildet wird.“ Dieser Satz wurde von den Amerikanern in den Kommuniquétext eingebracht; es ist bezeichnend, daß im ursprünglichen Entwurf der amerikanischen Delegation das Wort „peace treaty“ handschriftlich durch „peace settlement“ ersetzt worden ist.

Was mit „Friedensregelung“ gemeint war, blieb unklar. Man kann den entsprechenden Passus im Potsdamer Abkommen so auslegen, daß die Siegermächte später einmal, wenn das deutsche Volk seine Prüfungszeit bestanden hatte, einer dann zu bildenden Zentralregierung den Frieden diktieren wollten. Der Satz kann aber ebenso besagen, daß in dieser Friedensregelung die Teilung Deutschlands festgelegt wird.

Noch in der Gipfelkonferenz von Jalta, fünf Monate vor Potsdam, hatten Stalin, Roosevelt und Churchill eine Kommission benannt, die über die Zerstückelung Deutschlands („dismemberment“) beraten sollte. Auch der neue amerikanische Präsident Truman hat, obschon er in seinen Memoiren das Gegenteil andeutet, eine Aufteilung Deutschlands in mehrere souveräne Staaten anvisiert. Er wollte – ähnlich wie Churchill – Deutschland in der Horizontalen, entlang der Mainlinie, spalten. Baden, Württemberg und Bayern wollte er mit Österreich und Ungarn zu einem Donaubund vereinigen, Rheinland, Ruhrgebiet und Saarland in einem „Weststaat“ zusammenfassen, das restliche Deutschland unter dem Namen Preußen weiterleben lassen.

Aber in Potsdam kam Truman anscheinend nicht mehr darauf zu sprechen, und auch Stalin und Churchill drückten sich um dieses Thema herum. Schließlich gefiel die Teilung von 1945 entlang einer militärischen Demarkationslinie keiner Seite. Als sich die Siegermächte darüber klar wurden, daß das Bündnis zwischen Kapitalismus und Kommunismus den Tag der deutschen Kapitulation nicht überleben werde, erschien es auf einmal nicht mehr so wichtig, Deutschland niederzuhalten, als vielmehr das ganze deutsche Volk in das jeweilige machtpolitische und gesellschaftspolitische System einzubeziehen.

Stalin war der erste gewesen, der sich öffentlich von den Teilungsplänen distanziert hatte. In Potsdam haben er und Molotow zielstrebig, wenn auch vergebens, die Kontrolle über das Ruhrgebiet angesteuert – nicht so sehr, um die Weltrevolution voranzutreiben, sondern um die ungeheuren Kriegsschäden in der Sowjetunion mit Hilfe der Schwerindustrie an Rhein und Ruhr zu beseitigen. Sollten die Arbeitskraft und das Wirtschaftspotential des ganzen deutschen Volkes für den russischen Wiederaufbau nutzbar gemacht werden, dann durfte die wirtschaftliche Einheit Deutschlands nicht aufgegeben werden.

Zu demselben Schluß, wenn auch aus anderen Motiven gelangten die politischen Planer in Washington und in London. Maßgebende Beamte des State Departments und hohe Militärs haben Präsident Truman vor seiner Reise nach Potsdam von der Teilung Deutschlands abgeraten. Ihre Begründung: Eine politische Spaltung wäre sinnlos, wollte man nicht auch die wirtschaftliche Einheit zerreißen. Wirtschaftliche Spaltung Deutschlands jedoch bedeute wirtschaftlichen Rückschritt für ganz Europa. Die amerikanischen Politiker und erst recht die britischen mochten ihren Steuerzahlern nicht zumuten, ein deutsches Armenhaus zu finanzieren und Millionen Vertriebene durchzufüttern.

Man vermag sich heute nicht mehr so recht vorzustellen, in welch gespannter Atmosphäre die Potsdamer Konferenz vorbereitet wurde. Im Mai gab Churchill Feldmarschall Montgomery insgeheim den Befehl, er solle die erbeuteten deutschen Waffen sammeln, damit man sie notfalls rasch an die 700 000 deutschen Soldaten zurückgeben könne, die unter dem Kommando ihrer Offiziere in besonderen Sperrgebieten der britischen Zone interniert wurden. Mitte Mai wäre es wegen Triest um ein Haar zu einem Krieg zwischen den Westmächten und Jugoslawien gekommen.

Aber Truman scheute vor der Kraftprobe zurück, zu der Churchill ihn fast täglich ermunterte. Noch durften die Amerikaner es nicht ganz mit den Russen verderben. Solange die Atombombe noch nicht fertig war, brauchte Amerika die Hilfe der Sowjetunion im Krieg gegen Japan. Eigentlich nahm Truman die lange Reise nach Europa nur deswegen auf sich, weil ihm Stalin persönlich den baldigen Kriegseintritt der Sowjetunion garantieren sollte, „wodurch ich vielen amerikanischen Soldaten das Leben zu retten hoffte".

Als Truman in Potsdam angelangt war, hatte sich Rußlands Mitwirkung schon erübrigt: Am Morgen des 16. Juli 1945 war in Alamogardo die erste Atombombe gezündet worden. Der ausführliche Bericht über die Explosion übertraf die kühnsten Erwartungen. Truman fühlte sich „ungeheuer aufgekratzt". Die Atombombe veränderte alles. Endlich hatte er seinen „Knüppel", um Stalin zu imponieren. In einer Konferenzpause, scheinbar beiläufig, teilte er dem russischen Diktator mit, daß Amerika eine neue Waffe mit ungewöhnlicher Sprengkraft besitze. Das Wort „Atombombe" fiel nicht. Stalin gab sich gelassen, stellte nicht einmal Fragen und wünschte Truman Erfolg mit der neuen Waffe.

Natürlich war Stalin längst über die amerikanischen Vorbereitungen informiert, und er hat auch sofort Trumans Absicht durchschaut. Marschall Schukow hörte, wie Stalin seinem Außenminister Molotow von dem Gespräch erzählte. „Sie wollen im Kurs steigen", erwiderte Molotow. Stalin lachte: „Sollen sie nur. Wir müssen Kurtschatow [einem russischen Atomwissenschaftler] sagen, er soll die Arbeiten beschleunigen."

Doch für absehbare Zukunft hatte Amerika einen Vorsprung, und Truman nutzte ihn kaltblütig. Als am 31. Juli, nach fast drei Wochen Konferenz, noch keine der strittigen Fragen – deutsche Reparationen, Ostgrenze, Osteuropa – entschieden war, setzte Außenminister Byrnes den Russen die Pistole auf die Brust und verlangte ultimativ die Annahme des amerikanischen Reparationsplanes. Stalin gab nach und billigte die Aufteilung Deutschlands in zwei Reparationszonen. Die vage Aussicht, als Trostpreis wenigstens zehn Prozent einer nicht näher beschriebenen Reparationssumme aus dem Ruhrgebiet zu erhalten, war den Russen mehr wert als die Erhaltung der wirtschaftlichen Einheit Deutschlands.

Die Gegensätze zwischen West und Ost in der Reparationsfrage waren unüberbrückbar geworden. In Jalta hatte Roosevelt die sowjetische Reparationsforderung – 20 Milliarden Dollar – als Diskussionsgrundlage angenommen. Aber Truman und seine Ratgeber wollten sich auf keine fixe Summe festlegen lassen. Zwar hatten sie Rußland und Polen, die im Kriege am meisten gelitten hatte, zusammen über 50 Prozent der gesamten deutschen Reparationsmasse zugebilligt. Aber ehe der Kuchen verteilt wurde, sollte erst einmal die deutsche Friedensproduktion angekurbelt werden, damit das deutsche Volk die nötigen Einfuhren selber bezahlen könne.

Rußland preßte hinfort alles, was es benötigte, der eigenen Zone ab. Die Westmächte verfügten über den Löwenanteil der deutschen Produktionskapazität. 69 Prozent. Ihr Reparationssieg in Potsdam legte den Grund für das spätere „Wirtschaftswunder". Den Deutschen in der Ostzone wurde von Anfang an ein niedrigerer Lebensstandard zugemutet. Sie mußten, im Gegensatz zu den unverdient besser behandelten Westdeutschen, die Zeche des verlorenen Krieges zweifach und dreifach bezahlen.

Ihr Erfolg in der Reparationsfrage war es den Westmächten wert, nach drei Wochen Gerangel die vollendeten Tatsachen hinter Oder und Neiße pro forma anzuerkennen. Die endgültige Festlegung der polnisch-deutschen Grenze sollte einer „Friedensregelung" vorbehalten bleiben, von der niemand wußte, ob es sie je gäbe. Grundsätzlich wollten auch die Westmächte Polen für seine Gebietsverluste im Osten mit wertvollen deutschen Territorien entschädigen, die Engländer mehr (bis etwa zur Oder und zur Glatzer Neiße), die Amerikaner weniger (nur Hinterpommern, Oberschlesien und Südostpreußen).

Umstritten war in Potsdam lediglich das Gebiet zwischen Oder und Lausitzer Neiße, wo vor dem Kriege immerhin fast drei Millionen Deutsche gewohnt hatten. Es wurde von den Westmächten als Faustpfand benutzt, um Vorteile in der Reparationsfrage zu erreichen und um den Sowjets und ihren polnischen Verbündeten die Zustimmung zu freien Wahlen in Polen abzutrotzen. Da der ehemalige Chef der polnischen Exilregierung in London, Mikolajczyk gleichfalls die Oder-Neiße-Grenze forderte, konnten die Westmächte kaum weniger anbieten, wollten sie nicht beim polnischen Volk ihren letzten Rest an Prestige verlieren.

Wie endgültig die Potsdamer Grenzregelung damals auch von den Westmächten angesehen wurde, erhellt Artikel XIII des Potsdamer Abkommens, der vorsieht, daß die deutsche Bevölkerung „in Polen" ausgesiedelt wird. In einer späteren Phase des Kalten Krieges hat Molotow den Westmächten mit Recht vorgehalten: „Wem könnte der Gedanken kommen, daß diese Aussiedlung der Deutschen nur als zeitweiliges Experiment vorgenommen wurde?"

Potsdam hat Realitäten in Mitteleuropa geschaffen, die anzuerkennen sich die Bundesrepublik gerade (1970) anschickt. Doch manche Bestimmungen des Abkommens, die noch vom Geist des Morgenthauplans und von russischer Rachsucht durchtränkt waren, kamen binnen weniger Jahre aus der Mode. Da es schon in Potsdam keine Gemeinsamkeiten unter den Siegern mehr gab, gingen Ostzone und Westzone eigene Wege. Die DDR betrachtete das Potsdamer Abkommen als einen Ersatzfriedensvertrag, ja, geradezu als eine Gründungsurkunde des ersten revolutionären Staates auf deutschem Boden.

In Potsdam ist eine Epoche europäischer und deutscher Geschichte zu Ende gegangen. Das Deutsche Reich zerbrach, aber auch die Koalition der Weltmächte. „Es war eine Art Auseinanderlaufen", spöttelte de Gaulle. Treffender war das Wort, das Churchill der Konferenz als Decknamen gegeben hatte: Terminal – Endstation.

Ausgewählte Literatur

1. Gesamtdarstellungen

Gordon A. Craig, Die preußisch-deutsche Armee 1640-1945. Staat im Staate, Düsseldorf 1960

Gordon A. Craig, Deutsche Geschichte 1866-1945, München 1989

Fritz Fischer, Bündnis der Eliten. Zur Kontinuität der Machtstrukturen in Deutschland 1871-1945, Düsseldorf ^{2}1985

Adolf Grote, Unangenehme Geschichtstatsachen. Zur Revision des neueren deutschen Geschichtsbildes, Nürnberg 1960

Thomas Nipperdey, Deutsche Geschichte 1866-1918. Bd. I: Arbeitswelt und Bürgergeist, München 1990; Bd. II: Machtstaat vor der Demokratie, München 1992

Gerhard Ritter, Staatskunst und Kriegshandwerk. Das Problem des „Militarismus" in Deutschland. Bd. I: Die altpreußische Tradition 1740-1890, München 1954; Bd. II: Die Hauptmächte Europas und das wilhelminische Reich 1890-1914, München 1960; Bd. III: Die Tragödie der Staatskunst. Bethmann Hollweg als Kriegskanzler 1914-1917, München 1964; Bd. IV: Die Herrschaft des deutschen Militarismus und die Katastrophe von 1918, München 1968

Herbert Rosinski, Die deutsche Armee. Vom Triumph zur Niederlage. Herausgegeben und eingeleitet von Gordon A. Craig, Düsseldorf/Wien 1977

John W. Wheeler-Bennett, Die Nemesis der Macht. Die deutsche Armee in der Politik 1918-1945, Düsseldorf 1954 [Neudruck: Königstein im Taunus/Düsseldorf 1981]

2. Bismarck

Otto von Bismarck, Gedanken und Erinnerungen, München o.J.

Wilhelm Alff, Bismarck und der deutsch-französische Krieg. In: Ders., Materialien zum Kontinuitätsproblem der deutschen Geschichte, Frankfurt a.M. 1976, S. 61-86

Ernst Engelberg, Bismarck. Bd. I: Urpreuße und Reichsgründer, Berlin 1985; Bd. II: Das Reich in der Mitte Europas, Berlin 1990

Erich Eyck, Bismarck. Leben und Werk. 3 Bde., Zürich 1941-44

Erich Eyck, Bismarck und das deutsche Reich, München ^{8}1990

Lothar Gall, Bismarck. Der weiße Revolutionär, Frankfurt a.M. 1980

Max Lehmann, Bismarck. Eine Charakteristik. Herausgegeben von Gertrud Lehmann, Berlin 1948
Otto Pflanze, Bismarck. Bd. I: Der Reichsgründer, München 1997; Bd. II: Der Reichskanzler, München 1998
Robert Saitschick, Bismarck und das Schicksal des deutschen Volkes. Zur Psychologie und Geschichte der deutschen Frage, München 1949
Volker Ullrich, Otto von Bismarck, Reinbek bei Hamburg 1998
Johannes Willms, Bismarck. Dämon der Deutschen. Anmerkungen zu einer Legende, München 1997

3. Wilhelm II.

Michael Balfour, Der Kaiser. Wilhelm II. und seine Zeit, Berlin 1967
Erich Eyck, Das persönliche Regiment Wilhelms II., Zürich 1948
Willibald Gutsche, Wilhelm II. Der letzte Kaiser des Deutschen Reiches. Eine Biographie, Berlin 1991
Christian Graf von Krockow, Kaiser Wilhelm II. und seine Zeit. Biographie einer Epoche, Berlin 1999
John C.G. Röhl, Wilhelm II. Bd. I: Die Jugend des Kaisers 1859-1888, München 1993; Bd. II: Der Aufbau der Persönlichen Monarchie, München 2001
Nicolaus Sombart, Wilhelm II. Sündenbock und Herr der Mitte, Berlin 1996
Hans Wilderotter/Klaus-D. Pohl (Hrsg.), Der letzte Kaiser. Wilhelm II. im Exil, München 1991

4. Das Kaiserreich

Gerd Fesser, Der Traum vom Platz an der Sonne. Deutsche „Weltpolitik" 1897-1914, Bremen 1996
Gerd Fesser, Die Kaiserzeit. Deutschland 1871-1918, Erfurt 2000
Gerd Fesser, Von der Napoleonzeit zum Bismarckreich. Streiflichter zur deutschen Geschichte im 19. Jahrhundert, Bremen 2001
Heinz Lemmermann, Kriegserziehung im Kaiserreich. Studien zur politischen Funktion von Schule und Schulmusik 1890-1918. 2 Bde., Lilienthal/Bremen 1984
Ludwig Quidde, Der deutsche Pazifismus während des Weltkrieges 1914-1918. Herausgegeben von Karl Holl unter Mitwirkung von Helmut Donat, Boppard am Rhein 1979
Harry Pross, Die Zerstörung der deutschen Politik. Dokumente 1871-1933, Frankreich 1983

John C.G. Röhl (Hrsg.), Philipp Eulenburg. Politische Korrespondenz. Bd. I: Von der Reichsgründung bis zum Neuen Kurs 1866-1891, Boppard am Rhein 1976
Michael Stürmer, Das ruhelose Reich. Deutschland 1866-1918, Berlin 1983
Volker Ullrich, Als der Thron ins Wanken kam. Das Ende des Hohenzollernreiches 1890-1918, Bremen 1993
Volker Ullrich, Die nervöse Großmacht. Aufstieg und Untergang des deutschen Kaiserreichs 1871-1918, Frankfurt a.M. 1997
Rudolf Vierhaus (Hrsg.), Am Hof der Hohenzollern. Aus dem Tagebuch der Baronin Spitzemberg 1865-1914, München 1965

5. Der Erste Weltkrieg

Wilhelm Deist (Bearb.), Militär und Innenpolitik. 2 Bde., Düsseldorf 1970
Karl Dietrich Erdmann (Hrsg.), Kurt Riezler. Tagebücher, Göttingen 1972
Fritz Fischer, Griff nach der Weltmacht. Die Kriegszielpolitik des kaiserlichen Deutschland 1914-1918, Düsseldorf ^{4}1971
Fritz Fischer, Krieg der Illusionen. Die deutsche Politik von 1911-1914, Düsseldorf 1969
Adolf Gasser, Preußischer Militärgeist und Kriegsentfesselung 1914. Drei Studien zum Ausbruch des Ersten Weltkrieges, Basel/Frankfurt a.M. 1985
Imanuel Geiss, Julikrise und Kriegsausbruch 1914. Eine Dokumentensammlung. 2 Bde., Hannover 1963/64
Karl-Heinz Janßen, Macht und Verblendung. Die Kriegsziele der deutschen Bundesstaaten 1914-1918, Göttingen 1963
Karl-Heinz Janßen, Der Kanzler und der General. Die Führungskrise um Bethmann Hollweg und Falkenhayn 1914-1916, Göttingen 1967
Ernst Johann (Hrsg.), Innenansicht eines Krieges. Briefe, Briefe, Dokumente 1914-1918, Frankfurt a.M. 1968
Peter Graf Kielmannsegg, Deutschland und der Erste Weltkrieg, Frankfurt a.M. 1968
Wilhelm Muehlon, Ein Fremder im eigenen Land. Erinnerungen und Tagebuchaufzeichnungen eines Krupp-Direktors 1908-1914. Herausgegeben und eingeleitet von Wolfgang Benz, Bremen 1989
Gerhard Ritter, Der Schlieffenplan. Kritik eines Mythos, München 1956

Gregor Schöllgen, Griff nach der Weltmacht? 25 Jahre Fischer-Kontroverse. In: Historisches Jahrbuch, Bd. 106, S. 386-406
Bernd Sösemann, Die Tagebücher Kurt Riezlers. Untersuchungen zu ihrer Echtheit und Edition. In: Historische Zeitung, Bd. 236, 1983, S. 327-369
Janusc Tycner, Auf den Spuren von Tannenberg 1914. Ostpreußen im Ersten Weltkrieg. Ein kleines ABC, Warschau o.J.

6. Die Weimarer Republik

Helmut Donat, Rüstungsexperte und Pazifist – Der ehemalige Reichswehroffizier Carl Mertens (1902-1932). In: Wolfram Wette/H. Donat (Hrsg.), Pazifistische Offiziere in Deutschland 1871-1933 [= Schriftenreihe Geschichte & Frieden, Bd. 10], Bremen 1999, S. 247-271
Francis L. Carsten, Reichswehr und Politik 1918-1933, Köln/Berlin ³1966
Heinrich Hannover und Elisabeth Hannover-Drück, Politische Justiz 1918-1933, Göttingen 1987
Helmut Hirsch, Rosa Luxemburg. Mit Selbstzeugnissen und Bilddokumenten, Reinbek bei Hamburg 1969
Horst Müller, Weimar. Die unvollkommene Demokratie, München 1987
Kurt Sontheimer, Antidemokratisches Denken in der Weimarer Republik. Die politischen Ideen des deutschen Nationalismus zwischen 1918 und 1933, München 1968 [Neudruck: München 2000]
Kurt Tucholsky, Deutschland, Deutschland über alles. Ein Bilderbuch mit vielen Fotografien montiert von John Heartfield, Berlin 1929 [Neudruck: Reinbek bei Hamburg 1978]
Heinrich August Winkler, Weimar 1918-1933. Die Geschichte der ersten deutschen Demokratie, München 1993

7. Das nationalistische Deutschland

Martin Broszat, Die Machtergreifung. Der Aufstieg der NSDAP und die Zerstörung der Weimarer Republik, München 1984
Fritz Fischer, Hitler war kein Betriebsunfall. Aufsätze, München 1992
Carl Dirks/Karl-Heinz Janßen, Der Krieg der Generäle. Hitler als Werkzeug der Wehrmacht, Berlin ⁴1999
Karl-Heinz Janßen/Fritz Tobias, Der Sturz der Generäle. Hitler und die Blomberg-Fritsch-Krise 1938, München 1994

Saul Friedländer, Das Dritte Reich und Juden. Die Jahre der Verfolgung 1933-1939, München 1998
Raul Hilberg, Die Vernichtung der europäischen Juden. 3 Bde., Frankfurt a.M. 1990

8. Hitler

Wolfgang de Boor, Hitler. Mensch, Übermensch, Untermensch. Eine kriminalpsychologische Studie, Frankfurt a.M. 1985
Alan Bullock, Hitler und Stalin. Parallele Leben, Berlin 1991
Joachim Fest, Hitler. Eine Biographie. Frankfurt 1973
Adolf Hitler, Mein Kampf. Bd. I, 1925; Bd. II, 1927; 800. bis 804. Aufl., München 1944
Werner Jochmann (Hrsg.), Adolf Hitler. Monologe im Führerhauptquartier 1941-1944. Die Aufzeichnungen Heinrich Heims, Hamburg 1980
Ian Kershaw, Hitler. Bd. I: 1889-1936, Stuttgart 1998; Bd. II: 1936-1945, Stuttgart 2000

9. Der Zweite Weltkrieg

Omer Bartov, Hitlers Wehrmacht. Soldaten, Fanatismus und die Brutalisierung des Krieges, Reinbek bei Hamburg 1995
Wilhelm Raimund Bayer, Unten, wo das Leben konkret war, Frankfurt a.M. 1987
Martin Broszat, Nationalsozialistische Polenpolitik 1939-1945, Stuttgart 1961
Jost Dülffer, Jalta, 4. Februar 1945. Der Zweite Weltkrieg und die Entstehung der bipolaren Welt, München 1998
Jörg Friedrich/Jörg Wollenberg (Hrsg.), Licht in den Schatten der Vergangenheit. Zur Enttabuisierung der Nürnberger Kriegsverbrecherprozesse, Frankfurt a.M. 1987
Martin Gilbert, Der Zweite Weltkrieg. Eine chronologische Gesamtdarstellung, München/Leipzig 1989
Lothar Gruchmann, Totaler Krieg. Vom Blitzkrieg zur bedingungslosen Kapitulation, München 1991
Hannes Heer/Klaus Naumann (Hrsg.), Vernichtungskrieg. Verbrechen der Wehrmacht 1941-1944, Hamburg 1995
Erich Kuby, Als Polen deutsch war 1939-1945, Ismaning bei München 1986
Josef Mackiewicz, Katyn – ungesühnte Verbrechen, Frankfurt a.M. ^{2}1987

Manfred Messerschmidt, Die Wehrmacht im NS-Staat. Zeit der Indoktrination, Hamburg 1969
Manfred Messerschmidt, Was damals Recht war... NS-Militär- und Strafjustiz im Vernichtungskrieg, Essen 1996
Nolte, Hans-Heinrich, Der deutsche Überfall auf die Sowjetunion 1941, Hannover 1991
Peter Schönlein (Hrsg.), Mentekel. Das Gesicht des Zweiten Weltkrieges [= Nürnberger Gespräch zum 50. Jahrestag der Entfesselung des Zweiten Weltkrieges], Nürnberg 1991
Militärgeschichtliches Forschungsamt (Hrsg.), Das Deutsche Reich und der Zweite Weltkrieg. Bd. I: Ursachen und Voraussetzungen der deutschen Kriegspolitik; Bd. II: Die Errichtung der Hegemonie auf dem europäischen Kontinent; Bd. IV: Der Angriff auf die Sowjetunion; Bd. VI: Die Ausweitung zum Weltkrieg 1941/42-1943 [Eine aktualisierte Ausgabe des ersten, von Wilhelm Deist, Manfred Messerschmidt, Hans-Erich Volkmann und Wolfram Wette herausgegebenen Bandes auch als Taschenbuch erschienen in Frankfurt a.M. 1989]
Hans Mommsen, Alternative zu Hitler. Studien zur Geschichte des deutschen Widerstandes, München 2000
Rolf-Dieter Müller/Hans-Erich Volkmann (Hrsg.), Die Wehrmacht. Mythos und Realität, München 1999
Volker Pieper/Michael Siedenhans, Die Vergessenen von Stukenbrock, Bielefeld 1988
Georg von Rauch, Geschichte der baltischen Staaten, München ^{3}1990
Percy Ernst Schramm (Hrsg.), Die Niederlage 1945. Aus dem Kriegstagebuch des Oberkommandos der Wehrmacht, München ^{2}1985
Christian Streit, Keine Kameraden. Die Wehrmacht und die sowjetischen Kriegsgefangenen 1941-1945, Stuttgart 1978
Gerd Ueberschär/Lev Besymenskij (Hrsg.), Der deutsche Angriff auf die Sowjetunion 1941. Die Kontroverse um die Präventivkriegsthese, Darmstadt 1998
Bernd Wegner, Zwei Wege nach Moskau. Vom Hitler-Stalin-Pakt zum „Unternehmen Barbarossa“, München/Zürich 1991
Wolfram Wette/Gerd R. Ueberschär (Hrsg.), Kriegsverbrechen im 20. Jahrhundert, Darmstadt 2001
Wolfram Wette/Gerd R. Ueberschär (Hrsg.), Stalingrad. Mythos und Wirklichkeit einer Schlacht, Frankfurt a.M. 1992
Wolfram Wette, Die Wehrmacht. Feindbilder, Vernichtungskrieg, Legenden, Frankfurt a.M. 2002

Bibliographische Notiz

Die Beiträge des Buches sind als Aufsätze und Artikel veröffentlicht worden in:

Sedan – Sieg ohne Segen
ZEIT, Nr. 36, 11. September 1970

Die deutsche Einheit ist gemacht
ZEIT, Nr. 48, 27. November 1970

Bismarcks Schritt vom Wege – Die Annexion Elsaß-Lothringens
ZEIT, Nr. 37, 18. September 1970

„Ich fahre Europa vierelang" – Bismarck auf dem Friedenskongreß 1878
ZEIT, Nr. 24, 9. Juni 1978

Das verhängnisvolle Drei-Kaiser-Jahr 1888
ZEIT, Nr. 25, 17. Juni 1988

Der Lotse geht von Bord – Bismarcks Entlassung 1890
ZEIT, Nr. 12, 16. März 1990

„... wie immer regiert wurde" – Die Cliquen im Kaiserreich
ZEIT, Nr. 3, 7. Januar 1977

Deutschlands Sucht nach der Weltherrschaft
ZEIT*magazin*, Nr. 36, 31. August 1979

Die politische Todsünde der deutschen Hybris 1914
ZEIT, Nr. 53, 25. Dezember 1981

Tannenberg – Der größte Sieg und die schlimmen Folgen
ZEIT, Nr. 39, 16. September 1977

Die Mühle von Verdun – Längste Schlacht der Kriegsgeschichte
ZEIT, Nr. 9, 25. Februar 1966

Als der Kaiser ging – Die Rebellion der Matrosen 1918
ZEIT, Nr. 43, 25. Oktober 1968

Die Revolution, die keine war
ZEIT, Nr. 44, 1. November 1968

Die Ermordung von Liebknecht und Luxemburg
ZEIT, Nr. 3, 17. Januar 1969

Der Kaiser a.D. – „Ich trinke Tee und säge Holz"
ZEIT, Nr. 28, 5. Juli 1991

Wie die Feme aufgedeckt wurde
ZEIT*magazin*, Nr. 20, 8. Mai 1981

Die „Weltbühne" bekämpft die Fallbeiljustiz
ZEIT*magazin*, Nr. 21, 15. Mai 1981

Sittenwächter unterwegs
ZEIT*magazin*, Nr. 41, 6. Oktober 1978

Krieg war sein Handwerk
ZEIT*magazin*, Nr. 49, 30. November 1979

Ein Putsch gegen Hitler
ZEIT*magazin*, Nr. 50, 7. Dezember 1979

Bomben, Bullen, Barrikaden
ZEIT*magazin*, Nr. 20, 8. Mai 1981

Letztes Gefecht im roten Altona
Altonaer Nachrichten, Nr. 21, 15. Mai 1981

Wer war Hitler?
ZEIT, April 1989
(Befragung „Rußland-Kollegen")

Was für ein Glück, daß die Menschen nicht denken...
Aus Hitlers „Mein Kampf"
ZEIT, Nr. 30, 18. Juli 1975

Die braune Weihnacht – Statt des Christkinds
kam Frau Holle
ZEIT, Nr. 52, 19. Februar 1975

Die Legion Condor vernichtet Guernica 1937
ZEIT, Nr. 16, 9. April 1976

Der Irrtum vor Ibiza – Warum die „Deutschland“ bombadiert wurde 1937
ZEIT, Nr. 23, 30. Mai 1997

„Sonderauftrag Linz“ – Der größte Kunstraub aller Zeiten
ZEIT, Nr. 2, 2. Januar 1987

Frieden um den Preis der Schande – Münchner Konferenz 1938
ZEIT, Nr. 38, 16. September 1988

Die Nacht im November 1938 – Als in Deutschland die Synagogen brannten
ZEIT, Nr. 45, 3. November 1978

Europa – entthront von den Deutschen
ZEIT, Nr. 36, 31. August 1979

Hitlers Griff nach der Weltherrschaft
ZEIT, Nr. 34, 18. August 1989

Großes Spiel zwischen Deutschland, England und Rußland
ZEIT, Nr. 35, 25. August 1989

Zehn dramatische Tage zwischen Frieden und Krieg
ZEIT, Nr. 36, 1. September 1989

„Warschau brennt!“ – In vier Wochen wird Polen überrannt
ZEIT, Nr. 37, 8. September 1989

Oberst Graf Schwerin warnt vergebens die Engländer
ZEIT, Nr. 26, 22. Juni 1979

Drei verratene Völker – 134 000 Baltendeutsche vertrieben
ZEIT, Nr. 41, 7. Oktober 1988

Blutige Spuren in Bosnien – Der Balkankrieg 1941/45
ZEIT, Nr. 36, 28. August 1992

Was Hitler wollte und Stalin nicht glaubte
ZEIT*magazin*, Nr. 26, 19. Juni 1981
und ZEIT, Nr. 24, 7. Juni 1991

Die schlampige Vorbereitung des Blitzkrieges
ZEIT, Nr. 25, 14. Juni 1991

Vergebliche Warnungen an Hitler und Stalin
ZEIT, Nr. 26, 21. Juni 1991

Dreißig Millionen Russen sollten ermordet werden
ZEIT, Nr. 27, 28. Juni 1991

Bis Chimki – Unerwartete Niederlage vor Moskau
ZEIT, Nr. 51, 13. Dezember 1991

Tod im Kabriolett – Das Attentat auf
den Herrenmenschen Heydrich
ZEIT*magazin*, Nr. 20, 9. Mai 1986

Drei Monate Kampf um jedes Haus
ZEIT*magazin*, Nr. 48, 20. November 1992

Eine Armee verhungert
ZEIT*magazin*, Nr. 49, 27. November 1992

Nur 5 000 Soldaten sahen die Heimat wieder
ZEIT*magazin*, Nr. 50, 4. Dezember 1992

Attentäter und Tyrann –
Was alles am 20. Juli geschah
ZEIT*magazin*, Nr. 30, 20. Juli 1984

Die letzte Schlacht – Ardennenoffensive aus Verzweiflung
ZEIT, Nr. 51, 19. Dezember 1969

Jalta – Das Märchen vom Ausverkauf Europas
ZEIT, Nr. 3, 15. Januar 1982

Als die Städte starben – Die Zerstörung von Würzburg
ZEIT, Nr. 12, 16. März 1990

Höret die Signale – Freiwillige Deutsche in der Roten Armee
ZEIT, Nr. 11, 10. März 1989

Warum die Allierten den Holocaust solange verschwiegen
ZEIT, Nr. 5, 24. Januar 1997

Der 8. Mai 1945 – Die deutsche Kapitulation in Karlshorst
ZEIT, Nr.19, 8. Mai 1970

Die Vergessenen von Stukenbrock
ZEIT*magazin*, Nr. 47, 13. November 1981

Endstation Potsdam
ZEIT, Nr. 29, 17. Juli 1970

Personenregister

Das Register wird Kerstin Borstelmann, Emina Cerovina, Lydia Fischer und Helmut Donat verdankt.

Gerd Fesser

Der Traum vom Platz an der Sonne

Deutsche Weltpolitik 1897-1914

264 S., 40 Abb., Gebunden, 18,80 €
ISBN 3-931737-03-9

Zu einer Zeit, da Deutschland seine Rolle in der internationalen Politik neu definiert, kann der Blick auf Erfahrungen und Fehlentwicklungen einer früheren außenpolitischen Neuorientierung nützlich und erhellend zugleich sein. Die Analyse der Beweg- und Hintergründe der „Weltpolitik" geht mit einer anschaulichen, ja, fesselnden Darstellung der Ereignisgeschichte einher und ist gespickt mit Porträts wichtiger Akteure (Wilhelm II., Bülow, Tirpitz, Bethmann Hollweg, Holstein, Kiderlen). Nicht von übermächtigen Zwängen, sondern von ihren leitenden Politikern und von einflußreichen Verbänden sind die Deutschen auf die Bahn des Unheils geführt worden.

Volker Ullrich

Als der Thron ins Wanken kam

Das Ende des Hohenzollernreiches 1890-1918

260 S., 86 Abb., Gebunden, 15,40 €
ISBN 3-924444-75-7

„Verführt von der omnipotenten Geisteshaltung, die das Europa der Jahrhundertwende generell prägte, angetrieben vom selbstinszenierten lauten Getöse über einen deutschen 'Platz an der Sonne', durch die Schwäche des Reichstages nahezu unkontrolliert und vom leeren, martialischen preußischen Militarismus dumm und eitel geblendet, trieb das wilhelminische Reich auf den Abgrund zu ... Ullrich belegt dies alles eindrucksvoll ... Sein Buch sollte auch für die Parlamentarier im neuen, größer und nervöser gewordenen Deutschland zur Pflichtlektüre werden." (Wilhelm von Sternburg, Frankfurter Rundschau)

Volker Ullrich

Vom Augusterlebnis zur Novemberrevolution

Beiträge zur Sozialgeschichte Hamburgs und Norddeutschlands im Ersten Weltkrieg

214 S., 43 Abb., Gebunden, 15.40 €
ISBN 3-931737-74-8

Ein nicht nur fundiertes, sondern auch lebendig geschriebenes Buch, das vom Protest und Widerstand gegen den bis dahin größten aller Kriege handelt. Eine Sozialgeschichte aus der Feder des bekannten Hamburger Historikers, wie wir sie uns schon immer gewünscht haben. Quellennah und anschaulich stellt Volker Ullrich am Beispiel Norddeutschlands dar, wie die wilhelminische Gesellschaft aus den Fugen gerät und die Revolution nicht mehr aufzuhalten ist.

Donat Verlag

Borgfelder Heerstr. 29 · D-28357 Bremen
Telefon (0421) 274886 · Fax (0421) 275106